V 1512
I.c.2

4030

TRAITÉ
D'ARCHITECTURE

PARIS. — IMP. SIMON RAÇON ET COMP., RUE D'ERFURTH, 1.

TRAITÉ
D'ARCHITECTURE

DEUXIÈME PARTIE

COMPOSITION DES ÉDIFICES

ÉTUDES SUR L'ESTHÉTIQUE, L'HISTOIRE ET LES CONDITIONS ACTUELLES DES ÉDIFICES

PAR

M. LÉONCE REYNAUD

INSPECTEUR GÉNÉRAL DES PONTS ET CHAUSSÉES, ANCIEN PROFESSEUR D'ARCHITECTURE
A L'ÉCOLE POLYTECHNIQUE, ETC.

TROISIÈME ÉDITION

DUNOD, ÉDITEUR
LIBRAIRE DES CORPS IMPÉRIAUX DES PONTS ET CHAUSSÉES ET DES MINES
49, QUAI DES GRANDS-AUGUSTINS, 49
PARIS — 1870
DROIT DE TRADUCTION RÉSERVÉ ET REPRODUCTION INTERDITE

DEUXIÈME PARTIE.

COMPOSITION DES ÉDIFICES.

LIVRE PREMIER.

PRINCIPES GÉNÉRAUX DE COMPOSITION.

Trois choses principales sont à considérer dans un édifice : la commodité, la solidité, la beauté. Elles peuvent toujours se concilier, quoique chacune d'elles ait ses conditions spéciales. Dans toute œuvre bien conçue, les deux premières semblent se prêter un mutuel secours et servent de base à la troisième ; les murs et les supports sont placés de la manière la plus favorable, aussi bien aux usages qu'à la solidité et au caractère de la construction, et les formes qui résultent d'une bonne disposition, ainsi que d'une judicieuse répartition des matériaux, étant franchement mises en évidence, ennoblies par d'harmonieuses proportions, accentuées et animées par des ornements de bon goût, portent ce cachet de perfection qui constitue le beau. Pour obtenir ce concours essentiel, l'architecte est tenu, quand il veut composer un édifice, d'embrasser toutes ces choses à la fois dans ce qu'elles ont de fondamental, de se représenter vivement les traits saillants de l'être qu'il s'agit de créer, et de laisser entièrement de côté les dispositions secondaires, en se réservant d'y revenir plus tard. C'est par synthèse et non par analyse qu'il doit procéder. Mais l'enseignement de l'art exige une autre marche; il veut qu'on se place successivement à chacun des points de vue, afin de n'y rien négliger et de les faire apprécier complétement.

CHAPITRE PREMIER.

DE LA COMMODITÉ.

Un édifice est commode quand les différentes pièces qui le composent ont reçu les formes, les dimensions et les ouvertures convenables, et sont distribuées conformément à ce que prescrivent les usages, la salubrité, ainsi que les circonstances locales. La commodité dépend de la disposition.

Dans son acception la plus générale, le mot *disposition* signifie l'arrangement des diverses parties que renferme un objet. Il s'applique par conséquent aussi bien aux détails et à l'ensemble d'une construction envisagés, soit sous le rapport de la solidité, soit sous celui de l'ornementation, qu'à ce qui est relatif aux usages auxquels il s'agit de pourvoir ; ainsi l'on dira que tels points d'appui, que telles voûtes, que tels ornements, que telles salles ont été bien ou mal disposés. Mais nous ne donnerons pas à cette expression un sens aussi étendu ; nous en limiterons la portée à la composition de l'édifice, dans ce qu'elle a de plus essentiel au point de vue de la destination.

Le mot *distribution* est souvent employé comme synonyme de *disposition*, mais c'est à tort. Un appartement, par exemple, sera bien distribué, si toutes les pièces qu'il comporte sont placées dans l'ordre le plus favorable pour les fonctions auxquelles elles sont destinées, si elles ne se commandent pas, si chacune d'elles a les dégagements et les cabinets nécessaires, si elles ne laissent rien à désirer sous le rapport de l'exposition ; mais il pourra, en même temps, être mal disposé, si l'on n'a pas tiré du terrain tout le parti possible, si une ou plusieurs salles n'ont pas reçu les formes ou les dimensions voulues, si les murs ou les ouvertures qui y sont pratiquées créent des difficultés pour l'exécution, au lieu de lui venir en aide, si enfin la composition de l'intérieur ne se manifeste pas au dehors par une forme satisfaisante. La distribution n'embrasse que les conditions matérielles relatives à l'utilité de l'œuvre ; la disposition doit leur donner également satisfaction, mais elle s'étend au delà : elle s'occupe des formes, des dimensions, de l'économie générale et de l'effet à produire. Une distribution vise à être bonne ; une disposition, à être à la fois bonne et belle. La première n'exige qu'une certaine dose d'intelligence : il faut, outre l'intelligence, le sentiment exercé, quelquefois même le génie de l'artiste pour imaginer la seconde.

C'est dire assez que les principes généraux de la disposition sont souvent d'un bien faible secours ; et il est évident d'ailleurs, quand on songe à la variété infinie des circonstances, qu'ils ne peuvent les embrasser toutes, et qu'il faut se garder de leur accorder une valeur absolue. Mais, si insuffisants qu'ils soient, si dangereux que, mal compris, ils puissent devenir, ils résument les enseignements d'une expérience qui s'est poursuivie sans relâche depuis l'origine des sociétés ; ils sont de nature à imprimer à l'esprit une salutaire direction et ils donnent à ses jugements une base éprouvée. Nous essayerons donc de les formuler.

Il s'agit de disposer un édifice ; on connaît sa destination, le nombre et les usages des pièces qu'il doit contenir, et par conséquent, jusqu'à un certain point, les formes et les dimensions les plus convenables pour chacune d'elles. Ce sont les données du problème ; c'est le programme de la composition. Il faut d'abord s'arrêter sur ce point de départ, en faire l'objet de sérieuses méditations, se bien pénétrer des exigences du sujet, rechercher quelles sont les principales divisions qu'il comporte, apprécier l'importance et le développement obligé de chacune d'elles, puis examiner dans quel ordre elles doivent se présenter. Plus vaste sera l'édifice, plus ces divisions seront largement établies ; on négligera d'autant plus de détails dans ce premier coup d'œil que la composition sera plus étendue. Ces parties fondamentales seront établies au même niveau ou embrasseront plusieurs étages, suivant les circonstances de toute nature dans lesquelles on sera placé ; et leurs positions relatives seront fixées de telle sorte que, quoique distinctes, elles se relient les unes aux autres de la manière la plus judicieuse, la plus simple, et en même temps la plus saisissante. On passera ensuite à leur distribution partielle. Dans chacune d'elles, il y aura encore à diviser et à abstraire. Il y aura une ou plusieurs pièces principales auxquelles seront subordonnées d'autres pièces, en nombre plus ou moins considérable. On s'occupera d'abord des premières, et l'on s'attachera à leur donner les formes générales et les proportions les plus conformes à leur destination ; puis, près d'elles et en quelque sorte dans leur dépendance, viendront se grouper les secondes. Toutes ces choses devront être distribuées avec cette régularité intelligente, qui se montre plutôt comme une aide que comme une entrave, et n'engendre jamais la monotonie. Autant que le comportera le sujet, on variera la forme des salles et le sens dans lequel elles se présenteront. Enfin, si divers et si nombreux qu'ils soient, les accessoires seront conçus et établis de manière à servir de liens et à concourir à l'unité de l'ensemble.

Partout se montreront les formes les plus vraies et partant les plus caractéristiques. Les parties les plus importantes de l'édifice, les organes les plus essentiels du corps à constituer se manifesteront nettement au dehors, soit par leurs positions, soit par un excédant de hauteur ou de saillie, et se détacheront sur le reste de la composition, dont on n'accusera pas trop le détail de peur de tomber dans la confusion. Il y aura des contrastes, mais ils seront sans brusquerie et ne paraîtront pas cherchés ; il y aura de la variété, mais elle sera judicieuse, aura de sérieuses raisons d'être, et contribuera par conséquent à l'unité et au caractère de l'œuvre. Rien n'aura été commis au hasard, tout aura été établi en vue des usages à desservir et de l'effet à produire ; et le spectateur ne se doutera pas des longs et laborieux essais auxquels on se sera livré, tant la disposition se montrera simple, facile et pour ainsi dire naturelle.

Mais ce n'est pas tout : on ne sera pas assuré d'avoir obtenu la solution la plus satisfaisante, si l'on s'est borné à envisager l'édifice en lui-même ; car il faut encore prendre en sérieuse considération une foule de circonstances extérieures. La composition qui doit être enfermée dans une ville, à laquelle l'espace est mesuré, qui ne pourra être embrassée d'un seul coup d'œil, ne devra pas être traitée de la même manière que si elle pouvait se développer librement ou était assurée de longues perspectives. Les formes accidentées, qui conviennent au second cas, ne seraient pas de mise dans le premier.

Il importe aussi d'avoir égard à la situation de l'édifice, et à celle des principaux points d'où il sera aperçu et jugé. Telle disposition générale, très-heureuse s'il est établi dans une plaine, sera fautive s'il est placé sur une hauteur. Des rues, des places, une promenade, un cours d'eau peut-être, accompagnent l'emplacement dont on dispose ; on ne peut en faire abstraction, et l'architecte intelligent saura distribuer ses masses et calculer ses effets en conséquence. Enfin, à telle grande salle il faut donner telle exposition, à telle autre, assurer tel point de vue, et il sera vicieux le plan qui ne satisfera pas à ces exigences.

Les considérations de ce genre varient à l'infini, et sont plus ou moins impérieuses ; il est souvent fort difficile de leur faire une part équitable, alors même que des circonstances bien définies semblent y aider, et l'on ne peut que les recommander à l'attention quand on doit se maintenir dans les généralités.

Toutes ces difficultés ont-elles été surmontées ; à toutes ces conditions si diverses a-t-on donné pleine satisfaction : il faut entrer dans de plus grands détails et apporter quelque précision dans les tracés. Toutes ces pièces, heureusement groupées, doivent être mises en communication ; elles réclament des entrées principales bien accusées et des dégagements commodes. Il faut examiner encore de quel côté les fenêtres seront ouvertes, à quelle hauteur et en quel nombre. On devra s'attacher, en général, à placer les grandes portes sur les mêmes axes, de manière à faire des enfilades, afin de faciliter la circulation ; et, si des ouvertures sont pratiquées dans le mur opposé aux fenêtres, il faudra éviter de les placer en face des trumeaux, de peur de créer des entraves à l'établissement des planchers ou des voûtes.

Un autre sujet d'étude sérieuse, qui se rattache à la disposition, bien qu'il appartienne plus spécialement à un autre ordre d'idées, est relatif au système de la construction envisagé dans ce qu'il a de plus général, et il soulève plusieurs questions importantes. L'édifice sera-t-il voûté en totalité ou en partie? Quelles seront les dispositions des voûtes ou des planchers et celles de leurs points d'appui ? Les portiques seront-ils formés par des colonnes ou par des pieds-droits supportant des arcades? Telle salle, dont la largeur est grande, devra-t-elle être divisée par des supports intermédiaires, soit pour faciliter la construction, soit pour obtenir des proportions convenables ? Ces questions, nous devons nous borner encore à les poser, car les solutions à adopter dépendent de la nature de l'édifice et d'une foule de considérations ; mais on peut dire que les voûtes doivent être préférées aux planchers en charpente toutes les fois que l'édifice exige un caractère monumental, et être ordonnées de telle sorte que les divisions réclamées par les usages deviennent les points d'appui les mieux disposés pour la stabilité.

Il importe également qu'avant d'arrêter les linéaments de sa composition, l'architecte se préoccupe sérieusement des dispositions relatives à la salubrité de l'édifice, sans entrer d'ailleurs dans des détails qui seraient prématurés. Il ne suffit pas que le lieu soit bien choisi sous ce rapport et que l'exposition soit convenable ; il faut prévoir quelles seront les mesures à prendre pour se garantir des atteintes de l'humidité et pour assurer aux intérieurs un air pur et une température agréable [1].

Mais il est essentiel surtout de ne jamais perdre de vue que si la disposition d'un édifice doit être entièrement conforme à ce que réclament des besoins matériels, elle doit également répondre aux exigences, non moins impérieuses et non moins légitimes assurément, de notre esprit ; qu'il n'est permis de négliger aucune de ces choses, et qu'elles peuvent toujours se concilier parfaitement. Il est même très-rare que l'architecte suive, lorsqu'il compose, l'ordre logique que nous avons adopté dans l'exposé qui précède ; pour lui, la conception artistique est dominante, et il procède d'abord par voie d'intuition presque spontanée. Il a un sentiment plus ou moins net de ce qu'ont de fondamental les conditions définies qui lui sont imposées, et son imagination, inspirée en conséquence, lui présente, après un certain effort, une forme générale dont la beauté le séduit, et dont il vérifie ensuite la convenance, quitte à chercher une autre solution si cette étude lui prouve que la première est inacceptable.

Quelques exemples éclaireront ce que les généralités précédentes peuvent avoir d'indécis ou d'obscur.

Exemples de disposition

Elle est grande et belle la disposition des thermes de Caracalla, à Rome (pl. 66). Sur la voie publique, un double rang de portiques, se retournant de chaque côté, semble appeler la foule à pénétrer dans l'intérieur, en même temps qu'il dessert de nombreuses salles de bains ; au centre d'une plate-forme accompagnée de plantations, est l'édifice principal, vaste, imposant, dont les salles ont reçu chacune la forme et la position les plus convenables ; à l'extrémité de l'enceinte, se développent, sur les trois côtés de l'espace découvert que réclamaient les exercices du corps, toutes les constructions accessoires relatives, soit à ces exercices, soit à d'autres d'une nature plus élevée, que les anciens aimaient à associer aux premiers. Et toutes ces choses, qui satisfont si bien aux exigences matérielles, qui sont si vraies quant à la destination, qui sont établies d'une manière si favorable à l'économie et à la

---

[1] Afin de fournir au lecteur tous les documents qui peuvent lui être nécessaires, sans troubler par des longueurs l'exposé des principes généraux, on a consacré un chapitre spécial à l'importante étude des diverses dispositions relatives à la salubrité des édifices. Voir la note A, à la fin du volume.

stabilité des constructions, sont disposées suivant un ordre parfait, tout en présentant la plus grande variété dans les aspects, et les formes générales les plus caractéristiques.

Elle est grande et belle la disposition des abords du palais de Versailles (pl. 15, fig. 1). Trois larges avenues, dirigées sur le palais, débouchent en face de la cour d'entrée, sur la place qui la précède. Deux bâtiments, destinés aux écuries, rattachent cette place au vaste monument. Une première cour, largement ouverte au dehors, est fermée latéralement par deux corps de logis destinés aux ministères : c'est la *cour des ministres*. A la suite, une cour plus étroite, plus richement décorée : c'est la *cour des princes*. Une troisième, également réduite, sert de transition pour arriver à la dernière, la *cour du roi*, dans laquelle l'architecture développe toutes ses richesses. Enfin, à l'extrémité de cette cour, au point vers lequel tout converge, est le sanctuaire du temple colossal, la chambre à coucher de Louis XIV. Et cette chambre est appuyée contre la galerie des fêtes, laquelle s'avance hardiment du côté des jardins.

Elle est grande et belle la disposition de Sainte-Sophie de Constantinople (pl. 23 à 28). Tout y est conforme à la destination, la variété s'y associe à une puissante unité, et tout y concourt à produire l'impression la plus profonde.

C'est encore une grande et belle disposition, celle de la place de la Concorde et de ses abords (pl. 7). D'un côté, le jardin et le palais des Tuileries; en face, la magnifique avenue que termine le plus grand des arcs de triomphe; au sud, la Seine, un beau pont et le portique monumental du palais du Corps-législatif; au nord, deux édifices décorés d'un double rang de portiques de vigoureuses proportions, et, entre eux, une large rue à l'extrémité de laquelle se dresse la façade de l'église de la Madeleine; dans l'axe de la place, un obélisque égyptien et deux grandes fontaines; puis en divers points de l'enceinte, des statues colossales et une multitude de candélabres. Toutes ces choses sont conçues avec ampleur, sont régulièrement ordonnées, et constituent une des œuvres les plus imposantes qu'on puisse citer.

Ce sont enfin de belles et bonnes dispositions, celles de la plupart des édifices que nous mettons sous les yeux du lecteur, surtout celles du théâtre de Marcellus (pl. 6), des amphithéâtres de Rome (pl. 59) et de Nîmes (pl. 6), de la basilique de Constantin, à Rome (pl. 13), de nos grandes églises du moyen âge (pl. 37 à 42), de Saint-Pierre de Rome (pl. 43 et 44), de l'Hôtel de Ville de Paris (pl. 52 à 54), de l'hôtel des Invalides (pl. 55), de la prison cellulaire du boulevard Mazas, à Paris (pl. 57 et 58), des théâtres de l'Opéra et de l'Odéon de Paris (pl. 60 à 65), des grandes halles de la même ville (pl. 67) et du château de Richelieu (pl. 89). Nous y reviendrons lorsqu'il sera plus spécialement question de ces édifices.

CHAPITRE DEUXIÈME.

DE LA SOLIDITÉ.

La solidité est une qualité essentielle à toute construction ; mais elle peut et doit être plus ou moins prononcée, suivant les circonstances et la nature de l'édifice.

En tant que garantie d'une longue durée, elle répond à ce besoin moral qui porte nos ambitions au delà des limites trop bornées de notre existence. Il ne nous suffit pas d'avoir le sentiment intime d'une autre vie et de la permanence de l'action, si modeste qu'elle soit, que nous aurons exercée sur cette terre ; nous éprouvons tous à divers degrés le désir de perpétuer notre souvenir et notre nom. C'est pour l'humanité un glorieux et puissant mobile. De grandes actions, de nobles dévouements, de pénibles travaux n'en ont pas eu d'autre, et pouvoir prononcer en toute assurance l'*exegi monumentum*, a toujours été regardé comme un grand bonheur. Ce désir, les nations ne le ressentent pas à un moindre degré que les individus, et, plus puissantes, elles y peuvent sacrifier davantage. C'est à lui qu'il faut attribuer l'excessive solidité qui a permis à tant de monuments d'une haute antiquité d'arriver jusqu'à nous ; c'est lui qui a engagé tant de sociétés humaines, à peine constituées, à consacrer de prodigieux efforts à l'érection d'édifices durables, alors que leurs ressources étaient très-bornées et que les besoins matériels les plus impérieux semblaient devoir absorber toute leur activité. Voyez les antiques constructions de l'Inde, de l'Égypte, de l'Asie Mineure, de la Grèce héroïque : les dispositions les plus favorables à la stabilité, des matériaux de dimensions colossales, des colonnes massives, des murs de grande épaisseur, des proportions courtes, de larges assiettes sur le sol : tels sont les traits les plus saillants. Leur caractère dominant est celui d'une solidité à toute épreuve, et on le trouve jusque dans les moindres détails. Les peuples qui les ont élevés se sont évidemment proposé de transmettre des monuments à la postérité la plus lointaine, et il semble même que le plus grand mérite de l'architecture ait consisté, à leurs yeux, dans la durée que comportent et que peuvent annoncer ses œuvres.

Ce mérite est incontestable et a toujours été apprécié ; toutefois les sociétés modernes ne lui accordent pas une aussi grande importance, et ne lui sacrifient plus autant. Des considérations fort diverses ont produit ce résultat. Nous savons que, si nous pouvons mettre nos édifices en état de braver les injures du temps pendant une longue suite de siècles, il nous est impossible de les assurer contre celles des hommes, qui leur sont bien plus redoutables ; et nous savons aussi que notre souvenir n'est pas attaché à leur conservation, et leur survivra, dans ce qu'il a d'essentiel, si solides que nous les établissions. Le chef d'un grand empire ne juge plus qu'une tombe monumentale soit nécessaire et suffisante pour préserver son nom de l'oubli, et la nation qui a fait de grandes choses sait que le burin de l'histoire les gravera en traits plus ineffaçables que ceux qui pourraient être tracés dans le granit par la main de ses architectes. D'un autre côté, les conditions sociales ne sont plus les mêmes : les grands travaux publics ne s'ordonnent plus dans l'intérêt d'une caste ou d'un petit nombre de privilégiés ; c'est sur la population tout entière qu'ils sont appelés à répandre leurs bienfaits. Leur rôle n'est pas amoindri. Jamais plus de puissance ne leur a été consacrée ; de nombreuses machines, inconnues autrefois, viennent y concourir, et, à la force de l'homme, s'ajoutent celles de plusieurs agents nouvellement soumis à nos lois. Mais nous nous montrons meilleurs ménagers de nos ressources, et nous en faisons un emploi plus profitable. Outre les constructions que réclament nos sentiments religieux, et pour lesquelles nous témoignons une juste sollicitude, nous voulons toutes celles qui sont de nature à augmenter le bien-être, à soulager les misères, à favoriser le développement intellectuel des individus, à donner plus d'extension aux relations commerciales, à ajouter de nouvelles richesses à celles que la nation a déjà accumulées. Nous ne les rendons pas aussi durables que celles de l'antiquité ; mais elles sont, en revanche, plus diverses, plus nombreuses et ordonnées dans un meilleur esprit. Nous n'avons pas le triste courage de refuser satisfaction à de légitimes intérêts, de condamner les peuples à des sueurs improductives et à une misérable existence, dans l'espoir que quelques monuments parleront de nous aux générations les plus éloignées.

Nous sommes loin, d'ailleurs, de faire peu de cas de la solidité de nos édifices, et nous demandons, avec raison, à quelques-uns d'entre eux de porter ce caractère à un assez haut degré ; seulement nous évitons l'excès, et nous ne sommes pas, sous ce rapport, aussi exigeants que les peuples de l'antiquité, parce que, plus savants et plus habiles constructeurs, nous avons pris l'habitude de plus de hardiesse. Les formes de l'architecture n'ayant point de modèles dans la Création, et étant des produits de notre intelligence, n'ont pas la fixité de celles que mettent en œuvre le peintre ou le statuaire, et sont diversement appréciées par nous suivant l'état de nos connaissances. Aussi telle proportion, que nous jugeons massive, eût-elle paru trop élancée autrefois, et à telle construction, à laquelle nous trouvons une apparence monumentale, eût-on reproché peut-être de ne pas présenter de suffisantes garanties, non pas seulement de durée, mais même de stabilité.

Il faut donc donner à tout édifice, non-seulement le degré de solidité, qui est une économie bien entendue parce qu'il évite un dispendieux entretien, mais encore celui qui est nécessaire pour lui assurer une durée en harmonie avec sa destination. Il appartient à l'architecte de se rendre compte de ces exigences, et d'éviter, avec le même scrupule, l'insuffisance et l'exagération. Qu'il ait à disposer des deniers de l'État ou de ceux d'un particulier, il est tenu d'examiner consciencieusement ce que comporte la construction qui lui est confiée, et de se conformer à toutes les prescriptions d'une sévère économie ; non pas de cette étroite et fausse économie qui se borne à envisager le chiffre de la dépense, mais de cette économie intelligente qui voit le but et y proportionne les moyens, qui veut tout ce qui est utile et ne repousse que le superflu. On ne donnera pas, par exemple, à une habitation privée le même degré de solidité qu'à un grand édifice d'utilité publique, parce qu'on sait que, grâce à la mobilité de nos mœurs, la distribution de l'une ne paraîtra pas longtemps satisfaisante, tandis que l'autre pourra rendre les mêmes services à une suite plus ou moins longue de générations ; parce qu'une nation est tenue à plus de grandeur dans ses entreprises qu'un simple particulier ; parce qu'enfin il n'y a pas grand dommage à laisser pendant quelque temps une maison inoccupée, pour y faire des réparations, tandis qu'il en est tout autrement d'un établissement qui importe aux intérêts généraux du pays. Et ce n'est pas seulement d'une classe à l'autre d'édifices qu'il convient d'observer des différences de solidité ; il est encore une infinité de nuances à apprécier dans chaque catégorie, suivant les circonstances dans lesquelles on se trouve placé. Sans doute il n'y a pas lieu à des règles formelles en une matière qui n'est pas susceptible de définition précise. Il nous serait impossible de dire en quoi consistent ces divers degrés de solidité dont nous venons de parler, et quel est leur criterium ; mais cette difficulté est plutôt théorique que pratique. Elle existe bien plus pour l'auteur qui voudrait donner de la netteté à ses paroles et formuler clairement ses conclusions, que pour le constructeur auquel de nombreux édifices présentent des exemples et des types, plus féconds en enseignements que les préceptes les plus étendus.

Quant aux dispositions qui importent à la solidité, le lecteur les connaît ; elles lui ont été exposées dans la première partie de cet ouvrage. Cependant nous les passerons rapidement en revue, dans ce qu'elles ont de plus général, et en évitant tous les détails qui constitueraient de fastidieuses répétitions.

Viennent en première ligne les fondations. Il est indispensable qu'elles soient parfaitement établies, de manière à résister efficacement à toutes les actions qu'elles auront à supporter. Le moindre mouvement dans une fondation en détermine souvent de très-considérables dans l'édifice tout entier, et peut devenir une cause de destruction immédiate. En vain une construction aura-t-elle été exécutée avec les meilleurs matériaux, lui aura-t-on donné dans toutes ses parties les dispositions les plus favorables à la stabilité ; elle tombera bientôt en ruines, si elle pèche par les fondations, ce sera le colosse aux pieds d'argile. Nulle part les fautes ne sont aussi redoutables, parce que nulle part il n'est aussi difficile d'y remédier, et elles n'ont d'aussi graves conséquences. C'est là surtout qu'il faut se garder de toute économie inintelligente, et d'autant plus qu'on est toujours tenté de regretter des dépenses et des travaux dont le résultat ne doit pas être apparent et dont le spectateur ne tiendra aucun compte. S'il est un point où il soit permis d'apporter quelque luxe de solidité, c'est assurément celui-là. On doit donc ne rien négliger, dans l'établissement d'une fondation, de ce que peuvent exiger la nature du sol ou celle de l'édifice, avoir recours, suivant les circonstances, aux divers systèmes que nous avons indiqués, donner d'autant plus de fermeté à l'assiette qu'on veut assurer plus de durée à la construction, et aller même jusqu'à un certain excès, afin d'éviter l'insuffisance.

Au-dessus des fondations s'établissent les caves, lorsque l'édifice en comporte. Elles doivent être voûtées, et les murs qui les divisent doivent être assez rapprochés pour que les voûtes n'aient pas des poussées trop redoutables ou ne soient pas trop surbaissées. Il faut que ces murs et ceux qu'ils supportent se rattachent et se relient les uns aux autres, et que leur épaisseur aille en diminuant depuis le pied jusqu'au sommet, au moyen de retraites pratiquées à chaque étage. On leur donne ainsi de la stabilité, et, à mesure qu'elles augmentent, l'on répartit les pressions sur de plus grandes surfaces. Il est nécessaire, en outre, que tous les murs descendent jusque sur les fondations, qu'ils *montent de fond*, pour employer l'expression consacrée. L'édifice est-il voûté : les murs ou les points d'appui seront disposés de la manière la plus favorable à la résistance aux poussées, recevront des dimensions largement calculées, et des armatures en métal viendront peut-être encore assurer la solidité de la construction. Est-il recouvert par des planchers : ils seront exécutés en bois ou en fer, suivant les circonstances ; les principales poutres reposeront sur des points d'appui solides, qui reporteront directement les pressions jusque sur les fondations et qu'aucune ouverture ne viendra affaiblir ; elles seront armées d'ancres à leurs extrémités, afin de présenter toute la résistance dont elles sont susceptibles, et de maintenir les murs dans lesquels elles seront scellées ; enfin on les reliera entre elles, ou elles prolongeront des murs interrompus, de manière à contribuer à la solidarité de toutes les parties de l'œuvre.

Dans le plan, dans les coupes, sur les élévations, que les pleins répondent aux pleins et les vides aux vides ; il serait vicieux de placer une porte en face du trumeau qui sépare deux fenêtres, et de faire chevaucher les ouvertures pratiquées à diverses hauteurs dans un mur ; car on créerait des obstacles à une bonne disposition des planchers ou des voûtes, et les pressions seraient mal distribuées. Que l'ossature de la construction soit bien constituée, soit établie de la manière la plus simple, la plus rationnelle et partant la plus économique. Il ne suffit pas que ses éléments présentent isolément toute la solidité voulue, il faut leur donner les positions relatives les plus favorables, et les unir tellement entre eux qu'ils forment une puissante unité ; c'est de la plus grande importance.

Les matériaux de construction varieront avec les ressources locales. Dans telle contrée, où elle abonde et où elle est facile à travailler, les murs seront entièrement exécutés en pierre de taille ; dans telle autre, on s'en montrera très-ménager, et l'on aura plus habituellement recours à la brique ou au moellon ; ici le bois jouera un grand rôle dans l'établissement de la plupart des édifices ; là il sera remplacé presque partout par le fer ou la fonte. Le choix est souvent borné et l'est trop quelquefois ; mais il faut savoir se soumettre à la nécessité, et l'architecte a rempli son devoir quand il a tiré le meilleur parti possible des moyens mis à sa disposition. Ce qui lui appartient, c'est de n'admettre que des matériaux de bonne qualité, chacun dans son espèce, de les répartir judicieusement, de leur donner les formes les plus convenables, tant pour la stabilité que pour la durée, et de les faire mettre en œuvre avec toute la perfection désirable.

Ces conditions étant fondamentales, il est essentiel, au point de vue de l'art, de s'y conformer d'une manière évidente; car toute qualité qui se montre devient une beauté, et plus nous y attachons d'importance, plus son expression nous touche. Or la force est une grande qualité, et ce n'est pas seulement dans les œuvres de l'Architecture que nous l'apprécions. Nous la demandons presque partout ; il est rare que nous nous sentions disposés à lui refuser notre admiration, et, à toutes les grandes époques de l'art, elle a été regardée comme un des attributs du beau. Même dans un ordre de compositions où ce mérite pourrait paraître secondaire et difficile à concilier avec d'autres plus essentiels, dans les diverses représentations du corps de la femme, avec l'idée dominante de la grâce ou de l'élégance, tous les artistes éminents, peintres ou sculpteurs, ont eu recours à la force, et n'ont jamais cru pouvoir la suppléer. Voyez les Vénus que l'antiquité nous a léguées, les figures de femmes du Parthénon, jusqu'aux statues de nymphes : combien de vigueur sous ces formes gracieuses ! comme tous ces corps sont solidement constitués ! Voyez encore les peintres de la Renaissance : nous ne citerons pas Michel-Ange, auquel on reprocherait peut-être quelque exagération sous ce rapport; mais étudiez tous les autres grands maîtres de cette époque, et vous reconnaîtrez qu'ils ont toujours fait une large part à la force. Psyché elle-même s'est empreinte de cette qualité sous le pinceau de Raphaël, dans les belles fresques de la Farnésine. On trouve, il est vrai, dans l'art du moyen âge, quelques figures qui nous touchent à bon droit, et qui ont été conçues dans un esprit diamétralement opposé; mais nous les apprécions surtout comme manifestations naïves et harmonieuses des sentiments d'une époque qui avait prononcé anathème sur la matière, et dont le droit à réagir contre la force physique n'était que trop évident. Sous Louis XV aussi, l'art a paru préconiser la faiblesse, les formes les plus grêles ont semblé les plus belles; et, là encore, il n'y a ni à s'étonner ni à trouver un motif de doute : la décadence était complète, les artistes étaient efféminés comme la cour pour laquelle ils travaillaient, et ils devaient refléter, dans leurs créations, l'état maladif des esprits. Aujourd'hui, nous sommes également éloignés, grâce au ciel, de ces exagérations et de ces blâmables erreurs, et nous sommes rentrés dans la voie du vrai que signalent tous les véritables chefs-d'œuvre de l'art.

Que tous nos édifices paraissent donc solidement établis; qu'ils portent plus ou moins l'empreinte de cette qualité, suivant leur destination et le caractère qui leur convient, mais qu'elle ne leur fasse jamais défaut. Non-seulement il importe de bien disposer l'ossature d'une construction, de lui donner les proportions convenables, et d'employer des matériaux de bonne qualité; il faut prouver au spectateur qu'on a satisfait à cette condition essentielle, ou tout au moins le disposer à croire à ces mérites. Que jamais rien surtout ne vienne choquer ces notions élémentaires de solidité qui sont dans tous les esprits; que nulle part le fort ne semble supporté par le faible, et que chaque partie de la construction paraisse présenter d'autant plus de résistance qu'elle se montre soumise à des pressions plus grandes ou à des causes de destruction plus redoutables. Les tours de force peuvent attirer l'attention et exciter l'étonnement, mais le goût les réprouve. S'il y a du mérite dans la hardiesse, il n'y en a point dans la témérité. Nous pouvons être impressionnés favorablement à la vue d'une difficulté vaincue, mais le beau est bien plus intéressé à ce qui est simple, vrai et rationnel.

CHAPITRE TROISIÈME.

DE LA BEAUTÉ.

Le bon est le fondement essentiel du beau, et les formes de l'art doivent être toujours vraies; ces préceptes, nous les avons établis à plusieurs reprises, toutes les œuvres d'art consacrées par l'approbation des siècles les proclament hautement, et il paraît inutile d'y insister. Mais comment doivent-ils être compris ; dans quel esprit convient-il de les appliquer? Voilà ce que nous voulons examiner.

En conclura-t-on que les besoins matériels, que le sentiment de l'utile suffisent à ordonner les traits généraux d'une composition, et doivent être seuls consultés dès l'abord? Se croira-t-on obligé de mettre scrupuleusement en évidence, dans la forme d'un édifice, tout ce qui peut être nécessaire aux usages ou à la solidité de la construction? Ce serait les interpréter fort mal. En premier lieu, l'utile n'est jamais tellement absolu dans ses exigences, qu'il n'y ait plusieurs manières de lui donner satisfaction, et que l'art ne puisse et ne doive intervenir dès le début; c'est une base solide sur laquelle on peut s'appuyer en toute confiance, mais elle n'élèverait pas à hauteur suffisante qui l'embrasserait étroitement. Puis il y a à distinguer entre la vérité morale et la vérité matérielle, et la première seule est à considérer au point de vue qui nous occupe, parce que seule elle s'adresse à notre esprit. Elle se rattache sans doute à la seconde, et se confond avec elle en plusieurs points; mais elle s'en éloigne toujours par quelques côtés. Elle est plus large, admet le possible presqu'à l'égal du réel, prend tout ce qui est fondamental, et sait négliger ce qui n'est qu'accessoire ou accidentel. Vouloir tout indiquer, serait s'exposer à tomber dans la confusion ; où l'on aurait trop montré, le spectateur ne percevrait pas assez ; distraite par des détails trop nombreux, l'attention ne se porterait pas suffisamment sur l'essentiel. Une certaine simplicité et un

Vérité.

Simplicité.

certain ordre sont indispensables pour qu'une œuvre d'art puisse être saisie par nous. Cette condition n'a rien d'absolu sans doute, mais il ne nous est pas permis de la regarder comme non avenue. Ainsi, par exemple, la façade d'un édifice est percée de fenêtres placées sur la même ligne, pour éclairer différentes salles dont les profondeurs sont inégales, ou dont les unes exigent beaucoup de clarté, tandis que d'autres en admettraient moins ; faudra-t-il varier les dimensions de ces fenêtres, afin de se maintenir dans les voies de la vérité ? Oui quelquefois, et l'on aura raison, si le caractère de la construction le réclame ; mais on s'en gardera bien dans la plupart des circonstances, de peur de trop enlever à la simplicité et d'être entraîné au désordre. L'édifice est-il composé de plusieurs étages, il conviendra presque toujours, au contraire, de marquer les différences de hauteur, de service et d'importance de ces étages, par des inégalités dans les dimensions des ouvertures. Des salles se suivent, quelques-unes sont grandes, d'autres sont petites ; ce ne sera peut-être pas un motif suffisant pour leur donner des hauteurs inégales, et pour montrer au dehors qu'on a eu ce scrupule. Mais si elles diffèrent beaucoup, si les premières sont d'une grande importance et les secondes d'une utilité secondaire, il faudra adopter ce parti, sous peine de manquer à la vérité de l'art, et d'enlever à l'édifice une partie de l'expression qu'il doit avoir. Il importe donc de savoir abstraire pour arriver au beau.

Expression. Il y a plus : si une œuvre d'art exige du temps et un certain travail de l'intelligence pour être complétement appréciée, elle doit cependant produire sur nous une impression instantanée ; il lui faut quelque chose de saisissant dans ses dispositions principales. L'art veut offrir à l'esprit l'image de ce qui est, mais il la veut plus claire, plus frappante que la réalité. De là résulte la nécessité de sortir plus ou moins de la vérité matérielle, en accusant les parties caractéristiques de la composition plus vigoureusement qu'il ne conviendrait pour des esprits dont le développement intellectuel l'emporterait sur le nôtre. A tel support, on donnera plus de résistance qu'il n'en faut à la rigueur ; à telle salle, un peu plus de hauteur qu'elle n'en réclame ; la largeur de telle ouverture ne sera pas exempte de quelque exagération réelle en plus ou en moins ; telle partie de l'édifice sera plus hermétiquement fermée ou plus largement ouverte que ne le prescrit sa destination. Ce qui importe, c'est de bien accentuer tout ce qui est de nature à donner une expression vraie, un caractère convenable, sans tomber d'ailleurs dans un excès que repousse le bon goût. C'est ainsi que, dans un tableau, les accessoires s'effacent et les seconds plans s'éteignent au delà de ce que permettrait la vérité matérielle, afin de faire briller davantage la partie fondamentale de la composition.

Simplifier et amplifier dans une juste mesure est une des grandes lois de l'art. Elle exige, dans ses applications, un sentiment très-délicat des convenances morales du sujet, et aussi de l'état de nos esprits, puisque, plus ouverts, ils embrasseraient davantage et saisiraient mieux.

L'ordre est encore une de ces qualités morales auxquelles nous attachons le plus grand prix, et qui importent à toute œuvre d'art. Le désordre est un mal, et ce qui l'annonce nous blesse; l'ordre est un bien, et les formes qui le manifestent produisent en conséquence une impression favorable sur notre esprit. Nous admirons l'ordre dans le spectacle de la nature ; c'est un des plus frappants témoignages de l'existence de Dieu; partout nous en éprouvons le besoin ; dans nos entreprises les plus importantes, comme dans nos actes les plus vulgaires, ce sentiment se produit et exerce son influence, souvent même à notre insu. Mais on ne s'est pas toujours rendu un compte bien net de la signification de ce mot, et notamment dans l'art qui nous occupe, où il a été trop fréquemment admis comme synonyme des mots symétrie et régularité, ce dernier étant pris dans son acception la plus vulgaire.

Sans doute il y a de l'ordre dans la symétrie, il y en a dans la régularité ; mais il y en a aussi ailleurs. Ce sont deux formes de la qualité, mais non des formes essentielles. Il y a ordre dès qu'il y a conformité à une loi ; et plus la loi est facile à saisir, plus l'ordre nous frappe. Il ne s'ensuit pas d'ailleurs que la loi la plus simple soit toujours celle dont l'expression nous satisfera davantage. La simplicité est assurément un mérite aussi, soit qu'on la considère en elle-même, soit qu'on l'envisage par rapport à nous dont l'intelligence est trop bornée pour embrasser sans fatigue des relations compliquées; mais, si grande qu'elle soit, cette qualité n'est pas appelée à dominer. Il en est d'autres qui la priment : ce sont celles qui tiennent au fond du sujet ; et, s'il faut une loi, s'il la faut simple, il la faut avant tout intelligente. Le bon simplement ordonné, voilà la condition ; et il s'ensuit que l'ordre et la simplicité ne peuvent se manifester au même degré dans tous les temps et dans tous les édifices. Ce qui convient à une nation aux mœurs sévères, aux besoins rares et bien définis, ne saurait se concilier avec les exigences légitimes d'une civilisation avancée ; et telle construction admet une régularité extrême dans toutes ses parties, sans rien sacrifier de ce qui lui

Ordre.

importe, tandis que telle autre cesserait d'être vraie et se dépouillerait de son caractère, si elle voulait présenter cette qualité au même degré. L'ordre n'est donc nullement exclusif de la variété, pas plus que la simplicité ne l'est de la richesse ; ce qu'ils repoussent, c'est le désordonné et l'exubérant, et ils doivent éviter l'exagération qui conduirait à la sécheresse ou à une fastidieuse uniformité.

La façade de la cour du Louvre, par exemple, est disposée avec ordre et simplicité : les étages sont bien marqués, les points d'appui sont régulièrement distribués, sont placés sur les mêmes axes, et il en est de même des ouvertures ; toutes choses y sont tellement liées, que toutes paraissent nécessaires et en quelque sorte naturelles. Mais, en même temps, que de variété et de richesse! Au rez-de-chaussée, des arcades ; au premier étage, de grandes fenêtres de forme rectangulaire ; dans l'attique, de petites ouvertures. Les formes des points d'appui, des entablements, de tous les membres caractéristiques sont diverses. Les ornements sont nombreux et sont certes également éloignés de la monotonie, de la sécheresse et de la confusion. D'autres exemples seraient faciles à citer, et la plupart des planches de cet ouvrage en présentent ; mais le lecteur a déjà compris comment l'architecture peut concilier toutes ces choses : l'ordre et la variété, la simplicité et la richesse.

Symétrie, variété.

« Les choses que nous voyons successivement doivent avoir de la variété, celles « que nous apercevons d'un coup d'œil doivent avoir de la symétrie », a dit Montesquieu, et cet aphorisme a fait autorité. Nous ne saurions y souscrire, malgré la respectueuse déférence que commande le nom de l'auteur. Voyez les œuvres du peintre, celles du sculpteur : leur demande-t-on cette symétrie, bien qu'elles soient destinées à être embrassées d'un seul coup d'œil ? Évidemment non, et pourquoi ? parce qu'elle serait destructive du vrai. Il en est de même pour l'architecture ; pas plus que les autres, cette branche de l'art n'admet que l'ordre s'établisse aux dépens de la vérité. La façade latérale d'une église, par exemple, n'est pas symétrique ; d'un côté du transsept, on voit la nef, et de l'autre, le chœur et son abside, et il n'en résulte certainement pas un mauvais effet. S'il n'y a pas symétrie, il y a l'ordre provenant de ce que les diverses parties de l'œuvre se succèdent suivant une loi dont nous apprécions le mérite. Telle église de village, qui vous plaît avec son clocher naïvement rejeté sur le côté, vous blesserait si elle en avait admis deux pour faire de la régularité. Cette rue qui s'ouvre devant vous, si elle était formée d'une longue suite de maisons uniformes, produirait-elle une impression plus satisfaisante que celle qui résulte de la variété de ses façades, laquelle témoigne de la diversité des caractères et des positions de ses habitants? Parcourez dans un édifice une suite de salles ayant des destinations différentes, vous y voudrez de la diversité; tandis que vous admettriez l'uniformité, la demanderiez même, si toutes avaient à remplir le même office. Poursuivez donc le vrai, c'est l'essentiel; il faut tout accepter : la variété comme l'uniformité, la symétrie comme son absence.

Ajoutons toutefois que, les formes de l'architecture ayant quelque chose de plus arbitraire, de moins défini par la nature du sujet et le sentiment de l'artiste que celles des deux autres arts, les qualités accessoires doivent jouer chez elle un plus grand rôle que dans la peinture ou la statuaire, et que par conséquent l'ordre s'y doit manifester plus clairement. Il est appelé à marquer l'intelligence, où elle ne trouverait pas occasion de se montrer suffisamment. L'architecte a deux offices à remplir : il lui appartient d'abord d'imaginer la loi qui engendrera l'ordre, puis de s'y conformer. L'impression produite par son œuvre dépendra, à la fois, de la loi, qui sera plus ou moins judicieuse, et de la manière dont il y aura satisfait; de l'idée qu'il aura eue, et de l'expression qu'il lui aura donnée. Or la symétrie étant une des formes de l'ordre dont nous avons le plus d'habitude, nous sommes naturellement portés à la vouloir, toutes les fois que nous ne trouvons pas motif suffisant pour y renoncer. Il en est de même de la variété : elle répond à l'un des besoins de notre esprit, mais elle n'obtient notre approbation que si les données du sujet la permettent; elle serait vicieuse dans le cas contraire, puisqu'elle ne serait plus dans la vérité.

Examinons maintenant un édifice parfaitement disposé au point de vue des diverses considérations générales qui précèdent : les pièces qui le composent ne présentent, ni dans leurs formes ni dans leurs dimensions, rien qui ne puisse convenir parfaitement à sa destination; elles sont distribuées de la manière la plus favorable; les ouvertures sont établies avec intelligence et donnent toute facilité à la circulation de l'air, de la lumière ou des personnes; la construction, judicieusement ordonnée, a reçu toute la solidité désirable, et elle est exécutée avec la plus grande précision, en matériaux d'excellentes qualités; toutes choses sont disposées avec ordre et simplicité, sans tomber dans la monotonie ou la sécheresse, et constituent un tout bien complet et bien lié; toutes ces qualités essentielles sont mises en évidence, se peuvent reconnaître au premier abord, et la forme

Autres conditions de beauté.

générale a quelque chose de saisissant. S'ensuit-il que l'œuvre soit belle? non ; elle satisfait à des conditions essentielles, mais non pas peut-être à toutes celles qui importent à la beauté. Au delà des mérites que perçoit et que juge notre intelligence, il en est d'autres d'une nature plus délicate, plus élevée, que notre sentiment seul est appelé à apprécier, et qui viennent apporter à la composition ce caractère de suprême perfection qui est l'essence du beau. Il y a le beau rationnel et le beau idéal. Le premier se prête à la description, il a ses procédés et ses préceptes, on voit assez clairement en quoi il consiste et pourquoi il nous touche ; le second se refuse à l'analyse, se présente comme l'expression de lois dont nous ne pouvons percer les mystérieuses profondeurs, et semble être une émanation du bon absolu. On décrit un tableau de Raphaël, les marbres d'Égine, la Vénus de Milo; mais, si bien faites qu'elles soient, ces descriptions ne donnent jamais une idée complète de l'œuvre. Elles rendent compte des dispositions matérielles, des qualités les plus grossières, et, quant au mérite capital, à celui qui nous impressionne le plus profondément, elles sont inhabiles à nous le faire sentir. Remettez une même esquisse de tableau à plusieurs peintres, en les chargeant de l'achever : les œuvres produites seront complétement dissemblables au point de vue de l'art ; il y en aura de mauvaises, de médiocres, d'excellentes peut-être, suivant le degré de développement des facultés esthétiques d'où elles émaneront. Il en est de même pour un édifice. Bien qu'ordonné avec art, tout ce qui est relatif à sa disposition générale et à sa construction ne constitue, si grande importance qu'il y ait, que l'ébauche, que le point de départ de la création purement artistique ; on n'y trouve encore que les idées-mères et la distribution du discours. C'est la statue de Pygmalion attendant l'esprit qui doit l'animer. Après avoir satisfait de la manière la plus convenable aux exigences du jugement, et avoir trouvé la forme qui témoigne de ce mérite, il faut, dans l'être qu'il s'agit de créer, insuffler l'âme qui parlera à la nôtre ; à ses proportions, qui paraissent judicieuses, il faut donner de l'harmonie ; à ses formes, il faut ajouter de l'expression, de la variété, de l'agrément ; à l'unité qui résulte de ce que toutes ses parties obéissent à des conditions corrélatives, il faut joindre cette unité morale, bien autrement essentielle et saisissante, qui montre un même esprit sachant varier ses manifestations tout en restant fidèle à son caractère. Telle est la tâche de l'artiste : c'est par là qu'il s'affirme le mieux, qu'il appose sur toutes ses œuvres le cachet de son individualité, et qu'il devient véritablement créateur. Mais cette puissance créatrice, ce ne sont, ni des déductions logiques, ni des formules consacrées qui la lui donnent : elle résulte de l'intuition spontanée d'un certain idéal qu'il porte en lui.

Aussi voit-on qu'il n'en est pas de cette faculté comme des autres branches d'activité de l'esprit humain. Dans l'ordre scientifique, les générations successives avancent progressivement dans la voie du vrai, chaque découverte est à la fois une conséquence et un point de départ; mais il en est tout autrement dans le domaine de l'art, où, du sein des ténèbres, surgissent spontanément de vives clartés que rien n'annonçait, et qui ne sont suivies souvent que de douteuses lueurs, destinées à disparaître rapidement. Ce sont de puissantes individualités qui se manifestent aux nations qu'elles dominent : c'est un Homère, un Dante, un Shakespeare, un Michel-Ange. Ou ce sont des époques tout entières qui reçoivent à un degré exceptionnel cette lumière divine, cette perception instinctive de l'idéal : ce sont les grands siècles de l'histoire.

Mais si élevées que soient ces productions privilégiées, si belles qu'elles paraissent, si profonde que soit l'impression qu'elles produisent sur nos âmes, elles ont nécessairement quelque chose d'incomplet, et blesseraient sans doute des intelligences plus ouvertes que les nôtres. Il n'y faut voir que des reflets de quelques-unes des faces d'un beau universel, complet, absolu en un mot, auquel nous ne pouvons atteindre, mais dont notre imagination nous permet de concevoir l'existence, par cela même que ce qu'il y a de plus éminent en nous s'y sent fortement attiré. Ces reflets sont déviés à travers le prisme qui obscurcit notre vue, lequel dépend des conditions fondamentales de la nature humaine, et aussi de l'état particulier de nos esprits; de sorte que toute société, tout individu a sa conception propre du beau, et lui imprime son cachet personnel.

A chaque intuition du vrai correspond une certaine forme, qui en est la traduction, et qui est belle par cela même. A chaque idéal, sa beauté. De même que chaque époque de la vie de l'humanité a un caractère moral qui lui est spécial, tout en se rattachant à divers titres à ceux des époques antérieures; de même chacune donne à ses produits artistiques une physionomie générale qui est plus ou moins caractérisée, plus ou moins originale, et qui est l'expression juste et frappante de ce qu'il y a de plus essentiel et de plus intime dans ses sentiments. Aussi que de révolutions dans l'histoire de l'art et en particulier de celui qui nous occupe, et comme le beau a su se produire dans les conditions matérielles et morales les plus diverses! L'architecture a toujours pu exprimer par de belles formes les différents caractères qu'elle est susceptible de revêtir. Tous les styles qu'elle a successivement admis ont su se plier aux convenances morales des sujets, conformément aux goûts de l'époque et avec les nuances les plus variées, les expressions les plus vraies, les délicatesses les plus exquises. Et il est à remarquer que, dans aucune des phases de son développement, elle n'a manqué à ses conditions d'existence matérielle.

Les dispositions qui paraissent les plus favorables, tant à la solidité d'un édifice qu'à sa destination matérielle, sont donc fort loin de constituer le beau. Elles n'en forment qu'un élément, et elles ne peuvent jamais entraver les légitimes libertés de l'art; elles ne s'opposent qu'à des aberrations. Ces libertés sont entières, l'indépendance est complète, en ce sens que l'architecte, si défini que soit le programme auquel il est tenu de se conformer, n'est nullement empêché de donner à son œuvre une expression vraie et harmonieuse et le genre de beauté qui convient. Sans doute tous les édifices ne lui font pas la même part, n'accordent pas la même latitude à ses facultés créatrices. Il en est, tels que les prisons, les hôpitaux, les habitations vulgaires, où il se voit contenu en d'étroites limites; et il en est d'autres, comme les églises, les monuments honorifiques, les palais, tous ceux, en un mot, qui ont plutôt à satisfaire aux besoins de l'esprit qu'à ceux du corps, pour lesquels d'immenses horizons sont ouverts à ses conceptions et le plus libre essor est laissé à son génie. Telle œuvre d'architecture s'adressera davantage à la raison, et telle autre au sentiment; là l'intelligence de l'architecte sera plus particulièrement en jeu, ici ce sera son imagination; en telle circonstance, il sera obligé à la plus sévère économie, et, en telle autre, il sera autorisé à se montrer prodigue; mais toujours l'art pourra se faire jour, parce que partout il trouvera une vérité à exalter, une bonne pensée à traduire par une belle forme, un élément spirituel à dégager pour le représenter par une image saisissante.

De ce que le beau varie ses manifestations à l'infini, au gré de toutes les convenances morales du sujet et du sentiment qui les apprécie, il suit qu'en pareille matière, les règles ne doivent être formulées et acceptées qu'avec une grande réserve. Déduites de l'observation du passé, elles pourraient devenir des entraves pour l'avenir, si on leur donnait quelque chose d'arrêté et d'exclusif; mais elles sont utiles en tant que résultats d'une longue expérience, et parce qu'elles peuvent contribuer au développement de nos facultés esthétiques, en nous incitant à des études sérieuses et en nous aidant à juger les diverses formes de l'art. Les grands artistes ont droit de les dédaigner et de s'en affranchir ; car, puissamment doués, ils ont cette large intuition qui leur révèle des faces inconnues jusqu'à eux de la beauté suprême, et leur fait par conséquent proclamer de nouvelles vérités esthétiques. Pour les faibles, ce sont des appuis tutélaires, des jalons bienfaisants, qui leur signalent une direction éprouvée, sans vouloir jamais les retenir dans une ornière. Mais il importe de ne pas perdre de vue que, dans le domaine de l'art, plus encore peut-être que partout ailleurs, il faut s'attacher à l'esprit bien plutôt qu'à la lettre, et éviter avec soin de trop borner son horizon. Que le lecteur se mette donc en garde contre ce que le défaut de flexibilité de notre style peut donner de trop absolu à nos paroles, et qu'il ne s'attende pas à trouver, dans ce qui va suivre, ces préceptes formels et ces lois aux applications faciles auxquels d'autres études ont pu l'habituer. Notre ambition se borne à lui présenter quelques idées justes sur les principales conditions du beau en architecture, et à fournir un point de départ à ses méditations.

Ce sera sous les titres de *proportion*, *décoration*, *style* que nous essayerons de compléter les notions générales qui précèdent.

I. — PROPORTIONS.

Le mot proportions, appliqué à l'architecture, soulève trois ordres distincts de considérations, tout en réveillant toujours l'idée de dimensions et de rapports. Les dimensions d'un édifice quelconque ou d'une partie d'édifice peuvent être envisagées, en effet, sous les divers points de vue :

1° De la destination et du caractère de l'objet ;

2° De l'harmonie de la forme ;

3° De leurs rapports avec l'unité de mesure, c'est-à-dire de leur grandeur réelle.

PROPORTIONS ENVISAGÉES AU POINT DE VUE DE LA DESTINATION.

Proportions générales.

En ce qui concerne la destination, telle salle, tel support seront bien proportionnés si la première a reçu les dimensions que réclament les usages auxquels elle est consacrée, et si le second présente le degré de résistance qu'exige la solidité de l'édifice. Ainsi entendues, les proportions rentrent dans le domaine de la disposition et de la construction proprement dite ; c'est à notre intelligence qu'il appartient de les établir avec le degré de rigueur qu'elles comportent, et, quoique la beauté y soit grandement intéressée, il n'y a pas à s'en occuper ici. Il paraît inutile de rien ajouter à ce qui a été dit plus haut sur ce sujet, qui est fort important sans doute, mais qui ne soulève ni divergences d'opinion sur le principe, ni difficultés sérieuses dans la composition. Des questions plus ardues nous attendent.

Les exigences d'ordre matériel ne sont jamais assez formelles pour imposer des proportions précises ; elles ne donnent que des limites, fort éloignées dans la plupart des circonstances, et elles admettent des solutions très-variées. Qui s'en préoccuperait d'une manière exclusive ne saurait arrêter les lignes de son œuvre sans accorder une large part à ses caprices ou aux hasards de son crayon. Mais il n'en est pas ainsi de l'homme qui poursuit le beau, et y voit le but essentiel de l'art ; pour lui, les proportions mal définies, dont on vient de parler, ne constituent que le cadre dans lequel la composition doit se développer. Ce que son intelligence eût laissé dans le vague, son sentiment le précise ; ou du moins, s'il y a encore de l'indécision, elle ne s'exerce qu'entre des limites beaucoup plus rapprochées. Les proportions sont en effet l'une des conditions fondamentales de la beauté et du caractère d'un objet quelconque ; tel rapport de grandeur entre les principales lignes, entre les parties et le tout, exerce sur nos esprits une action qu'aucun autre n'aurait pu obtenir. Il y a une connexion intime entre les diverses dimensions de l'objet et l'impression qu'il produit ; que l'une d'elles varie, et l'impression se modifie. Il n'est forme si vulgaire, si insignifiante en apparence, qui, considérée attentivement, ne parle en quelque façon à notre esprit et ne se présente à lui comme douée d'une certaine expression, on dirait presque d'une certaine individualité. Il semble que notre âme ait une telle faculté d'expansion qu'elle puisse porter la vie sur tous les corps qu'elle envisage. Mais nous ignorons la loi qui régit ces proportions si essentielles, et elles ne se peuvent déduire que de la perception de ce beau dont elles constituent l'une des bases. Cependant elles donnent lieu à quelques considérations, peu précises sans doute, mais non pas dépourvues d'intérêt pour les esprits sérieux, et qui vont être brièvement exposées.

Que les rapports observés entre les diverses dimensions d'un support quelconque exercent la plus grande influence sur son caractère, cela est aisé à concevoir, puisque, la hauteur étant donnée, ce sont les dimensions horizontales qui déterminent évidemment le degré de résistance dont il est susceptible. Des proportions courtes auront un caractère de solidité qu'on demanderait en vain à des proportions élancées, et il y a place pour une infinité de nuances entre le point d'appui trop massif et celui qui est trop frêle, entre l'excès de lourdeur et l'excès de légèreté. Il en est de même de tout ce qui est du domaine de la stabilité, comme les épaisseurs des voûtes, les hauteurs des architraves ou des linteaux, les dimensions des consoles, etc. ; et l'on se rend facilement compte de l'action à exercer sur ces choses pour en modifier l'expression dans un sens ou dans l'autre. Le mérite consiste à s'arrêter au point convenable pour l'effet qu'on a en vue. Mais il est des proportions qui ne touchent point à la solidité, ou y importent si peu que ce n'est certes pas par là qu'elles agissent. On peut dire cependant qu'elles ont au fond le même point de départ, en ce que ce sont les propriétés de la matière, qui nous portent, souvent à notre insu, à attribuer un caractère déterminé à des formes qui, considérées en elles-mêmes, seraient sans signification. Ainsi les proportions élancées, qui témoignent de quelque dégagement des exigences matérielles, sont pour nous, entre certaines limites, des conditions de noblesse et d'élégance, à quelque objet qu'elles s'appliquent, qu'il s'agisse d'une porte, d'une fenêtre ou d'une salle ; mais, poussées trop loin, elles nous blessent, sans doute parce qu'elles présentent alors à l'esprit quelque chose de faux. Il y a, sous ce rapport dans chaque style d'architecture, une sorte d'état moyen des proportions, dont on s'écarte en plus ou en moins suivant le caractère qu'on poursuit, et qui imprime, mieux encore que tous les ornements, un cachet particulier au style qui l'a adopté. Comparez un temple de l'Égypte antique à l'une de nos cathédrales du moyen âge : par quoi serez-vous frappé dès l'abord ? évidemment par les courtes proportions de l'un et par les formes élancées de l'autre. Et il y a là autre chose que des degrés divers d'élégance ; ces proportions ont une signification plus profonde, elles prennent une valeur religieuse. Ce qui convenait aux croyances qui nous fixaient à jamais ici-bas, ne pouvait suffire à la religion qui nous donne un autre but, et nous apprend à ne voir sur cette terre qu'un point de départ. Aussi les constructions élevées par le christianisme spiritualiste du Nord, sont-elles plus élancées, témoignent-elles d'une plus ardente aspiration vers le ciel, que celles du christianisme plus ou moins sensuel du Midi et surtout de l'Orient. Dans ces églises du nord de la France, qui appartiennent au moyen âge, celles qui sont comparativement basses, bien que traitées dans le même style, sont loin d'offrir le même caractère que les autres. Il y a plus d'austérité dans les premières, plus de place pour les dilatations du cœur dans les secondes; celles-ci conviennent mieux aux chants d'allégresse, aux hymnes de reconnaissance, celles-là, à l'expression des angoisses de l'âme; ici le prédicateur se sentira plus porté à dire éloquemment les grandeurs des destinées de l'homme, là, à gémir sur ses misères. Comparez encore les impressions que vous éprouvez quand vous passez de la crypte, basse, mais pourtant largement éclairée, d'une de nos grandes cathédrales, comme celle de Bourges, dans le vaisseau élevé qui la surmonte, ou quand, de l'église inférieure de Saint-François d'Assise, vous vous rendez dans l'église haute. Elles ne se ressemblent pas assurément, et c'est aux proportions que sont dues les différences capitales.

Il est certain que la hauteur de la salle dans laquelle nous sommes exerce une influence sur la disposition de nos esprits; et peut-être, pour le dire en passant, pourrait-on se demander si la nécessité où se trouve réduite l'immense majorité de la nation de vivre dans des appartements trop bas, n'est pas aussi bien à regretter au moral qu'au physique.

Ainsi, on retrouve dans les proportions quelque chose d'analogue à ce qui se présente quand on étudie la loi des dispositions. Il y a des convenances d'ordre matériel auxquelles on est tenu de satisfaire; mais elles ne sont pas assez impérieuses pour commander d'une manière exclusive. Elles laissent place, et très-large place, à des convenances morales, qui sont en réalité de bien plus grande importance, car ces dernières influent davantage sur le caractère de l'édifice, et s'adressent plus directement à notre imagination. On se conforme aux unes pour ne pas choquer le spectateur intelligent; mais on n'obtient pas une œuvre d'art, on ne parvient pas à nous toucher, si l'on ne sait apprécier les autres et leur obéir. Les premières sont du ressort du constructeur, les secondes appartiennent exclusivement à l'artiste.

DES PROPORTIONS HARMONIEUSES.

Passons maintenant aux proportions considérées au point de vue exclusif de l'harmonie de la forme.

Harmonie des proportions.

Deux objets ne diffèrent que par les proportions relatives des parties qui les composent, et ces différences sont peu prononcées ; deux portiques, par exemple, sont composés des mêmes colonnes réunies par le même entablement, mais les espacements de ces colonnes ne sont pas identiques dans tous deux, sans différer tellement d'ailleurs que la solidité de celui où elles sont le plus écartées nous paraisse douteuse, ou celle de l'autre exagérée. L'un peut nous plaire alors que l'autre nous laissera indifférent ; l'un sera beau, l'autre ne le sera pas. D'où cela provient-il ? il est évident que c'est des proportions. Or ces proportions, ces rapports précis entre des dimensions, ces rapports qui peuvent être exprimés par des nombres, à quelle loi obéissent-ils ? Si l'on ne peut la formuler *a priori*, n'est-il pas quelques inductions de nature à mettre sur sa voie, et à venir en aide à l'architecte ? Cette question, agitée depuis des siècles, est encore controversée et ne cessera probablement pas de l'être.

Quelques passages de Vitruve ont été souvent invoqués à ce sujet, et l'on conçoit en effet que l'opinion de l'antiquité ait été considérée comme devant être de grande autorité en pareille matière. Voici ces passages :

Théorie de Vitruve.

« L'ordonnance est la disposition convenable de chaque partie d'un édifice, et
« la conformité des proportions avec la symétrie. L'ordonnance se détermine par
« une quantité, que les Grecs appellent ποσότης, et qui est un module pris dans
« l'ouvrage même pour servir de terme de comparaison entre les dimensions de
« toutes les parties [1].

« La symétrie est l'accord des membres entre eux et des parties avec l'ensem-
« ble, à cause de l'uniformité des mesures. Il en est d'un ouvrage parfait comme
« du corps humain, où il existe un rapport entre le bras, le pied, la main, le
« doigt et les autres parties. Dans les temples, par exemple, c'est le diamètre de
« la colonne ou la largeur du triglyphe qui forme le module [2].....

---

[1] Ordinatio est modica membrorum operis commoditas separatim, universæque proportionis ad symmetriam comparatio. Hæc componitur ex quantitate quæ græce ποσότης dicitur. Quantitas autem est modulorum ex ipsius operis sumptione, e singulisque membrorum partibus universi operis conveniens effectus. (Liv. I, chap. II.)

[2] Item symmetria est ex ipsius operis membris conveniens consensus, ex partibusque separatis ad universæ figuræ

« L'ordonnance d'un édifice consiste dans les proportions, que l'architecte doit
« étudier avec la plus grande attention. Or la proportion est un rapport entre des
« dimensions, que les Grecs appellent ἀναλογία. Ce rapport est la convenance de
« mesure qui existe entre une certaine partie d'un ouvrage et le tout, et c'est cette
« partie qui règle les proportions. Pour qu'un édifice soit bien ordonné, il faut
« qu'on y trouve de la symétrie et des proportions, ainsi qu'il s'observe sur le
« corps humain. Or voici les proportions que la nature a données à ce corps. La
« figure, depuis le menton jusqu'au sommet du front, à la racine des cheveux, est
« la dixième partie de la hauteur de l'homme ; la paume de la main, depuis l'ar-
« ticulation du poignet, jusqu'au bout du doigt du milieu, a la même longueur ;
« la hauteur de la tête, à partir du bas du menton, est la huitième partie de tout
« le corps ; la même hauteur se trouve par derrière, depuis l'extrémité inférieure
« du cou ; depuis le haut de la poitrine jusqu'à la racine des cheveux, on trouve la
« sixième partie, et jusqu'au sommet la quatrième. Le visage se divise en trois
« parties égales : la première, depuis le bas du menton jusqu'au-dessous du nez,
« la seconde, depuis le dessous du nez jusqu'aux sourcils, la troisième, depuis les
« sourcils jusqu'à la racine des cheveux qui couronnent le front. Le pied a la
« sixième partie de la hauteur du corps, le coude la quatrième, et il en est de
« même de la poitrine. Tous les autres membres ont aussi leurs mesures propor-
« tionnelles, et c'est en se conformant à ces mesures que les plus célèbres pein-
« tres et sculpteurs de l'antiquité ont acquis une réputation si grande et si du-
« rable. Il en est de même de toutes les parties d'un temple : elles doivent se
« rattacher à l'ensemble par des proportions convenables[1].

« Le premier soin de l'architecte doit être de prendre une mesure déterminée

speciem ratæ partis responsus : ut in hominis corpore et cubito, pede, palmo, digito ceterisque partibus symmetria est
eurhythmiæ qualitas; sic et in operum perfectionibus. Et primum in ædibus sacris, aut e columnarum crassitudinibus
aut e triglypho embates... (Liv. I, chap. II.)

[1] Ædium compositio constat ex symmetria cujus rationem diligentissime architecti tenere debent. Ea autem paritur
a proportione, quæ græce ἀναλογία dicitur. Proportio est ratæ partis membrorum in omni opere totiusque commodu-
latio, ex qua ratio efficitur symmetriarum. Namque non potest ædes ulla sine symmetria atque proportione rationem
habere compositionis, nisi uti ad hominis bene figurati membrorum habuerit exactam rationem. Corpus enim hominis
ita natura composuit, uti os capitis a mento ad frontem summam et radices imas capilli esset decimæ partis; item
manus palma ab articulo ad extremum medium digitum tantumdem ; caput a mento ad summum verticem octavæ; tantumdem ab imis cervicibus; ab summo pectore ad imas radices capillorum sextæ; ad summum verticem quartæ. Ipsius
autem oris altitudinis tertia pars est ab imo mento ad imas nares; nasus ab imis naribus ad finem medium superciliorum
tantumdem ; ab ea fine ad imas radices capilli, ubi frons efficitur, item tertiæ partis. Pes vero altitudinis corporis
sextæ; cubitus quartæ; pectus item quartæ. Reliqua quoque membra suos habent commensus proportionis, quibus etiam
antiqui pictores et statuarii nobiles usi, magnas et infinitas laudes sunt assequuti. Similiter vero sacrarium ædium membra ad universam totius magnitudinis summam ex partibus singulis convenientissimum debent habere commensuum
respensum. (Liv. III, chap. I.)

« pour établir les proportions de l'édifice. Quand il aura trouvé ces proportions
« d'après les règles, et les aura exprimées en chiffres, il appartiendra à son intelli-
« gence de les modifier en plus ou en moins, suivant ce que comporteront les cir-
« constances locales, la destination ou la beauté de l'œuvre, de telle sorte que les
« proportions ne paraissent pas altérées par ces changements, mais se montrent
« justement établies, et que la forme ne laisse rien à désirer [1]. »

Ce n'est pas très-explicite, et ce n'est pas non plus très-exact en ce qui concerne les proportions du corps humain; mais ce dernier point importe assez peu. Toujours est-il que Vitruve veut de la symétrie (ce mot étant pris dans l'acception que les Romains lui avaient donnée et non dans celle qu'il a aujourd'hui), c'est-à-dire des rapports définis entre les dimensions des diverses parties d'un édifice, et dit que ces dimensions doivent être exprimées en fonction de l'une d'elles prise pour unité; dans un temple, c'est le diamètre de la colonne qui remplit cet office. Il ajoute qu'il faut exprimer ensuite les dimensions de l'œuvre en se servant de l'unité habituelle de mesure; mais il recommande de modifier les chiffres ainsi obtenus, suivant les circonstances qui se présentent, sans dépasser toutefois certaines limites. Il remédie ainsi, par avance, à ce qu'il y a de trop absolu dans ses prescriptions ultérieures. En parlant de la composition des temples, par exemple, il dit [2] que, s'il s'agit d'un tétrastyle (temple à quatre colonnes), il faut diviser la largeur de la façade en onze parties et demie; que, si l'on veut un hexastyle, la division doit se faire en dix-huit, etc.; et que l'une de ces parties sera prise pour module, et formera le diamètre de la colonne. Il donne ensuite les autres mesures de l'édifice en fonction de ce module. Quand il décrit les basiliques [3], c'est encore la largeur qui est son point de départ; il la divise en cinq parties égales, et alloue une de ces parties en hauteur au premier rang de colonnes. Dans les théâtres, c'est le diamètre de l'orchestre qu'il prend pour module [4]. Du reste, tous les auteurs de traités d'architecture ont plus ou moins suivi cette méthode, qui a le mérite d'apporter de la précision dans l'enseignement.

---

[1] Nulla architecto major cura esse debet, nisi uti proportionibus ratæ partis habeant ædificia rationum exactiones. Quum ergo constituta symmetriarum ratio fuerit, et commensus ratiocinationibus explicati, tum etiam acuminis est proprium providere ad naturam loci aut usum aut speciem, et detractionibus vel adjectionibus temperaturas efficere, uti, puum de symmetriæ sit detractum aut adjectum, id videatur recte formatum, in aspectuque nihil desideretur. (Liv. VI, chap. II.)

[2] Liv. III, chap. III.

[3] Liv. V, chap. I.

[4] Liv. V, chap. VII.

Ainsi Vitruve se borne à demander qu'on observe, dans toutes les parties d'un édifice, les rapports de grandeurs que prescrivent les règles de l'art. Il est certaines relations consacrées entre le diamètre et la hauteur d'une colonne, entre les dimensions des diverses parties d'un entablement et celles de ses supports, entre la largeur et la hauteur d'une ouverture, entre les dimensions d'une salle affectée à un usage déterminé, etc.; ces relations s'expriment par des nombres, qui doivent être respectés, ou du moins dont on ne doit s'écarter jamais assez pour que le spectateur s'aperçoive qu'elles ont été altérées. Il y a là, en effet, une condition de beauté, dans les circonstances ordinaires; car les formes et les proportions qui constituent un système d'architecture, ne sont point arbitraires, ne sont pas choses de caprice. Accueillies par le consentement public, après des essais plus ou moins longs, revêtues de son autorité, elles représentent à la fois l'opinion que l'époque s'est formée sur le but à atteindre, et le jugement qu'elle a porté sur les solutions proposées. En montrant ce qu'on trouve beau, elles témoignent de ce qu'on juge bon. On peut donc y voir les traductions fidèles d'un ensemble de conditions, qui ne sont pas formulées sans doute, qui ont quelque chose de vague et de confus, mais qui sont senties par les esprits, et motivent implicitement l'existence des objets. Ainsi se coordonnent les principaux éléments de l'art, ainsi s'établissent ces dispositions générales et ces rapports entre les diverses parties d'un tout, qu'il convient évidemment d'observer, entre certaines limites, toutes les fois qu'on se trouve placé dans les conditions d'où elles découlent. La liberté de l'architecte n'est pas plus entravée par là que celle du peintre ou du sculpteur ne l'est par l'obligation de se conformer toujours aux proportions générales du corps humain. Or ici la comparaison de Vitruve est d'une haute portée. Elle signifie que les formes de l'architecture ont, au point de vue de l'art, une valeur analogue à celle du corps de l'homme; qu'elles sont, comme lui, constituées pour le bon et pour le beau; qu'elles ont droit au respect, et que, si leurs proportions sont susceptibles de varier, ce ne peut être qu'entre des limites assez restreintes. Ajoutons que nous prenons en une sorte d'affection les formes auxquelles nous sommes habitués, qu'elles entrent dans notre sentiment, que nous sommes disposés à leur reconnaître du mérite, et que ce qui en sort sans motif appréciable nous inspire quelque répulsion. Qu'un architecte ignorant, par exemple, nous présente des colonnes beaucoup plus élancées ou beaucoup plus grosses qu'il n'est d'usage : il péchera par insuffisance ou par excès de solidité; mais ce qui nous blessera dès l'abord, ce ne sera pas ce qu'il y aura de mauvais en réalité, ce seront les proportions inusitées que rien ne justifiera. Il est donc, dans chaque style d'architecture, des rapports de dimensions qui sont presque obligatoires, non pas tant parce qu'ils sont nécessaires à une judicieuse économie de la construction, qu'en égard à l'habitude que nous avons contractée de les trouver dans tous les édifices au milieu desquels nous vivons, et nous sommes d'autant plus sensibles aux modifications dont ils sont l'objet, que la forme à laquelle ils s'appliquent nous est plus familière. Il en est de même d'une faute de dessin dans la représentation du corps humain : elle nous blesse, non parce qu'on nous montre un corps dont la conformation ne répond pas à ses conditions d'existence, mais parce que la forme n'est pas ce que nous sommes habitués à la voir, et l'homme versé dans l'étude du dessin est bien plus susceptible qu'un autre sous ce rapport.

S'ensuit-il que les formes de l'architecture soient immuables? que les proportions admises doivent être toujours observées? Non, sans doute. Il est à remarquer d'abord que les unes et les autres dépendent d'un certain idéal, d'un certain ensemble de conditions, qui tiennent à l'état des esprits, de la science et de l'industrie, et que, si cet état vient à se modifier, elles doivent s'en ressentir immédiatement, et subir, elles aussi, des modifications plus ou moins profondes pour se mettre en harmonie avec lui. De là provient la diversité des proportions fondamentales dans les différents systèmes d'architecture qui se sont succédé. Puis, dans chacun de ces systèmes, il a toujours suffi de motiver un changement de proportions pour le faire accepter. Tout le monde sent, par exemple, que les formes de l'architecture doivent satisfaire à des conditions de stabilité, et l'on est parfaitement disposé à admettre qu'elles sortent de l'ordinaire lorsque ces conditions deviennent exceptionnelles. Supposons qu'une colonne soit chargée d'un poids très-considérable ou soit fortement sollicitée au renversement, non-seulement on pourra, mais on devra lui donner un diamètre plus fort que d'habitude ; et l'effet produit sera satisfaisant, pourvu que les circonstances qui ont engagé à cette modification soient appréciables à première vue.

La théorie de Vitruve sur les proportions est donc parfaitement acceptable dans ce qu'elle a de général ; mais, ce que notre auteur n'avait pas dit formellement, on le lui a prêté, et l'on a voulu appuyer de son autorité une théorie à laquelle les passages cités plus haut ont peut-être effectivement donné naissance. Cette théorie veut que les proportions des diverses parties d'un édifice soient réglées par des rapports simples entre les nombres, expression plus facile à comprendre qu'à définir en termes précis.

<small>Théorie des architectes modernes.</small>

L.-B. Alberti, entre autres, a longuement traité ce sujet. Après avoir établi que les proportions exercent la plus grande influence sur la beauté, et s'expriment par des nombres, il dit qu'il est des nombres pour lesquels la nature semble avoir une affection particulière, que les hommes éclairés préfèrent à tous les autres, et dont les architectes se sont emparés parce qu'ils ont quelque chose de très-digne. Puis il expose les mérites divers et bien connus que les anciens attribuaient aux dix premiers nombres, mérites parfois assez singuliers, qu'il est sans doute inutile de rappeler, et il y ajoute ceux qui avaient cours de son temps, lesquels sont peut-être plus bizarres encore. Le choix à faire entre ces nombres, pour les associer, ne lui paraît pas d'ailleurs entièrement arbitraire, et, s'appuyant sur ce mot de Pythagore : « La nature est toujours la même en toutes choses », il exprime l'opinion que les rapports de nombres qui constituent les accords de la musique sont précisément ceux qui produisent sur nous une impression agréable, quand ils règlent les dimensions d'un objet. S'agit-il d'établir un rapport entre deux dimensions seulement, ce sont les quatres nombres harmoniques par excellence, les quatre premiers, qui les fournissent; mais il admet qu'ils soient quelquefois élevés au carré, et il fait une distinction entre les surfaces, suivant qu'elles sont courtes, moyennes ou longues. Il adopte trois rapports pour chacun de ces états : pour le premier, ce sont : $\frac{1}{1}, \frac{3}{2}, \frac{4}{3}$; pour le second, $\frac{2}{1}, \frac{9}{4}, \frac{16}{9}$; pour le troisième, $\frac{3}{1}, \frac{8}{3}, \frac{4}{1}$. S'il y a trois dimensions à considérer, il fait intervenir les proportions, soit arithmétiques, soit géométriques, soit harmoniques; ainsi, après avoir réglé deux des grandeurs sur les rapports précédents, il obtient la troisième en prenant la moitié de la somme des deux nombres, la racine carrée de leur produit, ou le quotient du double du produit par la somme. On voit qu'après avoir préconisé les rapports simples, il s'expose à en sortir, et abandonne les proportions musicales. Du reste il ne se le dissimule pas, car il approuve encore le rapport de la diagonale au côté du carré, ou à celui du cube, bien, dit-il, qu'on ne sache pas les exprimer en nombres. Il obtient ainsi des proportions extrêmement variées, et déclare que les architectes, en les observant, tant pour l'ensemble que pour les détails de leurs compositions, ont trouvé d'excellentes choses, dont il ne parle pas, de peur d'être entraîné à de trop longs développements. Cette réserve est-elle bien regrettable? c'est fort douteux.

PROPORTIONS.   35

Un système analogue a été exposé par d'autres écrivains de la même époque, et se découvre dans les œuvres de quelques-uns des grands architectes de la Renaissance, dans celles de Palladio et de Vignole, entre autres.

Barbaro, l'un des commentateurs les plus célèbres de Vitruve, admet des rapports de nombres bien plus divers encore que ceux d'Alberti, mais sans s'attacher davantage à les motiver. Ce sont des progressions arithmétiques dont les raisons et les points de départ diffèrent, qu'il superpose, et d'où il tire une suite de proportions. Ce sont encore les produits de ces expressions fractionnaires prises deux à deux. Sa grande préoccupation paraît être de rattacher à une loi quelconque les nombres qu'il emploie.

En France, François Blondel d'abord, puis Briseux[1], ont pris parti pour les proportions harmoniques. D'autres se sont bornés à demander que les nombres soient commensurables, sans que leur commune mesure descende d'ailleurs au-dessous d'une certaine limite, ce qui rentre tout à fait dans ce que représente de fondamental le système modulaire, dont il sera parlé tout à l'heure. Enfin on a prétendu que le carré et le cube sont les formes les plus belles de toutes celles que les lignes droites peuvent engendrer, parce que ce sont les plus simples et les plus régulières, et l'on a préconisé leurs diverses combinaisons.

Le lecteur comprend qu'il n'y a là que des opinions ou plutôt des suppositions individuelles, et qu'on a dû chercher, sinon des démonstrations rigoureuses, du moins des inductions à l'appui de ces théories. Or une induction d'une valeur incontestable eût été obtenue si ces proportions définies s'étaient montrées dans les monuments de l'antiquité auxquels une acclamation unanime a donné le titre de beaux. Aussi les recherches se sont-elles dirigées de ce côté, et ont-elles été faites avec un grand désir de succès. Eh bien! il faut le reconnaître, on n'a pas toujours réussi. Les partisans du système dont il s'agit se sont bien appuyés sur ces édifices, sont bien parvenus à les ranger sous leurs lois; mais ils se sont crus autorisés à modifier quelque peu les dimensions réelles, admettant plutôt des erreurs dans l'exécution ou dans les mesures, qu'une déviation aux règles qu'ils s'imaginaient avoir été suivies par les archi-

Proportions dans les monuments de l'antiquité.

---

[1] *Du Beau essentiel dans les arts appliqué particulièrement à l'architecture.*

tectes de l'antiquité. François Blondel, l'un des écrivains qui ont le plus sérieusement traité le sujet, ne cherche pas à dissimuler cette méthode ; il la présente comme un témoignage de son estime pour les maîtres de l'art, qu'*il traite*, dit-il, *en gens qui ont su ce qu'ils faisaient, qui ont su rendre raison de leurs ouvrages, et n'ont point travaillé en aveugles, au hasard et en tâtonnant*. Il va même plus loin : il déclare qu'il faut s'attacher, en fait de proportions, non pas à la réalité, mais à l'apparence ; de sorte qu'*il y a quantité de mesures qui ne sont nullement proportionnées en elles-mêmes* (on sait ce qu'il entend par là), *et qui ne laissent pourtant pas de nous paraître belles, parce que, dans la situation où elles sont placées, elles nous paraissent proportionnées*. Or, en se donnant pareille latitude, il est évident qu'on trouvera partout des rapports simples, ou en réalité, ou dans les intentions de l'architecte. L'œuvre la plus difforme sera aussi bien en règle, à ce point de vue, que l'édifice dont les proportions nous paraissent le plus belles.

Sans doute on découvre, dans quelques-uns des beaux monuments de l'antiquité, des rapports tellement simples entre les proportions principales qu'il est impossible de les attribuer au hasard, et qu'on y doit voir la preuve d'une intention bien arrêtée ; mais on ne peut pas dire qu'il y ait eu à ce sujet aucune prescription formelle et généralement acceptée, et peut-être y a-t-il lieu de s'en étonner quand on songe à l'amour des anciens pour les règles simples et nettes, à l'influence mystérieuse qu'ils attribuaient aux premiers nombres, et à l'espèce de culte qu'ils leur avaient voué. Voici, comme exemple, les dimensions principales de quelques façades d'édifices dont la valeur n'est pas contestée.

Parthénon	Largeur à la base.	30^m,678
	Hauteur des colonnes.	10 ,434
	Hauteur jusqu'au-dessus de l'entablement.	14 ,116
	Hauteur jusqu'au sommet du fronton.	18 ,230
Grand temple de Pœstum	Largeur à la base.	24 ,050
	Hauteur des colonnes.	8 ,855
	Hauteur jusqu'au-dessus du larmier de la corniche.	12 ,715
	Hauteur jusqu'au sommet du fronton, le chéneau non compris.	15 ,978
Temple d'Apollon, à Bassæ	Largeur à la base.	14 ,312
	Hauteur des colonnes.	5 ,953
	Hauteur jusqu'au-dessus du larmier.	7 ,844

Temple d'Érechthée, porche tétrastyle.	Largeur à la base.	10ᵐ,295
	Hauteur des colonnes.	7 ,637
	Hauteur jusqu'au-dessus du larmier.	9 ,320
Temple d'Hercule, à Cora.	Largeur à la base.	7 ,466
	Hauteur des colonnes.	6 ,188
	Hauteur jusqu'au-dessus de l'entablement.	7 ,168
Temple de la Fortune virile, à Rome.	Largeur à la base au-dessus du piédestal.	10 ,500
	Hauteur des colonnes.	8 ,100
	Hauteur depuis le piédestal jusqu'au-dessus de la corniche.	10 ,498
Temple de Minerve, à Assise.	Largeur à la base.	15 ,796
	Hauteur des colonnes.	10 ,060
	Hauteur jusqu'au-dessus de l'entablement.	11 ,809

On voit que, dans le premier de ces édifices, le rapport de la largeur totale à la plus grande des dimensions verticales est sensiblement celui de $\frac{5}{3}$; il ne s'en faut que d'une quantité de 0ᵐ,177 sur la hauteur, c'est-à-dire de $\frac{1}{100}$ environ, pour avoir exactement cette proportion, et il est permis d'admettre qu'il y a eu en cours d'exécution, non une erreur (la perfection du travail éloigne cette idée), mais une modification des mesures adoptées dès l'abord. La hauteur des colonnes est bien près du tiers de la largeur ; toutefois elle la dépasse, et si l'on accepte une réduction pour obtenir le premier rapport, il paraît difficile de croire que le second, qui exige une augmentation, ait été dans les intentions de l'auteur. Quant au rapport entre la largeur et la hauteur jusqu'au-dessus de l'entablement, il faudrait des corrections trop prononcées pour le faire approcher de la simplicité des deux autres.

Dans le temple de Pœstum, des rapports très-simples peuvent se trouver partout, mais il faut tantôt ajouter, tantôt retrancher à la hauteur, ce qui n'est pas sans jeter quelques doutes dans l'esprit. En ajoutant 0ᵐ,157 à la hauteur des colonnes, elle est dans le rapport de $\frac{5}{8}$ avec la largeur ; en retranchant 0ᵐ,70 de la hauteur totale, elle est moitié de la largeur, mais le retranchement est fort et il faut remarquer que le chéneau n'est pas compris dans la mesure. Enfin il manque bien peu de chose à la dimension verticale pour que la hauteur, jusqu'au sommet du fronton, soit dans le rapport de $\frac{2}{3}$ avec la largeur totale.

Dans le temple d'Apollon, la largeur est à la hauteur totale dans le rapport de $\frac{12}{5}$, à 0ᵐ,024 près, et elle est à la hauteur des colonnes dans celui de $\frac{11}{6}$, à

0ᵐ,068 près. Mais ces rapports sont-ils tellement simples qu'on puisse supposer qu'ils étaient explicitement dans les intentions de l'architecte?

Des mesures du temple d'Érechthée rapportées plus haut, les seules qui paraissent en proportions définies, sont celles de la largeur à la hauteur totale; elles présentent le rapport de $\frac{9}{10}$, à peu de chose près.

Il s'en faut de 0ᵐ,30 que la hauteur du temple de Cora ne soit précisément égale à la largeur; et cette différence est trop forte pour être attribuée à une erreur d'exécution, tandis qu'elle est trop faible pour qu'on puisse admettre que l'auteur du monument ne l'eût pas fait disparaître, s'il avait attaché grande importance aux rapports simples.

Il n'en est pas de même du temple de la Fortune virile : la hauteur y est précisément égale à la largeur, et il est permis de penser que ce n'est point par un effet du hasard.

Enfin, en examinant les mesures principales du temple d'Assise, on voit que le rapport de la largeur à la hauteur totale est sensiblement celui de $\frac{4}{3}$, mais qu'il n'y a pas de proportion définie entre la première de ces mesures et la hauteur des colonnes.

Multiplier ces exemples nous paraît inutile. Il semble suffisamment démontré que si les architectes ont recherché quelquefois à établir des proportions définies et très-simples entre les dimensions des grandes divisions de leurs édifices, ils s'en sont souvent abstenus ou se sont bornés à observer des relations de ce genre entre la largeur et la hauteur de la façade. Ainsi il est très-rare de rencontrer un rapport véritablement simple, comme celui de l'unité avec l'un des cinq premiers nombres, entre la hauteur d'un entablement et celle de la colonne.

Proportions modulaires.

Du reste, il est à remarquer que ce système n'est pas celui que Vitruve recommande, puisque l'architecte romain se borne à déduire une unité de mesure d'une des dimensions de l'édifice, et à s'en servir ensuite comme de régulateur pour toutes les parties de l'œuvre.

Il est vrai que Vitruve ne fractionne guère son module, lorsqu'il l'emploie pour régler les grandes divisions, et le divise en un nombre de parties assez restreint, quand il entre dans le détail, de telle sorte qu'il peut arriver de cette manière, et arrive effectivement quelquefois à une grande simplicité de rapports, non pas seulement entre les dimensions principales, mais encore entre celles des divers membres décoratifs, tels que bases, chapiteaux ou corniches. Mais cela ne se trouve pas toujours, il s'en faut de beaucoup.

Ainsi, dans son troisième livre, où il règle les proportions des temples, il obtient le diamètre de la colonne à la base, qu'il prend pour module, en divisant la longueur de la façade en 11 parties et demie, 18 parties, ou 24 parties et demie, suivant que le temple doit être tétrastyle, hexastyle ou octostyle, et il donne 8 modules et demi de hauteur aux colonnes. Les rapports entre la hauteur des colonnes et la longueur ont pour expressions respectives $\frac{1}{1,355}$, $\frac{1}{2,118}$, $\frac{1}{2,882}$, et sont, on le voit, fort loin de présenter une grande simplicité. Il en est de même pour les rapports observés entre les largeurs des portes et celles des chambranles qui les entourent; Vitruve les fixe à 5,5 dans l'ordre dorique et à 5,6 pour l'ordre ionique.

Il ne paraît pas d'ailleurs que ces rapports aient eu à ses yeux quelque chose d'absolu, et qu'il y ait vu une condition fondamentale de beauté. L'un des passages cités plus haut et quelques autres de son traité tendent à prouver qu'il ne leur accordait qu'une valeur approximative.

On est conduit à la même conclusion lorsqu'on étudie les monuments de Rome. Le système modulaire s'y montre en quelques points; mais il ne semble pas en avoir réglé rigoureusement toutes les proportions, ainsi qu'on peut le reconnaître en jetant les yeux sur le tableau suivant:

TRAITÉ D'ARCHITECTURE.

ÉDIFICE.	DIAMÈTRE DE LA COLONNE A LA BASE.	DIMENSIONS EXPRIMÉES EN FONCTION DU DIAMÈTRE DE LA COLONNE A LA BASE.									
		LARGEUR TOTALE.	ESPACEMENT DES COLONNES.	HAUTEUR							
				DE LA BASE.	DU FUT.	DU CHAPITEAU.	DE LA COLONNE.	DE L'ARCHITRAVE.	DE LA FRISE.	DE LA CORNICHE.	DE L'ENTABLEMENT.
	m.	d.	d.	d.	d.	d.	d.	d.	d.	d.	d.
Temple de la Fortune virile, à Rome...	0,971	13,553	2,151 2,099	0,500 (1)	7,441	0,401 (2)	8,342	0,633	0,566	1,012	2,211
Temple de Vesta, à Tivoli........	0,754	17,545	1,887	0,276	8,185	1,000	9,459	0,498 (1)	0,645	0,524	1,667 (3)
Temple de Minerve, à Assise......	1,050	15,336 (4)	1,860 (5)	0,457	8,375	0,955	9,767	0,575	0,560	0,563	1,648
Panthéon de Rome, porche......	1,477	26,773	2,139	0,494 (6)	8,079	1,141 (7)	9,714	0,698 (8)	0,651 (9)	0,899 (10)	2,248 (11)
Temple d'Antonin et Faustine, à Rome..	1,478	15,780	1,520 (12)	0,496 (6)	7,870	1,145 (7)	9,511 (13)	0,722	0,677	0,875	2,274 (14)
Porche du portique d'Octavie, à Rome..	0,196	14,697	1,762 (15) 1,707	0,500 (1)	7,983 (16)	1,160 (17)	9,643	0,741	0,525	0,909	2,175 (18)

(1) $\frac{1}{2}$ D.
(2) $\frac{2}{5}$ D.
(3) 1 D $\frac{2}{3}$.
(4) 15 D $\frac{1}{3}$.
(5) Valeur moyenne déduite de quatre entre-colonnements.
(6) $\frac{1}{2}$ D ?
(7) 1 D $\frac{1}{7}$.
(8) $\frac{7}{10}$ D.
(9) $\frac{6,5}{10}$ D.
(10) $\frac{9}{10}$ D.
(11) 2 D $\frac{1}{4}$.
(12) 1 D $\frac{1}{2}$?
(13) 9 D $\frac{1}{2}$.
(14) 2 D $\frac{1}{4}$?
(15) 1 D $\frac{3}{4}$?
(16) 8 D.
(17) 1 D $\frac{1}{6}$.
(18) 2 D $\frac{1}{6}$.

Le lecteur peut juger que si l'intervention du module se manifeste parfois assez nettement, surtout sur les bases et les chapiteaux, elle est fort éloignée de se traduire par des rapports simples pour la plupart des dimensions. Il remarquera aussi que les proportions du Panthéon diffèrent sensiblement sur plusieurs points de celles du temple d'Antonin, quoique les colonnes de ces édifices aient le même diamètre.

Module des temples grecs. L'action du module a-t-elle été la même dans les monuments de la Grèce? On est porté à le croire, lorsque, conformément à la théorie de Vitruve, on prend pour module soit le diamètre, soit le rayon de la colonne à la base. On n'arrive que très-rarement à exprimer les dimensions des principales parties des édifices en nombres entiers ou en fractions simples du module, et l'architecture grecque semble s'écarter, plus encore que celle de Rome, du système modulaire. Mais M. l'ingénieur en chef Aurès vient de prouver, dans des mémoires très-remarquables[1], que les Grecs, et même les Romains, ont souvent pris pour module le diamètre moyen de la colonne et non le diamètre à la base. En partant de cette donnée et en substituant les mesures antiques aux mesures modernes dans ses calculs, il a découvert des lois de nombres très-curieuses dans la plupart des monuments qu'il a soumis à ses laborieuses investigations.

Ainsi, qu'on prenne le Parthénon, par exemple : le diamètre des colonnes à la base, en le mesurant entre deux arêtes opposées, est égal à $1^m,897$, et les espacements des colonnes, d'axe en axe, la hauteur des colonnes, celle des chapiteaux, celle de l'architrave, ont pour valeurs respectives : $4^m,299$, $10^m,434$, $0^m,850$ et $1^m,346$, soit, en adoptant le diamètre pour unité : $2^d,266$, $5^d,50$, $0^d,448$ et $0^d,709$. Il n'apparaît là aucun autre rapport défini que celui du diamètre à la hauteur, tandis que si l'on avait admis pour module le diamètre moyen, c'est-à-dire la moitié de la somme du diamètre supérieur et du diamètre inférieur $\frac{1^m,897 + 1^m,481}{2} = 1^m,689$, on aurait eu pour ces mêmes valeurs, exprimées en fonction du diamètre : $2,545$, $6,177$, $0,503$ et $0,797$, qui approchent assurément beaucoup des expressions simples : $2\frac{1}{2}$, $6\frac{1}{6}$, $\frac{1}{2}$ et $\frac{4}{5}$. Le triglyphe, ornement dont Vitruve fixe la largeur au rayon de la colonne, a $0^m,844$, et se trouve par conséquent conforme à la règle, tandis qu'il n'est que les $0,44$ du diamètre à la base.

Il en est de même pour le grand temple de Pœstum. Si l'on adopte le diamètre moyen pour unité, on trouve des rapports simples qui échappent lorsqu'on veut s'appuyer sur le diamètre à la base[2].

Ces lois de nombres ressortent avec beaucoup plus de netteté quand on exprime les dimensions, non pas avec notre unité de mesure, mais avec celle qui était en usage à l'époque de la construction; puisqu'on se trouve naturellement conduit à rectifier les cotes qui ont été prises au mètre, de manière qu'elles puissent s'exprimer convenablement en mesures antiques. Ainsi, par exemple, qu'une cote ait

---

[1] Mémoires de l'Académie du Gard. Nîmes, 1860. *Étude des dimensions du temple de Pœstum.* 1868.

[2] Il est remarquable que la même observation s'applique à un temple construit près de Rome, mais dans un style qui tient beaucoup de la Grèce, au temple d'Hercule, à Cora. Ses proportions paraissent se rapporter au diamètre moyen, tandis que la plupart de celles des temples romains ont le diamètre à la base pour point de départ, conformément aux prescriptions de Vitruve.

pour expression métrique un chiffre qui se traduise en 53 dactyles et $\frac{1}{7}$, il sera très-probable qu'une légère erreur aura été commise dans les métrés, et qu'il y a lieu de corriger, en supposant que la vraie mesure était 53 dactyles. La correction à faire se bornera à retrancher $2^{mm},7$.

M. Aurès a trouvé, par ce mode de procéder, de très-singuliers rapports de nombres dans plusieurs temples grecs et notamment dans le Parthénon. Il montre que le nombre 7, dont on sait la mystérieuse puissance aux yeux des anciens, joue un grand rôle dans ce monument et s'y rencontre presque partout.

Ainsi donc la théorie de Vitruve se trouve confirmée, dans une certaine mesure, aussi bien en Grèce qu'à Rome, et il y a même lieu de supposer qu'on y a fait parfois intervenir quelques-uns de ces nombres cabalistiques dont les doctrines de Pythagore proclamaient les vertus, et que nous n'avons pas retrouvés tout à l'heure quand nous avons voulu comparer simplement entre elles les principales dimensions de quelques édifices.

<small>Proportions dans les autres arts du dessin.</small> Mais on peut se demander si c'est bien à ces combinaisons de nombres que quelques monuments antiques doivent leur beauté. Si grande que soit d'ailleurs l'autorité du Parthénon et d'autres temples grecs, il est une autorité toute différente qui avait quelques droits à être consultée, et qu'on a trop négligée : nous voulons parler de celle des autres arts du dessin. Si ces rapports simples entre les longueurs des lignes constituaient une condition de beauté, si le rhythme avait pour nos yeux la même valeur que pour nos oreilles, le peintre et le statuaire devraient y avoir égard aussi bien que l'architecte. Eux aussi seraient tenus de se conformer à des lois de nombres, et ces lois on les retrouverait dans leurs chefs-d'œuvre. Ils procéderaient à la manière des architectes qui ont adopté la théorie dont il s'agit : après avoir obtenu de leur sentiment une solution jugée par eux satisfaisante, ils la soumettraient au compas et au calcul, et la rectifieraient, en y introduisant ces précieuses et indispensables proportions au moyen de modifications en plus ou en moins, enfermées d'ailleurs en de justes limites. Or personne n'ignore qu'il n'en est pas ainsi; que si les proportions du corps humain sont susceptibles d'être traduites par des nombres, ce n'est que d'une manière approximative, et que le soin de préciser les formes appartient à l'art et non à la géométrie. Partout se montre le beau à qui sait

le sentir, et ses conditions ne sont certainement pas celles où l'on voudrait l'enfermer. Voyez le ruisseau qui serpente dans la vallée plantureuse, le vieux chêne au tronc couvert de lierre, les Alpes avec leurs cimes déchiquetées et leur couronne de neige ; voyez dans les mains de cette jeune fille le bouquet de fleurs des champs qu'elle a cueillies dans la forêt voisine : où sont les proportions définies ?

Notre œil n'a pas d'ailleurs même valeur que notre oreille, en tant qu'instrument de précision. Il est sujet à bien plus d'erreurs ; de sorte que, sous ce rapport du moins, il n'y a pas lieu à l'espèce d'assimilation qu'on a voulu établir. Nous percevons le même nombre de vibrations sonores quelle que soit notre position relativement à l'objet qui les produit et quelles que soient les circonstances extérieures, tandis que ces choses influent sur les apparences. Outre les effets de la perspective linéaire, que notre jugement rectifie jusqu'à un certain point, il est beaucoup d'autres illusions d'optique, et nous pouvons en citer quelques-unes sans sortir de notre sujet.

Il y a d'abord les phénomènes bien connus de l'irradiation, qui ont pour effet d'amplifier à nos yeux un corps lumineux se détachant sur un fond obscur. Un objet blanc ou fortement éclairé nous paraît plus étendu qu'un autre objet de mêmes dimensions placé dans les mêmes circonstances, mais coloré en noir ou situé dans l'ombre. Exposez la figure 6 de la planche 1 à une vive lumière, et éloignez-vous-en de quelques mètres ; les parties blanches de cette figure vous sembleront plus larges que les noires, quoiqu'elles soient de mêmes dimensions, et que le dessin ait reçu une disposition qui devrait avertir et préserver de l'erreur. L'effet résultant d'une proportion donnée varie donc avec l'éclat de l'objet. Telle colonne qui paraîtra bien proportionnée si elle se dessine sur un espace obscur, pourra être jugée trop maigre si elle se détache sur un fond lumineux, et nous sommes portés à attribuer un plus fort diamètre à une colonne exécutée en marbre blanc qu'à une colonne de mêmes dimensions qui serait formée de marbre noir.

L'apparence d'une surface varie encore avec la nature des divisions qu'on y introduit. Voyez les figures 13 et 14 de la même planche : la première vous semblera plus large que haute, tandis que la seconde vous produira l'effet opposé, et cependant toutes deux sont carrées. Cela provient sans doute de ce qu'un objet paraît d'autant moins large qu'il est plus long ; les lar-

Considération physiologique

geurs des divisions ne sont pas estimées par nous à leur juste valeur, et la réduction erronée que nous faisons subir à chacune d'elles tend à réduire la valeur relative de la hauteur dans le premier cas et à l'augmenter dans le second. Peut-être aussi cette sensation d'une forme élancée que nous donnent les divisions verticales exerce-t-elle une certaine influence sur le jugement que nous portons. Quoi qu'il en soit, le fait est incontestable, et il est reconnu journellement par une autorité qu'il est assurément permis d'invoquer en matière de goût, par les femmes, qui, suivant qu'elles se jugent intéressées à amplifier ou à réduire, donnent la préférence aux robes claires ou aux robes foncées, aux rayures horizontales ou aux rayures verticales, et cela souvent même au risque de s'éloigner quelque peu de la mode régnante. Ainsi, une même forme nous apparaîtra sous des proportions différentes, suivant la disposition des lignes qu'on y aura tracées. Voici une colonne lisse; ajoutez-y des cannelures, et elle s'élancera immédiatement. Voici une façade qui n'est percée que de fenêtres; divisez-la par des pilastres, et vous lui trouvez plus de hauteur.

Or toutes ces erreurs que notre jugement est inhabile à rectifier, nous ne pouvons pas les faire entrer rigoureusement en ligne de compte, parce que leur importance varie à l'infini suivant les circonstances, de sorte que si l'on admettait la possibilité de régler les proportions par des rapports simples, il faudrait reconnaître la nécessité de corrections plus ou moins prononcées, sur lesquelles notre goût serait seul appelé à décider en dernier ressort. Mais ce ne serait pas en passant à d'autres rapports simples qu'on pourrait compenser les illusions de notre organe, car ce serait faire presque toujours une trop large part à l'erreur. On retomberait donc forcément dans cette indétermination dont on avait cru pouvoir sortir; avant d'atteindre au but, on serait obligé de renoncer au guide dans lequel on avait mis sa confiance.

Comment les proportions définies devraient être appliquées. — Enfin ces mesures si précieusement calculées par l'architecte partisan de la théorie qui nous occupe, entre lesquelles il est parvenu à introduire les rapports les plus simples, ne sont souvent que des êtres de raison, de véritables abstractions. Des proportions définies règlent les saillies et les hauteurs des divers membres d'une corniche, par exemple, mais ce ne sont pas là les dimensions que perçoit le spectateur; ce qui le frappe, ce sont des moulures plus ou moins inclinées, plus ou moins contournées; ce qui pourrait produire sur sa vue une sensation analogue à celle que déterminent les vibrations sonores sur son appareil auditif, ce ne sont pas les valeurs attribuées à ces lignes verticales et horizontales, ce seraient les espaces angulaires que remplissent les objets sur lesquels se fixent ses regards. Il en est de même de tous les corps qui affectent en réalité des formes essentiellement différentes de celles qui leur ont été attribuées dans le dessin géométrique de l'architecte. Ni le diamètre, ni même la hauteur d'un corps cylindrique, que ce soit une colonne, un vase ou un monument, ne se manifestent à notre vue d'une manière précise. Le diamètre apparent résulte de l'espace angulaire compris entre deux tangentes parties de l'œil, et la hauteur prend diverses valeurs suivant la position, par rapport au spectateur, de la ligne verticale sur laquelle on la mesure. Ce serait donc, là encore, entre des espaces angulaires qu'il faudrait établir les rapports simples, et non pas entre des lignes qui ne sont qu'idéales. Mais les valeurs de ces espaces dépendent essentiellement de la position du point de vue, et il en est de même des rapports de dimensions entre des objets inégalement distants du spectateur. De sorte que l'objet qui résonnerait juste (qu'on nous passe l'expression), vu d'un certain endroit, résonnerait faux de tout autre point de vue, si l'optique avait des lois d'harmonie analogues à celles de l'acoustique. Les œuvres plastiques ne paraîtraient belles que du point pour lequel elles auraient été conçues; envisagées de plus près, de plus loin ou dans une autre situation, elles devraient nous choquer. Or tout le monde sait qu'il n'en est pas ainsi, et que si la position du point de vue n'est pas indifférente, elle est bien loin d'exercer une pareille influence. Sans doute on n'est pas rigoureusement en droit de conclure de ce fait d'expérience la négation des lois dont il s'agit, et l'on peut n'y voir qu'une preuve du défaut de sensibilité de notre organe visuel; mais il n'y aurait là qu'une hypothèse sans vérification possible, et par suite sans autorité, et nous sommes d'ailleurs parfaitement fondés à regarder comme non avenues des lois qui sont sans action sur nous.

Il est assurément étrange qu'une question de cette nature ait été aussi longuement discutée, ait préoccupé tant de bons esprits et, on peut le dire, avec une sorte de passion, sans qu'il soit venu à personne l'idée de la soumettre à une expérience directe. Au lieu de chercher si péniblement à s'assurer du sentiment de l'antiquité à ce sujet, et d'accumuler tant de considérations théoriques dépourvues de points d'appui sérieux, il était bien plus simple (nous n'osons pas dire plus naturel, puisqu'on ne l'a pas fait) d'examiner l'effet que produisent des objets

<small>Proportions définies soumises à l'expérience.</small>

doués de ces proportions préconisées, lorsqu'ils sont réduits à ce seul mérite. Rien n'était plus facile que de reconnaître s'il y a entre les perceptions des deux sens, de l'ouïe et de la vue, l'analogie sur laquelle on s'appuyait. Un accord musical nous cause une sensation agréable lors même qu'il est isolé, et quel que soit l'instrument qui le produit; l'oreille reconnaît immédiatement si un accord est juste ou faux, c'est-à-dire si les nombres de vibrations sont ou non en proportion convenable. En est-il de même des accords de lignes? Divisez une même ligne en un certain nombre de parties, ou placez l'une à côté de l'autre des lignes de diverses longueurs, et la question devra, ce semble, être immédiatement résolue. Or, que les divisions soient faites ou les longueurs établies suivant des progressions arithmétiques, suivant des progressions géométriques, suivant les rapports qui constituent les accords des sons, ou qu'elles aient été abandonnées au hasard, ces figures vous seront parfaitement indifférentes. Vous ne distinguerez pas des autres celles qui jouissent de proportions définies.

Examinez encore et comparez les figures 7, 8, 9, 10, 11 et 12 de la planche 1. La première est un carré, la seconde et la troisième ont pour longueur la diagonale du carré établi sur le petit côté, la quatrième et la cinquième ont deux fois leur largeur en longueur, et il n'y a aucun rapport défini entre les deux dimensions de la dernière. Êtes-vous blessé par les unes et agréablement impressionné par les autres? Non, ce sont des formes sans signification, et elles ne vous touchent en rien.

Théorie de l'auteur. S'ensuit-il que les lignes d'une composition harmonieuse ne sont pas rattachées entre elles par une loi de nombres? Évidemment non. Le nombre est dans les lignes comme dans les vibrations, et les harmonies de la forme sont par conséquent susceptibles d'être exprimées par des chiffres aussi bien que celles de l'acoustique. Les considérations qui viennent d'être exposées n'infirment que la nécessité des rapports simples, et le mérite des proportions envisagées en elles-mêmes, abstraction faite de l'impression qu'elles déterminent et des formes auxquelles elles s'appliquent. Ce qui précède n'a aucune prise sur les relations d'un ordre plus élevé; car si une forme est régie par une loi susceptible d'être traduite analytiquement, elle le sera toujours de quelque point qu'on l'envisage, et même avec les modifications apparentes qu'y introduisent les erreurs de nos organes. Il se passera simplement quelque chose d'analogue à ce que produit un changement de coordonnées dans la géométrie analytique, ou l'admission d'une nouvelle cause de perturbation dans le calcul d'une orbite planétaire.

PROPORTIONS.   47

Ajoutons, puisque le mot de géométrie analytique est venu se placer au bout de notre plume, alors que le sujet ne semblait pas l'appeler, ajoutons que cette science peut jeter quelque lumière sur la question qui nous occupe. En effet, construisez fidèlement les courbes qui traduisent graphiquement des relations analytiques de divers ordres, et vous serez frappé de l'élégance et de l'harmonie de leurs formes. Suivez une autre marche : tracez une courbe, cherchez l'équation d'où elle aurait pu être approximativement déduite, déterminez une nouvelle courbe d'après cette relation algébrique, et vous reconnaîtrez, si vous avez bien opéré, que cette dernière est la plus belle des deux. Certes nous sommes fort éloigné de vouloir recommander pareille méthode ; il se perdrait bien vite l'artiste qui ne procéderait que par de longs calculs et le compas à la main ; c'est le goût seul qui doit intervenir en pareille matière, et non pas la science. Notre intention est diamétralement opposée à celle que pourrait admettre un lecteur inattentif ; en montrant que des proportions harmonieuses découlent souvent de relations très-compliquées entre les nombres, nous voulons dégager la théorie de l'art de conceptions qui ont dû se présenter naturellement à l'esprit des hommes curieux d'aller au fond des choses, qui ne sont pas sans exercer quelque séduction au premier abord, mais qui nous paraissent erronées et de nature à engager l'art dans une voie funeste. Nous n'entendons pas d'ailleurs proscrire les rapports simples ; ce que nous repoussons c'est leur nécessité, c'est la méthode de composition qui consiste à modifier par l'introduction de ces rapports les formes que le goût a dictées à l'artiste débarrassé de toute entrave.

Veut-on un autre témoignage de ce qu'il y a de faux dans la théorie que nous repoussons, et une induction en faveur des dernières considérations qui viennent d'être exposées?

Soit un trapèze régulier (pl. 1, fig. 1 à 5), comme il s'en peut rencontrer dans un dallage; on veut le diviser en sept compartiments sur sa longueur, et placer dans chacun d'eux un quadrilatère. Quelle loi suivra-t-on? La loi la plus simple consiste à leur donner même hauteur à tous. Son résultat, qui est représenté par la figure 1, est pourtant peu satisfaisant. C'est qu'il ne suffit pas d'être simple, il faut avant tout être rationnel, et il est évident qu'à moins de motif spécial et appréciable, il faut réduire les hauteurs des compartiments à mesure que les largeurs diminuent. Cette réduction dans les hauteurs peut s'opérer en ayant recours à des rapports simples; on peut suivre la progression arithmétique :

1 : 2 : 3 : 4 : 5 : 6 : 7, et c'est suivant cette méthode qu'a été tracée la figure 2. Elle est préférable à la précédente ; mais est-ce à la simplicité des rapports qu'elle le doit ? Non, car les divisions des figures 3, 4 et 5 sont plus heureuses et ne présentent pas de rapports de ce genre. La figure 3 ne fait pas diminuer les hauteurs aussi rapidement ; mais elle ne satisfait pas entièrement, elle n'est pas harmonieuse, on ne sent pas de relation entre ses diverses parties, et elles ont été en effet tracées arbitrairement. La figure 4 est meilleure ; elle obéit à une loi, elle a été tracée suivant une échelle perspective. Enfin la figure 5 paraît présenter une disposition plus agréable que toutes les autres ; et elle est conforme en effet à la loi la plus rationnelle, la plus satisfaisante pour l'esprit : celle qui veut que ces figures soient tout à fait semblables entre elles, au lieu de ne l'être qu'à peu près. Or les relations entre les hauteurs successives ne s'y expriment pas par ce qu'on appelle des rapports simples entre les nombres.

On a ici l'exemple d'une belle forme, dérivant d'une loi conçue *a priori* ; mais il faut remarquer que le problème était extrêmement simple, et que les conditions habituelles des œuvres d'art sont d'un tout autre ordre.

Presque toutes les questions de construction proprement dites, et même les plus simples en apparence, donnent lieu, lorsqu'elles sont soumises à un calcul rigoureux, à des relations de nombres extrêmement compliquées. Les rapports à observer, par exemple, entre la hauteur et la longueur d'une poutre pour résister à une pression déterminée, entre l'épaisseur d'une culée et l'ouverture de la voûte pour qu'il y ait équilibre, entre le diamètre supérieur et le diamètre inférieur d'une colonne avec la condition d'une égalité dans les pressions par unité de surface, ces rapports ne sont pas ce qu'on a appelé des rapports simples. A plus forte raison en est-il ainsi de ceux qui doivent résulter de la plupart des conditions de nos édifices, lesquelles sont de telle nature que, non-seulement nous ne pouvons les soumettre à nos calculs, mais que nous ne saurions même pas les formuler toutes. Quelques-unes d'entre elles nous sont connues sans doute, et nous les apprécions clairement ; mais il en est d'autres qui échappent à nos investigations intellectuelles, et c'est un sentiment vague, une sorte d'instinct qui révèle à l'artiste la forme qu'elles exigent. L'idéal, en pareille matière, c'est la forme absolument bonne et vraie sous tous les rapports ; de même que la beauté idéale chez l'homme est celle qui annonce la réunion de toutes les qualités physiques et morales dont il est susceptible. Or les considérations qui précèdent paraissent établir que cet idéal n'exige pas, repousse même les proportions définies entendues ainsi qu'elles l'ont été, c'est-à-dire régissant toutes les parties de l'œuvre.

Concluons donc qu'il n'y a pas lieu de considérer les proportions comme devant être réglées par des rapports simples entre les nombres, et qu'elles obéissent à des lois d'un ordre plus élevé, qu'il ne nous est pas donné de connaître dans la plupart des circonstances. Et que notre respect pour l'art nous affermisse dans la pensée que ces lois qui engendrent le beau sont précisément celles que des esprits plus ouverts déduiraient directement de la perception de toutes les conditions, d'ordre matériel et même d'ordre moral, auxquelles les œuvres d'art sont appelées à satisfaire ; qu'en fait de proportions, comme ailleurs, le beau est ce qui manifeste le bon, que l'idéal de l'un est l'expression sensible de l'idéal de l'autre.

Concluons aussi que la forme n'agit pas sur nous à la manière des compositions musicales. Ses effets paraissent être d'ordre purement spirituel, comme ceux du discours ; elle sait toucher nos âmes sans flatter un de nos sens. Une comparaison ne semble pouvoir être établie entre les perceptions de la vue et celles de l'ouïe, que si l'on prend la couleur pour l'un des termes ; car la couleur est susceptible, aussi bien que le son, de produire par elle-même des sensations agréables, en dehors de toute signification et de tout caractère. Comme lui, elle est transmise par des ondulations, et peut-être les harmonies de l'une et de l'autre obéissent-elles aux mêmes lois numériques.

Nous ne pouvons quitter ce sujet sans ajouter quelques mots sur ce qu'on a appelé l'altération des proportions, c'est-à-dire sur les modifications à introduire dans une forme donnée, pour corriger les erreurs auxquelles est sujet l'organe de la vue. On sait, et nous avons rappelé tout à l'heure que notre jugement rectifie la plupart de ces erreurs. Voici, par exemple, une allée remplie de promeneurs : l'image qu'elle présente tendrait à nous faire croire qu'elle va en se rétrécissant, et que les hommes diminuent de grandeur à mesure qu'ils s'éloignent de nous ; mais nous ne nous laissons pas prendre à ces fausses apparences. L'expérience nous a appris que les objets paraissent d'autant plus petits qu'ils sont vus à plus grande distance, et tantôt nous nous servons de la petitesse des objets pour apprécier leur éloignement, tantôt du sentiment que nous avons de la distance pour juger de leurs dimensions. Souvent même nous avons recours simultanément à ces deux choses pour asseoir notre opinion. Ce que nous savons

Altération des proportions.

ou ce que nous présumons sur la forme de l'objet nous vient aussi puissamment en aide pour éviter les erreurs dans lesquelles le mode de perception pourrait nous entraîner. Mais ces guides précieux ne sont pas tellement sûrs que nous puissions nous appuyer sur eux en toute confiance; le jugement que nous portons sur la forme qui frappe notre vue repose en définitive sur des hypothèses, sur des appréciations, qui, fondées dans la plupart des circonstances, ne le sont pas toujours et deviennent alors des causes d'erreurs. Cette allée que nous croyons de même largeur, et dont nous jugeons, jusqu'à un certain point, la longueur par la différence que nous observons entre les amplitudes apparentes de ses deux ouvertures, pourrait fort bien être comprise entre deux lignes non parallèles, et suivant que ces lignes seraient convergentes ou divergentes, en s'éloignant de nous, nous lui aurions assigné plus ou moins de longueur qu'elle n'en a réellement. Notre erreur, dans ce cas, proviendrait d'une opinion préconçue sur la forme de l'allée. Ainsi encore tout le monde a pu observer que les objets nous paraissent plus grands par les temps de brouillard que lorsque l'air est parfaitement diaphane, et cependant nous avons conscience de cette cause d'erreur; mais nous ne savons pas lui faire une part suffisante. Nous apprécions mal la distance et par suite les dimensions de l'objet. L'inverse a lieu : transportez un habitant des plaines dans les Pyrénées ou dans les Alpes ; bien qu'il sache que ces montagnes sont beaucoup plus élevées que les collines auxquelles il est habitué, il ne se rend pas un compte assez net de cette différence de hauteur pour juger sainement des distances, et il les croit toujours inférieures à ce qu'elles sont réellement.

Or ces dispositions de notre esprit, ces illusions dont notre jugement ne sait pas toujours nous garantir, tous les arts qui agissent par l'intermédiaire de la vue doivent en tenir grand compte, et surtout celui dont les compositions embrassent des espaces considérables. Mais jusqu'à quel point convient-il de s'en préoccuper, comment faut-il y avoir égard? telle est la question, et fort délicate dans chaque cas particulier, elle est presque impossible à résoudre en termes généraux. Il ne s'agit pas en effet de disposer un objet de telle sorte que, vu d'un certain point, il affecte une forme déterminée; s'il était réduit à ces termes, le problème ne serait plus qu'affaire de géométrie descriptive. Ce n'est pas une image qu'on poursuit, c'est une certaine impression à produire sur l'esprit, et ce n'est pas aux yeux, c'est au jugement qu'il faut venir en aide. Voici une colonne qui est vue en raccourci : peu importe que l'image produite sur notre rétine la montre trop courte, si l'on est disposé à la croire de bonnes proportions ; et réciproquement, peu importe qu'elle soit bien proportionnée, si l'on ne peut s'apercevoir de cette qualité. Il est donc des circonstances où, à raison du défaut de sûreté de notre jugement en pareille matière, il convient d'altérer les proportions d'un objet de telle sorte qu'elles paraissent bonnes ; et l'expérience démontre que cette colonne devra être en réalité plus élancée qu'on ne la veut montrer, sous peine d'être jugée trop massive. Et ce n'est pas seulement sur les proportions générales qu'il y a lieu d'agir : c'est sur toutes les parties de la composition, et toujours dans le même esprit, de manière à les maintenir dans leurs relations réciproques ; mais il faut procéder avec la plus grande réserve, et se bien garder de toute exagération. Il est essentiel que, même après l'altération qu'elles ont subie, les proportions soient toujours harmonieuses, quoique différentes de ce qu'elles eussent été si l'on eût adopté un autre point de vue, et que les ornements soient toujours beaux, quoique conçus dans un autre esprit. Les perceptions de notre intelligence ne sont jamais tellement erronées qu'une forme laide puisse produire sur nous un effet satisfaisant. Nous sommes exposés à nous tromper, nous n'apprécions pas toujours une forme à sa valeur réelle ; mais ses qualités ou ses défauts ne nous échappent jamais entièrement. De quelque côté que nous l'envisagions, nous avons toujours un sentiment plus ou moins net des choses.

Il est à remarquer d'ailleurs que, s'il est pour chaque objet, suivant sa nature et surtout sa position et son étendue, un point précis où l'on doit supposer que se placera tout spectateur intelligent, parce qu'il est le plus favorable à l'appréciation de l'objet, et s'il convient, dans les modifications de formes dont il s'agit, de se préoccuper plus particulièrement de ce point de vue, on n'est pas cependant en droit de regarder tous les autres comme non avenus. L'architecture ne peut être traitée comme ces perspectives peintes sur des surfaces courbes, qui produisent les images les plus fausses dès qu'on s'éloigne un peu de la position pour laquelle elles ont été dessinées. Ses exigences sont tout autres. Si elle ne se présente pas également bien partout, du moins faut-il que nulle part elle ne se montre dépourvue de son cachet de vérité et d'harmonie. Les supercheries, les fausses apparences ne sont point à son usage. Quand elle modifie une forme, eu égard au point de vue, ce n'est pas pour créer des illusions, loin de là, c'est pour les prévenir. Elle ne spécule pas sur les erreurs de nos sens, elle s'attache, au contraire, à y porter remède; en lui venant en aide, elle rend hommage à notre jugement, et prouve que c'est toujours à lui qu'elle s'adresse.

Les considérations précédentes n'ont rien sans doute de bien précis; mais il est aisé de juger que le sujet ne comporte pas de prescriptions formelles. Dans l'enseignement de l'art, il faut savoir se contenter de donner une direction, et l'on ne peut avoir l'ambition d'éviter à qui vous suit toutes les difficultés de la voie. C'est le goût, c'est le sentiment des convenances de la forme, c'est un tact particulier qui sont les seuls guides à écouter quand la tendance est donnée. Nous ne pouvons cependant nous résoudre à nous arrêter après avoir posé le principe, et nous essayerons de conduire vers ses applications.

S'il était donné à l'homme de voir mentalement dans l'espace avec une grande netteté, l'architecte représenterait immédiatement la conception de son esprit au moyen d'un dessin perspectif, déterminé d'après le point de vue qu'il se serait choisi, et, après s'être assuré de la fidélité de cette expression de sa pensée, il n'aurait plus qu'à convertir la perspective en un dessin géométrique, pour obtenir les mesures exactes nécessaires à l'exécution de l'œuvre. Mais cette faculté ne nous est pas donnée, ou ne l'est pas à un degré suffisant. Si pénétrés que nous soyons de notre sujet, si vive que soit notre imagination, si séduits que nous soyons par la forme qui se présente à nous, l'image qui est dans notre pensée est difficile à reproduire; la vision devient confuse au moment où l'on veut la fixer. Les diverses parties de l'œuvre ne se retrouvent que successivement, et plutôt dans la forme qu'elles doivent revêtir aux yeux de l'esprit, que dans celle qui doit frapper notre organe. Nous reproduisons par le dessin l'objet tel que notre intelligence le conçoit, mais non pas toujours tel qu'il devrait être pour se présenter ainsi après son exécution, malgré les illusions de l'optique. Les proportions que nous adoptons, parce qu'elles répondent à notre sentiment, diffèrent parfois de celles qui se déduiraient de l'image formée dans notre cerveau, s'il nous était donné de la fixer. En réalité, c'est au dessin que nous sommes obligés de nous attacher d'abord bien plutôt qu'à l'objet lui-même, et, quand nous avons traduit fidèlement notre pensée par le crayon, il peut être nécessaire de modifier cette traduction en quelques points, si l'on veut qu'elle soit encore fidèle après avoir été mise à exécution.

Quels sont ces points? Faut-il, comme l'ont cru quelques architectes, élancer toujours les proportions adoptées sur le dessin géométrique, à mesure que les objets sont situés à de plus grandes hauteurs, et augmenter en même temps les dimensions des détails, afin de remédier aux effets des raccourcis et de l'éloignement? Non, sans doute. Il y a deux cas à distinguer : l'édifice peut ou ne peut pas être embrassé d'un seul coup d'œil.

Dans le premier cas, il n'y a rien ou du moins fort peu de chose à changer, soit aux proportions, soit aux dimensions, car le dessin est alors une représentation suffisamment exacte, sous ces rapports, pourvu qu'on se place convenablement pour l'examiner et qu'on veuille s'en rendre compte. Que le dessin soit posé verticalement, s'il s'agit d'une élévation, que l'architecte le regarde en se mettant au point de vue qu'il prévoit pour l'édifice, toutes proportions gardées, c'est-à-dire en établissant les distances d'après l'échelle adoptée pour la représentation graphique, et l'image produite sur la rétine différera peu de celle qui résulterait de l'objet lui-même, surtout si les surfaces sont planes et établies à peu près sur le même plan. Les rapports entre les dimensions verticales et horizontales seront sensiblement les mêmes, ainsi que les dimensions apparentes; les ombres portées rendront un compte assez net des saillies, et, quant aux occultations produites par les corniches ou autres corps avancés, il sera facile de les apprécier et d'y avoir égard, si on le juge à propos. Mais ce ne seront pas des altérations de proportions qui devront être appelées à remédier aux inconvénients que peuvent présenter ces occultations. Pour éviter la faute on tomberait dans le vice. Ainsi, qu'une ordonnance de pilastres s'élève au-dessus d'un étage couronné par une corniche dont la saillie masquerait une partie de ces supports, on ne devra pas élancer leurs proportions à titre de correctif : l'effet produit serait mauvais, même du point de vue choisi, parce qu'on devine, au moins en partie, ce qu'on ne voit pas; et il serait plus mauvais encore pour le spectateur placé à plus grande distance. Ce qu'il y a de mieux à faire alors est d'interposer un socle entre la partie supérieure de la corniche et l'objet qu'on veut mettre tout entier en évidence. Tel a été le parti adopté par Pierre Lescot dans la cour du Louvre (Ier vol., pl. 38); cet architecte a exhaussé les piédestaux des colonnes du premier étage et les pilastres de l'attique sur des socles, auxquels il a donné beaucoup de hauteur parce que la composition devait être vue de près.

C'est ainsi qu'en avaient agi les Romains pour les attiques des arcs de triomphe de Titus et de Septime Sévère (pl. 50 et 51). On voit qu'il n'y a point là d'altérations de proportions, mais bien des dispositions spéciales prises de manière à assurer les effets qu'on avait en vue.

Le même système ne serait plus applicable ou du moins ne serait plus aussi efficace, si la partie supérieure, au lieu d'être située sensiblement dans le même plan que la partie inférieure, était établie à une certaine distance en arrière, car la hauteur d'un socle a des limites très-bornées. Il ne serait permis alors d'asseoir son jugement sur le dessin géométrique que si le point de vue pouvait être assez reculé pour que l'occultation fût peu prononcée; dans le cas contraire, il faudrait se résigner à laisser deviner les parties reléguées sur un second plan, et ne pas en tenir grand compte. Une vue perspective est d'un grand secours en pareille circonstance, elle devient même presque indispensable. Ajoutons qu'il importe surtout de bien apprécier la part à faire à notre jugement, qui est toujours appelé à compléter et à rectifier, jusqu'à un certain point, les perceptions de nos sens, et qu'il faut éviter de se créer des règles trop absolues.

Lorsque l'édifice ou le fragment d'édifice que l'on considère est en position telle, qu'il est impossible de l'embrasser d'un seul coup d'œil dans toute sa hauteur, le dessin qui représente la projection verticale de l'objet réclame des modifications plus ou moins prononcées, si l'on veut assurer à l'exécution le caractère dont il porte l'empreinte. Alors, en effet, le spectateur, obligé de lever les yeux pour voir la partie supérieure de l'édifice, est dans une position analogue à celle où il se trouverait s'il examinait une face fuyante; les dimensions apparentes des corps diminuent à mesure qu'ils s'élèvent, comme dans le second cas, à mesure qu'ils s'éloignent. Et il est à remarquer que ces réductions ne suivent pas la même loi dans l'une et l'autre des deux principales directions à considérer, c'est-à-dire dans le sens vertical et dans le sens horizontal, et que, par conséquent, elles ont pour effet d'altérer les rapports. Voyez un plan horizontal s'étendant devant vous; les longueurs décroîtront à vos yeux suivant une progression bien plus rapide que les largeurs. Si vous le divisez sur sa longueur en un certain nombre de parties égales, par exemple, de telle sorte que la plus rapprochée de vous soit représentée en perspective par un quadrilatère circonscrit à une circonférence de cercle, on ne pourra inscrire que des ellipses dans les quadrilatères suivants, et ces ellipses iront en s'aplatissant sans cesse à mesure qu'elles s'éloigneront. Si, au lieu de quadrilatères placés horizontalement, vous prenez des colonnes verticales posées bout à bout, le même phénomène se reproduira ; les hauteurs apparentes diminueront plus rapidement que les diamètres. En cet état, nul doute que notre jugement ne puisse rectifier les indications erronées transmises par nos sens, que les quadrilatères ou les colonnes les plus éloignés ne soient appréciés par notre esprit à leurs dimensions réelles ; mais en sera-t-il de même si la série de figures semblables est interrompue, et surtout si une seule de ces figures fuyantes est placée dans le lointain ? A cette question, l'expérience répond par la négative.

L'image qui, dans ces vues obliques, se peindra sur la rétine, pourrait être représentée assez exactement, si l'on projetait les divisions du plan horizontal, dans le premier cas, et celles du plan vertical, dans le second, sur un plan normal à la ligne qui divise en deux parties égales l'angle visuel du spectateur. Mais il ne faudrait pas cependant régler les proportions des objets de telle sorte qu'ils se présentent, sur la figure ainsi obtenue, avec la forme qui leur convient, parce que l'intervention du jugement ne manquerait pas de les allonger, et les ferait juger beaucoup trop élancés, comme ils le seraient effectivement. Des deux modes de projection auxquels on peut avoir recours (la projection sur un plan parallèle à la face que l'on considère, dessin qui donne des dimensions réelles, et la projection sur un plan normal à l'axe visuel, laquelle indique les dimensions apparentes), le premier offre donc des proportions qui seraient jugées trop courtes en exécution, parce que nous ne savons pas corriger complétement les erreurs de la vue ; tandis que le second, au contraire, ferait paraître les corps trop longs si l'on se réglait sur lui, parce que nous ne nous en rapportons pas aveuglément aux perceptions de nos sens. C'est entre les deux que se trouve la proportion à observer pour que l'objet réponde aux intentions de l'artiste ; mais à quelle distance ? C'est ce qu'il est impossible de préciser, d'abord parce que la position de l'axe visuel est variable, alors même que le point de vue est déterminé, puis parce que la même distance ne doit pas convenir à tous les esprits, car ils n'ont pas tous la même finesse de perception.

Heureusement tout le monde comprend qu'on n'est pas en droit de prononcer un jugement absolu sur un objet qui est vu dans des conditions défavorables ; on est alors disposé à une grande tolérance, et l'on ne demande guère qu'à ne pas être choqué.

Lorsqu'une partie d'édifice est vue ainsi de bas en haut, sans que la hauteur totale puisse être embrassée d'un seul coup d'œil, comme il se rencontre fréquemment dans les intérieurs, dans nos églises très-élevées, par exemple, il importe de prendre en très-grande considération les saillies des moulures et autres ornements placés horizontalement, car elles tendent à paraître beaucoup trop prononcées et à déterminer des occultations étendues. Il faut, en général, les tenir très-faibles, et les réduire, eu égard au point de vue, dans une proportion plus forte encore que celle qui a été adoptée pour augmenter les hauteurs.

Les architectes du moyen âge ont parfaitement compris ces diverses convenances, et y ont eu égard dans la plupart de leurs compositions. On peut citer comme exemple la belle cathédrale d'Amiens, qui est représentée sur les planches 38 à 40. Les colonnes du triforium, ne pouvant être vues qu'en dessous, ont reçu des proportions beaucoup plus élancées qu'il ne conviendrait si leur position était différente ; et leurs bases ont été relevées de manière à n'être point masquées par la corniche sur laquelle elles reposent. Le spectateur les voit tout entières, et les croit plus fermes qu'elles ne le sont en réalité.

Il peut être également nécessaire d'altérer les proportions d'un objet, soit à raison de son isolement, soit eu égard à la couleur du fond sur lequel il se détache. Ainsi une colonne isolée au milieu d'une place publique pourra paraître trop grêle, si l'on a observé l'un des rapports habituels entre le diamètre et la hauteur. Ainsi encore Vitruve recommande de donner aux colonnes angulaires d'un portique, lesquelles se détachent sur le ciel, un diamètre un peu supérieur à celui des autres, afin qu'elles paraissent bien proportionnées, et l'on remarque que cette règle a été observée dans plusieurs temples antiques.

Courbures des lignes droites.

Aux altérations de proportions peuvent se rattacher des altérations de nature toute différente, sur lesquelles une étude approfondie de quelques monuments de l'antiquité grecque a appelé, dans ces dernières années, l'attention des architectes. Il s'agit des courbes qui ont été découvertes où jusqu'alors on n'avait vu que des lignes droites.

En relevant les mesures du Parthénon avec la plus grande précision, on a reconnu que ce monument ne comportait pour ainsi dire que des lignes courbes, et d'autres temples, à peu près contemporains, ont donné lieu à la même observation. Les arêtes du dallage sur lequel reposent les colonnes du portique, celles des architraves, des frises et des corniches sont dirigées, non pas en ligne droite, mais suivant des courbes concaves par rapport à l'horizon. Ces courbes ne sont pas très-prononcées sans doute ; leurs flèches sont de 0^m,065 sur les faces principales et de 0^m,123 sur les faces latérales ; mais si l'on n'en est pas frappé au premier abord, elles se reconnaissent très-bien dès qu'on est prévenu de leur existence. Il en est de même du galbe des colonnes, qui est formé par une ligne légèrement courbe, concave par rapport à l'axe, et non par une ligne droite, comme on l'a cru pendant longtemps[1].

Dans quel but a-t-on adopté ces dispositions, qui témoignent d'une si grande sollicitude, et exigeaient tant de soins et de précision dans le travail ? Quel est leur mérite au point de vue de l'art ? Le mérite nous paraît incontestable, et quant aux motifs, voici ceux qui se présentent à l'esprit quand on étudie la question.

En premier lieu, il est probable que la pratique des constructions en charpente a exercé, encore ici, une action bienfaisante sur les constructions en pierres. On sait qu'une pièce de bois posée horizontalement sur deux appuis s'infléchit en vertu de son propre poids, et à plus forte raison, si elle a des fardeaux à supporter, et que, pour prévenir le mauvais effet qui résulterait de ce mouvement, les constructeurs expérimentés ont soin de donner à la face inférieure de leurs poutres une courbure opposée à celles qu'elles tendent à prendre. Les principales pièces de nos planchers sont concaves quand on les met en place, afin de ne pas devenir convexes. On a même reconnu qu'il convient de leur donner assez de concavité pour qu'elles en conservent toujours un peu ; car une poutre tout à fait plane nous paraît affectée de quelque convexité. Nous sommes tellement portés à croire à un mouvement avec lequel une expérience journalière nous a familiarisés, et dont nous avons même une sorte d'instinct, qu'il faut une disposition spéciale pour l'éloigner de notre pensée. Or les Grecs, qu'animait un sentiment d'art bien autrement délicat que le nôtre, n'ont pas dû se montrer plus indifférents que nous sur ce point, et quand ils ont eu à exécuter des poutres en pierre, ils ont observé une méthode qui n'était plus aussi indispensable sans doute, mais qui avait encore de sérieux motifs. Peut-être d'ailleurs le spectacle de l'horizon maritime qu'ils avaient constamment sous les yeux, n'a-t-il pas été sans influence sur leur manière de voir et d'apprécier. Cette ligne, qui se présente comme droite à notre esprit,

---

[1] Penrose. *Principles of Athenian architecture*, publication de la Société des dilettanti. Londres.

quoiqu'elle soit convexe, devait être pour eux un régulateur, et, à ce titre, aussi bien que par un effet de contraste facile à concevoir, elle exigeait que toutes celles qui étaient appelées à paraître horizontales lui fussent sensiblement parallèles, sous peine de perdre le caractère qu'on voulait leur attribuer, et de sembler courbes en sens inverse.

En second lieu, une observation attentive et un sentiment fin et profond des beautés de la création, leur avaient fait reconnaître que la ligne droite ne se rencontre jamais dans la nature; que les lignes auxquelles nous sommes portés à attribuer cette forme ne la possèdent réellement pas, et ne nous paraissent droites que parce que leur courbure est peu prononcée ; enfin que la courbe est une des conditions du beau. On trouve des surfaces planes et des lignes droites dans les figures de l'art égyptien ; il n'y en a point dans celles de l'art grec, mais il n'y a pas non plus la moindre exagération à l'opposé. La courbe est partout, mais souvent elle se manifeste à peine, et produit son effet sans qu'on ait un sentiment bien net de son existence. La modération est extrême, parce que le goût est parfait. Les Grecs ont agi en architecture de la même manière qu'en statuaire et probablement aussi en peinture. Ils ont repoussé la ligne droite ; ils ne l'ont pas plus acceptée pour les galbes de leurs colonnes que pour les poutres des plafonds ou les entablements, et, à sa sécheresse, ils ont substitué le moelleux d'une courbe à peine accusée. On croit, en voyant un de leurs chefs-d'œuvre, avoir des lignes droites sous les yeux ; mais on sent en même temps que ces lignes ont un charme tout particulier, une grâce qu'on ne leur avait pas encore trouvée, et dont elles ne paraissaient point susceptibles.

Inclinaison des verticales. — On observe dans le Parthénon des exemples d'altérations de formes d'une autre nature, et qui témoignent également du plus judicieux sentiment des convenances de l'art. Ni l'architrave, ni la frise n'ont leurs faces verticales ; ces plans sont inclinés sur l'horizon comme le serait le parement d'un mur élevé avec un talus de $\frac{1}{75}$ environ.

Il est probable que cette disposition a pour but de combattre un effet de contraste, qui, toutes les fois qu'une ligne s'élève verticalement au-dessus d'une autre ligne faisant avec elle un angle très-obtus, porte à croire que la première est inclinée en sens inverse de la seconde. Tout le monde a pu observer ce phénomène sur plusieurs des grands viaducs qui ont été construits dans ces dernières années. Dans la plupart d'entre eux, les piles sont en talus très-prononcé jusqu'à la naissance des arcs, et la construction qui s'élève verticalement au-dessus fait l'effet d'avoir été établie en surplomb à partir de ce point. Elle paraît s'élargir, parce qu'elle ne se rétrécit plus. Les personnes les plus étrangères aux choses de l'art sont frappées de ce défaut, que les dimensions considérables de l'œuvre rendent très-sensible ; mais il fallait une bien grande délicatesse de perception pour le reconnaître et vouloir l'éviter, lorsqu'une architrave était le seul champ ouvert à sa manifestation.

Plus on étudie l'art des Grecs, de ce peuple qui n'a jamais été atteint dans les voies du beau, plus on y trouve matière à admiration et précieux enseignements.

Il est enfin des altérations de formes qui sont commandées, soit par des habitudes prises, soit par le sentiment que nous avons des convenances du sujet. Nous sommes habitués, par exemple, à voir les colonnes plus larges à la base qu'au sommet : que l'on donne à l'un de ces supports une forme exactement cylindrique, et il paraîtra présenter une disposition inverse. Il faudrait réduire un peu le diamètre supérieur pour qu'on ne le supposât pas plus grand que l'autre. Élevez un mur verticalement, et, indépendamment de tout effet de contraste, il semblera être en surplomb, parce que la plupart des murs sont montés avec un léger talus. On comprend que ces phénomènes se recommandent très-sérieusement aux méditations de l'architecte, et appartiennent à un ordre de considérations qu'il ne faut jamais perdre de vue, si l'on veut approcher de la perfection.

PROPORTIONS ENVISAGÉES SOUS LE RAPPORT DES DIMENSIONS RÉELLES.

L'expérience démontre qu'il y a une relation nécessaire entre la forme d'un corps et ses dimensions réelles, de sorte que telle forme produisant un bon effet lorsqu'elle est exécutée à une échelle déterminée, ne paraît pas aussi satisfaisante, peut prendre même quelque chose de vicieux, si elle est reproduite avec des dimensions notablement plus grandes ou plus petites. Il en est ainsi dans les œuvres de la nature ; les proportions relatives de l'homme de petite taille ne sont pas exactement les mêmes que celles d'un homme de haute stature, tellement qu'à la vue d'un portrait en pied bien fait, on reconnaît immédiatement si la personne qu'il représente était grande ou petite. On peut donc dire que toute forme doit être conçue en vue de dimensions, et doit, entre certaines limites, porter témoi-

Influence des dimensions réelles.

gnage de l'échelle qui convient à son exécution. Et cette condition est d'importance d'autant plus grande pour les œuvres d'architecture qu'elles embrassent les dimensions les plus diverses, sont renfermées parfois dans un espace très-restreint, et reçoivent en d'autres circonstances un développement considérable.

Nous avons déjà eu occasion de montrer, dans la première partie de cet ouvrage, comment certaines formes, certaines proportions doivent varier avec les dimensions réelles. Pour les arcades, par exemple, on a vu que la largeur d'une archivolte doit être d'autant plus faible, par rapport à celle de l'ouverture, que cette ouverture est plus grande. On peut citer encore à ce sujet les profils de corniches, qui comportent d'autant moins de divisions qu'ils sont exécutés sur une plus petite échelle; les colonnes, qui n'admettent pas autant de cannelures quand leur diamètre est faible que s'il est considérable; et les petites saillies destinées à arrêter divers membres d'architecture, qui, donnant de la finesse à un ornement de dimensions restreintes, deviendraient exagérées si l'on faisait croître dans le même rapport et ces saillies et les dimensions de l'objet. On comprend, sans qu'il soit besoin de préciser, qu'il est une limite au-dessous de laquelle les détails tomberaient dans la maigreur, et qu'il en est une autre qu'on ne peut dépasser sous peine de les voir devenir lourds ou grossiers. On peut dire, en thèse générale, qu'une même forme doit multiplier ses divisions à mesure que ses dimensions augmentent; mais qu'il faut traiter grandement les grandes choses, et faire croître les dimensions des détails en même temps que celles de l'ensemble, sans que ce soit toutefois dans une aussi forte proportion.

Tel est l'esprit qui a dirigé l'architecture grecque et même l'architecture romaine jusqu'au temps de sa décadence. Il a le mérite d'associer la grandeur morale à la grandeur matérielle; mais il faut reconnaître qu'il n'a pas toujours celui de donner une idée bien nette de la dernière. Comparer des dimensions n'est pas, en effet, chose facile, ou du moins n'est pas une opération qui s'exécute spontanément et en quelque sorte à notre insu, tandis qu'il en est tout autrement des nombres. Ayez devant les yeux deux surfaces unies, de même forme, mais de grandeurs bien différentes : vous reconnaîtrez immédiatement que l'une d'elles l'emporte de beaucoup sur l'autre, mais vous n'apprécierez pas leurs rapports, et, à première vue, vous ne serez pas disposé à faire à la première toute la part qui lui revient. Tandis que si elles étaient divisées l'une et l'autre en parties égales, de dimensions telles que le nombre de ces divisions fût facile à lire sur toutes deux, vous ne tomberiez pas dans cette erreur, parce que votre esprit agirait sur des nombres. Il y a plus : si les divisions de la plus grande surface sont tellement multipliées qu'elles donnent lieu à quelque confusion, un effet inverse se produira presque toujours ; l'imagination aidant, on sera porté à les croire plus nombreuses qu'elles ne le sont réellement, et par suite à s'exagérer les dimensions de l'objet. Qu'une grande salle, par exemple, soit divisée sur sa longueur en trois travées, elle ne paraîtra pas aussi longue que si le nombre de ces compartiments, rétrécis en conséquence, était de cinq ou de sept. C'est par ce motif que les basiliques des premiers temps du christianisme et la plupart de nos églises du moyen âge, donnent dès l'abord une idée très-nette de leurs dimensions, paraissent même quelquefois plus grandes qu'elles ne le sont réellement. Dans ces édifices, l'espacement des points d'appui ne varie qu'entre des limites assez restreintes, de sorte que le nombre des travées est à peu près proportionnel aux longueurs. Que la longueur soit assez grande pour que ce nombre ne puisse être jugé au premier aspect, on se l'exagérera inévitablement.

Mais il ne faudrait pas croire que cet effet est d'autant plus prononcé que les divisions sont plus petites et leur nombre par suite plus considérable, car il est un point qu'on ne saurait dépasser sous peine d'arriver à un résultat diamétralement opposé. Ce phénomène a sans doute plusieurs causes. Vient en première ligne une disposition parfaitement logique de notre esprit, qui veut une certaine relation entre les dimensions de l'objet et la grandeur prise pour unité de mesure ; si la différence est trop grande, il n'y a pas netteté suffisante dans la perception, et l'on se refuse instinctivement à admettre un terme de comparaison qui ne répond pas au but, qui est sans efficacité parce qu'il est trop petit. En second lieu, et peut-être ce motif mériterait-il la priorité, en second lieu, des divisions trop étroites doivent exercer une influence fâcheuse sur nos appréciations ; elles mettent trop sous l'impression du petit pour que le sentiment du grand puisse se faire jour. Il est deux ordres d'idées qui se combattent parfois, et d'autres fois s'associent tellement qu'ils s'entraînent réciproquement jusqu'à un certain point : il y a à distinguer l'idée de la grandeur morale, et celle de la grandeur matérielle. Où la première fait complétement défaut, nous ne sommes plus disposés à attacher grande valeur à la seconde, et où la grandeur morale est tout à fait dominante, nous pouvons perdre le sentiment de la grandeur matérielle. Dans le premier cas, ce n'est point une œuvre d'art que nous avons sous les yeux ; s'il s'agit d'architecture, ce sera une bâtisse plus ou moins longue qui couvrira un espace de terrain plus ou moins considérable, nous pourrons nous rendre compte assez exactement de ses dimensions, mais sa vue nous laissera indifférents, pourra même nous blesser, parce que cette composition ne témoignera pas de l'esprit qu'elle réclamait. La grandeur morale, celle qui tient à l'ampleur de la conception, se manifeste-t-elle, au contraire, à un très-haut degré : elle semble suffire à notre âme, et peut lui causer une telle satisfaction, que nous ne songions plus à nous enquérir des dimensions effectives. Vigoureusement saisis par l'idéal, nous laissons échapper le réel, si aucune disposition spéciale ne vient nous le rappeler.

Prenons un exemple afin d'éclairer ce point fondamental de la théorie de l'art. On a dit et redit que Saint-Pierre de Rome, ce vaste monument, paraît petit au premier abord ; et les uns[1] y ont vu une sorte de mérite, qu'ils ont attribué à une scrupuleuse observation des règles de l'architecture (singulier mérite, s'il existait, et pauvres règles qui apprendraient à produire de petits effets avec de grands moyens !), tandis que d'autres y ont trouvé sujet pour exalter l'architecture ogivale du Nord, dans laquelle on ne trouve assurément rien de semblable. Mais cette assertion, si généralement admise, est tout à fait inexacte. Saint-Pierre ne paraît pas petit ; le vrai, c'est qu'il ne paraît pas grand. De la vigueur de sa composition, de l'esprit imposant dans lequel toutes choses sont traitées, de la singulière majesté de l'œuvre, résulte une impression si profonde qu'elle ne permet pas de songer aux dimensions, quand on n'en est pas préoccupé par avance. Ce qui cause aux personnes qui entrent dans Saint-Pierre une sorte de désappointement, ce qui arrête leur admiration, c'est que tout le monde a entendu parler des vastes proportions de ce monument. C'est là, en effet, la qualité la plus facile à faire connaître ; ce mérite secondaire est à la portée de tous, et, de ce qu'il ne saute pas aux yeux, une réaction naturelle de l'esprit fait penser que le monument paraît petit. Il faut dire aussi que rien dans l'édifice n'avertit, du moins d'une manière suffisante, des dimensions de l'élément qu'on est porté à prendre pour unité de mesure, c'est-à-

---

[1] Madame de Staël entre autres.

dire de l'arcade qui, répétée quatre fois, forme la longueur de la nef. Elle est colossale ; mais tout ce qui l'accompagne, les figures peintes, les statues, les divers ornements le sont également. Il lui manque un terme de comparaison dont la grandeur soit appréciable, et cette lacune n'est pas comblée par l'échelle que pourrait fournir la taille des personnes qui circulent dans l'édifice, parce que notre esprit se prête difficilement à comparer entre eux des objets de natures dissemblables.

Voilà donc deux systèmes principaux : l'un, qui a été généralement suivi pendant le cours du moyen âge, consiste à faire croître le nombre des divisions à peu près proportionnellement aux longueurs, de telle sorte qu'une nef de longueur double soit séparée de ses bas-côtés par deux fois plus d'arcades environ ; l'autre, qui est dominant dans l'architecture antique, et dont Saint-Pierre de Rome offre le type moderne le plus saisissant, agit plutôt sur les dimensions des parties que sur leur nombre, et amplifie, pour ainsi dire, l'unité de mesure dans le même rapport que l'édifice entier. Le premier donne un sentiment très-net de la grandeur matérielle, l'exagère même quelquefois, mais laisse beaucoup à désirer sous le rapport de la grandeur morale ; le second produit un effet diamétralement opposé. Pour nous, le choix ne serait pas douteux ; nous n'hésiterions pas à donner la préférence à celui-ci. Mais s'ensuit-il qu'il nous paraisse avoir été judicieusement appliqué dans le monument italien ? S'ensuit-il qu'il ne faille pas attacher d'importance à la grandeur matérielle, et qu'on doive se résigner facilement à faire le sacrifice de l'action qu'elle peut exercer ? Assurément non. En ce qui concerne Saint-Pierre de Rome, nous y reviendrons plus tard, et avec les développements qu'exige le sujet. Quant à la grandeur matérielle, le sentiment universel, l'expérience de chaque jour portant sur les objets les plus divers, établissent nettement qu'elle est de nature à produire une profonde impression sur nos esprits. Elle est un des mérites de l'art qui nous occupe. On sait quelle émotion s'est emparée de l'armée française lorsque, à la fin du siècle dernier, elle s'est trouvée tout d'un coup en présence des colossales pyramides de l'Égypte ; et ce n'est certainement pas la beauté de la forme qui a arraché des cris d'admiration à nos soldats.

Il y a donc une question importante à résoudre : celle de savoir quels sont les moyens à employer pour concilier ces deux choses, pour donner conscience des dimensions réelles sans nuire au caractère de la composition, et par suite en le rendant plus saisissant. Quelques personnes ont pensé qu'il convenait de placer, à cet effet, sur plusieurs points de l'édifice et à diverses distances du sol, des objets dont la hauteur, réglée par la destination de ces détails, fût à peu près immuable et dans un rapport déterminé avec celle d'un corps bien connu, comme le corps de l'homme, par exemple. Des balustrades établies à hauteur d'appui, des marches d'escalier, des statues de grandeur naturelle, leur ont paru fournir des échelles capables de faire apprécier sainement les dimensions de l'œuvre. Cela est vrai souvent, mais pas toujours. Si les dimensions de l'édifice sont restreintes, nul doute que la taille de l'homme ne puisse fournir une unité de mesure convenable; mais il n'en est plus de même dès qu'elles dépassent une certaine limite. Le module devient trop petit; il disparaît pour ainsi dire, en présence des vastes surfaces qui l'encadrent ; les balustrades, les statues de grandeur naturelle ne se découvrent plus à la première vue, et, quand on y fixe son attention, l'on est tenté de les croire réduites au-dessous des proportions habituelles; elles ne font pas paraître grand, elles semblent petites. Il faut pour atteindre au but quelque chose de plus sérieux et de plus fondamental ; c'est sur le fond qu'il convient d'agir, et non pas seulement sur quelques détails de la forme. Il faut adopter des dispositions spéciales, en tel rapport avec les dimensions réelles qu'elles en soient en quelque sorte les conséquences nécessaires, et paraissent ne pouvoir se concilier avec des dimensions plus fortes ou plus faibles. C'est à la disposition de l'œuvre qu'il appartient d'annoncer l'échelle. Pour obtenir d'une vaste construction l'effet qu'elle est susceptible de produire, à raison de ses dimensions, on doit n'admettre d'abord qu'un petit nombre de grandes divisions, constitutives, fondamentales; les bien accuser, puis introduire dans chacune d'elles d'autres divisions, également peu nombreuses, et établies sur des proportions s'éloignant peu de celles qui se rencontrent habituellement dans des édifices analogues à celui dont on s'occupe. Des premières découlera la grandeur morale, et les secondes feront apprécier la grandeur matérielle; l'impression produite sur le spectateur sera instantanée et complète.

Un admirable monument des Romains peut être invoqué à l'appui de cette théorie : c'est la basilique de Constantin à Rome, dont les ruines imposantes subsistent encore, et sont généralement connues sous le nom de ruines du temple de la Paix. La planche 13 en représente le plan et la coupe transversale.

La grande nef est de dimensions colossales; elle a $25^m,31$ de largeur sur $83^m,93$ de longueur, et elle ne se compose cependant que de trois travées. Si l'on s'était borné là, elle eût produit peut-être un très-grand effet, elle eût été très-imposante;

mais il eût été difficile d'en apprécier l'étendue. Aussi les Romains, qui avaient le sentiment des grandes choses et savaient les traiter, ont fait davantage; ils ont divisé chaque travée en trois parties sur sa longueur et en deux sur sa hauteur, au moyen d'arcades ouvertes dans les bas-côtés, et ils se sont bien gardés de donner à ces ouvertures de trop petites dimensions, de peur qu'elles ne fussent écrasées par celles de la nef. En voyant ainsi ces six arcades, dont il était assez facile d'apprécier les proportions, contenues dans la largeur d'un des grands arcs, il était impossible de ne pas être frappé à la fois, et de l'étendue de la salle et de l'ampleur des dispositions.

Les grandes salles des thermes, du même peuple, présentaient un caractère analogue, ainsi qu'on peut en juger à l'inspection de la planche 66. On y trouvait toujours une grande simplicité de composition, un petit nombre de divisions principales très-accentuées, puis, dans chacune d'elles, des subdivisions formées par des colonnes et des ouvertures.

On peut citer encore à ce sujet la plupart des grands monuments qui se rattachent d'une manière plus ou moins directe aux traditions de l'architecture romaine : Sainte-Sophie de Constantinople (pl. 23 à 27), dont la disposition est admirable entre toutes ; et, plus près de nous, jusque dans le moyen âge, la cathédrale d'Angoulême avec ses trois arcatures et ses deux fenêtres par travée (pl. 31 à 33), ainsi que plusieurs églises du midi de la France. Ce système si judicieux s'est même propagé dans l'architecture ogivale, où le triforium compte plusieurs ouvertures par travée, et où des arcatures multipliées couvrent les murs; mais il n'y est plus conçu avec autant d'ampleur, avec un sentiment aussi parfait des convenances morales. Appliqué sur de trop petites proportions, il divise encore ce qui est déjà trop divisé, et il amoindrit au lieu d'agrandir.

II. — DÉCORATION.

La décoration est dans l'art ce que le plaisir est dans la vie. Elle n'est pas le but, elle ne doit pas dominer, mais il faut qu'elle accompagne. Il n'est édifice si sévère ou si simple qui ne réclame quelques ornements, de même qu'il n'est existence si austère que quelques instants de joie ne la viennent égayer.

La décoration est un besoin inné chez l'homme, et qui a été plutôt réglé et modéré par la civilisation qu'amplifié par elle. Le développement des esprits, tout en lui maintenant son objet primitif et essentiel, l'agrément, a eu pour effet de lui donner un autre but d'un ordre plus élevé. Les ornements et les couleurs vives sont semés à profusion sur les ouvrages des débuts des sociétés; mais dépourvus de signification, ils sont uniquement appelés à récréer la vue. Plus tard on leur demande davantage, et ils prennent plus de valeur, bien qu'on s'en montre souvent plus parcimonieux; on leur veut une expression, le spirituel doit y mieux marquer son empreinte, et ils deviennent symboliques. Ils ne peuvent plus se borner à être agréables; il faut qu'ils soient beaux, pour nous donner pleine satisfaction.

Les ornements sont de diverses sortes : les uns, plus spéciaux à l'architecture, ont leur origine dans les données de la construction proprement dite, et affectent des formes plus ou moins géométriques; d'autres empruntent volontiers à la nature leurs formes plus libres et plus gracieuses, et sont sculptés, peints, ou même sculptés et peints à la fois. Ces divers modes de décoration peuvent être réunis dans une même œuvre, et sont d'ailleurs régis par les mêmes lois générales; toutefois il y a lieu de les envisager séparément, car chacun a ses convenances particulières.

Décoration architectonique. Le genre de décoration qui est spécial à l'architecture est essentiellement rationnel; il veut être agréable sans doute, mais il veut surtout donner satisfaction à notre intelligence, et il consiste dans la mise en évidence du système ou des matériaux de la construction. La première partie de cet ouvrage, qui en a donné de nombreux exemples, a montré comment il se plie à toutes les circonstances, et s'applique aux diverses formes élémentaires, de manière à répondre au but en conservant toujours son caractère fondamental. On a vu qu'il ne se borne pas à mettre en relief ce qu'il y a de nécessaire dans la construction, et qu'il sait imaginer des dispositions vraisemblables quand le réel ne lui fournit pas matière suffisante, ou rappeler, en cas de besoin, quelques-unes des traditions de l'art de bâtir. C'est ainsi qu'il trace des refends, qu'il applique des pilastres sur les murs et des chambranles ou des archivoltes autour des ouvertures, qu'il divise les voûtes en caissons, qu'il sépare la frise de l'architrave, et qu'il a créé une nombreuse série d'ornements symboliques, tels que les triglyphes, les consoles, les modillons, les denticules, etc. A la vérité matérielle, qui est son fondement le plus solide et qu'il ne doit jamais dédaigner, il ajoute la vérité morale, dont l'importance au point de vue de l'art n'est pas moindre assurément, et qui ouvre un plus large champ à l'imagination.

Un de ses mérites, en même temps qu'une de ses difficultés, est de réclamer plus impérieusement qu'aucun autre une très-grande perfection dans la forme ; car il est peu propre à éblouir, et son austérité n'est pas faite pour porter à l'indulgence. Sans doute il s'efforce de récréer, soit par des effets variés d'ombre et de lumière, soit par la richesse et l'éclat des matériaux, soit par d'heureuses associations de substances diversement colorées, telles que les pierres, les briques, les marbres, les bois, quelques métaux, etc. ; mais on doit reconnaître qu'il ne suffit pas toujours, et qu'un grand nombre d'édifices réclament davantage, surtout pour les intérieurs. On ne saurait nier que l'architecture, lorsqu'elle est réduite à ses seules ressources, ne fasse parfois une bien faible part à l'agrément, et ne se trouve souvent trop limitée dans ses expressions. Que la sculpture et la peinture, plus largement dotées sous ce rapport, lui viennent donc en aide et comblent ses lacunes.

La décoration qui est du ressort de la peinture ou de la sculpture diffère complétement de celle dont on vient de parler ; ses procédés, son origine, son caractère sont tout autres. Elle ne s'appuie plus sur des données matérielles ; elle ne cherche plus à rappeler des procédés de construction ; elle n'appartient plus aussi clairement à cette admirable théorie qui voit le beau dans la manifestation du bon ; si elle associe encore l'esprit à la matière, elle n'établit plus une connexion intime entre ces choses. L'ornementation n'est plus liée à l'édifice d'une manière aussi indissoluble, et ne se montre plus comme une conséquence en quelque sorte nécessaire des conditions fondamentales du sujet ; mais elle a par cela même plus de liberté, témoigne davantage de son indépendance, et, d'ordre exclusivement spirituel, est plus tranchée dans son caractère. Moins sérieuse, moins austère, elle ouvre une large porte à la fantaisie et même au caprice, et peut se plier à toutes les convenances. Elle répond plus complétement à la variété infinie des esprits et des goûts ; il n'est aucun ordre d'idées auquel elle ne puisse donner satisfaction, et elle s'adresse en même temps à un plus grand nombre d'intelligences. Elle puise à des sources plus nombreuses, elle met en œuvre des éléments plus divers, et ses formes, plus abondantes et plus expressives, sont plus susceptibles de plaire et d'agir sur notre imagination, que celles dont l'art de bâtir est la seule

Décoration peinte ou sculptée.

origine. Complément indispensable en une foule de circonstances, elle peut apporter à l'architecture, où il le faut et comme il convient, la vie, le mouvement, les pensées fines et délicates, les grâces du dessin et le charme des couleurs. C'est par elle surtout que nos édifices se mettent en harmonie avec leur temps, et portent témoignage du sentiment de l'époque jusque dans les nuances, presque impossibles à définir, qui constituent la mode.

<small>Dispositions générales.</small> Mais lorsque l'architecture appelle ainsi les autres arts à son secours, elle se réserve de les guider et de les inspirer de son esprit, tout en respectant leurs conditions d'existence et leur laissant une juste liberté. Elle ne se borne pas à tracer les limites de leurs compositions ; elle veut être sentie même dans les endroits qu'elle leur abandonne, et n'admet pas qu'ils viennent contrarier ses harmonies. Que l'œuvre du peintre ou du statuaire paraisse belle quand on l'envisage isolément; elle le désire sans doute, mais ce n'est point là ce qui lui importe. Son but n'est pas de montrer un beau tableau ou une belle composition de sculpture, mais un bel édifice; si elle recherche la beauté dans les détails, c'est pour arriver à la beauté de l'ensemble, et la variété qu'elle emprunte doit être conçue de manière à rendre l'unité plus saisissante, loin d'en être destructive. L'intervention étrangère est appelée à donner à la composition quelque chose de plus complet et de plus expressif, et ne doit pas engendrer la confusion.

L'architecte ne saurait trop se pénétrer de ces conditions, car elles sont fondamentales. Scrupuleusement observées dans toutes les grandes époques de l'art, parce qu'elles y étaient admirablement senties, elles régissent à la fois les emplacements et le caractère à assigner aux ouvrages décoratifs.

Les emplacements sont déterminés par les dispositions générales de l'édifice; ce sont des espaces trop nus qui demandent à être occupés, des organes importants sur lesquels on veut appeler l'attention, des formes trop heurtées qu'il est nécessaire de rattacher par d'habiles transitions. Tantôt l'ornementation occupe les intervalles réguliers qui séparent les éléments fondamentaux de la construction ou les principaux détails d'architecture; tantôt elle se renferme dans des cadres aux formes géométriques, tracés par la règle et le compas de l'architecte; tantôt enfin elle se développe dans le champ qui lui est ouvert, sans qu'aucune ligne spéciale indique les limites qui lui ont été posées. C'est au goût qu'il appartient de déterminer le parti à prendre, suivant les circonstances dans lesquelles on se trouve placé, et il n'est permis ni d'en prescrire, ni d'en proscrire aucun en termes absolus. On peut dire toutefois que la première de ces dispositions a quelque chose de plus conforme aux grands principes de l'art, et se recommande de l'imposante autorité de la Grèce antique. Dans le Parthénon, par exemple[1], les sculptures sont contenues, entre les principales lignes de l'architecture, dans les métopes, dans les frontons, dans la frise qui couronne les murs du naos. Il semble que la construction leur ait naturellement offert les places qu'elles occupent, et elles lui sont si intimement liées, qu'on est encore plus frappé de l'harmonie de la composition que de la beauté des formes, qui sont pourtant admirables entre toutes.

Il importe surtout d'éviter les empiétements et la confusion. Il faut sans doute savoir se départir souvent de la sévérité de style que réclament quelques monuments. Tous nos édifices ne comportent pas la dignité qui convient à des temples, et la fantaisie n'est pas sans légitimité entre certaines limites; mais on ne doit pas tomber dans la licence, et l'on n'est jamais en droit de blesser le jugement. Qu'on se garde donc, malgré de trop nombreux exemples, de permettre aux ornements de dépasser leurs limites pour interrompre les membres essentiels de l'architecture. Que les draperies des figures, par exemple, ne viennent pas s'épanouir sur des pilastres ou des corniches, et que les archivoltes elles-mêmes, si peu de saillie qu'on leur donne, ne soient pas couvertes en partie par les sculptures ou les peintures des tympans. Voyez dans les arcs de triomphe des Romains, dans ceux de Titus et de Septime-Sévère (pl. 50 et 51) entre autres, comme cette loi est observée, malgré le luxe de leur ornementation. Les figures savent se plier aux emplacements qui leur sont attribués, et ne tendent jamais à en sortir; les Renommées des arcs épousent la forme des tympans, et les bas-reliefs se renferment exactement dans les cadres qui leur sont tracés.

Cette réserve est encore de rigueur, lors même qu'il s'agit de décorations peintes, et que les lignes de l'architecture sont simplement marquées par des couleurs appliquées sur des surfaces unies; et cependant alors il y a lieu à plus de liberté. Qu'on jette un coup d'œil sur quelques-unes des planches de cet ouvrage, sur celles qui représentent des basiliques des premiers temps du christianisme, Sainte-Sophie de Constantinople, Saint-Marc de Venise, le dôme de

[1] Première partie, planches 15 et 16.

Saint-Pierre de Rome, etc., et l'on reconnaîtra comment on a su, à différentes époques, malgré la diversité des goûts, se conformer à une convenance morale, que nous nous serions sans doute borné à énoncer en peu de mots, s'il n'y avait une regrettable tendance à la méconnaître chez quelques-uns de nos architectes, qui semblent afficher le dédain de tout principe régulateur. Triste emprunt fait à une école célèbre par la bizarrerie et le mauvais goût de ses productions, à celle du Borromini.

La confusion est plus redoutable que les empiétements, parce qu'il est moins facile de l'éviter, et qu'on est plus exposé à y tomber, surtout lorsque la manie de l'ornementation a pris un grand développement. Ce défaut, l'architecture égyptienne le présente à un très-haut degré, car, dans quelques-uns de ses monuments, les hiéroglyphes couvrent les colonnes aussi bien que les murs et les plafonds; et elle y était d'autant plus portée, qu'elle n'a pas ces éléments caractéristiques, cette ossature expressive, qui, introduits dans l'art par les Grecs, se retrouvent, plus ou moins accentués, dans tous les styles d'architecture qui ont successivement dominé en Europe. Mais en revanche quelle netteté, quelle admirable lucidité dans la décoration des beaux temps de la Grèce, de cette époque unique dans la vie de l'humanité, à laquelle il faut toujours revenir, non pas pour lui demander des formes à reproduire, mais pour y puiser ces principes fondamentaux dont la vérité est éternelle. Nous avons déjà cité le Parthénon : certes l'ornementation y est abondante et riche, et voit-on qu'elle donne lieu à la moindre confusion? Loin de là. C'est que l'ossature est traitée dans un tout autre esprit que le remplissage; ce qui importe à la solidité de l'édifice conserve intactes les formes qui lui conviennent, et les sculptures n'occupent que le surplus. Les colonnes, l'architrave, les triglyphes, la corniche ressortent peut-être plus nettement encore que dans les monuments du même peuple qui n'ont pas été décorés avec autant de richesse.

Il faut donc, même en pareille matière, savoir prendre franchement son parti et le suivre sans indécision. Ou l'ornementation s'appliquera plus particulièrement sur les éléments constitutifs, sur les traits essentiels de l'œuvre, ou elle les détachera au contraire du fond par une simplicité relative; et, alors même qu'elle devrait tout envahir, il conviendrait de diversifier les formes, les saillies et les couleurs de manière à séparer clairement pour la vue ce qui doit être distinct pour l'esprit. Que la netteté d'ailleurs ne devienne pas de la rudesse, que les formes ne soient pas trop heurtées, que l'opposition des couleurs ne dégénère pas en crudité, en un mot que l'ensemble soit harmonieux sous tous les rapports; c'est là une condition non moins essentielle que la précédente.

La satisfaction donnée au jugement n'est qu'une des qualités réclamées par le goût. Dire de bonnes choses ne suffit pas; il faut qu'elles soient bien dites, si l'on veut obtenir les suffrages de l'auditoire.

Que le peintre et le sculpteur n'oublient pas surtout qu'ils sont appelés à décorer une construction, et non à faire montre de toutes les ressources de leur art. Qu'ils ne cherchent pas à dissimuler les formes sur lesquelles ils opèrent; qu'ils évitent avec grand scrupule tout ce qui pourrait en altérer l'apparence. S'agit-il de sculptures : qu'elles se rattachent bien à la place qui leur est faite; qu'elles n'aient pas de trop fortes saillies; qu'elles ménagent le mouvement; qu'elles prennent quelque chose du calme, de la sérénité, et même, jusqu'à un certain point, de la régularité de l'architecture; que, loin de se croire obligées à de serviles imitations, elles laissent reconnaître la matière sur laquelle le ciseau s'est exercé. S'agit-il de figures peintes : leur modelé devra être à peine accusé, et l'on se gardera d'une représentation trop fidèle de la nature; une perspective trop marquée, une *profondeur* trop sentie, enlèveraient au spectateur le sentiment de la forme. Les conditions de la peinture murale ne sont pas celles d'un tableau. Il y a plus de convention dans le premier cas; mais cette convention est tellement nécessaire, ressort si évidemment des données fondamentales du sujet, qu'il n'est pas besoin d'en être prévenu pour l'accepter d'emblée, et approuver pleinement les œuvres qui s'y conforment. Ce sont en quelque sorte des images que la peinture murale est appelée à représenter et non les objets eux-mêmes. Qu'elle soit donc très-sobre dans ses effets; que ses compositions soient simples et se déroulent à peu près sur un même plan; qu'elle évite les oppositions trop accentuées, les tons trop crus ou trop foncés; qu'elle préfère même un fond uni à tout autre pour détacher ses figures. La vérité dont elle doit se préoccuper avant tout est celle de l'architecture. C'est ainsi, sans doute, que cette branche de l'art avait été comprise par la Grèce antique. Tel est du moins l'esprit dans lequel la décoration peinte a été traitée à Pompéi, et, malgré la différence des styles, par les Byzantins, par le moyen âge et par les éminents artistes des débuts de la Renaissance. Plusieurs peintures exécutées récemment dans quelques-uns de nos monuments religieux prouvent du reste que l'art contemporain est entré, sous ce rapport, dans une excellente voie.

Il est encore un excès dont le goût doit préserver : c'est la confusion, ce symptôme caractéristique des époques de décadence. Même dans les édifices les plus somptueux il faut de la sobriété ; car on fatigue la vue et l'attention du spectateur quand on lui présente des objets trop multipliés. Une trop grande quantité d'ornements est destructive de l'effet et engendre même la monotonie ; ce qui est redondant devient insignifiant. Que le décorateur sache donc se borner, n'oublie pas que les oppositions sont nécessaires pour faire valoir les choses, et s'attache à alterner les parties lisses avec celles qui sont chargées de peintures ou de sculptures.

Le même sentiment des convenances morales doit faire varier le degré d'ornementation avec la nature de l'édifice, de manière à éviter les abus de la richesse et à assurer à chaque œuvre le caractère qui lui appartient. S'il est des constructions à traiter avec luxe, il en est qui réclament, plus impérieusement peut-être encore, une grande simplicité, et l'architecte doit savoir attribuer à chacune ce qui convient. Que les ornements soient prodigués partout, et ils perdront immédiatement la majeure partie de leur valeur, car ils ne réussiront plus à attirer l'attention des spectateurs blasés. Ce qui était destiné à plaire pourra même produire un effet tout opposé.

Après la disposition générale du système décoratif, examinons les détails au point de vue de leur nature et de l'esprit dans lequel ils doivent être composés.

Caractère. Les ornements devraient avoir toujours une signification, de manière à concourir autant que possible à l'expression et au caractère de l'édifice auquel ils s'appliquent. A l'impression, nécessairement un peu indécise, que produit l'architecture réduite à ses seules ressources, ils sont appelés à ajouter de la netteté. Il leur appartient de préciser convenablement ce qui serait trop confus, de réveiller dans l'esprit du spectateur les idées morales qui ont présidé à la construction, de compléter, en un mot, la représentation de l'idéal.

Symboles et attributs. Les images symboliques ont moins de valeur aujourd'hui qu'elles n'en avaient dans les sociétés de l'antiquité ; des idées plus complexes ont réclamé d'autres modes de représentation, le développement des connaissances humaines a eu pour résultat l'affaiblissement du sentiment poétique, et l'émancipation des esprits a fait oublier bien des conventions. Cependant ces images nous sont toujours précieuses, et l'on en peut tirer grand parti ; l'essentiel est de les bien choisir. Ces têtes décharnées de victimes, que quelques architectes modernes ont maladroitement empruntées à l'antiquité, sont assurément sans signification pour nous, qui ne connaissons plus de sacrifices sanglants, et elles ont en outre quelque chose de repoussant; les sphinx et les centaures ne sont plus admissibles dans l'art moderne, car ces compositions hybrides ne réveillent aucune idée dans nos esprits; les divinités de la fable, si gracieuses, si poétiques qu'elles soient, les Muses, les Grâces, Flore, Cérès, Pomone, Vénus elle-même, ne sont plus de notre temps, et il faut les laisser au peuple, favorisé entre tous, qui a su en animer la création. Mais les qualités physiques ou morales que représentaient ces dieux abandonnés existent toujours, et, quand nous éprouvons le besoin de les rappeler par des images, les formes auxquelles nous avons recours ne peuvent pas différer essentiellement de celles de l'antiquité. La beauté physique ne portera plus le nom de Vénus, mais sera encore représentée par la femme douée de toutes les perfections de la forme. Les charmes de nos jardins, les richesses de nos vergers ou de nos champs, comment les mieux rappeler que par de gracieuses femmes parées ou accompagnées de fleurs, de fruits ou d'épis abondants ? C'est une branche des connaissances humaines que vous voulez indiquer ? Quoi de plus convenable qu'une figure se livrant à une étude que caractérisent des instruments bien connus. Gardons-nous donc à la fois, et de nous traîner servilement sur les voies du passé, et de repousser systématiquement les expressions les plus légitimes, par amour pour l'indépendance et de peur d'être taxés de plagiat. Il est des images qui ne sont ni d'une époque ni d'une nation, mais appartiennent à l'humanité tout entière et à toutes les phases de son développement. Qu'on oublie, si l'on veut, les noms qui leur ont été donnés autrefois et n'importent qu'à l'histoire; mais qu'on respecte le fond, car il est permanent.

Les attributs consacrés deviennent aussi des images symboliques, et ils offrent de précieuses ressources, par cela même que leurs formes sont plus simples et n'exigent pas autant d'espace pour se développer; mais nous sommes plus pauvres sous ce rapport que les peuples de l'antiquité, et les emprunts que nous sommes souvent condamnés à leur faire rappellent des croyances trop éloignées des nôtres pour exercer une grande action sur nos esprits. Beaucoup de formes qui avaient autrefois des significations essentielles n'ont plus aujourd'hui qu'une valeur de convention. Tels sont le foudre de Jupiter, le trident de Neptune, le caducée de Mercure, l'arc et le carquois de l'Amour, les divers attributs des Muses, etc. Sans doute les emblèmes ne manquent pas plus à notre religion que les figures symboliques, et l'on sait quel admirable parti le moyen âge a su tirer des uns et des autres. Personne n'ignore la signification du triangle, de la touchante image du bon pasteur, des agneaux, du fleuve de vie, des biches altérées, de la vigne, des figures des trois vertus théologales, des attributs des apôtres, etc. La symbolique de nos vieux monuments est d'une ampleur et d'une richesse prodigieuses, et elle a enfanté de véritables chefs-d'œuvre ; mais elle ne se met pas, comme celle du paganisme, au service de nos intérêts terrestres, encore moins à celui de nos caprices ou de nos passions. Enfantées par un ordre d'idées plus élevé, ses formes ne peuvent intervenir que dans la décoration de nos monuments religieux. Entre le sacré et le profane, la ligne de démarcation est aujourd'hui nettement tranchée.

L'art ne trouve donc plus tous les secours qui lui étaient prodigués autrefois ; mais il n'est pas réduit à la pénurie. Si quelques-uns des attributs de l'antiquité ont perdu de leur mérite, d'autres se sont conservés à peu près intacts. Les fleurs, les balances de la justice, la corne d'abondance, la gerbe et la faucille, le cep de vigne, le paon orgueilleux, la tendre colombe et tant d'autres sont toujours des formes symboliques comprises de tous. Puis nos ustensiles habituels peuvent devenir d'excellents attributs entre les mains habiles de nos décorateurs : ce seront des instruments de musique, des armes, des compas, des appareils scientifiques, la palette du peintre ou le ciseau du sculpteur, etc. Les sujets ne manquent certes pas.

Allégories. — Restent enfin les allégories. On en a fait grand abus, et elles ont encouru par suite quelque réprobation ; mais le principe en est excellent. Elles ont inspiré et inspirent encore chaque jour de charmantes compositions qui, en excitant l'esprit, lui donnent satisfaction. Qu'elles soient bien conçues, qu'elles éveillent des idées convenables, qu'elles soient claires et ne dégénèrent pas en énigmes indéchiffrables, qu'elles n'imposent pas un travail où l'on demande un plaisir, et elles seront toujours bien venues. Moins nettes, moins promptes à être saisies que les symboles consacrés, elles sont susceptibles de plaire davantage, par cela même qu'elles ont plus de nouveauté. Elles admettent des formes plus libres et plus variées, et ouvrent un plus vaste champ au génie de l'artiste ; elles appellent le spectateur à apprécier plus de qualités, et par suite à éprouver plus de jouissances.

Inscriptions. — Il est encore un excellent élément de décoration : ce sont les inscriptions, puisque, elles aussi, elles introduisent de la variété et parlent à l'esprit. L'architecture arabe en a fait grand usage, et en a tiré de charmants effets. Malheureusement la forme sèche et heurtée de nos lettres n'y convient pas aussi bien, il s'en faut de beaucoup, que les riches et gracieux contours des caractères arabes. Il est des inscriptions, dans les constructions mauresques de l'Espagne et dans quelques monuments de l'Égypte et de l'Asie, qu'on prend au premier abord pour des ornements de fantaisie, pour de jolis caprices du crayon, tant les formes en sont variées et les enlacements agréables. Peut-être, si nos artistes s'exerçaient à ce genre de composition, ne leur serait-il pas difficile de modifier les caractères de notre écriture de manière à leur donner de l'agrément sans leur enlever trop de clarté, et à permettre ainsi de combler l'une des lacunes de notre système d'ornementation.

L'inscription a sur l'allégorie le mérite de la netteté, et elle répond sous ce rapport à l'une des qualités les plus saillantes de notre esprit national; elle s'associe surtout très-bien à ce genre d'images, car elle précise l'idée et la rend plus saisissante. Elle a été d'un emploi très-fréquent dans le mode de décoration de la plus belle période de l'art français, dans celui du dix-septième siècle.

Mais qu'en s'attachant à parler à l'esprit, jusque dans les plus petits détails de l'ornementation, l'architecte n'oublie jamais que cette partie de son œuvre est avant tout appelée à plaire. Mieux vaudrait, s'il fallait choisir, une conception insignifiante, mais agréable à la vue, que la composition la plus spirituelle qui blesserait le bon goût. Que les bonnes pensées se traduisent toujours en de belles images, que les sculptures soient élégantes, que les couleurs soient heureusement associées, que l'ensemble soit harmonieux : voilà les conditions auxquelles il est essentiel de satisfaire. Que la première impression surtout soit favorable. Une œuvre d'art, pour être complète, doit supporter l'examen, doit gagner à être approfondie, mais il ne lui est pas moins essentiel d'avoir quelque chose de saisissant et de plaire dès l'abord. Il n'en est pas d'elle comme d'une création de la mécanique, par exemple ; on ne doit pas être obligé de chercher ses mérites, ils doivent sauter aux yeux.

<small>Formes et couleurs.</small>

Si donc nous avons, dans ce qui précède, insisté plus particulièrement sur les qualités expressives de la décoration, il n'en faut pas conclure qu'elles soient dominantes à nos yeux. Il nous a paru légitime d'accorder aux jouissances de l'esprit la priorité sur les plaisirs sensuels ; puis nous éprouvions le besoin de réagir contre tant de banales compositions qui s'exécutent journellement à grands frais, sans témoigner nul souci de l'idée, n'attendant le succès que de la richesse des sculptures et de l'harmonie des couleurs. Ces dernières qualités, nous les apprécions fort, et si nous demandons qu'elles ne se montrent pas exclusives, nous sommes loin de méconnaître leur importance.

La couleur surtout a tant de charmes, elle exerce sur nous un tel empire, que partout où elle se montre dans toute sa puissance, il faut quelque effort de l'esprit pour exiger davantage. Chez les peintres coloristes, que de fautes de dessin ne fait-elle pas pardonner ! quel prix ne donne-t-elle pas à ces étoffes, inimitables pour nous, que l'Orient nous envoie ! Et ce n'est point une impression fugitive qu'elle produit, c'est une jouissance permanente. On ne se lasse pas d'avoir sous les yeux une harmonie de couleurs ; on se sent en présence d'une chose essentiellement bonne ; il y a là une beauté réelle. A quoi tient-elle ? Y a-t-il des lois de nombres pour les harmonies des ondulations lumineuses comme pour celles des ondulations sonores ? Ce qui est certain, c'est qu'il en est du beau dans la couleur comme du beau dans les sons ; ils nous touchent tous deux au plus haut degré, sans avoir de signification précise, et sans que nous puissions nous rendre compte des motifs de notre jouissance.

Étudier les conditions de cette harmonie si essentielle à observer dans l'association des couleurs, rechercher, autant qu'il est permis de le faire, quels sont les principes généraux qui doivent présider à la coloration, et en présenter, comme il conviendrait, de nombreuses applications, ne saurait entrer dans le plan de cet ouvrage. Pareil travail nous mènerait trop loin, et nous ferait sortir sans doute outre mesure des limites de notre compétence. Il ne serait peut-être même pas sans quelque danger ; car il tendrait nécessairement à introduire des règles où elles sont d'un faible secours, et où le sentiment doit dominer. Ce sentiment de la couleur peut se développer sans doute ; mais c'est moins par des préceptes formels que par une fréquente étude des chefs-d'œuvre de la décoration polychrome, ou, mieux encore, des œuvres de la nature, car elles offrent, à qui sait les consulter, les plus admirables harmonies de couleurs. Il ne se donne pas d'ailleurs : il est inné. Il se rencontre très-prononcé à certaines époques, chez certains peuples. On le trouve, au quinzième, au seizième et au dix-septième siècle, chez les Vénitiens et chez les Flamands où il se montre très-fin ; en France, il ne paraît jamais avoir été que le privilége d'un petit nombre d'individus ; en Orient, il a été de tout temps, et il est encore aujourd'hui porté au plus haut degré, avec une remarquable vigueur.

Cependant il est quelques données fondamentales qui peuvent prévenir l'erreur sans jamais y conduire, et que, par ce motif, nous ne devons pas passer sous silence[1].

Quelques couleurs ont une apparence de fermeté, et d'autres, au contraire, réveillent en nous l'idée de la faiblesse. Les premières doivent être plus particulièrement appliquées sur les éléments essentiels de la construction, sur ce qui constitue l'ossature de l'édifice; ce sont surtout les couleurs franches, telles que le blanc, le rouge, le jaune, le vert, le bleu. Les secondes doivent être réservées pour les remplissages; ce sont les couleurs amorties, quand elles sont peu foncées, telles que les teintes neutres, le rouge indien pâle, les tons faux ou indécis.

Les couleurs claires grandissent les objets, et les couleurs foncées produisent un effet opposé[2]. En revanche celles-ci sont plus riches, meublent davantage, reposent mieux la vue, et produisent, si elles sont heureusement combinées, une impression favorable assez difficile à définir : quelque chose comme un sentiment de bien-être. Leur inconvénient est d'être difficiles à éclairer.

Les couleurs franches, les tons heurtés et éclatants rapprochent l'objet du spectateur, et les qualités opposées procèdent à l'inverse. Il importe d'avoir égard à ces propriétés, soit pour maintenir chaque chose à son plan, soit pour faire ressortir les saillies que l'architecture n'aurait pas accusées avec une énergie suffisante. On comprend d'ailleurs avec quelle mesure il faut agir en pareille circonstance, et combien cette action des couleurs peut devenir nuisible si elle est maladroitement employée.

Autrefois quelques couleurs avaient des valeurs symboliques; c'était à la fois une entrave et un appui pour le décorateur. Aujourd'hui cette convention ne s'applique d'une manière bien formelle qu'au noir, symbole de deuil, et aux couleurs nationales, qui, en plusieurs circonstances, doivent servir de base au système décoratif.

---

[1] On consultera utilement à ce sujet le Traité de M. Chevreul sur le *contraste simultané des couleurs*. Paris, 1859.
[2] Deux églises du moyen âge offrent un exemple très-frappant de cette influence des couleurs et de la lumière : ce sont les églises de Saint-Marc, à Venise, et de Saint-Front, à Périgueux. Ainsi qu'on le verra plus tard, elles ont été construites exactement sur le même plan. La première est très-richement décorée de grandes mosaïques sur fond d'or et de marbres dont le ton général est assez soutenu ; elle est en outre peu éclairée. La seconde est entièrement recouverte d'un badigeon à la chaux et reçoit un jour abondant. Saint-Marc paraît petit, et Saint-Front paraît grand. Quand on examine l'un de ces édifices peu de temps après avoir vu l'autre, on a peine à se figurer qu'ils sont de mêmes dimensions.

Les couleurs ont aussi un caractère indépendant de toute convention. Il en est de gaies, il en est de tristes; quelques-unes disposent à la joie, d'autres à la mélancolie, ou même à une sorte de terreur. On voit à Rome, dans le palais du Vatican, quelques salles qui ont été habitées par les Borgia, et avaient été décorées sous leur inspiration. Elles servent aujourd'hui de dépôts pour la bibliothèque; les murs sont couverts de livres et les voûtes seules sont apparentes. Ces voûtes, ornées de figures du Pinturicchio, sont peintes en un bleu foncé que rehaussent quelques filets rouges et de rares dorures. Leur effet est prodigieux; il semble qu'elles vous initient à la vie intérieure de cette horrible famille, et qu'elles ont été pour quelque chose dans la conception des crimes et des monstrueuses débauches dont elles ont été les témoins. De même les couleurs tendres, qui dominaient à la cour de Louis XV, étaient en telle harmonie avec les mœurs de l'époque, que mœurs et couleurs se servent pour ainsi dire de commentaire réciproque.

En un mot, la couleur exerce sur notre esprit une action morale, dont il est, sinon impossible, du moins fort difficile de se rendre compte, et qu'il importe de prendre en très-sérieuse considération. Il appartient à l'art de tirer parti des précieuses ressources qu'elle met à sa disposition; c'est une force qu'il est appelé à maîtriser et à faire concourir à ses fins.

Le spectacle de la création, de cette divine architecture, où la nôtre trouve tant à puiser, nous montre partout la couleur, et semble nous inviter à lui confier nos œuvres pour les animer et les embellir. La coloration se présente donc comme une sorte de complément naturel des formes destinées à plaire, et alors que nous l'appliquons à profusion sur nos costumes, sur nos meubles, sur nos ustensiles, à l'intérieur de nos habitations, il peut paraître étrange que nous nous en montrions aussi parcimonieux sur nos édifices. En a-t-il toujours été ainsi? Y a-t-il là quelque chose de légitime? Ces questions s'agitent aujourd'hui dans le monde des arts; nous les examinerons brièvement.

Que la couleur soit appelée à intervenir largement dans la décoration intérieure de la plupart de nos édifices, cela n'est point contesté, et la pratique universelle le proclame nettement. Que l'association de matériaux dont les couleurs naturelles sont diverses soit susceptible de produire d'heureux effets, aussi bien au dehors qu'au dedans, on l'accorde également, et les exemples à l'appui se présentent en foule. Ce sont les temples des Romains avec leurs colonnes de marbre coloré, les combinaisons de pierres et de briques du même peuple, les assises alternativement blanches et colorées de l'architecture arabe et de l'architecture lombarde, les admirables revêtements en marbres de nombreux édifices de la Renaissance en Italie et surtout à Florence; c'est encore l'architecture française du dix-septième siècle qui, dans la plupart de ses compositions, a su combiner avec un goût parfait le marbre, la pierre et la brique. La question n'est pas là. Il s'agit de savoir s'il convient de peindre nos constructions à l'extérieur quand elles sont exécutées en matériaux unicolores, et de couvrir de peinture les intérieurs de nos grands édifices religieux, où nous sommes habitués à ne voir que de la pierre ou la teinte uniforme qui la rappelle.

Les questions de principes sont tellement difficiles à résoudre en matière d'art, l'erreur y est si facile et partant si commune, qu'on a dû s'enquérir dès l'abord de ce qui s'était pratiqué à la plus belle époque de l'art, c'est-à-dire dans la Grèce antique, et que c'est presque exclusivement sur ce point que porte la discussion. C'est même à la suite de découvertes archéologiques faites dans ces derniers temps, la plupart par un de nos architectes les plus distingués, M. Hittorff, qui a publié un ouvrage sur ce sujet[1], que l'attention des artistes s'est éveillée, et que s'est posée la grande question dont il s'agit.

Décoration polychrome dans l'antiquité.

En ce qui concerne les peintures extérieures, les faits constatés sont les suivants :

Dans plusieurs temples de la Grèce les figures sculptées se détachaient sur un fond coloré; au Parthénon ce fond était rouge;

Les triglyphes étaient habituellement peints en bleu, couleur traditionnelle qui était celle de la cire qu'on appliquait, suivant Vitruve, sur les extrémités apparentes des poutres dans les antiques constructions en bois de la Grèce;

Quelques moulures étaient couvertes d'ornements peints; c'étaient surtout celles du dessous du larmier, le bandeau séparant la frise de l'architrave, ainsi que la cimaise formant chéneau, qui, dans plusieurs temples, était exécutée en terre cuite;

On a trouvé des restes de stuc coloré en jaune sur un grand nombre de colonnes construites en pierres à gros grains.

Enfin il résulte de divers passages d'écrivains de l'antiquité que plusieurs édifices de la Grèce avaient reçu au dehors une décoration polychrome, et les ruines

---

[1] *Architecture polychrome chez les Grecs.* Paris, 1851.

de Pompéi attestent que cet usage s'était conservé dans les colonies grecques, même sous la domination romaine.

On a été plus loin : quelques indices de couleur jaune ayant été découverts en divers points des colonnes et des architraves en marbre blanc des monuments athéniens, on en a conclu que ces constructions étaient entièrement couvertes de peinture, et la polychromie complète a été présentée comme étant de règle dans l'antiquité grecque. Il est certain que si le fait était établi, que si une matière aussi précieuse que le marbre blanc, de nature à produire un aussi bon effet sur l'esprit du spectateur, avait été couverte d'une couche de peinture dans la plus belle époque de l'art, on serait en droit d'affirmer qu'il y a eu à ce sujet des règles formelles, absolues, et que pas une partie d'édifice n'a pu se soustraire à la coloration.

Mais il n'en est pas ainsi : le fait dont il s'agit est très-contestable. Les témoins oculaires sont à peu près en même nombre pour et contre ; si quelques architectes ont vu, d'autres ont cherché inutilement. On sait d'ailleurs quelle est l'action colorante du soleil sur les marbres et même sur un grand nombre de pierres. Il n'était pas nécessaire de les peindre en jaune pour leur voir cette couleur sous le beau ciel de la Grèce, et l'un des partisans de la polychromie, M. Burnouf, l'a formellement déclaré : « Si les Grecs, a-t-il dit, n'avaient peint leurs édifices, la nature l'aurait fait pour eux. »

Il est vrai que les assertions contestées peuvent être appuyées par des considérations qui ne sont pas sans valeur. On a dit qu'un marbre blanc éclairé par un soleil ardent a trop d'éclat pour nos yeux ; que les Grecs avaient trop le sentiment de l'art pour admettre la crudité qui serait résultée de tons franchement colorés se détachant sur un fond blanc ; qu'il fallait un lien à ces tons pour les amortir et donner de l'harmonie à l'ensemble. Et ces observations sont en effet conformes à notre sentiment actuel en matière de coloration. Mais rentrent-elles dans celui des Grecs ? Il est à remarquer que l'Orient n'a pas nos susceptibilités en ce qui touche à l'éclat ou à la crudité des tons ; habitué à la lumière, il n'en paraît pas craindre les exagérations. Combien de ses édifices sont peints à la chaux du blanc le plus éclatant, et montrent en quelques points des couleurs franches et vives ! S'il a des étoffes à la coloration douce et harmonieuse, n'a-t-il pas aussi ses broderies colorées se détachant crûment sur des fonds blancs ? D'ailleurs, les moulures peintes des temples de la Grèce étaient de petites dimensions, et se trouvaient placées à telle hauteur qu'elles n'étaient jamais vues de près, de sorte que les oppositions de couleurs, si vives qu'elles fussent, ne devaient rien avoir de trop heurté, parce que les rayons se croisaient avant d'arriver à l'œil du spectateur ; les fonds des sculptures étaient fort restreints et en partie masqués ; et, quant aux triglyphes, qui seuls présentaient des surfaces de quelque étendue, on sait que le bleu, quand il n'est pas foncé, ne tranche pas durement sur le blanc.

Si, à défaut de preuves matérielles, on veut avoir recours à des inductions, il en est d'une autre nature, qui n'ont certes pas moins de force que les précédentes et qui conduisent à une solution tout opposée. Il est difficile de croire que les Athéniens eussent employé dans leurs constructions de magnifiques blocs du plus beau marbre, et les eussent mis en œuvre avec la plus grande sollicitude, pour dissimuler ensuite, sous une couche de peinture, le double mérite de la matière et du travail. Qu'ils aient peint les fonds de leurs sculptures et quelques moulures essentielles, cela pouvait être une nécessité pour accentuer des saillies qui ne se seraient pas suffisamment détachées, si l'éclat eût été partout; que les triglyphes aient été colorés, c'était une tradition, et il n'y a point à s'étonner qu'elle ait été respectée ; mais que le peuple qui a eu le sentiment le plus complet des conditions fondamentales de l'art, et qui avait en telle passion la beauté de la matière qu'il a élevé une statue à Byzès de Naxos pour l'invention des tuiles en marbre, ait poussé l'amour de la couleur jusqu'à donner à un temple de marbre blanc, à une construction éminemment monumentale, l'apparence que pouvait avoir un édifice exécuté en matériaux grossiers, revêtus d'un enduit, cela paraît moins admissible encore qu'un système de coloration affecté de quelque crudité, défaut très-contestable d'ailleurs, ainsi qu'on l'a vu plus haut.

Les stucs colorés, trouvés sur des constructions en pierres communes, ne permettent d'ailleurs de tirer aucune conclusion en faveur de la coloration des marbres. Ils établissent seulement le prix attaché à la beauté de la matière dans l'antiquité grecque, et, loin de les détruire, viennent ainsi à l'appui des observations précédentes. Les finesses des détails étaient trop recherchées pour qu'on pût laisser en évidence une texture irrégulière, et l'on a dû boucher les cavités désagréables que présentaient certaines pierres. La couleur donnée au stuc, le jaune clair, prouve même que l'intention était de rappeler celle de la pierre, de manière à remettre en évidence la matière qu'on était obligé de couvrir. Enfin si dans plusieurs édifices de Pompéi on trouve des colonnes autrement colorées, en brun rouge, par exemple, dans une partie de leur hauteur, il ne faut pas oublier que l'art de cette colonie était bien éloigné de la richesse et de la dignité de celui de l'Athènes de Périclès.

Il y a donc lieu à des doutes sérieux, et l'on peut dire qu'il est également difficile d'affirmer et de nier. Eût-on établi d'ailleurs que les anciens monuments de la Grèce étaient entièrement peints, qu'on ne serait pas en droit d'en conclure qu'il y a là une sorte de nécessité pour l'art; car il se pourrait que les Grecs eussent obéi en cela à des traditions étrangères, qui, puissantes d'abord, auraient fini par être mises en oubli, par suite du développement ultérieur de l'art. La question, si l'on veut en venir à des conclusions applicables à nos édifices, doit donc être posée autrement, et c'est aux principes qu'il faut demander un enseignement que l'antiquité nous refuse.

Principes relatifs à la polychromie. Or de nombreuses considérations s'élèvent contre l'emploi de la peinture dans la décoration extérieure de nos monuments :

1° Les qualités de la pierre mise en œuvre exercent une grande et légitime influence sur l'impression que nous éprouvons à la vue d'un édifice ; c'est donc se priver d'un élément de beauté que masquer de belles pierres sous une couche de peinture ; c'est enlever une bonne partie du caractère monumental ;

2° Nos édifices sont exposés à tant de causes de dégradations, que nous demandons des garanties de durée à tous ceux auxquels nous attachons quelque importance ; ces garanties, on les trouve dans la pierre et non dans une peinture, surtout dans nos climats où les agents atmosphériques ont une si grande puissance de destruction ;

3° Dans un monument complétement peint, la couleur prend une telle importance qu'elle pourrait étouffer ou faire négliger les mérites, plus essentiels, mais moins accentués, des proportions et des détails de l'architecture ; l'accessoire éphémère le disputerait au fondamental, à la forme ; l'art s'amoindrirait, perdrait son caractère essentiel, et la décadence serait inévitable et rapide.

C'est donc à la sculpture, art tout à fait monumental, et non à la peinture, qu'il convient de s'adresser pour l'ornementation extérieure des édifices auxquels nous voulons assurer une longue durée ; et si l'on juge à propos de les embellir par la couleur, c'est aux marbres et aux autres pierres colorées, aux terres cuites, émaillées ou non, qu'il la faut demander, afin que la faculté de résistance à l'action du temps ne fasse et ne paraisse faire défaut sur aucun point.

Quant aux constructions légères, qui sont exécutées en menus matériaux protégés par un enduit, elles se trouvent placées dans des conditions toutes différentes. La peinture présente autant de garanties de durée que des ornements de plâtre ou de stuc, elle les préserve même, ainsi que l'enduit, d'une destruction trop rapide, et elle devient par conséquent un élément très-légitime de décoration. Elle contribue en outre, indépendamment des heureux effets qu'elle est appelée à produire quand elle est traitée avec goût, à assurer à ces édifices le caractère qui leur convient. Elle est de beaucoup préférable, sous tous les rapports, au système, trop répandu de nos jours, qui consiste à donner à des enduits l'apparence de parements exécutés en pierres de taille. Le vrai est aussi essentiel à la décoration qu'à la composition de l'œuvre, et il a le mérite de conduire naturellement à la variété qu'on recherche avec juste raison. S'agit-il de constructions en pans de bois ou en planches : les couleurs marqueront les ossatures, et les détacheront en vigueur sur les remplissages. Sont-ce des murs uniformément recouverts d'un enduit : la peinture y introduira des divisions plus nettes et plus agréables à la vue que ne le peuvent faire des moulures en plâtre.

Cette intervention de la peinture devient surtout nécessaire dans les constructions, sans précédents et chaque jour plus nombreuses, dont le fer est l'élément principal. Elle y est pour ainsi dire indispensable comme moyen de préservation, et elle l'est également, au point de vue de l'art, comme moyen d'accentuation.

Il est essentiel, en effet, de faire ressortir avec une grande netteté une ossature qui est énergique au fond, mais qui, réduite à ses seules ressources, pourrait ne pas le paraître suffisamment, à raison de son peu de volume. Or la couleur est appelée à donner satisfaction à cette exigence. Bien employée, elle apportera de la fermeté partout où il faudra, et elle saura fixer convenablement l'attention sur les éléments constitutifs de la solidité, en s'épanouissant sur les remplissages à leurs abords, sans confondre d'ailleurs ce qui doit rester distinct. Ainsi, par exemple, une voûte est formée d'arcs en fer, plus ou moins espacés, entre lesquels s'étend un enduit : la décoration doit faire ressortir ces organes fondamentaux, et elle y parviendra par une couleur franche ; mais, si elle s'en tenait là, il y aurait de la maigreur et peut-être de la crudité, et elle évitera ces défauts si elle trace sur l'enduit, de chaque côté de l'arc, des bandes d'or-

84   TRAITÉ D'ARCHITECTURE.

nements harmonieux qui donneront de l'ampleur et ménageront les transitions. La polychromie paraît donc devoir jouer un rôle très-important dans les constructions en fer, et l'on peut dire que, sous ce rapport, le mouvement inattendu qui a porté vers elle nos plus éminents architectes a quelque chose de providentiel. On a cru faire de l'archéologie, on a voulu faire revivre les traditions de l'antiquité, et en réalité c'est surtout au profit de la rénovation de l'art qu'on a travaillé. Un gage d'affranchissement se présente où de bons esprits pouvaient redouter de nouvelles entraves et des reproductions plus serviles et moins motivées encore que celles du passé.

<small>Polychromie dans les édifices religieux.</small>

Quelques mots maintenant, puisqu'elle a été posée, sur la question relative à la peinture intérieure de nos édifices religieux, bien que ce qui précède l'ait résolue implicitement. Aucune des objections qu'on peut adresser à ce mode de décoration, lorsqu'il s'agit de l'employer au dehors, ne trouve en effet son application en pareille circonstance, et rien n'atténue les puissantes considérations qui militent en sa faveur.

A l'abri des actions délétères des agents atmosphériques, l'intérieur d'un monument ne réclame pas les matériaux résistants qu'exige le dehors ; l'architecture n'a pas besoin d'y donner autant de garanties de durée, et d'y marquer aussi nettement tous les détails de sa constitution ; la peinture ne s'y présente plus comme une décoration éphémère, car elle y est aussi durable que les enduits ou les revêtements en bois auxquels elle est appelée à s'associer ; la pierre, si bien placée au dehors, parce qu'elle y a sa raison d'être, a quelque chose de froid et de grossier qui choque nos délicatesses, et nous fait redouter son contact ; malgré ce que le temps vient ajouter à sa couleur plus ou moins terne, les ornements sculptés apparaissent au dehors et se détachent nettement quand ils sont éclairés par le soleil, tandis qu'il en est tout autrement dans un intérieur, et surtout dans une église où la lumière est judicieusement ménagée, et où, dès que la pierre a pris du ton, se perdent presque toutes les finesses de l'ornementation qui lui a été donnée ; enfin, il y a une disparate, qui nous choquerait vivement, si nous n'y étions habitués dès notre enfance, entre la richesse des vitraux, des autels et du mobilier de la plupart de nos églises, et la pauvreté des parois de pierres noirâtres, empreintes çà et là de taches d'humidité. Sans cette habitude, qui tend à nous faire attribuer un caractère religieux à ce que nous ont présenté les monuments dans lesquels nous avons appris à élever notre âme vers le ciel, l'hésitation, si ce n'est la répulsion, qui existe encore aujourd'hui au sujet de la coloration, chez quelques hommes éclairés, ne se serait certainement pas produite. Il ne serait venu à personne l'idée de repousser la couleur, ce puissant élément de richesse et de beauté, des édifices auxquels nous éprouvons le besoin d'assurer le plus de richesse et de beauté, ainsi que le témoignent toutes les autres parties de leur ornementation, et que l'exige d'ailleurs leur haute destination. On n'aurait pas admis que nous pussions nous contenter dans nos temples des pierres grossières que nous repoussons, non pas seulement de nos autres salles de réunion, mais même de nos vestibules. On aurait vu là un manque de respect et l'indice d'un grand affaiblissement du sentiment religieux.

Les enseignements de l'histoire de l'art viennent d'ailleurs à l'appui de ces observations. Qu'on laisse de côté, si l'on veut, les temples du paganisme qui paraissent avoir été tous peints à l'intérieur ; les conditions sont trop différentes pour qu'ils puissent faire autorité. Qu'on s'en tienne aux églises des siècles passés. Nous trouvons d'abord, en suivant l'ordre des temps, les basiliques des débuts du christianisme : elles sont toutes décorées de peintures ou de mosaïques colorées, non pas seulement à Rome, mais encore dans les provinces, et entre autres dans les Gaules. Dans les monuments de l'architecture byzantine, à Sainte-Sophie de Constantinople, à Saint-Vital et à Saint-Apollinaire de Ravenne, à Saint-Marc de Venise, la couleur est partout, dans les dallages, dans les colonnes et les revêtements de marbre, dans les mosaïques et, à leur défaut, dans les peintures. Il en est de même dans tous les styles d'architecture qui dérivent du byzantin : en Sicile, en Orient, en Russie même, c'est la coloration qui sert de base à la décoration intérieure des églises. En France, on trouve des traces de peintures dans un si grand nombre de monuments religieux remontant au onzième et au douzième siècle, qu'il est permis d'en conclure que ce mode de décoration était encore généralement usité à cette époque, et de regarder comme inachevés les édifices qui en ont été privés. L'architecture ogivale elle-même, bien que la multiplicité des divisions et l'absence de grandes surfaces y rendissent la peinture moins nécessaire et moins efficace, présente beaucoup d'exemples, sinon de vastes églises entièrement peintes, du moins de chapelles ainsi décorées, et il est permis de croire que nos cathédrales l'eussent toutes été si leur achèvement n'eût éprouvé beaucoup de difficultés, et n'eût été reculé jusqu'à une époque où s'était porté ailleurs le mouvement intellectuel qui les avait fait entreprendre. En Italie, où les traditions se sont mieux conservées qu'en France, et où la décoration des églises a toujours été tenue en plus grand honneur, la coloration intérieure est de règle et se trouve presque partout.

Ainsi, soit qu'on examine la question en elle-même, soit qu'on veuille se guider sur l'exemple des siècles et des nations auxquels on accorde le plus de sentiments religieux, la conclusion est la même ; elle est favorable à la coloration. Mais admettre le principe ne suffit pas, il doit être convenablement appliqué. Il faut que l'architecte chargé de la décoration peinte d'une église se pénètre du caractère à donner au monument, sache éviter tout ce qui pourrait contrarier les lignes essentielles de l'architecture, amoindrir l'impression qu'elles produisent ou détourner les esprits des aspirations et des sérieuses méditations auxquelles ils sont conviés. Ce sont des effets diamétralement opposés qu'il doit demander à ses couleurs, et que, bien choisies et bien distribuées, elles ne manqueront pas de lui assurer.

Il n'est pas indifférent d'ailleurs d'avoir recours, pour la coloration, soit à des peintures, soit à des matériaux durables, colorés par la nature ou par l'art, tels que les marbres, les émaux et les cubes vitrifiés des mosaïques. Il est certain que ces matériaux ont quelque chose de plus riche et de plus monumental, et sont appelés à donner beaucoup plus d'effet et de caractère à l'édifice. C'est à leur défaut seulement qu'il y a lieu de faire intervenir la peinture, surtout quand il s'agit de constructions qui doivent présenter des garanties de longue durée.

III. — STYLE.

Le style, c'est l'homme, a dit un éloquent écrivain, en parlant des œuvres littéraires. En architecture, le style est davantage : c'est l'époque d'abord, l'homme ensuite.

En tant que modes de manifestation de la pensée, les arts du dessin, et surtout celui qui nous occupe, ne sont pas susceptibles de la même netteté que le langage parlé ; mais ils ont pour eux l'universalité, ainsi que le mérite de mieux porter l'empreinte du sentiment de l'époque, et de le suivre jusque dans ses variations les plus délicates, jusque dans ce qu'on appelle les caprices de la mode. On observe la plus grande diversité dans les langues, qu'on les considère dans le temps ou dans l'espace. Combien d'idiomes se sont succédé sur notre sol ! En combien est partagé le territoire, si restreint pourtant, de l'Europe! Quelques siècles nous suffisent pour perdre l'intelligence de la langue de nos pères, et à peine avons-nous fait quelques pas hors de notre étroite enceinte que nos paroles ne sont plus comprises. Il n'en est pas de même de l'architecture : qu'on la suive sur tous les points du globe, qu'on remette en lumière ses anciens monuments, partout et toujours on lui trouvera une signification ; ses œuvres impressionneront plus ou moins, toutes ne seront pas également appréciées à leur valeur, mais nulle part elles ne seront lettres closes. C'est que la convention, si toutefois il y en a, ne joue dans l'art qu'un rôle tout à fait secondaire ; il a de plus profondes racines. Les formes élémentaires qu'il met en œuvre, et qui sont pour lui ce que les mots sont au discours, ne sont point arbitraires ; elles sont empruntées à la Création ou sont déduites des lois de la nature, et de là, ce qu'elles ont de permanent et d'universel ; de là, l'unité fondamentale de l'art. Mais, d'un autre côté, ces emprunts et ces déductions se ressentent nécessairement de l'esprit dans lequel ils sont faits ; ce ne sont ni des reproductions photographiques, ni des formules algébriques ; ils laissent une large part au sentiment de l'homme, et de là, ce qu'il y a d'humain, d'essentiellement mobile dans l'art, ce qui en fait une expression si délicate et si vraie du génie de son époque.

Sans doute la langue parlée porte aussi l'empreinte du génie particulier de la nation qui l'a créée ; mais considérée en elle-même, abstraction faite des œuvres qu'elle a enfantées, son caractère est si peu saisissant qu'il faut de sérieuses réflexions, presque des études spéciales pour l'apprécier justement. Puis, par cela même, elle ne se modifie qu'à de longs intervalles, une fois qu'elle a été fixée ; et combien de changements se produisent dans les mœurs, que de révolutions s'opèrent dans les esprits, sans avoir prise appréciable sur elle, et dont l'art se ressent immédiatement!

Il y a donc deux choses à considérer dans le style en architecture : le style de l'époque et le style de l'artiste. La distinction n'est pas facile à faire, et ne saurait être absolue; car la ligne de démarcation n'est pas tranchée. On peut dire cependant qu'au premier appartiennent les formes élémentaires dans leurs traits essentiels, les proportions dans ce qu'elles ont de plus général et un certain caractère dont toutes les productions contemporaines portent l'empreinte ; et que le second s'exerce plus spécialement sur la disposition de ces formes, sur l'harmonie précise de ces proportions et sur ce qu'il y a de plus particulier dans l'expression du monument. A l'un, qui constitue une sorte d'idiome distinct, les mots et les lois du langage ; à l'autre, le choix et le tour des expressions. L'architecte, sous ce rapport, est comme l'écrivain : il se sert de la langue de son époque pour exprimer sa pensée ; mais sa langue à lui est moins arrêtée que celle du littérateur, elle se plie davantage à toutes les nuances, et admet bien plus largement les néologismes.

L'un et l'autre style sont d'ailleurs susceptibles des caractères les plus tranchés et des nuances les plus délicates. Ils se modifient à l'infini. Voyez ceux des grandes époques dans ce qu'ils ont de plus fondamental, et vous serez frappé de leurs différences en même temps que de leur vérité. Prenez l'architecture en Égypte : elle y est puissante, austère, vigoureusement instituée en vue de la durée, sévèrement ordonnée et limitée dans ses créations. En Grèce, ses caractères dominants sont : la liberté, la lucidité, la distinction et l'harmonie de la forme, une grâce exquise et la plus admirable sérénité. A Rome, on la trouve rude, sévère, un peu grossière au début ; mâle, ambitieuse, imposante à la fin de la république et dans les premiers temps de l'Empire, et on la voit tomber ensuite dans l'affectation, l'incohérence, l'absence de toute grande pensée et les innombrables abus d'une richesse désordonnée. Dans la civilisation arabe, pleine de gracieuses fantaisies, sensuelle et féerique à la fois, elle séduit plutôt qu'elle ne touche, et parle plus à l'esprit qu'au cœur. Au moyen âge, il semble qu'elle se soit complétement renouvelée ; le savant retrouve ses traditions, mais le public ne peut les soupçonner ; étroitement unie jusqu'alors à la matière, elle paraît la répudier, elle s'enveloppe d'un profond mystère, et elle semble vouloir se dégager de tout lien terrestre pour s'élancer vers le ciel. A la Renaissance française, on la dirait instituée uniquement en vue du plaisir ; elle rompt brusquement avec le style qu'elle remplace, et plie à de charmants caprices les formes qu'elle emprunte à l'antiquité ; semblable à l'enfance, elle est originale dans ses imitations, vive, légère, gracieuse au plus haut degré, et, repoussant l'austérité, trouve partout un prétexte au jeu et à la parure. Sous Louis XIV, elle se montre riche, pompeuse, abondante, empreinte d'une certaine dignité ; mais quelque peu enserrée dans les entraves de la convention, et dissimulant parfois le vide de la pensée sous l'ampleur de la forme. Voyez-la enfin de nos jours, pleine de trouble et d'incertitude, tombant dans tous les excès, se rattachant tour à tour à toutes les traditions du passé, accueillant tous les styles, ne sachant pas se rendre compte des besoins trop confus du présent, et cherchant péniblement, en l'absence de tout principe régulateur, une physionomie à revêtir et de nouvelles formes à consacrer.

Certes, voilà des styles bien divers, en même temps que bien vrais. Qu'on examine ensuite chacun d'eux en particulier, qu'on le suive dans ses développements, et les nuances se montreront aussi bien que les transitions ; on verra comment ils se modifient et se rattachent l'un à l'autre. L'histoire de l'architecture suit pas à pas celle de l'humanité ; on n'y trouve révolution si profonde qu'il y ait rupture complète avec le passé, et ce qui existe aujourd'hui était en germe hier.

Quant à cette partie du style qui tient à l'artiste, et par laquelle il manifeste son sentiment personnel, elle est toujours en une certaine harmonie avec l'autre, de même que l'est toute œuvre littéraire avec la langue dans laquelle elle a été écrite. Et si tous les styles d'architecture qui se sont successivement produits ne se prêtent pas également bien à toutes les expressions ; si chacun d'eux, tout en admettant des formes très-variées, des caractères bien distincts, est cependant plus particulièrement apte à exprimer une qualité déterminée, laquelle est la caractéristique de l'époque ou de la nation ; de même chaque architecte a son style particulier, qui constitue une sorte de nuance dans le style de son temps, et il sait le modifier suivant les circonstances, de manière à se conformer au sujet, et à être vrai sous ce rapport comme il s'attache à l'être dans toutes les autres parties de sa composition. Les expressions qui conviennent à un théâtre seraient déplacées, en effet, dans un monument religieux, et ce qui est de mise dans un palais ne le serait pas dans une école. Il y a donc là des exigences morales auxquelles il faut savoir obéir, qui ne peuvent être l'objet de préceptes formels, et dont l'appréciation relève du génie et du goût de l'artiste. Les œuvres de l'architecture sont assujetties en cela aux mêmes lois que les œuvres littéraires, et sont, comme elles, grandement intéressées au choix du style. Les unes et les autres admettent les mêmes épithètes pour caractériser l'esprit dans lequel elles sont traitées ; les expressions de style noble, style mâle, style élégant, style abondant, style facile, style simple, etc., s'appliquent également à toutes, et elles se comprennent trop bien pour qu'il semble à propos de les éclairer par des exemples.

Il est des époques qui présentent une grande unité de style à qui n'envisage que l'ensemble ; elles sont, pour ainsi dire, dotées d'une couleur dominante, et ne sortent pas de ses nuances. Tous les esprits semblent obéir à la même pensée, tous les hommes avoir les mêmes goûts. La voie des artistes est toute tracée alors ; ils se conforment à l'impulsion qui leur est donnée ; ils sont de leur temps, ne connaissent que lui, et n'ont point à s'inquiéter de ce qui s'est fait avant eux. Ce sont les époques privilégiées, les grandes époques de l'art ; époques indépendantes, qui ont foi en elles-mêmes, qui seules élèvent des œuvres véritablement belles, et constituent des styles dont l'histoire se charge de garder le souvenir. L'Inde, l'Égypte, la Grèce, l'Étrurie, Rome, ont eu les leurs dans l'antiquité, et l'ont peut citer, chez nous, le douzième, le treizième, le seizième et le dix-septième siècle. Mais il est aussi des temps où les symptômes sont bien différents ; où les esprits flottent irrésolus dans toutes les directions, où, sans foi dans le présent, les prédilections se portent sur les passés les plus divers, et où les vagues espoirs font rêver les avenirs les plus opposés. Ils sont tristes pour l'art, et n'ont point de style qui leur soit propre. On accuse alors l'impuissance des architectes, comme si l'on pouvait élever l'édifice où manque le terrain, comme si l'art pouvait s'empreindre d'unité quand il n'y en a pas dans la société appelée à l'enfanter, et se revêtir d'un caractère tranché quand il ne trouve autour de lui qu'indécision et anarchie. Et d'un autre côté, tantôt on veut tel style du passé, tantôt tel autre. Il n'est plus permis à l'architecte de ne pas s'enquérir des états antérieurs de l'art ; il doit connaître les principaux systèmes d'architecture, et se bien rendre compte de leur esprit. Appelé à se servir de langues étrangères, il faut qu'il apprenne à les parler correctement, à les manier comme il ferait de son idiome natal, s'il ne veut être condamné à ne pouvoir sortir de serviles reproductions. Il faut surtout qu'il ne se laisse pas entraîner à associer, dans un même édifice, des formes empruntées à différentes époques. Les compositions hybrides sont toujours vicieuses ; non pas seulement parce qu'elles blessent les érudits (ils sont rares), mais parce qu'il y a entre toutes les parties d'un même style d'architecture, entre tous les mots de cette langue, une corrélation intime, qui repousse les inspirations étrangères, tout en admettant largement les modifications. Il ne peut y avoir harmonie où les éléments sont puisés dans des ordres d'idées différents.

Une étude de l'art, et particulièrement des styles les plus caractérisés, est donc indispensable à l'architecte de ces temps de troubles. Elle a ses dangers à côté de ses bienfaits, il ne faut pas se le dissimuler. L'archéologie, prise avec trop d'ardeur, devient une entrave redoutable, amortit l'imagination et détruit toute indépendance. C'est la science sèche, science du passé, sans entrailles pour le présent, sans souci de l'avenir, hostile aux innovations les plus légitimes, venant étouffer l'art dans ses embrassements. Mais que ses enseignements ne se bornent pas à des constatations de faits, à de froides formules ; que, sous la forme, ils découvrent la pensée qui l'a inspirée et qu'elle recèle ; qu'à côté des monuments, ils montrent les besoins et les mœurs, et alors ils ouvriront la voie, loin de la fermer. En faisant apprécier justement ce qui s'est fait autrefois, ils rendront évident pour tous le véritable but, aussi bien que les ressources et la puissance de l'art. En éclairant les esprits, ils les conduiront à de plus profondes conceptions.

Un travail historique ainsi conçu, nous ne pourrions l'esquisser ici, même en nous bornant à ses traits les plus essentiels. Peut-être ses difficultés ne nous empêcheront-elles pas de l'essayer un jour ; quant à présent, qu'il suffise au lecteur d'une nomenclature des principaux styles de notre tradition la plus directe, avec renvoi aux planches de cet ouvrage qui en offrent des spécimens.

Style grec. Première partie de l'ouvrage : temples, pl. 14, 15, 16, 17 et 20 ; ordres et chapiteaux, pl. 22, fig. 5 et 6, et pl. 25, fig. 1, 5 et 6 ; cariatides, pl. 26, fig. 1 à 6 ; portes, pl. 33, fig. 1, 3 et 4 ; caissons, pl. 42, fig. 1 et 2 ; couvertures, pl. 49, fig. 1 à 19. Seconde partie : tombeaux, pl. 46.

Style romain. Première partie : temples, pl. 19, 21, 23 et 24 ; ordres et chapiteaux, pl. 18, fig. 1, pl. 22, fig. 1, 3 et 4, et pl. 25, fig. 2, 3 et 7 ; portes et fenêtres, pl. 32, fig. 1 et 2, et pl. 33, fig. 2 ; corniches, pl. 40. fig. 1 et 2 ; balustrades, pl. 41, fig. 3 à 9 ; caissons et soffites, pl. 42, fig. 3, 4 et 7, et pl. 46, fig. 5 et 6 ; couvertures, pl. 49, fig. 20 à 24. Seconde partie : portiques, pl. 2 ; théâtres, pl. 6, fig. 1 à 4 ; amphithéâtres, pl. 6, fig. 5 à 10 et pl. 59 ; basiliques, pl. 12 et 13 ; tombeaux, pl. 47 ; portes de ville et arcs de triomphe, pl. 49, 50 et 51 ; thermes, pl. 66 ; ponts et aqueducs, pl. 73 et pl. 76, fig. 1.

Style latin. Seconde partie : basiliques, pl. 19, 20, 21 et 22 ; porches, pl. 8, fig. 3.

Style byzantin. Seconde partie : basiliques, pl. 23 à 30.

Style roman byzantin. Seconde partie : églises, pl. 31, 32 et 33.

Style arabe. Seconde partie : mosquée, pl. 5.

Style lombard. Seconde partie : églises, pl. 34, 35 et 36.

Style roman. Seconde partie : églises, pl. 37.

Style ogival. Seconde partie : églises, pl. 38 à 42.

Style de la Renaissance, en Italie, au quatorzième et au quinzième siècle. Première partie : ordres et chapiteaux, pl. 25, fig. 4; arcades, pl. 28, fig. 1 et 2; fenêtres, pl. 32, fig. 3; corniches, pl. 39, fig. 1; palais, pl. 36, fig. 1 et 2. Seconde partie : portiques, pl. 3 et 4 et pl. 8, fig. 5.

Style de la Renaissance, en Italie, au seizième siècle. Première partie : ordres, pl. 18, fig. 2 et 4, et pl. 22, fig. 2; arcades, pl. 30, fig. 3; portes et fenêtres, pl. 32, fig. 4 et 5, pl. 34 et pl. 35, fig. 3 et 4; corniches, pl. 39, fig. 3, 4 et 5; balustrades, pl. 41, fig. 10 à 13; voûtes et caissons, pl. 46, fig. 9 à 13, pl. 47, fig. 6 à 9, pl. 61, fig. 1 et 2, pl. 62. Seconde partie : fontaines, pl. 16, fig. 1, pl. 17, fig. 1, et pl. 18, fig. 3; églises, pl. 43 et 44.

Style de la Renaissance en France, au seizième siècle. Première partie : ordres, pl. 18, fig. 3, et pl. 30, fig. 5 et 6; cariatides, pl. 26, fig. 7; arcades, pl. 30, fig. 1 et 2; fenêtres, pl. 32, fig. 6; palais, pl. 36, fig. 3 et pl. 38; caissons, pl. 42, fig. 5, et pl. 62, fig. 3 et 4. Seconde partie : porches, pl. 9; salles, pl. 11; fontaines, pl. 18, fig. 4; palais, hôtels et maisons, pl. 52, 53, 54, 77 et 88.

Style du dix-septième siècle. Première partie : grilles, pl. 86, fig. 1 et 2; toitures, pl. 52, fig. 1, 2 et 5. Seconde partie : jardins et fontaines, pl. 15, fig. 1, pl. 17, fig. 2 et 3 et pl. 18, fig. 1 et 2; hôtels et maisons, pl. 55, 78, 79, 80, 81, 82 et 89; ponts, pl. 74, fig. 1 et 2.

Style du dix-huitième siècle. Seconde partie : palais et hôtels, pl. 7, 83, 84 et 91.

Style moderne. Première partie : palais, pl. 37, fig. 2 à 6; caissons, pl. 46, fig. 7 et 8; grilles, pl. 86, fig. 3 à 9. Seconde partie : jardins et fontaines, pl. 15, fig. 2, pl. 16, fig. 2 et pl. 18, fig. 5; tombeaux, pl. 48, fig. 1, 2, 3, 4, 5, 6 et 7; théâtres, pl. 60, 61, 62, 63, 64 et 65; édifices d'utilité publique, pl. 56, 57, 58, 67, 68, 69, 70, 71 et 72; ponts et aqueducs, pl. 74, fig. 3, pl. 75 et pl. 76, fig. 2; maisons, pl. 85, 86, 87 et 92.

LIVRE DEUXIÈME.

PRINCIPALES PARTIES DES EDIFICES.

Les parties d'édifices qu'il convient d'envisager isolément, eu égard à leur importance et aux principes généraux qui régissent leur composition, peuvent être divisées en deux classes, suivant qu'elles sont des organes essentiels de l'œuvre, ou qu'elles en constituent des annexes. À la première classe appartiennent les portiques, les porches, les vestibules, les escaliers et les différentes salles; à la seconde, les cours, les jardins et les fontaines.

CHAPITRE PREMIER.

I. — PORTIQUES.

Un portique est une construction ouverte, sur une ou plusieurs de ses faces, par des entre-colonnements ou des arcades.

Les colonnes peuvent être exécutées en pierre, en bois ou en fonte, et être réunies par des entablements ou par des arcs; les arcades admettent des pieds-droits de diverses formes ; la construction peut être couverte par un plancher ou par une voûte.

Portiques de l'antiquité.   Les portiques ont joué un grand rôle dans l'antiquité, tant en Grèce qu'à Rome ; il n'était pour ainsi dire pas d'édifice public qui n'eût le sien, et l'on en trouvait jusque dans les habitations les plus modestes.

Quelques temples étaient placés dans une enceinte entourée de portiques formés par des colonnes : tels étaient les temples de Jupiter Olympien, à Athènes, et de Vénus et Rome, à Rome. Dans tous, un portique était appliqué contre la cella, régnant tantôt sur toutes ses faces, comme au Théséion, au Parthénon, au grand temple de Neptune, à Pœstum, au temple de Diane, à Éphèse et à Magnésie, au temple de Castor et Pollux à Rome, aux temples de Balbec et de Palmyre, etc. ; tantôt sur la face antérieure et sur l'opposée, comme à un petit temple sur l'Ilissus, près d'Athènes, et à un temple de Diane, à Éleusis ; tantôt enfin sur la face antérieure seulement, comme à l'Érechthéion et aux temples de Rhamnus, d'Apollon, à Bassæ, de Minerve, à Assise, de la Fortune virile [1], de Nîmes, etc.

---

[1] Voyez les planches 14, 15, 16, 17, 20 et 24 de la 1re partie de l'ouvrage, qui représentent quelques-uns de ces monuments.

Près de chaque théâtre était un portique sous lequel les spectateurs pouvaient chercher un abri en cas de pluie, ou se promener pendant les entr'actes, ainsi que le montre le plan du théâtre de Marcellus, à Rome (pl. 6, fig. 3 et 4). D'autres constructions de ce genre, formées par des arcades sur pieds-droits, étaient placées autour du théâtre, et la partie supérieure des gradins était quelquefois couverte par un portique de colonnes, comme on l'observe dans ce monument.

Une disposition analogue se retrouvait dans les cirques et dans les amphithéâtres. Au Colisée, que représente la planche 59, il y avait, au rez-de-chaussée et au premier étage, un portique extérieur double en profondeur, au deuxième étage un portique simple, et, au sommet de l'amphithéâtre, un large portique intérieur soutenu par des colonnes. La surface couverte par ces portiques ne s'élevait pas à moins de 18 000 mètres carrés. Dans l'amphithéâtre de Nîmes, qui est représenté par les fig. 5 à 10 de la planche 6, il n'y avait que deux rangs de portiques et ils étaient simples en profondeur.

Les portiques occupaient une large place dans les gymnases et dans les thermes, ainsi qu'on peut le reconnaître à l'inspection du plan des thermes de Caracalla, à Rome (pl. 66). Ils entouraient la plupart des places publiques des Grecs et des Romains, les ἀγοραί et les forum, de manière à permettre une circulation à couvert. Enfin ils constituaient quelquefois des édifices spéciaux.

Les ruines de Pœstum offrent un exemple très-intéressant de cette dernière disposition. C'est une construction de forme rectangulaire, uniquement composée de colonnes, et qui est divisée en deux parties sur sa largeur par une rangée longitudinale de ces supports. Son aspect extérieur est, au premier abord, celui d'un temple; mais il n'y a point de cella, et le nombre des colonnes est impair sur les petits côtés, de sorte que c'est un point d'appui et non un vide qui se présente dans l'axe. On a trouvé un édifice analogue à Thoricus, l'un des bourgs de l'Attique.

On sait que les disciples de Zénon furent appelés stoïciens à cause du portique (στοά) sous lequel l'illustre philosophe se livrait à l'enseignement. Ce portique, célèbre par les peintures dont l'avaient décoré Polygnote et Micon, était orné de boucliers enlevés à l'ennemi et avait reçu le nom de Pœcile. On sait aussi qu'à Rome, les portiques de Pompée et d'Octavie étaient les promenades favorites de la jeunesse dorée de l'empire.

Portiques modernes.

Les portiques sont de moindre importance aujourd'hui, tant parce que les mœurs ne sont plus les mêmes, que parce que la civilisation, en suivant sa marche vers le N.-O, a rencontré des climats auxquels les édifices ouverts ne conviennent pas aussi bien qu'aux contrées méridionales. Cependant ils sont très-utiles en beaucoup de circonstances ; on en a construit un grand nombre dans les temps modernes, et plusieurs parties de l'Europe sont riches en constructions de ce genre.

On peut citer, parmi les portiques modernes les plus remarquables, le double portique demi-circulaire, à quatre rangs de colonnes, dont le Bernin a décoré la place de Saint-Pierre de Rome (pl. 43). Les anciens ont pu en exécuter de plus riches, leur assurer des proportions plus élégantes, un caractère plus monumental et une ornementation de meilleur goût ; mais il est douteux qu'ils en aient jamais eu d'aussi vastes.

On en trouve de fort beaux dans les cours d'un grand nombre de palais de Rome, tels que les palais du Vatican (loges de Raphaël), de la Chancellerie, des Farnèse, des Barberini, des Borghèse. La plupart des couvents d'Italie, ceux de Florence surtout, ont de vastes cours entourées d'élégants portiques. A Bologne, plusieurs rues sont décorées de constructions de cette espèce, dont les formes sont extrêmement variées et généralement heureuses. A Paris même, les portiques ne sont pas rares ; tout le monde connaît celui du Louvre, auquel on ne peut refuser de l'ampleur et une grande dignité ; ceux de la place de la Concorde et de la rue de Rivoli ; celui qui entoure le jardin du Palais-Royal, et dessert de nombreuses boutiques ; ceux de la place Royale, l'une des plus belles de la ville ; ceux de la Madeleine, de la Bourse, de l'Odéon (pl. 62), de la cour d'honneur des Invalides (pl. 55), de l'École militaire, du palais du conseil d'État, de l'hôpital Lariboisière (pl. 56), de plusieurs gares de chemins de fer, etc.

Portiques à plates-bandes.

Les portiques les plus simples, en tant que disposition, sont formés par des colonnes que réunissent des entablements, et sont couverts par des plafonds. Leur largeur ne doit jamais être inférieure à l'espacement des colonnes, du moins lorsque la construction est exécutée en pierres, et il convient, dans la plupart des circonstances, qu'elle dépasse cette limite, si l'on veut desservir une circulation d'une certaine importance, et offrir un abri suffisant en cas de pluie chassée par le vent. Les portiques latéraux du palais de la Bourse à Paris, par exemple, ne satisfont pas à cette dernière condition, et leur profondeur est cependant égale aux entre-colonnements. On n'a pas remarqué, lorsqu'on a emprunté cette disposition aux temples des anciens, que les portiques de ces monuments étaient plutôt des objets de luxe et de magnificence que des parties essentielles à la destination. Quand les Romains voulaient des portiques réellement utiles, ils ne manquaient pas de leur donner beaucoup de profondeur, et il eût été facile de trouver dans l'architecture des types plus convenables que celui auquel on s'est arrêté.

Il est une proportion que Vitruve recommande, et qui paraît en effet très-heureuse : elle consiste à adopter la hauteur des colonnes pour profondeur du portique de telle sorte qu'il faille à la pluie ou aux rayons solaires une inclinaison à 45° pour venir rencontrer le pied du mur. Cette profondeur paraît même avoir été portée au double dans quelques constructions romaines ; une rangée longitudinale de colonnes divisait alors le portique en deux parties égales sur sa largeur.

On conçoit, en effet, qu'il est beaucoup plus rationnel de déterminer la profondeur en fonction de la hauteur que de prendre pour régulateur l'espacement des colonnes, lequel dépend de conditions toutes spéciales et à peu près étrangères à la destination matérielle de l'œuvre. Ainsi, supposons que la construction soit exécutée en fer : les supports pourront et devront être très-espacés, car il serait contraire aux propriétés de la matière, et par conséquent vicieux, même au point de vue de l'art, de les serrer autant que des colonnes de pierre ; mais il n'en résultera pas qu'il soit nécessaire d'augmenter la profondeur. Aussi voit-on que la profondeur des portiques en fonte, représentés sur la planche 80 de la première partie de ce traité, ne l'emporte pas sur l'espacement des colonnes, tout en étant à peu près égale à la hauteur.

Mais, lorsque le portique doit être ouvert à ses extrémités, il faut que sa largeur soit égale à l'espacement des colonnes ou en soit un multiple, si l'on veut avoir sur les retours la même ordonnance que sur la face principale. Telle est la disposition adoptée pour les portiques latéraux des temples pseudo-diptères des Grecs et des Romains ; leur largeur correspond à deux entre-colonnements de la façade principale, tandis qu'elle n'en embrasse qu'un dans les périptères.

D'autres solutions de la difficulté donnent plus de latitude. Elles sont représentées, en projection horizontale, par les figures 3, 4 et 5 de la planche 2. La première suppose qu'il y a peu de différence entre la largeur du portique et celle des entre-colonnements ; on peut placer alors, dans les angles, un double pilastre, dont le pli extérieur est suivi par l'entablement, disposition analogue à celle qui a été adoptée par Palladio, dans sa restauration, fort belle, mais fort inexacte, des places publiques des Grecs. La différence est-elle plus considérable : on peut fermer le portique par un mur dans lequel on ouvre une arcade en plein cintre ou surbaissée, et encadrer cette ouverture de deux pilastres établis, l'un dans le prolongement du mur du fond, l'autre dans l'alignement des colonnes, ainsi que le montre la seconde de ces figures. La troisième solution consiste à occuper les angles par une tête de mur, pliée suivant l'une et l'autre direction, et à la décorer de pilastres sur l'angle et à chaque extrémité. Si l'intervalle de ces pilastres était d'une certaine étendue, on le meublerait de niches, de tables d'inscriptions ou de bas-reliefs. Ces dispositions présentent moins de simplicité que celles qui consistent à n'employer que des colonnes également espacées ; mais elles ont l'avantage de se prêter à toutes les exigences et de renforcer les angles du portique, lesquels sont les parties de la construction qui réclament le plus de solidité, aussi bien en apparence qu'en réalité.

Les portiques de ce genre sont plus convenablement couverts par des plafonds que par des voûtes ; d'abord parce qu'il y a plus d'harmonie dans les formes, puis parce que des colonnes ne sont guère en état de résister à une poussée un peu énergique. Ce dernier système a été adopté cependant pour le grand portique de la place de Saint-Pierre de Rome ; mais on a eu soin de doubler les colonnes de chaque côté, dans le sens de la largeur, de sorte qu'il y a trois passages, dont l'un, celui du milieu, est très-large et se trouve consolidé par les deux autres. L'ouverture du premier est de $5^m,22$, et celle des seconds n'est que de $2^m,87$.

Portiques de Saint-Pierre de Rome.

Ce monument, dont nous avons déjà dit quelques mots, est trop intéressant à divers titres, pour que nous ne nous y arrêtions pas un instant. La planche 43 en donne le plan, ainsi que celui de la vaste basilique qu'il précède.

Lors de l'avènement d'Alexandre VII au trône pontifical, Saint-Pierre de Rome venait d'être terminé, après avoir absorbé des sommes considérables ; mais ses abords étaient à créer, et il fallait les rendre dignes du monument. Un projet esquissé par Michel-Ange n'était d'aucun secours, parce que l'œuvre principale du grand artiste avait éprouvé de telles modifications, qu'il ne pouvait plus être mis à exécution. Heureusement il y avait à Rome, à cette époque, un architecte de génie, qui, s'il n'avait pu se soustraire entièrement aux atteintes du goût régnant, n'était jamais tombé cependant dans les aberrations de ses contemporains, et Alexandre VII eut le bon esprit de s'adresser à lui.

Le Bernin se trouvait en présence de grandes difficultés. Il reconnut immédiatement que des portiques étaient nécessaires ; mais comment les rattacher à la lourde et massive façade, substituée par Charles Maderne à celle de Michel-Ange ? Comment éviter qu'ils ne paraissent trop grêles et n'en fassent ressortir davantage les défauts ? Quelles proportions leur attribuer pour qu'ils ne soient pas écrasés par l'immense monument, et que cependant ils ne lui disputent point l'importance et n'attirent pas l'attention à ses dépens ? Ces questions ont été admirablement résolues.

Les portiques se développent en arc de cercle, à droite et à gauche de la place, mais à une certaine distance de la basilique, à laquelle chacun d'eux se rattache par une longue galerie fermée qui sert de transition au physique et au moral ; d'une part, elle est de même hauteur et de même ordonnance que les portiques, et, de l'autre, elle participe de la fermeté de la façade. Elle se relie ainsi à ces deux constructions de la manière la plus satisfaisante. Cette disposition est une des plus judicieuses que présente l'histoire de l'art, et les proportions sont d'ailleurs très-heureusement établies. Ainsi qu'il convenait en pareille position, elles sont considérables, puisque les colonnes n'ont pas moins de $12^m,90$ de hauteur, et toutefois elles sont modestes comparativement à celles de l'édifice principal, de manière à observer les lois de la hiérarchie. Les portiques sont vastes, la place est immense, et le monument n'est point amoindri, il s'en faut de beaucoup.

Une circonstance locale, qui eût été un embarras pour d'autres, vint d'ailleurs en aide au Bernin, et lui fournit l'occasion de montrer comment le génie sait se jouer des entraves et les plier à son service. L'escalier principal du Vatican était, et est encore adossé à la droite de l'église, mais il ne suit pas une direction normale à celle de la façade ; il fait avec cette dernière un angle de 84° environ. Or il fallait évidemment disposer la galerie de droite de telle sorte qu'elle conduisît dignement au palais. Le Bernin prit le parti de l'établir dans le prolongement de l'escalier, et il donna nécessairement une position symétrique à celle de gauche. Ces deux galeries ne sont donc pas perpendiculaires sur la façade à laquelle elles se relient, et elles se rapprochent l'une de l'autre à mesure qu'elles s'éloignent de ce tronc commun. Mais cette disposition insolite ne se juge pas ; il faut être prévenu de l'obliquité pour la reconnaître, et elle a l'immense avantage de faire apprécier convenablement les dimensions des portiques, par cela même qu'elle réduit la distance qui les eût séparés sans cela. Plus éloignés, ils eussent produit moins d'effet ; plus vaste eût été la place, mais moindre leur importance.

Une autre difficulté n'a pas été moins habilement surmontée. Dans les portiques circulaires, composés de plusieurs rangs de colonnes, l'espacement de ces points d'appui n'est pas le même dans chaque rang ; il augmente nécessairement à mesure qu'on s'éloigne du centre. Or faut-il, obéissant à un esprit d'ordre exagéré, donner le même diamètre à toutes ces colonnes, qui sont de même hauteur, ou convient-il de faire varier les diamètres avec les espacements, de manière à conserver à chaque rang de colonnes le même degré de fermeté, et sacrifier ainsi la régularité du détail à l'harmonie de l'ensemble ? Le Bernin ne s'y est pas trompé, et il a maintenu un rapport constant entre les diamètres et les espacements ; les colonnes des quatre rangs sont comprises entre les mêmes tangentes dirigées sur le centre.

Enfin les portiques sont terminés à leurs extrémités, non par des colonnes, mais par de vigoureuses têtes de murs décorées de pilastres, ce qui leur donne le caractère de solidité qu'exigeait la position.

Les colonnes sont d'ordre dorique sans triglyphes, et l'entablement est couronné d'une balustrade, dont les piédestaux s'élèvent à l'aplomb de chacune des colonnes du premier rang, et sont surmontés de statues de saints. La décoration est riche et tout à fait caractéristique.

Sans doute tout n'est pas également digne d'admiration dans l'œuvre du Bernin ; on peut regretter que les portiques masquent la façade de l'église sur une partie de la place, désirer un goût plus pur dans les détails, et plus d'élégance dans quelques formes ; mais il y a une harmonie parfaite dans l'ensemble et surtout un singulier caractère de grandeur et de puissance. C'est un magnifique spectacle que celui de cette vaste enceinte, lorsqu'elle est remplie d'une foule compacte, aux costumes variés, accourue de toutes les parties de l'Europe pour recevoir, pénétrée d'une profonde émotion, la bénédiction qu'un vieillard va donner à la ville et au monde, *urbi et orbi*.

PORTIQUES.

Les portiques formés par des arcades sur pieds-droits ne paraissent pas susceptibles d'une aussi grande élévation de style que ceux de colonnes réunies par des entablements, et il faut l'attribuer à ce qu'il n'y a pas autant de simplicité dans la conception ; mais ils conviennent mieux en une foule de circonstances, et se prêtent d'ailleurs aux caractères les plus divers. Ils peuvent passer d'une fermeté excessive à une grande légèreté ; ils admettent tous les degrés de richesse, ainsi que nous l'avons montré lorsqu'il a été question des arcades, et ils s'accommodent également des voûtes et des plafonds.

Portiques à arcades.

Une des choses essentielles à considérer dans ces portiques est la disposition des piliers angulaires. Plus sollicités que les autres au renversement, à raison de leur position et de la poussée des arcs, ils doivent présenter plus de fermeté. Il n'y a point de difficulté lorsque les pieds-droits ne sont pas formés de colonnes ou de pilastres ; mais la liberté n'est plus aussi entière quand on adopte ce mode d'ornementation, et l'élargissement à donner aux points d'appui des extrémités doit être conçu de manière à se concilier avec lui.

Les figures 6, 7 et 8 de la planche 2 mettent sous les yeux du lecteur diverses dispositions de portiques en arcades avec pieds-droits d'angles saillants et pieds-droits d'angles rentrants.

Le portique, figure 6, est formé d'arcades sur pieds-droits de forme rectangulaire, et il est recouvert par un plafond à poutres apparentes; le pied-droit angulaire est plus large que les autres d'une certaine quantité que le goût détermine et fait varier suivant les circonstances.

Le portique, figure 7, est composé d'arcades sur pieds-droits décorés de pilastres, et supporte des voûtes d'arête. On voit que le pied-droit de l'angle saillant a reçu assez de largeur pour admettre deux pilastres, dont l'un est placé sur l'angle. A l'intérieur, les pilastres qui reçoivent les arcs doubleaux des voûtes viennent se rencontrer et forment un large pilastre plié à angle droit. L'inverse a lieu pour le pied-droit de l'angle rentrant ; ce point d'appui est également plus fort que les autres, mais les pilastres se rencontrent sur la face extérieure et sont isolés à l'intérieur. Le même plan montre comment peuvent s'associer deux portiques de largeurs différentes, condition à laquelle il convient fréquemment de satisfaire. On a recours aux mêmes dispositions quand des colonnes remplacent les pilastres ; les angles sont occupés, dans ce cas, ou par des colonnes engagées, ou, ce qui paraît préférable, par des pilastres de même saillie que les colonnes.

La figure 8 représente une forme qui a été fréquemment employée par les architectes italiens, mais qui a l'inconvénient de ne pas présenter une fermeté suffisante, du moins en apparence. Le pied-droit angulaire ne l'emporte en effet sur les autres que par la colonne qui le flanque latéralement. Cette disposition exige que l'entablement ressaute sur les deux colonnes de ce point d'appui, de manière à venir s'appliquer, avec une légère saillie, sur la tête de mur qui les sépare; car s'il se prolongeait dans l'alignement des colonnes, il y aurait sur l'angle une saillie non soutenue qui produirait un fort mauvais effet, surtout lorsque l'édifice serait vu obliquement.

Quand des arcades reposent sur des colonnes, il est plus nécessaire encore de renforcer les points d'appui des extrémités du portique. Un système fréquemment adopté en Italie, où ces élégantes constructions ont été fort usitées, principalement à l'époque de la Renaissance, consiste à placer dans l'angle un fort pilier, contre lequel vient se placer une demi-colonne, ainsi que le représentent les figures 1 et 3 de la planche 4. Le charmant portique auquel elles sont empruntées est situé à Florence, sur la place Santa-Maria-Novella, et l'on suppose qu'il a été exécuté sur les dessins de Brunelleschi, bien que sa construction ait été postérieure de quelques années à la mort de l'illustre architecte. Il est soutenu par des colonnes appartenant à la variété de l'ordre corinthien, à laquelle on a donné le nom de composite; des médaillons occupent les tympans des arcs, et le pilier angulaire, extrêmement simple, est d'une proportion très-convenable. Cependant on a craint qu'il ne pût résister à la poussée de la voûte et des deux arcs qui s'appuient sur lui, et des tirants en fer le relient à la colonne voisine, d'un côté, et au mur de l'autre. Toutes les colonnes sont rattachées de la même manière au mur du fond du portique. Nous reparlerons tout à l'heure de cet édifice.

Quelquefois le pilier est couronné par un chapiteau, comme le montre la figure 6 de la même planche, qui représente la loge d'une petite villa des environs de Florence. Il devient alors un pilastre, lequel appartient assez habituellement au même ordre d'architecture que les colonnes.

Dans tous les cas, l'entablement ou le bandeau qui surmonte ce point d'appui, doit ressauter au-dessus de lui, car il aurait une apparence de lourdeur qui produirait un fort mauvais effet s'il était en saillie prononcée sur des arcades dont la légèreté est le caractère dominant.

Une autre disposition, dont on trouve plusieurs exemples dans la même contrée, consiste à isoler le pilier angulaire de la dernière colonne, sans cependant l'en éloigner beaucoup, et à appliquer, contre sa face latérale, un pilastre correspondant à cette colonne. C'est quelque chose d'analogue à ce qui s'observe dans les portiques de la basilique de Vicence (1re partie, pl. 30, fig. 3 et 4), avec cette différence toutefois que les colonnes ne sont pas doublées dans le sens de l'épaisseur du mur, et qu'il n'y en a point contre la face antérieure du pilier. Il est à remarquer que, pour relier convenablement la dernière colonne à son pilastre, il faut avoir recours à un entablement ou tout au moins à une architrave, qu'on est ensuite obligé de reproduire sur chacune des colonnes du portique, où cette adjonction, que rien autre ne motive, n'est pas d'un heureux effet.

Le plus remarquable de tous les portiques en arcades, et ils sont nombreux, est celui de la place du Grand-Duc à Florence, qui est connu sous le nom de loge des Lances (*Lanzi*, Lansquenets), et dont la planche 3 représente le plan et l'élévation principale. C'est Orcagna qui en a donné les dessins, et qui l'a fait exécuter vers le milieu du quatorzième siècle (1355). On y peut voir le premier pas de la renaissance italienne, qui a si fort devancé la nôtre, et il faut reconnaître que jamais début n'a promis davantage.

Loge des Lanzi.

Ce monument est établi sur de vastes proportions et sa composition générale est d'une simplicité extrême; trois voûtes d'arête, trois arcades sur la face principale, une sur la face latérale, et une corniche avec balustrade : voilà tout ce qu'on y trouve de fondamental. Mais ces arcades n'ont pas moins de 11^m,70 d'axe en axe et la hauteur totale atteint 23^m,40. De là, la grandeur morale dont cette œuvre est empreinte au plus haut degré, sans avoir rien de lourd d'ailleurs, et tout en donnant un sentiment très-net de sa grandeur matérielle. Cette rare et heureuse alliance des deux grandeurs est due à l'art parfait avec lequel toutes choses ont été disposées. Changez les proportions ou la forme des pieds-droits, modifiez les corniches, supprimez quelques détails d'ornementation, et elle disparaîtra immédiatement ; ce sont les subdivisions, habilement établies dans chacune des grandes parties de l'œuvre, qui donnent de la finesse, de la distinction, et font apprécier les dimensions réelles.

Les points d'appui sont formés par des faisceaux de pilastres décorés de chapiteaux à feuillages ; les bases, richement ornées, renferment de nombreux détails ; le profil des piliers se poursuit dans les arcs, et leur donne à la fois de l'élégance et de la vigueur ; des statues de grandes proportions s'élèvent au milieu des arcades qu'elles font valoir sans en être amoindries ; les tympans sont occupés par des médaillons ayant les formes compliquées que permettait l'espace mis à leur disposition ; sous la frise, est une série de grandes armoiries ; enfin le monument est terminé par un couronnement à la fois ferme et délicat, dans lequel les formes découpées du moyen âge s'associent heureusement à des détails empruntés à l'architecture antique. Or la plupart de ces choses seraient inadmissibles dans un édifice de dimensions ordinaires, et elles ont par conséquent pour effet de donner au spectateur le sentiment des dimensions réelles. L'inspection seule du dessin fait juger de la grandeur de l'œuvre, sans qu'on ait besoin de s'enquérir de l'échelle sur laquelle il a été exécuté.

Ajoutons que tous les détails sont d'un goût parfait, et que les sculptures comptent parmi les chefs-d'œuvre de l'art. Des deux lions de l'arcade du centre, l'un est antique, l'autre est dû à Flaminio Vacca ; sous les arcades, on a placé l'enlèvement des Sabines par Jean de Bologne, le fameux Persée en bronze de Benvenuto Cellini, et le groupe de Judith et Holopherne du Donatello ; enfin les figures des médaillons, qui représentent les vertus théologales, sont dues en partie au ciseau d'Orcagna lui-même, qui, comme tous les grands artistes de son temps, était à la fois peintre, sculpteur et architecte.

C'est ce monument qui nous a fait sentir pour la première fois toute la puissance de l'architecture, et il nous a toujours inspiré une trop vive admiration, nous dirions volontiers un trop profond respect, pour que nous puissions nous résoudre à ajouter une critique à nos applaudissements. A quoi bon d'ailleurs ? le lecteur a déjà reconnu le côté faible de l'œuvre d'Orcagna ; il ne lui a pas échappé que les pilastres angulaires ne présentent pas une fermeté suffisante, et ont dû être maintenus par des tirants de fer.

Portiques arabes.

Il est, en dehors de l'Europe et de ses usages, des portiques en arcades, dont nous devons dire quelques mots, quoiqu'ils appartiennent à un tout autre style que le nôtre ; il s'agit de ceux qui constituent un grand nombre de mosquées arabes. Indépendamment du mérite de leur disposition, ils ont celui de faire connaître des édifices intéressants, et de donner une idée d'un style d'architecture qui s'est illustré par des œuvres très-remarquables, et n'a pas été sans quelque influence sur notre art du moyen âge.

Avant Mahomet, le culte religieux, ce grand principe de tout système d'architecture, n'était point assis chez les Arabes sur une base solide. Il se ressentait de la barbare organisation des tribus, variait de l'une à l'autre, et, obligé de se prêter à toutes les exigences d'une existence nomade, était condamné à se passer de ces solides et somptueux édifices qui sont un de ses éléments les plus essentiels. Aussi le temple principal des anciens Arabes, celui autour duquel pivotait la nationalité flottante de toutes ces familles juxtaposées, et sur lequel se concentrait toute l'autorité de l'ancienne religion d'Ismaël, la Kaaba, est plutôt une pierre monumentale qu'une œuvre d'architecture à proprement parler. Cet édifice simple et rustique, dépourvu d'ornements et même assez grossièrement exécuté, n'a que $12^m,78$ de longueur, sur $11^m,35$ de hauteur. Il subsiste encore, car la nouvelle religion l'a embrassé dans sa tradition, et lui a fait l'accueil que le christianisme aurait pu faire à des constructions juives, au temple de Salomon, par exemple.

Mais à peine la voix du prophète a-t-elle retenti dans leurs déserts, que les Arabes, fortement unis, s'arment pour la propagation du dogme qu'ils ont embrassé avec ardeur, et rangent sous leurs lois avec une prodigieuse rapidité l'Asie Mineure, l'Égypte, tout le littoral de l'Afrique sur la Méditerranée et la majeure partie de l'Espagne. Bientôt on les voit se placer à la tête de la civilisation, et dominer dans les lettres, les sciences et les arts, dont ils n'avaient eu jusqu'alors que de vagues notions. Ce ne sont point des barbares ; s'ils détruisent, dans l'ardeur de la conquête, ils reconstruisent immédiatement. Ils se montrent justes appréciateurs de la forme ; ils s'emparent, pour la plier à leur goût, de celle qui les frappe dès qu'ils sont sortis de leur territoire, et ils lui donnent un lustre nouveau, en l'appliquant, plus ou moins modifiée, à de nombreuses et élégantes constructions. L'architecture byzantine prend entre leurs mains un caractère tout spécial, et devient l'architecture arabe.

Un des plus anciens monuments, venus jusqu'à nous, de cette nouvelle architecture est la mosquée d'Ebn Touloun, au Caire. Elle date de la seconde moitié du neuvième siècle (870 à 876), et fut construite par Ahmed ben Touloun, fondateur de la dynastie éphémère des Tounounides, sur le mont Yecar, qui était consacré par une ancienne tradition. « Ahmed voulut que sa mosquée fût immense, « rapporte l'historien arabe Makrizi, et que trois cents colonnes soutinssent les por- « tiques de l'enceinte ; mais, sur la représentation qui lui fut faite, qu'un aussi « grand nombre de colonnes ne pourrait jamais se trouver dans toute l'Égypte, à

Mosquée d'Ebn Touloun.

« moins qu'on ne les enlevât aux anciens monuments et aux églises des chrétiens,
« ce qu'il ne permit pas, son architecte s'engagea à construire une mosquée aussi
« belle qu'Ahmed pouvait la désirer, et sans aucune colonne, si ce n'est les deux
« colonnes de la *Kiblah*... Ahmed voulut aussi qu'on n'employât que la chaux
« et la brique pour la construction de l'édifice, sans aucuns matériaux combus-
« tibles ; car je veux, dit-il, que si Fosthat [1] périt un jour par l'eau ou par le
« feu, ma mosquée puisse résister à ces causes de destruction. »

La planche 5 donne le plan et une vue intérieure de cet édifice [2]. On voit qu'il consiste en une cour carrée, accompagnée, sur trois de ses côtés, d'un portique double en profondeur, et présentant un quintuple portique sur le quatrième. Au centre de la cour, est la fontaine aux ablutions, que recouvre un dôme ; en 1 est le sanctuaire et en 2 l'escalier qui conduit à la chaire ; le minarch est rejeté en dehors de l'enceinte, en 3 ; à droite, en 4, sont les latrines, accompagnement obligé de toute mosquée, et à gauche, en 5, se trouve la citerne. Neuf portes donnent entrée dans la mosquée. Le mur d'enceinte est couronné de merlons dentelés et découpés à jour, et il est percé de nombreuses fenêtres, ouvertes à même hauteur que celles qui s'élèvent au-dessus des piliers. Ces fenêtres extérieures, destinées plutôt à donner de l'air que de la lumière, sont fermées par des treillis à jour, exécutés en pierre calcaire. Autour de la cour, au-dessus des arcades, règne une haute frise d'un fort bon effet, que couronne un appui richement décoré.

Tous ces portiques sont exécutés en briques revêtues d'un enduit, et leurs nombreux ornements sont formés de stuc. Ils sont couverts en charpente, malgré l'assertion de Makrizi. Le plancher est disposé en dessous suivant les compartiments réguliers d'un heureux dessin, et il supporte une terrasse.

Ce monument prouve que l'art arabe n'a pas été long à se constituer ; car s'il rappelle en quelques points l'architecture byzantine, les innovations n'y manquent pas, et le caractère est bien tranché. Deux choses surtout y sont à remarquer : d'abord les ogives des portiques et de leurs fenêtres, puis les colonnes cantonnées dans les angles des piliers et dans ceux des montants des fenêtres, pour recevoir la retombée des arcs. Nous ne connaissons aucun exemple antérieur de ces deux

---

[1] Le vieux Caire.
[2] Ces dessins sont empruntés à l'ouvrage fort intéressant qui a pour titre : *Architecture arabe du Caire*, par P. Coste.

formes, qui ont joué un très-grand rôle dans l'architecture du moyen âge. Ont-elles été imaginées par les Arabes ? Ont-elles été empruntées par eux à quelque construction qui ne serait pas venue jusqu'à nous ? On l'ignore ; mais toujours est-il qu'elles donnent à la mosquée d'Ebn Touloun une valeur très-considérable dans l'histoire de l'art.

Une autre mosquée du Caire, celle d'El Moyed, présente une disposition analogue en ce qui est des portiques ; mais celui qui renferme le sanctuaire n'est que triple au lieu d'être quintuple en profondeur, et ils sont tous supportés par des colonnes dont la plupart ont été enlevées à des édifices antiques ou à des églises. On n'avait plus au quinzième siècle, date de la construction de cette mosquée, les scrupules qui honorent la mémoire de Ben Touloun.

Ce sont également des portiques sur colonnes qui forment la célèbre et splendide mosquée de Cordoue. Ils sont simples en profondeur sur trois des côtés de la cour, et la mosquée proprement dite, qui occupe le quatrième côté, n'en compte pas moins de dix-neuf, lesquels sont établis dans une direction normale à celle de la façade sur la cour, et ont plus de 100 mètres de longueur. Mais là, ce n'est plus l'ogive, c'est l'arc en fer à cheval qui réunit les colonnes, et quelques arcades sont découpées en lobes, forme que nos architectures du moyen âge ont également adoptée.

Commencé en 786, cet édifice, qui avait pour les Arabes d'Espagne le degré d'importance que les Byzantins attachaient à Sainte-Sophie, et que devait acquérir plus tard Saint-Pierre de Rome aux yeux du catholicisme, a été remanié et enrichi à diverses reprises, et n'a reçu que sur la fin du dixième siècle les développements qu'on lui voit aujourd'hui. Ses dimensions horizontales sont considérables. La mosquée proprement dite a environ 118 mètres de largeur sur 112 de profondeur dans œuvre, et présente par conséquent plus de 13 000 mètres de surface couverte. Les colonnes isolées supportant les arcades y sont au nombre de 646, sans compter celles qui sont engagées dans des pieds-droits ou forment les trois portiques sur la cour. Elles étaient beaucoup plus nombreuses autrefois, avant les mutilations que ce monument a subies ; un auteur arabe en a compté 1419. Elles ont été tirées pour la plupart d'édifices antiques, et elles sont de proportions et de matières fort diverses.

La hauteur de l'édifice est loin de répondre à son étendue. Elle n'est guère que de 9 mètres, depuis le niveau du sol jusqu'à la naissance de la charpente qui couvre les portiques, et les colonnes n'ont que 3 mètres environ de hauteur.

Revenons maintenant aux portiques que cette description nous a fait un peu perdre de vue.

Portiques superposés. Il est quelquefois nécessaire d'élever un ou plusieurs étages au-dessus d'un portique, et le résultat est rarement satisfaisant, lorsque ces étages ne sont pas formés eux-mêmes par des portiques. Une construction pleine se trouve en effet supportée alors par une construction largement ouverte et présentant par conséquent moins de résistance apparente. Cette disposition est cependant fort admissible, et l'on en pourrait citer de nombreux exemples, quand, n'ayant qu'un étage au-dessus du portique, on y marque une ossature de pilastres ou d'arcades se rattachant à celle de la partie inférieure ; car ce procédé introduit de l'harmonie dans la composition, et présente comme un simple remplissage toute la maçonnerie comprise entre les points d'appui figurés. C'est ainsi qu'ont procédé les Romains pour la partie supérieure du Colisée (pl. 59) ; ils ne pouvaient poursuivre les portiques extérieurs jusque dans le dernier étage, et ils les ont rappelés, en quelque sorte, par des pilastres établis dans le prolongement des colonnes. Bramante a pris le même parti, mais avec plus d'art et de finesse, dans la cour du palais de la Chancellerie à Rome. Il avait un étage à élever au-dessus de deux élégants portiques d'arcades sur colonnes, et il s'est conformé très-heureusement aux convenances morales du sujet, non-seulement en superposant des pilastres aux colonnes, mais encore en exécutant les remplissages en briques, de manière à les faire paraître très-légers.

Si l'étage était de faible hauteur par rapport au portique, on pourrait n'y point marquer d'ossature, à condition d'éviter tout ce qui serait de nature à lui donner quelque apparence de lourdeur, et même de rechercher la qualité opposée. Les figures 1 et 4 de la planche 4 offrent d'intéressants exemples de cette disposition. Nous avons déjà parlé de la première, qui représente un édifice situé sur la place de Santa-Maria-Novella, à Florence ; la seconde est empruntée au cloître de l'hospice des enfants trouvés, dans la même ville, lequel est attribué à Brunelleschi, de même que l'édifice précédent. On voit que, dans toutes les deux, l'étage est comparativement bas, est décoré d'ornements très-légers, et n'est couronné que par une simple moulure, au delà de laquelle s'avancent les chevrons pour former la corniche. Les ornements se détachent en gris foncé sur le fond blanc d'un enduit en mortier, mode de décoration fort usité à Florence, où il est connu sous le nom de *sgraffito* [1].

La superposition de portiques ne soulève pas de difficultés de principe ; mais elle a des exigences auxquelles il importe d'avoir égard. Il faut que le fort porte le faible, conformément à un principe élémentaire de construction, et que les portiques soient de même espèce, si les hauteurs ne sont pas très-différentes et si les matériaux de construction sont de même nature.

Les motifs de la première de ces conditions sont trop évidents pour qu'il soit nécessaire de les développer, et l'on appréciera facilement ceux de la seconde, si l'on se rappelle que les espacements des colonnes et des arcades dépendent à la fois, entre certaines limites, et de la hauteur des supports et du système de construction. Toutefois les conséquences à en tirer pourraient ne pas être saisies immédiatement, et il ne sera peut-être pas inutile d'entrer dans quelques détails à ce sujet.

Des colonnes superposées, qu'elles soient isolées ou engagées, peuvent être d'un même ordre d'architecture ou d'ordres différents ; il convient, dans ce dernier cas, de placer toujours l'ordre le plus simple au-dessous du plus riche, afin que la légèreté et la richesse augmentent à mesure qu'on s'élève. Ainsi, au-dessus d'un portique d'ordre dorique, pourra s'établir un portique appartenant soit au même ordre, soit à l'ordre ionique, soit à l'ordre corinthien. Il faut en outre, pour éviter un porte à faux, qui produirait un fort mauvais effet par cela même qu'il serait irrationnel, que le diamètre à la base de la colonne supérieure soit tout au plus égal à celui du sommet de la colonne immédiatement inférieure, et il y a même avantage à se tenir au-dessous de cette limite. Or le diamètre des colonnes diminuant de la base au sommet, il s'ensuit que les colonnes d'un étage quelconque doivent avoir moins de hauteur que celles de l'étage précédent. La différence doit être d'ailleurs plus prononcée lorsque les colonnes sont de même ordre que lorsqu'elles appartiennent à des ordres différents. Vitruve prescrit, sans faire de distinction à ce sujet, de donner aux colonnes supérieures les $\frac{5}{7}$ seulement de la hauteur des colonnes inférieures. On a observé cette proportion à l'amphithéâtre de Nîmes (pl. 6, fig. 5), et nous nous y sommes conformé dans le dessin de la basilique romaine que représentent les figures 1, 2 et 3 de la planche 12. Mais il n'est

---

[1] Il s'exécute très-simplement, en couvrant un enduit coloré d'une mince couche de chaux, qu'on enlève ensuite partout où l'exige le dessin adopté.

pas toujours nécessaire d'aller jusque-là, ainsi que le prouvent le théâtre de Marcellus à Rome (pl. 6, fig. 1) et les édifices représentés par les planches 36 et 38 de la première partie de cet ouvrage.

Il est à remarquer d'ailleurs que le diamètre supérieur d'une colonne doit différer d'autant moins du diamètre inférieur que la pression supportée est plus considérable. Ce principe a été établi, lorsque nous avons traité des formes et des proportions des colonnes, et il a été appliqué aux colonnes réunies par des arcades ; nous avons montré qu'ainsi employées, elles n'admettent pas des diminutions aussi prononcées que si elles étaient uniquement couronnées par des entablements. Il en est de même pour les colonnes qui en supportent d'autres, car, elles aussi, sont visiblement soumises à de très-fortes pressions ; de sorte qu'il n'est pas nécessaire de réduire dans une forte proportion la hauteur de l'ordre supérieur pour obtenir la relation voulue entre les diamètres des deux ordres superposés. Plus fort est le diamètre supérieur de la colonne du bas, plus élevée peut être la colonne du haut. On sauve donc une difficulté, par cela même qu'on adopte une forme rationnelle.

La réduction apportée dans les hauteurs des colonnes successives a l'avantage d'établir une gradation convenable, non-seulement entre les diamètres des points d'appui superposés, mais encore entre les apparences de solidité des divers étages, puisque les espacements des supports sont constants, tandis que les diamètres diminuent d'un étage à l'autre. Mais elle a aussi pour effet de réduire la hauteur apparente des étages à mesure qu'ils s'élèvent, ce qui n'est pas toujours en harmonie avec la destination. Dans un palais, par exemple, c'est ordinairement le premier étage qui est le plus important et qui réclame le plus de hauteur, et il convient de satisfaire à cette condition d'une manière évidente. On y parvient en plaçant des piédestaux sous les colonnes de l'étage qui paraîtrait trop bas. Les corniches de ces piédestaux s'établissent habituellement de niveau avec les appuis des fenêtres ou avec les bandeaux qui couronnent les balustrades, de manière à motiver en quelque sorte ces adjonctions et à maintenir l'unité de composition.

Si l'on donnait aux bases des colonnes supérieures et à celles des piédestaux qui les supportent les saillies qu'on leur assignerait en toute autre position, on serait encore conduit à un porte à faux, non plus de la colonne, mais du piédestal et surtout de sa base. On diminue cet inconvénient, si l'on ne le fait entièrement disparaître, en réduisant autant que possible les saillies de ces deux bases, et en supprimant même complétement la dernière. Les piédestaux des colonnes ioniques du théâtre de Marcellus à Rome (pl. 6, fig. 1 et 2) étaient ainsi disposés. Les bases qu'ils supportent sont, il est vrai, plus saillantes qu'il n'était rigoureusement nécessaire, mais il est à remarquer qu'étant appliquées contre des pieds-droits, les colonnes ont pu être établies en retraite, et qu'on a évité de cette manière ce que le porte-à-faux aurait eu de plus choquant. A l'amphithéâtre de Nîmes, où l'on n'a pas eu égard à ces convenances, l'effet produit est peu satisfaisant sous ce rapport, ainsi qu'on peut en juger à l'inspection des figures 5 et 6 de la même planche.

On remarquera que, dans ces deux monuments, comme au Colisée (pl. 59) et dans la plupart des amphithéâtres des Romains, les piédestaux ne sont pas compris dans l'étage auquel ils appartiennent au dehors. Le sol de chaque étage est établi, non pas à la hauteur de la corniche inférieure, mais au niveau des bases des colonnes. Cette disposition, qui n'est pas très-recommandable en principe, a été sans doute adoptée parce qu'elle permet de couvrir les galeries par des voûtes en berceau continues, et d'éviter ainsi les voûtes d'arête annulaires, dont les formes compliquées ne sont pas heureuses, et ne se prêtent pas à une grande rapidité d'exécution.

Lorsque deux portiques superposés sont à peu près de même hauteur, il convient évidemment de leur donner même disposition générale; c'est le parti qui se présente le plus naturellement à l'esprit, et assure le plus d'unité dans la forme. Il ne s'oppose nullement d'ailleurs à une grande diversité dans les caractères, puisque toute ordonnance admet les expressions les plus variées de vigueur et de richesse. A un portique très-simple et très-ferme, on en peut superposer un qui soit de la plus grande légèreté et de la plus riche ornementation ; on n'est limité à ce sujet que par la crainte de disparates trop prononcées. On ne pourrait pas d'ailleurs adopter la plate-bande pour l'un et l'arcade pour l'autre, puisque ces deux modes de construction n'admettent pas les mêmes espacements ; les colonnes seraient trop espacées, ou les arcades trop serrées.

Mais il n'en serait pas de même si, le portique inférieur étant exécuté en pierre, le portique supérieur était formé de matériaux, tels que le bois ou le fer, permettant des points d'appui plus espacés que n'en admet la pierre. Dans ce cas, des colonnes réunies par des entablements pourraient être très-convenablement superposées à des arcades ; la construction serait rationnelle, et notre goût ne repousse jamais en principe ce que justifie notre intelligence.

On trouve, en Italie, un grand nombre de dispositions de ce genre, qui produisent un excellent effet. Dans le palais du Vatican, au-dessus des portiques décorés par Raphaël, lesquels sont formés d'arcades avec pieds-droits décorés de pilastres, est un portique fort élégant, qui est composé de colonnes élevées à l'aplomb des pilastres inférieurs et surmontées d'un entablement en charpente. Cette charmante composition est due au grand peintre lui-même. Le même parti a été adopté, avec des formes plus simples, dans plusieurs couvents de la même contrée. Les cours de ces édifices sont entourées d'arcades reposant sur des colonnes, au-dessus desquelles s'élèvent d'autres colonnes plus petites, simplement réunies par une architrave en bois, que couronnent, en la dépassant, les chevrons de la toiture. La figure 6 de la planche 4 offre un exemple de cette disposition appliquée à une petite maison de campagne des environs de Florence.

Il faut reconnaître du reste que ce sont des convenances d'ordre moral bien plutôt que des convenances matérielles qui dominent dans la question. Quand un portique à plates-bandes est superposé à des arcades, les espacements de ses points d'appui ne sont pas trop grands d'une manière absolue, ils ne le sont que comparativement à la hauteur et au diamètre des colonnes. C'est plutôt un défaut d'harmonie qu'ils accusent, qu'une absence réelle de solidité. A côté de cet édifice, où les colonnes paraîtraient trop espacées, pourrait s'en trouver un autre où les espacements seraient en réalité plus considérables, et produiraient cependant un effet diamétralement opposé. Aussi avons-nous restreint la porté du principe général énoncé plus haut, non-seulement au cas où les matériaux de construction sont de même nature, mais encore à celui où il n'y a pas une différence très-prononcée entre les hauteurs des portiques superposés. Si l'on n'était pas placé dans cette dernière condition, les considérations précédentes conduiraient à associer deux portiques d'espèces différentes, en adoptant les arcades pour celui du bas et les entablements pour l'autre. Les palais qui décorent la place de la Concorde, à Paris (pl. 7), offrent un intéressant exemple de cette disposition.

Portiques de la place de la Concorde. Gabriel, l'architecte auquel ils sont dus, portait le sentiment de l'art à un très-haut degré, et avait fort bien compris qu'il fallait, sur cette vaste place, une architecture accentuée et imposante. Il s'était arrêté à l'idée de mettre un grand portique au premier étage de chacun des édifices, et il avait reconnu en outre la nécessité d'en établir un autre au rez-de-chaussée, pour servir d'abri aux promeneurs surpris par la pluie. Ces points de départ adoptés, la disposition des portiques s'ensuivait nécessairement : le portique inférieur devait être formé par des arcades, et l'autre, par des colonnes. Les hauteurs étant très-inégales, on ne pouvait en effet mettre des colonnes au rez-de-chaussée, car elles eussent été écrasées par celles du haut et eussent paru trop espacées, tandis que des arcades eussent été beaucoup trop étroites au rang supérieur ou trop larges dans le bas, si l'on avait voulu en placer dans les deux portiques. Gabriel ne se dissimula pas d'ailleurs les difficultés du système qu'il avait dû adopter, et il s'appliqua à les surmonter.

Les pieds-droits de ses arcades devaient présenter beaucoup de vigueur, pour paraître en état de supporter les grandes colonnes du portique supérieur, mais il ne pouvait les tenir larges, sous peine de rendre les ouvertures trop étroites ; il leur attribua, au moyen de refends énergiques, la fermeté qu'il ne lui était pas permis d'obtenir par les proportions, et il eut soin d'ailleurs d'associer des ornements d'architecture à ces refends, afin d'établir une harmonie convenable dans la décoration des deux parties principales de l'œuvre. Le portique supérieur est très-élevé ; il embrasse deux étages dans sa hauteur, et cependant les colonnes qui le constituent paraissent un peu trop espacées, eu égard à leur diamètre, et l'on est en droit de penser qu'elles eussent été plus rapprochées, si l'architecte n'avait craint de resserrer les arcades outre mesure. Les colonnades pouvaient donc avoir pour effet d'enlever aux édifices le caractère monumental qu'on voulait leur attribuer, et qui était une sorte de nécessité de position. L'architecte le sentit, et prit le parti très-judicieux de fortifier son œuvre au moyen de vigoureux pavillons, qui, placés dans les angles, encadrent les portiques, les arrêtent d'une manière très-convenable, et s'y rattachent d'ailleurs par leur ornementation.

Mais si Gabriel a justement apprécié les convenances de ces édifices, et s'il y a satisfait avec une rare intelligence, on doit reconnaître cependant qu'il n'a pu éviter entièrement les écueils de la voie dans laquelle il s'était engagé ; on voudrait plus de largeur aux arcades et moins d'espacement aux colonnes. Cette imperfection provient de ce qu'il n'y a pas (et il ne pouvait y avoir, sous peine de disparate choquante) une assez grande différence de hauteur entre les portiques pour admettre les deux modes de construction, avec les proportions qui leur conviennent le mieux. Les défauts tiennent donc au sujet, et à l'architecte appartient le mérite de les avoir tellement atténués qu'il faut un œil exercé pour les apercevoir. Ils n'enlèvent pas d'ailleurs aux monuments le droit d'être rangés au nombre des plus remarquables de l'architecture moderne, et bien au-dessus de tous ceux, soit de France, soit surtout de l'étranger, qui remontent à la même époque, c'est-à-dire au milieu du dix-huitième siècle.

On a quelquefois superposé des portiques à plates-bandes à des portiques en arcades, en établissant deux ou trois entre-colonnements au-dessus de chaque arcade. A la suite d'une colonne placée au-dessus d'un pied-droit et directement supportée par lui, ainsi qu'il convient, il y en a une ou deux qui reposent sur l'arc. Cette disposition est peu satisfaisante au point de vue de la construction proprement dite ; cependant elle est susceptible de produire d'heureux effets, et il y aurait excès de rigueur à la proscrire. Nous nous bornerons à dire qu'il est plus convenable d'y avoir recours dans un édifice qui admet le caprice et la légèreté, que dans celui qui réclame une grande sévérité de style et un caractère monumental.

II. — PORCHES.

On donne le nom de porche à un portique de dimensions restreintes placé à l'entrée d'un édifice.

Les porches varient beaucoup quant à l'importance et à la disposition, et il paraît impossible de rien prescrire de formel à leur sujet, tant qu'on se maintient dans les généralités. Nous nous bornerons donc à en mettre quelques-uns sous les yeux du lecteur ; des exemples seront d'un enseignement plus efficace que le plus long discours.

Porches antiques. Les temples que les Romains désignaient sous le nom de temples à antes (*in antis*) avaient leur entrée couverte par une construction, comprenant trois entre-colonnements entre les murs de la cella, lesquels étaient prolongés en conséquence et se terminaient chacun par un pilastre. Telle est la disposition qu'on remarque dans le grand temple de Pœstum, à l'intérieur du portique principal[1]. Ces constructions constituaient plutôt des porches que des portiques, bien qu'elles aient reçu souvent cette dernière dénomination.

[1] Voyez le plan, figure 5 de la planche 15 de la première partie de ce Traité.

PORCHES.   115

La figure 1 de la planche 8 représente le plan d'un porche fort important, celui du Panthéon de Rome, cette magnifique rotonde qu'Agrippa avait consacrée à Jupiter Vengeur, et non à tous les dieux comme on le suppose généralement. Il est formé de huit belles colonnes corinthiennes sur la face principale, et de trois sur chaque face latérale. Deux rangées de colonnes semblables le divisent en trois parties ; la nef centrale conduit à la porte d'entrée du monument, et les nefs latérales sont terminées chacune par un grand hémicycle que couvre une voûte sphérique. Dans celui de droite, était placée la statue d'Auguste, et dans celui de gauche, celle d'Agrippa. Ce porche est exécuté sur de vastes proportions, ainsi qu'on peut en juger à l'inspection du plan, dont l'échelle est la même que celle des plans voisins, et les matériaux de construction sont de la plus grande richesse. Les colonnes n'ont pas moins de 1^m,45 de diamètre, et sont formées chacune d'un seul bloc de granit oriental ; les bases, les chapiteaux et les pilastres sont en marbre blanc ; les murs sont revêtus en marbre de même espèce, et sont en outre décorés de bandes sculptées ; le fronton était occupé par un bas-relief en bronze doré, dont il n'est resté que des trous de crampons ; enfin c'est également en bronze qu'étaient exécutées la couverture du portique, ses poutres et la grande porte d'entrée du temple. A l'exception de ce dernier ouvrage, tous ces bronzes ont disparu, enlevés pour être employés dans d'autres édifices. Le dernier pape qui se soit rendu coupable de ces spoliations, Urbain VIII (en plein dix-septième siècle !), en a retiré, assure-t-on, plus de 200 000 kilogrammes de métal.

La belle basilique voûtée qui est connue sous le nom de temple de la Paix, et qui est représentée sur la planche 13, était précédée d'un porche formé d'arcades sur pieds-droits, qui en embrassait toute la largeur et était probablement couvert en terrasse.

Les basiliques chrétiennes des premiers siècles étaient pour la plupart accompagnées de porches, qui étaient exécutés en général sur une petite échelle, mais étaient souvent disposés de la manière la plus heureuse. Les figures 2 et 3 de la planche 8 représentent le plan et l'élévation d'un de ces porches, de celui de la basilique de Saint-Georges au Vélabre, à Rome. On voit qu'il est formé de quatre petites colonnes ioniques très-espacées, qui sont comprises entre deux larges têtes de murs, lesquelles assurent très-convenablement les angles de la construction. Ces derniers points d'appui sont couronnés par des espèces

_{Porches
de basiliques
chrétiennes.}

de chapiteaux exécutés en marbre blanc. Le même marbre est employé pour former l'architrave, qui est composée de longues pierres portant d'une colonne sur l'autre. La rupture de ces pierres, dont la hauteur est faible comparativement à la longueur, est prévenue par des arcs de décharge en briques, établis dans la hauteur de la frise et recouverts par un enduit. Une inscription commémorative occupe la face de l'architrave, et des anneaux en bronze, auxquels se suspendaient des rideaux, sont scellés dans le soffite.

On trouve encore un porche du même genre à l'entrée d'une autre basilique de la même ville : celle de Saint-Laurent hors les murs.

Ces constructions n'ont rien de monumental sans doute, et ne présentent pas une grande sévérité de style; mais elles sont, sous ces deux rapports, en parfaite harmonie avec les édifices auxquels elles appartiennent, et leur modestie aussi bien que leurs heureuses proportions leur donnent un charme tout particulier.

La basilique de Sainte-Marie-Majeure était précédée autrefois d'un porche dont la disposition était à peu près la même, quoiqu'il fût plus important, ainsi que le montre la figure 2 de la planche 20; mais il ne subsiste plus. Celui qui l'a remplacé date du milieu du dernier siècle, et l'ampleur de ses dimensions ne compense pas assez ce que ses formes laissent à désirer, pour qu'il paraisse utile d'en reproduire les dessins.

Le porche qui couvre l'entrée du petit édifice de Rome, connu sous le nom de baptistère de Constantin, dont la figure 5 de la même planche donne le plan, est accompagné d'un hémicycle à chaque extrémité. Cette disposition est fort convenable et a été plusieurs fois employée. Les deux colonnes de ce porche et les pilastres qui les accompagnent étaient réunis par un entablement que couronnait un fronton.

Citons encore le porche, beaucoup plus modeste, qui précède l'entrée du cloître de la basilique de Saint-Clément, à Rome, basilique dont le plan et l'intérieur sont représentés par la planche 22. Il est simplement composé de deux colonnes que réunit un arc en plein cintre, au-dessus duquel s'élève un toit à deux égouts. Suivi d'un portique, il ne réclamait pas autant de développement que les autres.

La principale église de Spolète est décorée d'un porche extrêmement remarquable, qui est dû à Bramante. Les figures 4 et 5 de la planche 8 représentent cette charmante composition, l'une de celles où l'illustre architecte a déployé le plus de grâce et de finesse. Elle est ouverte au dehors par cinq arcades très-élégantes, ornées de colonnes dont les chapiteaux sont de la plus heureuse fantaisie, et que couronnent un entablement et une balustrade richement décorés. Ses angles sont très-convenablement fortifiés chacun par deux colonnes, entre lesquelles est une petite chaire en saillie, dont l'accès est assuré par quelques marches placées sous le porche. On a plusieurs exemples, en Italie et même en France, d'ouvrages de ce genre pour les prédications en plein air ; mais nous ne croyons pas qu'on en puisse citer d'aussi habilement agencés. Toute la construction est exécutée en marbre blanc, à l'exception des frises des piédestaux et des tympans des arcades, qui sont en marbre rouge. Les sculptures sont traitées avec beaucoup de délicatesse ; l'œuvre tout entière témoigne du goût le plus exquis.

Ce porche est voûté et couvert par une terrasse. La façade de l'église s'élève au-dessus du mur du fond, et se trouve masquée en partie par la saillie de cette construction.

Dans plusieurs églises modernes de la même contrée, on remarque de très-jolis porches qui sont formés d'arcades sur colonnes, et dont les angles sont fortifiés suivant le système que nous avons fait connaître en parlant des portiques. Ils sont couverts par des voûtes d'arête dont la poussée est contenue par des tirants en fer, et sont surmontés d'un toit qui s'appuie contre le mur de face de l'édifice. La figure 6 de la planche 8 donne le plan d'un de ces porches.

Le petit porche, ou plutôt la loge d'une maison de campagne des environs de Florence, qui est représentée par les figures 6 et 7 de la planche 4, offre une disposition analogue, avec cette différence qu'elle est surmontée d'un étage.

L'une des plus remarquables créations de l'architecture du moyen âge est celle des porches d'églises. Le problème y a été parfaitement saisi et admirablement résolu. Tous les porches de ce genre que nous venons de passer en revue ont, à divers degrés, l'inconvénient de masquer l'édifice, de présenter une petite architecture où l'on voudrait trouver quelque chose d'imposant, et de manquer de caractère. Ils sont de formes élégantes, ils sont habilement disposés, ce sont des œuvres d'art d'une valeur incontestable ; mais ils n'ont rien, ni de monumental, ni de profondément religieux. Combien leur sont supérieurs, non-seu-

Porches d'églises du moyen âge.

lement les porches de nos cathédrales, mais ceux d'une multitude de nos petites églises, même dans nos campagnes! Comme ils se rattachent à l'édifice sans en rien dissimuler! Qu'ils s'épanouissent bien au dehors! Qu'ils semblent bien appeler les fidèles à pénétrer dans l'intérieur! Ils consistent en une série d'arcs concentriques reposant sur des colonnes qui sont logées dans une suite de redans pratiqués dans l'épaisseur du mur, suivant un ébrasement très-prononcé. La plupart d'entre eux sont d'une ampleur, d'une fermeté et d'une richesse extrêmement remarquables. Leur ornementation n'a rien de banal d'ailleurs; loin de là, elle est entièrement symbolique. On peut citer, parmi ceux qui appartiennent à l'architecture romane, les porches de l'église Sainte-Croix à Bordeaux, de Notre-Dame et de Sainte-Radegonde à Poitiers, des façades latérales de la cathédrale de Bourges et de l'abbaye de Saint-Denis.

Quelle est l'origine de cette heureuse disposition? Faut-il l'attribuer à l'architecture arabe, qui évidait volontiers les angles des pieds-droits de ses ouvertures, et y logeait des colonnes sur lesquelles reposaient les arcs, ainsi qu'on le voit dans la mosquée d'Ebn Touloun au Caire, dont nous avons déjà parlé? N'est-il pas plus probable que le point de départ doit remonter à l'architecture byzantine, à laquelle les Arabes ont tant emprunté? Quel est le plus ancien des monuments de l'Occident où se trouve cette remarquable disposition? nous serions porté à croire que c'est l'église de Saint-Michel, à Pavie; mais il est difficile d'affirmer que ses porches appartiennent à la construction primitive. Quoi qu'il en soit, il y a eu une véritable création dans le développement qui a été donné à ce qui n'était qu'en germe dans les architectures de l'Orient, et c'est au moyen âge que l'honneur en revient.

Dans quelques-uns de ces porches, le tympan de la porte est fermé, est occupé par une sculpture symbolique, et est supporté par un linteau, ainsi que le montre l'élévation principale de la cathédrale d'Angoulême (pl. 33, fig. 1). L'ouverture est divisée en deux parties égales, quand ses dimensions le comportent, par un pilastre qui soutient le linteau au milieu de sa longueur. Quelquefois aussi les colonnes sont remplacées par des figures de saints, qui forment des espèces de cariatides, sans cependant supporter aucune partie de la construction ; les retombées des arcs sont reçues sur des chapiteaux placés en arrière de ces statues. Le porche méridional de la cathédrale de Bourges, qui a été emprunté à un édifice antérieur, offre un admirable exemple de cette disposition. De chaque côté de la porte, trois figures s'appuient sur des colonnes extrêmement courtes qui leur servent de piédestaux, et elles sont surmontées de dais, au-dessus desquels apparaissent les colonnes qui supportent les arcs concentriques. Le pilastre du milieu est couvert par une figure du Christ ; les douze Apôtres, assis dans des niches que séparent de petites colonnes, occupent le linteau ; dans le tympan est une figure du Christ assis, placé dans une auréole de forme ovale, et entouré des représentations symboliques des quatre Évangélistes ; enfin l'arc intérieur est orné d'une suite d'anges en adoration, et une série de saints sont rangés dans le suivant. Cette ornementation riche et expressive est exécutée avec une rare perfection, et rappelle les plus belles œuvres du style byzantin.

L'architecture ogivale s'est emparée de ces remarquables dispositions, et les a considérablement développées. Les porches de quelques-unes de nos belles cathédrales, comme celles de Chartres, de Paris, d'Amiens, de Reims, sont de très-grandes dimensions et sont ornés d'une prodigieuse quantité de figures. Ils embrassent toute la largeur de la nef dans laquelle ils introduisent, et ont toute la profondeur que permet la saillie des grands contre-forts qui les limitent latéralement, ainsi que le montre le plan de la cathédrale d'Amiens (pl. 38). Ils sont surmontés du pignon de la toiture qui les recouvre dans la partie formant saillie sur le mur de face. Quant aux nombreuses figures, elles constituent une encyclopédie complète, un vaste poëme monumental. On y voit des représentations du Christ, de la Vierge, des Apôtres, des Évangélistes, des Prophètes, des Patriarches, des Saints particulièrement vénérés dans le diocèse, des Vierges sages et des Vierges folles, d'Anges, de Vertus, de la Création du monde, de la Passion, du Jugement dernier, de la Mort de la Vierge, de l'Assomption, etc. M. Didron[1] n'a pas compté moins de 1814 statues dans les porches de la cathédrale de Chartres.

Nous reviendrons nécessairement sur ce sujet en parlant des églises ; nous nous bornerons à ajouter ici que, si ces sculptures n'ont pas la noblesse et l'élégance de formes qu'on admire dans celles du siècle de Périclès, il en est beaucoup cependant qui sont d'un fort beau style, et dont les expressions naïves, touchantes et religieuses au plus haut degré n'ont point d'analogues dans l'anti-

---

[1] *Iconographie chrétienne.*

quité. Elles n'abondent pas dans l'histoire de l'art, les inspirations plus heureuses et dont on ait su tirer un meilleur parti. Malheureusement la décadence de l'architecture ogivale a été prompte à se manifester, et ces splendides créations étaient tombées dans la maigreur et l'insignifiance lorsque la Renaissance s'est produite.

Le moyen âge ne s'en est pas tenu là d'ailleurs en fait de porches; ceux dont nous venons de parler sont quelquefois précédés de constructions plus étendues, ouvertes sur toutes leurs faces. Telle est la disposition adoptée pour les porches latéraux des cathédrales de Chartres et de Bourges, et pour ceux de la façade principale dans les cathédrales de Noyon, de Laon, dans l'église Saint-Germain l'Auxerrois, à Paris, etc. Quelquefois aussi le clocher s'élève au milieu de la façade, et sa partie inférieure est disposée de manière à former un porche qui donne entrée dans la grande nef, ainsi qu'il se voit à l'église de Saint-Germain des Prés, à Paris (douzième siècle), et aux cathédrales de Tulle, de Fribourg, etc. Il y a, près de Bourges, une petite église de village dans laquelle un porche de ce genre produit un excellent effet, bien qu'il soit établi dans les plus modestes conditions. Le terrain est élevé, aux abords de l'édifice, à quelques mètres de hauteur au-dessus d'un petit cours d'eau qui se retourne brusquement en cet endroit, pour se prolonger, dans l'axe de l'église, sur une certaine longueur. Le clocher s'appuie sur le mur de soutènement des terres, et le porche qu'il surmonte a deux entrées latérales et une large ouverture, qui est fermée par un appui, sur la face tournée vers le ruisseau ; de sorte qu'en sortant de l'église, les regards plongent sur la longue et riante vallée, à laquelle l'arcade romane forme un heureux encadrement. C'est ainsi qu'il appartient à l'architecte de mettre à profit les dispositions locales pour les rattacher à son œuvre.

Un autre monument du moyen âge présente un des plus beaux porches qu'on puisse citer, et montre mieux encore comment un homme de génie sait tirer parti des circonstances, et trouver des éléments de beauté dans les obstacles qu'il rencontre. Nous voulons parler de la cathédrale du Puy.

Cette église est établie sur un rocher volcanique, s'élevant isolé, au confluent de deux riches vallées, et dominant, sur une assez grande hauteur, la ville qui s'étend à son pied et dont quelques maisons gravissent ses flancs abrupts. Elle n'avait pas dans le principe le développement qu'on lui voit aujourd'hui ; au onzième siècle, la nef ne se composait que de deux travées. Mais ce sanctuaire vénéré, que la tradition faisait remonter aux premiers temps du christianisme, attirant une foule innombrable lors des grandes solennités, était devenu tout à fait insuffisant dans le siècle suivant, et l'on se décida à prolonger la grande nef, d'abord de deux travées, puis bientôt de deux autres encore. Or on ne trouvait plus la plate-forme du rocher, pour asseoir ces nouvelles travées, car l'ancienne construction la couvrait presque en entier. Il fallait donc descendre leurs points d'appui jusque sur l'un des versants du pic, et comment, dans de pareilles conditions, disposer la façade et l'entrée principale du monument ? Ce problème fut admirablement résolu. L'architecte forma de ces substructions indispensables un vaste porche très-élevé, divisé en trois nefs comme le vaisseau qu'il supporte, et occupé dans toute sa longueur par un bel escalier. Sur le palier supérieur de cet escalier, s'ouvrent trois rampes ; l'une, fermée aujourd'hui, débouche près du chœur, et les deux autres, plus modernes, conduisent à des entrées latérales, en se développant à droite et à gauche. La façade du monument est précédée d'un large escalier extérieur, qui est établi dans le prolongement d'une rue montueuse, et elle s'élève à une grande hauteur. L'effet produit par ces dispositions est des plus imposants.

Dans quelques églises de la Renaissance, on trouve des porches dont les dispositions générales rappellent ceux du moyen âge ; mais le caractère n'est plus le même, il s'en faut de beaucoup. Ce qu'il y a de monumental, de digne, de profondément religieux dans ces derniers, a disparu pour faire place à de gracieuses fantaisies ; on s'attache bien plutôt à plaire qu'à frapper l'imagination. Tels sont les porches des églises de Vetheuil, de Gisors et de Luzarches, en France, et celui de Saint-François des Nobles, à Pérouse, en Italie.

Porches modernes.

On remarque, dans le château de Fontainebleau, un pavillon qui peut être cité comme un exemple d'entrée de grand château. Son rez-de-chaussée est occupé par un porche d'une disposition très-simple et susceptible, par cela même, d'être utilement appliquée en une foule de circonstances. Au lieu d'être placé en saillie, ce porche est entièrement compris dans l'épaisseur de la construction. Il est surmonté de deux loges ouvertes, qui rappellent l'influence exercée en France, sous François Ier, par l'architecture italienne. Les toits élancés, et les détails de l'ornementation prouvent d'ailleurs qu'il n'y a rien eu de servile dans l'imitation. La planche 9 représente cette charmante composition qui a reçu le nom de *Porte dorée*.

Citons enfin, parmi les porches remarquables de Paris, ceux de l'Hôtel de Ville, ceux qui donnent accès dans la cour du Louvre, celui du Palais-Royal, entre les deux cours, celui qui est placé à l'entrée du palais du Luxembourg (pl. 78), ceux de la grande cour de l'hôtel des Invalides, l'un sur la face principale, l'autre devant l'église (pl. 55), ceux de Saint-Sulpice et de Saint-Vincent de Paul, celui du Théâtre-Italien, et le charmant petit porche à deux étages du théâtre des Variétés.

III. — VESTIBULES.

Dans l'ordre des distributions, les vestibules viennent après les porches. Ils remplissent d'ailleurs des fonctions analogues : ils sont placés à l'entrée d'un édifice ou d'une partie d'édifice. On semble même quelquefois regarder ces deux dénominations comme synonymes, mais c'est à tort : le vestibule se distingue du porche en ce qu'il est moins largement ouvert au dehors, et en ce que ses ouvertures sont habituellement fermées par des portes en menuiserie ou des châssis vitrés. Un porche se convertit en vestibule quand on y adapte des clôtures de ce genre.

Le vestibule comporte en outre plus de dégagements que le porche, du moins dans la plupart des circonstances. Précéder et dégager est son office principal. Il doit être percé d'un assez grand nombre de portes pour assurer un accès facile et une indépendance relative aux différentes parties de l'édifice qu'il dessert.

Les principales entrées ouvertes sur le vestibule doivent se distinguer nettement, tant par leur position que par leur forme ou leurs dimensions, de celles qui n'ont qu'une importance secondaire. Il convient de les établir, soit sur les axes de cette salle, soit dans des positions symétriques par rapport à eux, de leur donner de grandes proportions et une décoration accentuée, et de ne pas mettre les autres portes en aussi grande évidence. Si l'édifice comprend plusieurs étages, le vestibule est tenu de donner un accès direct au grand escalier, et il est essentiel que cet accès soit accusé de manière à être reconnu au premier abord. Une disposition très-convenable, et fréquemment employée dans nos hôtels, consiste à ouvrir largement, sur l'axe transversal du vestibule du rez-de-chaussée, d'un côté l'entrée de l'escalier, de l'autre celle des appartements de réception. Mais si ces appartements étaient situés au premier étage, comme il se rencontre habituellement dans les palais, il serait préférable de placer l'escalier en face de l'entrée du vestibule, à moins d'en admettre deux, et de les faire déboucher à droite et à gauche.

Les vestibules peuvent être couverts par des plafonds ou par des voûtes; ils rentrent, sous ce rapport, dans les mêmes conditions que le reste de l'édifice, et ne comportent pas de prescriptions spéciales. On peut dire cependant que si, par un motif quelconque, il devait y avoir diversité, il serait plus convenable de réserver les voûtes pour le vestibule que pour les salles placées à la suite; car la construction monumentale convient d'autant mieux qu'on se rapproche davantage du dehors. C'est ainsi que les porches sont très-fréquemment voûtés, alors même qu'on n'a recours à cette disposition pour aucune autre partie de l'édifice.

Le même ordre de considérations régit la décoration des vestibules, mais d'une manière beaucoup plus impérieuse. Il est évident que ces salles, qui forment transition entre l'extérieur et les appartements de réception, doivent porter l'empreinte de leur destination, et participer du caractère de l'une et de l'autre de ces choses. Il serait vicieux d'admettre dans un vestibule les formes heurtées et vigoureuses qui peuvent convenir à la façade d'un édifice, et il ne le serait pas moins de le traiter avec le luxe et les délicatesses d'ornementation que comporte une galerie de fêtes, un salon ou une chambre à coucher. Les vestibules réclament, comparativement aux salles qu'ils précèdent, une grande simplicité de formes et une certaine sévérité de style. C'est l'esprit de l'ordonnance dorienne, cet esprit consistant à chercher l'ornementation dans la mise en évidence d'un système de construction rationnel, qui paraît devoir présider aussi bien aux détails qu'aux traits principaux de leur système décoratif.

Plusieurs planches de cet ouvrage mettent sous les yeux du lecteur des vestibules établis dans des conditions fort diverses, offrant tous des dispositions très-convenables, et pouvant être présentés comme des modèles. Nous en citerons quelques-uns.

Celui de Sainte-Sophie de Constantinople, qui est marqué 4 sur le plan (fig. 1, pl. 23), et dont la planche 25 donne la coupe, précède dignement le magnifique vaisseau. Largement ouvert sur le portique, il l'est également sur la nef et sur les bas-côtés, et il donne entrée, à chacune de ses extrémités, dans l'un des escaliers qui conduisent aux galeries supérieures. Il a reçu plus de hauteur que le portique, de manière à pouvoir être éclairé par des jours directs.

Les vestibules de Saint-Marc (pl. 23, fig. 3, et pl. 29) et de Saint-Pierre de Rome (pl. 43) sont fort bien disposés, et sont établis sur de belles proportions. Une idée heureuse a fait ouvrir la voûte du premier au milieu de sa longueur, de manière à le rattacher intimement à la nef principale, et à lui donner quelque participation à la sainteté du lieu.

Les nouveaux bâtiments du Louvre présentent des vestibules de forme et d'importance fort diverses, répondant parfaitement à leur destination. Ceux qui sont indiqués sur le plan (pl. 14) par le chiffre 21 sont terminés par de beaux escaliers, conduisant dans la grande salle des États, laquelle est située au premier étage.

Le grand vestibule de l'hôtel de ville de Paris se recommande par l'ampleur et la convenance parfaite de ses dispositions. Il est marqué par le chiffre 2 sur le plan du rez-de-chaussée de cet édifice (pl. 53, fig. 1), et il est représenté en coupe sur la planche 54. Il est ouvert à chacune de ses extrémités sur un beau porche qui permet de descendre de voiture et d'y monter à couvert ; des escaliers de service sont placés dans ses angles, trois larges ouvertures, ménagées au milieu de sa longueur, le font communiquer avec un second vestibule, sur les côtés de cette dernière salle, débouchent deux magnifiques escaliers, qui conduisent dans les appartements de réception et qu'accompagnent des couloirs de dégagement, enfin au delà est une rampe donnant accès sous les portiques de l'ancienne cour du palais.

Cette réunion de porches, de vestibules et d'escaliers, si bien conçue et si judicieusement ordonnée, a été complétée de la manière la plus heureuse par l'adjonction de la cour dont on vient de parler. On a couvert cette cour au moyen d'un vitrage que supporte une élégante charpente en fer, et l'on s'est assuré ainsi un vaste vestibule central, embrassant deux étages dans sa hauteur, et servant de lien commun entre les salons et les galeries. La grande porte de la façade principale conduit directement dans cette belle salle, à l'extrémité de laquelle est un double escalier demi-circulaire, débouchant au premier étage devant l'un des salons. Aucun autre palais ne présente des dispositions aussi favorables à de grandes et splendides réceptions.

Ces vestibules, qui s'élèvent ainsi dans la hauteur de deux étages, produisent en général beaucoup d'effet, et conviennent parfaitement à leur destination. Ils frappent par leurs grandes proportions ; ils dégagent très-convenablement, non-seulement au rez-de-chaussée, mais encore au premier étage ; ils mettent ces deux plans en relation immédiate, et font bénéficier chacun d'eux du mouvement de l'autre ; ils permettent enfin de tirer un excellent parti d'espaces entourés de constructions, qu'il serait souvent difficile d'utiliser autrement, faute de pouvoir les éclairer par des jours directs, du moins dans le bas.

Le second vestibule du théâtre de Bordeaux est disposé de cette manière ; il est représenté en plans et en coupes par la planche 10, et nous y reviendrons en parlant des escaliers. Le premier vestibule est décoré d'un grand nombre de colonnes qui ont le double office de soutenir le plafond, et d'empêcher que cette salle ne paraisse trop basse, eu égard à ses dimensions horizontales.

Plusieurs des vestibules des théâtres de Paris sont également fort remarquables, sans être toutefois d'un aussi beau caractère que celui de Bordeaux. Ceux de l'Opéra doivent être cités en première ligne, mais plutôt sous le rapport de la disposition que sous celui de la décoration. Ils sont représentés en plan sur la figure 1 de la planche 60, et en coupe sur la planche 61. Un premier vestibule, largement ouvert sur la voie publique, contient les bureaux de distribution des billets, et un second vestibule donne accès dans les grands escaliers ainsi que dans les couloirs qui conduisent aux différentes places.

Le Théâtre-Italien, le théâtre de l'Opéra-Comique et le théâtre de l'Odéon (pl. 62 et 63) présentent des dispositions analogues. Le vestibule du dernier est peut-être de dimensions trop restreintes, mais il se recommande par ses nombreux dégagements.

Le vestibule du Théâtre-Français a été fort habilement disposé au-dessous de la salle, et il est circulaire comme elle. On peut lui adresser le reproche d'être trop bas, et de ne pas accuser suffisamment les entrées des escaliers.

La grande salle du palais de justice à Paris, qui est connue sous le nom de *salle des pas perdus*, doit être classée au nombre des plus grands et des plus beaux vestibules. Elle a été construite en 1622, par Jacques Debrosse, dans l'emplacement de l'ancienne *grande salle* du palais, laquelle remontait à saint

Louis et avait été dévorée par un incendie en 1618. Appuyée sur les mêmes substructions, la nouvelle salle reproduit les dimensions et la disposition générale de l'ancienne ; mais elle est de tout autre style. Une série d'arcades en plein cintre, reposant sur des piliers décorés de pilastres, la divise en deux nefs égales sur sa largeur, et ces nefs, qui étaient voûtées en charpente avant l'incendie, le sont actuellement en maçonnerie. Cet immense vestibule a 28^m,60 de largeur, sur près de 64 mètres de longueur. Il produit grand effet, grâce à ses dimensions, à la simplicité de sa disposition, à l'harmonie de ses formes et à la sévérité de sa décoration.

Quelques-unes de nos gares de chemins de fer présentent des vestibules établis sur de vastes proportions, et qui ont été pour la plupart très-judicieusement disposés. Ils sont largement ouverts sur une grande cour d'entrée, renferment des bureaux pour la distribution des billets, et donnent accès, d'un côté dans les salles d'attente, de l'autre dans celles où se déposent les bagages. On peut citer ceux des gares construites à Paris pour les chemins de fer de Lyon et d'Orléans, édifices dont les plans sont représentés par les planches 68 et 69.

Des vestibules plus modestes, mais non dépourvus d'intérêt, se rencontrent dans plusieurs de nos habitations. Il ne semble pas d'ailleurs qu'il y ait lieu de les signaler d'une manière plus spéciale à l'attention du lecteur.

IV. — ESCALIERS.

L'antiquité ne paraît pas avoir attaché grande importance aux escaliers, bien qu'elle ait eu de nombreux édifices embrassant plusieurs étages dans leur hauteur. Vitruve n'a trouvé que quelques mots à dire à leur sujet[1], et encore est-ce d'une manière incidente, à propos du théorème de Pythagore sur le carré de l'hypoténuse, et ne s'arrête-t-il pas à justifier la règle qu'il donne. Il dit que, si l'on divise la hauteur à franchir en trois parties égales, il faut en donner quatre à la projection horizontale du limon, lequel aura ainsi cinq de ces mêmes parties en longueur. Les escaliers disposés de la sorte seraient si pénibles à gravir et si dangereux à descendre, qu'on serait tenté de croire à une erreur de l'architecte

[1] Livre IX, ch. II.

romain, si l'on ne retrouvait la proportion qu'il recommande, et même de moins favorables encore, dans des édifices publics, tels que les amphithéâtres, où il importait cependant de donner toutes facilités à la circulation. Ainsi, dans le Colisée, où les escaliers sont très-multipliés et sont distribués avec une habileté remarquable, les inclinaisons varient entre 1 et 1 $\frac{1}{2}$ de base pour 1 de hauteur.

Il est probable que les marches des constructions antiques étaient toujours comprises entre deux murs d'échiffre, et étaient soutenues par des voûtes en descente quand leur longueur l'exigeait. Or cette disposition se prête moins à la décoration et aux grands effets que la plupart de celles qui ont été mises en œuvre par les architectes modernes, surtout lorsque l'escalier est appelé à desservir plusieurs étages. Les Grecs ni les Romains n'ont donc rien à nous apprendre en fait d'escaliers, et l'on peut affirmer que, depuis eux, l'architecture a fait d'immenses progrès sous ce rapport.

On a vu, dans la première partie de ce traité, quelles sont les proportions à donner aux marches d'un escalier et quels sont les divers systèmes de construction actuellement en usage. Nous n'avons plus à nous occuper que de la disposition générale de ces ouvrages.

Elle présente parfois d'assez grandes difficultés, et les questions qu'elle soulève se recommandent aux méditations sérieuses de l'architecte; car leur solution importe à la commodité, à l'agrément et à la beauté de l'édifice. Nous les examinerons, dans ce qu'elles ont de plus général, en traitant successivement de la position à donner aux escaliers, des diverses dispositions de rampes, du mode d'éclairage et du système de décoration.

Le principal escalier d'un édifice, ou d'une partie d'édifice, doit être mis nettement en évidence et être d'un accès facile. Il convient en général de l'établir dans l'un des axes du vestibule qui le précède, et de l'ouvrir largement sur cette salle; on l'annonce même quelquefois par un certain nombre de marches en saillie sur le vestibule, et son point de départ se trouve ainsi un peu élevé au-dessus du sol du rez-de-chaussée. A sa partie supérieure, l'escalier doit présenter un large palier, et trouver des issues directes et régulièrement disposées. Il est bien que l'enfilade des appartements qu'il dessert soit placée sur le même axe que lui, de manière à éviter les changements de direction et l'indécision qu'ils produisent. Il faut, en un mot, qu'on ne soit obligé de chercher, ni l'entrée de l'escalier, ni celle de l'appartement.

<small>Position des escaliers.</small>

Suivant la nature de l'édifice, l'escalier principal se reporte vers l'une des extrémités ou occupe une position centrale. Dans le premier cas, il a l'avantage de ne pas interrompre la série des salles de diverses natures qui composent l'appartement; dans le second, il dégage directement et rend indépendantes un plus grand nombre de pièces. Cette dernière disposition est surtout avantageuse lorsque le bâtiment est double en profondeur, parce que l'escalier ne coupe l'enfilade que sur une des faces.

Dans ces bâtiments doubles en profondeur, il convient souvent de placer le palier de chaque étage en telle position que des portes y puissent être ouvertes dans trois directions, c'est-à-dire en face et à chaque extrémité, afin d'assurer le plus grand nombre possible de dégagements ; en d'autres termes, ce palier ne doit pas s'appuyer sur un des murs extérieurs. Il en résulte que, quand l'escalier embrasse plusieurs étages et doit être éclairé par une fenêtre à chaque révolution, cette ouverture est coupée par les marches ou par le palier intermédiaire, si elle est établie à même hauteur que les autres. C'est un grave inconvénient; chaque révolution a, par le fait, deux petites fenêtres difformes, l'une au niveau des marches, l'autre sous le plafond, et l'effet produit est détestable. Mais on sauvera toute difficulté si l'on sait sacrifier une fausse régularité aux convenances, c'est-à-dire si l'on établit les fenêtres de l'escalier à la hauteur qu'exige la disposition intérieure. Elles ne se trouveront plus alors sur la même ligne que les autres; mais ce ne sera point un mal, loin de là, puisqu'on pourra indiquer ainsi au dehors la composition du dedans, et introduire un mouvement motivé dans l'une des façades. Cette circonstance se présente souvent dans l'établissement des casernes, par exemple. Les escaliers s'adossent contre la façade postérieure de l'édifice, et leurs paliers donnent entrée, en face, dans des chambres de sous-officiers, à droite et à gauche dans les chambres de soldats. Or ces escaliers étant très-multipliés et également espacés, il y a tout avantage à les accuser au dehors, et à en tirer parti pour rompre d'une manière rationnelle la trop grande uniformité de l'extérieur. Cette solution a été adoptée d'ailleurs avec succès dans des édifices de bien autre importance que des casernes ; on la trouve dans plusieurs des beaux palais de l'Italie, et elle se lisait sur la façade du Louvre tournée vers les Tuileries, de chaque côté du pavillon de l'Horloge, avant l'exécution des importants travaux dont ce monument vient d'être l'objet.

Lorsqu'un édifice se compose de plusieurs ailes se rattachant les unes aux autres, les points de croisement sont des endroits très-convenables pour l'établissement de grands escaliers, et il y a surtout avantage à leur donner cette destination toutes les fois qu'ils ne peuvent être éclairés que par leur partie supérieure. Ce mode d'éclairage est plus admissible en effet pour un escalier que pour les autres parties de nos constructions, sauf dans quelques cas exceptionnels, comme lorsqu'il s'agit de salles destinées à des expositions de tableaux. L'escalier ainsi placé doit être disposé de telle sorte que son palier supérieur conduise aussi directement que possible dans chacune des ailes. Si elles étaient au nombre de quatre, se croisant à angles droits, ce palier devrait se retourner à droite et à gauche, afin de conduire dans celle qu'il n'atteindrait pas sans cela.

Ainsi chacun des grands escaliers du Louvre situés aux extrémités de la colonnade, dont l'un est représenté par la figure 3 de la planche 11, est établi au point d'intersection des deux ailes, et son palier supérieur donne, en A, directement entrée sous la colonnade ; en B, dans les salles situées en arrière ; en C, dans celles de l'aile en retour d'équerre sur la cour. Il aurait pu offrir un dégagement direct, en D, si cette dernière aile avait été poursuivie de l'autre côté de la cage. Mais il est à remarquer que l'escalier, n'étant plus éclairé alors que par les deux fenêtres ouvertes sur l'un de ses petits côtés, n'eût pas reçu une suffisante quantité de lumière, et qu'il eût été nécessaire de compléter l'éclairage au moyen d'une ouverture pratiquée au sommet de la voûte.

Dans plusieurs palais d'Italie, où la cour est entourée de portiques superposés, l'escalier principal occupe un des angles, et débouche ainsi à chaque étage au point d'intersection de deux galeries. L'ancien escalier de l'hôtel de ville de Paris, marqué 14 sur la planche 52, est placé de cette manière.

La figure 6 de la planche 11 donne le plan d'un escalier circulaire, sur lequel nous reviendrons tout à l'heure, qui est établi à l'intersection de trois ailes de bâtiment, les dessert toutes trois et pourrait remplir le même office pour une quatrième. Ce plan est pris à deux hauteurs différentes.

Quelquefois, comme dans les théâtres représentés par les planches 60 et 62 ou à l'hôtel de ville de Paris (pl. 52 et 53), deux grands escaliers s'ouvrent au rez-de-chaussée aux extrémités du vestibule, et aboutissent au-dessus, soit dans un même vestibule, soit en deux points opposés, de manière à desservir deux parties distinctes de l'édifice.

La figure 5 de la planche 11, empruntée à Palladio, montre comment on peut faciliter les communications en accolant deux escaliers et leur donnant un palier intermédiaire commun. Ces escaliers ont leur point de départ, l'un en A, l'autre en A', et le palier, placé à mi-hauteur de l'étage, est en C. On voit qu'on peut partir indifféremment de A ou de A' pour se rendre en B ou en B', et réciproquement.

Une disposition analogue, mais traitée avec plus d'ampleur, s'observait dans le bel escalier du musée du Louvre, qui vient de disparaître par suite des grands travaux exécutés dans ce palais, et dont la figure 4 de la même planche représente le plan pris en dessus. Le point de départ est en A au rez-de-chaussée, et les points d'arrivée au premier étage sont en A et B ; C est un palier intermédiaire.

On peut encore établir dans une même cage deux ou plusieurs escaliers superposés ; il suffit que leurs points de départ soient assez éloignés pour qu'il y ait une hauteur convenable entre deux rampes consécutives. La figure 6, par exemple, comprend deux escaliers, dont les points de départ sont en A et en A', et qui, après une révolution complète, viennent aboutir en face, l'un de l'aile B, l'autre de l'aile B'. Une galerie, circulant autour de la cage, établit une relation entre ces deux parties de l'édifice, qui se trouveraient sans cela complétement séparées par l'escalier.

Ces galeries, qui entourent un escalier à sa partie supérieure, n'ont pas seulement le mérite de faciliter la circulation et de multiplier les dégagements ; elles ont encore celui de produire un excellent effet, quand elles sont convenablement traitées, d'introduire de la variété dans la composition, d'offrir d'agréables points de vue, et de bien rattacher l'escalier à l'intérieur de l'édifice. Elles ne règnent quelquefois que sur les deux côtés qui rejoignent le palier. Quelquefois aussi il n'y en a qu'une, et elle occupe le côté opposé au point d'arrivée ; c'est alors un passage ouvert sur l'escalier, mais qui ne communique pas directement avec lui.

Dans les édifices de quelque importance, les escaliers principaux ne desservent habituellement que le premier étage, et des escaliers secondaires conduisent aux étages supérieurs. Ces derniers ont presque toujours leur point de départ au rez-de-chaussée, et servent en même temps au dégagement du premier étage. Il convient souvent de les placer de telle sorte qu'ils puissent être mis au niveau de cet étage, en communication directe avec l'escalier principal. On a satisfait à cette convenance dans un grand nombre d'hôtels de Paris.

La disposition des rampes donne lieu à de nombreuses combinaisons, et se prête à des effets très-variés.

<small>Disposition des rampes.</small>

Il semble, au premier abord, que la plus belle consiste à diriger l'escalier suivant une même ligne droite, dans toute sa longueur, et elle est effectivement la plus simple. Cependant elle est rarement très-satisfaisante : d'abord parce que le long espace qu'elle exige ne se concilie pas toujours avec les convenances de la distribution ; puis parce que, dès que la hauteur à franchir est un peu considérable, l'escalier paraît étroit par rapport à sa longueur et à la hauteur de la cage qui le renferme, surtout aux yeux du spectateur qui est placé à son pied. Peut-être aussi éprouve-t-on, sans en avoir conscience, une impression désagréable à la vue du grand nombre de marches qu'on est appelé à gravir, nombre qu'un effet de perspective tend à exagérer.

Il est toutefois de fort beaux escaliers ainsi disposés, et l'on peut citer comme modèles en ce genre ceux qui conduisent dans les grandes salles de réception de l'hôtel de ville de Paris. Ils sont marqués par le chiffre 4 sur les plans de ce palais (pl. 52 et 53), et se voient dans la coupe (pl. 54). Ils ont leur point de départ au rez-de-chaussée, à droite et à gauche d'un vestibule tétrastyle ; au premier étage, en face de chacun d'eux, se présente une grande antisalle, et de chaque côté sont des portiques qui les mettent en communication avec un salon central, largement ouvert sur la galerie des fêtes, d'une part, et sur un grand salon, de l'autre. Des portiques et du salon central, on a la vue des escaliers, et l'on jouit, aux jours de réception, du mouvement qui les anime. C'est là une grande et bonne disposition, dont le prix est augmenté par une décoration de fort bon goût.

Le grand escalier du palais des Tuileries est également dirigé en ligne droite, mais il est très-loin de produire un aussi bon effet ; on y arrive mal, et il aboutit mal. Il s'ouvre, au rez-de-chaussée, non pas dans l'un des axes du vestibule, mais de côté ; puis, au premier étage, il vient buter contre une porte rarement ouverte, et c'est par l'un des côtés du palier qu'il donne accès dans les appartements de réception. Il est d'ailleurs beaucoup trop étroit, aussi bien que les deux passages qui l'accompagnent à sa partie supérieure.

Il y a presque toujours avantage à adopter un ou deux changements de direction dans le tracé d'un escalier.

Quand il n'y en a qu'un, l'escalier se compose habituellement de deux rampes parallèles de mêmes dimensions, ou, quand il est d'une grande importance, d'une rampe centrale et de deux rampes latérales plus étroites. Le lecteur a des exemples de ces dispositions dans chacun des escaliers AB, A'B' de la figure 5 de la planche 11, dans l'escalier AC de la figure 4 de la même planche, et dans l'escalier marqué 8 sur les plans de l'hôtel de ville de Paris (pl. 52 et 53).

Le grand et magnifique escalier du théâtre de Bordeaux (pl. 10) présente une autre forme : les deux rampes supérieures se retournent à angle droit sur la première, pour aboutir dans deux vestibules opposés. Entièrement découvert, au centre d'une cage embrassant plusieurs étages dans sa hauteur et accompagnée d'élégantes galeries, il produit beaucoup d'effet, surtout aux jours de bals et à la sortie des représentations, qui ont le privilége d'attirer la foule. Le même parti, mais avec de plus vastes proportions et plus de richesse encore, a été adopté pour le nouveau théâtre de l'Opéra, actuellement en construction à Paris, dont le plan pris au niveau du premier étage est donné par la planche 64.

Les figures 1, 2 et 3 de la planche 11 représentent des escaliers à deux changements de direction. Le dernier, dont il a été déjà question, appartient au palais du Louvre. Il s'ouvre, au rez-de-chaussée, dans l'axe d'un long vestibule, et il aboutit très-convenablement à sa partie supérieure. Ses rampes sont comprises entre le mur d'enceinte et un mur d'échiffre qui s'élève jusqu'au niveau du premier étage, où il est surmonté de colonnes dont l'office est de recevoir la retombée des voûtes d'arête. Il y a de la simplicité et de la grandeur dans cette disposition; mais il y a aussi quelque chose de triste, parce qu'on n'embrasse pas toutes les rampes d'un seul coup d'œil, et qu'on s'y trouve resserré, surtout dans la première, entre des murs trop élevés. L'effet produit eût été probablement plus satisfaisant sous tous les rapports, si les murs d'échiffre s'étaient arrêtés à la hauteur des marches qu'ils supportent, et si la cage eût été couverte par une seule voûte en arc de cloître reposant sur son périmètre.

Les figures 1 et 2 représentent le plan et la coupe d'un escalier de plus petites dimensions, disposé dans le système qui vient d'être indiqué. Il est tiré du palais de Fontainebleau; mais il n'appartient pas à la distribution primitive. Il a été établi après coup, sous le règne de Louis XV, dans l'une des salles les plus riches des constructions élevées par François 1er. La voûte qui le recouvre a été substituée, sous Louis-Philippe, au plafond à compartiments qu'on y voyait autrefois. Les proportions de cette œuvre sont très-convenables ; mais nous ne voudrions pas citer ses formes décoratives comme modèles du genre, bien que ce soient elles qui nous aient engagé à en donner les dessins. Nous avons voulu profiter de l'occasion qui se présentait de mettre sous les yeux du lecteur un exemple des admirables décorations de la Renaissance française, de lui montrer avec quelle distinction, quelle élégance de formes, la sculpture venait s'y associer à la peinture, et nous nous sommes réservé en même temps de faire remarquer que pareil luxe d'ornementation était bien plus convenablement placé dans un salon que dans un escalier.

Dans les escaliers de grandes dimensions qui ne franchissent qu'un étage, le système de construction le plus satisfaisant, tant sous le rapport de la solidité, que sous celui de l'effet à produire, consiste à appuyer les rampes sur des murs d'échiffre qui s'élèvent à quelques centimètres seulement au-dessus des marches, et sont couronnés par une balustrade à jour, exécutée en pierre, en marbre ou en métal. Il est difficile toutefois de rien prescrire à ce sujet ; il est des circonstances où il y a avantage à employer des rampes suspendues suivant l'un des systèmes indiqués dans la première partie de cet ouvrage. Cette dernière disposition est préférable à toutes les autres quand l'escalier est de dimensions restreintes, et elle devient presque indispensable lorsqu'il embrasse plusieurs étages dans sa hauteur.

On peut citer sans doute de beaux escaliers placés dans cette dernière condition, et compris cependant entre des murs d'échiffre. Tels sont la plupart de ceux des palais d'Italie, et tels sont ceux qui accompagnent le pavillon de l'Horloge du Louvre, dont l'un est décoré d'admirables sculptures de Jean Goujon. Chacune de leurs rampes est limitée latéralement par deux murs, et est couverte par une voûte en descente qui porte les marches de la rampe superposée. Mais il est à remarquer que les constructions de ce genre, si susceptibles qu'elles soient d'ampleur et de caractère monumental, paraissent tristes et froides, maintenant que nous sommes habitués à des escaliers aux formes hardies et variées, dans lesquels l'air et le jour circulent librement, et qu'on peut embrasser d'un seul coup d'œil dans toute leur étendue.

Quelle que soit la disposition adoptée pour les rampes d'un escalier, il convient de placer un palier de repos à chaque changement de direction, ainsi qu'on le remarque dans tous les exemples qui viennent d'être présentés, et il est bien en outre de couper les rampes par des paliers lorsqu'elles dépassent une certaine longueur. Il ne faudrait pas avoir plus d'une quinzaine de marches à gravir sans rencontrer un repos. Mais il est des circonstances où l'on est obligé de dépasser cette limite, car il y aurait faute à multiplier les paliers qui ne sont pas motivés par les lignes principales de l'œuvre, telles que les changements de direction.

Nous avons déjà signalé au lecteur les inconvénients des escaliers établis sur plans courbes. Ils ne paraissent admissibles que dans des édifices d'importance secondaire ou pour des dégagements. Leur principal mérite est d'économiser l'espace.

Éclairage. L'éclairage est une des choses les plus essentielles à considérer dans un escalier ; il doit être abondant et aussi uniformément distribué que possible. Il faudrait, pour satisfaire à cette dernière condition, que les fenêtres fussent ouvertes sur deux faces opposées ; mais il est rare qu'il en puisse être ainsi, et l'on se borne en général à disposer les jours de telle sorte qu'il n'y ait pas un passage brusque d'une partie fortement éclairée à une autre qui le serait peu, et qu'on trouve partout une clarté suffisante pour bien voir où se pose le pied. Quand un escalier n'embrasse qu'un étage dans sa hauteur, on peut l'éclairer très-convenablement au moyen d'une grande ouverture pratiquée au centre du plafond ou de la voûte qui le couvre. Cette disposition est même admissible à la rigueur pour deux étages ; au delà, elle est vicieuse, parce que les rampes inférieures, placées dans l'ombre, ne reçoivent plus assez de jour. On en trouve, il est vrai, de nombreux exemples dans des maisons de Paris qui comptent jusqu'à cinq étages, mais tout le monde a pu apprécier les inconvénients qu'elle y présente : les escaliers ainsi éclairés sont obscurs dans leurs révolutions inférieures au point de devenir dangereux. Il faudrait donner à la cage de l'escalier des dimensions tout à fait inusitées pour éviter ce grave inconvénient ; mieux vaut éclairer par une ou deux fenêtres à chaque révolution, soit sur le palier, soit sur la face opposée.

Décoration. La décoration d'un escalier doit être en un juste rapport avec l'importance de l'ouvrage et la nature de l'édifice. Il faut évidemment accorder davantage à l'escalier principal d'un palais qu'à l'un des escaliers de service ou à celui qui appartient à une modeste construction ; mais il y faut toujours une certaine sobriété. Ce n'est point dans un escalier que doivent se montrer les ornementations splendides et les œuvres de nos grands artistes ; d'autres endroits, où l'on peut les apprécier plus commodément, leur conviennent beaucoup mieux. L'escalier étant placé entre deux vestibules qu'il met en relation, doit participer de leur caractère, c'est-à-dire présenter une certaine simplicité relative dans sa décoration. Quelques escaliers modernes laissent à désirer sous ce rapport ; ils sont traités avec trop de luxe.

V. — SALLES.

Le nom de salle s'applique à la plupart des pièces de nos édifices, et plus particulièrement à celles qui sont de grandes dimensions. Ainsi, dans un appartement complet, on trouve une *salle* à manger, une *salle* de réception, une *salle* de billard ou de jeu, une *salle* de bain, etc.; dans les palais de souverains, il y a une *salle* du trône, une *salle* de conseil, une ou plusieurs *salles* des gardes, des *salles* de bals, de concerts, de spectacles ; ailleurs ce sont des *salles* d'armes, de musée, d'hôpital, de récréation, etc. Mais la plupart de ces salles ne présenteraient qu'un fort médiocre intérêt si l'on voulait les étudier isolément, et nous nous bornerons à exposer quelques généralités à leur sujet. Nous n'appellerons spécialement l'attention du lecteur que sur les salles vastes et importantes qui dominent dans l'édifice auquel elles appartiennent, constituent même quelquefois édifices spéciaux, et dans lesquelles l'architecture est appelée à intervenir avec ses formes caractéristiques et monumentales. Le sujet sera divisé en deux classes, sous les titres de *salles plafonnées* et *salles voûtées*.

La forme des salles varie avec leur destination ; elle est, suivant les circonstances, rectangulaire, polygonale, circulaire, elliptique, etc., et il est impossible de rien prescrire d'absolu à ce sujet, tant qu'on se maintient dans les considérations générales. On peut dire cependant que la forme rectangulaire est la plus habituelle et aussi la plus favorable dans la plupart des cas.

Le rapport à observer entre la hauteur d'une salle plafonnée et ses dimensions horizontales dépend évidemment de la destination et du caractère qu'on a en vue. Une salle très-élevée aura, toutes choses égales d'ailleurs, un certain cachet de distinction qu'on ne lui trouverait pas ou qui serait moins prononcé si sa hauteur était plus bornée ; mais il y a une limite qu'il ne faut pas dépasser,

Salles plafonnées.

sous peine de tomber dans l'exagération, et d'amoindrir l'effet que produit le plafond lorsqu'il est convenablement disposé et décoré. Palladio dit, et plusieurs écrivains ont répété avec lui, que cette hauteur doit être égale à la largeur de la salle. Cette proportion est en effet fort convenable dans la plupart des circonstances, mais il ne faudrait pas lui accorder une valeur absolue ; on pourrait citer un grand nombre de salles dans lesquelles elle n'a pas été observée et qui sont cependant fort belles.

La disposition du plafond ne contribue pas moins efficacement que les proportions à la beauté de ces salles. Dans la première partie de cet ouvrage, nous avons donné plusieurs exemples de plafonds décorés, et nous y renvoyons le lecteur. Qu'il suffise d'ajouter que les compartiments doivent être tracés avec d'autant plus de fermeté que la hauteur est plus grande et qu'on veut un caractère plus monumental.

Le palais ducal à Venise, le palais vieux à Florence, le palais du Louvre, le palais de Fontainebleau, l'hôtel de ville de Paris, et plusieurs autres édifices renferment des salles plafonnées très-remarquables, qui sont de précieux témoignages des excellents effets que peut produire cette disposition, lorsqu'elle est convenablement traitée.

Basiliques antiques. Il est une classe de salles plafonnées qui a joué un grand rôle dans la vie civile des Romains, a donné naissance à des édifices d'un haut intérêt, et occupe une place importante dans l'histoire de l'art : nous voulons parler des basiliques, et nous croyons devoir entrer dans quelques détails à leur sujet.

Les basiliques publiques des Grecs et des Romains étaient de vastes salles dans lesquelles se rendait la justice, se traitaient les affaires commerciales et se tenaient des assemblées ; des jurisconsultes y donnaient leurs avis, et des rhéteurs ou des poëtes venaient parfois y déclamer leurs œuvres. Leur nom, composé des mots βασιλεὺς et οἶκος, signifie maison royale, et provient probablement de ce que, dans l'origine, elles étaient placées dans les palais des rois, qui venaient y exercer l'un des plus augustes priviléges de la souveraineté. Le nom de l'édifice entier aura été donné à celle de ses parties qui avait le plus d'importance aux yeux des peuples. L'usage d'avoir des basiliques dans les palais s'était perpétué d'ailleurs chez les Romains, et s'observait, non-seulement pour les demeures des empereurs, mais encore pour celles des citoyens puissants ; car Vitruve dit qu'il faut, dans tous ces édifices, *des basiliques d'une grande magnificence, parce qu'on y convoque des assemblées pour traiter des affaires de l'État et prononcer des jugements.*

Le même auteur nous apprend que les basiliques publiques étaient toujours contiguës à un forum, et entre dans des détails assez circonstanciés sur leurs dispositions et leurs principales proportions.

« La basilique d'un forum, dit-il, doit recevoir l'exposition la plus chaude,
« afin que les négociants puissent s'y réunir pendant l'hiver sans trop se ressentir
« des rigueurs de la saison. Sa largeur doit être comprise entre le tiers et la
« moitié de sa longueur, à moins que la forme de l'emplacement n'oblige à sortir
« de ces proportions. Si le terrain était plus long qu'il ne convient, on placerait
« des chalcidiques aux extrémités, ainsi qu'il s'observe dans la basilique Julia
« Aquiliana.

« La hauteur des colonnes de la basilique doit être égale à la largeur des
« portiques. Cette largeur sera le tiers de celle de la grande nef. Les colonnes su-
« périeures seront plus petites que celles d'en bas, ainsi qu'on l'a déjà dit [1]. Le
« *pluteum* placé entre les colonnes supérieures aura les trois quarts de leur
« hauteur, afin que les personnes qui circuleront dans les galeries hautes ne soient
« pas en vue des négociants. Quant aux architraves, aux frises et aux corniches,
« on leur donnera des proportions que nous avons fait connaître dans notre troi-
« sième livre. »

Bien que ce passage paraisse très-explicite au premier abord, et qu'on trouve des traces d'édifices de cette espèce dans les ruines de l'antiquité, les interprétations graphiques que divers architectes ont données du texte de Vitruve, ne sont pas semblables, et sont fort loin d'être à l'abri de toute contestation.

Une première question se présente, et elle est soulevée par l'importance qu'attache l'auteur latin au choix de l'exposition, et le silence qu'il garde sur le mode de clôture et d'éclairage. Les basiliques étaient-elles fermées par des murs, ou bien étaient-elles largement ouvertes par des portiques, soit du côté du forum seulement, soit sur d'autres faces encore? Deux monuments semblent venir à l'appui de cette dernière hypothèse. L'un est un édifice antique, d'une remarquable construction, situé à Pœstum, à peu de distance du grand temple. Il est de forme rectangulaire, il est entouré de colonnes, au nombre de dix-huit sur les

---

[1] Dans le même chapitre (le 1ᵉʳ du 5ᵉ livre), Vitruve dit que les colonnes du second ordre doivent avoir les $\frac{3}{4}$ de la hauteur de celles du premier ordre.

grands côtés et de neuf sur les petits, en comptant deux fois les colonnes angulaires, et il est partagé en deux nefs par une rangée de colonnes dirigée suivant le grand axe de l'édifice. On n'y peut voir un temple, à raison de cette disposition et de l'absence d'une *cella*, et l'on a cru y retrouver une basilique grecque. Mais il est probable que c'était un portique, ainsi que nous l'avons dit en parlant de ce genre de constructions, et il est évident d'ailleurs qu'on n'en peut tirer aucune conclusion applicable aux basiliques romaines, puisque, sauf la proportion générale du plan, on n'y rencontre rien de conforme aux prescriptions de l'auteur latin. L'autre monument est un fragment du plan antique de Rome gravé sur marbre; il donne le plan d'une basilique qui est terminée à l'une de ses extrémités par un hémicycle, et qui est ouverte par des entrecolonnements sur l'un et l'autre des grands côtés. Cette autorité est plus concluante que la précédente, dans la question dont il s'agit; mais il en est d'autres qui, si elles ne tendent pas à inspirer quelques doutes sur l'exactitude du plan, montrent du moins qu'il faut se garder de tirer des conséquences trop absolues de l'exemple qu'il fournit.

Ce sont deux basiliques dont les restes sont parvenus jusqu'à nous, et dans lesquelles on reconnaît très-nettement les murs d'enceinte. L'une est celle de Pompéi, dont la figure 5 de la planche 12 donne le plan; l'autre est la célèbre basilique Ulpienne de Rome, dont une partie seulement a été découverte, et dont le plan restitué est représenté par la figure 4 de la même planche[1]. Dans la première, la face opposée à l'hémicycle donne sur le forum; dans la seconde, c'est l'une des faces latérales qui est tournée de ce côté; mais, dans toutes deux, des portes larges et multipliées sont percées sur ces façades. Or, si l'on admet que ces portes restaient habituellement ouvertes afin de faciliter la circulation, on comprendra que l'exposition de la basilique ne devait pas être indifférente, et l'on sera moins disposé à croire que Vitruve ait voulu parler d'un édifice entièrement ouvert. Peut-être y a-t-il eu en Italie quelques basiliques de cette espèce, à l'imitation de ce qui a pu se faire en Grèce; mais il est peu probable que cette disposition ait été fréquemment reproduite, car elle était évidemment moins favorable que celle dont nous venons de citer deux exemples.

---

[1] Les parties restaurées sont indiquées sur ce plan par une teinte pâle, tandis qu'on a marqué par une teinte foncée celles qui se voient encore aujourd'hui.

Les chalcidiques et le pluteum donnent lieu à plus d'indécision.

On ignore la destination des chalcidiques. L'étymologie du mot ($\chi\alpha\lambda\kappa\acute{o}\varsigma$ airain, et δίκη justice) a fait supposer à quelques commentateurs qu'il désignait le lieu où se fabriquait la monnaie ; mais il ne paraît pas admissible qu'on eût été installer un atelier aussi bruyant dans l'intérieur d'une basilique. D'autres archéologues ont pensé qu'il s'agissait de salles couvertes en bronze, et se sont appuyés sur le nom de *chalciœcos* donné à l'un des temples de Sparte, qui, au dire de Tite Live, était entièrement exécuté en cuivre. Ils ne cherchent pas d'ailleurs à trouver le motif qui aurait porté à tirer parti d'un excédant de longueur du terrain pour placer des constructions métalliques aux extrémités d'un édifice exécuté en maçonnerie. Pour quelques-uns, le nom de chalcidique vient de la ville de Chalcis, où l'on aurait inventé un genre particulier de salle ; c'est possible, mais cette hypothèse a le tort d'être sans appui, et de n'expliquer qu'une étymologie. Enfin Alberti, admettant une erreur de copiste, lit *causidica*, et voit des salles d'audience dans ces adjonctions. Peut-être est-il plus probable que les chalcidiques étaient des endroits consacrés à des opérations relatives au change ou à la vérification du poids des monnaies ; l'avantage qu'il y avait à en trouver dans une basilique se concevrait alors, et l'étymologie aurait une justification suffisante. Ils pouvaient être séparés de la grande nef par des rideaux ou tout autre mode de clôture, et c'est là probablement que se tenaient, en dehors du mouvement de la foule, les donneurs de consultations, les écrivains publics, etc. Mais il y a encore quelque chose qui ne s'explique pas ; car il est difficile de comprendre comment, si ces pièces spéciales étaient utiles, on ne songeait à se les procurer que quand le terrain mis à la disposition de l'architecte présentait une longueur superflue. Si l'on ne pouvait les placer aux extrémités, pourquoi ne pas les rejeter sur l'un des côtés ? Les architectes de l'antiquité avaient un sentiment trop net des convenances et trop d'indépendance dans l'esprit, surtout en ce qui concernait la disposition des plans, pour qu'il soit permis de leur imputer une faute pareille.

Si, à tant d'hypothèses, nous osions en ajouter une nouvelle, nous dirions qu'il serait fort possible que les galeries hautes des basiliques, ces galeries qui, d'après Vitruve, ne devaient pas avoir vue sur la grande nef, et qui n'étaient pas sans doute établies sans motif, fussent destinées, dans les circonstances ordinaires, au même office que les chalcidiques, et en tinssent lieu ; de sorte qu'elles pouvaient être supprimées lorsque les dimensions du terrain permettaient de placer les chalcidiques au rez-de-chaussée. Ajoutons que, parmi les basiliques chrétiennes les plus anciennes, qui, comme on le sait, ont été établies sur le modèle des basiliques des Romains, celles qui présentent, à leur extrémité vers le tribunal, des appendices analogues à ce que pouvaient être les chalcidiques, et telles sont celles de Saint-Paul hors les Murs et de Sainte-Marie-Majeure (pl. 20, fig. 1 et 2), n'ont pas de galeries au-dessus des bas-côtés; tandis qu'il n'y a rien qui puisse être regardé comme une tradition des chalcidiques du rez-de-chaussée dans les basiliques où l'on trouve des galeries de ce genre, ainsi qu'il s'observe, par exemple, dans celle de Sainte-Agnès hors les Murs (pl. 19). Le mur se retourne à droite et à gauche de l'hémicycle, dans les deux premiers de ces édifices, de manière à dessiner la forme d'un T, et l'on voit que les galeries se prolongent jusqu'au bout dans le dernier. Il est vrai qu'il est de ces vieilles églises, et en assez grand nombre, où l'on ne trouve ni chalcidique ni galerie haute; mais il est à remarquer que les conditions n'étaient plus les mêmes, de sorte que cette observation n'infirme en rien la valeur des faits précédents. Nous n'insisterons pas d'ailleurs à ce sujet; nous nous bornons à livrer la nouvelle hypothèse à la sagacité des archéologues.

Quant au pluteum, la difficulté est de savoir où il était placé, et en quoi il consistait. Dans quelques éditions de Vitruve on lit : *Pluteum quod fuerit inter superiores columnas*, et il y a dans d'autres : *Pluteum quod fuerit inter superiores et inferiores columnas*. Et, chose singulière, l'édition qui a paru à Venise avec les commentaires de Daniel Barbaro, et dont les figures sont attribuées à Palladio, est conforme, dans le texte, à la première de ces versions, tandis que, sur le dessin, le pluteum est représenté comme une sorte de stylobate très-élevé, placé entre les deux rangs de colonnes, ainsi que l'indique la seconde. La même solution a été reproduite plus tard par le célèbre architecte, dans son traité d'architecture, et elle est généralement admise. Cependant nous ne pouvons nous résoudre à l'accepter, nous croyons que le pluteum était une cloison établie entre les colonnes supérieures, et voici les motifs sur lesquels se fonde notre opinion :

1° Vitruve suit une marche éminemment logique dans sa description; toutes ses mesures se rattachent successivement les unes aux autres, dans l'ordre de la construction : des dimensions horizontales de la salle, il conclut la hauteur des colonnes, du premier rang, laquelle détermine celle des colonnes du second rang, puis la hauteur du pluteum est exprimée en fonction de cette dernière mesure. Or n'est-il pas bien probable que si ce pluteum eût été interposé entre les deux rangs de colonnes, il l'eût fait passer avant les colonnes supérieures, et eût rapporté sa dimension verticale à celle qui se trouvait déjà fixée? Il eût donné d'abord la hauteur des colonnes inférieures, puis celle du pluteum, puis enfin celle des colonnes supérieures ;

2° Il est à supposer que le pluteum ne formait qu'une mince cloison et ne consistait même quelquefois qu'en de simples rideaux de cuir ; car dans la basilique que Vitruve avait fait construire à Fano, et dont il donne une description détaillée, les colonnes embrassaient les deux rangs de portiques dans leur hauteur, ce qui ne permettait pas de fermer le portique supérieur par un mur, du côté de la grande nef. Une disposition analogue avait été observée également dans la basilique de Pompéi. Enfin ce pluteum s'enlevait quelquefois, si l'on n'y avait pas renoncé postérieurement à Vitruve, puisqu'on trouve la phrase suivante dans Pline le Jeune : « Les galeries supérieures de la basilique étaient encombrées, les « unes de femmes, les autres d'hommes, se pressant pour entendre, ce qui était « difficile, ou pour voir, ce qui était plus aisé ; »

3° L'interposition du pluteum entre les deux galeries a conduit Palladio à placer le plafond de la grande nef immédiatement au-dessus du second rang de colonnes; d'où il résulte que cette vaste enceinte n'est éclairée que par des jours ouverts sous les galeries. Or il est douteux qu'une pareille disposition eût produit un bon effet; la salle, l'hémicycle surtout, où se tenaient les juges, n'eussent pas reçu une suffisante quantité de lumière, et le plafond eût été plongé dans une sorte d'obscurité. Sans doute le beau ciel de l'Italie n'exige pas autant d'ouvertures que le nôtre pour donner un jour convenable dans un intérieur; mais cependant les grandes salles des Romains étaient éclairées par de larges fenêtres, et surtout dans leur partie supérieure, ainsi que le prouvent la basilique de Constantin et la grande salle des Thermes de Caracalla, qui sont représentées sur les planches 13 et 66. Enfin, et ceci est peut-être plus concluant encore, il n'est pas une seule des anciennes basiliques chrétiennes, conservées jusqu'à nous, dont la grande nef ne soit éclairée par des jours directs. Voyez celle de Sainte-Agnès hors les Murs, qui date de Constantin, et à laquelle nous avons consacré la planche 19 : elle porte tous les caractères de l'imitation d'une basilique civile, et l'on n'y voit point de pluteum, tandis qu'un rang de fenêtres règne au-dessus de la galerie supérieure. Il est certain d'ailleurs que si l'on bouchait ces fenêtres, la grande nef serait trop obscure. La même observation s'applique à la partie la plus ancienne de la basilique de Saint-Laurent hors les Murs, à Rome.

Telles sont les principales considérations qui ont conduit à la restitution, d'après le texte de Vitruve, dont les figures 1, 2 et 3 de la planche 12 représentent respectivement le plan, la coupe transversale et deux fragments de coupe longitudinale.

Nous avons supposé que le pluteum, placé entre les colonnes du portique supérieur, était formé de grandes dalles de marbre, et non d'un rideau de cuir; car notre auteur n'eût pas fait sans doute à pareil objet l'honneur d'en fixer les dimensions, en même temps que celles des parties les plus essentielles de l'édifice. Ce système de construction a des analogies dans quelques monuments de l'antiquité, entre autres dans l'édicule de Lysicrates, à Athènes, et dans une partie de l'enceinte du temple de Jupiter Sérapis, à Pouzzoles[1]. Quant à l'effet produit par l'ouverture de faible hauteur existant entre le sommet des dalles et le plafond de l'architrave, nous avouerons volontiers qu'il ne paraît pas très-satisfaisant; mais peut-être les Romains, qui s'y étaient habitués, en jugeaient-ils autrement, car il y avait quelque chose de semblable dans la basilique de Fano, et peut-être aussi est-ce là un des motifs qui les ont portés à renoncer à cette disposition.

Au-dessus du second rang des colonnes, s'élève un attique décoré de pilastres entre lesquels sont percées les fenêtres qui éclairent directement la grande nef. Enfin nous avons jugé que, dans des édifices aussi importants, la charpente du comble n'avait pas dû rester apparente, comme on l'a supposé dans quelques restaurations, et nous l'avons masquée par un plafond découpé en caissons vigoureusement accentués.

Il ne faudrait pas du reste attacher une trop grande importance à la description ou plutôt aux prescriptions de Vitruve; car elles ont le tort de ne faire dépendre la hauteur et par suite le diamètre des colonnes que de la largeur de la nef; ce qui est évidemment erroné. Elles ne sont admissibles, sous ce rapport, que pour

---

[1] On voit, dans la basilique de Saint-Alexandre, à Lucques, deux colonnes antiques dont la forme semble indiquer que des cloisons analogues à celles dont il s'agit s'appuyaient sur elles. Chacune d'elles se compose de deux parties demi-circulaires réunies par deux faces planes de 0^m,20 de largeur sur 0^m,01 de saillie, saillie qui répond à celle du filet de la base. Cette base a la forme allongée que réclamait la section de la colonne. Ces colonnes pouvaient donc être engagées dans une clôture de 0^m,20 d'épaisseur, et se détacher de chaque côté sur moitié de leur diamètre.

des édifices de très-grandes dimensions, et encore laissent-elles à désirer au point de vue de la solidité. Il est probable que, dans la plupart des circonstances, la hauteur des colonnes l'emportait sur le tiers de la largeur de la nef principale.

La basilique de Pompéi présentait, comme nous l'avons dit plus haut, de grandes colonnes qui embrassaient les deux galeries. Quelques fragments, découverts dans ces dernières années, portent à penser qu'au-dessus de leur entablement, s'élevait un attique décoré de pilastres et percé de fenêtres, contrairement aux dispositions indiquées dans la restauration de Mazois. Il est à remarquer que le tribunal de cet édifice n'est pas de forme demi-circulaire, ainsi qu'il était d'usage, et qu'il était ouvert au fond par des entre-colonnements ; mais il est probable qu'une cloison était appliquée contre les colonnes pour abriter les juges.

La figure 4 de notre planche représente le plan restauré de la basilique Ulpienne, la plus importante et la plus riche de toutes celles que les empereurs avaient élevées. Construite par le célèbre architecte Apollodore, elle était située sur le forum de Trajan. Elle a été découverte, sur toute sa largeur et sur une partie notable de sa longueur, à la suite de fouilles faites, en 1812, par ordre de l'empereur Napoléon. Elle était divisée en cinq nefs sur sa largeur. L'une de ses faces latérales donnait sur le forum, et était exposée au midi, conformément à l'une des prescriptions de Vitruve ; l'entrée principale était sans doute ouverte de ce côté. Sur la face opposée, et dans l'axe transversal de l'édifice et du forum, était une cour de dimensions assez restreintes, au centre de laquelle s'élevait la fameuse colonne Trajane. A droite et à gauche de cette cour, étaient adossées, contre la basilique, les deux bibliothèques construites par Trajan, l'une pour les ouvrages grecs, l'autre pour ceux des Latins. Les colonnes de ce vaste monument étaient exécutées en granit, son dallage était formé de marbres de diverses couleurs, ses murs étaient sans doute revêtus en même matière, du moins en partie, et Pausanias parle avec admiration de sa charpente en bois de cèdre et de ses riches plafonds en bronze doré. La simplicité de la disposition, la grandeur des proportions, la richesse de l'ornementation, l'ampleur et le bon goût qui caractérisaient l'architecture de l'époque, toutes ces choses devaient concourir à produire un effet dont aucune des salles plafonnées de nos édifices modernes ne saurait donner une juste idée, si ce n'est peut-être la basilique de Sainte-Marie-Majeure, à Rome.

Cette dernière est établie sur des dimensions plus restreintes quoique assez grandes ; mais elle est également conçue avec simplicité, traitée avec une certaine vigueur, et décorée avec beaucoup de luxe. Ses colonnes de marbre, son pavement en opus alexandrinum, ses peintures en mosaïque sur fond d'or, son plafond avec grands caissons aux ornements accentués et dorés autorisent, jusqu'à un certain point, une comparaison avec ce que devait être le monument antique.

Les Romains ont eu aussi des basiliques couvertes par des voûtes; telle était la basilique de Constantin, que nous avons citée plus haut, et dont nous reparlerons tout à l'heure. On voit encore à Nîmes une petite salle antique, voûtée en berceau, et qui est habituellement désignée sous le nom de temple de Diane; sa disposition porterait à penser que c'était une basilique.

<small>Salles voûtées.</small> Les considérations générales qui ont été exposées plus haut, au sujet des formes et des proportions à donner aux salles plafonnées, s'appliquent également aux salles couvertes par des voûtes. Ces dernières réclament toutefois un peu plus de hauteur que les autres. Palladio dit que quand la salle est carrée, la hauteur sous clef peut être fixée aux $\frac{4}{3}$ de la largeur; et il recommande l'une des formules suivantes pour les salles établies sur plan barlong :

$$h = \frac{L+l}{2}, \; h = \sqrt{Ll}, \; h = 2\frac{Ll}{L+l},$$

formules dans lesquelles la hauteur est représentée par h, la longueur par L et la largeur par l.

Ce qu'il y a d'absolu dans ces prescriptions tient évidemment à une idée préconçue sur la nécessité des proportions définies dans les œuvres d'architecture, et ne doit être accepté qu'avec une grande réserve. Elles conduiraient d'ailleurs à des hauteurs complétement inadmissibles, si elles étaient appliquées à des salles dont la longueur serait très-grande par rapport à l'autre dimension horizontale. Mais on doit reconnaître que les proportions qui en découlent sont généralement très-satisfaisantes, et qu'il convient en effet, toutes choses égales d'ailleurs, de donner d'autant plus de hauteur à une salle qu'elle a plus de longueur. Les préceptes dont il s'agit n'ont qu'une valeur approximative, et il faut, dans chaque cas particulier, examiner quelles sont les dimensions à adopter pour produire l'effet qu'on a en vue.

Différentes formes de voûtes sont usitées pour la couverture des salles.

<small>Voûtes en berceau.</small> La voûte la plus simple, la voûte en berceau, est peut-être la plus convenable pour les salles très-longues, tandis qu'elle ne produit pas un très-bon effet lorsque les deux dimensions horizontales approchent de l'égalité. Cela s'explique aisé-

ment : dans le premier cas, les deux murs des extrémités sont de minime importance par rapport aux autres, et il se comprend qu'on néglige d'y prendre appui, parce que leurs services ne compenseraient pas les inconvénients d'une génération de voûte un peu compliquée ; dans le second, les murs paraissent trop de même valeur pour ne pas être appelés à remplir même office, et il convient, ou de leur faire porter des voûtes à tous, ou de les en exonérer complétement, en rejetant les retombées dans les angles, c'est-à-dire d'adopter les voûtes en arc de cloître, les voûtes d'arête ou les voûtes sur pendentifs.

L'établissement des voûtes en berceau ne présente aucune difficulté, quand la salle ne comprend qu'une seule travée ; il suffit, et c'est toujours facile, de donner aux murs sur lesquels reposent ces voûtes l'épaisseur nécessaire pour résister à leur poussée.

Mais il n'en est pas de même lorsque la salle est divisée en plusieurs parties sur sa largeur par des supports isolés, comme dans la plupart de nos églises, où une nef principale est accompagnée de bas-côtés. Ces supports consistent-ils en colonnes ? la poussée n'est pas très-bien maintenue, faute d'épaisseur suffisante dans les points d'appui, et il y a quelque chose de peu satisfaisant à voir une surface pleine, de grande étendue comparative, reposant sur une construction plus ou moins légère. L'effet produit est d'autant plus mauvais que l'ouverture est plus grande par rapport à la hauteur des colonnes. Des pieds-droits rectangulaires réunis par des arcades ne présentent pas, il est vrai, les mêmes inconvénients ; plus massifs, ils sont plus résistants, aussi bien en apparence qu'en réalité, et il y a harmonie entre le mode de construction qui franchit les intervalles, et celui qui est employé pour la couverture de la salle. Mais il est une difficulté commune aux deux systèmes : c'est celle de l'éclairage direct de la grande nef. Lorsque cette nef n'est pas très-longue, elle peut être suffisamment éclairée par des jours ouverts à ses extrémités, au sommet des murs qui la terminent. On peut encore se contenter de l'éclairer par des ouvertures pratiquées dans les murs latéraux, toutes les fois qu'elle n'est pas de grande largeur, qu'elle est très-ouverte sur des bas-côtés s'élevant à peu près à sa hauteur, et que sa destination n'exige pas beaucoup de clarté. Mais si l'on est placé en dehors de ces conditions, s'il est nécessaire d'ouvrir des fenêtres dans la voûte, la forme de cette dernière devient un obstacle. Ces fenêtres s'agencent mal, et donnent lieu à des pénétrations d'un effet peu satisfaisant, ainsi qu'on peut en juger en jetant les yeux sur la vue intérieure de Saint-Pierre de Rome (pl. 44). Mieux vaut, dans ce cas, avoir recours à des voûtes d'arête ou à des voûtes sur pendentifs.

<small>Voûtes en arc de cloître et voûtes sphériques.</small>

Les voûtes en berceau ne se prêtent d'ailleurs très-convenablement, ni sous le rapport de la construction, ni sous celui de la forme, à l'éclairage au moyen d'ouvertures pratiquées à leur sommet. Quand une salle doit recevoir son jour de cette manière, il faut la couvrir, soit par une voûte en arc de cloître, soit par une ou plusieurs voûtes sphériques sur pendentifs.

Ces deux dernières espèces de voûtes conviennent parfaitement pour les salles qui sont carrées, ou dans lesquelles l'une des dimensions horizontales ne l'emporte pas beaucoup sur l'autre, ainsi qu'il a été dit plus haut; mais celles qui sont disposées en arc de cloître se refusent, de même que les voûtes en berceau, à être supportées par des colonnes isolées, dès que leur ouverture dépasse une certaine limite. Elles admettent d'ailleurs très-bien les supports rectangulaires réunis par des arcades.

Les voûtes en berceau, les voûtes en arc de cloître et les voûtes sur pendentifs sont les plus fréquemment employées pour la couverture des salles principales des palais et des grands édifices publics. L'étendue des surfaces continues qu'elles présentent leur permet de se prêter aux systèmes de décoration les plus divers, et d'admettre également une grande simplicité, une extrême richesse et les innombrables degrés qui séparent ces deux termes. Elles peuvent rester nues, être divisées en caissons ou en compartiments de différentes formes, être couvertes de peintures, et s'empreindre de tous les caractères. Parmi les salles voûtées en berceau, qui se font remarquer par l'ampleur, la richesse et le bon goût de leur décoration, on doit citer la grande nef de Saint-Pierre de Rome, le vestibule de la chapelle Sixtine, la galerie d'Apollon, au Louvre, et la galerie des glaces, au palais de Versailles. Quant aux salles voûtées en arc de cloître ou sur pendentifs, il n'est pour ainsi dire pas de palais qui n'en présente de fort belles. Les palais du Vatican, du Louvre, de Versailles, le palais Pitti, à Florence, ne laissent guère sous ce rapport que l'embarras du choix.

<small>Voûtes d'arête.</small>

Les Romains se sont souvent servis de voûtes d'arête pour couvrir des salles de grandes dimensions, et ces voûtes conviennent en effet très-bien à pareil office. La planche 13 met sous les yeux du lecteur l'une des plus remarquables salles de ce genre qu'on puisse citer. Ce monument, qui est souvent désigné sous le nom de temple de la Paix, a été construit par Maxence pour servir de basilique, et hommage en a été fait ensuite à Constantin. Il n'en reste que des ruines, mais elles sont assez bien conservées pour qu'on puisse le rétablir en toute certitude dans son état primitif.

On voit qu'il consiste en une grande nef, qui n'a pas moins de 25^m,31 d'ouverture, et qui est accompagnée de bas-côtés. Cette nef est divisée en trois travées sur sa longueur, lesquelles sont couvertes chacune par une voûte d'arête, dont les retombées sont reçues par des colonnes appliquées contre le mur. Les bas-côtés comptent le même nombre de divisions, et elles sont voûtées en berceau. Rien de plus simple assurément que cette disposition. Et voyez comme elle remplit bien le but, et l'excellent effet qu'elle produit! Ces trois immenses voûtes d'arête n'exigent que quatre points d'appui de chaque côté, et les poussées qu'elles exercent sont normales à la direction de la nef, au-dessus des deux retombées intermédiaires, de sorte qu'elles sollicitent au renversement dans le sens de leur longueur, c'est-à-dire dans celui où ils résistent le mieux, les murs qui divisent l'un et l'autre bas-côté. Ces murs sont en outre consolidés par les voûtes en berceau qu'ils supportent, voûtes qui n'exercent que des actions verticales, puisque leurs poussées, égales et diamétralement opposées, se détruisent réciproquement. Les culées placées aux extrémités des bas-côtés sont donc seules appelées à résister à des actions latérales, et leur épaisseur a été déterminée en conséquence; il serait impossible de mieux résoudre le problème, de mieux disposer les voûtes ainsi que leurs points d'appui. Aussi, un vaste espace est-il couvert dans les meilleures conditions de solidité, et les supports sont-ils pourtant peu nombreux, très-espacés et d'une faible section comparative. En même temps, les bas-côtés sont largement ouverts sur la grande nef, toutes les parties de la composition s'embrassent d'un seul coup d'œil, une lumière abondante circule partout, et la variété des formes paraît d'autant plus admirable qu'on la sent sérieusement motivée.

On voit à Rome, dans les ruines des thermes de Dioclétien, une salle du même genre, qui a été convertie en église, et qui produit un très-grand effet. Il y en avait une aussi dans les thermes de Caracalla, qui sont représentés sur la planche 66. La figure 2 donne la moitié de sa coupe longitudinale.

Ces grandes salles doivent être comptées parmi les œuvres les plus remarquables de l'architecture romaine, et elles suffiraient pour l'illustrer.

CHAPITRE DEUXIÈME.

I. — COURS.

Les cours reçoivent différentes formes, suivant les circonstances dans lesquelles elles se trouvent placées. Il en est de polygonales, de circulaires, d'elliptiques ; quelques-unes sont limitées en partie par des courbes et en partie par des lignes droites diversement combinées ; les plus nombreuses sont rectangulaires, et cette forme, qui est la plus simple, est presque toujours aussi la plus convenable.

Tantôt elles sont ouvertes sur un ou plusieurs côtés, c'est-à-dire n'y sont fermées que par des grilles ou des murs de clôture ; tantôt elles sont entourées de bâtiments sur tout leur périmètre. Il est essentiel, surtout pour ces dernières, de ne pas descendre au-dessous d'une certaine limite, en ce qui concerne le rapport à observer entre leur largeur et la hauteur des constructions qui les embrassent ; trop étroite, une cour ne donne pas une suffisante quantité d'air et de jour aux salles ouvertes de son côté, qui deviennent alors tristes et insalubres, et elle produit d'ailleurs un effet peu satisfaisant, elle paraît étouffée. Cette limite n'est point absolue ; le climat la détermine. Les pays chauds admettent, réclament même peu de largeur comparative, parce qu'on y recherche l'ombre, tandis que c'est tout l'opposé dans les contrées du Nord, où le soleil ne se manifeste que par des bienfaits. Il semble que, sous la latitude de Paris, la largeur d'une cour ne devrait jamais être inférieure à la hauteur des bâtiments, à moins cependant que la longueur ne soit considérable, et ne soit dirigée N. et S. Ce qu'on doit se proposer, c'est d'apporter le moins d'obstacles possible à l'introduction des rayons solaires. Ainsi, l'on pourrait encore se tenir au-dessous de la limite qui vient d'être indiquée, si la cour était ouverte au sud, ou n'était fermée de ce côté que par une construction peu élevée ; mais il faut se montrer très-réservé à ce sujet, car le renouvellement de l'air n'est pas moins nécessaire à la salubrité que l'action du soleil, et il s'opère avec d'autant plus de difficulté que les dimensions sont moindres.

Il est, dans nos habitations, des cours très-petites qui sont uniquement destinées à envoyer du jour dans des couloirs ou des cabinets de débarras, ou à remplir l'office de cheminées d'aérages. Les prescriptions précédentes ne leur sont pas applicables. Une récente ordonnance de police interdit de leur donner une surface inférieure à quatre mètres, et cela suffit, à la grande rigueur.

En Italie, les cours ne sont pas aussi grandes qu'en France. La plupart de celles des palais de Florence et de Rome sont très-étroites ; beaucoup n'ont que les deux tiers ou même moitié de la hauteur des bâtiments. Les belles cours des palais de la Chancellerie, Giraud, Spada et Farnèse sont carrées, et la hauteur des constructions l'emporte de $\frac{2}{3}$ environ sur le côté du carré.

Dans des contrées plus méridionales, en Algérie, par exemple, les cours sont encore moins larges, et il y a juste motif.

Lorsqu'une cour est de grande importance, et est entourée de bâtiments traités avec un certain luxe d'architecture, ce sont des considérations d'un autre ordre qui sont appelées à régler les rapports dont il s'agit. Ses dimensions doivent être établies, d'abord d'après les usages auxquels elle est destinée et le nombre de personnes ou de voitures appelées à s'y réunir en quelques circonstances ; puis elles doivent être telles que les constructions produisent tout l'effet qu'on est en droit d'en attendre, c'est-à-dire puissent être embrassées facilement d'un seul coup d'œil, sur toute leur hauteur et sur une notable partie de leur développement. Cette dernière condition conduirait à donner à une cour environ le double de la hauteur des bâtiments, et il est à remarquer en effet que celles où l'on a admis les proportions indiquées plus haut paraissent trop étroites, pour permettre une juste appréciation des mérites de leur architecture. Dans la cour du Louvre (marquée 22, pl. 14), qui peut être citée comme un modèle, et n'a point de rivale, le côté du carré atteint à cinq fois et demie la hauteur de l'aile la moins élevée, celle dont un fragment est représenté sur la planche 38 de la première partie de cet ouvrage.

Les cours de grandes dimensions peuvent recevoir quelques plantations, et il convient d'en occuper le centre par un monument honorifique ou par une fontaine jaillissante. Ce dernier mode de décoration est fréquemment employé dans les pays chauds, où il produit meilleur effet que dans le Nord, parce que le frais y est plus recherché. Il n'est pas une cour, à Rome, qui n'ait sa fontaine, parfois isolée, souvent adossée contre l'une des parois, et il en a été ainsi de tout temps. Les eaux étaient beaucoup plus abondantes autrefois dans cette ville qu'elles ne le sont aujourd'hui, et toute la partie découverte des petites cours des anciens Romains était occupée par un bassin (*impluvium*) dont l'eau se renouvelait incessamment. Nous reviendrons sur cette disposition en parlant des habitations privées.

Les portiques régnant sur un ou plusieurs côtés d'une cour sont encore une de ces traditions de l'antiquité qui se sont perpétuées dans le Midi, parce qu'elles y conviennent parfaitement. Ils établissent des relations commodes entre les divers corps de logis; ils abritent des ardeurs du soleil, et les circonstances sont rares où la température y est trop rigoureuse.

La plupart des palais de Rome ont des portiques de ce genre, et plusieurs en présentent de très-remarquables. Quelquefois le portique s'appuie contre le bâtiment situé sur la voie publique, et ne règne que de ce côté; à l'une de ses extrémités, est l'entrée de l'escalier principal, et à l'autre, celle des appartements du rez-de-chaussée. C'est une sorte de vestibule ouvert sur la cour. Il s'étend aussi parfois sur l'une des faces latérales ou sur toutes deux; dans les palais les plus importants, il règne sur les quatre côtés. Tantôt il n'y en a qu'au rez-de-chaussée, tantôt on en retrouve au premier étage. Dans l'une des cours du Vatican, on remarque trois portiques superposés, dont l'un forme les célèbres *loges* de Raphaël.

Une cour parfaitement disposée est celle du collége *della Sapienza*, dans la même ville. Cet établissement est analogue au Collége de France, à Paris; il est consacré à l'enseignement supérieur. Contre le mur dans lequel est ouverte la principale porte d'entrée, et qui sépare la cour de la voie publique, est adossé un large portique voûté, double en profondeur, à chacune des extrémités duquel est placé l'un des grands escaliers, qui conduisent sous les portiques du premier étage. L'autre extrémité de la cour est occupée par la chapelle. Sur l'une et l'autre face latérale, s'étendent des portiques semblables à celui de l'entrée, mais moins profonds, parce qu'ils n'ont pas à desservir une circulation aussi importante ; ils donnent accès dans les différentes salles de cours. Ces salles sont éclairées sous le portique, et le sont encore sur la paroi opposée. La même disposition se retrouve à l'étage supérieur. La cour a 20 mètres de large sur 40 mètres de long, et, à l'exception de la chapelle, qui est plus élevée, les bâtiments qui l'entourent ont sa largeur en hauteur. Ce remarquable édifice est dû à G. della Porta ; il a malheureusement été retouché par le Borromini.

Les portiques ne peuvent rendre les mêmes services dans notre climat, où, pendant la majeure partie de l'année, les communications intérieures doivent être mises complétement à l'abri des intempéries de l'atmosphère ; ils donneraient souvent trop de froid aux salles qu'ils mettraient en relation. Aux débuts de la Renaissance, lorsque l'Italie paraissait appelée à nous dicter des lois en matière d'art, il a été fait quelques importations de ce genre, ainsi qu'on le voit à l'hôtel de ville de Paris, à Fontainebleau et dans plusieurs habitations de l'époque ; mais on en a bien vite reconnu les inconvénients, et l'on peut dire que l'architecture française repousse les cours entourées de portiques, ou du moins ne les admet que dans des circonstances exceptionnelles. Mieux valent à ses yeux des galeries largement éclairées qu'on peut ouvrir et fermer à volonté. Sous ce rapport, nos cours sont inférieures à celles des palais d'Italie ; mais nous en avons que recommandent d'autres mérites, et qui soutiennent victorieusement la comparaison. Citons surtout ces grandes cours, entièrement ouvertes sur un de leurs côtés, et divisées en plusieurs parties dont les largeurs diminuent à mesure qu'on s'avance, de manière à offrir l'image d'une série de cours se succédant suivant une habile gradation.

Le château de Versailles présente le type le plus complet et le plus beau de cette heureuse disposition, dont on ne trouve aucun exemple en Italie, et qui a été imaginée par nos architectes du dix-septième siècle. Une première cour est séparée, par une grille riche et monumentale, de la grande place précédant l'entrée du château (pl. 15, fig. 1), et ses faces latérales sont occupées par des bâtiments qui étaient destinés aux ministres ; à son extrémité, une seconde cour, moins large, est comprise entre deux pavillons d'une architecture vigoureuse, c'était la cour des Princes ; à la suite vient une troisième cour un peu plus resserrée, formant transition ; puis enfin une quatrième, plus étroite et plus splendidement ornée que les autres, la cour du Roi, au fond de laquelle

Cours du château de Versailles, du château de Richelieu et du Carrousel.

s'ouvrent les fenêtres de la chambre à coucher de l'orgueilleux monarque, de Louis XIV.

Même disposition avait été observée dans le château du cardinal de Richelieu (pl. 89), et pour la première fois avec un tel développement. Il était de toute justice que l'art en fît hommage au grand promoteur des merveilles du siècle.

Cette forme est admirablement entendue. Une grande habitation ne saurait être mieux annoncée; précédée par ses dépendances, qui lui font escorte et en signalent l'importance, elle est placée dans une sorte de sanctuaire, et clôt dignement une longue perspective, habilement accidentée. Où sont les portiques qui donneraient autant de variété, d'ampleur et de majesté?

Citons encore l'une des cours les plus remarquables qu'on puisse voir : la place du Carrousel, à Paris (pl. 14), laquelle est une cour, malgré le titre qui lui a été donné, puisqu'elle est complétement entourée des bâtiments ininterrompus d'un même palais. Il n'en est point d'aussi vaste, et il n'en est pas non plus dont les constructions soient aussi importantes que les siennes. Nous nous y arrêterons un instant.

La réunion du Louvre aux Tuileries, dont elle est la conséquence, a été le sujet de longues études et de nombreuses controverses, et c'est surtout sur la forme et l'étendue à donner à cette cour qu'ont porté les débats. C'était en effet le point capital. La difficulté qui paraissait dominante, et qui préoccupait la plupart des esprits, provenait de ce que les deux palais n'ont pas exactement le même axe, ainsi qu'on peut le reconnaître en examinant attentivement le plan dessiné sur la planche 14. Or, dissimuler ce qu'on regardait comme un défaut très-grave, semblait être une condition essentielle, fondamentale, et la plupart des projets présentés à diverses époques ont été conçus en conséquence. Ils consistent, comme il est aisé de le prévoir, en bâtiments plus ou moins développés, interposés entre l'un et l'autre palais, de manière à masquer à chacun d'eux le malencontreux pavillon qui ne se trouve pas dans son axe. Le moyen était radical; c'était tuer son homme pour lui enlever une légère difformité. Afin de sauver une petite irrégularité, qui ne s'apercevrait pas si elle n'était annoncée, qui est sans action réelle sur la beauté de l'édifice, et qui a même le mérite de rappeler que les constructions ont été successives et se sont développées avec la puissance du pays, on scindait une admirable agglomération de travaux, on renonçait à toute vue d'ensemble, on mettait le mesquin où le grand ressortait naturellement des données du sujet. Jamais on n'avait songé à sacrifier autant à la manie de la régularité.

Le vice de ces conceptions n'échappait point, il est vrai, à quelques esprits distingués, et elles étaient repoussées par eux; mais c'était pour tomber dans un autre excès. Ils voulaient se borner à prolonger l'aile du nord, alors inachevée, jusqu'à sa rencontre avec le Louvre, et ils n'admettaient pas davantage. La cour devait être de même largeur ou à peu près sur toute sa longueur. Mieux valait sans doute cette solution qu'aucune des précédentes; mais eût-elle produit tout l'effet qu'en attendaient ses partisans? Il est permis d'en douter. Ce qui nous frappe dans une place publique, c'est moins son étendue que l'importance et la beauté des constructions qui l'entourent; que les dimensions de la place l'emportent outre mesure sur celles des constructions, ce ne sont point les premières qui paraîtront grandes, ce sont les secondes qui sembleront petites. Il est un certain rapport entre la hauteur des édifices et la distance qui les sépare, lequel correspond à un maximum d'effet; tenez-vous au-dessus ou au-dessous, et l'impression produite sera d'autant moins satisfaisante que l'écart aura été plus considérable. Le grand, en matière d'art, tient plus encore aux proportions qu'aux dimensions réelles. Réduite aux bâtiments qui en forment le périmètre extérieur, la cour du Carrousel n'eût probablement pas excité l'admiration qu'elle obtient; c'eût été un grand vide au milieu de la ville, mais non pas une grande chose, et il y eût eu en outre beaucoup de sécheresse dans les longues lignes droites continues de sa vaste enceinte.

Il fallait donc permettre à la vue de se porter d'un palais à l'autre, et d'embrasser d'un seul coup d'œil, sinon la totalité, du moins la majeure partie de ces immenses constructions, et, en même temps, rapprocher assez les bâtiments, en quelques points, pour qu'ils pussent être appréciés à leur juste valeur et concourir efficacement au but qu'on devait poursuivre. Or il a été pleinement satisfait à ces conditions fondamentales, et dans une très-juste mesure, à notre avis; les ailes nouvelles, marquées en gris sur le plan, sont très-convenablement espacées, font valoir les dimensions du monument, et lui donnent un caractère de grandeur qu'il n'eût point eu sans elles[1]. On doit se féliciter de ce que cette vaste

---

[1] Peut-être n'est-il pas inutile de prévenir que cette opinion n'est pas nouvelle chez l'auteur; il l'a professée, pour la première fois, dans son cours à l'École polytechnique, il y a plus de vingt-cinq ans, c'est-à-dire bien avant qu'il fût sérieusement question de reprendre les travaux, et qu'on eût présenté le projet qui a fort heureusement prévalu.

entreprise, projetée depuis si longtemps, ait été réservée à notre époque ; car aucune des dispositions générales imaginées jusqu'alors n'était satisfaisante.

II. — PARCS ET JARDINS.

L'antiquité, si supérieure aux temps modernes dans toutes les branches de l'art, leur est très-inférieure en ce qui concerne la composition des jardins et des parcs.

Jardins de l'antiquité.

La riche imagination d'Homère n'a pu faire des jardins d'Alcinoüs qu'un fort médiocre verger ; tandis qu'elle prodiguait au palais toutes les magnificences de l'art, elle ne trouvait pour le jardin que des légumes, des vignes et des arbres fruitiers.

Les jardins suspendus de Babylone, cette merveille tant célébrée, ne devaient consister qu'en terrasses assez étroites, brûlées par le soleil, et où les maçonneries jouaient un plus grand rôle que la végétation.

Enfin, les jardins des Romains, de ces maîtres du monde, qui ne trouvaient rien de trop dispendieux, dont les splendides palais couvraient d'immenses surfaces, devaient être peu séduisants, à en juger par les descriptions qui sont venues jusqu'à nous. Celle que Pline nous a laissée du jardin de sa villa de Toscane est fort curieuse, et prouve qu'il remonte haut le mauvais goût tant reproché à nos jardins du seizième et du dix-septième siècle. De quoi parle-t-elle avec admiration ? d'allées régulières bordées de buis, d'arbres fruitiers alternant avec des arbustes taillés en forme de bornes, de plantes et de buis façonnés de manière à représenter des animaux et autres objets ou à faire lire les noms du propriétaire et des jardiniers, de jets d'eau, de petites cascades et de bassins de marbre blanc[1]. Quoi de plus agréable, dit Quintilien, qu'un quinconce, qui est droit et aligné de quelque côté qu'on le regarde !

Jardins de la Renaissance.

Le même goût a dominé chez les nations modernes, jusqu'à une époque fort rapprochée de nous. Dans les célèbres jardins de l'Italie, dans ceux de nos châteaux de la Renaissance, on retrouve toutes ces dispositions admirées par les Romains, et quelques autres encore appartenant au même ordre d'idées. La

---

[1] Voyez cette description dans l'une des notes placées à la fin du volume.

symétrie y domine, et la nature y est complétement subordonnée à l'art. Ce sont des constructions variées, des escaliers, des colonnes, des balustrades, des statues, des obélisques, des bancs, des grottes, des bassins de marbre, des jets d'eaux, des canaux d'une régularité parfaite ; mais la végétation ne s'y montre qu'à condition de se dépouiller de ses formes naturelles. Sous le ciseau habile et vigilant du jardinier, les allées deviennent des passages régulièrement voûtés, les rangées d'arbres se convertissent en arcades, les feuillages touffus engendrent des surfaces planes, les arbustes prennent la forme de vases, d'obélisques ou de statues, la charmille dessine des labyrinthes, et les parterres se couvrent de broderies diversement nuancées, où la fleur n'est plus qu'un insignifiant détail étouffé par le buis et les sables colorés. Que des jardins tracés dans ces étranges conditions puissent produire de grands effets, on ne saurait le nier, et l'on pourrait citer comme exemples ceux de la villa d'Este à Tivoli, des Borghèse à Rome, des Aldobrandini à Frascati, de Boboli à Florence ; mais il faut tout autre chose pour qui a le sentiment des beautés de la nature.

Notre dix-septième siècle lui-même, si grand sous tous les rapports, n'a pas su trouver, pour ses jardins, ce cachet de vérité qu'il a imprimé à son architecture. Toutefois on peut dire qu'il a fait le premier pas dans la voie que nous parcourons aujourd'hui. C'est à tort qu'on a donné le nom de français aux jardins dont il s'agit; il serait plus juste de les appeler italiens, car c'est à l'Italie que nous les avons empruntés. Loin d'avoir été imaginés par Le Nôtre, comme on le suppose généralement, c'est sous l'influence de ce célèbre jardinier qu'ils se sont modifiés et se sont empreints d'un nouvel esprit. Les jardins de Versailles, son œuvre capitale, présentent sans doute quelque excès de régularité, et de nombreuses formes de détail prêtant à la critique; mais ces défauts disparaissent devant l'ampleur de la conception, la variété des dispositions secondaires, et l'importance donnée aux massifs dans lesquels la végétation se développe en toute liberté. On doit y remarquer en outre l'habile gradation qui conduit, depuis le parterre symétrique de la terrasse, jusqu'au dehors du parc, et fait entrer dans la composition la campagne environnante, dont aucune clôture ne marque le point de départ. La planche 15 (fig. 1) met sous les yeux du lecteur le plan de ce magnifique jardin, qui peut paraître triste, lorsqu'il est abandonné à la solitude, mais qui se revêt d'une beauté incomparable, dès qu'il voit la foule remplir ses allées, et les eaux de ses bassins s'élancer étincelantes sous les rayons du soleil. On peut trouver des sites plus agréables;

Jardins de Versailles.

il n'en est pas un seul, parmi ceux que la main de l'homme a créés, qui ait plus de majesté, et témoigne de plus de puissance dans la conception.

Le palais, parfaitement dégagé, est entouré d'un riche parterre qu'embellissent des pièces d'eau et de charmantes œuvres d'art[1]. Ce parterre domine tous les environs, et une longue perspective lui est assurée. D'un côté, la vue s'étend sur le bois de Satory, en passant au-dessus de la grande pièce d'eau des Suisses ; de l'autre, elle suit une large et belle allée qui, bordée de vasques élégantes, conduit par une pente douce au bassin de Neptune ; en face du château, elle plonge sur un magnifique escalier, sur des rampes circulaires, sur une fontaine du plus heureux dessin, sur une large avenue, couverte d'un tapis toujours vert, encadrée d'une splendide végétation, et enfin, sur le grand canal, qui se prolonge et semble se fondre dans la campagne, dont l'horizon s'étend à perte de vue. Dans les massifs d'arbres sont de nombreux bosquets de toutes formes et de toutes dimensions, et les allées couvertes se croisent, tantôt courtes, tantôt se poursuivant à grande distance. Puis parmi toutes ces choses, sont semés à profusion des bassins variés, des fontaines, des vases, des statues, se détachant comme des pierres précieuses sur un fond coloré. Certes, ce n'était point un artiste vulgaire celui qui a imaginé cette vaste composition : c'était un homme de génie. Et si l'on peut regretter que les trésors enfouis à Versailles n'aient pas été employés d'une manière plus profitable pour le pays, ce n'est pas sur lui que le blâme doit porter.

Jardins modernes.

Le Nôtre a donc fait faire un progrès très-réel à l'art des jardins, en même temps qu'il portait l'ancien système à son plus haut degré de perfection ; mais il n'a pas été assez novateur pour que son nom ait pu être rattaché aux dispositions que le siècle suivant devait mettre en honneur. L'Angleterre a devancé la France sous ce rapport, et, chose remarquable, c'est l'un de ses grands poëtes qui semble avoir été l'initiateur de ses jardiniers. Milton a fait de l'Éden ce qu'on a appelé depuis, et en toute justice, un jardin anglais. Une source limpide alimente des ruisseaux qui serpentent de tous côtés, ni les arbres ni les fleurs n'y sont réunis par l'art en bosquets ou en parterres, la nature les répand sur les coteaux et les vallées, et un charmant paysage offre les points de vue les plus variés.

[1] Les chiffres inscrits sur le plan ont les significations suivantes :
1, avenue de Paris ; 2, avenue de Saint-Cloud ; 3, avenue de Sceaux ; 4, place d'Armes ; 5, 5, écuries ; 6, 6, ville de Versailles ; 7, grande cour d'honneur ou cour des Ministres ; 8, cour des Princes ; 9, cour de Marbre ou cour du Roi ; 10, terrasse et parterre ; 11, orangerie ; 12, pièce d'eau des Suisses ; 13, bassin de Neptune ; 14, bassin de Latone ; 15, tapis vert ; 16, bassin d'Apollon ; 17, grand canal ; 18, île du Roi, aujourd'hui jardin du Roi ; 19, bosquets ; 20, Trianon.

Un autre poëte anglais, Pope, a pu réaliser ce que Milton avait rêvé, et son jardin de Twickenham, dont il se disait plus fier que de tous ses autres ouvrages, a été longtemps regardé comme un modèle. On citait la variété de ses formes, l'heureuse opposition de ses ombrages, et ses effets d'ombre et de lumière.

Au lieu d'admettre que le nouveau mode de composition était une conséquence naturelle du développement de l'esprit humain, et d'une appréciation plus complète des beautés de la nature, quelques écrivains ont cru devoir en attribuer l'honneur aux Chinois. Il est certain que ce peuple a banni la ligne droite de ses jardins, et y recherche les formes accidentées ; mais son sentiment diffère essentiellement du nôtre. Ce qu'il poursuit, c'est le bizarre et non le vrai ; ce qu'il obtient, c'est le mesquin et non le grand, le baroque et non le beau. Un canal péniblement tortueux, des rochers implantés au milieu d'une plaine et découpés de la manière la plus étrange, des ponts sinueux, des fabriques tourmentées et sans utilité apparente, ne sont certes pas choses plus naturelles que des parterres en broderies ou des terrasses alignées, et l'ampleur leur fait complétement défaut. On a dit que l'ennui du beau amenait le goût du singulier ; les Chinois paraissent être arrivés à la conséquence sans avoir bien connu les prémisses.

Nos jardins modernes diffèrent donc plus encore des leurs que de ceux du dix-septième siècle, et sont conçus dans un tout autre esprit. Ils aspirent à l'imitation de la nature dans ce qu'elle a de plus heureux et de plus séduisant pour l'homme ; ils veulent être des parcs ou plutôt de beaux paysages. Toute leur théorie est implicitement contenue dans cette dernière condition. Ainsi, ils exigent de la grandeur, des dispositions simples, variées et bien accentuées, une riche végétation offrant d'harmonieux contrastes de formes et de couleurs, des eaux limpides, de fraîches prairies, un terrain plus ou moins ondulé et un horizon d'une certaine étendue. Ils repoussent également les lignes droites et celles qui sont contournées outre mesure. S'ils font large part à la fantaisie, ils ne lui permettent point de tomber dans l'absurde, et une haute raison, un art exercé se cachent sous des formes qui paraissent toutes naturelles.

Dans ce nouveau système, le caractère à donner à la composition est le premier point que doit examiner l'architecte chargé de tracer un grand jardin. Ce caractère devra différer de celui de la campagne environnante ; car l'homme aime le changement, et est toujours disposé à apprécier plus particulièrement les biens dont il est privé. Dans un pays plat, on s'attachera à donner du mouvement au terrain ; dans une contrée montagneuse, on recherchera les longues plaines; si le pays est aride, les eaux produiront plus d'effet, et devront obtenir plus de place que si elles étaient abondantes au dehors; où les rochers sont rares, il faut les faire intervenir largement dans le paysage, et où ils sont très-répandus, il convient de les repousser; la végétation du parc ne doit point être celle des alentours; partout, en un mot, il faut des oppositions. Mais il faut aussi qu'elles n'aient rien de trop heurté, qu'elles ne deviennent point de choquantes disparates, que toutes choses soient amenées par d'habiles transitions, que rien n'annonce l'apprêt et le parti pris.

Chaque endroit d'ailleurs a ses convenances agricoles spéciales, dont il n'est point permis de faire complétement abstraction. Puis un des principaux préceptes de l'art, et il est admirablement appliqué en Angleterre, consiste à englober, pour ainsi dire, dans le jardin toute la campagne que l'œil peut découvrir, à *s'approprier* les environs, et l'on n'y peut parvenir si l'on n'a maintenu le parc en une certaine harmonie avec eux, malgré la diversité des caractères. On s'assure cette appropriation en évitant de marquer les limites de la propriété dans les directions, préalablement déterminées, où la vue pourra s'étendre sur la campagne, c'est-à-dire en remplaçant les murs de clôture par des fossés, et rattachant habilement les dernières plantations du parc à celles du dehors. Quelquefois même on agit sur celles-ci, et l'on dispose dans le lointain quelques groupes d'arbres ou de prairies, qui sont destinés à rappeler ceux des premiers plans, et à concourir à l'agrément du paysage. Un ruisseau serpente-t-il sous les ombrages du jardin? il se poursuit au dehors, et, s'il y est trop encaissé pour être en vue, son cours est indiqué par des plantations analogues à celles qu'il baigne dans la propriété. Les chemins extérieurs sont entretenus avec soin, et l'on modifie même leurs tracés en quelques points, afin de les présenter comme la suite des élégantes allées du parc.

Il faut que les plantations soient disposées de manière à introduire de la variété dans la composition, à ménager les points de vue, et même à les faire valoir en les encadrant harmonieusement; qu'elles s'écartent parfois pour offrir aux regards une longue perspective, à laquelle elles servent de premier plan, et que plus loin elles se rapprochent par masses, en ne laissant apercevoir que les riants gazons et les épais ombrages de l'enceinte. On se fatigue bien vite d'un horizon trop étendu qu'on a constamment sous les yeux, tandis que, ménagé avec art, il eût toujours conservé son prix. Que ces mêmes oppositions se retrouvent dans les formes naturelles des arbres et des arbustes, et dans les couleurs de leurs feuillages; que tel massif composé d'arbres légers, aux feuilles d'un vert tendre, se détache sur un autre d'une puissante végétation et d'une couleur foncée ; que les fleurs abondantes des arbustes ressortent avec éclat sur la teinte sombre des arbres verts. Il est essentiel que toutes ces choses soient largement disposées, qu'il y ait un parti bien accusé ; ce sont les grands effets et non les petits qu'il faut poursuivre, sous peine de tomber dans la confusion.

Que rien surtout ne sente l'affectation : *nihil est odiosius affectatione*.

Vos allées seront sinueuses, mais qu'elles ne soient point tourmentées ; qu'elles paraissent tracées de la manière la plus favorable pour conduire au but sans fatigue, et que des massifs d'arbres ou des ondulations de terrain viennent légitimer leurs déviations. Le ruisseau qui arrosera vos prairies devra s'y développer librement, ainsi que dans la campagne, en suivant des courbes moelleuses et sans retours capricieux, et il se gardera de s'élargir aux abords des ponts comme s'il voulait motiver ces ouvrages. Des rochers ont-ils place dans votre composition : qu'ils pèchent plutôt par excès de simplicité que par la bizarrerie de leurs formes ; ce qu'il leur faut avant tout, c'est l'air naturel, et il convient même d'y préparer par quelques têtes de roches se montrant çà et là parmi les gazons et les arbustes. Surtout que les massifs d'arbres ne soient pas trop découpés, et que les oppositions ne se multiplient pas outre mesure.

Enfin il importe essentiellement d'avoir égard à l'étendue du terrain qu'on est appelé à disposer, et de donner à toutes choses les dimensions qui leur appartiennent. Tel plan de jardin, excellent s'il s'applique sur une vaste surface, sera détestable s'il doit se renfermer en d'étroites limites. C'est la nature qu'on veut imiter, et elle a ses dimensions aussi bien que ses formes. Il faut respecter les unes et les autres. N'ayez qu'une pelouse et quelques massifs d'arbres, si votre enceinte n'admet pas davantage ; vous produirez meilleur effet qu'avec des formes plus compliquées. Les divisions multipliées conduisent au mesquin. Qu'il y ait de l'ampleur dans vos conceptions, si vous voulez plaire aux esprits éclairés, et vous assurer les suffrages des hommes de goût.

Le bois de Boulogne (pl. 15, fig. 2), cette promenade, autrefois si sèche et si monotone, montre aujourd'hui jusqu'où peut atteindre l'art de la composition des parcs [1]. La transformation a été complète ; un admirable paysage a remplacé, comme

Bois de Boulogne.

---

[1] Renvois du plan : 1, porte Maillot ; 2, porte Dauphine ; 3, porte de la Muette ; 4, porte de Passy ; 5, porte d'Auteuil ; 6, porte de Boulogne ; 7, porte de Saint-Cloud ; 8, porte de Madrid ; 9, 9, fortifications de la ville ; 10, 10, lacs ;

par enchantement, le plus triste parc que jamais capitale ait offert à ses habitants. C'est que les principes qui viennent d'être posés y ont été admirablement appliqués ; tout y a été judicieusement et grandement conçu, et tout y semble naturel.

Les allées étaient droites : elles se sont infléchies à grands traits sur toute la largeur que réclame la circulation des voitures, et sont accompagnées de sentiers ombragés, qui semblent tracés par les piétons comme ceux des grandes routes ouvertes à travers les forêts. La vue était bornée : elle s'étend dans diverses directions, et le parc n'a pour limites, du côté de la Seine, que les riants coteaux de Suresnes, de Saint-Cloud et de Meudon. Les plantations étaient uniformes, également distribuées dans toute l'enceinte : elles sont variées, et le bois est parsemé de charmantes prairies qu'embellissent des animaux aux formes élégantes. On voulait de l'eau, et avec raison : elle y est suffisamment abondante, et s'étend en cascades, en larges nappes et en ruisseaux mollement ondulés. Il fallait des rochers, car il n'y en a point aux alentours : la plupart se montrent à fleur de sol, ne prennent du développement qu'aux endroits où l'action naturelle des eaux semble avoir entraîné les terres qui les recouvraient, n'ont rien d'apprêté dans leurs formes, et paraissent se rattacher à un massif invisible.

Sans doute le même esprit ne se retrouve pas partout, quelques détails peuvent laisser à désirer, l'affectation a pu se faire jour en un petit nombre de points ; mais l'ensemble n'en souffre pas, et il y aurait mauvaise grâce à trouver une place pour la critique où il en a été fait une si large à l'admiration[1].

Le parc aux formes accentuées, trop accentuées peut-être, qui vient d'être établi dans les carrières et les buttes de Chaumont, aux portes de Paris, montre tout le parti que l'art peut tirer des circonstances naturelles qui semblent le moins favorables, et comment il sait se jouer des obstacles et les plier à ses fins. Cette heureuse création produira le plus grand effet dès que la végétation s'y sera convenablement développée.

Citons encore le bois de Vincennes, où nos ingénieurs sont parvenus à ménager de si charmantes perspectives, à faire alterner si naturellement les collines et les plaines, les eaux et la végétation, et à si bien dissimuler leur savante intervention, qu'on est tenté d'attribuer à la nature seule les beautés de l'endroit.

11, 11, rivières ; 12, cascade ; 13, parc aux Biches ; 14, parc d'Acclimatation ; 15, Hippodrome ; 16, Seine ; 17, pré Catelan ; 18, 18, anciennes allées du bois ; 19, château de Bagatelle.

[1] Voir l'ouvrage intitulé : *les Promenades de Paris*, par M. Alphand.

Mais quelle que soit la valeur des considérations qui ont donné naissance aux *jardins-paysages*, et malgré les agréments dont ils sont susceptibles, il ne faudrait pas conclure de ce qui précède que les jardins réguliers doivent être abandonnés et condamnés à ne trouver place désormais que dans l'histoire de l'art. Ils ont de sérieuses raisons d'être en plusieurs circonstances, et ils peuvent être impérieusement commandés par des convenances faciles à apprécier. Qu'un jardin de dimensions restreintes soit annexé à un palais, ne serait-ce point une faute de goût que ne pas l'y rattacher par ses lignes principales? N'y aurait-il pas quelque chose de choquant à lui voir des formes capricieuses, alors qu'il est encadré ou dominé par l'ordonnance régulière de l'édifice? L'esprit de l'homme ne doit-il pas se faire sentir aussi bien sur la dépendance que sur le principal, et écrire en termes harmonieux le lien qui les unit? Le jardin du Palais-Royal ou ceux qui accompagnent les ailes du Louvre, par exemple, produiraient-ils un bon effet, s'ils ne participaient du caractère de ces monuments? Et il en est de même des jardins aux abords des palais et des grands châteaux dont l'architecture est sévèrement ordonnée. Il y a défaut d'harmonie à associer immédiatement les formes libres de la nature à celles que le génie de l'homme a enfantées dans un esprit diamétralement opposé. Il faut une transition entre ces choses. On ne peut admettre que la main qui a élevé la construction ne se soit pas étendue pour disposer à sa guise les plantations voisines. La plus charmante composition agreste qu'il soit possible d'imaginer, ne s'associerait pas aussi bien au château de Versailles que ce parc si plein de majesté, avec ses belles terrasses, ses larges avenues et son vaste horizon. Que le jardin se rattache donc à l'édifice à l'endroit où il s'appuie sur lui, qu'il en poursuive les principales lignes à certaine distance, et qu'il n'arrive que par gradations, habilement ménagées, à ces formes agrestes, qui ont pour principale condition de beauté d'être à leur place, et de paraître naturelles. Il ne s'agit, ni de sacrifier la nature à l'art, ni de sacrifier l'art à la nature, mais de faire à chaque chose la part qui lui convient.

Les lignes droites, les formes géométriques seraient au contraire déplacées dans le jardin, si la construction, conçue dans un tout autre esprit, se montrait affranchie des règles habituelles de l'art, et portait ce caractère de fantaisie et de liberté qui ne messied point aux habitations de la campagne.

Dans la composition des jardins, comme en toutes choses, c'est le vrai qui doit dominer, et le faux est vicieux en quelque sens qu'il se manifeste.

III. — FONTAINES.

L'antagonisme qui a été signalé à propos des jardins se retrouve dans l'histoire des fontaines; l'art domine trop dans quelques-unes, est trop subordonné dans d'autres. Ces excès doivent être également évités. Elles sont vicieuses, quelle que soit l'élégance de leur architecture, les fontaines qui, comme celle de la rue de Grenelle, à Paris, se composent de soubassements, de colonnes, de pilastres, de frontons, de niches, de statues, de belles nappes d'eau sculptée, mais où l'eau véritable ne se montre qu'en maigres filets, et joue un rôle tout à fait insignifiant. Le hors-d'œuvre abonde, et l'essentiel fait défaut. Elles sont vicieuses aussi celles où la main de l'homme a voulu se cacher, et où un rocher, péniblement appareillé et maçonné, fait tous les frais du monument établi pour donner issue à l'eau et la recueillir. Si elles sont admissibles dans un parc aux formes irrégulières, elles sont déplacées partout ailleurs, parce que le vrai n'y est pas.

Théorie. Il y a deux choses à considérer dans une fontaine : l'eau d'abord, puis la construction d'où elle sort et le bassin qui la reçoit. Que les eaux soient limpides, abondantes, et se jouent en jets et en nappes; que les constructions portent franchement l'empreinte dont il appartient au génie de l'homme de marquer ses créations : telles sont les conditions premières.

Mais les œuvres de ce genre ne sont pas régies par ces besoins matériels, ces convenances définies qui dominent dans la plupart de nos édifices, et qui, s'ils créent parfois des difficultés, sont cependant des appuis tutélaires et des guides précieux. Nulle limite ne leur est posée, nulle solution approximative n'est indiquée; la part la plus large est faite à la liberté de l'artiste, qui est appelé à imaginer à la fois le *motif* et la forme de son œuvre. Or l'architecture paraît bornée dans ses ressources, quand elle se trouve obligée de sortir de ses conditions habituelles. Elle peut sans doute fournir aux fontaines des encadrements disposés avec goût, des bassins et des vasques aux formes élégantes, et il n'en faut pas davantage quelquefois; mais il est une foule de circonstances où ce n'est point suffisant, et où il convient de s'adresser à un art plus libre en ses allures et surtout susceptible d'expressions plus variées et plus précises. C'est à la sculpture qu'il appartient alors d'intervenir : ses statues, ses figures allégoriques, ses représentations de plantes ou d'animaux, exprimeront une pensée ou réveilleront un souvenir poétique, et viendront animer et embellir la composition, en s'associant au mouvement des eaux.

Tel paraît avoir été le sentiment de l'antiquité en fait de fontaines. Tandis que quelques-unes consistaient en grottes plus ou moins profondes, ou en niches d'où l'eau s'échappait de la bouche d'un mascaron pour tomber dans une urne, il en était un grand nombre dans lesquelles la sculpture faisait presque tous les frais du monument.

Pausanias cite, parmi les plus remarquables de Corinthe, ville qui était riche aussi par ses eaux, celle de Bellérophon, où le cheval Pégase faisait jaillir une source abondante en frappant la terre du pied. La charmante statuette antique bien connue, l'*Enfant à l'Oie*, décorait une fontaine; l'eau sortait par le bec de l'oiseau. Les statues colossales du Nil et du Tibre, le Ganymède de Phœdimus, le groupe du Faune et du Satyre de la villa Borghèse, et plusieurs figures de Silènes, de Fleuves, de Nymphes, qu'on admire dans le musée du Vatican, appartenaient également à des fontaines. La mythologie, dont les poétiques créations avaient si bien su animer et personnifier la nature entière, venait en aide aux artistes, et leur fournissait les motifs de composition les plus heureux et les plus variés. Encore aujourd'hui, nous l'invoquons souvent, si étrangère qu'elle nous soit devenue. L'art lui a été plus fidèle que les croyances. Neptune, Amphitrite, les Tritons, les Naïades, les Fleuves appuyés sur leurs urnes, se retrouvent dans plusieurs fontaines modernes, et n'y semblent point déplacés.

Mais nous ne nous jugeons pas condamnés à ne point sortir de cet ordre d'idées; nous savons employer des figures d'hommes ou d'animaux à la décoration de nos fontaines, sans nous croire obligés de les rattacher à la fable. Les traits historiques, les allégories, la fantaisie ne nous font point défaut; la difficulté n'est pas de trouver un sujet, mais de le bien choisir et de le bien traiter.

Il faut que la composition soit en harmonie avec le volume et la hauteur des eaux, et aussi avec le milieu dans lequel la fontaine doit être placée. Tel sujet, qui convient à des eaux abondantes, prendrait trop d'importance si elles étaient rares; le jet qui s'élève hardiment dans les airs exige une autre forme que la nappe tombant d'une faible hauteur; la disposition que réclame la fontaine d'une place publique n'est pas celle qu'on aimerait à rencontrer sous les ombrages d'un parc; enfin quelques fontaines sont isolées, d'autres sont adossées contre des murs ou placées dans des grottes, et chacun de ces états a ses convenances spéciales. Mais il paraît

164   TRAITÉ D'ARCHITECTURE.

impossible, en pareille matière, de formuler des préceptes avec quelque précision. Les conditions varient beaucoup, et à chacune d'elles correspond une infinité de solutions. Ajoutons que le mérite n'est pas moins dans l'exécution de l'œuvre que dans la conception de l'architecte, et l'on comprendra que nous nous bornions à citer des exemples, et à en mettre quelques-uns sous les yeux du lecteur.

Les planches 16, 17 et 18 sont consacrées à des dessins de fontaines.

Exemples de fontaines.

La figure 1 de la première représente une fontaine monumentale, placée dans les beaux jardins de Boboli, à Florence, au centre d'une île circulaire, garnie de fleurs, de citronniers et d'orangers. L'eau y est peu abondante; mais elle s'écoule en une fine nappe de la vigoureuse vasque qui la reçoit, et un banc circulaire, ajusté avec art au pied de cette vasque, permet de jouir pleinement de la fraîcheur du lieu. Les statues, exécutées en marbre blanc, sont mises au nombre des œuvres les plus remarquables de Jean de Bologne. On est frappé surtout du noble mouvement de la figure principale et de la fierté de son attitude; elle possède à un très-haut degré cette *fierezza molto naturale* que Vasari appréciait tant, et avec si juste raison. C'est Neptune qu'elle représente; les statues qui versent les eaux sont les personnifications du Nil, de l'Euphrate et du Gange. Entre ces dernières, des bas-reliefs finement sculptés rappellent l'enlèvement d'Europe, le triomphe de Neptune et les bains de Diane.

On admire, dans la même ville, une autre fontaine, également d'un fort beau caractère, qui est due à l'Ammanati; elle est située sur la place du Grand-Duc[1]. C'est encore Neptune qui est le sujet de la composition. Il est debout sur une conque marine attelée de quatre chevaux, des tritons se jouent à ses pieds et des divinités maritimes, accompagnées de satyres, sont distribuées sur le périmètre du bassin. Le groupe principal est en marbre blanc; toutes les autres figures sont en bronze.

Une troisième fontaine de Neptune, de grandes dimensions et entièrement exécutée en bronze, est l'une des œuvres d'art les plus remarquables de la ville de Bologne. Elle est due au même sculpteur que la première. Plus riche de formes et d'ornements que celle dont on vient de parler, elle n'a pas un caractère aussi monumental.

L'une des plus charmantes fontaines de Rome occupe la partie supérieure de la

---

[1] Elle couvre l'emplacement où fut commis l'un des grands crimes de la politique florentine : le supplice de Savonarole.

planche 17. Elle ne peut être comparée aux précédentes en ce qui est du mérite de la sculpture; mais ses formes accidentées, le beau jet qui l'alimente et l'originalité de la conception attirent les regards et la gravent dans l'esprit. Elle est située sur la place Barberini, et porte le nom du sujet : c'est la fontaine du Triton. On voit qu'elle consiste en un triton qui, soufflant dans un conque marine, en fait sortir un jet puissant. Il repose sur une grande coquille bivalve, que supportent des dauphins, et sous laquelle des armoiries sont fort habilement ajustées. C'est au Bernin qu'on doit ce monument. La tête du triton s'élève à 5 mètres environ au-dessus du sol.

Les figures 2 et 3 de la même planche représentent de charmantes compositions tirées du parc de Versailles.

La première consiste en un dragon de mer, aux larges nageoires, dont *la croupe se recourbe en replis tortueux*, et que conduit un Amour. Elle est d'une fantaisie et d'un mouvement délicieux.

La seconde, plus importante, peut être citée comme un modèle achevé de grâce et de poésie. C'est une Cérès couchée dans un bassin, au milieu de gerbes, de fleurs des champs et de jolis enfants s'ébattant en toute liberté. Une végétation splendide encadre la composition, dans laquelle on croit reconnaître madame de Montespan et ses enfants.

Au parc de Versailles appartient également la fontaine, figure 1, planche 18, qui consiste en un vase posé sur un piédestal, dont l'une des faces est décorée d'un mascaron versant l'eau dans une petite vasque.

Une disposition analogue se voit dans la villa Borghèse, à Rome; mais le vase y est remplacé par une statue qui ne participe en rien du mouvement des eaux, d'où résulte que le caractère est moins prononcé. Par contre, le piédestal est d'une très-heureuse proportion, et s'agence parfaitement avec une balustrade dont ce petit monument décore l'extrémité.

La figure 2 de la planche 16 représente une remarquable fontaine, exécutée en fonte de fer, il y a quelques années, sur la place Louvois, à Paris, par MM. Visconti et Klagmann. Une première vasque, de grandes dimensions, repose sur un socle en marbre, dont les quatre faces sont décorées de génies à cheval sur des dauphins qui lancent de l'eau. Douze mascarons, entre lesquels sont figurés les signes du zodiaque, donnent écoulement aux eaux de ce bassin. Une seconde vasque, plus petite, s'élève sur un support qu'accompagnent d'élégantes figures allégoriques de la Seine, de la Loire, de la Garonne et de la Saône. La composition est couronnée par un vase d'où s'échappent les eaux qui l'animent. Ce monument n'a pas moins de 10 mètres de hauteur, et la première vasque en fonte a 7 mètres de diamètre.

D'autres fontaines de Paris ont également droit à être citées ; telles sont celles qui ont été élevées, d'après les dessins de M. Hittorff, sur la place de la Concorde et en divers points des Champs-Élysées.

Les figures 3 et 4 de la planche 18 mettent sous les yeux du lecteur deux fontaines beaucoup plus modestes que celles dont on vient de parler, mais qui ne sont pas dépourvues d'intérêt. Elles sont exécutées en marbre blanc, et l'élégance de la forme s'y associe heureusement à une grande simplicité de composition.

La première est empruntée au palais de Caprarola, l'œuvre la plus remarquable d'un architecte italien, dont le nom a obtenu beaucoup de retentissement : de Barrozzio da Vignola.

La seconde est une vasque, couverte de sculptures d'une finesse extrême. Elle a été trouvée dans le château de Gaillon, et elle est déposée aujourd'hui dans l'un des musées du Louvre.

Si l'abondance des eaux est un des premiers éléments de beauté d'une fontaine, ce n'est point cependant une condition impérieuse pour la création artistique. Il appartient à l'art de se plier aux circonstances, et de se jouer de toutes les difficultés. De très-heureuses compositions ne sont animées que par un maigre filet d'eau, et n'en admettraient pas davantage. Une Vénus ou une Nymphe (une jeune fille, si l'on ne veut pas de mythologie) sort d'un bain et fait tomber quelques gouttes de sa chevelure qu'elle comprime ; une jeune mère ou une Charité en fait jaillir de ses mamelles ; une gracieuse figure verse de l'eau dans une coupe qu'elle tient à la main ; un enfant joue sur le bord d'un petit ruisseau avec une tortue, des coquillages ou des fleurs. A Rome, en face de la villa Médicis, sous de beaux ombrages, et se détachant sur un fond indéfini dont la ville forme le premier plan, est une vasque de forme élégante, élevée à une assez faible hauteur au-dessus du sol pour que l'œil en rase la surface, et voie s'y réfléchir toutes les splendeurs du ciel ; le renouvellement de l'eau s'y opère avec une telle lenteur, qu'il ne trouble ni le calme de cette scène ni la netteté des images, et ne se trahit que par quelques gouttelettes s'épandant sur les bords. La position entre pour beaucoup, sans doute, dans l'heureuse impression que produit la vue de ce petit monument, si simplement disposé ;

mais c'est un grand mérite que de savoir ainsi tirer parti et du site et de la pénurie d'eau.

Dans les fontaines adossées les formes habituelles de l'architecture sont appelées à un rôle beaucoup plus important que dans celles qui, étant isolées, sont tenues de ménager l'espace et la vue, et de se borner, pour ainsi dire, à l'essentiel. Quelques-unes de ces fontaines présentent un grand développement de constructions. Telle est, par exemple, la fontaine de Trevi, à Rome.

Au milieu de la façade d'un palais richement décoré, s'étend un grand arc de triomphe, accompagné de colonnes corinthiennes, de statues, de bas-reliefs et d'inscriptions commémoratives. Il donne passage à un Neptune de dimensions colossales, debout sur un char traîné par quatre chevaux marins que guident des tritons. Des rochers accompagnent cette composition, et donnent issue à des eaux abondantes[1]. Ce monument appartient au dix-huitième siècle ; il est plus remarquable par son ampleur et sa magnificence que par la distinction de ses formes.

La fontaine Pauline, dans la même ville, est également établie sur de grandes proportions. Elle a été construite au commencement du dix-septième siècle, sur les dessins de Jean Fontana. Six colonnes ioniques la décorent ; elles sont de beau granit oriental, et l'on croit qu'elles proviennent du forum de Nerva. Cinq niches demi-circulaires sont placées entre elles, et des trois niches centrales, plus grandes que les autres, sortent trois nappes puissantes qui forment cascades ; celles des extrémités sont occupées par des dragons, qui lancent de l'eau dans le même bassin.

La fontaine de l'*Acqua Felice* est due à Sixte-Quint, et remonte par conséquent aux dernières années du seizième siècle. Elle ne couvre pas autant de surface que la précédente ; mais elle est traitée avec plus de luxe, et lui est préférable sous le rapport de la forme. Elle ne compte que trois arcades, lesquelles sont ornées également de colonnes ioniques. Dans l'arcade du milieu est une statue colossale, non de Neptune, mais de Moïse faisant jaillir l'eau du rocher ; dans les arcades latérales sont des bas-reliefs, dont l'un représente le peuple hébreu allant se désaltérer à la source miraculeuse, et dont l'autre rappelle le passage du Jourdain sous la conduite de Gédéon.

On a récemment construit à Paris une fontaine adossée qui est de grandes dimensions, et a été décorée de marbres colorés et d'élégantes figures de bronze :

---

[1] Ces eaux sont amenées par un aqueduc qu'Agrippa avait fait construire pour alimenter ses thermes.

c'est la fontaine Saint-Michel. On peut citer encore, parmi les fontaines de ce genre qui contribuent à l'embellissement de la même ville, celles du carrefour Gaillon, de la rue Cuvier, de Molière, de Médicis, dans le jardin du Luxembourg, et celle qui, placée autrefois au carrefour de la rue du Regard, a été appliquée récemment contre la face postérieure de cette dernière.

La fontaine du jardin du Luxembourg, qui est représentée par la figure 2 de la planche 18, remonte à la même époque que le palais, c'est-à-dire aux premières années du dix-septième siècle, et offre un exemple intéressant d'un mode de décoration fréquemment employé et fort convenable en effet pour les ouvrages de ce genre. On y remarque aussi l'habile agencement des deux figures de fleuves qui ornent sa partie supérieure. Au milieu de l'attique, s'élevait un grand écusson portant les armes de Marie de Médicis; il a été détruit, mais il est restitué sur notre planche, d'après un dessin du temps.

L'ancienne fontaine de la rue du Regard (fig. 5, pl. 18) est fort loin d'avoir même valeur; mais elle se recommande par un mérite qui est souvent recherché, celui d'une très-grande simplicité. La forme de la vasque pourrait être plus heureuse, et le couronnement n'est pas sans quelque sécheresse. Le sujet du bas-relief (une Léda) est d'ailleurs bien choisi, et le sculpteur y a rappelé très-habilement la manière de Jean Goujon. Ce petit monument date du commencement du siècle.

Il y avait autrefois, à Paris, une fontaine adossée, chef-d'œuvre de fine et délicate sculpture, dû à l'éminent artiste que nous venons de nommer : c'était la fontaine des Innocents. Malheureusement elle a été transportée au milieu d'une place, et ses dispositions, complétement changées d'ailleurs, ne sont plus aussi convenables, il s'en faut de beaucoup.

Les grottes sont plus recherchées dans les pays chauds que dans notre climat, où la température est rarement assez élevée pour en faire apprécier les mérites. Elles sont nombreuses en Italie, car elles y offrent de précieuses retraites pendant les ardeurs de l'été.

Elles portaient, chez les Romains, le nom de Nymphées, d'après celui des divinités auxquelles on les avait consacrées dans le principe, et c'est dans l'une d'elles que Numa allait consulter la nymphe Égérie. Mais le nom seul leur resta sous l'empire, et, changeant de caractère, elles devinrent des lieux de plaisir, quelquefois même le théâtre de honteuses débauches. La figure 6 de la planche 18 représente le plan d'une de ces grottes de l'antiquité. Cet édifice, qui est situé dans la campagne de Rome, consiste en une grande salle en partie souterraine, adossée à une colline, voûtée en berceau et décorée de niches. L'eau sortait de la niche du fond. La salle était dallée et revêtue en marbre. Les ruines de ce monument sont extrêmement pittoresques, et l'on y trouve encore la fraîcheur qu'on y allait chercher autrefois. On leur a donné, mais à tort, le nom de grotte de la nymphe Égérie.

Le plan que représente la figure 7 de la même planche est celui d'une des grottes construites par Vignole dans le parc du magnifique château de Caprarola.

Ces dispositions pourraient être reproduites, plus ou moins modifiées, dans nos grandes villes. Elles offriraient des lieux d'abri et de repos pour les passants et pour les personnes qui vont puiser l'eau dans les fontaines publiques. Un essai, peut-être un peu timide, fait il y a quelques années dans la rue de la Roquette, devrait engager à entrer davantage dans cette voie.

Il est enfin un charmant motif de décoration de fontaines, qui convient également en toutes circonstances, et qu'on néglige beaucoup trop : nous voulons parler des plantations. Les arbustes et les fleurs se marient si bien avec l'eau, en rappellent si gracieusement les bienfaits, et font en même temps si bien ressortir les œuvres d'art qu'ils accompagnent, qu'on s'étonne de voir quelques-unes de nos villes du Midi conserver le privilége exclusif de cette heureuse association.

LIVRE TROISIÈME.

ÉDIFICES.

CHAPITRE PREMIER.

ÉDIFICES RELIGIEUX.

Les édifices consacrés à la religion sont ceux dont l'étude présente le plus d'intérêt et de difficultés, soulève le plus de questions délicates, et pénètre le plus profondément dans la vie des nations. A toutes les époques, le temple a été le monument le plus important de la cité. Symbole de la religion qui l'a consacré, c'est à son abri que se groupent les habitations des citoyens, de même que la société s'établit et se développe sous l'égide du grand principe dans lequel elle a mis sa foi. Éclatante manifestation, il domine la ville, il l'annonce au loin, il en détermine l'expression la plus saillante. C'est le vaste temple à la construction monumentale et aux gigantesques pylones de l'Égypte; c'est la riche pagode de l'Inde; c'est le temple de marbre élevé au sommet de l'Acropolis, dans les villes grecques et romaines; ce sont les dômes arrondis et les sveltes minarehs des mosquées de l'Orient; c'est l'immense cathédrale du moyen âge, avec ses tours élancées et ses flèches hardies. Dans ces édifices, l'industrie prodigue tous ses trésors, la science des constructions étale toutes ses ressources, l'architecture montre toute sa puissance et revêt son caractère le plus imposant. Tandis que leur distribution varie avec les exigences des différents cultes, leurs formes se mettent toujours en harmonie avec les idées religieuses auxquelles ils sont appelés à donner satisfaction, et que, par cela même, ils glorifient, propagent et soutiennent. Construits avec une solidité qu'expliquent leur importance et la foi que toute religion a dans sa durée, ils survivent, du moins en partie, aux peuples qui les ont élevés et aux croyances qu'ils ont desservies. Que sont devenues les antiques cités de l'Asie, de l'Égypte, de la Grèce? Que reste-t-il de ces immenses produits de l'activité humaine? des débris de temples. Les maisons ont disparu, les remparts se sont affaissés, les ports se sont comblés ou ont été engloutis, les nombreuses voies tracées à la surface du globe ne se retrouvent plus; mais un grand nombre de monuments religieux subsistent encore, et font revivre à nos yeux les nations qui les ont édifiés.

C'est donc à bon droit que, dans la partie de cet ouvrage destinée à l'étude des édifices, nous réservons la première et la plus large place à ceux qui sont consacrés au culte, ou l'ont été par les peuples dont l'histoire nous intéresse le plus. Nous nous attacherons toutefois à nous borner sévèrement dans cette étude, car elle nous entraînerait trop loin, si nous lui donnions le développement qu'elle comporte. Elle sera divisée en deux parties : la première traitera des temples de l'antiquité; la seconde, de ceux du christianisme.

I. — TEMPLES ANTIQUES.

Temples indiens.

Ce n'est point l'ordre d'antiquité qui nous porte à donner la priorité aux temples de l'Inde. Il paraît démontré aujourd'hui qu'ils ne remontent pas à beaucoup près aussi loin qu'on l'avait cru d'abord, et que les plus célèbres sont postérieurs à la plupart de ceux de l'Égypte. Mais ils sont à bien plus grande distance de nous, plus encore par leurs formes et l'esprit dont elles témoignent, que par leur position géographique, et peut-être devrait-on les passer entièrement sous silence, dans un ouvrage de la nature de celui-ci, tant ils sont en dehors de notre tradition et de nos goûts. C'est leur importance, au point de vue de la grandeur de conception et de la quantité de travail exécuté, qui nous engage à en dire quelques mots.

Les excavations d'Ellora sont les plus remarquables monuments de ce genre que nous connaissions. Elles sont très-nombreuses, sont de formes et de dimensions extrêmement variées, et se développent sur près de deux lieues de longueur, creusées dans un rocher de porphyre compacte. Le Kêlàça, temple dédié à Siva, est la plus précieuse de toutes. Il consiste en une grande cour, entourée de portiques sur trois de ses côtés, au milieu de laquelle s'élèvent un temple à cinq nefs, six chapelles, des ponts, des espèces d'obélisques et deux éléphants colossaux. Cette cour, d'environ 80 mètres de longueur sur 50 mètres de largeur, a été entièrement excavée sur une profondeur moyenne de près de 30 mètres, et les portiques, le temple, les chapelles, les ponts, tout ce qui s'y trouve, en un mot, a été réservé dans ce travail, pour être ensuite taillé et creusé à son tour. Tous ces édifices séparés forment en réalité un monolithe de porphyre. La matière est d'une extrême dureté, et cependant toutes les surfaces sont couvertes de sculptures, très-contournées pour la plupart et d'un relief très-prononcé. Ce sont des pilastres, des consoles, des feuillages, des sujets empruntés à la mythologie indienne, des figures de dimensions colossales; et leur exécution prouve un art avancé, malgré ce qu'il y a de bizarre ou même de monstrueux dans quelques formes. Certes un pareil travail a dû exiger les efforts de plusieurs générations, et devait exercer une puissante action sur l'esprit des Indous.

Quelques pagodes commandent également l'admiration. Telle est celle de Chalembron, sur la côte de Coromandel. Trois chapelles accolées occupent le centre d'une cour rectangulaire entourée de portiques. Cette cour est placée dans une enceinte présentant, sur trois de ses côtés, un double rang de portiques superposés, et ouverte par le quatrième sur une autre enceinte qui renferme plusieurs constructions. Au centre de cette dernière est une vaste piscine aux ablutions, encore entourée de portiques; à gauche, sont trois oratoires, dont l'un ne compte pas moins de cent colonnes, et qu'accompagne une autre série de portiques; à droite, précédée par une belle avenue à quatre rangs de supports, est une immense salle dont mille colonnes soutiennent le plafond, et au milieu de laquelle est ménagé un sanctuaire. Quatre portes pyramidales, de 50 mètres de hauteur environ, donnent entrée dans ce merveilleux assemblage de constructions colossales. L'enceinte a près de 420 mètres de longueur sur 300 mètres de largeur. La plupart des matériaux mis en œuvre sont de grandes dimensions, et les sculptures sont innombrables.

D'autres temples indiens sont des œuvres très-remarquables quoiqu'ils présentent beaucoup moins de développement que les précédents. Plusieurs consistent en une pagode pyramidale, placée au milieu d'une enceinte sacrée qu'entourent des portiques. L'édifice principal se compose habituellement de plusieurs étages couverts de sculptures, établis en retraite les uns sur les autres, et présentant des formes plus ou moins contournées.

Tous ces monuments appartiennent à un style d'architecture bien caractérisé, et qui ne se rattache à aucun autre. Ils témoignent d'une organisation puissante, d'une étrange cosmogonie, d'une foi profonde et d'une civilisation très-avancée sur quelques points. Mais méritent-ils l'espèce d'enthousiasme qu'ils ont excité? Est-on bien en droit de les comparer à ceux des peuples occidentaux? Nous ne le pensons pas. L'effet qu'ils produisent ne paraît pas être en rapport avec la quantité de travail qu'ils ont exigée; ils n'annoncent pas un judicieux emploi des facultés de l'homme; ils portent l'empreinte de la vicieuse constitution de la société indienne, du régime qui voue la classe la plus nombreuse à une perpétuelle oppression. Il leur a manqué ce qui a fait la grandeur des nôtres : la liberté de l'homme et de l'art.

Temples égyptiens.

Tous les voyageurs qui parcourent l'Égypte sont fortement impressionnés par les vestiges de ses temples, tous sont pénétrés d'une profonde admiration à la vue de ces édifices creusés dans le roc ou solidement élevés au-dessus du sol, dans une architecture riche, sévère et monumentale. De plus vastes constructions ont été consacrées au culte, en d'autres temps et d'autres lieux ; mais nulle part on n'en a vu présenter des masses plus imposantes, et donner plus de garanties de durée. Dans ces monuments de l'Égypte antique, les matériaux les plus résistants sont employés à profusion et dans les conditions les plus favorables à la solidité; ils sont pour la plupart de grandes dimensions, et sont travaillés avec une rare perfection; les plafonds sont supportés par des colonnes nombreuses et massives ; les murailles extérieures sont épaisses, et présentent au dehors des talus prononcés, gages et symboles de stabilité. Il y avait même des temples monolithes[1].

---

[1] Hérodote cite, entre autres, un temple de Saïs, qui avait été creusé dans un seul bloc de granit, de 21 coudées de longueur sur 14 de largeur et 8 de hauteur ; et ce bloc ne s'était pas trouvé sur place, on l'avait tiré des environs d'Éléphantine. Deux mille hommes avaient été employés pendant trois ans à son transport. Le même historien parle aussi de la surprise qu'il éprouva à la vue du temple de Latone, à Buto : « Il est d'une seule pierre, dit-il, en longueur et en hauteur, ses côtés sont égaux. Chacune de ses dimensions est de 40 coudées. Une autre pierre, dont les rebords sont de 4 coudées, lui sert de couverture. »

L'ornementation n'est pas moins remarquable que la construction proprement dite, et participe du même caractère : elle est riche et monumentale. Elle consiste surtout en inscriptions hiéroglyphiques et en bas-reliefs représentant des scènes historiques ou religieuses, et elle est animée par de brillantes couleurs qui viennent s'associer harmonieusement à la sculpture et ajouter à son effet. La plupart de ces ornements sont taillés en creux à l'extérieur des édifices, afin de donner peu de prise à l'action destructive des agents atmosphériques, et ne sont en saillie que dans les intérieurs, où pareille précaution n'était pas nécessaire. Ils couvrent des murailles entières, circulent sur les frises, et envahissent quelquefois jusqu'aux fûts des colonnes. Des statues colossales d'hommes ou d'animaux se dressent dans les vestibules ou au-devant des façades, et des avenues de sphinx d'énormes dimensions conduisent aux grandes portes d'entrée. Il y a là un art puissant, original, obéissant partout à la même pensée ; à la fois austère et luxueux, il parle fortement à l'imagination, quoiqu'il soit sévèrement ordonné dans toutes ses parties. Mais une qualité essentielle lui fait complétement défaut : c'est comme dans l'Inde, la liberté. Les formes consacrées y sont dominantes ; il n'était point permis à l'artiste égyptien d'obéir à son inspiration ; un cercle étroit et infranchissable lui était tracé par une caste sacerdotale qui avait décrété l'immobilité. Sans doute la pensée trouve toujours à se dégager quelque peu des liens qui l'enserrent, et l'on découvre différents styles dans l'art de l'Égypte ; il a eu, comme les autres, ses époques de grandeur et de décadence ; mais les signes des temps ne sont point faciles à y reconnaître, et l'on peut appliquer à l'architecture ce que Platon disait de la peinture : que la politique des Égyptiens la maintenait sans altération et sans progrès.

Strabon nous a laissé une description des temples égyptiens, dont l'exactitude est attestée par tous ceux de ces monuments qui sont encore assez bien conservés pour qu'on en puisse reconnaître les dispositions. « On entre, dit-il, dans une
« avenue dallée, large d'un plèthre ou un peu moins ; sa longueur est triple ou
« quadruple et quelquefois plus considérable encore. Cette avenue s'appelle drôme,
« suivant l'expression de Callimaque : *ce drôme est consacré à Anubis*. Sur les cô-
« tés de cette avenue et dans toute sa longueur sont disposés des sphinx en pierre,
« distants les uns des autres de 20 coudées ou un peu plus. Après les sphinx est
« un grand propylée, puis un second et même un troisième. Après les propylées
« vient le temple, composé d'un naos, d'un pronaos grand et remarquable et d'un
« sécos (sanctuaire) de moindres proportions ; ce dernier ne renferme aucune

« sculpture ou, s'il en existe, ce ne sont pas des représentations d'hommes, mais
« celles de certains animaux. De chaque côté du pronaos s'élèvent les ailes, qui
« sont des murs de même hauteur que le temple... Sur les murs sont sculptées
« de grandes figures, ouvrages semblables à ceux des Étrusques et à ceux qui ont
« été faits très-anciennement par les Grecs. »

Le grand temple du Sud ou de Khons, à Thèbes, était précédé d'abord d'une longue avenue de béliers, accroupis à la manière des sphinx et dont la tête reposait sur une statuette placée entre les jambes antérieures de l'animal. Ces béliers avaient environ 5^m,60 de longueur. Un propylon colossal terminait cette première avenue. A la suite, une seconde avenue d'une largeur double (25 mètres), formée également par des béliers, conduisait au passage, compris entre deux pylones, qui donnait entrée dans la cour intérieure du temple. Cette cour, dont ne parle pas Strabon ou qu'il comprend parmi les propylées, avait à peu près 25 mètres de largeur sur 26 mètres de longueur, et était accompagnée sur trois de ses côtés d'un double portique composé de vigoureuses colonnes. Au fond était l'entrée du pronaos, lequel était de même largeur que la cour, et avait huit colonnes pour soutenir son plafond. Le naos, qui venait ensuite, était beaucoup plus étroit, puis enfin, à l'extrémité de toutes ces constructions, se trouvait le sanctuaire, qui était orné de colonnes, et entouré de quelques petites salles.

Ce monument, dont le plan présente la plus grande régularité, paraît avoir été élevé, sinon en totalité, du moins en partie par Ramsès III, pharaon de la dix-neuvième dynastie, et il offre cette particularité qu'on y trouve un grand nombre de pierres provenant d'une construction beaucoup plus ancienne, et portant encore quelques-unes de leurs sculptures primitives.

Les temples souterrains ou spéos de l'Égypte sont peut-être plus remarquables encore que ceux qui ont été élevés au-dessus du sol. Celui de Phré, en Nubie, se compose d'un pronaos carré, de 17 mètres de côté, que huit grandes statues, adossées contre des piliers rectangulaires, divisent en trois nefs; puis d'un naos dont le plafond est supporté par quatre pilastres, et enfin d'un sanctuaire accompagné de deux petites salles. La façade extérieure, qui se dresse sur l'une des rives du Nil, est la partie la plus importante du monument. Entièrement taillée dans le roc, comme l'intérieur, elle est décorée de quatre statues assises de dimensions colossales, représentant Ramsès le Grand, pharaon consécrateur du spéos, qui était dédié à Phré, Dieu-Soleil. Ces colosses ont environ 21 mètres de hauteur.

étant assis ; on compte plus de 8 mètres de distance d'une épaule à l'autre ; la tête, y compris la coiffure qui la couronne, a également environ 8 mètres, et les oreilles ont près d'un mètre de longueur. Cette sculpture monumentale est d'ailleurs admirablement traitée ; les figures sont d'une belle expression, et paraissent être des portraits fidèles. Et il est à remarquer à ce propos que la roideur et l'absence de vie, reprochées à la statuaire égyptienne, deviennent, maintenues en une certaine mesure, des qualités éminentes, lorsqu'il s'agit d'œuvres qui sont appelées à participer du caractère de la grande architecture à laquelle elles sont associées. Elles ne sont pas vivantes non plus les belles figures qu'on admire sur quelques-uns de nos monuments du douzième siècle.

Un autre spéos, fort intéressant aussi, est celui d'Ibsamboul, qui était consacré à Athor, la Vénus égyptienne. Six longues niches rectangulaires, creusées sur la façade, renferment chacune une statue de 10 à 11 mètres de hauteur. Des hiéroglyphes de grandes dimensions sont sculptés entre ces niches. Les figures sont les mêmes, et sont distribuées dans le même ordre de chaque côté de la porte d'entrée. Deux d'entre elles représentent des hommes, celle du milieu représente une femme ; toutes ont à leur pied de petites statues, qu'on suppose être celles des enfants du pharaon.

On trouve enfin en Égypte des hémi-spéos, c'est-à-dire des temples en partie creusés dans le rocher, et en partie élevés au-dessus du sol. Tel est celui de Ghirché, en Nubie. Il paraît remonter à une très-haute antiquité, et avoir été restauré par Ramsès le Grand.

Les temples de la Grèce n'ont point exigé autant de travail matériel que ceux dont on vient de parler, mais combien ils l'emportent sur eux au point de vue de l'art ! Que d'intelligence ne présentent-ils pas dans les dispositions ! que d'harmonie dans les proportions ! que d'élégance dans les formes ! que de majesté dans l'expression ! Leur architecture, grande et mâle, est en même temps d'une délicatesse exquise et d'une admirable sérénité. Elle ne veut point exciter la surprise, elle n'a rien de mystérieux dans ses effets, elle est lucide au plus haut degré ; tous ses éléments sont franchement mis en évidence, et sa beauté se présente comme une fidèle traduction, comme une conséquence naturelle de ses conditions d'existence. Elle anime et poétise la matière, de même que le polythéisme animait et déifiait toutes les parties de la création. Jamais peuple n'a plus dignement manifesté son idéal.

Temples grecs et temples romains.

Ces temples étaient essentiellement composés d'un pronaos et d'un naos. Le pronaos consistait en un portique, plus ou moins étendu, qui se retournait quelquefois sur les faces latérales et sur la face postérieure, de manière à entourer l'édifice. Le naos était habituellement couvert; dans quelques temples, il ne l'était qu'en partie.

Vitruve nous apprend que ces édifices se divisaient en plusieurs classes, suivant la disposition des portiques qui en formaient l'élément le plus caractéristique.

Le *temple à antes* était celui dont le pronaos était compris entre deux prolongements des murs latéraux du naos. Les têtes de ces murs étaient décorées de pilastres, dont l'intervalle était occupé par deux colonnes. Les colonnes et les pilastres étaient réunis par un entablement que couronnait le fronton sacramentel. On peut voir un exemple de cette disposition, sur le plan du grand temple de Pœstum (1re part., pl. 15, fig. 3), en arrière de la face principale du portique qui entoure le monument.

Dans le *prostyle*, le pronaos était uniquement formé de colonnes, et était par conséquent ouvert sur ses faces latérales. Les temples dont les dessins ont été donnés dans la première partie de cet ouvrage, sur les planches 17, 20 et 24, étaient des prostyles.

L'*amphiprostyle* présentait sur la face postérieure un portique semblable à celui de la face principale.

Dans le *périptère*, le naos était entouré d'un portique. Les temples de Neptune à Pœstum, du Parthénon à Athènes, de la Piété à Rome (1re part., pl. 14, 15, 16 et 19) étaient des périptères. L'église de la Madeleine, à Paris, a la forme extérieure d'un périptère.

Le *pseudopériptère* était un temple dans lequel les murs latéraux et le mur postérieur du naos venaient s'appuyer contre les colonnes du portique, qui y étaient engagées sur le tiers environ de leur diamètre. Le temple de Nîmes, connu sous le nom de *Maison carrée*, est un pseudopériptère; tel est encore le temple de la Fortune Virile, à Rome, qui est représenté sur la planche 24 de la première partie de cet ouvrage.

Le *diptère* présentait un double portique sur chacune de ses quatre faces. Vitruve en cite deux exemples: le temple de Quirinus, à Rome, et le célèbre temple de Diane, à Éphèse.

Le *pseudodiptère* était un diptère dans le portique duquel on avait supprimé la rangée intérieure de colonnes, de sorte que ce portique avait deux entre-colonnements, plus un diamètre de colonne en profondeur. Le même auteur nous apprend que cette disposition avait été imaginée par Hermogène Alabande, pour un temple de Diane construit à Magnésie, et qu'un temple d'Apollon, dans la même ville, en offrait un autre exemple. Le pseudodiptère présentait de grandes difficultés d'exécution, à raison de la distance qui séparait les colonnes du mur.

Ainsi qu'on l'a dit plus haut, quelques naos n'étaient pas entièrement couverts. Ils constituaient une espèce particulière de temples qu'on appelait *temples hypèthres*. Le Parthénon était un hypèthre ; il est probable que le temple de Neptune, à Pœstum, appartenait également à cette catégorie. Vitruve dit que les temples élevés à Jupiter, à la Foudre, au Ciel, au Soleil, à la Lune, doivent être hypèthres.

Quelques temples étaient circulaires : tels étaient ceux de Vesta, dont l'un est représenté sur la planche 23 de la première partie de cet ouvrage. On voit à Pouzzoles, près de Naples, les ruines d'une colonnade circulaire qui n'a dû supporter aucune couverture ; elle formait ce que Vitruve appelle un temple *monoptère*.

On trouvait enfin, en Grèce et à Rome, des temples à péribloes, c'est-à-dire placés dans une enceinte entourée de portiques. Cette disposition rappelait celle des temples primitifs, qui consistaient simplement en un espace consacré, au milieu duquel était établi l'autel des sacrifices. Le *naos*, l'*ædes*, la demeure du Dieu, ne paraît être arrivée que plus tard, pour devenir ensuite l'objet principal. Le temple de Jupiter Olympien, à Athènes, avait un péribole de quatre stades de développement ; celui de Vénus, à Rome, construit par Adrien, sur l'un des côtés de la voie Sacrée, était situé sur une plate-forme, entourée d'un magnifique portique de colonnes corinthiennes ; le temple de Nîmes avait un péribole plus modeste ; on en voit un, moindre encore, dans un petit temple de Pompéi, auquel on a donné le nom de temple d'Isis.

Les divers ordres d'architecture étaient employés dans la construction des temples, et ils étaient choisis de manière à être en harmonie avec le caractère du Dieu. Vitruve enseigne que Minerve, Mars et Hercule doivent avoir des temples d'ordre dorique ; que Junon, Diane et Bacchus réclament l'ordre ionique ; enfin que les temples de Vénus, de Flore, de Proserpine et des Nymphes doivent être d'ordre corinthien, parce que les formes délicates et élégantes de cet ordre conviennent parfaitement à ces divinités. Nous devons ajouter toutefois que, sous l'empire romain, l'ordre corinthien l'a emporté sur les autres, et a été appliqué à la plupart, sinon à la totalité des temples. L'amour de la richesse avait étouffé le sentiment des convenances morales.

II. — ÉGLISES.

Une importante question se posa, dès qu'il fut permis aux chrétiens de produire leur culte en public : celle de savoir quelle était la disposition à adopter pour les temples de la nouvelle religion. Or l'architecture n'improvise guère, surtout dans les époques de décadence, et elle se résout difficilement à briser ses traditions. Le nouveau dogme annonçait sans doute implicitement une rénovation de l'art; mais une pareille création exigeait le labeur de plusieurs siècles, et il fallait s'empresser de satisfaire à ce qu'il y avait de plus impérieux dans de légitimes désirs. Les temples du paganisme ne pouvaient être d'aucun secours, car ils ne convenaient sous aucun rapport : ils n'étaient ouverts qu'aux prêtres ou à un petit nombre d'initiés, tandis que le christianisme, au nom de l'égalité devant Dieu, qu'il était venu proclamer, voulait admettre tous les fidèles dans les siens, et demandait par conséquent des salles plus vastes et mieux éclairées. D'un autre côté, ce que l'ancienne religion avait consacré devait être réprouvé par celle qui surgissait; aux nouvelles croyances, il fallait immédiatement, sinon de nouvelles formes, du moins des formes pures de toute participation aux hommages rendus à de fausses divinités.

STYLE LATIN.

Deux espèces d'édifices, appartenant à la vie civile des Romains, satisfaisaient à ces diverses conditions : c'étaient les basiliques et les grandes salles des thermes. Ils différaient beaucoup, tant sous le rapport de la disposition que sous celui de la construction proprement dite; mais ce qu'ils avaient de commun, c'est-à-dire les grandes dimensions, la lumière abondante et le dégagement des formes hiératiques, suffisait à la rigueur pour le premier moment.

Les salles des thermes, couvertes par des voûtes [1], avaient quelque chose de

---

[1] Voyez les pages 146 et 147, le chapitre qui traite des thermes et la planche 66.

plus monumental que les basiliques, qui étaient pour la plupart couvertes en charpente. On peut même dire qu'elles étaient davantage dans les goûts de l'époque, et qu'il y avait tendance à appliquer leurs dispositions à tous les édifices d'une certaine importance. Les palais des Césars étaient voûtés, et nous avons mis sous les yeux du lecteur (pl. 13) une basilique construite par Maxence, qui est une fidèle reproduction des salles dont il s'agit. Enfin l'une des plus imposantes églises de Rome, l'église Sainte-Marie des Anges, dans les thermes de Dioclétien, prouve qu'il y avait là, non pas sans doute un type accompli, mais une solution très-satisfaisante et tout au moins un excellent point de départ.

Peut-être est-il à regretter qu'on ne se soit pas résolûment engagé dans cette voie dès le début; la marche eût été plus rapide, et eût probablement mené plus haut. Mais, comme en toutes choses, ce qui s'est fait avait sa raison d'être, et elle n'est pas difficile à trouver : c'est la misère des temps et la nécessité d'achever rapidement de vastes et nombreuses constructions pour les besoins et l'affirmation publique du nouveau culte. L'établissement de grandes salles voûtées exige en effet des dépenses considérables, et ne comporte pas beaucoup de promptitude dans l'exécution; tandis qu'on peut arriver au but à peu de frais et en peu de temps, si l'on se contente d'une couverture en charpente. Sans doute les principales basiliques de Rome, solidement construites, ornées de colonnes innombrables, de revêtements en marbre et de riches plafonds, étaient des édifices très-dispendieux, et qui ne pouvaient s'improviser; mais tant de luxe n'était pas nécessaire, car, au sortir des rudes épreuves qu'ils venaient de traverser, les chrétiens ne demandaient guère que la faculté de se livrer en paix à leurs pieux exercices.

Le type de la basilique avec charpente[1] obtint donc la préférence, et de là le nom de basilique donné aux églises des premiers siècles de notre ère. Et il faut reconnaître que, si cette forme laissait à désirer en quelques points, elle convenait parfaitement en ce qui était de la distribution. La grande nef était réservée au clergé et aux cérémonies du culte; à son extrémité, en avant du tribunal, se plaçait l'autel, et dans l'abside, sur un siége élevé, l'*episcopus* avec des membres du clergé à droite et à gauche; les galeries latérales étaient réservées aux fidèles, et elles semblaient destinées à faciliter la séparation des sexes, qui était rigoureu-

Basiliques.

---

[1] Voyez page 156 et suivantes et planche 12.

sement prescrite. Quand il n'y en avait qu'au rez-de-chaussée, la galerie de droite était occupée par les hommes, et celle de gauche par les femmes; lorsqu'elles étaient étagées, les galeries supérieures étaient réservées aux femmes, qui se plaçaient de l'un ou de l'autre côté suivant qu'elles étaient mariées ou ne l'étaient pas. Des rideaux étaient même appendus dans les entre-colonnements pour arrêter les communications visuelles. Quelquefois les galeries se retournaient sur la face opposée à l'abside, comme on le voit à la basilique de Sainte-Agnès hors les Murs (pl. 19), et formaient ainsi, au rez-de-chaussée, une sorte de vestibule intérieur, qui était réservé à une certaine classe de pénitents, et était séparé du reste de l'église par des rideaux fixés aux colonnes. Plus habituellement le vestibule ou *narthex* était adossé contre la basilique, et était ouvert sur une cour (*atrium*) entourée de portiques. Cette cour, qui avait l'avantage d'éloigner le sanctuaire du tumulte de la voie publique, et de préparer les fidèles au recueillement, servait encore à divers usages : là se trouvait le bassin destiné aux ablutions, se réunissaient les pauvres pour implorer la charité, et se tenaient les pénitents jugés tellement coupables qu'ils n'étaient pas même admis dans le narthex.

La planche 22 met sous les yeux du lecteur le plan et la vue intérieure de la basilique de Saint-Clément, à Rome, laquelle n'est pas la plus ancienne de celles qui subsistent encore, mais a conservé mieux qu'aucune autre les dispositions qui viennent d'être décrites. La porte est décorée de colonnes, elle s'ouvre sur l'atrium, et cette cour est entourée d'un portique, dont la branche adossée contre la basilique formait narthex. Il est probable qu'on arrivait du narthex dans la basilique par trois portes percées dans les axes des nefs, et que les deux portes latérales auront été bouchées lorsque la séparation des sexes n'était plus imposée, et à une époque où des autels plus nombreux étaient devenus nécessaires. On remarquera que la galerie de droite en entrant est notablement plus étroite que celle de gauche; cette irrégularité remonte-t-elle à l'origine de l'édifice, ou a-t-elle été introduite postérieurement? Il importe assez peu de le savoir ; ce qu'il y a de certain, c'est qu'elle est exceptionnelle, bien qu'on en puisse citer d'autres exemples. L'autel et le petit dôme qui le couvre (*ciborium*) sont entièrement isolés, en avant de l'hémicycle (*tribune*), au fond duquel est placé le siége de l'évêque. Le chœur précède l'autel, et occupe une grande partie de la grande nef; il est fermé par une cloison en marbre, et il est accompagné de deux chaires également en marbre (*ambons*), dont l'une était destinée à la lecture de l'évangile et l'autre à celle de l'épître. A droite et à gauche de la tribune sont placées des absides latérales qui servaient de sacristies ; celle de droite était le *secretarium* ou *vestiarium*, celle de gauche était désignée sous le nom d'*evangelium*. Elles étaient fermées par des rideaux. Nous reparlerons tout à l'heure de cette intéressante basilique.

Le mode de construction de ces édifices était très-économique. Les seules parties essentielles qui fussent de nature à exiger des dépenses considérables étaient les colonnes séparant la grande nef des bas côtés, et l'on en trouvait dans les temples, dont les empereurs favorables au christianisme ordonnaient la démolition ; on en obtenait aussi de la piété des fidèles, qui les tiraient des palais de leurs pères, ou se les procuraient assez facilement ; du moins à Rome et dans quelques grandes villes où elles étaient abondantes. Puis on ne se montrait pas très-exigeant. On associait sans scrupule, dans un même édifice, des colonnes de formes et même de dimensions différentes ; les fûts trop courts s'exhaussaient sur des socles ; les chapiteaux étaient divers, et l'on jugeait avoir fait assez quand on s'était attaché à les avoir tous de même disposition générale. Un seul point paraissait important, et il l'était en effet : c'était de maintenir les sommets de ces chapiteaux dans un plan horizontal. Pour relier les colonnes les unes aux autres, l'architecture classique voulait des entablements, et tel fut le système adopté dans quelques basiliques, comme celle de Saint-Pierre, de Sainte-Marie en Transtévère et de Saint-Laurent hors les Murs ; mais les entablements ne pouvaient se traiter à la manière des colonnes : il était beaucoup plus difficile d'en admettre de toutes formes et de toutes hauteurs, car l'irrégularité devenait plus choquante. Heureusement, s'il est permis d'employer cette expression, heureusement la décadence de l'art antique était complète ; il s'était plié à toutes sortes de fantaisies, et ne connaissait plus depuis longtemps l'esprit qui avait présidé à sa constitution. Or, parmi ces formes capricieuses qu'enfante le besoin d'innover, il en était une qui convenait merveilleusement aux circonstances présentes : c'était l'arcade reposant immédiatement sur les chapiteaux des colonnes, comme il y en avait dans le palais de Dioclétien, à Spalatro. On s'en empara, et l'on put ainsi réunir les colonnes d'une manière simple et facile, car ces arcs s'exécutaient en petits matériaux et même en briques. Bientôt les entablements furent abandonnés, et le système auquel on avait eu recours forcément, à regret peut-être, fut adopté d'une manière exclusive. Plus tard il se développa sur d'autres proportions, prouva qu'il pouvait, lui aussi, prendre un caractère monumental, et devint caractéristique de l'art moderne, comme l'entablement l'était de l'art antique. Au-dessus de ces arcades s'élevaient les murs, de faible épaisseur, également formés de matériaux de peu de valeur, et le tout était couvert par une charpente, qui, tantôt restait en évidence, tantôt était masquée par un plafond en bois.

Il ne faudrait pas conclure de ce qui précède que toutes ces basiliques aient été d'abord de pauvres édifices, complétement dépourvus d'ornementation ; ce serait une grande erreur. Les ressources étaient bornées, et il fallait bien y mesurer l'importance des entreprises ; mais le goût dominant de l'époque portait trop à la profusion des ornements pour que le luxe ne se fît pas jour, en une certaine façon, jusque dans les édifices élevés par une religion qui proclamait le mépris des richesses, et traitait les biens de ce monde avec un dédain que ne justifiaient que trop les scandaleux abus de la vieille société. Ces colonnes empruntées étaient formées de marbres recherchés, de granit, de porphyre quelquefois ; ces murailles exécutées en petits matériaux se couvraient de peintures ; dans quelques endroits même, notamment sur les voûtes des absides, on voyait de belles mosaïques sur fond d'or, et cela dès le règne de Constantin ; les autels étaient de marbre, et étaient surmontés de magnifiques baldaquins ; les pavages s'exécutaient en dalles de marbre de diverses couleurs, ou même en *opus alexandrinum*, ce genre de mosaïque dont la richesse n'a jamais été dépassée ; les vases précieux, les candélabres de bronze ou de marbre, les tentures de belles étoffes, les lampes d'or ou d'argent abondaient dans ces édifices de si simple structure. Les misères du fond étaient cachées par le luxe des surfaces.

Nos planches 19, 20, 21 et 22 mettent sous les yeux du lecteur les dessins de plusieurs basiliques des premiers temps du christianisme, qui, objets d'une juste vénération, entretenues avec sollicitude, et restaurées à plusieurs reprises, subsistent encore, plus ou moins altérées sans doute dans quelques parties, mais conservant la plupart de leurs dispositions primitives.

Sainte-Agnès hors les Murs. La première de ces planches donne le plan et les deux coupes de la basilique de Sainte-Agnès hors les murs, à Rome. Cet édifice remonte à Constantin, qui le fit élever, vers 324, à la prière de sa fille Constance, près d'une des portes de la ville. On voit que sa disposition rentre tout à fait dans celle des basiliques antiques à deux rangs de galeries ; mais les colonnes sont réunies par des arcades au lieu de l'être par des entablements, et elles sont dissemblables dans chaque rang, tant par la nature du marbre dont elles sont formées, que par les détails de leur ornementation. Quelques-unes seulement sont cannelées, et les chapiteaux présentent plusieurs variétés de l'ordre corinthien. L'autel est placé sous un ciborium que supportent quatre colonnes antiques du plus beau porphyre. La tribune est décorée d'une mosaïque qu'on fait remonter au commencement du septième siècle.

L'entrée principale de l'édifice était précédée autrefois par un atrium dont on trouve encore quelques traces. Du côté opposé, le terrain, plus élevé, est au niveau de la galerie du premier étage, de sorte que les femmes pouvaient se rendre dans leur tribune (le *gyneconitis*) sans entrer dans la basilique. Cette disposition, qui était favorable à la séparation absolue des sexes, paraît avoir été recherchée; on en trouve un autre exemple dans l'ancienne basilique de Saint-Laurent hors les Murs.

La basilique de Saint-Clément (pl. 22), dont il a déjà été question, est également attribuée à Constantin; mais cette opinion n'est fondée sur aucune autorité bien concluante. Ce qui est certain, c'est que cet édifice existait au commencement du cinquième siècle, car le pape saint Zozime y réunit, en 417, le concile qui condamna les hérésies de Cœlestius. Il a été l'objet de restaurations considérables dans le huitième, le neuvième et le dix-huitième siècle. La dernière, conçue dans le goût du temps, laisse beaucoup à désirer, et nous n'avons pas cru devoir en reproduire l'ornementation sur notre dessin, car c'eût été détruire le caractère du monument.

Saint-Clément.

Il n'y a pas ici de galeries superposées, comme à Sainte-Agnès, et la nef est moins élevée; les fenêtres qui l'éclairent sont ouvertes immédiatement au-dessus des arcades. Chaque rang de colonnes est divisé en deux parties sur sa longueur par un large pilier de forme rectangulaire; particularité dont la basilique de Sainte-Marie in Cosmedin, à Rome, qui paraît dater du huitième siècle, offre un second exemple. Dans ce dernier édifice, il y a deux piliers de chaque côté au lieu d'un. D'où proviennent ces dispositions? Est-ce du désir de donner à la nef plus de longueur que ne le comportait le nombre de colonnes dont on pouvait disposer? Ne faudrait-il pas plutôt les attribuer à celui de marquer nettement des divisions, pour séparer les diverses classes de fidèles? A-t-on voulu s'assurer ainsi plus de stabilité? Nous l'ignorons.

Les colonnes de Saint-Clément sont d'ordre ionique, et sont alternativement lisses et cannelées. Nous avons déjà parlé de la belle clôture du chœur et des deux ambons latéraux, et nous n'y reviendrons pas; nous ajouterons seulement que cette remarquable enceinte, laquelle reproduit probablement une ancienne disposition, est assez moderne comparativement à l'édifice : elle a été exécutée, vers la fin du neuvième siècle, par le pape Jean VIII.

Une magnifique mosaïque occupe tout le développement de l'abside; mais elle est moins ancienne encore que la clôture du chœur : elle appartient au treizième siècle. Elle représente, dans une première zone, le Christ entouré de ses apôtres; au-dessus, entre la corniche et la naissance de la voûte, le même sujet est reproduit, mais avec la forme symbolique de l'agneau; enfin la voûte est remplie par de riches enroulements de feuillages entremêlés de fruits, d'oiseaux et de fleurs, au milieu desquels s'élève une grande croix avec le Christ, douze colombes et les saintes femmes. Du pied de cette croix s'échappe le fleuve de vie, où des cerfs viennent se désaltérer.

La mosaïque qui couvre la partie supérieure du mur dans lequel l'abside est ouverte est antérieure en date à la précédente. Au sommet est encore le Christ représenté en buste avec un double nimbe parsemé d'étoiles; à droite et à gauche se voient les figures symboliques des quatre Évangélistes; au-dessous, d'un côté, saint Paul et saint Laurent, et de l'autre, saint Pierre et saint Clément; plus bas, les prophètes Isaïe et Jérémie. Entre la corniche et la naissance de l'arc sont deux représentations de la Jérusalem céleste. Toutes ces figures se détachent sur un fond d'or.

Ces deux édifices sont de dimensions très-restreintes; mais il n'en est pas de même de celui que nous allons examiner maintenant.

Saint-Paul hors les Murs. La figure 1 de la planche 20 représente le plan d'une des plus remarquables basiliques chrétiennes, celle de Saint-Paul hors les Murs, à Rome, dont une vue intérieure est donnée par la planche 21. Ce grand monument n'a pas moins de $65^m,23$ de largeur dans œuvre, sur $125^m,78$ de longueur jusqu'au fond de l'abside. La grande nef a près de 24 mètres d'ouverture, sur $89^m,87$ de longueur. Les colonnes qui la séparent des bas-côtés, et celles qui divisent ces derniers sont au nombre de quatre-vingts, et elles sont toutes exécutées en marbre.

Les doubles bas-côtés et la nef transversale placée entre l'abside et l'extrémité des nefs longitudinales, sont des dispositions qui diffèrent des précédentes. La dernière doit être surtout remarquée; car on y peut voir l'origine de la forme symbolique de la croix, qui a été donnée plus tard à la majeure partie des églises.

Il est probable du reste, ainsi que nous l'avons déjà dit, qu'elle a été empruntée aux basiliques romaines, dans lesquelles les chalcidiques étaient établis près du tribunal [1].

La basilique de Saint-Paul hors les Murs date de la fin du quatrième siècle, et elle était très-bien conservée, lorsqu'elle fut presque entièrement détruite par un incendie, en 1823. Sa reconstruction, ordonnée par le pape Léon XII, fut entreprise peu de temps après, et a été exécutée avec une grande sollicitude, conformément aux dispositions primitives. Toutefois la reproduction n'est pas et ne pouvait pas être servile, et ce n'est point elle que donnent nos dessins ; ils représentent l'édifice dans l'état où il se trouvait lors de ce déplorable événement.

Une intéressante observation a été faite sur la nef : c'est que son plan offre la plus grande analogie avec celui de la partie correspondante de la célèbre basilique Ulpienne, construite sous Trajan par Apollodore (pl. 12, fig. 4). Dans l'un et l'autre édifice, on trouve les doubles bas-côtés, le même nombre de colonnes sur la longueur et à peu près mêmes dimensions. Il n'y a pas à s'étonner d'ailleurs du choix du modèle ; car on l'avait sous les yeux, et il eût été impossible de s'adresser mieux. Mais l'imitation n'a pas dépassé le plan ; la décadence de l'art était trop complète sous Honorius pour qu'on pût reproduire le style de l'illustre architecte, et l'on n'avait plus les ressources nécessaires pour bâtir avec autant de solidité et de luxe dans les matériaux. Les colonnes sont réunies par des arcades, celles du second rang sont moins élevées que celles de la nef, les bas-côtés sont simplement couverts en appentis, et le second rang de galeries est remplacé par un mur plein, au sommet duquel sont ouvertes des fenêtres. Ce mur avait été vraisemblablement décoré de peintures dès l'origine, car il ne pouvait rester nu sur une aussi grande hauteur sans produire un fort mauvais effet ; mais celles que rappelle notre vue perspective étaient plus récentes, et ne paraissaient pas remonter au delà du onzième siècle. Elles représentaient des rinceaux de feuillages dans les tympans des arcades, une suite de portraits de papes, et des scènes de l'Ancien et du Nouveau Testament, étagées sur deux rangs et séparées par des pilastres peints.

Le grand arc qui donne entrée dans la croisée portait le nom d'arc triomphal, dans les basiliques chrétiennes ; à Saint-Paul, il était souvent désigné sous celui

---

[1] Page 136 et suivantes.

d'arc de Placidia, en souvenir de la fille de Théodose, qui l'avait fait couvrir d'une belle mosaïque, sous le pontificat de saint Léon le Grand (440). Cette mosaïque subsistait encore en 1823. Elle représentait, à sa partie supérieure, le Christ accompagné des figures symboliques des quatre évangélistes ; au-dessous étaient placés les vingt-quatre vieillards de l'Apocalypse, et, à la partie inférieure, les apôtres saint Pierre et saint Paul. La mosaïque de l'abside est plus moderne ; elle date du treizième siècle, et elle n'a pas été tellement endommagée par l'incendie qu'on n'ait pu la restaurer.

La basilique était précédée d'un vaste atrium de forme carrée, dont les portiques étaient soutenus par quarante colonnes que réunissait un entablement. Sa façade s'élevait à une assez grande hauteur au-dessus du portique y attenant, était percée de deux rangs de fenêtres, au nombre de trois par étage, et était couverte d'une riche mosaïque.

Une autre basilique, présentant mêmes dispositions générales et à peu près mêmes dimensions, avait précédé à Rome celle de Saint-Paul. Elle avait été construite par Constantin, en l'honneur du prince des apôtres, dans l'endroit où les restes du saint avaient été inhumés, et c'est sur l'emplacement qu'elle occupait qu'a été élevée l'église actuelle de Saint-Pierre. Les dessins qui nous en ont été conservés montrent que les colonnes de la grande nef étaient réunies par un entablement, tandis que les colonnes correspondantes, mais moins hautes, comme à Saint-Paul, qui divisaient les bas-côtés, étaient réunies par des arcades. On voit en quel oubli étaient tombés, à cette époque, les préceptes les plus élémentaires d'une saine architecture.

Sainte-Marie-Majeure. — La plus remarquable des basiliques actuelles, sous le double rapport du style et de la richesse d'ornementation, est celle de Sainte-Marie-Majeure, à Rome, dont la figure 2 de la planche 20 représente le plan dans son état primitif. Elle occupe le sommet du mont Esquilin, et fut construite en 432 par le pape saint Sixte III, en remplacement d'une église élevée, près d'un siècle auparavant, sous le pontificat de saint Libère. Restaurée et agrandie à plusieurs reprises, encombrée sur ses faces latérales d'un grand nombre de chapelles, dont quelques-unes sont des œuvres très-importantes, elle n'a conservé de la construction première que les nefs et l'abside.

Les colonnes, qu'on suppose avoir été tirées d'un ancien temple de Junon Lucine, auquel avait succédé l'édifice de saint Libère, sont toutes de mêmes proportions et de même matière; elles sont d'ordre ionique, et sont exécutées en beau marbre blanc veiné. Un riche entablement les réunit, et, au-dessus, appuyées sur un stylobate assez élevé, sont ouvertes les fenêtres qui éclairent la grande nef. L'abside est précédée par une nef transversale analogue à celle de Saint-Paul hors les Murs, mais moins importante.

On peut conclure de ce dernier fait que la disposition en forme de croix n'a pas été adoptée dès le principe à titre de symbole, car on l'eût marquée plus nettement dans le nouvel édifice, si elle eût présenté ce caractère. Le symbole a très-probablement été imaginé après coup.

La planche 71 de notre premier volume représente le beau plafond, à caissons carrés et richement ornés, qui couvre la grande nef de cet édifice. Ce remarquable travail a été exécuté dans la seconde moitié du quinzième siècle, sous les pontificats des deux Borgia, de Calliste III et d'Alexandre VI ; on prétend qu'on a employé à la dorure de ses ornements le premier or venu d'Amérique.

Le dallage de la grande nef est le plus bel exemple à citer de l'admirable mosaïque connue sous le nom d'*opus alexandrinum*.

La ville de Rome renferme un grand nombre d'autres basiliques, remontant également aux premiers siècles du christianisme. Nous nous bornerons à en citer quelques-unes : Sainte-Marie en Transtévère, dont la fondation paraît antérieure à Constantin, mais qui a été presque entièrement reconstruite, sans doute sur un nouveau plan, dans le cours du huitième siècle, et dont les colonnes, appartenant à divers ordres, sont réunies par un entablement; Saint-Laurent hors les Murs, dont une partie, datant de Constantin, présente deux portiques superposés, le premier avec plates-bandes, et le second avec arcades; Sainte-Marie in Cosmedin, dont il a été parlé plus haut; Sainte-Praxède, qui est divisée sur sa longueur par des arcs en maçonnerie reposant sur des piliers rectangulaires, et supportant la charpente du toit; Sainte-Marie in Aracœli, qui a remplacé le fameux temple de Jupiter Capitolin, et a gardé quelques-unes de ses colonnes ; Sainte-Sabine; Saints-Nérée-et-Achille, basilique fort intéressante, construite sous Léon III, à la fin du huitième siècle ou au commencement du neuvième; dans laquelle les colonnes sont remplacées par de courts piliers octogones, qui permettent plus d'espacement pour les points d'appui, et donnent en même temps à la construction un caractère de fermeté qu'on ne trouve pas dans les autres édifices du même genre; Saint-Jean à la Porte Latine ; Saint-Georges au Vélabre,

<small>Autres basiliques.</small>

qui date du septième siècle, et qui est précédé du joli porche que représentent les figures 2 et 3 de la planche 8. Citons encore la basilique de Saint-Jean de Latran, mais pour déplorer la malheureuse restauration faite par le Borromini, qui a complétement dénaturé ce vénérable monument, *Ecclesia urbis et orbis, mater et caput Ecclesiarum*, dont la fondation est due à Constantin.

Des dispositions analogues furent adoptées dans les autres parties de la chrétienté. La figure 3 de la planche 20 donne le plan d'une des basiliques les plus vénérées de l'Orient, celle de la Nativité à Bethléem, qui fut construite par la mère de Constantin, sur l'emplacement qu'avait sanctifié le berceau du Sauveur. Le narthex y est plus accusé, et le chœur, à trois absides, y a reçu plus de développement que dans les basiliques de Rome. L'esprit oriental semble avoir marqué là son empreinte dès le début. Les bas-côtés sont doubles, comme à Saint-Paul hors les Murs et dans l'ancienne basilique de Saint-Pierre, avec cette différence que les colonnes sont toutes de même diamètre et de même hauteur. Il est probable qu'on n'avait pu trouver à les emprunter, et qu'elles avaient été extraites et taillées en vue du monument, auquel le souvenir qu'il consacrait faisait, à juste titre, attacher la plus haute importance. Une crypte est établie sous le chœur, dont le sol est élevé à une assez grande hauteur au-dessus de la nef; on y montre la chambre de la crèche. L'architecture de cette basilique est tout à fait romaine; les chapiteaux des colonnes sont d'ordre corinthien.

La même planche met sous les yeux du lecteur (fig. 4) le plan d'une autre basilique construite en dehors de l'Italie, celle de Parenzo en Istrie. Cet édifice, qui appartient au sixième siècle, présente une disposition originale et intéressante : on voit qu'il est précédé d'un petit atrium, et que, sur la face opposée à la basilique, cette cour donne entrée dans un baptistère de forme octogonale.

Des façades de ces édifices, il y a fort peu de chose à dire. Elles étaient en général de la plus grande simplicité, en tant que construction. Quand la basilique était précédée d'un atrium, comme celles de Sainte-Agnès et de Saint-Paul, ou d'un porche, comme à Sainte-Marie-Majeure et à Saint-Georges au Vélabre, un toit en appentis s'appuyait sur les colonnes, et le pignon de la grande nef s'élevait au-dessus, percé de fenêtres en arcade. A l'inverse de ce qui s'observait dans les temples du paganisme, la richesse était au dedans et non au dehors. On finit cependant par éprouver le besoin de porter quelque décoration à l'extérieur, et les mosaïques vinrent s'étaler sur les façades principales. C'étaient des représentations symboliques sur fond d'or qui constituaient une riche décoration, et avaient un caractère saisissant ; mais elles ne donnaient pas à l'édifice cet aspect monumental que présentaient les constructions de l'antiquité.

STYLE BYZANTIN.

Tandis que Rome maintenait, pour ainsi dire sans modifications, les formes adoptées dès les débuts du culte public, de précieux monuments s'élevaient ailleurs dans une voie toute différente. L'ancienne capitale du monde ne conduisait plus, et n'avait même plus la force de suivre ; le centre du mouvement s'était déplacé : il était à Constantinople.

La nouvelle métropole s'était développée avec une rapidité prodigieuse. Enrichie de dépouilles enlevées à diverses villes de la Grèce, à l'Orient, à Rome même, à peine était-elle fondée depuis un siècle, qu'elle montrait avec orgueil quatorze églises, deux basiliques civiles, quatre forums, huit vastes thermes ouverts au public, des théâtres, un cirque immense, des portiques, des arcs de triomphe, de nombreux palais, etc.

On s'était sans doute conformé aux traditions de Rome, dans la construction de tous ces édifices ; car un style d'architecture ne se décrète pas : il naît des circonstances sociales, et son enfantement est laborieux. Les basiliques consacrées par Constantin, celle de Sainte-Sophie entre autres, devaient avoir reçu des dispositions analogues à celles qui viennent d'être passées en revue. Aucune d'elles n'a survécu ; le temps a fait promptement justice de toutes ces constructions si rapidement élevées dans une ville, où l'on avait plutôt songé à faire affluer des matériaux qu'à se procurer de bons architectes et d'habiles ouvriers. Mais on peut citer à l'appui de cette hypothèse la basilique de la Nativité à Bethléem, dont il a été parlé plus haut, et même une église qui existe encore à Constantinople. Cette dernière, qu'on suppose avoir été dédiée à saint Jean-Baptiste, date du milieu du cinquième siècle. Quoiqu'elle soit bien postérieure à Constantin, c'est une véritable basilique, avec porche formant narthex, portiques latéraux superposés et abside demi-circulaire en saillie au dehors. Les colonnes du rez-de-chaussée sont réunies par des plates-bandes, et celles du portique supérieur, par des arcades, disposition qui se retrouve dans la partie la plus ancienne de Saint-Laurent hors les Murs, à Rome, ainsi que nous l'avons déjà dit. La grande nef est couverte en charpente. Toutefois si les dispositions générales de cet édifice sont tout à fait romaines, on remarque dans le détail une corruption de formes qui annonçait une rénovation, comme l'événement l'a prouvé : les colonnes du premier rang ne sont pas surmontées d'un entablement complet, mais d'une simple architrave que couronne une moulure peu importante, les chapiteaux ne sont plus ceux de l'art romain, et l'abside, qui est circulaire au dedans, est polygonale au dehors.

Mais le nouvel empire ne devait pas tarder à s'affranchir plus complétement du joug de l'ancien, et l'art était appelé à constater que la séparation avait des racines plus profondes que celles de la politique. Tout y concourait : l'absence des grands modèles de l'architecture romaine, la rareté des colonnes qu'il fallait tirer de loin, surtout la disposition des esprits chez lesquels la simplicité n'était guère en honneur. Cependant c'est encore à Rome qu'on trouve le point de départ de cette architecture, qui, rapidement constituée, devint bientôt une rivale de la sienne.

Les édifices circulaires recouverts par des voûtes sphériques, n'étaient pas rares dans cette dernière ville. Tels étaient les temples de Vesta, comme celui qui est représenté sur la planche 23 de notre premier volume ; tels aussi le Panthéon d'Agrippa, plusieurs salles de thermes, et la plupart des grands mausolées, parmi lesquels on peut citer ceux d'Auguste (pl. 47, fig. 1 et 2), d'Adrien et de Cæcilia Metella, dont il subsiste encore des ruines imposantes. Les chrétiens avaient également adopté cette disposition pour les tombeaux les plus importants. On voit près de Rome les restes de celui que sainte Hélène, mère de Constantin, s'était fait construire, et l'on sait que la même forme fut donnée par cette princesse à l'église du Saint-Sépulcre, à Jérusalem.

D'un autre côté, en dehors des basiliques, étaient des bassins destinés au baptême des enfants et des nouveaux convertis, et ils furent quelquefois enfermés dans des édifices spéciaux qui en épousèrent naturellement la forme, laquelle était circulaire ou octogonale. L'un des plus anciens de ces baptistères est celui que Constantin fit élever près de la basilique de Saint-Jean de Latran. Il subsiste encore, et son plan est représenté par la figure 5 de la planche 20. On y remarque huit belles colonnes de porphyre, ses bas-côtés sont plafonnés, et sa partie centrale est recouverte par une petite voûte qui a probablement remplacé une construction en charpente. Un autre baptistère de la même époque, et fort intéressant, nous a été également conservé ; situé près de la basilique de Sainte-Agnès hors les Murs, il a été converti en église sous le vocable de sainte Constance. C'est là que cette princesse a reçu le baptême, et c'est là aussi qu'elle a été ensevelie. La coupole du monument est soutenue par vingt-quatre colonnes de granit, qui sont accouplées suivant des rayons, sont réunies dans chaque couple par un entablement, et supportent des arcades au-dessus desquelles s'élèvent, d'un côté, la voûte centrale, et de l'autre, la voûte annulaire qui couvre la galerie. Cette disposition de colonnes est remarquable, en ce qu'elle est une solution du problème que soulevait l'établissement de voûtes dans les édifices de cette nature.

On sait d'ailleurs, par Eusèbe, que Constantin et sa mère construisirent en Orient un grand nombre d'églises très-élevées et établies sur plan octogonal. Il est est à supposer que plusieurs d'entre elles étaient voûtées.

Enfin on trouvait à Rome des voûtes sphériques construites sur plan carré, c'est-à-dire avec pendentifs. Les thermes de Dioclétien offrent un exemple de cette disposition, qui se retrouve également dans un petit monument funéraire élevé par Galla Placidia, à Ravenne, vers la moitié du cinquième siècle de notre ère.

Tels sont les points de départ. Comment ces éléments se sont-ils développés ? quels ont été leurs états successifs ? on l'ignore. Ce qui est certain, c'est que, dès le commencement du sixième siècle, Constantinople avait adopté, pour ses églises, des formes toutes spéciales, complétement différentes de celles des basiliques, et avait inauguré un style d'architecture bien caractérisé. Non-seulement l'architecture byzantine était constituée, mais on peut même dire qu'elle avait atteint son apogée. En tant que disposition générale, le trait le plus marqué des nouvelles constructions est la voûte centrale, voûte sphérique, qui se dessine au dehors, est éclairée à sa base par une série de petites arcades, et repose, au moyen de pendentifs, soit sur un plan octogonal, soit sur un plan carré, c'est-à-dire sur huit ou sur quatre piliers réunis deux à deux par des arcades. Ce n'est pas tout : les plafonds ont complétement disparu, et sont remplacés par des voûtes de génération parfois très-compliquée ; les colonnes supportent des arcs en plein cintre, comme dans la plupart des basiliques, mais leurs chapiteaux, plus massifs que ceux de l'architecture romaine, sont mieux appropriés à ce genre de construction, et permettent d'établir la naissance des arcs en encorbellement, ainsi que de donner au mur qu'ils supportent plus d'épaisseur que n'en a la colonne, d'où résultent plus de solidité et une forme plus ferme et plus monumentale ; enfin les ornements sculptés sont moins accentués, n'ont plus de saillies aussi prononcées, ont même quelque chose de lourd dans l'ensemble, mais ils présentent souvent beaucoup de légèreté et d'élégance dans le détail, sont d'une grande richesse, se plient à de charmants caprices, et rappellent à la fois les riches étoffes de l'Orient et les fines sculptures de l'architecture grecque. La décoration consiste essentiellement en revêtements de marbres colorés, en mosaïques et en peintures ; elle ne se rattache plus, aussi nettement que par le passé, aux données fondamentales de la construction, elle ne s'applique plus autant à en faire ressortir les traits principaux, elle veut plaire avant tout, elle veut donner satisfaction à cet amour du luxe qui était plus prononcé dans l'empire d'Orient qu'il ne l'avait jamais été à Rome. Elle est plutôt riche que réellement belle ; mais il faut dire qu'elle se prête admirablement à l'ornementation de vastes surfaces, comme celles qu'elle était appelée à traiter, et qu'en négligeant la forme pour s'emparer de la couleur, elle a obéi à une nécessité de position. A l'Orient, la couleur, à l'Occident, la forme ; cette division est fondamentale, elle tient à l'état des esprits, elle subsiste encore dans toute sa force, et son origine se perd dans la nuit des temps.

Les deux plus anciens monuments d'architecture byzantine que nous connaissions, tous deux élevés par Justinien et encore subsistants, portent l'un et l'autre témoignage de ces dispositions caractéristiques : ce sont les églises de Sainte-Sophie et des Saints-Serge-et-Bacchus, à Constantinople.

Sainte-Sophie de Constantinople.

La première est un monument de la plus haute importance sous tous les rapports ; elle est représentée par les planches 23, 24, 25, 26, 27 et 28. Nous nous y arrêterons quelques instants [1].

---

[1] Voyez, pour plus de détails, l'ouvrage très-intéressant de M. Salzenberg, intitulé : *Alt-Christliche Baudenkmale von Constantinopel* (Berlin, 1854). Nous lui avons emprunté nos dessins et la plupart des éléments de notre description.

Les figures 1 et 2 de la planche 23 représentent respectivement le plan du rez-de-chaussée et le plan pris à hauteur des galeries supérieures. La planche 24 donne une coupe transversale prise suivant la ligne brisée qui est marquée ABCD sur les plans. La planche 25 représente une coupe longitudinale prise suivant l'axe du monument. Les planches 26 et 27 donnent l'élévation principale et l'élévation latérale de gauche. Nous regrettons vivement que l'exiguïté de notre format ne nous ait pas permis d'établir les dessins des coupes et des élévations à l'échelle (0,005) que nous avons adoptée pour toutes les autres églises ; car la comparaison que pourra faire le lecteur, en jetant les yeux sur nos planches, ne sera pas aussi saisissante sous le rapport des dimensions. La planche 28 donne les dessins des principaux détails de l'ornementation intérieure : figure 1, chapiteau et tympan des arcades de la galerie supérieure ; figure 2, base de colonne et appuis de la même galerie ; figure 3, corniche placée au-dessus de cette galerie, à hauteur de la

Une basilique, dédiée à sainte Sophie, avait été élevée par Constantin dans sa nouvelle capitale. Reconstruite par Constance, incendiée deux fois, rétablie en 415 sous Théodose, elle fut complétement réduite en cendres, en 532, lors de la fameuse émeute des factions du cirque. A peine la sédition était-elle apaisée, que Justinien résolut de relever cette église, objet de profonde vénération, et déclara qu'il en ferait le plus magnifique monument qui eût jamais existé. Il confia l'exécution de ce grand travail à deux architectes célèbres de l'époque, Anthémius de Tralles et Isidore de Milet, dont le premier, au dire d'Agathias, avait des connaissances scientifiques très-étendues, et il leur adressa, entre autres recommandations, celles d'adopter les dispositions nécessaires pour préserver le nouvel édifice de ces incendies qui avaient détruit les précédents, et qui étaient déjà fréquents à Constantinople. Tous les trésors de l'empire étaient mis d'ailleurs à leur discrétion; les gouverneurs des provinces avaient l'ordre de réunir et d'envoyer dans la capitale les plus riches matériaux qu'il fût possible de se procurer; des colonnes étaient enlevées aux temples de la Grèce, de l'Asie Mineure, de Rome même; et une armée d'ouvriers (10 000, disent quelques historiens) était chargée de l'exécution des travaux.

Cette entreprise était devenue la grande préoccupation de Justinien. Il avait fait construire une galerie conduisant de son palais sur les chantiers; chaque jour il les animait de sa présence et de ses encouragements, et il ne négligeait rien pour exciter le zèle des travailleurs. Un ange, disait-on, lui avait apporté le plan de l'édifice et les trésors qu'exigeaient tant de dépenses. Des reliques se déposaient en grande cérémonie dans l'épaisseur des murs, et des prières étaient récitées solennellement *pro ecclesiæ structura et firmitate*.

Les travaux furent poussés avec une telle activité que, la première pierre ayant été posée en 532, toutes les grosses constructions étaient terminées avant la fin de 537, et qu'une première consécration fut célébrée avec pompe, le 26 décembre de la même année. Une autre dédicace, plus solennelle encore, eut lieu plus tard, vers 559. Une partie de la coupole centrale s'était écroulée peu de temps après sa construction, et sans doute avant que toute la décoration intérieure fût menée à fin; on la rétablit immédiatement, et la nouvelle cérémonie eut lieu

---

naissance des grands arcs; figure 4, frise en marbre précédant cette corniche en quelques points; figure 5, frise et bandeau des bas-côtés du rez-de-chaussée; figure 6, fenêtres du gynécée; figure 7, décoration des poutres formant tirants; figure 8, corniche de couronnement des gros piliers de l'atrium.

lorsque les travaux de toute nature, dont cet accident avait retardé l'exécution, furent complètement achevés. On raconte qu'après avoir assisté dans l'hippodrome à l'un de ces massacres d'animaux, qui étaient l'accompagnement obligé de toute réjouissance publique chez les Romains, Justinien se rendit dans le temple, et saisi d'admiration à la vue de ce vaste monument, qu'une foule nombreuse animait, peut-être pour la première fois, s'écria : Gloire à Dieu, qui m'a jugé digne d'accomplir cet ouvrage. Je t'ai vaincu, ô Salomon !

Un atrium (1, pl. 23, fig. 1), ouvert à l'ouest sur un forum, le *forum Augustæum*, précédait l'entrée de l'édifice. Sur trois de ses côtés régnait un portique formé par des colonnes que réunissaient des arcs en plein cintre, et le quatrième était occupé par un vestibule ou narthex (2) qui portait le nom d'*exonarthex*. Cet atrium n'existe plus ; mais on retrouve trois de ses arcades, ses murs latéraux, et, sur chacun d'eux, une amorce qui marque probablement la position du mur de face. On peut donc en reconnaître les dispositions, dans ce qu'elles avaient de plus essentiel, sauf toutefois celles de l'entrée sur le forum. Au centre de la cour était le bassin d'ablutions, lequel était exécuté en jaspe.

L'exonarthex est éclairé sur l'atrium par cinq grandes arcades, et est ouvert actuellement par quatre portes, dont deux sont placées sous les portiques latéraux. A chacune de ses extrémités est un minareh construit par les Turcs, et sa façade est appuyée par quatre énormes contre-forts (3) sur lesquels reposent des arcs-boutants, construits après coup pour maintenir la poussée des voûtes du second vestibule et de la galerie qui les surmonte [1].

Cinq portes donnaient entrée de l'exonarthex dans le vestibule ou *esonarthex* (4). Plus large et beaucoup plus élevée que la précédente, cette galerie est éclairée par des arcades, percées dans le mur de séparation des deux narthex au-dessus de la terrasse fortement inclinée qui couvre le premier. A chacune de ses extrémités, est un vestibule ouvert au dehors, qui donne accès à l'un des escaliers conduisant dans les galeries supérieures. L'un et l'autre vestibule sont couverts par des voûtes d'arête. Neuf portes mettent l'esonarthex en communication avec la basilique ; de même que les précédentes, elles sont de forme rectangulaire.

---

[1] Ces constructions ne sont indiquées sur les planches 25 et 27 que par des lignes ponctuées. Les contre-forts étaient couronnés par les fameux chevaux de Corinthe, qui occupent aujourd'hui une position analogue sur la façade principale de la basilique de Saint-Marc, à Venise.

Deux des portes extérieures de l'exonarthex, marquées sur le plan du rez-de-chaussée, ne sont pas reproduites sur l'élévation (pl. 26), parce qu'elles ne paraissent pas appartenir à la construction primitive.

Le plan de la basilique est formé par un carré central que couvre une vaste coupole sur pendentifs, et qu'accompagnent, dans le sens de l'axe longitudinal, deux larges hémicycles, tournés l'un à l'ouest et l'autre à l'est. Deux étages de galeries latérales règnent dans toute la longueur de l'édifice. Chacun des hémicycles est percé de trois grandes arcades; dans celui de l'ouest, l'arcade centrale marque l'entrée principale (5), et dans celui de l'est, l'arcade correspondante précède la tribune demi-circulaire (6) de la basilique; dans l'un et l'autre, les arcades latérales ouvrent, sur la nef, des niches qui sont ouvertes elles-mêmes sur les bas-côtés, chacune par trois entre-colonnements au rez-de-chaussée et par cinq à hauteur de la galerie supérieure. Les galeries latérales sont mises en outre en communication avec la grande nef, sur les côtés du carré central parallèles à l'axe longitudinal, chacune par cinq entre-colonnements au rez-de-chaussée et par sept au premier étage. Les piliers qui supportent le dôme central divisent chaque galerie en trois parties sur sa longueur. La forme extérieure de l'édifice est rectangulaire, sauf la saillie polygonale de la tribune, et elle est à peu près carrée, abstraction faite des vestibules.

La galerie supérieure (pl. 23, fig. 2), qui était réservée aux femmes et portait le nom de gynécée, s'étend au-dessus des deux bas-côtés et de l'esonarthex.

D'importantes dépendances étaient annexées à la basilique. Sur le côté sud, près de l'entrée, était le baptistère (7, fig. 1), qu'une petite cour séparait de l'édifice principal. Cet appendice avait une entrée spéciale, et était précédé d'un vestibule. Il subsiste encore; il est rectangulaire au dehors, octogonal au dedans et couvert par une coupole sphérique sur pendentifs. A l'extrémité orientale du bas-côté du sud est pratiquée une entrée qui est précédée d'un vestibule (8) et d'un porche richement décoré; on suppose qu'elle était réservée à l'empereur. Une porte semblable est ouverte sur la même face de l'édifice, de l'autre côté de l'abside, dans l'axe des bas-côtés du nord. Elle donne accès dans une construction d'une certaine étendue (9) qui servait de sacristie, dans laquelle l'empereur se retirait avant ou après les offices, et où les diacres venaient saluer le pontife avant la célébration des saints mystères. Suivant celle de ces diverses destinations qu'ils ont en vue, les historiens qui ont parlé de Sainte-Sophie désignent cette partie de l'édifice par les noms de *diaconicum, metatorium* ou *salutatorium*. Des ruines considérables, amoncelées au chevet de l'église, ont fait supposer à M. Salzenberg que des constructions basses réunissaient autrefois l'entrée des empereurs à la sacristie. Enfin on voit encore aujourd'hui, près de l'extrémité N.-E. de la basilique, mais complétement détaché, un petit édifice circulaire, voûté, dans lequel le même auteur croit retrouver le *scévophylacium*, salle destinée à renfermer les lits funéraires, dont quelques-uns étaient d'une grande richesse, et dont d'autres étaient plus précieux encore par les souvenirs qu'ils rappelaient.

Tous ces appendices, sauf le dernier, ont été marqués sur le plan du rez-de-chaussée par une teinte très-pâle, afin de faire ressortir nettement les formes les plus essentielles du monument.

Les dimensions de Sainte-Sophie sont considérables ; nous en citerons quelques-unes. La largeur de la grande nef est de $33^m,25$, et sa longueur dans œuvre, la tribune comprise, de $81^m,30$; la largeur totale, également dans œuvre, est de $70^m,30$; la coupole centrale a $32^m,60$ de diamètre intérieur à son pied, et sa naissance est établie à $41^m,10$ au-dessus du sol de l'église ; la hauteur, depuis le sol jusqu'au sommet de la coupole, est de $56^m,15$; l'esonarthex a $8^m,30$ de largeur sur $62^m,40$ de longueur ; enfin la surface couverte s'élève à près de 7 000 mètres carrés, abstraction faite des appendices et des portiques de l'atrium.

L'édifice est voûté dans toutes ses parties, et l'inspection du plan fait reconnaître immédiatement quelles sont les dispositions adoptées pour résister à l'action des voûtes.

Le dôme central est la voûte principale ; il est supporté par quatre piliers énergiques. Dans l'intervalle de ces points d'appui, sa poussée est maintenue, suivant l'axe longitudinal de la nef, par les deux voûtes sphériques des hémicycles, qui reposent elles-mêmes chacune sur quatre forts piliers. Dans la direction de l'axe transversal, on n'avait pas la même ressource, et l'on s'est opposé à la poussée, d'abord en augmentant la largeur des piliers angulaires de manière à réduire celle du vide, puis en unissant ces piliers deux à deux par une vigoureuse voûte en berceau qui est en saillie très-prononcée au dehors. Mais cette dernière disposition ne paraît pas avoir eu toute l'efficacité sur laquelle comptaient les auteurs du monument ; car on a dû, à une époque postérieure, consolider la construction au moyen d'arcs-boutants s'appuyant sur les piliers et dans une direction oblique sur la leur, afin de diminuer autant que possible l'étendue de la portion de voûte dont l'action horizontale n'était pas suffisamment maintenue. On voit ces arcs-boutants sur la coupe transversale (pl. 24) et sur les deux élévations (pl. 26 et 27).

Les arcs qui unissent les piliers angulaires dans une direction normale à celles de la nef sont larges et épais, ainsi que l'exigeait la stabilité de la construction ; mais la calotte sphérique devait être traitée dans un esprit tout opposé, sous peine d'exercer une action redoutable. Les architectes ont eu égard à cette condition, et ont fort habilement profité de la différence d'épaisseur à observer entre la voûte et les arcs formant le carré de sa base, pour placer au pied de la coupole une série de petits contre-forts, très-rapprochés les uns des autres, qui contribuent efficacement à la solidité de l'œuvre. C'est entre ces contre-forts que sont percées les nombreuses fenêtres qui éclairent la coupole, et ils servent ainsi, non-seulement à maintenir la poussée, mais encore à restituer à la section de la voûte la surface que ces ouvertures multipliées ne lui eussent peut-être pas enlevée impunément. Grâce à eux, la pression par unité de surface au pied de la voûte n'a rien d'exagéré.

Les grandes niches latérales des hémicycles, ainsi que les arcades qui les ouvrent sur les bas-côtés, pousseraient au vide ; mais elles sont très-habilement maintenues, les unes et les autres, dans la direction où le mouvement tend à se produire, d'abord par les voûtes d'arête placées en arrière, puis par des fragments de voûte formant arcs-boutants, qui s'appuient sur les colonnes et les pilastres isolés marqués 11 sur les plans.

Les voûtes d'arête, surtout celles du gynécée, sont très-surhaussées, et les arêtes ne s'y marquent pas jusqu'au sommet ; accentuées à la naissance de la voûte, ces lignes s'effacent graduellement, et finissent par disparaître. Les poussées des voûtes centrales des bas-côtés, aussi bien que celles des arcades sur colonnes de la grande nef, et celles de la voûte en berceau qui couvre la galerie transversale du gynécée, sont contenues par des tirants en fer. Quant aux voûtes d'arête des extrémités des bas-côtés, dont l'action ne paraissait pas à craindre, et ne l'était pas effectivement, on s'est contenté de maintenir les colonnes et les pilastres sur lesquels elles reposent, au moyen de poutres en bois placées au-dessus des chapiteaux et scellées dans les murs. Peut-être ce dernier moyen de consolidation était-il inutile, et eût-il été insuffisant pour s'opposer au mouvement qu'on redoutait.

Quoi qu'il en soit du mérite de cette dernière observation, qui est de très-minime importance, on voit que toutes choses ont été fort judicieusement disposées au point de vue de la solidité, et de manière à réserver de vastes espaces à la vue et à la circulation. Outre les murs d'enceinte, il n'y a en réalité dans tout l'édifice que huit points d'appui essentiels : les quatre piliers des angles du carré, et deux piliers de moindre section pour chacun des hémicycles. Sans doute la solidité n'a pas toujours paru suffisante, et de graves désordres se sont même produits. Ainsi que nous l'avons dit plus haut, une partie de la grande coupole s'est écroulée, que Justinien vivait encore, et c'est probablement à la suite de ce désastre que les énormes contre-forts des faces latérales, dont l'effet est peu satisfaisant sous le rapport de la forme, ont été élevés à la hauteur qu'ils ont aujourd'hui; plus tard on aura dû construire les arcs-boutants qui s'appuient obliquement sur eux; les ouvertures pratiquées dans les piliers, pour mettre en communication les trois divisions principales de chacun des bas-côtés, paraissent avoir été rétrécies après coup, par mesure de prudence; les murs percés de fenêtres, qui ferment les grands arcs latéraux au-dessus des arcatures, ont éprouvé à diverses reprises des mouvements de nature à inspirer des inquiétudes sérieuses, et on les a consolidés en diminuant la largeur des ouvertures[1]; suivant toute apparence, c'est à la poussée de l'hémicycle de l'ouest, laquelle n'est pas aussi bien maintenue que celle de l'hémicycle opposé, qu'il faut attribuer les désordres qui ont exigé la construction des quatre piles avec arcs-boutants de la façade sur l'atrium, dont il a déjà été question; dans le cours du seizième siècle, de grossiers contre-forts ont été ajoutés en divers points pour prévenir une ruine qui paraissait imminente; enfin d'importants travaux de restauration étaient encore devenus indispensables dans ces dernières années. Mais il n'y a rien là qui infirme le mérite des dispositions adoptées; car il faut remarquer que l'exécution a dû être très-rapide pour répondre à l'impatience de Justinien, que les matériaux employés (les briques pour la majeure partie de la construction) n'offraient pas une grande résistance, n'avaient pas une pesanteur suffisante pour contre-bouter efficacement des actions latérales, et se prêtaient aux tassements, à raison de la multiplicité de leurs joints; que les tremblements de terre ne sont pas rares à Constantinople; enfin, que ce monument a traversé

---

[1] Nos dessins ne tiennent pas compte de cette altération ; ils représentent les fenêtres dans leur état primitif.

de longs siècles de barbarie, et n'a pu être entretenu, ni avec sollicitude, ni avec intelligence sous la domination des Turcs, abstraction faite des derniers travaux dont il a été l'objet. Or malgré toutes ces fâcheuses circonstances, il est encore debout, sans avoir été gravement altéré, et, sauf le Panthéon de Rome, qui ne peut lui être comparé d'ailleurs, ni pour les dimensions ni pour la hardiesse de la conception, c'est le seul des grands monuments voûtés de l'antiquité qui soit parvenu jusqu'à nous sans être réduit à l'état de ruines.

Il est entré fort peu de pierres de taille dans ce vaste édifice. Les murs et les voûtes paraissent être entièrement exécutés en briques, à l'exception d'un socle qui s'étend sur tout le périmètre du monument, des quatre piliers de la coupole, depuis leur face sur la grande nef jusqu'aux ouvertures ménagées pour établir une communication entre les trois divisions de chacun des bas-côtés, des jambages de ces ouvertures, et d'une large assise posée au-dessus des grands arcs pour servir de base à la coupole centrale, lesquels sont construits en un calcaire à gros grains régulièrement appareillé et travaillé avec la plus grande perfection. Les briques sont pour la plupart de forme carrée, de $0^m,37$ de côté sur $0^m,05$ d'épaisseur; à la base de la coupole, elles ont environ $0^m,75$ de longueur sur $0^m,25$ de largeur. Les lits de mortier qui les séparent ont de $0^m,03$ à $0^m,05$ d'épaisseur, ainsi qu'il était d'usage chez les Romains. Le mortier est de teinte rougeâtre, et paraît contenir de la pouzzolane ou de la brique pilée.

Toutes les coupoles sont apparentes au dehors, et sont revêtues en lames de plomb, qui étaient dorées autrefois.

Passons maintenant à l'ornementation. Elle a été réservée presque exclusivement à l'intérieur de l'édifice, et elle est splendide.

Toutes les colonnes sont de marbre ou de porphyre, avec bases et chapiteaux en marbre blanc. Celles de la grande nef et des bas-côtés du rez-de-chaussée sont formées de marbre vert antique, à l'exception des huit colonnes des grandes niches des hémicycles, qui sont de porphyre rouge, et proviennent du temple du Soleil, à Rome. Tous les chapiteaux sont œuvres d'artistes byzantins, et sortent complètement des formes consacrées par l'architecture romaine, ou du moins ne les rappellent que par de petites volutes angulaires, qui appartiennent d'ailleurs plutôt aux traditions de l'Orient qu'à celles de Rome. Leurs feuilles étaient dorées. Chacun d'eux est précédé d'un cercle de bronze, d'environ $0^m,30$ de hauteur, qui est divisé en trois bandes, et porte sur la face principale une sorte de serrure ornée d'un monogramme. Des cercles analogues sont placés immédiatement au-dessus des bases. Ils étaient tous dorés. Ne faut-il y voir que de simples ornements? N'ont-ils pas eu plutôt pour destination de consolider des fûts qui menaçaient de se fendre, ou de masquer des écornures? Ces dernières hypothèses nous paraissent vraisemblables.

Les tympans des arcades de l'ordre inférieur sur la grande nef sont revêtus de dalles en marbre blanc sur lesquelles est sculptée une riche et charmante ornementation de feuillages. Ceux de l'ordre supérieur sont décorés de belles mosaïques en marbres de couleur. Les archivoltes et les intrados des arcs sont également exécutés en marbre, et sont couverts d'ornements.

Les figures 1, 3 et 4 de la planche 28 donnent le détail de ces parties caractéristiques du style d'architecture du monument.

Toutes les parois intérieures sont couvertes de dalles de marbres précieux, diversement colorés, lesquelles sont distribuées suivant des dessins variés, et sont encadrées par d'étroites bandes en marbre blanc, que rehaussent de petits ornements en relief, désignés habituellement sous le nom de *billettes*. Les grands compartiments, placés à mi-hauteur du rez-de-chaussée, sont entourés en outre de bandes plus larges, qui sont également sculptées, et ont pour but de préciser l'ordonnance et d'y introduire de la variété. Les corniches sont en marbre blanc et sont décorées de sculptures. C'est encore en marbre blanc que sont exécutés les balustrades placées entre les colonnes supérieures, les appuis et les châssis des fenêtres, ainsi que les encadrements des portes, à l'exception de celui de la grande porte du milieu sur l'esonarthex, lequel est entièrement formé de bronze. Les frises placées au-dessous des corniches principales sont ornées d'incrustations en marbres, également remarquables par l'élégance des dessins et par la vivacité des couleurs (pl. 28, fig. 4 et 5).

Les dallages de la nef, des bas-côtés et du gynécée consistent actuellement en grandes dalles de marbre blanc veiné de gris; mais on trouve, dans l'angle S.-E. du carré central et dans le gynécée, des fragments de belles mosaïques en marbres de couleur, qui appartiennent sans doute à la décoration primitive et donnent idée de ce qu'elle était.

Toutes les voûtes, ainsi que la partie supérieure des murs latéraux de la grande nef, à partir de la corniche de couronnement, sont revêtues d'une mosaïque à fond d'or, dans laquelle les lignes fondamentales de la construction sont accentuées par des ornements colorés. De grandes figures, du plus beau caractère, étaient distribuées autrefois dans les compartiments des voûtes de la nef, et elles ont été rétablies sur notre dessin; mais elles sont aujourd'hui couvertes par un badigeon. Les gigantesques chérubins des pendentifs ont été seuls conservés par les Turcs, qui se sont bornés à masquer leurs figures. On sait que la loi musulmane interdit la représentation des êtres animés.

Quelques-unes des portes étaient exécutées en bronze, avec figures incrustées en argent, et l'une d'elles a été transportée à Saint-Marc de Venise, où elle se voit encore. D'autres étaient formées de bois de cèdre qui provenait, disait-on, de l'arche de Noé, et que rehaussaient des incrustations d'ivoire et d'argent. Une cloison en bois de cèdre, accompagnée de colonnes en argent, fermait le sanctuaire ou *bêma*. L'autel était construit en matières précieuses enchâssant des pierreries; il était supporté par quatre colonnes d'or, et la plate-forme sur laquelle il reposait était revêtue de lames en même métal. Quatre grandes colonnes en argent, réunies par des arcs qui étaient exécutés en même matière, et surmontées d'une coupole en or décorée d'ornements sculptés, d'un globe et d'une croix également en or, constituaient le ciborium. Enfin le trône du patriarche et les siéges de ses assistants étaient en argent doré; ils étaient appuyés contre la paroi circulaire de l'abside.

Qu'on se figure, maintenant que nous sommes arrivés à la fin de cette froide et imparfaite description, qu'on se figure l'effet que devait produire cet immense édifice, si admirablement ordonné, et traité avec tant de magnificence! Après avoir traversé l'atrium, l'exonarthex, l'esonarthex, placez-vous sur le seuil de la porte centrale qui, de ce beau vestibule, donne entrée dans la grande nef, et vous serez frappé au plus haut degré du spectacle, sans exemple jusqu'alors, qui se présentera à vous. Vos regards se promènent librement sur toute l'étendue de cette vaste enceinte : rien ne les arrête; le dôme, les deux hémicycles, les grands exèdres, l'élégante abside, toutes ces choses se découvrent à la fois dans tout leur développement; entre les colonnes de la nef, apparaissent celles des bas-côtés avec les voûtes qu'elles supportent, et partout circule une lumière chaude et abondante, qui vient ajouter son éclat à celui de la plus splendide ornementation. Vous saisissez immédiatement les traits fondamentaux de la composition, car ils sont bien caractérisés et régissent nettement l'ordonnance, puis se montrent les formes secondaires, qui animent l'œuvre, et en font apprécier les dimensions réelles : ce sont les portiques superposés compris dans les grands arcs latéraux, l'arcature et les deux rangs de fenêtres qui s'élèvent au-dessus, les subdivisions des exèdres et leurs deux rangs de colonnes, enfin les nombreux détails décoratifs de la nef et des bas-côtés. Vous ne savez ce que vous devez admirer le plus, de l'immensité de l'œuvre, de la fermeté de la disposition générale, de la hardiesse de la conception, de la variété des effets, ou de la richesse qui vous entoure. Vous éprouvez à la fois le sentiment de la grandeur matérielle et le sentiment de la grandeur morale ; vous vous sentez en présence d'une des plus majestueuses expressions de la puissance humaine.

Sans doute vous ne trouvez là, ni le goût exquis et la noble simplicité de la Grèce antique, ni les formes mâles et rationnelles de l'architecture romaine. C'est tout autre chose : c'est un art spécial, bien qu'il témoigne de ses origines ; c'est le produit de la civilisation et de la puissance romaines, transportées en Orient, et mises au service d'une nouvelle religion. Et certes, il est merveilleux de voir qu'à une époque de décadence universelle, alors que la chute de l'empire était imminente, les traditions de Rome, les mœurs de l'Orient, la foi religieuse aient eu assez de virtualité pour enfanter un art nouveau, et l'illustrer par un pareil monument.

Saints-Serge-et-Bacchus.

L'église dédiée aux saints Serge et Bacchus, ne saurait être comparée à Sainte-Sophie, ni sous le rapport des dimensions, ni sous celui de la richesse. Cet édifice est d'importance secondaire ; mais il appartient au même ordre d'idées, et il offre un type précieux d'une des dispositions favorites de l'architecture byzantine. On n'y trouve plus la grande nef et les longs bas-côtés des basiliques romaines ; la construction consiste en un bâtiment carré, au centre duquel s'élève une coupole, et qui est précédé d'un narthex appuyé contre un de ses côtés. La coupole repose sur huit piliers, placés dans les angles d'un octogone régulier, et réunis deux à deux par des arcs en plein cintre. Les faces de l'octogone inclinées à 45° sont occupées par de grandes niches analogues à celles des hémicycles de Sainte-Sophie. De même aussi que dans ce dernier monument, il y a deux rangs de galeries autour de la coupole, et l'abside fait saillie au dehors, sur la face opposée à l'entrée principale.

Les pendentifs de Saint-Serge sont beaucoup moins importants que ceux de Sainte-Sophie, par cela même que les points d'appui sont disposés suivant l'octogone circonscrit au cercle formant la base de la coupole, au lieu d'être placés aux angles du carré; mais la coupole est d'une génération plus compliquée. La forme octogonale s'y dessine par des nervures, qui appartiennent seules à la surface sphérique, et qui sont réunies par des surfaces concaves. Le style d'architecture est du reste le même dans les deux monuments; toutefois Saint-Serge est loin de présenter autant de richesse dans les matériaux que Sainte-Sophie, et l'ornementation n'y joue pas un aussi grand rôle.

L'art qui avait produit Sainte-Sophie, l'un des monuments qui ont excité le plus d'admiration et ont eu le plus de retentissement, devait, malgré les malheurs des temps, se maintenir dans la région où il s'était développé, et même se répandre au loin pour exercer, pendant plusieurs siècles, une grande influence sur les constructions des peuples les plus divers.

<small>Développement de l'architecture byzantine.</small>

En Grèce, c'est le style byzantin qui régit toutes les petites églises construites jusqu'à la fin du moyen âge. Plusieurs d'entre elles subsistent encore, et l'on trouve dans toutes le dôme central reposant, au moyen de pendentifs, sur quatre points d'appui qui sont habituellement de forme rectangulaire. Le dôme se dessine toujours au dehors, et même avec plus de netteté qu'à Sainte-Sophie, parce que ses proportions sont plus élancées. D'autres coupoles de moindres dimensions l'accompagnent souvent; quelques-unes signalent les branches de la croix, forme qui est généralement observée, et paraît être devenue symbolique. Quelquefois le narthex est également surmonté de voûtes semblables. La forme extérieure de l'édifice se conserve rectangulaire et quelque peu massive, et ce sont les mosaïques ou les peintures à fresque hiératiquement ordonnées, qui constituent la décoration intérieure. Cependant le type primitif n'a pas été sans se modifier en quelques points : ainsi, la disposition des plans a tendu à se rapprocher de celle des basiliques; les dômes ont été élevés sur des tambours, cylindriques au dedans, de forme polygonale au dehors, et décorés, dans les angles, de colonnes réunies par des arcades se dessinant en saillie sur la coupole; les galeries supérieures ont été supprimées; enfin, vers le quinzième siècle, on voit apparaître les toits et les frontons qui étaient inconnus aux débuts de cette architecture. Nous citerons, parmi ceux de ces édifices qui sont venus jusqu'à nous, l'église du Théotocos à Constantinople, qu'on fait remonter au dixième siècle; la cathédrale d'Athènes; les églises des Incorporels, de Saint-Théodore et de Saint-Texiarque, dans la même ville; enfin l'église de Samarie, en Morée. Ils sont tous de dimensions très-restreintes, à tel point que quelques auteurs ont supposé que les prêtres seuls y étaient admis, comme dans les temples de l'antiquité. Le peu d'importance et la misère des populations paraissent donner une explication plus plausible de ce fait.

De Constantinople, le style byzantin s'est répandu sur le littoral de la mer Noire, a envahi la Crimée, et s'est rapidement propagé ensuite dans toute l'étendue de l'empire russe. Il n'est pas, dans toutes ces contrées, une ancienne église qui ne s'annonce au dehors par un ou plusieurs dômes dont le principal occupe le centre de l'édifice. La plupart de ces constructions ont été élevées par des artistes grecs. Elles diffèrent toutefois de celles de Constantinople par plus de rudesse dans la forme, par moins d'élégance dans la décoration, et par le galbe des dômes qui sont enflés à la base, et sont terminés en pointe aiguë, comme on en trouve quelques exemples dans l'architecture mauresque.

Nous avons déjà dit que l'architecture arabe, dont cette dernière est un dérivé, a eu celle de Byzance pour point de départ [1].

En Occident, c'est sur le territoire italien que l'architecture byzantine se montre pour la première fois, bien peu de temps après s'être constituée.

Saint-Vital de Ravenne.

Ravenne était l'une des villes les plus importantes de l'Italie, et, après l'expulsion des Goths, elle devint le séjour des exarques, gouverneurs de la Pentapole pour les empereurs d'Orient. Un des premiers soins de ses nouveaux possesseurs fut d'y faire construire une église, sous l'invocation de saint Vital, patron de la ville. Cet édifice s'éleva rapidement, et fut consacré par l'archevêque Maximianus, en présence de l'empereur Justinien et de l'impératrice Théodora. Il subsiste encore aujourd'hui, du moins dans ses parties les plus essentielles, et la figure 3 de la planche 23 en représente le plan dans son état primitif.

La construction est de forme octogonale; huit piliers soutiennent la coupole centrale, et sont réunis deux à deux, sauf ceux qui correspondent à l'abside, par de grandes niches comprenant deux rangs de colonnes; disposition analogue à celle qui constitue l'un des caractères distinctifs de Sainte-Sophie et de Saint-Serge. Les bas-côtés sont couverts par des voûtes d'arête, tant au rez-de-chaussée qu'à l'étage supérieur.

La décoration intérieure consistait, comme celle de Sainte-Sophie, en revêtements de marbre et en mosaïques; mais la plupart de ces ornements ont disparu

---

[1] Voyez page 104 et suivantes.

dans les restaurations successives dont l'édifice a été l'objet. Il ne reste, en fait de mosaïques, que celles du chœur, et elles sont admirables. La plus détestable peinture qu'on puisse imaginer a remplacé celles qui décoraient la voûte principale ; elle représente un portique de colonnes corinthiennes, et dissimule complétement la forme sur laquelle elle s'appuie.

Les détails de l'architecture portent le même cachet que la disposition générale ; ils sont complétement en dehors des traditions romaines, et rentrent tout à fait dans les formes byzantines. Les colonnes n'ont même pas été empruntées à d'anciens édifices, ainsi que le prouvent les larges filets de la base et du sommet, lesquels constituent l'un des éléments caractéristiques du nouveau style, et ont eu probablement pour point de départ les cercles de bronze appliqués aux colonnes de Sainte-Sophie. Leurs chapiteaux, cubiques pour la plupart et richement décorés, présentent moins de réminiscences de l'antiquité qu'il ne s'en trouve dans ceux de ce dernier monument, et sont surmontés de sommiers disposés de manière à permettre des encorbellements plus prononcés encore que ceux des édifices antérieurs. Ces sommiers sont rectangulaires, mais non carrés, et leur plus grand côté est dirigé dans le sens de l'épaisseur du mur, laquelle l'emporte de beaucoup, et sur le diamètre de la colonne, et sur l'intervalle qui sépare deux arcs consécutifs à leur point de départ, ainsi qu'on peut en juger à l'inspection des figures 4 et 5 de la planche 23. On dirait que l'architecte, évidemment byzantin, qui a été chargé de la construction de cet édifice, a voulu résolûment planter son drapeau sur le sol où s'était développé l'art ancien, et établir que l'art nouveau n'avait rien à demander au passé.

L'église de Saint-Vital, qui marque les débuts de l'architecture byzantine en Italie, devait produire et produit même encore beaucoup d'effet. Ses formes pourraient être plus dignes, plus austères ; mais elles présentent de la variété, de l'ampleur et un caractère monumental très-prononcé. La partie centrale surtout est conçue sur de belles proportions.

Une des particularités dignes de remarque de cet édifice est le système de construction adopté pour la grande voûte. Jusqu'au-dessus des fenêtres percées à son pied, elle est formée d'une suite de grands vases de terre cuite, en forme d'amphore, posés verticalement et enchâssés les uns dans les autres ; puis, à partir de ce niveau, des vases cylindriques, plus petits que les premiers, sont placés horizontalement ou plutôt en spirale jusqu'au sommet de la coupole. L'expérience a parfaitement justifié cette disposition, qui a eu pour but et pour effet de réduire le poids ainsi que la poussée de la voûte. On trouve quelque chose d'analogue dans plusieurs constructions de l'antiquité romaine, entre autres dans les voûtes du cirque de Maxence ; mais nulle part le système n'est aussi complet et aussi bien motivé.

La figure 4 représente l'un des chapiteaux des colonnes du rez-de-chaussée des grandes niches. De la forme carrée, qu'il a à sa partie supérieure, il passe à la forme circulaire de la colonne par gradations continues, obtenues au moyen de l'arrondissement des angles. Au milieu de chacune de ses faces, dans un compartiment trapézoïdal, est un ornement dont il est difficile d'expliquer la signification ; le surplus est couvert par un treillis sculpté à jour, c'est-à-dire entièrement détaché du fond. On trouve des chapiteaux tout à fait semblables sur la façade de l'église de Saint-Marc, à Venise ; mais la plupart des treillis si curieusement travaillés n'ont pu y résister à l'action des agents atmosphériques, et ont presque complétement disparu, tandis qu'à Saint-Vital, ils sont parfaitement conservés. Un monogramme est sculpté sur la face antérieure du sommier.

La figure 5 donne le plan de ce sommier vu en dessous. Le carré circonscrit au cercle de la colonne est la projection du couronnement du chapiteau; le rectangle est celle de l'arête supérieure du sommier. Le plus grand côté de ce rectangle répond à l'épaisseur du mur, sauf une légère saillie sur l'une et l'autre face.

Les chapiteaux de la galerie supérieure rappellent un peu le composite romain ; mais les volutes sont atrophiées, les feuilles sont très-aiguës, et le style est tout à fait byzantin. Deux des chapiteaux des tribunes ouvertes sur le chœur sont cubiques, avec ondulation sur chacune des faces et sont également sculptés à jour. Tous ces ornements ont dû être envoyés de Constantinople ; car l'Italie n'avait, au sixième siècle, aucun artiste capable de les exécuter. On aurait pu sans doute appeler à Ravenne des sculpteurs byzantins ; mais la grossièreté des ornements qui ont été faits sur place prouve qu'on n'a pas eu recours à ce parti. La nature du marbre fournirait sans doute une nouvelle preuve à l'appui de cette opinion, qui est confirmée d'ailleurs par d'autres monuments de la même ville : les deux basiliques de Saint-Apollinaire, dont il sera parlé plus tard.

Saint-Marc de Venise.

L'église de Saint-Marc, à Venise, peut être également présentée comme un type d'architecture byzantine, bien qu'elle soit d'une date beaucoup plus récente que Saint-Vital. Commencés vers la fin du dixième siècle (en 977), sous le doganat de Pierre Orseolo, par des architectes venus de Constantinople, ses travaux de construction n'ont été terminés qu'en 1071, et sa décoration intérieure ne paraît avoir été assez avancée pour permettre une dédicace solennelle qu'en 1111. Cette décoration est extrêmement riche, et ce n'est que vers la fin du dix-septième siècle qu'elle a pu être considérée comme complétement achevée ; mais de nombreuses modifications ont été successivement introduites dans ses dispositions primitives.

Les Vénitiens attachaient la plus haute importance à ce monument ; ils voulaient en faire une des merveilles du monde. Peut-être l'événement n'a-t-il pas complétement répondu à leur ambition, car les dimensions de l'édifice sont restreintes, et quelques-unes des adjonctions dont il a été l'objet ont nui à son caractère ; mais toujours est-il que cette église est une des plus intéressantes de l'histoire de l'art, et qu'on trouve rarement autant de richesses réunies. Les colonnes sont exécutées et tous les murs sont revêtus en marbres précieux, tirés à grands frais du Levant, et les voûtes ainsi que les parois supérieures sont couvertes de magnifiques mosaïques sur fond d'or, dont la plupart sont dues aux plus célèbres mosaïstes du moyen âge et de la Renaissance, au nombre desquels on doit citer les Zuccato.

La figure 7 de la planche 23 donne le plan de ce remarquable édifice, et le met en regard de ceux de Sainte-Sophie, afin de faciliter les comparaisons. La planche 29 en représente la coupe longitudinale.

On voit que la forme du monument est celle d'une croix grecque avec cinq coupoles sur pendentifs. La coupole centrale et celle de la nef sont de mêmes dimensions ; celles du chœur et des branches du transsept sont un peu plus petites, et la réduction de leur diamètre a été fort habilement obtenue au moyen de colonnes accouplées, placées en saillie sur les piliers rectangulaires qui constituent les points d'appui essentiels de la construction. Ces piliers sont évidés de manière à ne pas masquer les bas-côtés dans la partie inférieure de l'église, et à offrir des tribunes dans la partie supérieure. De larges voûtes en berceau les réunissent deux à deux, et séparent les coupoles. Le chœur se termine par une abside demi-circulaire, ornée de trois grandes niches, et, de chaque côté de cette abside, sont deux absidioles placées dans le prolongement des bas-côtés de la nef. D'autres chapelles sont distribuées en divers points de l'édifice. Un magnifique vestibule précède l'entrée principale, et se retourne sur la face septentrionale du monument de manière à donner accès dans la branche nord du transsept. De l'autre côté, est une construction équivalente, mais actuellement séparée du vestibule et divisée en deux parties. La première est une chapelle, dans laquelle se trouve le tombeau du cardinal Zeno ; la seconde forme le baptistère. Ce côté du monument se rattache au palais des doges. Le vestibule est couvert par une série de petites coupoles, excepté au centre, où la voûte ouverte laisse apercevoir celle du commencement de la nef. Une large tribune est supportée par le surplus de sa partie antérieure. On se rappelle que Sainte-Sophie présente une disposition analogue.

Des colonnes sont placées entre les principaux piliers, au nombre de trois de chaque côté dans la nef et de deux dans le transsept ; elles sont réunies par des arcades, et supportent une étroite galerie avec balustrades en marbre blanc, qui met en communication les tribunes supérieures. Elles ne paraissent pas appartenir à la construction primitive.

Le chœur est séparé de la nef par une espèce de jubé qui est formé de huit belles colonnes réunies par un entablement que couronnent des statues. Au milieu de cette élégante clôture, s'élève une immense croix en argent, accompagnée de nombreuses figures.

Le maître-autel est placé sous une tribune de marbre antique, ornée de quatre colonnes couvertes de figures en haut-relief, du plus admirable travail. Au-dessus de l'autel se voit la célèbre *Pala d'oro*, monument sans analogue, vaste tableau formé d'une série de sujets peints en une sorte de mosaïque d'émaux sur lames d'or, et décoré d'une grande quantité de pierres précieuses [1].

La sacristie est une grande salle de forme rectangulaire, établie dans le prolongement du bas-côté nord. On y arrive par une porte ouverte dans la niche de gauche de l'abside. Elle est également décorée de marbres et de mosaïques. Nous ne l'avons pas indiquée sur notre dessin, parce que ce hors-d'œuvre eût altéré la forme du plan.

La façade principale de l'édifice est extrêmement riche ; elle présente une grande profusion de colonnes et de sculptures, et l'on y voit l'ogive se marier au plein cintre. Elle est de beaucoup postérieure au reste du monument, de même que les grandes roses des pignons et les dômes surhaussés, couverts de plomb,

---

[1] La *Pala d'oro* a été remaniée et enrichie à plusieurs reprises ; ses parties les plus anciennes paraissent provenir de Constantinople, et remonter au dixième siècle.

ÉGLISES. 211

qui s'élèvent au-dessus des cinq voûtes sphériques. Le portail du centre est surmonté des quatre célèbres chevaux de bronze de Corinthe [1].

Le caractère byzantin de ce monument est extrêmement prononcé. La disposition en forme de croix grecque, les dômes sur pendentifs éclairés à leur pied par une suite de fenêtres, les voûtes en berceau qui les séparent, les piliers rectangulaires qui les supportent, les grandes surfaces lisses, les revêtements en marbres de couleur, les mosaïques sur fond d'or, les chapiteaux cubiques des colonnes sur lesquelles reposent les grands arcs doubleaux du chœur et du transsept, les nombreux détails de l'ornementation, toutes ces choses sont évidemment empruntées à Constantinople. Mais il est aisé de reconnaître qu'il n'y a pas eu une servile reproduction, comme on l'a souvent prétendu. Sainte-Sophie et Saint-Marc diffèrent à la fois par les dimensions et par la disposition des plans.

L'architecture byzantine se transporta aussi très-rapidement sur les bords du Rhin, et ses traditions s'y sont conservées pendant longtemps. On voit encore aujourd'hui à Cologne une église du plus haut intérêt, qui remonte aux premières années du huitième siècle, et appartient entièrement à ce style : c'est celle de Sainte-Marie du Capitole. Fondée en 700, par sainte Plectrude, l'épouse délaissée de Pépin d'Héristal, elle a été restaurée à diverses époques ; mais ses dispositions générales ne paraissent pas avoir été altérées, et plusieurs de ses parties, les deux branches du transsept entre autres, se présentent aujourd'hui dans leur état primitif.

<small>Sainte-Marie du Capitole.</small>

Le plan rappelle celui de la basilique de la Nativité, à Bethléem ; il est remarquable par sa forme en croix latine, et par les absides placées à chacune des extrémités du transsept, qui sont semblables à l'abside principale [2]. Une coupole sur pendentifs couvre l'intersection des branches de la croix, des voûtes en berceau sont établies au-dessus des parties droites du transsept et du chœur, et des voûtes hémisphériques s'appuient sur les colonnes des hémicycles. L'ancienne voûte de la grande nef n'existe plus ; elle a été remplacée, au quatorzième siècle, par une série de voûtes d'arête en ogive. Il est à noter que les galeries latérales se prolongent dans

---

[1] Ces chevaux ont été successivement transportés à Athènes, à Rome, à Byzance par Constantin, à Venise dans le cours du treizième siècle, et ont décoré l'arc de triomphe du Carrousel, à Paris, d'où ils sont retournés à Venise, à la suite de nos désastres de 1815.

[2] Dans l'état actuel de l'édifice, l'abside du chœur est un peu plus élevée que les autres, et elle est décorée plus richement à sa partie supérieure, tant au dehors qu'au dedans ; mais tout concourt à prouver que cette différence provient d'une modification introduite dans le cours du onzième ou du douzième siècle.

les deux branches du transsept et dans le chœur, dont elles contournent les hémicycles. Cette disposition présente une richesse de forme et une habileté de distribution extrêmement remarquables.

Les poussées des voûtes des hémicycles sont contenues par de vigoureux contreforts que supportent les arcs doubleaux des bas-côtés. Ces contre-forts, qui rappellent ceux de la basilique de Constantin, à Rome (pl. 13), sont percés chacun par une arcade, dont le sommet dépasse un peu le toit des bas-côtés, et l'on peut y voir le point de départ des arcs-boutants qui ont joué un si grand rôle dans toute l'architecture du moyen âge.

Sous une partie de l'édifice, existe une crypte d'une assez grande étendue, qui est couverte par une série de voûtes d'arête reposant sur des colonnes.

La décoration est très-simple, très-pauvre même, et n'est pas exempte de quelque grossièreté. Les chapiteaux des colonnes, tant dans la crypte qu'à l'intérieur et au dehors de l'église, sont de forme cubique, et sont dépourvus de toute ornementation. Les piliers qui séparent la nef des bas-côtés sont rectangulaires, et sont simplement couronnés par une imposte, qui rappelle celle de quelques constructions romaines. Il ne paraît pas que les voûtes aient été décorées de peintures.

La disposition et la décoration extérieure du chevet de cette église sont fort intéressantes. Outre l'ampleur et la variété de la forme, on y trouve des éléments décoratifs qui ont été fréquemment reproduits, et que ne présente aucune construction antérieure, du moins à notre connaissance. Des pilastres sont établis dans la hauteur des bas-côtés, leurs proportions sont élancées, et ils supportent directement une corniche à modillons; au-dessus, contre le mur qui repose sur les colonnes des hémicycles, est un couronnement formé par une série de demi-circonférences de cercle (arcatures sans colonnes) que séparent, de trois en trois, de larges pilastres sans chapiteaux; ces pilastres, de même saillie que l'arcature, se raccordent avec elle, et les arcs-boutants dont il a été question tout à l'heure s'appuient contre eux. Ces formes n'existent aujourd'hui que sur les branches du transsept; l'abside principale, plus riche et plus élevée, est couronnée à son sommet par une petite galerie dont le plafond est soutenu par une arcature reposant sur des colonnes; mais elle ne remonte pas à la construction primitive, ainsi qu'on l'a déjà dit.

Ces arcatures sont-elles d'origine byzantine? ne doivent-elles pas être attribuées plutôt à l'architecture lombarde ? Il paraît difficile de résoudre ces questions, dans l'état actuel de nos connaissances archéologiques. Ce qu'il y a de certain, c'est qu'on n'en trouve ni à Sainte-Sophie ni à Saint-Vital, et qu'elles abondent dans les couronnements des églises lombardes. Mais à quelle époque appartiennent ces couronnements d'édifices, qui ont été restaurés à diverses reprises ? on l'ignore.

Sainte-Marie du Capitole a exercé une grande influence sur l'architecture des provinces Rhénanes. La forme de croix latine, les trois absides, la coupole centrale, le chevet richement décoré se retrouvent dans un grand nombre d'églises de cette contrée, construites postérieurement, parmi lesquelles nous citerons celles de Saint-Martin et des Saints-Apôtres dans la même ville de Cologne, de Saint-Quirin à Neuss, et la cathédrale de Bonn. Mais dans ces dernières la décoration s'est départie de son excessive simplicité ; si l'on y trouve encore le chapiteau cubique réduit à sa forme élémentaire, on en voit d'autres, et en plus grand nombre, qui se parent de toute l'élégance des sculptures byzantines du onzième et du douzième siècle.

Sainte-Marie du Capitole est donc un édifice très-important pour l'histoire de l'art, et il nous a paru qu'il convenait de compléter par un dessin la description qui précède, afin de donner au lecteur une idée suffisamment précise de ce monument.

La figure 1 de la planche 30 représente le plan, sur lequel on a marqué, en teinte plus pâle que le reste, les arcades d'un cloître qui s'appuie contre la façade occidentale[1] et date du dixième siècle, et de deux petites galeries, dont l'exécution est un peu postérieure, qui précèdent les entrées pratiquées aux extrémités du transsept.

La figure 2 est une coupe prise suivant l'axe du transsept. On a rétabli sur ce dessin l'abside principale dans l'état où elle se trouvait, suivant toute apparence, avant les modifications dont elle a été l'objet.

---

[1] Le lecteur doit être prévenu que toutes les fois qu'une façade d'église sera désignée par son exposition astronomique, il sera sous-entendu que l'édifice est orienté conformément à la règle qui a été observée pendant toute la durée du moyen âge, c'est-à-dire que la grande nef est dirigée de l'ouest à l'est, l'entrée principale étant ouverte à l'ouest, et le chœur étant placé à l'est. La plupart des basiliques des premiers temps du christianisme ont une orientation diamétralement opposée ; mais, à cette époque, l'officiant était placé derrière l'autel, et était tourné par conséquent vers le peuple et vers l'orient. La solution adoptée plus tard paraît plus conforme aux considérations qui régissent la matière, puisqu'elle met tout le monde, clergé et fidèles, dans la direction jugée la meilleure. On trouve, du reste, un grand nombre d'églises, soit antérieures soit postérieures au moyen âge, qui ne sont orientées suivant aucun de ces deux systèmes.

La figure 3 de la même planche donne le plan de l'église Saint-Martin de Cologne, édifice qui paraît remonter au dixième siècle, et dont la croisée est surmontée d'un clocher très-élevé. C'est le plus ancien exemple que nous connaissions d'une forme qui a été fréquemment employée, et qui produit un fort bon effet.

Enfin la figure 4 est le plan de l'abbaye de Laach, charmant édifice construit dans la position la plus pittoresque, au bord d'un lac profond qui occupe le cratère d'un ancien volcan, et qu'entoure une vigoureuse végétation. Cette église date du commencement du douzième siècle; elle est particulièrement remarquable par ses deux absides, l'une à l'orient, l'autre à l'occident. Cette disposition appartient à l'Allemagne; elle paraît avoir été empruntée à l'ancienne cathédrale de Cologne, et on la retrouve dans les cathédrales de Worms, de Mayence, de Trèves, dans l'église de Saint-Sebald de Nuremberg, etc.

STYLE LOMBARD.

Ces points établis, nous allons revenir sur nos pas, pour assister aux débuts d'un nouveau style d'architecture; nous retrouverons plus tard d'autres monuments de l'art byzantin.

Malgré ce que l'église de Saint-Vital avait de remarquable, malgré le luxe déployé dans sa décoration, malgré la tendance que devaient avoir les exarques à imposer l'architecture de Constantinople, ne fût-ce qu'à titre de témoignage de leur puissance, la disposition importée ne put prendre droit de cité en Italie. A Classe, près de Ravenne, à peu près en même temps que Saint-Vital, s'élevait, sous forme de basilique, une église qui subsiste encore et porte le titre de Saint-Apollinaire; et un plan analogue était adopté, quelques années après (570), pour une autre église également dédiée à saint Apollinaire, et construite à Ravenne même. Si le goût byzantin sut se faire jour dans ces deux édifices, et se lit nettement sur leur ornementation, il a été sans action sur ce qu'il y a de fondamental, c'est-à-dire sur les dispositions générales. Les plans et les formes essentielles appartiennent aux traditions latines, tandis que les chapiteaux et les autres ornements sont exclusivement byzantins [1].

[1] Les chapiteaux de la première de ces églises proviennent évidemment de Constantinople; ceux de la seconde

ÉGLISES.   215

Les deux systèmes de construction qui s'étaient offerts aux chrétiens, lors de l'établissement du culte public, se retrouvaient donc encore une fois en présence, et la question se posait de nouveau entre les voûtes et les charpentes. Il faut dire toutefois qu'elle n'était pas réduite à ces termes, car le modèle envoyé de Constantinople était établi sur un plan qui différait essentiellement de celui des basiliques, et n'était pas à beaucoup près aussi convenable. Peut-être les voûtes byzantines eussent-elles obtenu plus de succès, si l'édifice de Ravenne les eût montrées appliquées à la couverture de nefs oblongues, comme à Sainte-Sophie, ou à un plan en forme de croix, comme celui de l'église des Saints-Apôtres, à Constantinople [1]; mais elles ne pouvaient faire autorité, alors qu'elles paraissaient exiger une forme que repoussaient également de respectables traditions et les exigences du culte établi. L'esprit de l'Occident était trop judicieux pour adopter des dispositions qui ne lui semblaient pas suffisamment motivées, et mieux valait, pour lui, renoncer au caractère monumental que l'obtenir aux dépens de convenances impérieuses.

Mais un grand événement se préparait qui devait exercer une action considérable sur l'architecture de l'Occident. Les Lombards, obéissant à l'appel de Narsès, avaient à leur tour envahi le sol de l'Italie, ce point de mire de tous les peuples pour lesquels avait sonné l'heure de la rénovation. Ils surent s'y établir et y développer rapidement leur puissance. Au sortir de la barbarie, ce peuple remarquable se place presque d'emblée à la tête de la civilisation occidentale, fonde un gouvernement régulier, embrasse la religion des vaincus, encourage leur commerce, leur apporte une prospérité depuis longtemps inconnue, publie des codes dont on admire encore la sagesse, et donne un nouvel essor aux arts de la paix.

De même que tous les peuples en voie de se constituer, il tient la force en trop grand honneur pour ne pas être frappé du défaut que présentent les basiliques. Il ne peut accorder son admiration à de frêles édifices, et trouver le caractère religieux où la puissance fait défaut. Les monuments voûtés des Romains, dont il a de nombreux exemples sous les yeux, peut-être aussi quelques constructions

---

paraissent avoir été exécutés sur place, à en juger par leur grossièreté. On se figurait sans doute que des artistes capables s'étaient formés à l'étude des sculptures de Saint-Vital et de Saint-Apollinaire in Classe. C'était une grande erreur ; mais il n'est pas étonnant qu'elle ait été commise, tant était complète la décadence de l'art en Italie.

[1] Cette église n'existe plus, et elle ne nous est connue que par une description de Procope. Elle avait été construite, sous Justinien, par les architectes de Sainte-Sophie. Un dôme s'élevait au-dessus de l'intersection des branches de la croix.

byzantines, lui sont d'un précieux enseignement, et il a l'idée d'appliquer la voûte à la disposition générale dont on ne voulait pas s'écarter. C'était réunir les avantages de l'un et de l'autre des deux systèmes.

Il existe encore en Italie de nombreux témoignages de cette nouvelle architecture, parmi lesquels nous citerons l'église de Saint-Michel, à Pavie.

Saint-Michel de Pavie.

L'importance de cet édifice, au point de vue de l'histoire de l'art, nous a engagé à lui consacrer les trois planches portant les numéros 34, 35 et 36. Elles le représentent dans son état actuel.

La première en donne le plan et la coupe transversale [1], la seconde contient la coupe longitudinale, la troisième est consacrée à l'élévation principale et à celle de la branche sud du transsept.

Il n'est malheureusement pas venu jusqu'à nous dans son état primitif; il a éprouvé deux reconstructions partielles, et il a été altéré par de nombreuses restaurations. Mais ce qu'on peut faire remonter en toute assurance à la construction première, qui date du septième siècle, suffit pour établir qu'une innovation considérable avait été introduite, dès cette époque, dans les formes habituelles de l'architecture. Les colonnes engagées dans les murs étaient sorties des proportions consacrées, pour devenir beaucoup plus élancées, et l'épaisseur des murs les plus anciens prouve que l'édifice avait été voûté dès le principe. On n'est pas en droit, il est vrai, d'affirmer que les dispositions de la nef actuelle reproduisent le plan originaire, car cette partie de la construction a été entièrement rétablie au dixième siècle ; mais elles se retrouvent, pour l'essentiel, dans un édifice de haute importance, Saint-Ambroise de Milan, dont la date n'est certainement pas postérieure à la première moitié du neuvième siècle. Dans ces deux églises, dans d'autres encore de la Lombardie, moins entières, mais remontant aussi à un temps où l'on s'était refusé jusqu'à présent à trouver les débuts de la rénovation de l'art chrétien, la forme est celle de la basilique en croix latine avec deux rangs de galeries superposées. Ces galeries sont supportées, non par des colonnes isolées, mais par des piliers plus massifs, et elles sont couvertes par des voûtes d'arête ainsi que la grande nef. A Saint-Michel de Pavie, les voûtes de cette nef, qui sont établies actuellement sur plan barlong, l'étaient autrefois sur plan carré; il n'y avait pas quatre voûtes d'arête, il n'y en avait que deux, qui venaient s'appuyer sur les pi-

---

[1] Cette coupe est prise suivant la ligne ABCD du plan. Elle fait connaître ainsi, d'un côté, la disposition des galeries latérales; de l'autre, celle du dôme central et d'une des branches du transsept.

liers du milieu de la nef. Les deux autres piliers de chaque côté ne se prolongeaient pas au delà des naissances des voûtes de la seconde galerie, ainsi qu'on le voit encore aujourd'hui dans les premières travées de la grande nef de Saint-Ambroise de Milan [1].

Deux nouveaux styles d'architecture religieuse se trouvaient donc en lutte avec l'architecture romaine de la décadence, tous deux remarquables par l'introduction d'un nouveau régulateur de l'ordre intérieur. Dans les basiliques romaines, l'ordonnance est essentiellement régie par des lignes horizontales : au rez-de-chaussée, une série de colonnes séparant la grande nef des bas-côtés, au-dessus une galerie ou un mur plein, puis une suite horizontale de fenêtres. Ces trois divisions sont superposées, mais ne sont rattachées les unes aux autres par aucun membre d'architecture; on peut dire que la composition ne présente pas ce caractère d'unité qui importe à la grandeur morale. Il n'en est pas ainsi dans l'architecture byzantine : les divisions horizontales qu'exige la destination de l'édifice s'y montrent également, mais elles sont dominées et intimement unies par les grandes arcades qui constituent l'ossature fondamentale de la construction. Les points d'appui principaux partent du sol, et s'élèvent sans interruption jusqu'à la naissance des voûtes. Il y a là un ordre bien accentué, témoignant d'une loi éminemment rationnelle. Le même esprit s'est fait jour dans le monument lombard; toutefois son mode de manifestation est différent. Les points d'appui rapprochés que paraissait demander la forme de basilique ont été poursuivis jusqu'à la naissance des voûtes; mais des colonnes isolées ne pouvant se prêter à cette disposition, et ne présentant pas d'ailleurs de suffisantes garanties de solidité, on a pris le parti d'appliquer les colonnes contre les pieds-droits qui supportent les arcs, et au-dessus, contre le mur. Ainsi placées, ayant une grande hauteur, elles eussent paru trop lourdes si on leur eût assigné les proportions admises jusqu'alors, et l'on a été forcément conduit à les allonger. Elles sortent complétement des proportions de l'antiquité romaine, auxquelles on n'avait pas encore osé toucher.

Or ces deux choses : les pieds-droits cantonnés de colonnes, et les colonnes allongées et montant de fond sont fondamentales dans l'histoire de l'art. Elles constituent l'élément le plus caractéristique, la base la plus essentielle de toute l'architecture du moyen âge; elles sont de bien plus grande importance que l'ogive.

[1] Voyez la note B, à la fin du volume.

Ce sont elles qui ont permis les voûtes, les proportions élancées et la prédominance des lignes verticales, qui ont assuré, en un mot, un art spécial au christianisme de l'Occident. Leur invention est un titre de gloire qu'on a vainement voulu contester à la Lombardie [1].

Nous ne pousserons pas plus loin cet examen des constructions religieuses élevées en dehors de notre pays, pendant les dix premiers siècles du christianisme. Il paraît suffisant pour faire connaître les éléments que la France a pu emprunter, lorsqu'elle est entrée dans la carrière où elle devait bientôt occuper le premier rang, et devenir initiatrice à son tour.

ÉGLISES DE FRANCE ANTÉRIEURES AU ONZIÈME SIÈCLE.

Sauf quelques rares exceptions, toutes les églises construites dans l'ancienne Gaule, jusqu'au règne de Charlemagne, étaient des basiliques disposées de la même manière que celles de Rome. Les descriptions des historiens, la rapidité avec laquelle s'élevaient ces édifices, la fréquence des incendies, toutes ces choses en portent également témoignage. Les nombreuses constructions élevées par les Romains ou par les riches Gaulois devaient fournir des colonnes à la plupart d'entre elles, et, quand les colonnes faisaient défaut, on avait recours à des piliers rectangulaires, ainsi qu'on en trouve des exemples dans les restes, encore subsistants, de la basse œuvre de Beauvais et de l'église de Saint-Martin d'Angers, édifices qui appartiennent d'ailleurs à une époque moins reculée que celle dont il s'agit. Mais l'esprit de conservation qui, en Italie, s'était porté sur les monuments, ne paraît s'être attaché chez nous qu'aux emplacements consacrés. Au lieu de maintenir respectueusement les anciens édifices, de les restaurer quand ils menaçaient ruine, de les agrandir quand ils devenaient insuffisants, on a préféré les reconstruire en entier, suivant le goût du temps et les dispositions jugées les plus convenables. Aussi ces basiliques primitives, si nombreuses encore en Italie, ont-elles complétement disparu de notre sol. C'est chose regrettable sans doute, mais plus encore pour l'intérêt que nous éprouverions à visiter ces vieux monuments des origines de notre constitution nationale, qu'en considération de l'enseignement dont ils nous

---

[1] Voir à ce sujet la note B.

seraient. Et il ne faut pas oublier, dans nos regrets, que c'est ce besoin de rénovation, cet amour du bien, ce profond sentiment des exigences de chaque époque qui nous ont fait marcher d'un si grand pas, et nous ont assuré une si belle place parmi les nations. L'activité d'esprit, les ressources matérielles qu'eussent absorbées les restaurations des vieux édifices, nos pères du moyen âge, et c'est pour eux grand honneur, les ont consacrées à des œuvres originales, dont il n'est plus permis aujourd'hui de méconnaître la valeur. S'ils n'ont pas su conserver aussi bien que d'autres, ils ont su créer davantage. Ce qu'ils ont abandonné n'avait probablement pas grande importance au point de vue de l'art, et ce qu'ils ont élevé est du plus haut intérêt, sous le double rapport de la forme et de la science des constructions.

Les édifices des derniers Mérovingiens surtout devaient être bien médiocres. L'art romain était tombé en pleine décadence, et les misères du temps aussi bien que l'état des esprits éloignaient des grandes entreprises; la forme et le fond faisaient également défaut. Aussi quand un puissant génie vint à surgir du milieu de cette nuit profonde, dut-il demander au dehors les éléments de la renaissance qu'il avait la noble ambition d'inaugurer dans toutes les branches de l'activité humaine. C'est à Rome que Charlemagne voulut se rattacher, mais, il faut le reconnaître, plutôt pour s'inspirer de son esprit que pour lui demander des modèles à copier servilement. Ses institutions tiennent compte du génie de la race franque, au moins autant que des traditions romaines; en même temps qu'il ouvre de nombreuses écoles à l'enseignement de la langue latine, il entreprend de préciser celle de ses pères, et de lui assigner des règles; et s'il demande à l'antiquité des formes de détails, des procédés de construction et l'exemple d'édifices monumentaux, il semble se refuser aux reproductions trop fidèles, parce qu'il juge sans doute qu'elles ne conviendraient pas. La description que le moine de Saint-Gall nous a laissée du palais d'Aix-la-Chapelle annonce clairement, si écourtée qu'elle soit, des dispositions spéciales, appropriées avec une grande intelligence aux usages de l'époque et à la rigueur du climat.

La célèbre basilique de la même ville, dont la majeure partie subsiste encore, n'est même pas copiée sur celles de Rome, et, s'il fallait lui chercher un modèle, c'est à Saint-Vital qu'on le trouverait. Charlemagne avait confié cette construction à des artistes appelés d'Italie, probablement de Ravenne, qui était alors l'un des centres du mouvement de l'art en Occident, et il avait fait venir, de cette ville et

Notre-Dame d'Aix-la-Chapelle.

de Rome, les colonnes de marbre et les mosaïques qui devaient décorer un édifice auquel il attachait la plus haute importance.

Ce précieux monument consiste en un vaisseau de forme octogonale, qu'entourent deux galeries superposées. L'une et l'autre sont ouvertes sur le vaisseau par huit arcades reposant sur des pieds-droits, mais les arcades de l'ordre supérieur, beaucoup plus hautes que celles du rez-de-chaussée, sont divisées en deux parties sur la hauteur, et en trois sur la largeur par deux rangs superposés de colonnes. Les colonnes du premier rang sont réunies par de petits arcs, et celles du second s'élèvent presque jusqu'au sommet de l'arcade, dont leurs architraves semblent soutenir l'intrados. Au-dessus des galeries, sont ouvertes des fenêtres en arcades, au nombre de huit. Le vaisseau est surmonté d'une voûte en arc de cloître à base octogonale. La galerie du rez-de-chaussée est couverte par des voûtes d'arête établies sur plan carré, qui sont séparées par d'autres voûtes résultant également de l'intersection de voûtes en berceau, mais dont le plan est triangulaire, et qui ont pour axes les rayons passant par les sommets de l'octogone. Cette disposition a conduit à donner au mur d'enceinte de la galerie un nombre de côtés double de celui du vaisseau.

Toutes les voûtes de l'édifice sont en plein cintre, et les profils appartiennent à l'architecture romaine.

On voit que la disposition générale rappelle beaucoup celle de Saint-Vital. La principale différence consiste dans la suppression des grandes niches, d'origine byzantine, qui jouent un rôle important dans l'architecture de cette dernière église, et ne se trouvent pas à Aix. Doit-on l'attribuer aux difficultés de l'exécution, ou y voir un témoignage de la prédilection des hommes du Nord pour les formes simples et rationnelles ?

Éginhard dit que cette basilique était décorée d'or, d'argent, de marbres précieux, et renfermait des grilles, des candélabres et des portes de bronze.

Abbaye de Lorsch. — Un monument très-intéressant pour l'histoire de l'art, et qui paraît remonter à la même époque que celui d'Aix-la-Chapelle, est le porche, encore subsistant, de l'église de l'abbaye de Lorsch, dans le grand-duché de Hesse. Il montre à quel degré de corruption était arrivée l'architecture romaine. Il se compose d'un rez-de-chaussée surmonté d'un étage. Le rez-de-chaussée est ouvert par trois arcades en plein cintre dont les pieds-droits sont décorés d'un grossier composite. L'étage est orné de pilastres à peu près de même ordonnance, au nombre de trois par arcade, qui sont réunis, non par des arcs, mais par des triangles équilatéraux dont la base a été supprimée. Quelques petites fenêtres en plein cintre sont ouvertes entre ces singulières arcades.

On connaît d'ailleurs d'autres exemples de ces arcs triangulaires, auxquels a pu donner naissance la forme des frontons ou celle de pierres inclinées en sens inverse et s'appuyant l'une contre l'autre. On en voit dans l'ancien baptistère de Poitiers, qui paraît être antérieur à l'abbaye de Lorsch, et dans plusieurs constructions du moyen âge, surtout en Angleterre.

L'église de Saint-Remy, à Reims, peut donner une idée plus complète de l'architecture, non plus sous Charlemagne, mais sous ses successeurs; car elle date du dixième siècle. Elle a été reconstruite en partie, et a reçu de nouvelles formes décoratives au douzième siècle; mais les adjonctions se reconnaissent aisément, et l'on peut retrouver ses dispositions primitives, quand on la dépouille de tout ce qui leur est étranger.

<small>Saint-Remy de Reims.</small>

C'était une des plus importantes églises de l'époque. Elle se composait d'une grande nef avec bas-côtés, d'un transsept bien accusé et d'un chœur beaucoup plus développé que ceux des basiliques romaines, lequel est accompagné de trois petites absides. Le transsept et le chœur étaient entourés d'un collatéral. Une galerie régnait au-dessus des bas-côtés.

Des pieds-droits cylindriques, entourés de colonnes engagées, séparaient la nef de ses collatéraux, et étaient réunis par des arcs en plein cintre. Au-dessus de ces points d'appui, des piliers de forme rectangulaire recevaient les retombées des arcades de la galerie supérieure; ils étaient décorés d'impostes. Chacune de ces arcades en contenait deux autres qui reposaient sur une même colonne placée au milieu de l'ouverture. C'était une disposition analogue à celle qui s'observait à Saint-Vital et à Aix-la-Chapelle, seulement la division était faite en deux au lieu de l'être en trois.

La grande nef était couverte par une charpente, et les bas-côtés étaient voûtés ainsi que les galeries. La plupart des anciennes voûtes ont été reconstruites; mais celles des bas-côtés du transsept subsistent encore, et font voir en quel oubli étaient tombées, à cette époque, les saines méthodes de l'art de bâtir. Ce ne sont point des voûtes d'arête, voûtes que ni les Romains, ni les Byzantins, ni les Lombards n'eussent manqué de construire en pareille position : ce sont des voûtes en berceau dont l'axe est normal à la direction de la galerie. Des arcs en plein cintre relient les colonnes avec le mur en avant duquel elles sont placées, et l'intervalle entre deux arcs consécutifs est couvert par une voûte qui s'appuie sur eux. On évitait ainsi d'avoir à exécuter des arêtes, les cintres étaient plus simples, et la construction devenait plus facile ; mais il en résultait que les galeries paraissaient écrasées, et que le cube des maçonneries l'emportait notablement sur celui qu'eût exigé un système plus intelligent. La solution était d'ailleurs fort peu satisfaisante sous le rapport de la forme.

Saint-Philbert de Tournus. On a un autre exemple de cette singulière disposition des voûtes, dans la grande nef de l'église Saint-Philbert, à Tournus, laquelle est à peu près contemporaine de Saint-Remy et subsiste encore.

Cette nef est séparée des bas-côtés par de lourdes colonnes au-dessus desquelles s'en élèvent d'autres également très-courtes, engagées dans le mur contre lequel elles s'appuient, et qui supportent des arcs en plein cintre dirigés en travers de la nef. C'est sur ces arcs que reposent les petites voûtes en berceau, dont l'ouverture est par conséquent égale à l'espacement des colonnes. La nécessité d'éclairer la grande nef par des jours directs, ouverts au-dessus des bas-côtés, ne permettait pas d'ailleurs de couvrir au moyen d'une seule voûte cylindrique établie à même hauteur que les arcs transversaux et dans leur prolongement ; car les fenêtres eussent exigé des pénétrations dans la voûte, dont l'effet n'eût point été heureux, et qui présentaient en outre des difficultés d'exécution que les constructeurs du temps ne se souciaient pas sans doute d'affronter.

La disposition adoptée à Saint-Philbert est analogue à celle qu'offrirait une nef de basilique, dans laquelle les fermes en charpente auraient été remplacées par des arcs transversaux en maçonnerie, comme il se voit dans celle de Sainte-Praxède, à Rome, et où des voûtes en berceau appuyées sur ces arcs auraient été substituées au plafond ou aux pannes et chevrons de la toiture. Elle n'était pas difficile à imaginer, et rien n'empêche d'accorder le mérite de l'invention aux architectes de l'époque. Peut-être cependant a-t-elle été empruntée à l'architecture arabe, qui présente quelque chose d'analogue dans la mosquée de Cordoue, mais avec un tout autre caractère.

On peut citer encore, parmi les églises voûtées en totalité ou en partie qui sont antérieures à la fin du dixième siècle, et se sont conservées jusqu'à nos jours, celles de Germigny (Loiret) et de Vignory (Haute-Marne). Elles présentent des voûtes en berceau sur les nefs et des voûtes sphériques sur les absides, mais point de voûtes d'arête, et toutes ces voûtes sont de très-faible ouverture.

Le besoin de voûter les églises, afin de prévenir le retour d'incendies qui paraissent avoir été fréquents, devait préoccuper les architectes; mais il est probable que quelques mécomptes les avaient rendus très-craintifs.

S'il était permis de prononcer sur l'état de l'architecture dans notre pays pendant le neuvième et le dixième siècle, d'après le petit nombre d'édifices de cette époque parvenus jusqu'à nous, on dirait que l'art était arrivé à cette honteuse barbarie qui suit la décadence, sans annoncer encore la rénovation. Les traditions romaines étaient tombées en oubli, sauf peut-être sur quelques points privilégiés, et les enseignements des Byzantins et des Lombards ne s'étaient pas encore fait entendre. Les colonnes étaient courtes, les chapiteaux lourds, les sculptures grossières, les matériaux de petites dimensions et mal travaillés, l'architecture, en un mot, était plongée, comme le pays, dans le chaos qui a régné entre la renaissance tentée par le génie de Charlemagne et la constitution du gouvernement féodal.

État de l'architecture en France au dixième siècle.

Mais, dès le début du onzième siècle, une véritable révolution se produit dans l'art de bâtir, et de nombreuses églises s'élèvent de tous côtés. On sait que l'an 1000 était attendu avec une profonde terreur, que, dans les croyances populaires, il devait marquer la fin des temps et le jugement universel. « Au bout
« de mille ans, avait dit saint Jean, Satan sortira de sa prison... Le livre de la
« vie sera ouvert; la mer rendra ses morts; l'abîme infernal rendra ses morts;
« chacun sera jugé selon ses œuvres par Celui qui est assis sur un grand trône
« resplendissant, et il y aura un ciel nouveau et une terre nouvelle[1]. »

Mouvement produit au onzième siècle

« Vers la troisième année après l'an 1000, dit le chroniqueur Glaber, les ba-

---

[1] « On léguait, dit M. Henri Martin, ses terres, ses châteaux, aux églises, aux monastères, pour s'acquérir des pro-
« tecteurs dans le royaume des cieux où l'on allait entrer. Beaucoup de chartes de donations aux églises commencent
« par ces mots : « La fin du monde approchant, et sa ruine étant imminente, etc. » Quand approcha le terme fatal, les
« populations s'entassèrent incessamment dans les basiliques, dans les chapelles, dans tous les édifices consacrés à Dieu,
« et attendirent, transies d'angoisses, que les sept trompettes des sept anges du jugement retentissent du haut du
« ciel.
« Le premier jour de l'an 1000, puis tout le mois, puis toute l'année, s'écoulèrent sans que les astres se détachas-
« sent du firmament, et sans que les lois de la nature eussent été aucunement interverties; mais la terreur générale ne
« se calma pas sur-le-champ : ne pouvait-on s'être trompé de quelques mois ou même plus, dans les calculs terrestres
« sur la marche du temps? L'effroi populaire se dissipa enfin; mais avec lui ne furent point anéantis les dons immenses
« prodigués au clergé et principalement aux communautés religieuses : cette seule année indemnisa l'Église d'innom-
« brables usurpations exercées sur son patrimoine. Le retour des populations vers la foi la plus ardente ne s'arrêta pas
« avec la cause qui lui avait donné la première impulsion. »

« siliques sacrées furent réédifiées de fond en comble dans presque tout l'univers,
« surtout dans l'Italie et dans les Gaules[1], quoique la plupart fussent encore assez
« solides pour ne point exiger de réparations. Les peuples chrétiens semblaient
« se disputer entre eux à qui élèverait les églises les plus belles et les plus riches :
« on eût dit que le monde entier, d'un commun accord, avait dépouillé ses anti-
« ques haillons pour se couvrir d'églises neuves comme d'une blanche robe. Les
« fidèles ne se contentèrent pas de reconstruire les basiliques épiscopales ; ils res-
« taurèrent et décorèrent aussi les monastères dédiés aux saints, et jusqu'aux
« chapelles des villages. Le monastère de Saint-Martin de Tours fut un des plus
« magnifiques ouvrages de cette époque ; le vénérable archidiacre Hervé, ayant fait
« abattre l'ancienne église, éleva sur ses ruines un nouvel édifice d'une merveil-
« leuse beauté, et y transféra le corps du grand saint Martin. »

La quantité d'églises construites en France à cette époque est en effet quelque chose de prodigieux, et ce qui ne l'est pas moins assurément, ce sont les belles et savantes dispositions, l'ornementation de bon goût, les sculptures élégantes qui se produisent en même temps, et sans que rien jusqu'alors ait paru y préparer. Si grand qu'ait été le mouvement, si vives qu'aient été les aspirations des esprits vers le beau, ils ne suffisent pas à expliquer un pareil phénomène ; mais ils font comprendre qu'on ait été demander au dehors les enseignements qui ne se trouvaient pas sur place, et qu'on ait su les mettre à profit.

Pour régir les nombreuses constructions qu'on se proposait d'élever, on pouvait faire appel à trois grands styles d'architecture : au byzantin, au lombard et à l'arabe. Chacun d'eux exerça effectivement son action ; nous allons tâcher de montrer en quoi elle a consisté.

STYLE BYZANTIN EN FRANCE.

Nous commencerons par l'architecture byzantine, qui paraît être arrivée la première, et n'a même pas attendu l'heure de la rénovation générale, car son début en France est un peu antérieur à l'avènement du onzième siècle. C'est à Périgueux qu'elle se montre à nous pour la première fois, et dans un monument de grande importance, surtout pour l'époque.

---

[1] On sait qu'il ne faut pas prendre cette assertion à la lettre ; fort heureusement pour l'histoire de l'art, la réédification n'a pas été aussi complète que le croyait Glaber.

ÉGLISES. 225

Saint-Marc s'élevait à peine au-dessus du sol, que déjà cet édifice était célèbre, et servait de modèle. En 984, une vaste église, celle de Saint-Front, est fondée à Périgueux, et elle reproduit le monument vénitien dans toutes ses dispositions essentielles. C'est le même plan, abstraction faite du vestibule ajouté après coup à Saint-Marc, et ce sont à peu près les mêmes dimensions. Il est incontestable qu'il y a eu reproduction. Est-elle due à un architecte français qui avait visité Venise? a-t-elle été exécutée sur des dessins qu'on se serait procurés ? cela importe peu. Ce qui est remarquable et ce qui éloigne l'idée de l'intervention soutenue d'artistes étrangers, c'est que, si la disposition générale est byzantine, la construction et l'ornementation appartiennent à l'art qui régnait alors dans cette partie de la France, à celui de la décadence romaine. La décoration byzantine ne s'est introduite chez nous qu'à une époque postérieure. Il est également digne de remarque que les grands arcs qui supportent les coupoles et que ces coupoles elles-mêmes n'ont pas pour directrices des demi-circonférences de cercle, comme à Saint-Marc et dans les édifices de Constantinople, mais une courbe en ogive. Cette forme n'est pas très-prononcée, elle n'a pas été adoptée dans des vues esthétiques, comme on l'a fait plus tard ; car elle ne se montre dans aucune des autres voûtes ou arcades du monument. Il est bien évident qu'on y a eu recours parce qu'elle offrait plus de garanties de stabilité, et ne réclamait pas une exécution aussi parfaite que le plein cintre. On avait perdu l'habitude des vastes constructions, la science faisait défaut, les bonnes traditions s'étaient effacées, et l'on devait être effrayé à l'idée de faire supporter des dômes par des voûtes qui sortaient des dimensions en usage, et étaient sans doute regardées comme très-hardies (13 mètres d'ouverture environ). Du reste, l'événement a prouvé que cette crainte était fondée, car il a fallu renforcer après coup les piliers, pourtant bien massifs, qui supportent les coupoles, tant la construction proprement dite avait été mal exécutée ; de sorte qu'aujourd'hui la naissance des voûtes est établie en retraite très-prononcée sur les parements des points d'appui, d'où résulte un effet peu satisfaisant [1].

Les cinq coupoles sont de mêmes dimensions ; on ne trouve à Saint-Front ni les colonnes adossées, ni celles qui ont été ajoutées après coup à Saint-Marc pour réunir les piliers des grandes voûtes ; de petites absides s'ouvrent sur les parois orientales du transsept ; enfin, on chercherait en vain, dans la cathédrale du Pé-

Saint-Front de Périgueux.

[1] L'édifice menaçait ruine il y a quelques années, au point qu'on a dû en venir à une reconstruction presque complète, et l'on en profite pour faire disparaître ces témoignages de l'inhabileté de nos pères.

rigord, quelques souvenirs des sculptures, des riches revêtements de marbre ou des splendides mosaïques de son modèle. Elle est pauvre et nue, et la maladresse de ses constructeurs se trahit, en plus d'un endroit, sous le badigeon qui couvre ses surfaces. Et malgré cela, elle est d'un grand caractère, tant il y a de puissance dans une disposition simple et largement conçue.

Après Saint-Front, les églises à coupoles se sont multipliées dans le centre de la France, soit que cette église ait été le point de départ d'une nouvelle école, soit que les relations avec Venise, qui étaient fréquentes alors, aient familiarisé avec la disposition dont il s'agit ; mais il est à remarquer qu'on ne trouve plus de reproduction de Saint-Marc, ce qui tendrait à faire accorder plus de créance à la première de ces hypothèses qu'à la seconde. La coupole sur pendentifs, supportée par des points d'appui rectangulaires, est le seul élément caractéristique et permanent de ces constructions ; la croix grecque est à peu près abandonnée, et la forme des plans varie beaucoup.

Nous citerons, parmi ces églises, celle de Saint-Étienne, à Périgueux, qui n'est postérieure à Saint-Front que de quelques années, et qui consistait probablement en une seule nef formée de trois coupoles, dont deux, mais l'une reconstruite, subsistent encore ; la cathédrale de Cahors, nef à deux coupoles ; l'abbaye de Souillac, en forme de croix latine, avec deux coupoles dans la nef, et une autre à l'intersection des branches de la croix : les abbayes de Solignac et de Fontevrault ; enfin, la cathédrale d'Angoulême, l'un des plus intéressants spécimens de ce que cette architecture importée est devenue entre les mains des artistes français. Nous nous arrêterons quelques instants sur ce dernier édifice, dont le plan, les coupes, l'élévation et quelques détails décoratifs sont donnés par les planches 31, 32 et 33 [1].

Cathédrale d'Angoulême.

La majeure partie de la construction date du commencement du douzième siècle (1120). C'est à cette époque que le monument, gravement altéré depuis en quelques points, a reçu la forme sous laquelle il nous est donné de le faire revivre; mais la partie inférieure de sa façade occidentale (pl. 33, fig. 1) et la première coupole tout entière semblent appartenir à un édifice antérieur, qui fut consacré,

---

[1] Ces planches ont été exécutées d'après les dessins qu'a bien voulu nous communiquer l'habile architecte chargé de la restauration de ce monument, M. Abadie. La figure 1, planche 31, donne le plan de l'édifice; les figures 2 et 3 de la même planche représentent respectivement la moitié d'une coupe prise suivant l'axe du transsept et la moitié d'une coupe transversale de la nef ; la planche 32 est occupée par la coupe longitudinale ; la planche 33 donne l'élévation principale (fig. 1), l'élévation de l'abside (fig. 2), et divers détails de décoration intérieure.

en 1017, par l'évêque Grimoald. Il est à remarquer, en effet, que les colonnes de l'arcature supérieure de la façade sont plantées très-irrégulièrement par rapport à celles du rez-de-chaussée, qui sont disposées avec beaucoup d'ordre; que l'ornementation n'est plus la même; que des gargouilles, encore subsistantes sur les faces latérales, immédiatement au-dessus de la première arcature, ne peuvent s'expliquer qu'en admettant l'existence antérieure d'une toiture venant verser ses eaux à cette hauteur ; enfin, que les piliers de la première coupole à l'intérieur, ainsi que l'arcature figurée comprise entre eux, sont évidemment plus anciens que les autres, dont ils se distinguent par une simplicité voisine de la rudesse.

L'édifice a la forme d'une croix latine très-allongée. Trois coupoles sur pendentifs couvrent le pied de la croix. Les piliers qui séparent la première de la seconde sont plus larges que ceux qui sont compris entre cette dernière et la troisième, et ils appartiennent sans doute à la construction primitive, de même que les piles formant culées contre la façade. Les têtes des piliers du douzième siècle sont décorées de colonnes accouplées qui supportent des arcs doubleaux, dirigés transversalement à la nef, et elles présentent, sur leurs faces latérales, d'autres colonnes que réunissent également des arcs doubleaux. Les chapiteaux se prolongent d'une colonne à l'autre sur les trois côtés du point d'appui, de manière à marquer la naissance des arcs par une ornementation bien accentuée. L'arcature adossée contre les murs latéraux supporte une galerie, qui, au moyen de passages ménagés dans les piles, permet de circuler dans toute la longueur de la nef; elle est formée, dans la première travée, de quatre arcades sans archivoltes, portant sur des pilastres très-simples [1], mais elle devient plus riche et plus monumentale dans les deux suivantes : elle ne se compose plus que de trois arcades par travée, lesquelles reposent sur des pieds-droits décorés de bases et de riches chapiteaux, et accompagnés de colonnes en saillie qui reçoivent les retombées des archivoltes. Sur les faces latérales, au-dessus des arcatures, sont ouvertes des fenêtres que couronnent des arcs s'appuyant, tant au dehors qu'au dedans, sur de petites colonnes engagées.

La coupole placée à l'intersection des branches de la croix est beaucoup plus élevée que les autres, et est apparente au dehors. Elle est séparée de ses pendentifs par un tambour décoré de riches arcades sur colonnes accouplées, dont quatre

---

[1] Cette arcature a malheureusement été détruite dernièremen pour faire place à une ornementation semblable à celle des autres travées.

sont des fenêtres, et sa forme, en projection horizontale, est plutôt celle d'un carré arrondi sur les angles que celle d'un cercle. Cette dernière disposition, dont on ne s'aperçoit pas d'ailleurs au premier abord, a été adoptée sans doute pour réduire l'amplitude et par suite les dangers des pendentifs appelés à supporter une pression qui, à cette époque, devait être regardée comme considérable. L'une et l'autre branche du transsept sont très-courtes. Chacune d'elles est couverte par une voûte en berceau et présente une petite abside, du côté de l'Est. A chaque extrémité du transsept, est une chapelle d'une architecture riche et monumentale, que recouvre un dôme, et que surmonte un clocher très-élevé et du plus beau style. L'un de ces clochers a été détruit; l'autre, qui menaçait ruine, vient d'être restauré très-habilement.

L'abside est comparativement longue. Elle est couverte par une voûte en berceau que supporte une belle arcature, et elle est accompagnée de quatre absidioles, entre lesquelles sont percées les fenêtres qui l'éclairent. Sa forme n'est pas moins heureuse au dehors qu'au dedans, ainsi que le montre la figure 2 de la planche 33.

De même que dans Saint-Front et dans la plupart des autres églises analogues et à peu près contemporaines, les arcs qui supportent les coupoles sont en ogive, mais toutes les petites ouvertures sont formées par des voûtes en plein cintre.

La façade principale de ce monument, que représente la figure 1 de la planche 33, est extrêmement remarquable. Elle est couverte de riches sculptures qui, sans masquer les lignes essentielles de l'architecture décorative, ont pour effet de dissimuler, en attirant l'attention, l'irrégularité que nous avons signalée plus haut.

Le sujet que représente cette grande page est le jugement dernier. Au sommet de l'arcade centrale, est le Christ debout, accompagné des images symboliques des quatre évangélistes ; deux anges entourés de nuages sont placés au-dessus de sa tête, et d'autres occupent l'archivolte ; de nombreux médaillons, distribués à la même hauteur, encadrent des figures qui sont agenouillées, ont une main sur la poitrine, et tendent l'autre vers le Tout-Puissant ; au-dessous, dans des arcades feintes, sont les élus d'abord, puis, dans les arcs latéraux, les réprouvés au nombre de deux de chaque côté. Les douze apôtres sont représentés trois par trois dans les tympans des arcatures inférieures. Enfin deux statues équestres, complètement mutilées aujourd'hui, mais dont il n'est pas impossible de reconnaître les dispositions, paraissent avoir représenté l'une saint Martin et l'autre saint Georges [1].

Bien qu'exécuté sur une assez petite échelle, puisque la nef n'a que $15^m,10$ de largeur, cet édifice produit beaucoup d'effet. Il a un caractère très-monumental, qu'il doit à sa disposition générale, à la fois simple et ferme, et à l'ampleur de son ornementation. C'est un témoignage frappant des immenses progrès de l'architecture dans le cours du onzième siècle. L'art, qui faisait défaut à Saint-Front, abonde ici dans les divisions principales, aussi bien que dans les moindres détails, et il a résolu un problème dont n'avaient eu à se préoccuper ni les architectes de Sainte-Sophie, ni ceux de Saint-Marc : celui d'orner convenablement les vastes surfaces d'une construction byzantine, sans recourir à la mosaïque ou à la peinture. La mosaïque était à peu près inconnue en France au douzième siècle, et la peinture pouvait paraître trop éphémère pour qu'on voulût lui confier un office aussi important. Le seul parti à prendre, et il a été adopté, consistait à introduire des divisions rationnelles dans les surfaces dont il fallait masquer la nudité. Des colonnes ont été appliquées contre les piliers, des arcs doubleaux ont introduit du mouvement dans les voûtes, de riches arcatures ont couvert les murs, et les colonnes se sont étendues jusqu'aux jambages des fenêtres. Sans doute il y a loin de là à la richesse des édifices de l'Orient, mais par contre la décoration se rattache davantage au fond, est plus monumentale, se trouve plus intimement liée à la construction proprement dite, et a quelque chose de plus satisfaisant pour l'esprit.

Les proportions des colonnes doivent être remarquées. Elles sortent complétement de celles de l'antiquité et de tous les édifices qui viennent d'être passés en revue, abstraction faite de ceux des Lombards ; elles sont beaucoup plus élancées, et n'appartiennent point à l'art byzantin : c'est à l'architecture désignée sous le nom d'architecture romane qu'elles ont été empruntées.

Quant à la sculpture, elle est riche, variée, précise et abondante, et elle ne reproduit aucune des formes de l'art romain, ainsi qu'on peut en juger à l'inspec-

---

[1] Un archéologue distingué, M. l'abbé Michon, suppose qu'une petite figure, placée près du premier de ces saints et semblant s'élancer vers le ciel, représentait l'Espérance, et il trouve ainsi les trois vertus théologales dans ces deux groupes de sculptures.

tion des figures 3, 4, 5 et 6 de la planche 33, qui représentent différents chapiteaux de l'intérieur du monument. D'où provient-elle? a-t-elle spontanément pris naissance sur notre territoire? ne porte-elle pas, comme la construction elle-même, le témoignage d'une influence étrangère? Ces questions, nous devons les réserver pour le moment où nous parlerons de l'art roman. Nous venons de le trouver s'associant à l'architecture byzantine ; il faut maintenant revenir sur nos pas pour remonter à son principe.

STYLE ROMAN.

Il y a, dans l'histoire de France, un peuple qui offre des points de ressemblance bien remarquables avec les Lombards : ce sont les Normands. De même que celui auquel nous le comparons, c'est d'abord un peuple de barbares, juste sujet d'effroi pour la chrétienté ; puis tout d'un coup, dès qu'il a conquis, il se convertit, se fixe sur le sol, et fait succéder la paix à la guerre, la justice à la violence, la prospérité à la ruine. C'est au dixième siècle que Roll, le vieux roi de la mer, s'établit dans la partie des Gaules qui lui est concédée ; bientôt la Normandie est vigoureusement organisée ; le commerce y fleurit, car il y trouve plus de sécurité qu'ailleurs ; la population se développe, fécondée par un sang nouveau, et, dès les premières années du siècle suivant, on voit les Normands défendre le pape contre les Grecs de Constantinople, et fonder dans le sud de l'Italie un établissement qui devait avoir de la durée.

Quelques-uns de ces nouveaux défenseurs de l'Église durent rapporter en Normandie le souvenir des monuments qu'ils avaient admirés, et surtout celui de l'architecture alors en usage, c'est-à-dire de l'architecture lombarde. Mais une transmission plus directe et plus autorisée de l'art italien avait lieu par une autre voie. La Lombardie, qui était le foyer des lumières de l'époque, envoyait des missionnaires dans les diverses parties de l'Occident, pour y répandre les saines doctrines, aussi bien en matière d'art qu'en théologie. Ces prêtres ne se bornaient pas aux prédications, ils s'occupaient aussi de la construction des églises, dont ils traçaient les plans, et ils n'y apportaient pas moins d'ardeur. Un moine lombard, du nom de Guillaume, renommé pour ses connaissances en architecture, avait été envoyé en Bourgogne dans les premières années du onzième siècle, et s'était rendu de là en Normandie. C'était encore un Lombard, ce Lanfranc qui, après s'être livré à l'enseignement à Pavie et à Avranches, entra dans l'abbaye du Bec, et la rendit célèbre entre toutes celles de la contrée. Guillaume le Conquérant, dont il était devenu le conseiller intime, le mit à la tête de la principale abbaye de Caen, et le fit asseoir plus tard sur le siége archiépiscopal de Cantorbéry. Ce fut lui qui jeta, en 1064, les fondements de l'église de Saint-Étienne de Caen, autrement dite Abbaye-aux-Hommes. Il laissa à son successeur le soin de la terminer, mais il en donna certainement les dessins.

Aussi l'édifice témoigne-t-il d'un art nettement constitué, qui rappelle celui dont Saint-Michel de Pavie est aujourd'hui l'un des plus anciens monuments. Et il en est ainsi de plusieurs autres construits à la même époque en Normandie, tels que Saint-Georges de Bocherville, l'Abbaye-aux-Dames de Caen et l'abbaye de Jumièges.

<small>Saint-Étienne de Caen</small>

Tous ces monuments présentent une disposition analogue à celle de Saint-Michel de Pavie : grande nef voûtée, séparée des bas-côtés par des piliers cantonnés de colonnes engagées, lesquelles sont très-allongées du côté de la nef, et transsept accentué, donnant au plan la forme d'une croix latine. A l'Abbaye-aux-Dames, la galerie supérieure est simulée ; on s'est borné à l'indiquer par une série de petites arcades dont les pieds-droits n'ont qu'une faible saillie sur le nu du mur. A Bocherville, cette galerie est fort basse, et s'ouvre sur la nef par trois arcades reposant sur des colonnes. A Saint-Étienne, elle est de même largeur et presque de même importance que les bas-côtés, et elle est grandement ouverte sur la nef. Dans chacune des églises de Caen, on a profité de l'épaisseur du mur pour établir un passage en avant des fenêtres percées au-dessus de la galerie. Toutes ces ouvertures, ainsi que les voûtes, sont en plein cintre.

La planche 31 fait connaître les dispositions générales et les principaux détails de Saint-Étienne.

La figure 1 représente le plan de l'édifice dans son état actuel. Le chœur n'appartient pas à la construction primitive ; il date du treizième siècle, est beaucoup plus développé que l'ancien, et présente d'ailleurs une très-heureuse disposition.

Les figures 2 et 3 donnent respectivement un fragment de coupe longitudinale de la nef et la moitié de la coupe transversale.

Les autres figures, exécutées sur une plus grande échelle que les précédentes, sont consacrées aux détails suivants : figure 4, plan d'un des piliers (marqués A sur les figures 1 et 2) qui reçoivent les retombées des voûtes d'arête ; figures 5 et 6, élévation de face et élévation latérale de la colonne B de la figure précédente, qui reçoit la retombée d'une des arcades ouvertes sur les bas-côtés ; figure 7, chapiteau d'une des colonnes des fenêtres de la grande nef ; figure 8, archivolte des arcs reposant sur ces colonnes, et bandeau établi à hauteur de la naissance des voûtes. La figure 9 représente l'un des chapiteaux de l'Abbaye-aux-Dames.

La disposition des voûtes de Saint-Étienne est très-remarquable. On voit que la grande nef est couverte par des voûtes d'arête établies sur un plan à peu près carré, et dont le mode de génération ne s'est point encore rencontré dans le cours de ces études. Des arcs doubleaux s'élèvent au-dessus de chacune des grandes colonnes de la nef, puis, de deux en deux travées, partent des nervures en diagonale, analogues à celles d'une voûte d'arête établie sur plan carré, dont les retombées sont reçues par des colonnes spéciales accolées aux premières. Il en résulte que les pieds-droits présentent alternativement, sur leurs faces principales, tantôt une colonne, tantôt trois, ainsi que l'indique la figure 4, sur laquelle on a marqué par un trait la forme des piliers intermédiaires C (figures 1 et 2). La voûte principale, dirigée dans le sens de la grande nef, est en berceau ; chacune des voûtes incidentes, et il y en a une par travée, est engendrée par le mouvement d'une ligne assujettie à la condition d'être toujours horizontale, et de s'appuyer, à la fois, sur une demi-circonférence surhaussée, appliquée contre le mur de la nef, et sur la moitié d'un arêtier d'abord, puis sur la moitié d'un des arcs doubleaux intermédiaires. D'où provient cette singulière disposition, qui est assez compliquée, et n'était pas sans offrir des difficultés d'exécution qu'eût évitées la voûte d'arête ordinaire ? Elle paraît devoir être attribuée à l'ignorance de l'époque. On ne connaissait probablement alors, en fait de voûtes d'arête, que celles qui, établies sur plan carré, étaient fréquemment employées pour la couverture des bas-côtés, lors même que les grandes nefs étaient plafonnées, conformément au système adopté pour les anciennes basiliques, et l'on ne songea pas à en élever sur plan barlong, ou l'idée, si elle se présenta, ne fut pas accueillie. Et il est à remarquer qu'on n'était pas plus avancé en Lombardie, car, ainsi qu'on l'a vu plus haut, les églises Saint-Michel de Pavie et Saint-Ambroise de Milan étaient couvertes par des voûtes d'arête embrassant deux travées, et établies sur un plan qui était carré à fort peu de chose près. Il est probable que la même disposition était dans les dessins de Lanfranc, et devait être appliquée à l'édifice qui nous occupe. La forme des piliers A vient à l'appui de cette hypothèse, car elle porte les traces les plus nettes d'un remaniement ; on voit qu'au-dessus des chapiteaux des pilastres annexés à la colonne principale, on a élevé, évidemment après coup, deux petites colonnes sur lesquelles viennent retomber les arêtiers. Rien de semblable n'a pu être dans les intentions premières du constructeur. Il est évident que les chapiteaux des pilastres étaient établis à la hauteur qui avait été assignée à la naissance des voûtes, et que celui de la colonne principale, placé d'abord au même niveau, a été relevé plus tard, quand on a surmonté les pilastres de petites colonnes. Les premiers ne pouvant pas être utilisés, puisqu'on substituait une forme circulaire à la forme rectangulaire, sont restés en place. Peut-être enfin les directrices des deux voûtes en berceau, dont l'intersection devait former des voûtes d'arête sur plan carré, étaient-elles surhaussées dans le projet, de manière à donner aux arêtiers la forme du plein cintre ; les voûtes se fussent élevées alors un peu plus haut que celles qui existent aujourd'hui, et les fenêtres eussent été parfaitement dégagées. Ajoutons qu'à l'extérieur, on voit, dans l'axe de chaque travée, une fenêtre semblable aux autres, et qui a été bouchée après coup. On a dit avoir trouvé des preuves certaines que cette nef était couverte dans le principe par une charpente apparente ; nous n'avons pu les découvrir, mais le fait importe peu. L'essentiel est moins de savoir ce qui a été que de savoir ce qu'on avait l'intention de faire. Il est fort possible qu'après le départ de Guillaume et de Lanfranc, on n'ait plus eu les ressources nécessaires pour exécuter le projet dans son entier, et qu'on ait été obligé de se contenter d'une couverture économique. Mais ce qui paraît certain, et ce que démontrent la forme et les dimensions des piliers, ainsi que les arcs-boutants de la galerie supérieure, c'est qu'il était dans les intentions de l'auteur du projet de couvrir la grande nef par des voûtes d'arête embrassant deux travées, comme celles qui étaient alors en usage en Lombardie.

Que, peu de temps après, on ait trouvé que les voûtes ainsi disposées ne produisaient pas un très-bon effet, parce que le pilier intermédiaire, ne s'y rattachant point, ne paraissait pas suffisamment motivé et ne l'était pas effectivement, il n'y a rien là que de très-facile à concevoir. On aura imaginé alors le méridien qui divise la grande voûte, la relie à tous les points d'appui existants, et reporte une partie de son action sur ceux qui en étaient exonérés. On aurait pu se borner à la construction de cet arc doubleau, et c'est ce qui a été fait à l'Abbaye-aux-Dames, dont les voûtes sont un peu antérieures à celles de l'Abbaye-aux-Hommes. Plus tard sera venue la pensée, fort rationnelle d'ailleurs, de faire reposer sur cet arc une portion des voûtes incidentes.

La coupe transversale fait voir comment est maintenue la poussée de ces voûtes. Ce sont des moitiés d'arcs en plein cintre, de véritables arcs-boutants, placés en arrière de chacun des pieds-droits, qui remplissent cet important office. Une demi-voûte en berceau couvre la galerie supérieure dans leurs intervalles, sans que son action contre le mur de la nef soit à redouter; car cette partie de la construction est de très-faible épaisseur, et cela avec juste motif, puisqu'elle est uniquement appelée à clore.

La façade principale est très-simplement traitée : au rez-de-chaussée trois portes ; au-dessus deux rangs de fenêtres, en plein cintre comme les portes ; puis le pignon de la grande nef, compris entre deux clochers très-élevés, de forme élégante, que couronnent des flèches élancées et très-remarquables, mais qui appartiennent à une époque postérieure.

L'architecture de l'Abbaye-aux-Hommes, de même que celle de Saint-Georges-de-Boscherville, de l'Abbaye-aux-Dames et de l'abbaye de Jumièges, est ferme et monumentale, et la décoration y est simple et énergique. On remarquera surtout que les proportions y sont plus élancées que dans les édifices antérieurs ; c'est un trait particulier à l'architecture du Nord, et sur lequel nous reviendrons.

Églises romanes des bords du Rhin et de l'Auvergne.

De nombreuses basiliques voûtées s'élevaient, à la même époque, dans toutes les parties de la France qui n'avaient point été envahies par les dispositions byzantines, et il en était de même en Allemagne, sur les bords du Rhin, en Italie et en Angleterre où les Normands venaient de s'établir en maîtres.

Sur les bords du Rhin, ce sont des voûtes d'arête qui couvrent les nefs, comme dans les églises de Saint-Martin de Cologne et de l'abbaye de Laach, dont les plans sont représentés par les figures 3 et 4 de la planche 30.

On y trouve aussi des voûtes sur pendentifs, non-seulement à l'intersection des branches de la croix, mais encore au-dessus des grandes nefs, ainsi que l'église de Saint-Géréon, à Cologne, en fournit un exemple. L'architecture de ce pays tient à la fois du byzantin et du lombard dans ses dispositions générales, ainsi que dans ses détails. Plus riche et plus savante que celle de la Normandie, elle témoigne d'une plus longue élaboration et de plus d'ampleur dans les conceptions. Elle est surtout remarquable par le développement et le beau caractère qu'elle a su donner aux clochers et aux absides.

En Auvergne, on paraît avoir reculé devant les difficultés que présentait l'application des voûtes d'arête à la couverture des grandes nefs, et l'on a eu recours à des voûtes en berceau, dont les poussées sont maintenues, comme celles des voûtes normandes, par les demi-voûtes, également en berceau, des galeries établies au-dessus des bas-côtés. Les colonnes sont appliquées contre des pieds-droits rectangulaires, et il en est de très-élancées. Les nefs sont très-hautes par rapport à leur largeur, laquelle est du reste fort restreinte. Les bas-côtés ne s'arrêtent pas à l'extrémité de la nef ; ils se prolongent au delà du transsept, autour de l'abside prinpale, de manière à faciliter la circulation et à desservir de petites absides rayonnantes. Cette disposition, fort ingénieuse et fort convenable, dont on a su tirer immédiatement un excellent parti, s'est développée ultérieurement au point de devenir d'une importance capitale. C'est à elle qu'on doit les formes accidentées et caractéristiques des chevets de nos églises.

Un des caractères distinctifs de l'architecture de l'Auvergne sont les compartiments en mosaïques formés par la juxtaposition, suivant des dessins simples et réguliers, des pierres diversement colorées que fournit la contrée. Ces mosaïques constituent un heureux système de décoration extérieure ; elles meublent les surfaces lisses, introduisent de la variété dans les façades, et donnent, à peu de frais, de la recherche et de la distinction.

Développement et caractère de l'architecture romane.

Les dispositions générales qui viennent d'être passées en revue remontent-elles à une même origine, dans ce qu'elles ont de plus fondamental, c'est-à-dire dans les nefs voûtées et surtout dans les colonnes allongées ? S'il est difficile de l'affirmer, il l'est plus encore de le nier. Les mêmes conditions ont pu certainement conduire au même résultat, et le besoin de voûter les églises, afin d'éviter le retour des incendies qui en avaient détruit un si grand nombre, s'était manifesté plus impérieusement que jamais dès le commencement du onzième siècle. Mais il n'impliquait pas l'allongement des colonnes, car la voûte pouvait reposer, soit sur les murs d'enceinte, soit, si l'on voulait absolument conserver le plan de la basilique, sur des points d'appui rectangulaires ou même sur des colonnes isolées établies d'après les proportions consacrées ; et l'on trouve effectivement, dans le centre et dans le midi de la France, plusieurs églises de l'époque, telles que celle de Saint-Savin en Poitou, qui sont disposées suivant ce dernier système. Or cette altération prononcée dans les proportions des colonnes n'était commandée par aucune exigence matérielle ; si elle n'a rien que de très-légitime, quand elle se contient en de justes limites, et c'est ce qu'elle a fait au début, elle n'a pourtant de valeur réelle que dans l'ordre moral. Elle est affaire de goût, c'est une pensée artistique qui l'a produite, et l'on est plutôt disposé à croire à la transmission de la forme qu'au renouvellement de l'idée, surtout lorsqu'on se rappelle que la Lombardie était florissante alors, était regardée comme un foyer de lumières, et avait de fréquentes relations avec les diverses parties du reste de l'Europe.

Il est à remarquer d'ailleurs qu'un élément, si caractéristique, si important qu'il soit, ne suffit pas pour constituer un style d'architecture, et que d'une même source peuvent découler des formes distinctes, ayant chacune une individualité bien marquée. Et, de ce qu'il n'y a pas possibilité de confusion entre les architectures des bords du Rhin, de l'Auvergne et de la Normandie, de ce que chacune a ses formes spéciales, on n'est pas en droit de conclure qu'elles n'ont pas eu le même point de départ et les mêmes enseignements. Il en est ainsi de plusieurs langues modernes qui, quoique parfaitement distinctes, ont une origine commune et rapprochée dans la langue latine.

Ce ne sont pas seulement les dispositions générales qui varient d'une province à l'autre dans le cours du onzième et du douzième siècle : les détails de la décoration varient également ; mais les diversités y sont moins prononcées, et il faut même un œil exercé pour les reconnaître immédiatement. Sauf en quelques points, où les Romains, ayant laissé plus de monuments, avaient conservé plus d'autorité, l'ornementation abandonne les traditions qu'elle avait suivies jusqu'alors, et devient byzantine de romaine qu'elle était. Il n'y a point à s'en étonner. L'art de l'Orient s'infusait chez nous de toutes parts et sous toutes les formes. Il nous arrivait par les cités commerçantes des provinces Rhénanes ; par Venise, qui avait fondé des établissements au centre de la France ; par l'Italie, où il s'était présenté dès le sixième siècle, et où il était très-répandu au huitième, ainsi que le prouvent les sculptures de Saint-Ambroise de Milan et celles, non moins remarquables, de la petite église de Civate dans la Brianza ; par la Sicile, alors au pouvoir des Normands ; par les Arabes d'Espagne, dont la civilisation et les écoles étaient si justement célèbres ; enfin par les relations directes et fréquentes qui existaient entre les princes de l'Occident et ceux de Constantinople. Ses produits étaient partout : c'étaient des étoffes de soie couvertes de fleurs ou de figures, des tapis, des cuirs gaufrés de

Cordoue, des armes de Damas, des émaux, des mosaïques, de riches coffrets, des manuscrits précieusement coloriés, des peintures, des statuettes, des bas-reliefs, des vases de diverses matières. L'Orient, en un mot, remplissait l'office qui est aujourd'hui dévolu à la France : il était le régulateur du goût. Or tous ces objets, si recherchés, si admirés, étaient ornés de dessins remplis d'élégance, de finesse et de distinction, bien supérieurs à ceux de l'art romain et surtout de l'art romain de la décadence. On leur demanda naturellement des inspirations, quand on voulut introduire dans les édifices plus de luxe que par le passé. Beaucoup de nos sculpteurs durent faire du byzantin, sans s'en douter pour ainsi dire, et ainsi s'explique, sans recourir à l'hypothèse de l'intervention d'artistes étrangers, cette invasion subite et presque universelle de l'art byzantin sur tous les points de l'Occident, au commencement du onzième siècle. Les esprits étaient d'ailleurs si bien préparés, les modèles avaient été si bien compris que, dès le début, sauf de rares exceptions, les œuvres décoratives furent exécutées de la manière la plus remarquable, reçurent des dispositions d'un goût parfait, et purent, sans désavantage, soutenir la comparaison avec celles de l'Orient lui-même.

Dans les monuments de cette époque, les chapiteaux sont en général très-fermes, sont couronnés de tailloirs vigoureux, établis sur plans carrés, s'épanouissent de manière à offrir une large assiette à la retombée des arcs qui s'appuient directement sur eux, et rappellent par leur disposition générale, soit la forme corinthienne, soit la forme cubique de l'architecture byzantine. Toujours pris dans un seul morceau de pierre, leur hauteur dépend plutôt de celle des assises que fournissait la contrée que du diamètre de la colonne à laquelle ils appartiennent. Les feuillages y jouent un grand rôle, mais ne sont point empruntés à la flore du pays, et ne se rattachent que de loin à celle de l'Orient ; ils sont aigus, variés, vivement découpés et souvent enlacés avec une charmante fantaisie. Vers la fin du onzième siècle, les chapiteaux historiés prennent faveur, sans faire abandonner d'ailleurs ceux qui sont décorés de feuilles. Sur quelques-uns on trouve des griffons, des sphinx, des syrènes, des animaux symboliques ; sur d'autres sont sculptés en bas-relief des scènes de l'Ancien ou du Nouveau Testament, des allégories ou des sujets historiques. La plus grande variété s'observe, non pas seulement d'une contrée à l'autre, d'un édifice à l'autre, mais entre les chapiteaux d'un même monument. L'architecte se bornait sans doute à prescrire les dimensions, et les formes décoratives étaient abandonnées aux sculpteurs, qui les diversifiaient à leur guise. A un seul la haute direction, à plusieurs les détails ; de nombreux artistes étaient appelés à contribuer à l'œuvre, et chacun d'eux y marquait son empreinte. Il y avait ainsi unité dans l'ensemble et diversité infinie dans les formes secondaires.

Les archivoltes, surtout celles des porches, sont puissantes, fortement accentuées et richement décorées. Leurs ornements sont extrêmement variés ; ils consistent en treillis, en palmettes, en entrelacs, en méandres, en losanges, en grecques, en étoiles, en perles, en fleurs, en torsades, en zigzags diversement combinés, etc. ; elles se couvrent quelquefois de figures debout, assises ou à genoux. Ces sculptures sont presque toujours combinées avec les claveaux, de telle sorte que les joints des pierres n'en coupent point les lignes, et qu'elles pouvaient être exécutées avant la pose. Les corniches sont simples, peu saillantes, et consistent habituellement en larmiers, que supportent des modillons tantôt dépourvus d'ornements, tantôt décorés de têtes, de feuilles, de pointes de diamant, etc.

Quelques corniches sont soutenues par une série de petits arcs demi-circulaires, dont les extrémités reposent sur des consoles ou sont terminées carrément. Ces arcs se raccordent avec des pilastres sans chapiteaux placés dans les angles de l'édifice, et quelquefois avec d'autres pilastres distribués entre les premiers, ou avec des colonnettes engagées.

Les ornements ne se bornent pas aux membres d'architecture qui semblent en exiger, tant ils sont habitués à en recevoir ; le goût régnant les multiplie et finit par en glisser partout. Ils couvrent parfois les tympans des arcades, comme dans la cathédrale de Bayeux, ou enveloppent les fûts de colonnes, les pilastres, les jambages des portes, comme dans les porches de la cathédrale de Bourges, de celle du Puy, de l'abbaye de Saint-Denis, de Sainte-Croix de Bordeaux. Cette exubérance se manifeste plus tôt dans la sculpture du Midi que dans celle du Nord ; cette dernière est plus simple et n'est pas sans quelque rudesse. Il en est de l'art comme de la langue ; ce n'est guère qu'au douzième siècle qu'ils s'assouplissent l'un et l'autre dans le Nord, et semblent se préparer à leurs destinées.

Un ornement caractéristique de l'époque est une série de petits arcs appliqués sur l'intrados des arcades, qu'ils découpent élégamment : ce sont des *lobes*, forme probablement empruntée aux Arabes, qui en ont laissé de mémorables exemples dans la mosquée de Cordoue, ainsi que nous l'avons déjà dit.

Enfin les figures sculptées ou peintes sur les monuments dont il s'agit sortent complétement des formes de l'art romain. Les attitudes sont roides, les visages allongés, les physionomies calmes et fines, les vêtements richement ornés, les robes et les manteaux plissés à petits plis très-serrés et dirigés habituellement en sorte de spirale [1].

Ce système d'ornementation s'applique aussi bien aux édifices qui ont pour point de départ la basilique romaine, qu'à ceux dont les coupoles annoncent l'origine byzantine, comme on le remarque dans la cathédrale d'Angoulême (pl. 33). Il leur sert pour ainsi dire de lien commun, il les couvre tous d'un même costume, et leur donne un air de famille, malgré la diversité des origines.

Ainsi la France avait au douzième siècle un style d'architecture bien caractérisé. Il variait sans doute d'une province à l'autre, car notre unité nationale n'était pas encore constituée, et chacune des grandes divisions du territoire avait sa vie propre, son caractère particulier. Ce n'était point un produit spontané du sol; il était dû à des inspirations étrangères qui avaient dicté les dispositions générales ainsi que le mode d'ornementation, et ces inspirations étaient diverses. Cependant toutes ces choses avaient été tellement élaborées, que l'époque se les était assimilées, et était parvenue à former un art tout spécial, qui ne se confond avec aucun autre et s'est illustré par d'admirables monuments.

Cet art est le roman [2]. Il est calme, grave, monumental, a un caractère religieux très-prononcé, et se prête également à une grande richesse et à une extrême simplicité. Il n'a point de parti pris, de règle formulée, de proportions consacrées; il s'adapte à toutes les exigences, s'accommode de tous les matériaux, et sait faire varier, suivant les circonstances, les formes de ses colonnes et de tous ses ornements. Sans doute on peut lui reprocher quelque lourdeur dans les formes et de la timidité dans les conceptions; on peut trouver qu'il se ressent parfois de la grossièreté de l'époque et du peu de culture des esprits; mais il reposait sur de trop larges bases, il témoignait de trop d'indépendance, tout en se rattachant aux architectures antérieures, pour qu'il soit permis de méconnaître le développement dont il était susceptible. Ses imperfections tiennent aux mains qui l'ont mis en œuvre et non à ses principes.

---

[1] « On observe dans plusieurs parties des vêtements, dit M. Mérimée, des plis concentriques ou plutôt en spirale. « Des étoffes en usage dans l'Orient offrent encore le même aspect. Cela tient, je crois, aux procédés du blanchissage. « Au lieu de les repasser et de les aplatir comme nous faisons, les Orientaux les tordent sur elles-mêmes; de là les « plis en spirale, si souvent reproduits dans la sculpture byzantine. »

[2] On a critiqué cette expression. Elle ne donne pas sans doute une définition complète; toutefois elle est aussi vraie appliquée à l'architecture qu'à la langue. Les nuances sont nombreuses, sont parfaitement distinctes, mais la dominante est la même, et il importe plus de marquer les rapports que d'indiquer les différences.

STYLE OGIVAL.

Mais au moment où l'architecture romane venait d'élever ses plus importantes constructions, et où, dégagée des incertitudes du début, elle paraissait appelée à faire de rapides progrès, un mouvement considérable s'était produit dans les esprits et appelait une rénovation de l'art. Au commencement du douzième siècle, toute l'organisation sociale semble mise en question ; on dirait que les pouvoirs vont se déplacer. En même temps que les communes se constituent, les connaissances humaines sortent des cloîtres qui les avaient abritées pendant de longs siècles de barbarie, se répandent au dehors, et invitent à secouer le joug des traditions étroites. La philosophie se réveille, et se dresse en face de la théologie ; la scolastique se constitue, et passionne étrangement tous les esprits ; une littérature à la portée du vulgaire se crée à côté de la littérature savante ; enfin l'architecture cherche, essaye timidement d'abord, et inaugure bientôt des formes sans précédents. C'est au nord de la Loire, dans le domaine royal dont Paris est le centre, que les esprits se lancent avec le plus d'ardeur dans la voie qui leur est ouverte, et c'est là que l'architecture, cette profonde expression de la vie des sociétés, vient se renouveler.

Origine, développement et caractère de l'architecture ogivale.

Elle n'est plus dirigée par le clergé régulier, comme par le passé. C'est aux laïques désormais que ce soin est dévolu, et ils trouvent des appuis, non-seulement dans les nouvelles tendances, mais encore dans l'épiscopat, qui leur vient en aide, de même que le pouvoir royal favorisait, dans une certaine mesure, l'établissement des communes. La féodalité est l'ennemi commun ; le roi s'efforce de l'amoindrir dans l'ordre civil, l'évêque la combat dans l'ordre religieux, et le peuple, qui a l'instinct de ses intérêts, se range résolûment de leur côté, prend large part à la lutte qui est engagée à la fois contre la féodalité des moines et contre celle des seigneurs. Les évêques veulent des témoignages sensibles de leur puissance, ils veulent que les cathédrales, modestes édifices jusqu'alors, l'emportent sur les plus riches abbayes, et les populations répondent à leur appel avec une ardeur prodigieuse, avec un véritable enthousiasme. Les ressources abondent. Tous les efforts semblent se diriger vers le même but. La construction d'immenses cathédrales devient la grande affaire de l'époque, et l'on voit s'élever, dans tous les diocèses du domaine royal, des édifices d'une étendue et d'une importance inconnues depuis bien des siècles. Les magnifiques cathédrales de Noyon, de Paris, de Bourges, de Laon, de Soissons, de Chartres, de Reims, d'Amiens, de Beauvais, du Mans, de Rouen, de Coutances, d'Angers, de Tours et tant d'autres encore remontent à la seconde moitié du douzième siècle ou aux premières années du siècle suivant. Elles sont confiées à des architectes laïques, et non à des clercs ; et, laissant l'ancienne architecture aux abbayes, elles inaugurent la nouvelle de la manière la plus éclatante [1].

L'esprit qui préside à cette rénovation de l'art est celui qui se remarque à la même époque dans toutes les branches des connaissances humaines. C'est un esprit investigateur, ardent aux découvertes, subtil au plus haut degré, plein de hardiesses ; mais portant sur les détails plutôt que sur l'ensemble, et bornant son ambition à étayer sur de nouvelles bases, à revêtir de nouvelles formes ce qui a été consacré par les siècles antérieurs.

La disposition d'une cathédrale, si vaste qu'elle soit, est celle d'une basilique, telle qu'elle avait été comprise dans l'époque précédente. Une longue nef de largeur assez restreinte et de grande hauteur, qu'accompagnent des bas-côtés ; presque toujours un transsept marquant la forme de la croix ; un chœur plus ou moins développé ; une galerie haute au-dessus des bas-côtés ou tout au moins un triforium ; des fenêtres éclairant la nef à sa partie supérieure ; des colonnes élancées, engagées dans les pieds-droits, et s'élevant depuis le niveau du sol jusqu'à la retombée des voûtes ; des voûtes d'arête sur plan carré pour couvrir les bas-côtés, et mêmes voûtes pour la nef, mais sur un plan barlong, après avoir été établies d'abord sur plan carré avec cloison médiane, comme dans les deux abbayes de Caen : toutes ces choses se retrouvent dans les nouveaux monuments. Tout ce qui est fondamental dans la construction de l'édifice est respecté ; on se borne, sous ce rapport, à plus de développement et de netteté dans l'expression. Mais les formes secondaires ne sont plus les mêmes, elles sont conçues dans un tout autre esprit ; le caractère est complétement changé. Si elles sont restreintes dans leur portée, les innovations sont nombreuses, radicales, raisonnées, et témoignent d'une admirable virtualité. Elles portent sur toutes choses : sur les arcs, sur les colonnes, sur les chapiteaux, sur les profils, sur les fenêtres, sur les ornements, sur les sculptures. Il est douteux qu'aucune époque ait autant et aussi rapidement créé en fait d'œu-

[1] La foi religieuse entre assurément pour beaucoup dans cet élan, mais de même qu'elle n'avait pu le produire dans le passé, elle n'y eût pas suffi alors, si un autre et puissant mobile n'était venu s'y joindre.

vres d'art. Et l'on ne rencontre ici aucune de ces actions extérieures qui ont produit jusqu'alors les révolutions de cet ordre : ni fondation d'un nouvel empire, ni infusion de sang nouveau ne rendent compte du phénomène ; la création est spontanée.

L'établissement des voûtes avait été la grande préoccupation des architectes depuis le commencement du onzième siècle, et de nombreux mécomptes avaient fait reconnaître les difficultés de l'entreprise et les vices des dispositions adoptées. On cherchait, et, au nombre des essais qui avaient été tentés, se trouvait la substitution de l'ogive à la demi-circonférence de cercle, comme directrice de l'intrados. La nouvelle courbe avait, comparativement à l'ancienne, le double avantage, au point de vue de la stabilité, de ne pas exiger autant de perfection dans la taille des voussoirs pour les maintenir en place, et de ne pas déterminer une action horizontale aussi considérable. Elle avait été couronnée de succès à Périgueux, où elle se montre pour la première fois (dixième siècle) dans les constructions de notre pays, et la plupart des églises à coupoles l'avaient reproduite, ainsi que nous l'avons déjà dit en parlant de la cathédrale d'Angoulême. Mais on bornait son emploi au strict nécessaire, elle était à peine accusée, on semblait craindre de la laisser voir. Cette timidité n'est point partagée par les nouveaux architectes. La forme leur paraît rationnelle : ils la mettent franchement en évidence, la dessinent nettement, et la rendent bientôt exclusive. Toutes les voûtes, quelles que soient leurs ouvertures, tous les arcs, qu'ils soient grands ou petits, sont tracés en ogive aiguë. Les voûtes d'arête des grandes nefs s'établissent sur plan barlong, de manière à distribuer uniformément leur action sur tous les points d'appui. Les arcs doubleaux et les arêtes se dessinent en nervures saillantes, et constituent l'ossature de la voûte, aussi bien en réalité qu'en apparence ; ils sont appareillés comme les berceaux, c'est-à-dire de la manière la plus simple ; ils supportent, sans se raccorder avec eux, les panneaux de remplissage qui, étant de faible étendue, n'exigent pas grande épaisseur, et qui sont disposés en outre de telle sorte que leur exécution est facile et leur stabilité assurée.

La poussée des voûtes, quoique diminuée par ces habiles dispositions, pouvait ne pas être suffisamment maintenue par les points d'appui qui séparent la nef des bas-côtés, points d'appui dont on s'attache d'ailleurs à réduire autant que possible les dimensions horizontales ; on s'oppose à son action par des arcs-boutants, non plus lourds et timides comme ceux de Sainte-Marie du Capitole (pl. 30), ou dissimulés comme ceux de l'Abbaye-aux-Hommes (pl. 37) ; mais se projetant hardiment au dehors, et s'appliquant aussi haut qu'il convient pour être efficaces. Ils pouvaient déterminer le glissement ou le reversement de la partie supérieure des contre-forts qui les reçoivent : on prévient cet effet en chargeant ces contreforts par des clochetons plus ou moins développés. Là encore, ce qui est rationnel ou spécieux est adopté carrément ; on ne s'inquiète pas de savoir si les précédents l'autorisent, une seule chose préoccupe : la forme qui convient le mieux. On fait litière des traditions.

Les arcs-boutants n'ont pas seulement pour effet de donner de la stabilité aux voûtes ; ils permettent de descendre les appuis des fenêtres au-dessous des naissances, et d'envoyer par suite plus de jour que par le passé dans l'intérieur du monument. Les anciennes églises étaient sombres, surtout sous le ciel du Nord; les nouvelles sont largement éclairées. En même temps, les galeries supérieures, qui étaient motivées plutôt par la nécessité de porter à hauteur convenable la demi-voûte formant arc-boutant qui les couvrait, que par le besoin d'offrir un plus grand nombre de places aux fidèles, sont abandonnées, et sont remplacées par ces galeries basses et étroites auxquelles on a donné le nom de *triforium*, et qui étaient déjà entrées d'ailleurs dans la pratique de l'architecture romane.

Le nouvel art ne se différencie pas avec moins de netteté du précédent par les proportions et les formes décoratives.

Les proportions deviennent plus élancées. Les nefs sont plus hautes, les flèches plus hardies, les pignons plus pointus qu'ils ne l'avaient encore été. En même temps que la hauteur des colonnes augmente, leur diamètre diminue, et les plus gros piliers sont masqués par des faisceaux de frêles colonnettes.

Les chapiteaux cubiques, les chapiteaux historiés, les chapiteaux que décorent les feuillages byzantins sont abandonnés, et ne sont plus en effet en harmonie avec les nouvelles colonnes. Ceux qui les remplacent s'évasent et s'entourent de feuilles recourbées en volutes ou plutôt en crochets à leur partie supérieure, et empruntées à la flore de notre climat. Telles sont également les feuilles qui décorent les corniches ou couvrent les rampants des pignons. On veut un art national, et l'on n'admet pas qu'il ait rien à demander au dehors.

L'ornementation prend plus d'importance encore que dans l'art roman, et se glisse partout. Il n'est rien qui ne devienne matière à décoration, et aucune surface qui reste nue. Des moulures accompagnent les nervures des voûtes, des feuilles courent sur les arêtes des clochetons et des pinacles, de légères arcatures s'appliquent contre les murs, les gargouilles deviennent des animaux fantastiques. Les porches reçoivent beaucoup de développement, et sont de la plus grande richesse.

Toutes ces dispositions concourent au même but, sont en parfaite harmonie. La science et l'art sont étroitement unis ; l'art accepte tout ce que la science découvre, et la science s'applique à lui fournir tous les moyens de réalisation qu'il réclame, et même à légitimer en quelque sorte les formes qu'il imagine. On se demande souvent auquel des deux appartient l'initiative. Ces formes savantes qui semblent donner pleine satisfaction aux exigences de la stabilité, sont en même temps les plus convenables pour le caractère qu'on veut obtenir. Les ogives, les clochetons des contre-forts, les gables aigus, toutes ces choses qui peuvent trouver leur raison d'être dans des convenances d'ordre matériel, étaient réclamées par le goût de l'époque, et c'est même ce qui domine chez elles. Il faut un effort de l'esprit pour découvrir leur rôle dans l'économie de l'édifice, tandis qu'elles parlent immédiatement à l'imagination. Leur valeur scientifique a été longtemps méconnue, et elle était ignorée des populations aux sentiments desquelles répondaient pleinement leurs formes symboliques. Ce qu'elles proclamaient, l'édifice tout entier le proclamait également, jusque dans ses moindres détails : c'était une foi profonde, c'était l'aspiration vers le ciel, le détachement des choses de la terre, la subordination de la matière. Tout, jusqu'aux nombreuses figures peintes ou sculptées, s'élance outre mesure ; partout le même mouvement, la même pensée. Les lignes verticales débordent, et sont presque exclusives. Elles forcent le regard à s'élever comme pour une pieuse invocation ; elles expriment une tendance et invitent à la suivre. Il semble qu'à l'exemple du fidèle, l'architecture craigne de se trop attacher à la terre. Elle s'y appuie à peine ; les piliers et leurs empatements sont aussi réduits que possible. Jusqu'alors dominée par la matière, elle la domine à son tour. Elle la façonne au gré de ses pensées ; elle la creuse, la refouille, avec une ardeur qui trouve à s'exercer partout. Elle en a étudié sérieusement les propriétés ; mais ce n'est pas pour s'y conformer et les mettre en évidence : c'est pour savoir jusqu'à quel point on peut la plier. Elle ne se soucie pas de parler à l'intelligence ; ce qu'elle veut, c'est frapper l'imagination de l'homme, répondre à un idéal qu'elle n'avait point encore osé aborder, et qui semblait en effet au-dessus du pouvoir de l'art.

La statuaire obéit à l'architecture ; elle renonce aux formes hiératiques de l'âge précédent, repousse le byzantin, étudie la nature et cherche l'expression. Plusieurs de ses figures sont de délicieux portraits, pleins de naïveté et de sentiment, et il est des édifices où elles sont presque innombrables. Les progrès de la sculpture ne le cèdent en rien à ceux de l'art qui appelle son concours.

L'iconographie, savamment ordonnée, ne porte plus trace de la jovialité monacale ; elle est importante, digne et profondément religieuse. C'est principalement au dehors qu'elle se développe, et plusieurs des porches de nos grandes cathédrales deviennent d'admirables poëmes.

Au premier rang, sur le trumeau qui divise la porte centrale, se place le Christ ou la Vierge ; dans les ébrasements du porche principal et des porches latéraux, les douze Apôtres, les Évangélistes, les Rois mages, l'Annonciation, la Visitation, les Prophètes, les premiers prêtres martyrs, les saints les plus vénérés du diocèse ; sur les linteaux et dans les tympans, la Résurrection des morts, le Jugement dernier, la Sépulture et l'Ascension de la Vierge, des légendes relatives au patron du diocèse ; dans les voussures, des Anges, des Élus, des Damnés, des Vertus, des Vices, des Martyrs, des Vierges, des Confesseurs, des Prophètes, les ancêtres de la Vierge. On trouve aussi des bas-reliefs représentant les Saisons, des travaux agricoles ou industriels, des scènes historiques, etc. A Reims, le Couronnement de la Vierge est figuré dans le pignon du porche principal ; le Crucifiement est sculpté au-dessus du porche de gauche, et sur celui de droite se voit le Christ dans sa gloire, entouré d'anges portant les instruments de la Passion. Les contre-forts des faces latérales sont souvent surmontés de statues d'anges tenant en main des instruments de musique ou des objets relatifs au culte. Les façades des grandes cathédrales placées sous l'invocation de Notre-Dame montrent, dans une série d'arcatures établies au-dessus des porches, les statues des rois de Juda, ancêtres de la Vierge. « L'art figuré des cathédrales, dit M. Didron [1], qui faisait l'office d'une « leçon pour instruire, d'un sermon pour moraliser, et d'un exemple pour édifier, « représente donc par personnages, aussi bien que les drames religieux, toute la « science et tout le dogme chrétien. »

Dans l'intérieur, l'iconographie se porte sur les vitraux, et tout le monde sait la magnificence des belles verrières de nos cathédrales. Mais là, l'esprit nouveau a

---

[1] *Iconographie chrétienne.* Imprimerie royale, 1843. — Ouvrage plein d'érudition et du plus grand intérêt.

plus de peine à dominer, les formes byzantines se conservent pendant la première moitié du treizième siècle. La peinture sur verre n'a pas marché d'un pas aussi rapide que la sculpture en ce qui est de la forme; cela importe peu du reste, car ce qui domine dans ces compositions est la couleur bien plutôt que le dessin, et elle est presque toujours très-belle.

L'architecture ogivale est empreinte d'une harmonie qu'on ne saurait trop admirer, d'un merveilleux accord entre la forme et la pensée; elle est l'expression la plus saisissante du sentiment de son époque, la solution la plus complète du problème le plus difficile peut-être que l'art ait jamais été appelé à résoudre. Les termes de ce problème ont-ils été bien posés? devons-nous les maintenir? Ces questions seront examinées plus tard. Toujours est-il, et le mérite est considérable, que les tendances de l'architecture ogivale sont très-nettes, sont écrites partout, et qu'aucun détail, si minime qu'il soit, ne leur a échappé. L'art grec est peut-être le seul qui présente autant d'unité dans les formes et les proportions. Il est inutile d'ajouter que l'esprit y est tout autre.

La création considérable dont on vient de tracer une esquisse trop rapide et trop incomplète, n'a pas été, ne pouvait pas être instantanée. Un art nouveau ne se produit pas de toutes pièces, du jour au lendemain. Minerve sortant tout armée du cerveau de Jupiter appartient à la fable, et n'a point d'analogue dans le monde réel. Pendant un certain temps les nouvelles formes s'essayent, et les anciennes résistent; l'ogive s'associe au plein cintre; à côté d'ornements archaïques, il en est qui sortent complètement des traditions; les proportions n'ont pas encore la hardiesse qu'elles montreront plus tard. Le style de cette époque est ce qu'on a justement appelé le *style de transition*. Il a régné plus longtemps en France que partout ailleurs, parce que là était le point de départ, le foyer de l'élaboration, et il y a laissé de nombreux monuments, parmi lesquels on doit citer en première ligne la cathédrale de Noyon, important édifice dont nous regrettons de ne pas mettre les dessins sous les yeux du lecteur [1]. On peut assigner la seconde moitié du douzième siècle à cette période de lutte ou d'hésitation. Dès le commencement du siècle suivant, le nouvel art, l'art ogival, est complètement constitué, et il est exclusif dans toute la portion du territoire qui reconnaît le pouvoir royal. Si quelques moines tracent encore des projets d'architecture romane dans le fond de

---

[1] Une fort intéressante monographie a été publiée sur cet édifice par M. Vitet. Elle fait partie de la collection des documents inédits sur l'histoire de France. Paris, imprimerie royale, 1845.

ÉGLISES.

leurs cellules, ils sont sans action au dehors et leurs regrets sont impuissants. Il n'y a plus trace de plein cintre ni d'ornementation byzantine à partir des premières années du treizième siècle.

Les planches 38, 39 et 40 représentent le plan et les coupes [1] de celui des monuments de cette époque qui paraît avoir le plus de droits à être présenté comme un type, comme l'expression la plus complète du système d'architecture auquel il appartient. Nous voulons parler de la cathédrale d'Amiens.

Sans doute le treizième siècle a légué à notre admiration un grand nombre d'autres édifices de haute importance, mais on peut dire qu'aucun d'eux n'a un caractère aussi complet, et n'est d'un aussi précieux enseignement. Les uns, tels que l'église de Saint-Denis, les cathédrales de Chartres, de Paris et de Bayeux, commencés avant que l'art ogival fût pleinement constitué, portent de trop nombreux témoignages du style antérieur; d'autres, au contraire, ont vu leurs travaux se prolonger jusqu'à l'époque, si vite arrivée, de la décadence, et de déplorables modifications s'introduire dans leurs dispositions primitives; il en est qui ont été importés dans des provinces où, ni l'état des esprits, ni la nature des matériaux n'étaient favorables à leur établissement; beaucoup enfin sont exécutés sur une échelle trop restreinte pour produire une profonde impression. Rien de semblable à Amiens. La cathédrale est fondée en 1220, au moment où le nouvel art vient de s'épanouir, s'est débarrassé de toute entrave, et, fort de sa jeunesse et de sa foi, est également éloigné des timidités du commencement et des exagérations de la fin; elle s'élève avec rapidité, sous la direction du plus illustre architecte de l'époque, Robert de Luzarches, et si les successeurs de l'éminent artiste ne respectent pas scrupuleusement les dessins qu'il a laissés, du moins ne s'en écartent-ils pas tellement que l'œuvre commune ne présente, surtout à l'intérieur, plus d'unité qu'aucune autre; c'est dans le domaine royal, qui a vu naître et se développer le nouveau style, qu'elle se construit, entourée d'autres édifices du même genre, sous les yeux d'un public enthousiaste et par les mains habiles d'ouvriers exercés qu'anime un même esprit. Quant aux proportions, elles dépassent tout ce qu'on avait vu jusqu'alors, car la grande nef a près de 15 mètres d'ouverture d'axe en axe des points d'appui, et sa hauteur sous clef est de 43 mètres environ. Aussi ce monument est-il des plus précieux pour l'histoire de l'art, et a-t-il exercé une

Cathédrale d'Amiens.

[1] Notre format ne nous permettait pas de donner en entier la coupe longitudinale, à moins de réduire l'échelle dans une forte proportion. Nous nous sommes borné à représenter la croisée et une travée de chaque côté.

immense influence, non-seulement en France, mais encore à l'étranger. A peine était-il sorti de terre, que sa réputation était établie et qu'on le prenait pour modèle.

Ajoutons, pour rester dans le vrai, que la cathédrale d'Amiens n'a pas été sans se ressentir de cette sorte de lassitude qui s'empare des esprits, lorsque la durée d'une opération dépasse une certaine limite. Les parties supérieures du transsept et du chœur, qui ne furent élevées que dans la seconde moitié du treizième siècle, n'ont déjà plus cette ampleur relative de formes et cette solidité de construction qu'on admire dans la nef, quand on la compare aux autres œuvres contemporaines, et la façade occidentale n'a reçu, ni le développement, ni le caractère monumental qui étaient dans la pensée de Robert de Luzarches. Les fondations établies par lui pour recevoir les deux tours ont été abandonnées en partie, et ces tours, réduites à moitié de l'épaisseur qu'elles devaient avoir, moins élevées sans doute que ne le comportait le projet primitif, ne sont plus en harmonie avec le magnifique vaisseau qu'elles accompagnent.

Les dispositions du plan sont celles de l'Abbaye-aux-Hommes, dans ce qu'elles ont de plus général ; mais les proportions sont beaucoup plus vastes, ainsi qu'il est aisé de le reconnaître au premier coup d'œil [1]. Dans la cathédrale d'Amiens les murs d'enceinte ont en quelque sorte disparu, pour faire place à une série de contre-forts ; ce qui n'a rien d'ailleurs que de très-rationnel, puisque les maçonneries sont disposées de la manière la plus favorable à la résistance. Entre les points sur lesquels s'exerce la poussée des voûtes, il suffisait de clore et d'étayer les contre-forts ; des murs épais n'étaient point nécessaires pour remplir cet office, et on leur a substitué de grandes verrières, dont les arcs établissent une solidarité suffisante entre les éléments successifs de la construction, et supportent le chéneau établi au pied des combles en appentis qui couvrent les bas-côtés [2]. La comparaison des deux plans fait voir aussi, et cette observation est capitale, que, dans le dernier

---

[1] Tous nos plans d'églises sont rapportés à la même échelle, afin de faciliter les comparaisons et de les rendre saisissantes. Le plan de Saint-Pierre de Rome fait exception à cette règle ; les dimensions du monument ont obligé de réduire l'échelle de moitié pour lui être appliquée.

[2] A Amiens, comme dans la plupart de nos cathédrales, on a établi après coup, dans le cours du quatorzième siècle, des chapelles entre les contre-forts de la nef, et l'on a allongé alors ces contre-forts afin de donner aux chapelles une profondeur suffisante : ces adjonctions sont indiquées sur le plan par une teinte grise. Y a-t-il avantage, au point de vue du caractère de l'édifice, à multiplier à ce point les autels secondaires ? Ne serait-il pas préférable de les grouper tous autour du sanctuaire ? Ces questions peuvent être controversées ; mais il n'est point douteux que la disposition dont il s'agit ne soit très-heureuse en ce qui est du ressort de l'art des constructions, puisqu'elle a pour effet d'augmenter l'étendue de la surface couverte, sans accroître le cube des maçonneries, d'établir une harmonie parfaite

de ces édifices, les supports, quoique plus espacés, sont de moindre section que dans le premier. Le rapport des vides aux pleins, c'est-à-dire de ce qui est utile à ce qui est gênant et dispendieux, s'est accru dans une forte proportion, grâce surtout à une disposition plus intelligente des voûtes et de leurs points d'appui. On remarquera enfin que la forme des pieds-droits n'est plus la même ; ils sont cylindriques, quoique toujours flanqués de colonnes engagées. Ils gagnent en élégance et en légèreté apparente [1].

Les dissemblances se marquent mieux encore, quand on compare les coupes des deux édifices. On est frappé immédiatement de la différence des caractères. Les proportions de l'édifice roman paraissent lourdes et massives, à côté de celles de la nouvelle construction, et cependant elles étaient très-élancées comparativement à celles des architectures antérieures. Voyez la hauteur des nefs : elle n'atteint à deux fois la largeur, ni dans la basilique romaine de Constantin (pl. 13), ni dans les basiliques chrétiennes de Sainte-Agnès, de Saint-Paul et de Saint-Clément (pl. 19, 21 et 22), ni dans les constructions byzantines de Sainte-Sophie, de Saint-Marc et d'Angoulême (pl. 24, 29 et 31), ni dans les églises lombardes de Saint-Ambroise de Milan et de Saint-Michel de Pavie (pl. 34); elle s'élève à plus de deux fois et demie à l'Abbaye-aux-Hommes ; à Amiens, elle va à près de trois fois et demie. Il en est de même pour les hauteurs comparatives des arcades qui séparent la nef des bas-côtés. A Saint-Michel et à Saint-Ambroise, cette hauteur est d'environ une fois et demie la largeur ; à l'Abbaye-aux-Hommes, elle atteint à deux fois ; dans la cathédrale d'Amiens, elle est de plus de trois fois. Il en est ainsi encore pour les colonnes, et la progression y est même plus rapide. Prenez les colonnes principales, celles qui reçoivent les retombées des voûtes de la grande nef : elles ont dix diamètres en hauteur dans les constructions romaines des Thermes de Dioclétien et de Caracalla, aussi bien que dans la basilique de Constantin, dix-sept dans l'église lombarde, trente-trois dans l'église romane, et le double, soixante-six, dans la cathédrale d'Amiens. Le besoin des formes élancées

entre les formes qu'exige la stabilité et celles que réclame la destination, et de soustraire, autant que possible, à l'action destructive des agents atmosphériques, des organes qui sont essentiels à la solidité de l'édifice.

Deux constructions accessoires sont également marquées sur le plan par une teinte grise. L'une est la sacristie, l'autre une salle des catéchismes. Elles ont été élevées dans ces dernières années, par M. l'architecte Viollet-le-Duc, qui est chargé de la restauration du monument, et qui a bien voulu nous communiquer les dessins mis sous les yeux du lecteur.

[1] Les figures 2, 3, 4 et 5 représentent respectivement les plans des piliers qui séparent la nef des bas-côtés, des piliers placés à l'intersection des branches de la croix, de ceux qui divisent les doubles bas-côtés du chœur, et de ceux qui couvrent les têtes de murs des chapelles rayonnantes.

est tellement prononcé dans l'architecture ogivale, qu'il lui fait accepter les dispositions les moins rationnelles. Les arcades du triforium, par exemple, ne pouvaient avoir autant de hauteur comparative que celles des bas-côtés ; quoiqu'elles fussent moitié moins larges, elles ne comptaient que deux fois cette largeur en hauteur, et cela ne suffisait point. Remédier à ce défaut, en abaissant un peu les arcades inférieures, était chose facile ; mais on a adopté un tout autre parti, conduisant mieux au but qu'on se proposait. Chacune de ces ouvertures du triforium, bien qu'elle n'ait que 3 mètres de largeur, a été divisée en trois parties égales par deux frêles colonnettes, et en a formé trois autres extrêmement étroites et par suite très-sveltes, ayant près de cinq fois la largeur en hauteur. Ces subdivisions n'ont aucune utilité matérielle, créent des embarras aux personnes placées sous la galerie, donnent de la maigreur à l'architecture : peu importe ; elles contribuent efficacement au caractère, et satisfont à l'idéal de l'époque.

Veut-on d'autres témoignages du même esprit ? qu'on examine les piliers placés à l'intersection des branches de la croix. Ils sont d'assez faibles dimensions, puisqu'ils s'inscrivent dans un carré de $2^m,30$ de côté, et cependant chacun d'eux ne compte pas moins de seize colonnes sur son développement. Aussi, plusieurs de ces points d'appui fictifs ont-ils plus de cent trente fois leur diamètre en hauteur. On leur a donné d'ailleurs une apparence d'utilité : on les a fort habilement rattachés à la construction superposée, en multipliant les nervures de la voûte, et attribuant une colonne à chaque nervure. L'harmonie est parfaite, et la forme, si elle n'est pas très-judicieuse au fond, a au moins quelque chose de spécieux et concourt efficacement à l'effet de l'ensemble.

Qu'on jette encore les yeux sur les têtes des murs qui séparent les chapelles absidales. On y verra des groupes de colonnes isolées, dont quelques-unes n'ont guère que $0^m,20$ de diamètre, sur 14 mètres de hauteur, et qui reçoivent pourtant des retombées de voûtes. Or rien de semblable ne s'était jamais produit, n'était entré dans la pensée d'aucun architecte. Sans doute la hardiesse est plutôt apparente que réelle, ces colonnes sont des hors-d'œuvre, et ne supportent pas le fardeau qui semble peser sur elles ; mais il s'agit des apparences et non du fait, et l'on doit reconnaître qu'il était impossible de sacrifier davantage au caractère, de montrer plus de dédain pour les propriétés de la matière, et de mieux s'attacher à frapper l'imagination, même au risque de blesser l'intelligence du spectateur.

Le mouvement qui s'était produit dans le nord de la France était trop considérable pour s'y renfermer ; il répondait trop bien aux dispositions nouvelles des esprits pour ne pas se propager au dehors. Il envahit bientôt d'autres provinces de l'ancienne Gaule, l'Allemagne et l'Angleterre ; mais ce ne fut point sans éprouver quelque résistance. On renonça difficilement aux dispositions générales dont on avait l'habitude, et l'on se borna d'abord à leur appliquer les nouvelles formes décoratives. Ce fut toujours le même esprit, s'attachant aux détails, et respectant les dispositions générales.

Ainsi la cathédrale de Poitiers, qui date de la fin du douzième siècle et du commencement du treizième, reproduit, dans ce qu'elles ont de capital, les dispositions de la plupart des anciennes églises du Poitou. La largeur des nefs latérales y diffère peu de celle de la nef principale, et les voûtes qui couvrent cette dernière sont établies à même hauteur que celles des premières, dans toute l'étendue du chœur (la partie la plus ancienne du monument), et fort peu au-dessus dans le surplus de l'édifice. La grande nef n'est éclairée directement que par les ouvertures pratiquées dans les pignons, et ne reçoit de jour, sur sa longueur, que par les fenêtres percées dans les murs latéraux. La lumière y est suffisante, grâce aux dimensions des ouvertures et à l'écartement des points d'appui ; mais elle paraîtrait probablement trop ménagée si la contrée était exposée aux brumes qui sont fréquentes dans le Nord. Il résulte de ces dispositions de nefs et de voûtes, que les voûtes latérales maintiennent celles de la grande nef, car les poussées opposées sont presque égales, et se manifestent à peu près à même hauteur. Il n'a donc pas été nécessaire d'avoir recours à des arcs-boutants pour assurer la stabilité de la construction ; de vigoureux contre-forts, appliqués contre les murs latéraux, remplissent cet office, et les voûtes se sont conservées jusqu'à présent sans déformation aucune. Il faut ajouter qu'elles sont très-surhaussées ; non-seulement leurs arcs de tête sont des ogives, mais encore leurs sommets dominent de beaucoup ceux de ces arcs, ainsi qu'on le remarque du reste dans la cathédrale d'Angers, monument de la même époque, sur lequel l'attention du lecteur va être appelée d'une manière plus spéciale.

Cathédrale de Poitiers.

Les planches 41 et 42 représentent le plan, les coupes et quelques détails d'ornementation de ce dernier édifice.

Cathédrale d'Angers.

La cathédrale d'Angers est d'une grande importance pour l'histoire de l'art. On peut y voir le type d'un style d'architecture bien caractérisé, qui est résulté, vers la fin du douzième siècle, de la rencontre, sur les rives de la Loire, de deux systèmes distincts, partis l'un du Nord, l'autre du Midi. Qu'on en examine le plan [1] : il rappelle d'une manière frappante ceux de nos églises byzantines du Périgord ou de l'Angoumois. Trois travées forment la nef, qui n'a point de collatéraux ; trois autres sont consacrées au transsept ; une travée semblable aux précédentes, et terminée par une abside demi-circulaire, constitue le chœur. On s'attend à voir des coupoles sur pendentifs couronner chacune de ces travées au plan carré et aux piliers massifs. Mais si l'on jette les yeux sur les coupes, que trouve-t-on? les colonnes élancées, les voûtes d'arête et partout l'ogive, sauf dans les fenêtres de la nef. On reconnaît immédiatement l'architecture de l'Ile-de-France. On ne tarde pas cependant à s'apercevoir que la forme des voûtes n'est pas tout à fait la même. La génératrice des berceaux qui se croisent n'est pas une ligne droite ; c'est un arc de cercle, et la clef centrale est élevée à une grande hauteur au-dessus de celle des arcs de tête ou formerets. Il y a là une réminiscence évidente de la coupole byzantine, de cette coupole qui, d'abord nettement séparée de ses pendentifs, comme à Sainte-Sophie, à Saint-Marc, à Périgueux et à Angoulême, se confond ensuite avec eux, comme dans le transsept de l'église de Fontevrault en Anjou, puis finit par admettre les nervures du Nord, et passe ainsi par une suite de transitions pour arriver à la forme qu'on trouve à Angers, à Poitiers, et aussi sur les bords du Rhin, où les traditions byzantines ont longtemps conservé leur empire. Cette disposition a pour effet de reporter sur les murs d'enceinte une partie de la poussée des voûtes, au lieu de la concentrer sur quelques points. Aussi voit-on que, dans ces édifices, les murs sont plus épais et les contre-forts moins saillants qu'à Amiens.

Les proportions générales de la cathédrale d'Angers appartiennent plutôt à l'architecture du Midi qu'à celle du Nord. Les principales colonnes sont moins élancées, et le vaisseau est moins élevé que dans la plupart des belles églises du style ogival. La hauteur de la nef n'atteint pas au double de la largeur, tandis que plusieurs de ces églises la portent jusqu'au triple.

L'ornementation de cet édifice est très-remarquable, ainsi qu'on peut en juger d'après les détails de la planche 41. La figure 3 représente la base et le chapiteau d'une des colonnes principales de la grande nef ; la figure 4, le chapiteau d'une

---

[1] Pl. 41, fig. 1. Ce plan est pris à deux hauteurs : le côté droit, au niveau du rez-de-chaussée; le côté gauche, à hauteur de la petite galerie qui circule autour de l'édifice.

des grandes colonnes de la croisée ; la figure 5, celui d'une des colonnes du transsept ; la figure 6, les ornements d'une des colonnes de l'arcature inférieure du chœur ; la figure 7, ceux des colonnes qui reçoivent les retombées des nervures de la voûte absidale. Les figures 8, 9 et 10 rendent compte de la jolie corniche, à modillons fins et variés, qui couronne l'arcature du chœur.

La cathédrale d'Angers produit beaucoup d'effet. Dès qu'on pénètre dans l'intérieur, on se sent en présence d'une grande chose, conçue avec ampleur, simplement et rationnellement ordonnée dans toutes ses parties, donnant pleine satisfaction aux légitimes exigences du culte et de l'art. Le caractère monumental y est beaucoup plus prononcé que dans les autres édifices de l'art ogival, et ce caractère est vrai, car il tient plus encore au fond qu'aux apparences : la suppression des galeries latérales, la disposition des voûtes, la hauteur modérée de la nef, toutes ces choses importent évidemment en effet à la solidité de la construction.

Ajoutons cependant que le style ne convient pas parfaitement à la forme ; que la maigreur des détails contraste d'une manière peu satisfaisante avec l'ampleur de la disposition générale ; et que, sous le rapport de l'harmonie, cet édifice ne saurait être comparé à aucun des deux types auxquels il peut se rattacher par quelques points, ni à la cathédrale d'Angoulême, ni à celle d'Amiens, qui, dans des styles divers, sont empreintes l'une et l'autre d'une profonde unité.

La rapidité avec laquelle le nouvel art se propageait doit être attribuée à deux causes : d'abord à l'état des esprits, qui aspiraient vivement aux améliorations ; puis à une organisation particulière, à celle de la franc-maçonnerie. Des corporations d'ouvriers étaient instituées depuis longtemps déjà, quelques-unes sédentaires, d'autres nomades, et avaient largement contribué aux progrès qui s'étaient accomplis dans l'art des constructions avant l'avénement de l'architecture ogivale. Mais, à partir de cette époque, un champ plus vaste leur est ouvert, et elles prennent une plus grande importance parce qu'elles sont devenues plus nécessaires. Elles avaient travaillé jusqu'alors sous la direction du pouvoir monacal, obéissant à ses inspirations, exécutant les plans qui leur étaient imposés. Les architectes laïques, qui en sortent probablement, les émancipent, les associent à leurs efforts, et y trouvent un précieux point d'appui. Deux confréries d'artistes et d'ouvriers sont en présence : l'une, dans les cloîtres, vigoureusement constituée, riche de ses traditions, et voulant les maintenir ; l'autre, au dehors, jeune, pénétrée de l'esprit du temps, ardente aux innovations, pleine de foi dans l'avenir. Dans celle-

Progression et décadence de l'architecture ogivale.

ci, les travaux sont incessants, on cherche toujours, il y a une émulation prodigieuse, on creuse les questions d'architecture comme on fait ailleurs pour la métaphysique, rien de ce qui se produit n'est perdu, les erreurs sont signalées, et les heureuses inventions sont rapidement portées à la connaissance de tous. Chefs et ouvriers sont animés d'une même pensée, portent le même dévouement à l'œuvre commune. La victoire ne pouvait être douteuse. Mais si cette organisation a été favorable à l'élaboration et au développement de l'art, il est probable qu'elle a contribué efficacement à sa rapide décadence. Elle avait en effet pour conséquence inévitable d'entraver la liberté, d'imposer des formules, et surtout de conduire à cette exagération de principes à laquelle les corporations se laissent plus facilement entraîner encore que les individus.

Dès la seconde moitié de treizième siècle, les symptômes de décadence se manifestent. Les formes sont moins vraies, moins sérieuses ; elles visent davantage à l'élégance, veulent produire de l'effet, et tendent en même temps à se conformer à un type, à obéir à des formules consacrées. Dans le siècle suivant, le mouvement se dessine avec plus de netteté encore. On se plaît aux difficultés, on cherche la hardiesse ; les colonnettes, plus frêles, se groupent plus nombreuses autour des piliers ; les moulures se subdivisent outre mesure ; les fenêtres occupent tous les intervalles qui séparent les points d'appui, et leurs meneaux sont d'une prodigieuse ténuité. La sculpture n'a plus rien de monumental ; son imitation est sèche et servile. Les églises de cette époque ont quelque chose de froid, d'étriqué et de prétentieux. L'esprit qui vivifiait a disparu. Au quinzième siècle, la décadence est complète. Jamais l'art n'était tombé dans de pareilles aberrations ; il n'y a pour ainsi dire plus d'architecture. Le quatorzième siècle avait multiplié les colonnettes au point d'en affecter à chacune des moulures qui divisaient les archivoltes de ses arcades, les arcs doubleaux et les arêtiers de ses voûtes. Le quinzième va plus loin : étroitement logique, il supprime les colonnettes, et les remplace par ces moulures prolongées. Il n'y a plus ni support ni partie supportée ; tout est confondu, couvert par une suite de lignes qui partent du sol, pour aller, ininterrompues, se ramifier dans les archivoltes et dans les voûtes ; et ces lignes sont aiguës, serrées, séparées par de profonds refouillements. La pierre s'était prêtée à grand'peine et à renforts de ferrures, aux maigres meneaux de l'époque précédente ; on lui impose davantage : on la condamne à couvrir les fenêtres de légers réseaux capricieusement ondulés. Les ornements, plus grêles que jamais, sont prodigués et creusés outre mesure ; toutes les surfaces se découpent et s'évident à l'infini ; les clefs pendantes se multiplient, et finissent par porter des arcs; on cherche les porte à faux, les formes irrationnelles, les difficultés d'exécution ; on ne tient compte ni des propriétés de la matière, ni des exigences de la solidité. Architectes et sculpteurs ne semblent s'appliquer qu'aux tours de force, mais aux tours de force étroits et sans portée. Les visées sont puériles, et les œuvres mesquines. La subtilité est dans la forme, aussi bien que dans la pensée. Un frêle réseau remplace les traits plus ou moins énergiques qui avaient marqué jusqu'alors l'ossature des constructions. *Tanquam aranea texens telam*, a dit le chancelier Bacon en parlant des scolastiques de la dernière période, et l'on en peut dire autant des architectes formés à leur école.

Si la décadence a été rapide et plus complète qu'à aucune des plus tristes époques de l'art, c'est que le point de départ était erroné. Le quinzième siècle n'a fait que tirer les conséquences du principe posé au treizième, il a été une sorte de démonstration par l'absurde.

L'architecture ogivale a manqué aux conditions fondamentales de l'art, en méconnaissant les lois de la création, en voulant nier les droits de la matière. Ce n'est point, comme on le prétendait il y a quelques années, par ignorance, par barbarie qu'elle a péché, c'est par excès de spiritualisme ; elle est plus étudiée, plus fine dans ses intentions que les architectures antérieures ; mais elle a dédaigné le réel, et elle s'est perdue faute de ce solide appui, de ce guide salutaire. Après n'avoir admis que des formes jugées rationnelles, alors qu'elle était maintenue par l'esprit qui régissait l'architecture romane, elle a recherché avec ardeur, et a accepté toutes celles qui lui paraissaient de nature à répondre à son idéal. Qu'elles fussent favorables à la stabilité, convenables à la nature des matériaux, conformes aux conditions d'existence de l'édifice : ces mérites lui importaient peu ; sa conception du beau était en dehors d'eux, était même en opposition avec eux.

<small>Défauts de l'architecture ogivale.</small>

Ainsi, les voûtes en ogive exercent moins de poussée que les autres, et permettent par conséquent de réduire la section des points d'appui ; cela ne lui suffit pas : elle veut des supports encore plus élancés, et elle a recours à des arcs-boutants, pour transmettre au dehors toute action horizontale. Déjà sans doute une disposition analogue avait été adoptée dans les styles précédents ; mais ces arcs étaient couverts par la toiture des bas-côtés, ou étaient si peu évidés, comme ceux de la basilique de Constantin et de Sainte-Marie du Capitole, qu'ils ne constituaient guère que des contre-forts. Elle les dégage complétement, les élève jusqu'au point où ils doivent être le plus efficaces, et les traite avec une légèreté et une hardiesse jusqu'alors inconnues. Or si le système est ingénieux, il n'est pas cependant de ceux qu'accepte une saine théorie de l'art. Quand une voûte est maintenue par des culées stables, il est facile de lui assurer cet excès de solidité qui est indispensable à la durée de la construction, et il n'est pas besoin de calculs bien rigoureux pour déterminer les formes et les épaisseurs de ces points d'appui ; s'il y a quelque exagération dans la résistance, elle est sans inconvénient pour la stabilité, et ne porte que sur la dépense. Mais il n'en est pas de même des arcs-boutants : ils ne constituent pas une masse inerte ; ils donnent lieu à une force qui agit contre le mur, à une pression horizontale, qui, si elle est trop faible, ne remplit pas le but, et si elle est trop forte, le dépasse et renverse au dedans la construction qu'elle était destinée à contenir. Le point d'application de cette force demande également à être déterminé avec une grande précision, car elle devient dangereuse, s'il est placé trop haut ou trop bas ; le mur se boucle, et peut être renversé à l'extérieur dans le premier cas, à l'intérieur dans le second. Les édifices du moyen âge ont éprouvé trop de désastres, il y en a trop de déformés pour qu'on puisse nier la valeur de ces considérations.

Ces organes essentiels à la stabilité de la construction, auxquels il n'était pas permis de donner un excès de résistance sous peine de leur attribuer en même temps un excès d'action, sont exposés d'ailleurs, sur toutes leurs faces, aux dégradations si actives et si redoutables des agents atmosphériques et des plantes parasites. Les voûtes du moyen âge peuvent être considérées, en y comprenant les arcs-boutants, comme composées de deux parties dont les actions horizontales, égales et diamétralement opposées, doivent se détruire ; mais l'une de ces parties est abritée et se conserve, l'autre est abandonnée aux intempéries et perd incessamment de sa résistance. Mieux eût valu assurément ne pas les diviser ainsi, n'avoir qu'une seule voûte d'une culée à l'autre, supprimer des points d'appui intermédiaires qui n'avaient plus de suffisantes raisons d'être, et comprendre le tout sous une même couverture. On n'aurait eu qu'une seule nef, mais plus vaste, plus imposante et surtout plus solide ; ni les difficultés, ni les dépenses ne se fussent accrues. Ce système a été adopté, et la cathédrale d'Angers en est un exemple ; mais on ne le trouve qu'au début de l'art ogival, et dans les provinces où les traditions romaines ou byzantines s'opposaient aux divisions trop multipliées ; plus tard il a été complétement abandonné. C'est que l'esprit de l'époque se portait sur l'accessoire et non sur le principal. Les conceptions étaient extrêmement ingénieuses, mais elles manquaient d'ampleur ; elles s'attachaient aux formes secondaires, et respectaient scrupuleusement les formes générales antérieurement consacrées. La science et l'art marchaient ensemble, avons-nous dit, mais science et art étaient tous deux étroitement bornés, et ne savaient s'ouvrir de larges horizons.

Est-il nécessaire de parler du mauvais effet que produisent au dehors ces arcs-boutants multipliés, qui masquent les formes essentielles de l'édifice, semblables aux étais dont on entoure une construction à la veille de s'écrouler et qu'on veut maintenir en équilibre pendant quelque temps encore ? Il n'est aucun homme de goût qui ne soit choqué à la vue de ces tristes appareils.

Les espacements des points d'appui sont encore une preuve de cette disposition des esprits à borner les innovations aux détails. Ils avaient été réglés dans les basiliques par les exigences du système de construction, c'est-à-dire par l'écartement des fermes de la charpente et par la nature des supports, qui consistaient en colonnes isolées. Or, dès qu'on employait des voûtes et des piliers plus fermes, on pouvait franchir de plus longs intervalles, on pouvait tout au moins prendre la largeur de la grande nef pour cet espacement des points d'appui, au lieu de le régler sur celle des bas-côtés, et c'est ce qui a été fait effectivement en Italie ; de là encore devait résulter moins de difficultés, moins de dépenses et une forme plus satisfaisante. L'intérieur de l'édifice eût été plus dégagé, et il y avait plus d'avantage réel à obtenir ce résultat qu'à réduire un peu les diamètres de quelques colonnes. On n'y a pas songé ou on ne l'a pas voulu. Comparez le plan d'une de ces églises voûtées à celui d'une basilique, vous trouverez même disposition générale, et rien ne vous avertira que les systèmes de construction sont différents ; tandis qu'un tout autre effet sera produit si vous prenez le plan d'une des grandes salles des Romains (pl. 13), ou celui de Sainte-Sophie de Constantinople (pl. 23), pour l'un des termes de cette comparaison : vous serez frappé de ce qu'il y a de grand dans les dispositions générales de ces derniers, et de mesquin dans celles de l'architecture ogivale.

Les clochetons élancés qui chargent les contre-forts à leur partie supérieure ont sans doute quelque chose de spécieux ; ils ne sont pas sans action sur la stabilité. Mais ont-ils reçu la forme la plus convenable à leur destination matérielle ? évidemment non. Un coup de vent, le développement d'une pariétaire suffisent à renverser les pointes aiguës qui les terminent. Aussi voit-on que la plupart sont découronnés, et que les eaux pluviales s'introduisent dans les maçonneries par leurs joints béants.

Puis, après s'être contenté du spécieux, on est arrivé aux mensonges, qui blessent le spectateur délicat et enlèvent à l'art sa dignité, et l'on n'a pas même songé à les dissimuler. Un porche, par exemple, sera surmonté d'un pignon élevé, lequel annonce un toit; mais le toit eût masqué une ouverture, ou eût intercepté un passage, et il n'y en a pas; le pignon n'est qu'un mur isolé, inutile, une chose fausse, et l'architecte a si peu senti ce qu'il y a de vicieux dans cette disposition, qu'il y ajoute volontiers une nouvelle superfluité, une fenêtre, qui reçoit du jour de deux côtés. Et ce mur qui ne se relie à rien, on est obligé de recourir à des barres de fer pour le maintenir dans sa position.

Enfin, si quelques ornements sont très-convenablement placés, beaucoup sont distribués de telle sorte que leur durée ne pouvait être que très-éphémère. Tels sont les crochets de feuillages qui courent sur les arêtes saillantes des flèches, des clochetons et des pignons, et les fleurons qui couronnent ces appendices. Il n'est pierre de si bonne qualité qui puisse résister en pareille position. Telles sont encore les maigres colonnettes placées en dehors, et celles qui forment les meneaux des fenêtres; elles ne tardent pas à se corroder et à se réduire en poussière.

Aussi voyez en quel état sont aujourd'hui ces constructions, malgré le coûteux entretien dont elles ont été l'objet : plusieurs se sont écroulées, et la plupart menacent ruine, à ce point qu'il faut les rétablir de fond en comble. Mal constituées, elles meurent avant le temps, tandis que d'autres, beaucoup plus âgées et dont l'entretien n'a pas été mieux assuré, sont encore dans un parfait état de conservation.

Ajoutons que cette architecture, si peu durable, est extrêmement dispendieuse ; car si ses dispositions permettent de réduire, à peu près au minimum, le cube des matériaux à employer pour couvrir un espace donné, elles exigent presque impérieusement l'emploi de la pierre de taille, et une quantité de main-d'œuvre que ne demande aucun autre style. Nulle part ailleurs la pierre n'est refouillée, évidée, travaillée à ce point. Nulle part on ne voit un support isolé présenter un aussi grand développement de contour pour une même section, une galerie ou un portique se composer d'autant de points d'appui, une même surface se couvrir d'autant de ramifications et de lignes sinueuses. Malgré la légèreté de la construction et ce qu'il y a d'ingénieux dans les formes, l'architecture ogivale est celle qui coûte le plus par unité de surface couverte.

STYLE DE LA RENAISSANCE.

Pendant que l'art ogival tombait, victime de ses propres excès, autant que des révolutions qui s'étaient produites dans les esprits, l'Italie reprenait le rang qu'elle avait longtemps occupé, et que la France n'avait pas su garder. Elle était redevenue le foyer des lumières ; elle marchait en tête de l'Occident, avec ses érudits, ses philosophes, ses poëtes, ses artistes, et elle avait produit le plus grand mouvement des temps modernes, celui de la Renaissance. Renouant la chaîne des traditions, trop longtemps interrompue, elle avait rendu l'esprit humain aux larges et lumineuses conceptions, et irrévocablement condamné celles du moyen âge.

L'architecture ogivale n'y avait été acceptée qu'avec une sorte de répulsion. Importée par les Allemands, ce qui était loin de lui concilier les sympathies populaires, elle y avait reçu le nom d'*architettura tedesca*, et n'était jamais entrée complétement dans le sentiment du pays. Elle semble cependant lui avoir fait de grandes concessions ; car elle est plus mâle, plus monumentale, a des dispositions plus larges, se montre moins prodigue des formes aiguës et découpées dans les édifices d'Italie que dans les contrées du Nord. A Santa-Maria-Novella et à Sainte-Marie des Fleurs de Florence (1279 et 1298), dans la cathédrale d'Arezzo (1276) et à Sainte-Marie des Frères à Venise (1250 ?), par exemple, les piliers qui séparent la nef des bas-côtés sont très-espacés ; leur écartement est égal à la largeur de la nef, de sorte que les principales voûtes d'arête sont établies sur plan carré, et que ce sont celles des bas-côtés qui ont le plan barlong ; il n'y a qu'une colonne sur chacune des faces du pilier, et elle n'a rien de trop grêle ; les voûtes, moins élevées, n'ont pas besoin d'arcs-boutants pour être maintenues. Il y a de la simplicité et de la grandeur ; on sent que les souvenirs de l'architecture antique n'étaient pas tout à fait effacés. Mais, en même temps que les défauts, manquent les qualités ; les formes élégantes, les gracieux détails, l'exquise harmonie et surtout la franchise d'expression ne se retrouvent plus. Transportée dans un milieu qui ne lui convient pas, la plante s'atrophie, perd ses jets hardis, et ne se couvre plus de fleurs.

Architecture ogivale en Italie.

Aussi l'ogive n'est-elle jamais parvenue à étouffer complétement le plein cintre sous le beau ciel de l'Italie. Le Campo-Santo de Pise appartient au commencement du treizième siècle, et ses arcades présentent la demi-circonférence de cercle; l'ogive ne s'y rencontre que dans les intersections des meneaux. A Florence, dans le même siècle et dans le siècle suivant, c'est encore la demi-circonférence de cercle qui se montre dans les grandes arcades de l'église d'Or-San-Michele, et qui est employée par Orcagna pour réunir les piliers de la belle loge de la place du Grand-Duc (pl. 3). Et cette dernière courbe redevient exclusive dès le début du quinzième siècle. Si l'on trouve encore l'ogive dans l'admirable dôme qu'élève Brunelleschi au-dessus de la croisée de Sainte-Marie des Fleurs, c'est parce qu'elle était déjà dans le monument qu'il s'agissait de terminer, et surtout parce que la construction d'une voûte de plus de 40 mètres d'ouverture paraissait alors d'une telle hardiesse qu'on ne devait rien négliger pour assurer le succès de l'entreprise, et en réduire les difficultés. Mais dans les autres œuvres de ce grand promoteur de la renaissance de l'art, il n'en est point ainsi : on ne voit que des pleins cintres dans les églises de Saint-Laurent (1425) et de San-Spirito (1471).

L'architecture ogivale était donc abandonnée en Italie depuis un siècle, lorsque celle de la Renaissance fut appelée à élever le plus grand monument religieux de la chrétienté : nous voulons parler de Saint-Pierre de Rome, édifice sur lequel nous nous arrêterons quelques instants. Les planches 43 et 44 en représentent le plan et une vue intérieure [1].

Saint-Pierre de Rome.

L'ancienne basilique de Saint-Pierre menaçait ruine depuis longtemps, et l'on avait déjà songé à la reconstruire sur de plus vastes proportions, lorsque Jules II se décida à mettre ce projet à exécution. Bramante, à qui il confia sa pensée, eut une conception grandiose : « Je placerai, dit-il, le Panthéon sur les voûtes du tem- « ple de la Paix [2]. » C'était entrer pleinement dans les vues ambitieuses du pontife. L'idée de l'illustre architecte fut accueillie avec empressement, les études furent rapidement terminées, et la première pierre fut posée en grande pompe le 18 avril 1506.

Le plan de Bramante était celui d'une basilique en forme de croix latine. La nef était séparée des bas-côtés par des piliers rectangulaires ornés de grandes ni-

---

[1] Nous avons déjà prévenu le lecteur que notre format n'a pas permis d'établir ce plan à la même échelle que nos autres plans d'églises, celle de 0,00125. L'échelle que nous avons dû adopter est moitié moindre.
[2] Basilique de Constantin (pl. 15).

ches sur leurs faces latérales, le chœur et chacune des branches du transsept se terminaient par une abside demi-circulaire, une vaste coupole entourée d'un portique extérieur s'élevait au-dessus de la croisée, et un immense portique occupait toute la façade. Peut-être ce projet n'était-il pas entièrement irréprochable, peut-être le portique eût-il présenté de très-grandes difficultés d'exécution, ses colonnes eussent-elles paru trop espacées, le dôme eût-il été trop aplati. Quoi qu'il en soit, il y avait dans la disposition générale une ampleur et une simplicité, qui, associées aux dimensions colossales de l'œuvre et au style plein d'élégance et de finesse de Bramante, eussent produit une œuvre admirable, un monument du plus beau caractère. Malheureusement le pontife et l'architecte, également impatients de mener à fin leur importante entreprise, avaient opéré avec trop de précipitation, et le dernier était plutôt grand artiste que savant constructeur. En 1514, les hémicycles étaient terminés, et l'on avait voûté les quatre grands arcs qui devaient supporter le dôme ; mais, à la même époque, des lézardes s'étaient manifestées sur divers points des constructions, une catastrophe paraissait imminente, et cependant les voûtes n'étaient chargées que de leur propre poids. Ces accidents marquèrent bien tristement la fin d'une carrière glorieusement parcourue, et il est à croire qu'ils en avancèrent le terme, car Bramante mourut dans l'année où ils s'étaient produits.

Léon X, qui occupait alors le trône pontifical, lui donna pour successeurs Frà Giocondo, Julien de Sangallo et Raphaël, qui avait été désigné, dit-on, par Bramante lui-même, et qui eût joint sans doute la célébrité de l'architecte à celle du peintre, s'il n'avait été si prématurément enlevé. Avant de poursuivre les travaux, les nouveaux architectes durent s'attacher à les consolider, et furent bientôt empêchés par la mort de faire davantage. Raphaël, le dernier survivant, termina sa carrière en 1520. Balthasar Peruzzi et Antoine de Sangallo les remplacèrent, et tous deux imaginèrent de nouvelles dispositions, lesquelles consistaient surtout à substituer la forme de la croix grecque à celle de la croix latine, et à renforcer les piliers du dôme. Dans le projet de Sangallo, l'édifice était précédé d'un immense vestibule, dont le mérite eût été très-contestable et dont il n'eût pas été facile d'apprécier le but. Toutefois, malgré les critiques fort judicieuses que Michel-Ange avait faites de cette singulière conception, elle avait été accueillie favorablement, et elle était en voie d'exécution quand son auteur vint aussi à mourir. On était arrivé à l'année 1546 ; des sommes considérables avaient été dépensées, un grand nombre d'architectes s'étaient succédé, et non-seulement aucune partie de l'édifice n'était terminée, mais on était indécis sur ce qu'il y avait à faire. Les mécomptes du passé inspiraient de sérieuses inquiétudes pour l'avenir.

On s'adressa enfin à Michel-Ange : il repoussa d'abord le fardeau qu'on voulait lui imposer, et toute l'autorité du pape fut nécessaire pour vaincre ses refus. A cette époque il avait soixante-douze ans ; mais, dans cette vigoureuse organisation, le temps n'avait eu prise ni sur le génie, ni sur le noble caractère, ni sur la force de volonté. Un pouvoir illimité lui était accordé sur les hommes et sur les choses, et il sut en user largement, en dépit des passions qui s'agitaient autour de lui et des intrigues sans cesse renaissantes de ses ennemis. Il renvoya tous les agents dont la probité était suspecte, exigea de ses collaborateurs le dévouement le plus complet à l'entreprise, et, donnant l'exemple du désintéressement, refusa les émoluments, considérables pour l'époque, qui étaient attribués à l'architecte. La grande coupole étant l'objet principal de l'édifice, il jugea qu'une longue nef aurait le grave inconvénient de la masquer, et il adopta la forme de croix grecque qu'avaient proposée ses prédécesseurs immédiats ; mais il rejeta leurs autres dispositions, retrancha les détails inutiles, simplifia les formes générales en leur donnant de l'ampleur, et s'attacha à constituer une puissante unité. Les constructions élevées par Sangallo furent détruites, et les piliers de Bramante furent considérablement renforcés.

Les travaux, poussés avec grande activité dans les premières années, se ralentirent ensuite, parce que les ressources faisaient défaut, malgré les moyens mis en avant pour s'en procurer ; cependant Michel-Ange eut la consolation, qu'il désirait ardemment de les voir assez avancés pour être en droit de penser que ses plans seraient maintenus après lui [1]. A l'époque de sa mort (1564, il avait

---

[1] Il écrivait à Vasari, en réponse aux instances qui lui étaient faites pour le rappeler à Florence :

« Sappiate per cosa certa, che io harei caro di riporre queste mie debole ossa accanto a quelle di mio padre, come mi pregate ; ma partendo di quà sarei causa di una gran ruina della fabbrica di San Pietro, di una gran vergogna, e di un grandissimo peccato : ma come sia stabilita, che non possa esser mutata, spero far quanto mi scrivete, se già non è peccato a tenere a disaggio parecchi ghiotti, che aspettano mi parta presto. (Septembre 1554.)

« Io vorrei più presto la morte, che essere in disgrazia del Duca ; io in tutte le mie cose m'ingegno di andare in verità ; e se io ho tardato di venir costà, come ho promesso, io ho sempre inteso con questa condizione, di non partir di quà, se prima non conduco la fabbrica di San Pietro a termine, che la non possa esser guasta, nè mutata dalla mia composizione, e di non dare occasione di ritornarvi a rubare, come solevano, e come ancora aspettano ladri ; e questa diligenza ho sempre usata, e uso, perchè come molti credono, e io ancora, esservi stato messo da Dio ; ma il venire a detto termine di detta fabbrica non mi è ancora, per esser mancati i denari e gli huomini, riuscito ; ed io, perchè son vecchio, e non havendo a lasciar altro di me, non l'ho voluta abbandonare, e perchè servo per l'amore di Dio, in lui ho tutta la mia speranza. » (Juillet 1557.)

Michel-Ange avait quatre-vingt-trois ans à cette dernière date.

Nos lecteurs nous sauront gré d'avoir mis ces passages sous leurs yeux ; ils aimeront à voir ce mâle vieillard si dévoué

quatre-vingt-dix ans) tous les hémicycles étaient complétement terminés, le tambour du dôme était élevé, et il ne restait plus qu'à construire la voûte sphérique, à achever la branche inférieure de la croix et à édifier le portique. Il avait d'ailleurs laissé un modèle parfaitement arrêté des dispositions qu'il se proposait d'adopter pour l'établissement de cette vaste coupole, et son projet fut religieusement exécuté par ses successeurs, Vignolle, della Porta et Dominique Fontana.

Tout ce qu'il y a de fondamental et de plus admirable dans Saint-Pierre, c'est-à-dire le dôme, les travées avoisinantes, les trois hémicycles et l'ordonnance tant au dehors qu'au dedans, appartient donc entièrement à Michel-Ange. Sans doute ce n'est pas à lui qu'on doit l'idée de placer un tambour cylindrique entre les pendentifs et la coupole; elle était dans le projet de Bramante, et depuis longtemps elle avait été mise à exécution dans un assez grand nombre d'édifices. Ainsi qu'il a été dit plus haut, cette disposition se rencontre dans plusieurs des anciennes églises byzantines de la Grèce, et elle avait été appliquée, dans le cours du quinzième siècle, à l'église de Saint-Augustin, à Rome. Les vastes dimensions de l'œuvre n'étaient même pas sans précédent, car Brunelleschi avait déjà élevé son admirable dôme de Sainte-Marie des Fleurs, dont l'ouverture ne le cède en rien à celle de la coupole de Saint-Pierre. Enfin l'heureuse invention de la double coupole, qui préserve de toute filtration, et permet de donner au dehors un galbe différent de celui de l'intérieur [1], est due également à l'illustre architecte florentin, dont la construction avait été sérieusement étudiée par Michel-Ange. « Il est dif- « ficile de faire aussi bien, il est impossible de faire mieux, » disait ce dernier en jetant, avant son départ pour Rome, un dernier regard sur l'œuvre la plus remarquable de l'architecture florentine. Mais ce qui appartient à l'architecte de Saint-Pierre, ce sont les proportions harmonieuses, c'est la noble et sévère ordonnance, c'est la forme pleine de majesté, c'est la grandeur morale du monument. Il n'y a qu'un puissant génie qui puisse obtenir de pareilles qualités à un aussi haut degré.

La coupole fut terminée sous Sixte-Quint, puis les travaux furent à peu près suspendus pendant quelques années. Clément VIII fit exécuter la lanterne qui cou-

---

à son œuvre, si plein de foi, si pénétré d'indignation contre l'improbité, à une époque et dans un milieu où elle était parfaitement admise. Ils seront frappés aussi de l'importance qu'il attachait à son monument : le rare et puissant génie qui avait produit le Moïse, les tombeaux de San-Lorenzo et les peintures de la chapelle Sixtine ne comptait que sur la basilique de Saint-Pierre pour transmettre son souvenir à la postérité.

[1] Voyez la figure 6 de la planche 47, de la première partie de cet ouvrage.

ronne le dôme, et il ne manquait que le portique, pour achever l'édifice projeté par Michel-Ange, lorsque Paul V monta sur le trône (1605). Ce pape se proposa de mener à fin l'importante entreprise dans laquelle il jugeait que l'honneur du catholicisme se trouvait engagé ; mais la façade imaginée par le grand architecte lui parut peu satisfaisante, et il faut reconnaître que c'était en effet la partie faible de la composition. Elle consistait en un portique de grandes colonnes corinthiennes fort espacées, réunies par un entablement et chargées d'un attique très-élevé dans lequel étaient ouvertes des fenêtres ; c'était l'ordonnance de pilastres des faces latérales qui se reproduisait en colonnes sur la face principale. Or il est à croire que, dans ces conditions, les colonnes eussent paru trop grêles et que l'attique se fût montré trop lourd. L'exécution présentait d'ailleurs d'énormes difficultés, si ce n'est des impossibilités. D'après les dessins qui nous ont été conservés, il n'y avait que trois entre-colonnements sur la largeur de la nef ; celui du milieu, beaucoup plus large que les autres, aurait eu plus de 10 mètres d'ouverture, et faire porter une voûte en plate-bande de pareille dimension sur des colonnes eût été un tour de force devant lequel il n'est pas étonnant qu'on ait reculé. Il est même à supposer que Michel-Ange, qui n'avait point arrêté cette partie de son projet avec autant de précision que le reste, se réservait d'en faire l'objet de mûres méditations, lorsque le moment de l'exécution serait arrivé. Un autre reproche était adressé au portique, c'est qu'il ne comportait pas la loge élevée, d'où le pape devait, dans les grands jours, donner sa bénédiction solennelle *à la ville et au monde*.

Paul V demanda donc aux plus célèbres architectes de Rome de lui soumettre des projets de façade, et il choisit celui de Charles Maderne, parmi tous ceux qui lui furent présentés. Ce projet consistait à substituer au portique un vaste vestibule, à engager les colonnes dans le mur au lieu de les isoler, et à placer au-dessus du vestibule une belle galerie au milieu de laquelle s'ouvrait la loge des bénédictions, précisément dans l'axe de l'édifice. Mais cela ne parut pas suffire ; un appel avait été fait aux critiques, et elles ne manquèrent pas : on fit remarquer que la forme de la croix grecque ne convenait pas aussi bien au développement des cérémonies du culte que celle de la croix latine ; que dans cette église, qui devait être la première du monde, les chapelles seraient moins nombreuses que dans beaucoup d'autres ; que les constructions exécutées laissaient en dehors de leur périmètre une partie du terrain que l'ancienne basilique avait couvert et sanctifié.

Ces observations firent décider le prolongement de la nef inachevée. Charles Maderne ajouta à cette nef trois arcades semblables à celle que Michel-Ange avait établie, et les accompagna de chapelles. Il maintint d'ailleurs l'ordonnance adoptée dans le reste de l'édifice, tant à l'intérieur que sur les faces latérales. Le vestibule et la façade qu'il avait imaginés furent reportés en tête de cette adjonction. Enfin des clochers devaient être placés aux deux extrémités de la façade, mais ils ne furent entrepris que plus tard.

On a plusieurs fois agité la question de savoir si ce prolongement de la nef était un bien ou un mal, et elle paraît difficile à résoudre d'une manière absolue. Il est certain que la croix grecque avait l'avantage de donner plus d'unité à la composition, et de faire mieux dominer la vaste coupole, aussi bien au dedans qu'au dehors. Cette majestueuse construction eût frappé dès l'abord, eût constitué presque seule le monument, et les branches de la croix ne se fussent présentées que comme des appendices ; tandis qu'aujourd'hui on ne l'aperçoit qu'après avoir parcouru une grande partie de la nef, après avoir éprouvé une première impression, et l'attention se divise entre la nef et la coupole sur lesquelles elle se porte successivement. Mais, d'un autre côté, le caractère religieux n'eût-il pas été amoindri, si l'autel, étant placé comme il l'est et comme il convient, au centre du dôme, s'était trouvé ainsi très-rapproché de la porte d'entrée? Les grandes cérémonies auraient-elles pu devenir aussi imposantes? N'y avait-il pas quelque chose de regrettable à adopter pour la première église de la chrétienté une forme qui n'aurait pu servir de modèle, et qui sortait complètement de celle que les siècles antérieurs avaient consacrée? Nous croyons donc que si la croix latine fait perdre à l'œuvre d'art considérée en elle-même, elle est plus avantageuse pour l'église, abstraction faite des dispositions qui lui ont été données.

Ajoutons que Charles Maderne n'était assurément point de taille à se mesurer avec Michel-Ange, et que sa composition laisse à désirer sous plusieurs rapports. Mais il avait le mérite de la résolution et de l'activité, et il termina rapidement les importants travaux dont il était chargé.

Le Bernin, qui vint après lui, débuta par élever sous le dôme le magnifique baldaquin de bronze du maître-autel, composition très-remarquable par son ampleur, sa richesse de formes et ses heureuses proportions, puis il voulut terminer l'œuvre de Charles Maderne, en construisant les clochers de la façade. Malheureusement ce dernier architecte n'était pas un fort habile constructeur ; il avait voulu économiser sur les fondations, et les avait en outre tracées sur le terrain avec si peu d'exactitude que, quand on éleva les nouvelles constructions dans le prolongement des anciennes, les empatements se trouvèrent fort inégalement répartis, exagérés en quelques points, insuffisants sur d'autres. Le Bernin eut le tort de ne pas s'assurer du degré de résistance des maçonneries qu'il s'agissait de surcharger d'un poids considérable, et l'un de ses clochers n'était pas encore terminé, que de graves désordres se manifestèrent, qu'il fallut s'arrêter, puis démolir. Sa disgrâce s'ensuivit, et il y eut une autre conséquence plus regrettable encore : son remplacement par le Borromini, dont le mauvais goût vint s'étaler sur plusieurs parties de la décoration intérieure. Mais bientôt le Bernin fut rappelé par un nouveau pape, par Alexandre VII, et on le vit successivement placer au fond de l'abside une vaste composition qui encadre la chaire vénérée du prince des apôtres, décorer dignement les quatre grands piliers de la coupole, élever aux extrémités du vestibule les statues équestres de Constantin et de Charlemagne, et enfin construire les magnifiques portiques extérieurs dont nous avons déjà parlé [1].

Les sacristies, dont cette basilique était dépourvue, ont été édifiées vers la fin du siècle dernier. Elles constituent un édifice spécial, qui est placé à gauche de l'église, à laquelle il se rattache par deux galeries de communication.

La construction de Saint-Pierre de Rome, abstraction faite de ces sacristies et de nombreuses mosaïques exécutées dans le cours du dix-huitième siècle, a duré plus d'un siècle et demi, a vu passer vingt-deux papes, a été dirigée successivement par treize architectes, depuis Bramante jusqu'au Bernin, et a exigé des dépenses qui, en 1693, s'élevaient, d'après les calculs de Charles Fontana, à la somme énorme de 251 450 000 francs, laquelle équivaudrait aujourd'hui au moins au double, eu égard à la diminution de valeur de l'argent depuis la période de temps pendant laquelle les travaux ont été exécutés, soit, en nombre rond, à plus de 500 000 000.

Les dimensions de cet édifice sont colossales ; la longueur à l'intérieur, le vestibule non compris, est de 185 mètres ; celle du transsept, du fond d'un hémicycle à l'autre, est de $137^m,15$; la largeur de la grande nef est de $27^m,30$; les piliers qui séparent la nef des bas-côtés n'ont pas moins de $9^m,46$ de largeur ; les arcades dont ils reçoivent les retombées ont $13^m,26$ d'ouverture (la grande nef de

---

[1] Page 98 et suivantes.

Notre-Dame de Paris n'en a pas douze); le dôme a 42^m,60 de diamètre intérieur ; les piliers qui le supportent ont 20 mètres d'épaisseur (combien d'églises sont de moindres dimensions!) ; le vestibule a 70^m,80 de longueur ; la hauteur sous clef de la grand nef est de 47^m,30 (la colonne de la place Vendôme n'en a pas tant); celle de l'ouverture pratiquée au sommet de la coupole est de 101 mètres au-dessus du sol de l'église (les tours de Notre-Dame de Paris ont 66 mètres de hauteur), et il y a 31^m,23 de distance entre cette ouverture et le sommet de la croix qui couronne la grande boule de bronze. La surface couverte par les constructions est de 23 000 mètres carrés environ, non compris les sacristies et les galeries qui précèdent le monument.

Cependant on n'est point frappé de ces dimensions exceptionnelles, quand on entre dans l'édifice. On sait qu'il est très-vaste, et l'on éprouve une impression diamétralement opposée à celle qu'on prévoyait : on est dominé dès l'abord par une pénible surprise, qui provient de ce que l'imagination, surexcitée par avance, ne trouve pas ce qu'elle attendait, et qui ne permet pas aux éminentes qualités de l'œuvre de produire immédiatement leur effet. Quelques écrivains, disposés à tout admirer dans les grands hommes, ont voulu en faire un mérite à Michel-Ange ; mais cette opinion n'a pas prévalu, et, il faut en convenir, ne devait pas prévaloir. Puisque le grand nous touche, puisque l'importance d'un travail exécuté par la main des hommes, le sentiment des difficultés vaincues et des efforts accumulés sont de nature à exercer une puissante action sur notre esprit, puisque les dimensions réelles d'une construction sont un élément de beauté, il n'y a pas mérite, il y a évidemment défaut à ne pas tirer parti de ces choses, à ne pas les mettre en évidence, quand elles existent. L'erreur commise à Saint-Pierre provient de l'exagération d'une qualité : de ce que tout y a été grandement conçu et grandement traité. Sans doute il faut concevoir avec ampleur, il faut que les parties se tiennent en harmonie avec l'ensemble, que dans un immense monument les divisions principales soient établies sur une vaste échelle ; mais, dans ces divisions, on peut subdiviser, et introduire des formes qui rentrent dans les dimensions auxquelles nous sommes habitués, et viennent donner le sentiment de la grandeur matérielle. C'est ce qu'on a fait à Sainte-Sophie de Constantinople, aussi bien que dans la basilique de Constantin à Rome[1], et ce qui a été négligé à Saint-Pierre. Là

---

[1] Voyez les planches 13, 24 et 25 et les pages 62 et suivantes.

tout est énorme, et les subdivisions manquent, surtout dans la nef; et ce ne sont pas seulement les membres d'architecture qui ont reçu ces proportions colossales, mais encore les statues, les peintures et tous les motifs de décoration.

Mais ce défaut est largement compensé, et si la première impression est peu favorable, elle est de courte durée; on ne tarde pas à éprouver le sentiment de la grandeur morale qui domine dans la composition. On est saisi d'une profonde admiration, dès qu'on arrive à apprécier les formes imposantes du monument, et à reconnaître les richesses et les innombrables œuvres d'art qui les accompagnent. Les sculptures, les sarcophages, les mosaïques, les bronzes, les marbres, les précieuses colonnes, toutes ces choses exercent successivement leur action, et bientôt on se sent placé dans un milieu dont rien encore n'avait pu donner l'idée. On s'incline respectueusement alors devant cette toute-puissante majesté, dont on n'avait pas été frappé immédiatement; on reconnaît le temple de l'*omnipotens æterne Deus*, le chant solennel, le monumental *hosanna in excelsis* du catholicisme triomphant; on se dit que jamais plus puissante organisation ne s'est résumée en un plus digne monument.

Est-ce à dire que Saint-Pierre n'ait d'autre défaut que celui dont on vient de parler? non assurément, et ce serait manquer à notre mission que de ne pas signaler ceux dont nous avons conscience. Mais faisons remarquer auparavant qu'ils ne frappent point le spectateur, et ne se révèlent qu'à la réflexion, couverts qu'ils sont par les éminentes qualités de l'œuvre et surtout par la grandeur de la conception. Il en est trois principaux :

1° Les piliers qui séparent la nef des bas-côtés sont d'une largeur exagérée; ils ont le double inconvénient de paraître trop lourds, et de ne pas permettre à la vue de s'étendre dans toutes les parties de l'édifice. Tels n'étaient pas ceux que Bramante avait projetés. Si ceux que Michel-Ange a élevés sont massifs, leurs proportions se motivent parfaitement par le dôme qu'ils ont à supporter, et l'on n'aurait pu les réduire notablement sans nuire à la solidité et même au caractère du monument; mais ceux de la grande nef ne sont point dans les mêmes conditions, et auraient pu être traités dans un autre esprit.

2° Que le grand architecte ait couvert par des voûtes en berceau les courtes branches de la croix grecque à laquelle il s'était arrêté, il n'y a qu'à approuver; cette forme est puissante, on sent qu'elle appuie énergiquement les pendentifs, et il n'y avait pas à l'altérer par des ouvertures, puisque les fenêtres du dôme et celles des extrémités des branches versaient une suffisante quantité de lumière dans l'intérieur. Mais il n'en est pas de même dans la nef : là, on ne pouvait se contenter de jours pris aux extrémités, et l'on s'est vu obligé de percer la voûte de fenêtres, dont la forme et les pénétrations sont d'un effet peu satisfaisant. La nécessité d'ouvrir des jours dans la longueur et à la partie supérieure de la nef étant reconnue, il eût été mieux, ce semble, d'adopter une disposition de voûte qui s'y prêtât, telle que celle de la voûte d'arête ou de culs-de-four sur pendentifs.

3° Enfin, si l'on avait pris ce parti, l'on eût été conduit à supprimer, dans l'intervalle des pilastres, le lourd entablement qui est peut-être une des imperfections de l'œuvre de Michel-Ange, et dont les inconvénients sont devenus d'autant plus graves qu'il a été prolongé davantage. Placez-vous dans l'une des branches du transsept, cet entablement n'a rien de choquant, n'arrête pas votre attention qui est puissamment attirée par le dôme; mais, à l'entrée de l'édifice, c'est tout le contraire : le dôme est trop loin, et la masse de lignes horizontales superposées aux chapiteaux des pilastres rabat à l'horizon les regards qui voudraient s'élever vers le ciel. En un mot, l'élément vertical est suffisamment accusé dans la croix grecque, tandis que c'est l'élément horizontal qui domine dans la nef, au détriment du caractère religieux.

Nous ne parlons pas de la façade construite par Charles Maderne; avec ses lourdes colonnes engagées, les maigres colonnes qui flanquent ses portes, ses trois rangs de fenêtres, sa pauvreté d'invention, sa sécheresse de forme, le mauvais goût de ses détails, elle est au-dessous de la critique, et il paraîtrait difficile à l'esprit le plus bienveillant d'y trouver matière à approbation.

STYLE MODERNE.

Après quelques tentatives, dont l'église Saint-Eustache, à Paris, est la plus complète et la plus heureuse, d'appliquer les formes de l'architecture de la Renaissance aux dispositions et aux proportions consacrées par l'architecture ogivale, la basilique de Saint-Pierre est devenue un type pour toutes les parties de la chrétienté. Presque toutes les églises du dix-septième et du dix-huitième siècle l'ont prise pour modèle, c'est-à-dire ont admis la forme de croix latine, la nef séparée des bas-côtés par des pieds-droits rectangulaires décorés de pilastres supportant un entablement, la voûte en berceau avec pénétrations pour l'introduction du jour, le dôme central plus ou moins important, et une chapelle à chacune des extrémités du transsept. Seulement les bas-côtés ont été habituellement poursuivis autour de l'abside, comme dans les édifices du moyen âge, et l'autel a continué à être reporté au delà de la croisée, tantôt à l'entrée, tantôt au fond du chœur. Quelques-unes de ces compositions sont fort remarquables, et telle est surtout l'église du Val-de-Grâce, à Paris. Élevée, dans le cours du dix-septième siècle, par les architectes François Mansart, Lemercier et Le Muet, elle est d'un excellent style, et produirait assurément plus d'effet que Saint-Pierre, si elle était exécutée sur d'aussi vastes proportions et décorée avec autant de luxe. Mais la plupart de ces églises ont les défauts de leur modèle, sans réunir ses qualités ; leur architecture est lourde, froide, sans caractère religieux ; l'élégance de formes, la richesse de décoration, la grandeur matérielle et la grandeur morale y manquent également.

Retour vers l'architecture ogivale.

De nombreuses tentatives ont été faites dans ces derniers temps pour trouver une disposition plus convenable, mais presque toutes ont été des imitations du passé. Revenant au point de départ, quelques architectes ont reproduit des basiliques avec plafonds ou charpentes apparentes ; d'autres se sont scrupuleusement attachés à faire revivre les édifices du douzième siècle ; plusieurs enfin ont étudié l'architecture ogivale avec une remarquable sollicitude, et l'ont crue appelée à régir toutes les constructions religieuses. L'opinion publique, longtemps indécise, a paru se ranger du côté de ces derniers. Elle s'est trompée : l'art du moyen âge est mort, aussi bien que son esprit et ses institutions, et leur résurrection est impossible. On peut galvaniser un cadavre, mais non le rappeler à la vie.

A côté des mérites, nous avons déjà signalé les défauts de l'architecture du treizième siècle ; nous avons montré combien elle laissait à désirer sous le triple rapport de l'ampleur, de la durée et de l'économie des constructions. Nous n'insisterons pas davantage. C'est à un autre point de vue que la question doit être envisagée : ce qu'il faut consulter, c'est moins la forme que l'esprit. Ainsi l'ont jugé d'ailleurs la plupart des fervents admirateurs de l'art du moyen âge. « Cette époque, « disent-ils, était essentiellement religieuse, l'art qu'elle a enfanté est l'art reli- « gieux, l'art chrétien par excellence; expression fidèle des sentiments qui l'ont « dicté, mieux qu'aucun autre il donne satisfaction à la piété ; créé en vue des « édifices sacrés, lui seul peut leur assurer le caractère qui convient ; comparez « l'impression que vous éprouvez en entrant dans nos vieilles cathédrales à celle « que produisent les églises modernes, et non-seulement la question ne vous pa-

« raîtra pas douteuse, mais vous ne comprendrez pas qu'elle puisse être contro-
« versée. »

Était-on réellement plus chrétien au treizième siècle qu'on ne l'est de nos jours? En compulsant l'histoire, en étudiant les mœurs, il serait permis d'en douter; mais cela importe peu : ce qu'il y a de certain, c'est qu'on l'était autrement. La religion est la même sans doute, ses vérités sont éternelles, le temps n'y a point prise ; mais l'esprit des générations varie incessamment. A mesure que s'accumulent ses conquêtes intellectuelles, l'homme voit s'étendre son horizon, et se modifier son sentiment, tant sur les choses de la terre, que sur l'auteur de toutes ces merveilles qui se révèlent successivement à ses yeux éblouis. Le *Cœli enarrant gloriam Dei* est aussi vrai de nos jours qu'il l'était jadis ; mais les cieux ont de bien autres enseignements, depuis que la science nous en a fait percer les profondeurs, et nous a confondus par le spectacle de l'infini.

Il n'est pas jusqu'à ces sciences proscrites au moyen âge, œuvres du démon, disait-on alors, qui ne soient venues apporter leur tribut d'hommage par de nouvelles preuves de l'harmonie de la création, de la sagesse et de la puissance divines. « Creusez la terre, vous trouverez le ciel, » a dit un de nos grands écrivains. Chacune de nos découvertes scientifiques est un pas dans la connaissance de Dieu, et dans l'admiration de ses œuvres et de ses lois. Plus nous nous élevons, plus la grandeur de Dieu nous apparaît, et plus sa majesté nous frappe. Nos sentiments religieux sont donc plus vrais, plus larges, moins indignes de leur objet que ceux de l'époque qui nous est présentée comme type, et notre art est appelé à en porter témoignage.

D'un autre côté, il y a dans l'art ogival une profonde expression de contrainte, de mélancolie, de tristesse, de souffrance même. Elle se marque sur les constructions, de même que sur les figures peintes ou sculptées, et elle n'était que trop motivée à une époque de misères, de persécutions de toute nature et d'atroces supplices. La vie devait se peindre alors sous de sombres couleurs aux yeux de tous les esprits délicats ; le cœur des artistes, péniblement ému, devait vibrer à l'unisson de toutes les douleurs du temps, et ne trouver d'accents que pour redire les plaintes des victimes. Or il n'en est plus ainsi aujourd'hui, grâce au ciel ! Que le mal n'ait pas complètement disparu, que la douleur subsiste, que les larmes amères coulent encore, il n'y a point à le nier; mais il y aurait aveuglement et ingratitude à ne pas reconnaître les immenses progrès qui se sont accomplis.

L'existence nous est bien autrement libre, facile, assurée qu'elle ne l'était au moyen âge ; nous avons des bonheurs qu'il n'a point connus, et ce n'est pas le désespoir qui domine dans nos esprits.

Nous nous sommes fait, en même temps, une tout autre idée des conditions de la vie de ce monde. Nous sentons qu'il ne nous est point permis de la prendre en dédain, que les travaux utiles, le dévouement aux intérêts de l'humanité sont dans les voies de Dieu. Ce ne sont point les existences exclusivement consacrées aux contemplations mystiques ou aux aspirations égoïstes qui excitent nos admirations, et sont citées comme exemplaires. Le détachement aussi absolu que possible des choses de la terre n'est plus dans notre idéal, et ne doit plus régir notre architecture religieuse.

C'est donc précisément parce que l'art du treizième siècle a été vrai dans son temps, qu'il serait complétement faux aujourd'hui. Il répond à une conception de de la vie et de la divinité qui est inférieure à la nôtre ; il n'a pas les expressions, la majesté, la grandeur morale que nous devons exiger : il n'est à la hauteur, ni de notre science, ni de notre idéal.

Que nos vieilles cathédrales exercent une puissante action sur nos cœurs ; qu'elles nous pénètrent d'un profond respect, et réveillent le sentiment de la foi chez les esprits les plus sceptiques : c'est incontestable. Mais est-ce bien à l'architecture seule qu'il le faut attribuer ? L'âge de ces monuments, le souvenir de nos pères qui les ont élevés, celui de tant de générations dont les prières ont retenti sous leurs voûtes, ne sont-ils pas pour beaucoup dans la vénération qu'ils nous inspirent ? Des effets analogues ne sont-ils pas produits par des œuvres d'un tout autre style : et par les anciennes basiliques que n'ont point contaminées de maladroites restaurations, et par les nombreuses constructions, encore subsistantes, de l'architecture byzantine et de l'architecture romane ? Ne voit-on pas que les plus beaux édifices du treizième siècle perdent une grande partie de leur caractère, dès qu'un badigeon ou un grattage leur enlève cette teinte spéciale que le temps seul peut donner, et qui est aux pierres ce que sont les cheveux blancs sur la tête d'un vieillard ? Qu'on examine enfin les nouvelles constructions élevées dans le style ogival, et il en est que n'auraient point désavouées les architectes du moyen âge : y trouve-t-on ce qu'elles promettaient ? Répondent-elles mieux à nos sentiments religieux que les autres églises modernes si amèrement et quelquefois, il faut en convenir, si justement critiquées ? Non assurément : les défauts frappent dès l'abord, et les mérites sont impuissants à les faire absoudre. Ces points d'appui rapprochés outre mesure et découpés en frêles colonnettes, ces voûtes étroites et multipliées, ces subdivisions capricieuses, ces formes maigres et fausses, toutes ces choses qui ne se rencontrent plus ailleurs et sont en opposition avec notre science, nos goûts et notre idéal, nous paraissent manquer de dignité, et nous font même éprouver une pénible sensation. Et il faut remarquer que ces défauts ne sont point absolus; ils ne sont que relatifs. Ce qui nous paraît petit aujourd'hui était jugé grand autrefois. Nulle part, au moyen âge, l'architecture ne se montrait aussi imposante que dans les églises ; nulle part on ne trouvait d'aussi vastes enceintes, autant de majesté, des œuvres d'art aussi précieuses et aussi conformes à l'esprit de l'époque. Alors, comme auparavant, c'était pour les édifices consacrés au culte que l'art réservait toute sa puissance et toutes ses splendeurs. En doit-il donc être autrement aujourd'hui, et notre piété admettrait-elle qu'il les portât ailleurs? Serait-elle éclairée celle qui renverrait aux constructions d'ordre civil l'architecture grande et durable, et ne voudrait pour les temples qu'une architecture comparativement mesquine, dont l'expérience a prouvé l'instabilité?

L'histoire de l'art nous donne l'exemple de pareille aberration. A Rome, alors que les thermes, les théâtres, les basiliques, les palais se paraient de formes nouvelles, d'arcades et de voûtes hardies, le polythéisme expirant se cramponnait au passé, et n'admettait dans ses temples que les colonnes avec plates-bandes. Mais la société qu'il se montrait inhabile à diriger, qu'il ne pouvait même suivre dans sa marche progressive, ne tarda pas à l'abandonner, et la nouvelle religion s'empara immédiatement des formes qu'il avait dédaignées. Nous n'avons rien de semblable à redouter sans doute ; car les tendances rétrogrades qui se dessinent aujourd'hui n'ont pas une portée sérieuse. Elles n'accusent qu'une absence passagère de virtualité, et l'on peut affirmer que le catholicisme ne s'engagera pas dans la triste voie où d'imprudents amis essayent de le pousser. Quant aux architectes qui ont voué une admiration légitime à nos grands artistes du treizième siècle, qu'ils s'inspirent de l'indépendance de ces hommes, au lieu de reproduire servilement des formes qui n'ont plus leur raison d'être ; qu'ils apprennent d'eux à se préoccuper, non de ce qui a été, mais de ce qui doit être, à tirer parti de toutes les ressources que leur présentent l'art, la science et l'industrie de l'époque, et surtout à se bien pénétrer des sentiments contemporains afin d'en devenir les fidèles interprètes.

Soyons pleins de vénération pour les édifices religieux que nous a légués le moyen âge; défendons-les avec une pieuse sollicitude contre les injures du temps; ne reculons pas devant les sacrifices que nous impose leur conservation. Ce sont de précieux souvenirs de nos pères, des monuments historiques du plus haut intérêt, des titres de gloire pour le culte qui les a inspirés et pour l'époque qui les a exécutés. Mais ne songeons pas à les copier; comprenons la mission qui nous est dévolue, et sachons la remplir.

Caractère à assigner aux églises modernes.

On trouve toutefois dans ces édifices plusieurs des traits du caractère que paraissent exiger les églises modernes; car, s'il n'y a point à refaire le passé, il n'y a pas non plus à rompre brusquement avec lui, et l'un des torts de la Renaissance est le dédain qu'elle a affiché pour l'art du moyen âge. Plus équitable dans ses appréciations, elle lui eût reconnu des qualités éminentes, les eût maintenues, et eût évité les erreurs dans lesquelles elle est tombée.

Ainsi, les proportions élancées, la prédominance des lignes verticales sur toutes les autres, les chœurs profonds et les perspectives mystérieuses et indéfinies de leurs chapelles rayonnantes, toutes ces choses, qui sont indépendantes du style, et sont d'ailleurs antérieures à l'avénement de l'ogive, ont un caractère religieux très-prononcé. Elles disposent les âmes à s'élever vers Dieu, elles donnent de la dignité au sanctuaire, elles rappellent à l'homme l'humilité de sa condition et les mystères de sa destinée; leur valeur est de tous les temps et de tous les pays catholiques.

D'autres mérites s'y doivent adjoindre, et c'est par là surtout que nous nous éloignerons du moyen âge. Il faut que notre architecture religieuse porte, autant qu'il est en elle, l'empreinte des qualités qui nous paraissent les attributs les plus essentiels de la Divinité : l'unité, la sagesse, la haute raison, la puissance, la majesté peuvent et doivent être manifestées par ses œuvres. C'est dire qu'elle doit présenter une grande simplicité de composition, des formes rationnelles, un aspect monumental, de l'ampleur dans les dispositions et toute la dignité dont l'art est susceptible. Plus de divisions multipliées à l'excès, de grêles supports, de formes capricieuses, d'expressions puériles. Que l'accessoire ne le dispute plus à l'essentiel; que l'imagination soit frappée, mais qu'on respecte l'intelligence. Enfin que la décoration participe du caractère de l'architecture, et vienne le compléter; qu'elle se relie au monument, et en marque les principales parties; qu'elle soit largement conçue, noble, imposante, symbolique; qu'elle ait ses racines dans le goût actuel et non dans celui du passé, et que les plus grands artistes de l'époque soient appelés à y concourir.

Telles sont les conditions qui semblent devoir présider à la composition de nos édifices religieux. Elles ne sont pas très-précises sans doute, ce ne sont que des principes généraux ; elles annoncent l'esprit sans montrer la forme ; mais le sujet peut être éclairé par quelques exemples.

A Rome, la grande salle des thermes de Dioclétien, qui est analogue à la basilique de Constantin (pl. 13) et à la salle centrale des thermes de Caracalla (pl. 66), a été convertie en église. Sa disposition laisse à désirer, car, au lieu de former la nef principale, cette construction constitue le transsept et ne se présente pas convenablement dès l'entrée ; sa décoration est en outre fort éloignée du caractère qui conviendrait. Et cependant ce monument produit un très-grand effet ; il a une expression de puissance et de majesté qu'on chercherait en vain dans les édifices du moyen âge, et surtout dans ceux qui appartiennent à l'architecture ogivale.

Sainte-Sophie de Constantinople et le chœur du dôme de Florence peuvent également être cités comme présentant à divers degrés quelques-uns des mérites qui viennent d'être préconisés. Il en serait de même de la cathédrale d'Angoulême si elle était exécutée sur de plus vastes proportions et si des peintures ou des mosaïques couvraient sa nudité. La nef de l'église de la Madeleine, à Paris, nous paraîtrait très-recommandable, n'étaient le lourd entablement, maladroitement prolongé, qui nuit au caractère, les malencontreux compartiments de marbre dont il est précédé et les proportions peu satisfaisantes de l'ordonnance qui supporte les tribunes. Enfin le dôme, le dôme s'élevant au-dessus du maître-autel, comme à Sainte-Marie des Fleurs et à Saint-Pierre de Rome, semble beaucoup plus convenable que les clochers pointus du moyen âge pour annoncer au loin le monument religieux. C'est une forme plus puissante, qui se rattache plus intimement à l'édifice, et qui le caractérise beaucoup mieux.

Le problème dont on vient d'exposer les conditions n'est donc point insoluble. Des époques moins favorisées que la nôtre ont su approcher du but ; nous devons y arriver. Nos édifices religieux présenteront alors un caractère aussi vrai et plus beau que par le passé, ils annonceront une foi vivante et éclairée, et ils porteront pieusement témoignage du progrès dont Dieu, dans sa sagesse et sa miséricorde, a fait une des lois de l'humanité.

III. — TEMPLES PROTESTANTS.

Il est un fait très-remarquable : c'est que, seul peut-être entre toutes les religions, le protestantisme n'a pas d'architecture spéciale. Est-ce dédain, est-ce impuissance? Ces questions ne sont point de notre ressort. Nous devons seulement faire remarquer ce qu'il y a d'étrange à voir cette religion s'emparer des formes de celle qu'elle est venue combattre et faire revivre en quelque sorte, par ses monuments, les croyances qu'elle repousse et l'esprit contre lequel elle réagit. Quel est, en effet, le style d'architecture généralement adopté par elle aujourd'hui? Celui du moyen âge; et cela non-seulement en France, mais en Angleterre et en Allemagne, où elle est dominante. De sorte qu'en faisant, d'un côté, appel au raisonnement, elle se complaît, de l'autre, à des formes qui le repoussent, qu'elle attaque le catholicisme et s'empare de l'art qu'il a su créer à son image, qu'elle demande des enseignements à une époque qui était, à ses yeux, plongée dans l'idolâtrie.

Il n'en a pas toujours été ainsi, ou du moins peut-on citer une heureuse tentative faite pour doter la nouvelle religion d'un art en harmonie avec ses principes. L'un des architectes dont s'honore la France était protestant et fut chargé, au commencement du dix-septième siècle, de construire un temple de grandes dimensions pour ses coreligionnaires. Il s'agit de Jacques de Brosse et du temple de Charenton. Grand artiste, religieux fervent, il ne pouvait tomber dans l'erreur que nous venons de signaler, dans cette double négation de la religion et de l'art. Il imagina des dispositions spéciales, ou plutôt il fit revivre, en les rattachant aux goûts du temps, les formes rationnelles que les chrétiens des premiers siècles avaient consacrées, après les avoir empruntées à la Rome contemporaine.

Son temple de Charenton était une vraie basilique, et rappelait surtout celle de Fano, que Vitruve a longuement décrite. Il consistait en une salle rectangulaire entourée de portiques. Le portique du rez-de-chaussée était formé de colonnes doriques embrassant deux galeries dans leur hauteur; au-dessus s'élevait un attique. Cet édifice devait avoir un aspect monumental, et était sans doute d'un style très-convenable; malheureusement il a été détruit après la révocation de l'édit de Nantes, et les dessins qui en ont été conservés laissent beaucoup à désirer sous le rapport de la précision.

La disposition générale était-elle entièrement satisfaisante? Trois rangs de profondes galeries superposées sont-ils bien placés dans une enceinte uniquement destinée à des prédications? Sont-ils de nature à donner à un temple protestant tout le caractère dont il est susceptible? Il est permis d'en douter, malgré l'autorité de Jacques de Brosse. Il n'y a pas lieu sans doute d'admettre, pour un édifice de ce genre, la forme la plus favorable à l'audition d'un orateur, celle qu'on jugerait convenable de donner à l'amphithéâtre d'un cours public, par exemple[1]; d'autres considérations, d'ordre purement moral, semblent s'y opposer. Elle ne serait peut-être pas assez simple, suffisamment digne et sévère. D'un autre côté, il est certain qu'il y a avantage à avoir des tribunes, puisqu'elles ont pour effet de rapprocher les assistants du prédicateur, et d'en faire tenir un plus grand nombre dans un espace donné. Mais les galeries latérales ont quelque chose de vicieux, dès qu'elles deviennent assez larges pour être de grande utilité; la voix s'y engouffre, et leurs supports masquent la vue de la chaire à un grand nombre de places.

Il semblerait donc que la disposition la plus avantageuse consisterait en une salle de forme rectangulaire, dont une large tribune occuperait le côté opposé à la chaire, c'est-à-dire celui dans lequel serait percée la principale porte du monument. Cette tribune pourrait couvrir entièrement un vestibule régnant sur toute la longueur de la façade, et destiné à mettre l'intérieur à l'abri du froid et du tumulte du dehors. Elle n'aurait pas plus de largeur que lui, ou se prolongerait, soutenue par de légères colonnes, suivant ce qu'exigeraient les circonstances. Les sièges seraient disposés de manière que le prédicateur fût également en vue de tous les points, ainsi que nous le dirons lorsqu'il sera question des amphithéâtres. La salle, largement éclairée par des fenêtres ouvertes de chaque côté à sa partie supérieure, recevrait une lumière abondante sans que ni les assistants ni le prédicateur eussent de jours en face d'eux. Toutes choses seraient disposées avec un ordre intelligent et bien accentué ; rien ne se montrerait qui ne parût sérieusement motivé; la forme serait simple, distinguée et surtout judicieuse; la décoration serait calme, sobre et mâle ; le caractère dominant serait la sérénité et une haute dignité.

[1] Voyez le chapitre qui traite des édifices d'instruction publique.

CHAPITRE DEUXIÈME.

MONUMENTS HONORIFIQUES.

I. — ARCS DE TRIOMPHE, COLONNES ET STATUES.

Portes de villes.

Les arcs de triomphe sont d'institution romaine. Dans les premiers temps de la République, la porte de ville sous laquelle passait le triomphateur était décorée de guirlandes, d'emblèmes et de trophées d'armes enlevées à l'ennemi. Ces portes étaient des monuments d'assez grande importance, solidement construits et traités avec un certain luxe. Elles n'avaient quelquefois qu'une seule arcade, comme on en trouve des exemples à Volterra, à Pérouse et à Nîmes. Lorsque l'activité de la circulation paraissait l'exiger, elles offraient deux ouvertures de mêmes dimensions, l'une pour l'entrée, l'autre pour la sortie. Dans quelques-unes, des passages de moindre largeur, rejetés sur les côtés, étaient réservés pour les piétons. Les figures 1 et 2 de la planche 49 donnent un exemple de la première forme; elles représentent l'une des portes antiques, encore subsistantes, de la ville de Nîmes. Les figures 3, 4, 5 et 6 de la même planche mettent sous les yeux du lecteur l'élévation principale, le plan et deux coupes d'une des portes romaines de la ville d'Autun, monument qui peut être cité comme un type de la dernière de ces dispositions. Ces portes étaient défendues au dehors par des tours cylindriques, entre lesquelles elles étaient comprises, et elles étaient surmontées d'une galerie qui mettait les deux tours en communication. Tantôt ce passage était hermétiquement fermé au dehors, comme on le voit à la porte de Nîmes, tantôt il était ouvert de ce côté par une ou plusieurs arcades formant des espèces de créneaux, ainsi qu'on en trouve des exemples dans les portes antiques de Pérouse, de Rimini et d'Autun. Dans ces deux dernières, les arcades sont nombreuses, élancées et décorées de pilastres d'ordre corinthien.

Il est aisé de juger comment devait s'établir l'ornementation provisoire de ces monuments. On voit où pouvaient se placer les objets décoratifs, et l'on reconnaît que la galerie supérieure devait être couverte par l'inscription honorifique, les trophées et les représentations symboliques.

Plus tard, des constructions spéciales, mieux appropriées à leur destination, s'élevèrent sur le passage du cortége triomphal dans des carrefours ou à la tête d'un pont. Elles rappelaient sans doute les dispositions primitives; mais elles devaient s'en éloigner en quelques points. Elles n'admettaient qu'une seule grande arcade, accompagnée parfois d'arcades plus petites, et elles devaient faire une plus large part à une décoration caractéristique. Exécutées en charpente, elles ne survivaient guère à la solennité qui les avait fait établir; mais bientôt on voulut éterniser les souvenirs de triomphes, et la pierre, le marbre et le bronze se chargèrent de reproduire en style monumental et de faire passer à la postérité les formes consacrées par ces constructions éphémères.

Arcs de triomphe.

Il nous reste un assez grand nombre d'arcs de triomphe élevés par les Romains. Les plus remarquables sont les arcs à une seule arcade de Titus à Rome, de Trajan à Bénévent et à Ancône, d'Auguste à Rimini et à Pola, de Saint-Remy en France, et les arcs à trois arcades de Septime Sévère et de Constantin à Rome, et de Marius à Orange.

Dans tous ces monuments, les pieds-droits sont décorés de colonnes engagées ou en saillie, qui reposent sur un piédestal comparativement fort élevé; l'entablement ressaute sur les colonnes, quand elles sont entièrement dégagées, et il supporte alors, au-dessus de chacune d'elles, des statues ou des figures emblématiques, qui terminent heureusement et semblent motiver cette riche et vigoureuse ornementation. Un attique destiné à recevoir l'inscription commémorative s'élève au-dessus de l'entablement. La statue en bronze du triomphateur, debout dans un char attelé de quatre ou de six chevaux, couronnait souvent l'édifice.

Les figures 1, 2, 3 et 4 de la planche 50 représentent l'arc de Titus, à Rome, lequel n'a été élevé ou du moins terminé qu'après la mort de l'empereur dont il porte le nom, ainsi que le prouvent l'épithète de *divus*, qui se lit dans l'in-

Arc de Titus, à Rome.

scription, et une apothéose placée au sommet de la voûte. Ce monument, composé d'une seule arcade et entièrement exécuté en marbre blanc, est d'un fort beau caractère. Il y a de l'unité dans sa composition et de la distinction dans ses formes principales; mais ses ornements laissent à désirer sous le rapport de l'élégance et de la fermeté, et ont été prodigués outre mesure sur plusieurs points, sur l'entablement entre autres. Les colonnes qui le décorent appartiennent à cette variété de l'ordre corinthien à laquelle on a donné le nom de *composite*.

Les sculptures de cet arc sont supérieures à son architecture et peuvent être rangées au nombre des œuvres les plus remarquables de l'art romain. Les deux grands bas-reliefs qui occupent les faces latérales du passage, et les victoires placées dans les tympans sont des modèles de sculpture monumentale. Le bas-relief qui est reproduit sur notre coupe (fig. 3) représente Titus sur son char de triomphe attelé de quatre chevaux, dont Rome, personnifiée par une figure de femme, tient les rênes; une victoire couronne l'empereur; des soldats, des sénateurs et des licteurs accompagnent le char. Sur la face opposée se voient des Hébreux prisonniers, et, ce qui est plus précieux pour l'archéologie, les principales dépouilles du temple de Jérusalem, le chandelier aux sept branches, la table d'or, les tables de la loi, les trompettes d'argent, etc. D'autres scènes de la marche triomphale sont représentées dans la frise, sur une plus petite échelle.

On accédait à une salle ménagée dans la partie supérieure du monument par un petit escalier, qui avait pour point de départ l'une des fenêtres figurées dans les entre-colonnements latéraux de l'une et l'autre face.

L'arc de Trajan, à Bénévent, reproduit les dispositions et même les dimensions de celui de Titus, mais il est plus riche; des bas-reliefs y occupent toutes les surfaces qui sont dépourvues d'ornements dans le modèle.

Arc de Septime Sévère, à Rome.
L'arc de Septime Sévère, à Rome, dont la planche 51 donne le plan, l'élévation principale, la coupe et l'élévation latérale, est beaucoup plus important que celui de Titus. L'architecture s'y montre encore fort belle et n'est pas dépourvue de grandeur; les colonnes et leur entablement ont quelque chose de monumental, et l'attique, que remplit la longue inscription, est d'un heureux dessin; mais la décadence de l'art se marque sur toutes les sculptures, et l'on éprouve une pénible surprise en voyant combien elle a été rapide et profonde. Les grands bas-reliefs qui surmontent les arcades latérales représentent des combats, des passages de fleuves, des sièges de villes, etc.

ARCS DE TRIOMPHE.

Ce monument a été élevé en l'honneur de l'empereur dont il a gardé le nom et de ses deux fils, Caracalla et Géta, à l'occasion de victoires remportées en Asie sur les Parthes, les Arabes et les Adiabéniens. Le dernier de ces princes avait trouvé place dans l'inscription et y était rappelé par les mots : ET. P. SEPTIMIO. T. F. GETÆ. NOB. CÆSARI, dont on trouve encore quelques traces ; mais ils furent effacés, après sa mort, par ordre de Caracalla, qui y fit substituer ceux-ci : P. P. OPTIMIS. FORTISSIMISQVE. PRINCIPIBVS.

Nous avons indiqué sur notre dessin, conformément à une restauration de M. l'architecte Labrouste, un char triomphal et des figures en bronze dont des médailles ont conservé le souvenir. L'empereur était sur le char accompagné de ses deux fils.

De même que celui de Titus, l'arc de Septime Sévère est entièrement exécuté en blocs de marbre blanc, travaillés avec la plus grande précision et posés sans mortier[1].

Des arcs de triomphe ont été élevés par les Romains, uniquement à titre de monument honorifique, et sans qu'il y ait eu de triomphe à rappeler. L'arc de Rimini a été construit en l'honneur d'Auguste, à l'occasion du rétablissement de la voie Flaminienne, depuis cette ville jusqu'à Rome. Les deux arcs qui décorent les extrémités du pont antique de Saint-Chamas, en Provence, peuvent être rangés dans la même catégorie. Ainsi que nous l'apprennent leurs inscriptions, c'est le testament d'un flamine, nommé Donnius, qui en a ordonné l'érection. Ce prêtre voulait sans doute embellir la ville, et sauver son nom de l'oubli : il a réussi.

Arcs de Saint-Chamas.

---

[1] Les dernières fouilles qui ont été faites autour de cet édifice, situé au pied du Capitole, ont prouvé qu'à une certaine époque, le niveau du sol était notablement moins élevé que celui du dallage représenté sur nos dessins. Sur la face tournée vers le Forum, la différence était de 1^m,80, et l'on a trouvé, sous l'arcade latérale de gauche, les marches, au nombre de huit, qui la rachetaient. Quelques antiquaires en ont conclu que, dès l'origine, il n'y avait point eu, sous le grand arc, de passage ouvert pour un cortége triomphal. Peut-être cette conclusion est-elle un peu hasardée. Il faudrait, ce semble, des témoignages plus probants pour faire admettre qu'à une époque où l'on célébrait encore des triomphes, on ait commis un pareil contre-sens dans un monument de cette importance. N'est-il pas plutôt à croire que le sol aura été abaissé dans cette partie de la ville, postérieurement aux règnes de Septime Sévère et de Caracalla ? La construction elle-même vient du reste à l'appui de cette hypothèse : tandis qu'elle est exécutée, ainsi que nous l'avons dit, en beaux blocs de marbre blanc, à partir de la base que nous lui assignons, le soubassement, de 1^m,80 de hauteur, situé au-dessous de ce plan, est simplement revêtu en minces dalles de marbre, et sa saillie, qui n'a pas moins de 0^m,52, n'est couronnée que par des dalles semblables, lesquelles se profilent en un fort maigre filet. Ne sont-ce pas là des témoignages frappants d'un travail fait après coup pour recouvrir et masquer des fondations déchaussées ? Si le soubassement eût existé dès l'origine, n'eût-il pas présenté le même caractère que le reste du monument ? Se fût-il montré si saillant et si pauvrement couronné, lorsque partout ailleurs il y a une juste fermeté dans toutes les lignes et une grande sobriété dans les saillies ? Nous n'insisterons pas davantage à ce sujet ; nous ne voulons pas faire d'archéologie, et nos observations n'ont pour but que de prévenir les critiques qui auraient pu être adressées à nos dessins.

Ces arcs, dont l'un est représenté par les figures 5, 6 et 7 de la planche 50, et dont le plan général est donné par la figure 8, s'associent parfaitement au pont qu'ils accompagnent. Leur disposition est très-heureuse ; les pilastres corinthiens qui les décorent font office de contre-forts, et contribuent efficacement à la stabilité de la construction. L'entablement est d'une fermeté convenable, et l'encadrement de l'arcade est fort bien conçu. Ces édifices, qui sont exécutés sur une petite échelle et ne comportent qu'un faible cube de maçonnerie, ont un caractère tout à fait monumental, grâce à leurs proportions et à l'harmonie observée entre leurs diverses parties. On pourrait s'en inspirer utilement pour des arcades de ponts suspendus.

Les nations modernes n'ont pas les pompes triomphales des Romains ; on ne voit plus de général victorieux s'offrant aux acclamations de la foule, le front couronné de lauriers, et suivi de captifs enchaînés, livrés aux insultes de la populace pour l'être bientôt aux bourreaux. Tant d'orgueil et de cruauté ne sont point dans nos mœurs. Mais nous avons encore des arcs de triomphe. Ce sont les décorations provisoires les plus usitées sur le passage des cortéges solennels, et nous en élevons aussi qui, solidement établis, sont destinés à perpétuer des souvenirs de gloire. Ces monuments ont en effet à peu près même raison d'être aujourd'hui qu'autrefois, et leur forme se prête aisément à toutes les expressions.

Arcs de triomphe modernes. Nous citerons quelques-uns des arcs de triomphe modernes qui peuvent être rangés parmi les plus remarquables.

Le monument improprement désigné sous le nom de porte Saint-Denis, à Paris, est un arc de triomphe élevé en l'honneur de Louis XIV, vainqueur de la Hollande. Il se compose d'une seule arcade de hautes proportions, que couronne un vigoureux entablement. Les pieds-droits ne sont point décorés de colonnes comme dans la plupart des arcs antiques; ce sont des sculptures qui les ornent, sur l'une et l'autre de leurs faces principales. Au pied de chacun d'eux est un piédestal qui rappelle, par sa forme et ses ornements, celui de la colonne Trajane, à Rome ; puis viennent des socles supportant, sur le premier plan, des figures allégoriques de dimensions colossales, et, sur le second, chacun une haute pyramide en bas-relief que couronne un globe du côté de la ville ; l'une de ces figures représente le Rhin douloureusement étonné, et l'autre, la Hollande en pleurs s'appuyant sur un lion mourant. Au-dessus de l'arcade, sur la même façade, un bas-relief rappelle le passage du Rhin par l'armée française ; celui de la face opposée est consacré à la prise de Maestricht. L'inscription commémorative est placée dans la frise ; elle est d'un admirable laconisme : LUDOVICO MAGNO.

Plus dégagé qu'aucun autre des traditions de l'antiquité, malgré quelques réminiscences, cet arc est peut-être le plus beau des temps modernes. On y trouve de la grandeur dans la conception, une rare distinction dans la forme, de la fermeté dans les membres d'architecture, de l'élégance dans l'ornementation et un caractère monumental très-convenablement accentué.

La porte Saint-Martin, dans la même ville, est également un arc de triomphe élevé à Louis XIV. Plusieurs de ses parties sont d'un fort bon style ; mais elle n'est pas exempte de quelque lourdeur, et ne saurait être comparée à la précédente.

L'arc de triomphe de l'Étoile est le plus grand monument de ce genre. Malheureusement il est plus remarquable par ses vastes dimensions que par sa forme. On reconnaît à son inspection que les malheurs des temps ont dû mettre un long intervalle entre le commencement des travaux et leur achèvement, et que plusieurs architectes y ont marqué leur empreinte. Il y a de la sécheresse dans sa disposition générale, et les maigreurs de sa base contrastent d'une manière fâcheuse avec la vigueur de son couronnement. Il est très-regrettable qu'on n'ait point accueilli, lors de la reprise des travaux, le projet d'un éminent architecte, M. Huyot, qui couvrait, par des colonnes engagées, les angles des pieds-droits, comme on le voit dans l'arc de Titus, et eût donné au monument beaucoup plus d'ampleur et un tout autre caractère.

On admire à Naples, à l'entrée du Château-Neuf, un arc de triomphe que l'ordre chronologique, aussi bien que l'originalité de la composition, aurait dû nous faire citer en tête des arcs modernes. Élevé en l'honneur du roi Alphonse Ier, il appartient à l'architecture de la Renaissance italienne. Il est entièrement exécuté en marbre blanc, et il est couvert de charmantes sculptures.

Citons encore l'arc du champ de Mars, à Vicence, qui est décoré de colonnes doriques avec refends, et présente un beau caractère ; l'arc de San-Gallo, à Florence, dont l'architecture est pleine de fermeté, mais dont la sculpture est loin d'avoir le même mérite ; enfin, l'arc de la Paix, à Milan, qui n'est pas exempt de quelque sécheresse, tout en étant doué de proportions harmonieuses.

COLONNES TRIOMPHALES.

Colonne trajane.   On connaît l'histoire de la plus belle et de la plus célèbre des colonnes triomphales, de la colonne Trajane. Apollodore de Damas, chargé de construire un vaste forum sur l'un des versants du Quirinal, fit niveler le terrain, et, afin de conserver le souvenir du prince qui avait ordonné les travaux ainsi que celui des difficultés de l'entreprise, il éleva une colonne, lui donna pour hauteur la profondeur de la tranchée qu'il avait dû faire, l'entoura d'une spirale de bas-reliefs représentant les combats des Romains sous le règne de Trajan, et la surmonta de la statue en bronze doré de cet empereur[1]. Ce monument est à la fois le plus beau et le mieux conservé de tous ceux que nous ont laissés les Romains. L'art y atteint à la perfection. Conception neuve et heureuse, forme remplie de distinction, proportions élégantes, sculptures admirables, caractère monumental, exécution parfaite, toutes ces conditions de beauté s'y trouvent réunies.

La colonne est d'ordre dorique, avec oves dans le tailloir ; elle repose sur un piédestal, dont les quatre faces sont couvertes de trophées en bas-relief qu'on ne saurait trop admirer. Sur l'une de ces faces est ouverte la porte d'entrée, au-dessus de laquelle se lit l'inscription que supportent deux victoires.

La hauteur du piédestal est de $5^m,21$. La colonne a $29^m,80$ de hauteur, y compris la base et le chapiteau, sur $3^m,70$ de diamètre inférieur. Un escalier, dont les marches sont évidées dans chacun des tambours de marbre blanc qui forment la construction, conduit sur la plate-forme qui la couronne.

Les bas-reliefs qui se déroulent en spirale sur le fût de la colonne, sont conçus et exécutés avec un art merveilleux. Ils expriment clairement les actions qu'on a voulu représenter, ne produisent pas la moindre confusion, et leurs saillies ont été en même temps si habilement ménagées, qu'ils n'altèrent en rien le galbe de la colonne. Il ressort presque aussi pur que s'il était resté lisse.

L'un des plans de la planche 12 (fig. 4) fait voir la position qu'occupait la colonne Trajane, entre la basilique Ulpienne et les deux bibliothèques y annexées. L'espace dans lequel il était enserré devait faire ressortir avantageusement les grandes proportions du monument.

---

[1] Cette statue n'existe plus. On prétend qu'elle tenait de la main droite un globe dans lequel on avait déposé les cendres de l'empereur.

La colonne Antonine, qui subsiste également dans un remarquable état de conservation, est une imitation de la colonne Trajane. Mais on sait ce qui advient aux copies : elles ne reproduisent jamais toutes les qualités de l'original ; des beautés, et souvent les plus délicates, échappent à l'imitateur, ou bien il veut améliorer et il altère. On ne trouve donc pas, dans le monument consacré à Marc Aurèle, l'élégance et la distinction de formes qui existent à un si haut degré dans celui de Trajan. Les sculptures ne sont pas de même valeur ; plus refouillées, elles donnent de la lourdeur à la construction, et ont en même temps quelque chose de confus. A peu près de mêmes dimensions que l'autre, cette colonne est aussi exécutée en grands blocs de marbre blanc. Une statue en bronze de saint Paul a remplacé, à son sommet, celle de Marc Aurèle, de même que saint Pierre a succédé à Trajan sur la colonne de cet empereur.

_{Colonne Antonine.}

La colonne de la place Vendôme, à Paris, est également imitée de la colonne Trajane ; mais elle s'en distingue par un point capital : elle est formée des dépouilles de l'ennemi. Elle est entièrement revêtue en bronze provenant de canons conquis dans les batailles dont elle est appelée à perpétuer le souvenir. Les plaques métalliques sont appliquées sur un noyau exécuté en pierre, et elles l'ont été si bien qu'aucune disjonction ne s'y manifeste. Elles sont posées à dilatation indépendante ; chacune d'elles est fixée, au moyen d'appendices ménagés à la fonte sur son revers, à des agrafes de bronze scellées dans la pierre ; un goujon cylindrique traverse les deux parties en contact et trouve dans l'une d'elles une ouverture ovale qui permet les mouvements de contraction et de dilatation ; les plaques se joignent en biseau, de telle sorte que ces mouvements ne peuvent s'apercevoir du bas de la colonne.

_{Colonne de la place Vendôme.}

Ce magnifique monument a 43 mètres de hauteur environ, depuis la plate-forme qui l'entoure jusqu'au sommet de la statue qui le couronne. La colonne a 30 mètres de hauteur, y compris la base et le chapiteau. Le poids du bronze employé dans la construction est évalué à 180 000 kilogrammes.

Les sculptures sont fort belles pour la plupart ; mais il faut avouer qu'elles sont de beaucoup inférieures à celles de la colonne Trajane. Elles n'ont pas été conçues non plus dans le même esprit, on a voulu y marquer trop de plans, et il en résulte d'autant plus de confusion que la couleur du métal n'est pas de nature à faire ressortir les formes peu accusées.

C'est à Denon qu'on doit l'heureuse conception du monument, et à l'architecte Lepère que revient le mérite de l'exécution.

Autres colonnes triomphales.

On peut citer encore, parmi les colonnes triomphales ou honorifiques, celles de Pompée à Alexandrie, de l'empereur Phocas à Rome, de Marlborough en Angleterre, de la Grande-Armée à Boulogne, d'Alexandre à Saint-Pétersbourg, et de la place de la Bastille à Paris. Cette dernière, élevée en mémoire de la révolution de 1830, est entièrement exécutée en bronze, porte, inscrits sur son fût, les noms des citoyens morts en combattant, et est couronnée par le génie de la Liberté.

Quelquefois aussi des colonnes monumentales sont appelées à perpétuer le souvenir d'un événement, sans avoir aucun caractère honorifique. Tel est le *monument* élevé à Londres par Ch. Wreen, à la suite de l'incendie de 1686. Cette colonne, construite en pierres de Portland, est d'ordre dorique et de dimensions colossales. Elle a près de 62 mètres de hauteur, depuis le niveau du sol jusqu'à son sommet. Un vase en bronze, d'où s'échappent des flammes, lui sert d'amortissement. Peut-être le fait ne méritait-il pas le monument ; l'histoire d'Angleterre en offrait de plus dignes d'être transmis à la postérité.

STATUES HONORIFIQUES.

Les statues élevées sur de simples piédestaux constituent une troisième classe de monuments honorifiques. Moins importants, beaucoup moins dispendieux que les autres, ces monuments sont plus multipliés et méritent, à ce titre, plus d'intérêt. Il faut des événements considérables, ayant exercé une grande influence sur les destinées de la nation, pour motiver des colonnes ou des arcs de triomphe, tandis qu'une vie bien remplie, de grands services rendus à l'humanité dans une direction quelconque peuvent mériter une statue. C'est presque exclusivement dans la capitale de l'empire que s'élèvent les souvenirs solennels et importants des grandes gloires nationales, de même que la couronne de lauriers se pose sur la tête du triomphateur ; mais il appartient aux autres villes de revendiquer les grands hommes qu'elles ont produits, et de s'honorer de leur souvenir.

Depuis quelques années la France est plus largement entrée dans cette voie qu'elle n'avait fait jusqu'alors, et il faut espérer qu'elle la suivra avec persévérance, car elle y a encore beaucoup à faire. Une statue élevée sur une place publique à un grand citoyen est un témoignage de reconnaissance, une satisfaction donnée à de bons sentiments, et un précieux enseignement. Elle a en outre le mérite de contribuer à l'embellissement de la ville, et de rendre les œuvres d'art plus familières à la foule que ne le peuvent faire nos musées. Toute la vie de l'homme sur lequel l'attention est ainsi appelée se redit dans la contrée ; elle y inspire respect pour le dévouement, le génie ou le travail ; elle éveille de nobles ambitions, et, en même temps, les traits, l'attitude, les formes symboliques de l'œuvre s'étudient, se commentent et développent le sentiment du beau. En Grèce et à Rome, les statues honorifiques étaient extrêmement nombreuses.

Ces monuments se posent sur les promenades fréquentées, sur les places, ou aux entrées des ponts. Il faut éviter qu'ils se perdent dans de trop vastes espaces ; dépourvus d'échelle de comparaison, ils paraîtraient petits, à moins d'être de proportions colossales. Ils ont besoin d'être encadrés soit par de la verdure, soit par des constructions qui les fassent ressortir avantageusement.

Le piédestal ne doit ni écraser la statue, ni attirer l'attention à ses dépens ; mais il est essentiel qu'il soit en harmonie avec elle et participe de son caractère. Il faut qu'il annonce de la fermeté, qu'il se présente comme une base monumentale, et qu'il fasse une place convenable à l'inscription. Des emblèmes bien choisis peuvent l'orner et le compléter en l'associant à l'ordre d'idées que réveille le souvenir du personnage. Il peut même rappeler, au moyen de bas-reliefs incrustés sur ses faces, les principaux traits de la vie qui a mérité l'honneur d'un monument public. Quelques piédestaux occupent le centre d'un hémicycle garni de bancs ; dans d'autres, des bancs sont adossés contre la base ; il en est que décorent des colonnes engagées dans les angles. On peut citer comme exemples de cette dernière disposition le magnifique piédestal de la place Saint-Laurent, à Florence, et celui qui supporte la statue équestre du général Colleoni, sur la place Saint-Jean et Saint-Paul, à Venise.

Quelques statues ont été installées sur des colonnes, et il y a un symbole très-convenable dans cette disposition, qui élève l'image du héros à une grande hauteur au-dessus de la foule. L'effet produit est surtout satisfaisant quand le monument est situé de manière à être aperçu de loin, sur l'une des principales rues de la ville ou à l'extrémité d'une promenade publique, par exemple.

II. — TOMBEAUX.

La vénération pour les morts est de tous les temps et appartient à tous les degrés de la civilisation. Nous voulons marquer le coin de terre où nous avons pieusement déposé les restes d'une personne qui nous était chère, nous voulons un témoignage de notre culte pour une mémoire vénérée : de là les tombeaux, le respect qui les entoure et l'importance que nous y attachons. Quelquefois aussi un sentiment moins désintéressé préside à leur construction : on veut se préparer un dernier asile et donner satisfaction au désir que nous éprouvons tous de laisser quelque souvenir de nous. L'homme, suivant une belle expression de M. de Kératry, se repose sur la mort elle-même du soin d'annoncer qu'il a vécu. Une histoire complète des tombeaux serait celle des sociétés humaines ; elle ferait revivre les races, les noms, les faits, les mœurs et les croyances.

Tombeaux égyptiens.

Aucun peuple ne s'est préoccupé autant que les Égyptiens de tout ce qui est relatif à la sépulture ; on dirait que l'ensevelissement des morts et la construction des tombeaux étaient à leurs yeux le principal but de la vie, et il est certain qu'une notable partie de la nation y était exclusivement consacrée. Des prescriptions religieuses, d'accord avec les exigences de l'hygiène publique, ne leur permettaient pas d'abandonner les cadavres à la décomposition naturelle, et l'on sait avec quel art ils pratiquaient l'embaumement ; il n'est pas une de nos collections d'antiquités qui ne renferme plusieurs momies dans un état parfait de conservation. Même un grand nombre d'animaux étaient desséchés immédiatement après la mort, de manière à pouvoir être empilés dans de vastes nécropoles, sans qu'il en résultât aucune émanation dangereuse. On a trouvé, en quelques points de l'Égypte, des amoncellements prodigieux d'animaux de diverses espèces ainsi préparés et entremêlés de momies humaines.

Les Égyptiens n'attachaient pas moins d'importance à préserver les tombeaux de toute violation. Vastes et innombrables, ces monuments étaient disposés dans l'espoir d'assurer une éternelle conservation aux précieux dépôts qui leur étaient confiés. C'étaient des grottes naturelles, d'anciennes carrières, de longues galeries percées dans les rochers, des puits profonds, ou de massifs monuments élevés au-dessus du sol avec le plus grand luxe de solidité ; et chacun d'eux était hermétiquement fermé dès qu'il était rempli, ou que s'était éteinte la famille à laquelle il appartenait. L'entrée était même souvent masquée avec soin, de manière à ne pouvoir être jamais retrouvée. On voulait garantir la mort, non-seulement des injures du temps, mais encore de celles des hommes. C'était vouloir l'impossible.

Les tombeaux de l'Égypte antique peuvent se diviser en deux grandes classes : ceux qui s'élèvent au-dessus du sol, et ceux qui sont creusés dans ses profondeurs.

Parmi les premiers, la forme la plus habituelle est celle de la pyramide quadrangulaire. D'où provient-elle? A-t-elle été inspirée par celle du tumulus, de la tombe primitive, naturelle pour ainsi dire, qui provient de l'amoncellement au-dessus du cadavre des terres extraites pour lui faire place? Est-elle une imitation des montagnes qui, aux abords de Thèbes, la ville sacrée, étaient destinées aux sépultures, et aurait-on exécuté des montagnes artificielles faute d'en trouver d'autres à proximité? Ces questions sont pendantes, et il ne nous appartient point de les traiter. Nous dirons cependant que, si nous devions prononcer, ce serait en faveur de la première hypothèse, à l'appui de laquelle de sérieuses considérations peuvent être invoquées. Il est à remarquer, en effet, que, s'il est permis de comparer les grandes pyramides à des montagnes, il n'en est pas de même pour les petites qui étaient très-nombreuses autrefois, et que, si l'on avait voulu se placer dans des conditions analogues à celles des environs de Thèbes, au lieu d'élever des pyramides isolées, il eût été plus simple et plus vrai d'établir un massif continu, dans lequel les tombes eussent été creusées après coup, ou ménagées dès le principe. Telle est, du reste, la disposition qui avait été adoptée dans le Delta, où Champollion a trouvé les ruines d'une immense enceinte, entourée par une muraille en briques, qui n'avait pas moins de 18 mètres d'épaisseur sur 21 mètres environ de hauteur, et qui était criblée d'une multitude de petites chambres funéraires.

Les plus célèbres pyramides sont celles du plateau de Gizèh, près de Memphis ; on en compte trois grandes et plusieurs petites, et il est admis aujourd'hui qu'elles appartiennent à des rois de la quatrième dynastie, ce qui les fait remonter à plus de quatre mille ans avant notre ère. Ce sont, ainsi que d'autres monuments du même genre, mais d'autre forme, trouvés à Sakkarah, les plus anciens édifices de date certaine qui soient venus jusqu'à nous. Ce sont en même temps les plus vastes tombeaux que nous connaissions.

Pyramides de Gizèh.

La plus grande de ces pyramides, tombeau qu'Hérodote attribue à Chéops, avait 232 mètres de largeur à la base sur 146 mètres de hauteur ; c'était un massif de plus de 2 600 000 mètres cubes. Ses dimensions ne sont pas tout à fait aussi considérables aujourd'hui, que l'enveloppe extérieure du monument et quelques assises du sommet ont disparu[1].

La première assise est posée sur le rocher, qui a été entaillé pour la recevoir, et a été coupé au-dessous en forme de socle. Les assises suivantes sont placées en retraite les unes sur les autres, et forment ainsi une série de gradins, qui sont au nombre de 203. Il y en avait au moins deux de plus autrefois, car la pyramide est actuellement terminée par une petite plate-forme. Le massif intérieur de la construction est exécuté en pierres calcaires, tirées du rocher même sur lequel elle est établie, et les gradins extérieurs sont formés de blocs de grandes dimensions, extraits sur l'autre rive du Nil. Ces blocs sont appareillés et travaillés avec une extrême précision ; chaque assise est encastrée, sur $0^m,05$ environ de hauteur, dans l'assise immédiatement inférieure, de manière à établir une solidarité parfaite entre les diverses parties du parement. Aussi tous les voyageurs ont-ils remarqué avec admiration la rectitude des arêtes de ce prodigieux édifice. Cependant ces gradins étaient recouverts par des pierres prismatiques, disposées de manière à former chaque face de la pyramide d'un plan continu.

A 15 mètres environ au-dessus de la base, sur la face nord du monument (les faces de ces pyramides sont très-exactement orientées), est une ouverture dont le toit est supporté par de grandes pierres qui s'arc-boutent réciproquement. Elle donne entrée à un passage par lequel on pénètre dans l'intérieur de la pyramide. Ce couloir est incliné à 26° sur l'horizon, et a environ $1^m,80$ de largeur sur autant de hauteur. Parvenu au niveau du sol, il se poursuit, creusé dans le roc, jusqu'au centre du monument, où se trouve une salle également taillée dans le rocher, et qui paraît ne pas avoir été achevée. Un autre passage incliné, mais ascendant, s'ouvre à 36 mètres environ du point de départ du premier, et aboutit à un palier dans lequel débouchent deux autres couloirs. Près de ce palier, est un puits fort étroit et irrégulièrement tracé, aboutissant à peu de distance du caveau central. L'un des couloirs est horizontal, et donne entrée dans une chambre, dite *chambre de la Reine*, qui a 6 mètres de long sur $5^m,20$ de large, dont les murailles sont revêtues

---

[1] La figure 1 de la planche 45 représente une coupe de cette pyramide ; on voit les deux autres grandes pyramides sur un second plan, et le sphinx colossal, dans son état actuel, sur le premier plan, à gauche.

de blocs de granit et dont le toit est formé de longues dalles de même pierre s'arc-boutant réciproquement. L'autre couloir, plus large et surtout beaucoup plus élevé que les précédents (2 mètres sur 20 mètres), est ascendant, et ses parois sont formées d'assises de granit, qui ont même pente que lui et sont posées en encorbellement les unes sur les autres, à partir de 4 mètres environ au-dessus du sol. Son plafond est ainsi réduit à être sensiblement de même largeur que ceux des autres passages. A l'extrémité de cette grande galerie, est un vestibule qui donne entrée dans la *chambre du Roi*. Cette salle, la plus importante du monument, a 10^m,50 de longueur sur 5^m,15 de largeur et 6^m,12 de hauteur, est entièrement exécutée en granit, et est couverte par un plafond formé de neuf longues dalles portant d'un mur sur l'autre. Afin de prévenir la rupture de ces dalles, cinq plafonds successifs, séparés les uns des autres par des intervalles variables, ont été établis au-dessus de celui de la salle, et les blocs considérables qui forment le dernier s'arc-boutent, comme ceux de la *chambre de la Reine*, de manière à résister à la charge qu'ils supportent. Enfin, deux petits canaux ascendants, probablement destinés à assurer la ventilation de la salle, ont leurs points de départ près du niveau du sol. On trouve dans cette pièce un sarcophage de granit dont le couvercle a été brisé, mais on n'y voit ni peintures ni sculptures. Elle est même complétement dépourvue d'inscriptions.

Ces travaux ont été exécutés avec une remarquable précision, et surtout dans les chambres, qu'on avait cependant l'intention de soustraire à tout jamais aux regards. Les énormes blocs qui forment les revêtements intérieurs sont taillés avec une telle exactitude que leurs joints s'aperçoivent à peine.

La disposition générale de ces monuments est plus admirable encore que leur exécution ; elle est profondément judicieuse, et il est certain qu'aucune autre ne satisferait mieux à toutes les données du problème difficile qu'elle devait résoudre.

Dès qu'un pharaon montait sur le trône, il s'occupait de *sa demeure éternelle*, pour en poursuivre les travaux pendant toute la durée de son règne, et en sachant qu'ils seraient arrêtés à sa mort ; il fallait donc une forme d'édifice qui admît un achèvement rapide, se prêtât à une longue suite de travaux, et fût toujours cependant sur le point d'être terminée. Les pyramides remplissaient ces conditions, aussi bien que les excavations souterraines. Dans le monument qui vient d'être décrit, on a dû commencer par la chambre centrale creusée dans le roc, au-dessus de laquelle on aura élevé une pyramide de dimensions restreintes ; puis, la pyramide s'augmentant par addition d'assises sur les quatre faces, on aura relevé la chambre sépulcrale, laissant la première inachevée, et de là la chambre dite *de la Reine* ; enfin, le pharaon vivant toujours, la pyramide continuant à se développer, une nouvelle chambre aura été établie à plus grande hauteur. Il est à remarquer que l'importance de ces chambres va croissant dans l'ordre que nous venons de suivre, et qu'il y a plus d'art et de science de construction dans la troisième que dans la seconde.

La disposition par gradins du parement extérieur se prêtait parfaitement aux extensions, et elle avait en outre le mérite de faciliter l'exécution des travaux, puisque les pierres se montaient d'un gradin sur l'autre. Immédiatement après la mort du roi, on pouvait, ou remplir les angles rentrants des gradins de manière à former une surface continue, ou abattre les arêtes saillantes des pierres déjà posées. On fermait ensuite la chambre sépulcrale par de grandes dalles de granit, ainsi que l'entrée du couloir qui y donnait accès. On avait en outre, dans celle de Chéops, bouché le couloir au point où il commence à monter, au moyen de gros blocs également en granit.

Les pyramides de Gizèh appartiennent à une immense nécropole, qui est composée en majeure partie de sépultures souterraines, creusées dans le rocher, auxquelles on arrivait par des puits de section rectangulaire. Les petites pyramides y étaient en nombre considérable. C'est là aussi que s'élevait cet énorme sphinx, qui, depuis tant de siècles, se refuse à donner le mot de son énigme. Ce singulier monument a été taillé dans une masse saillante du rocher qui constitue le plateau. Il n'a pas moins de 39 mètres de longueur depuis l'extrémité de sa croupe, aujourd'hui enterrée sous les sables, et sa hauteur est de 17 mètres environ, depuis la base sur laquelle reposent ses pattes jusqu'au sommet de sa coiffure.

Hypogées. Les hypogées ou *syringes* sont des tombeaux creusés dans le flanc des montagnes. On en a trouvé un très-grand nombre. Ils se composent souvent d'une longue suite de couloirs, diversement dirigés, et de plusieurs salles, dont les plafonds sont soutenus par des piliers, dès que leurs dimensions pouvaient faire craindre des éboulements. Il en est de fort importants qui ne renfermaient qu'un seul sarcophage ; d'autres en contenaient plusieurs.

Les hypogées les plus remarquables sont ceux de la vallée de Biban el Molouk, qui ont été admirablement décrits par Champollion le jeune. Le lecteur nous saura sans doute gré de transcrire ici les paroles de l'illustre égyptologue :

« C'était la nécropole royale, dit-il, et on avait choisi un lieu parfaitement con-
« venable à cette triste destination, une vallée aride, encaissée par de très-hauts
« rochers coupés à pic, ou par des montagnes en pleine décomposition, offrant
« presque toutes de larges fentes occasionnées soit par l'extrême chaleur, soit par
« des éboulements intérieurs, et dont les croupes sont parsemées de bandes
« noires, comme si elles avaient été brûlées en partie.

« En entrant dans la partie la plus reculée de cette vallée, par une ouverture
« étroite, évidemment faite de main d'homme, et offrant encore quelques légers
« restes de sculptures égyptiennes, on voit bientôt, au pied des montagnes ou
« sur les pentes, des portes carrées, encombrées pour la plupart, et dont il faut
« approcher pour apercevoir la décoration : ces portes, qui se ressemblent toutes,
« donnent entrée dans les tombeaux des rois. Chaque tombeau a la sienne, car
« jadis aucun ne communiquait avec l'autre ; ils étaient tous isolés : ce sont les
« chercheurs de trésors, anciens et modernes, qui ont établi quelques communi-
« cations forcées. »

Il démontre ensuite que ces hypogées ont renfermé les corps des rois de la dix-
huitième, de la dix-neuvième et de la vingtième dynastie (de 1800 à 1100 avant
notre ère), et il continue ainsi :

« On n'a suivi aucun ordre, ni de dynastie ni de succession, dans le choix de
« l'emplacement des diverses tombes royales : chacun a fait creuser la sienne sur
« le point où il croyait rencontrer une veine de pierre convenable à sa sépulture
« et à l'immensité de l'excavation projetée. Il est difficile de se défendre d'une
« certaine surprise lorsque, après avoir passé sous une porte assez simple, on
« entre dans de grandes galeries ou corridors couverts de sculptures parfaitement
« soignées, conservant en grande partie l'éclat des plus vives couleurs et condui-
« sant successivement à des salles soutenues par des piliers encore plus riches de
« décorations, jusqu'à ce qu'on arrive enfin à la salle principale, celle que les
« Égyptiens nommaient la *Salle dorée*, plus vaste que toutes les autres, et au
« milieu de laquelle reposait la momie du roi, dans un énorme sarcophage de
« granit. Les plans de ces tombeaux, publiés par la commission d'Égypte, don-
« nent une idée exacte de l'étendue de ces excavations et du travail immense
« qu'elles ont coûté pour les exécuter au pic et au ciseau. Les vallées sont pres-
« que toutes encombrées de collines formées par les petits éclats de pierre prove-
« nant des effrayants travaux exécutés dans le sein de la montagne.

« Je ne puis tracer ici une description détaillée de ces tombeaux ; plusieurs
« mois m'ont à peine suffi pour rédiger une notice un peu détaillée des innom-
« brables bas-reliefs qu'ils renferment et pour copier les inscriptions les plus
« intéressantes. Je donnerai cependant une idée générale de ces monuments
« par la description rapide et très-succincte de l'un d'entre eux, celui du pha-
« raon Ramsès, fils et successeur de Meïamounn. La décoration des tombeaux
« royaux était systématisée, et ce que l'on trouve dans l'un reparaît dans presque
« tous les autres, à quelques exceptions près, comme je le dirai plus bas.

« Le bandeau de la porte d'entrée est orné d'un bas-relief (le même sur toutes
« les premières portes des tombeaux royaux), qui n'est au fond que la préface,
« ou plutôt le résumé de toute la décoration des tombes pharaoniques. C'est un
« disque jaune, au milieu duquel est le soleil à tête de bélier, c'est-à-dire le
« soleil couchant entrant dans l'hémisphère inférieur et adoré par le roi, à
« genoux ; à la droite du disque, c'est-à-dire à l'orient, est la déesse *Nephthys*
« et à la gauche (occident) la déesse *Isis*, occupant les deux extrémités de la
« course du dieu dans l'hémisphère supérieur ; à côté du soleil et dans le dis-
« que, on a sculpté un grand scarabée, qui est ici, comme ailleurs, le symbole
« de la régénération ou des renaissances successives ; le roi est agenouillé sur
« la montagne céleste, sur laquelle portent aussi les pieds des deux déesses.

« Le sens général de cette composition se rapporte au roi défunt ; pendant sa
« vie, semblable au soleil dans sa course de l'orient à l'occident, le roi devait
« être le vivificateur, l'illuminateur de l'Égypte, et la source de tous les biens phy-
« siques et moraux nécessaires à ses habitants. Le pharaon mort fut donc encore
« naturellement comparé au soleil se couchant et descendant vers le ténébreux
« hémisphère inférieur, qu'il doit parcourir pour renaître de nouveau à l'orient,
« et rendre la lumière et la vie au monde supérieur (celui que nous habitons), de
« la même manière que le roi défunt devait renaître aussi, soit pour continuer ses
« transmigrations, soit pour habiter le monde céleste et être absorbé dans le sein
« d'Ammon, le père universel.

« Dans le tableau décrit est toujours une légende dont suit la traduction litté-
« rale. Voici ce que dit Osiris, seigneur de l'Amenti (région occidentale habitée par
« les morts) : « Je t'ai accordé une demeure dans la montagne sacrée de l'occident,
« comme aux autres dieux grands (les rois ses prédécesseurs), à toi, Osirien, roi
« seigneur du monde, Ramsès, etc., encore vivant. » Cette dernière expression

« prouverait, s'il en était besoin, que les tombeaux des pharaons, ouvrages
« immenses et qui exigeaient un travail fort long, étaient commencés de leur
« vivant, et que l'un des premiers soins de tout roi égyptien fut, conformément
« à l'esprit bien connu de cette singulière nation, de s'occuper nécessairement de
« l'exécution du monument sépulcral qui devait être son dernier asile. C'est ce
« que démontre encore mieux le premier bas-relief qu'on trouve toujours à la
« gauche en entrant dans tous ces tombeaux : ce tableau avait évidemment pour
« but de rassurer le roi vivant sur le fâcheux augure qui semblait résulter pour
« lui du creusement de sa tombe, au moment où il était plein de vie et de santé ;
« ce tableau montre en effet le pharaon en costume royal, se présentant au dieu
« *Phré* à la tête d'épervier, c'est-à-dire au soleil dans tout l'éclat de sa course, à
« l'heure de midi, lequel adresse à son représentant sur la terre ces paroles con-
« solantes : Voici ce que dit Phré, dieu grand, seigneur du ciel : « Nous t'accor-
« dons une grande série de jours pour régner sur le monde et exercer les attri-
« butions royales d'Horus sur la terre. » Au plafond du premier corridor du
« tombeau, on lit également de magnifiques promesses faites au roi pour cette
« vie terrestre, et le détail des priviléges qui lui sont réservés dans les régions cé-
« lestes. Il semble qu'on ait placé ici ces légendes comme pour rendre plus douce
« la pente toujours trop rapide qui conduit à la salle du sarcophage.

« Immédiatement après ce tableau, sorte de précaution oratoire assez délicate,
« on aborde plus franchement la question par un tableau symbolique, le disque
« du soleil criocéphale, parti de l'Orient et s'avançant vers la frontière de l'Occi-
« dent qui est marquée par un crocodile, emblème des ténèbres dans lesquelles
« ce dieu et le roi vont entrer chacun à sa manière.

« Une petite salle, qui succède ordinairement à ce premier corridor, contient les
« images sculptées et peintes des soixante-quinze parèdres du soleil, précédées ou
« suivies d'un immense tableau dans lequel on voit successivement l'image abré-
« gée des soixante-quinze zones et de leurs habitants, dont il sera parlé plus loin.

« A ces tableaux généraux et d'ensemble, succède le développement des détails ;
« les parois des corridors et salles qui suivent (presque toujours les parois les plus
« voisines de l'Orient) sont couvertes d'une longue série de tableaux représentant
« la marche du soleil dans l'hémisphère supérieur (image du roi pendant sa
« vie), et sur les parois opposées on a figuré la marche du soleil dans l'hémi-
« sphère inférieur (image du roi après sa mort). . . . .

« La salle qui précède celle du sarcophage, en général consacrée aux quatre gé-
« nies de l'*Amenti*, contient, dans les tableaux les plus complets, la comparution
« du roi devant le tribunal des quarante-deux juges divins qui doivent décider du
« sort de son âme, tribunal dont ne fut qu'une simple image celui qui, sur la terre,
« accordait ou refusait aux rois les honneurs de la sépulture. Une paroi entière de
« cette salle, dans le tombeau de Ramsès V, offre les images de ces quarante-deux
« assesseurs d'Osiris, mêlées aux justifications que le roi est censé présenter ou
« faire présenter en son nom à ses juges sévères, lesquels paraissent être chargés,
« chacun de faire la recherche d'un crime ou péché particulier, et de les punir
« dans l'âme soumise à leur juridiction. Ce grand texte, divisé par conséquent en
« quarante-deux versets ou colonnes, n'est à proprement parler qu'une confession
« négative, comme on peut en juger par les exemples qui suivent :

« O Dieu (tel), le roi, soleil modérateur de justice, approuvé d'Ammon, n'a point
« blasphémé ;

« Le roi, soleil modérateur, etc., ne s'est point enivré ;

« Le fils du soleil, Ramsès, n'a point été paresseux ;

« Le roi, soleil, etc., n'a point été libertin ;

« Le fils du soleil, Ramsès, n'a point inutilement allongé ses paroles ; etc.

« On voyait enfin, à côté de ce texte curieux, dans le tombeau de Ramsès-Meïa-
« mounn, des images plus curieuses encore, celles des péchés capitaux ; il n'en
« reste plus que trois de bien visibles ; ce sont la *luxure*, la *paresse* et la *voracité*,
« figurées sous forme humaine avec des figures de *bouc*, de *tortue* et de *crocodile*.

« La grande salle du tombeau de Ramsès V, celle qui renfermait le sarcophage
« et la dernière de toutes, surpasse aussi les autres en grandeur et en magnificence.
« Le plafond, creusé en berceau et d'une très-belle coupe, a conservé toute sa
« peinture : la fraîcheur en est telle, qu'il faut être habitué aux miracles de con-
« servation des monuments de l'Égypte pour se persuader que ces frêles couleurs
« ont résisté à plus de trente siècles. On a répété ici, mais en grand, et avec
« plus de détails dans certaines parties, la marche du soleil dans les deux hémi-
« sphères pendant la durée du jour astronomique, composition qui décore les
« plafonds des premières salles du tombeau et qui forme le motif général de toute
« la décoration des sépultures royales.

« Les parois de cette vaste salle sont couvertes, du soubassement au plafond, de
« tableaux sculptés et peints comme dans tout le reste du tombeau, et chargées

« de milliers d'hiéroglyphes formant les légendes explicatives ; le soleil est encore
« le sujet de ces bas-reliefs, dont un grand nombre contiennent aussi, sous des
« formes emblématiques, tout le système cosmogonique et les principes de la phy-
« sique générale des Égyptiens... C'est du mysticisme le plus raffiné ; mais il y a
« certainement, sous ces apparences emblématiques, de vieilles vérités que nous
« croyons très-jeunes.

« J'ai omis, dans cette description aussi rapide que possible d'un seul des
« tombeaux royaux, de parler des bas-reliefs dont sont couverts les piliers qui
« soutiennent les diverses salles ; ce sont des adorations aux divinités de l'Égypte
« et principalement à celles qui président aux destinées des âmes : *Phtha-Socharis*,
« *Ammon*, la déesse *Méresochar*, *Osiris* et *Anubis*. »

L'hypogée de Ramsès V est dirigé en ligne droite et son plan est d'une régularité parfaite ; mais ces qualités n'étaient pas considérées comme obligatoires : la direction primitive était souvent abandonnée, soit parce que le rocher ne se trouvait pas de nature convenable dans son prolongement, soit parce qu'on rencontrait des excavations plus anciennes qu'il fallait respecter. La figure 2 de la planche 45 représente le plan d'un de ces tombeaux, qui a été dévié sur la droite, parce que la galerie prolongée était venue couper une ancienne salle sépulcrale ; au delà du coude, la symétrie est entière. Ce vaste monument appartenait au roi Ramsès-Meïamounn. Les changements d'axe sont plus nombreux dans le tombeau de Ménephtah Ier, dont le plan et la coupe sont représentés par les figures 3 et 4 de la même planche. La pente y est également plus prononcée que dans les précédents, et elle a obligé de recourir à des escaliers. Ces plans montrent comment les excavations pouvaient se poursuivre pendant toute la durée de la vie du souverain qui les commandait, s'allonger avec ses années, et s'arrêter brusquement à sa mort. Telle salle qui eût eu l'honneur de recevoir le sarcophage royal, si le règne eût été moins long, se trouvait réduite au modeste rôle de vestibule, tandis que, dans d'autres tombes, un couloir à peine commencé était élargi à la hâte pour recevoir un sarcophage. Le pharaon prenait possession de sa dernière demeure dans l'état où elle se trouvait au bout des soixante-dix jours qu'exigeaient les cérémonies funéraires.

Des hypogées, plus intéressants encore pour l'histoire de l'architecture que ceux dont on vient de parler, se trouvent près du village arabe de Beni Hassen. Ce village occupe l'emplacement d'une ancienne ville égyptienne dont la

Hypogées de Beni Hassen.

nécropole a seule survécu ; elle est creusée dans un plateau calcaire qui le domine.

Le premier hypogée, du côté du nord, est formé d'une salle à peu près carrée, dont le plafond est soutenu par quatre colonnes, dans le fond de laquelle est une niche sépulcrale, et qui est précédée d'un portique composé de deux colonnes [1]. Ce qu'il y a de très-remarquable dans ce monument, c'est que ses colonnes diffèrent complétement de toutes celles de l'architecture égyptienne, et rappellent d'une manière frappante l'ordre dorique des Grecs. Celles de l'intérieur sont cannelées, ont cinq diamètres en hauteur et sont couronnées par un tailloir carré. Le fût, qui diminue de $\frac{1}{10}$ environ, porte seize cannelures creuses semblables à celles des colonnes doriques ; seulement celle de ces cannelures qui est parallèle à l'axe du monument du côté de la nef centrale est pleine, présente une surface plane, et l'on suppose qu'elle devait recevoir une inscription hiéroglyphique. Les colonnes du portique sont à huit pans, non creusés ; leur section a la forme d'un octogone régulier.

Toutes ces colonnes sont réunies par des architraves qui posent immédiatement sur le chapiteau ; à l'intérieur elles ne le sont que dans une direction perpendiculaire à celle de la façade, de manière à diviser la chambre sépulcrale en trois nefs distinctes. Le plafond de chacune de ces nefs est évidé en arc de cercle très-surbaissé, et c'est également un arc de cercle qui forme le plafond du portique. Enfin, au-dessus de l'architrave de la façade, est une corniche, actuellement en fort mauvais état, mais à la partie inférieure de laquelle on reconnaît une suite de denticules arrondis en dessous.

L'hypogée voisin est également précédé d'un portique ; mais les colonnes y sont cannelées en creux et n'ont point de bases. Celles de l'intérieur ont disparu, quoique les peintures des parois se soient admirablement conservées.

Or ces deux monuments portent leurs dates ; ils appartenaient à de grands fonctionnaires nommés, l'un Aménemhé et l'autre Néhothph, qui vivaient sous le pharaon Sésortasen, environ vingt-huit à trente siècles avant notre ère. Ils tendent donc à établir que l'ordre dorique a eu son point de départ dans la vallée du Nil, et aussi ces vieilles colonnes ont-elles conservé le nom de *protodoriques*, que Champollion leur a donné. Ce fait, si important pour l'histoire de l'art, aussi bien que

---

[1] Les figures 5, 6, 7 et 8 de la planche 45 représentent respectivement le plan, la coupe transversale, la coupe longitudinale et une vue extérieure de ce monument.

pour celle du développement successif des civilisations, n'enlève d'ailleurs aux Grecs que le mérite très-secondaire, on dirait presque insignifiant, de l'invention de la forme, et leur laisse tout entière la gloire d'avoir animé cette forme et de l'avoir élevée au rang d'une création. C'était lettre morte avant eux ; sous leur inspiration, c'est devenu l'un des plus beaux types de l'art, une entité impérissable. C'est ainsi que l'ogive date de tous les temps, et ne doit cependant la vie qu'au moyen âge.

On trouve à Sakkarah des monuments plus anciens, qui paraissent être à peu près contemporains des pyramides de Gizèh, et sont précédés également de portiques, mais où les colonnes sont remplacées par des pilastres monolithes sans bases ni chapiteaux. N'y aurait-il pas là un témoignage du point de départ des supports isolés en pierre?

Il est impossible de passer en revue ces prodigieuses constructions funéraires de l'Égypte, sans éprouver à la fois une profonde admiration pour la grandeur des entreprises et un pénible sentiment de pitié pour le malheureux peuple qui a été condamné à user sa vie dans ces travaux improductifs. Au prix de combien de douleurs et de cruelles misères ces monuments ont-ils été élevés ! Que de larmes sur ces pierres ! Que de milliers d'hommes dont l'existence n'a été qu'un long supplice, afin d'assurer à un despote une tombe à hauteur de son orgueil ! Et ne serait-ce pas justice que la malédiction de la postérité vînt se joindre à celle de tant de victimes ? Disons au moins qu'elle est insensée l'ambition de transmettre, à travers la suite des temps, un nom que le monument seul est appelé à sauver de l'oubli ; les descendants le lisent avec indifférence, si ce n'est avec le mépris qui s'attache à une puérile vanité. A ceux-là seuls qui ont su se créer des noms durables, conviennent les tombes monumentales ; c'est de la vie et non du sépulcre qu'il faut attendre les longs souvenirs.

Appréciation des tombeaux égyptiens.

Ajoutons que les grands de l'Égypte ont été déçus dans leurs orgueilleuses prétentions ; que la plupart de leurs monuments extérieurs sont détruits ; que presque tous les hypogées ont été violés, les sarcophages brisés, les momies dispersées, et que l'amour de la science achève aujourd'hui l'œuvre de destruction que la cupidité avait depuis longtemps commencée.

L'Asie antique offrait également des tombeaux remarquables à divers titres ; mais la nature de cet ouvrage ne permet pas de s'étendre jusque-là et nous nous bornerons à rappeler les plus célèbres.

Tombeaux d'Asie.

En Perse, ce sont les tombeaux encore subsistants de Nakschi-Roustam ; exécutés sur une grande échelle, entièrement creusés dans le rocher, richement ornés au dehors, on est disposé à croire qu'ils ont renfermé les dépouilles mortelles de Darius Nothus, d'Artaxercès Longue-main, d'Ochus et d'Artaxercès Memnon. C'est celui de Cyrus, dont on croit retrouver les restes dans une construction de forme pyramidale, exécutée en énormes blocs de marbre ; le corps du grand roi avait été placé dans un cercueil d'or et était entouré d'une prodigieuse quantité de richesses ; le sarcophage qui renfermait tous ses trésors occupait le sommet du monument, au pied duquel était une enceinte fermée, entourée probablement d'un portique. En Asie Mineure, c'est le célèbre tombeau de Mausole, qui a eu l'honneur d'être rangé au nombre des merveilles du monde, et dont il ne reste que le souvenir et le nom devenu générique ; il consistait en un soubassement carré, entouré de colonnes, couronné de statues, et surmonté d'une pyramide qui supportait un quadrige. C'est le tombeau d'Alyates, père de Crésus ; ce monument, dont Hérodote nous a laissé une description, était un immense tumulus dont le soubassement, exécuté en grandes pierres, avait près de 400 mètres de diamètre, si l'on s'en rapporte à cet auteur. Ce sont les monuments funéraires, taillés dans le roc, des rois de Phrygie. Ce sont les nombreux souterrains, également creusés dans le rocher, qu'on a récemment découverts dans l'antique Lycie, dont les entrées sont souvent accompagnées de portiques, et présentent des dispositions qui rappellent les constructions en charpente ; ils sont décorés de sculptures dans lesquelles on trouve des traces de couleurs. Ce sont, encore dans la même contrée, des sarcophages extérieurs représentant des édicules en bois couverts par un toit à deux pignons en forme d'ogive. En Palestine, ce sont les tombeaux extérieurs, dits d'Absalon et de Zacharie, dont M. de Saulcy[1] nous a rapporté les dessins ; le premier, taillé en partie dans une masse rocheuse déblayée, est construit au-dessus en fortes pierres ; le second est entièrement monolithe ; tous deux sont décorés de colonnes ioniques, et leur disposition a quelque analogie avec celle du tombeau grec de Théron dont il sera parlé tout à l'heure. Citons enfin les trois vastes hypogées[2] des rois de Juda, des prophètes et des juges dans la vallée de Josaphat, ainsi que plusieurs autres de la vallée voisine de Hinnom, dont les détails d'architecture rappellent d'une manière

---

[1] *Voyage autour de la mer Morte et dans les terres bibliques.*
[2] *Idem.*

frappante les monuments du même genre que les Étrusques ont laissés en Italie.

Les tombeaux de l'âge héroïque de la Grèce paraissent avoir été très-simples ; c'étaient habituellement des tumulus en terre, de dimensions plus ou moins considérables, analogues à ceux des Étrusques, dont il sera question plus bas. Quelques-uns étaient creusés dans des rochers, mais sans avoir un développement comparable à ceux des Égyptiens, et leur entrée était décorée d'une porte très-simple ou d'un petit portique ionique. Pausanias dit que les Sicyoniens déposaient le cercueil dans une fosse qu'ils recouvraient de terre, et au-dessus de laquelle ils élevaient un édicule composé de quatre colonnes couvertes par un toit ; c'était un petit temple protégeant une tombe. D'autres constructions du même genre étaient plus massives et se composaient d'un soubassement surmonté d'un étage décoré de colonnes. Tel était le tombeau de Théron, à Agrigente, que représente dans son état actuel la figure 1 de la planche 46.

Tombeaux grecs.

Une porte en pierre, indiquant peut-être que l'intérieur ne devait plus s'ouvrir, est figurée sur chacune des faces de l'étage principal. Les angles sont occupés par des colonnes ioniques ; ordre qui, à l'origine, paraît avoir été exclusivement consacré aux tombeaux, ainsi qu'on l'a déjà dit dans la première partie de cet ouvrage. Nous avons expliqué en même temps [1] la particularité que présente ce monument, d'un entablement dorique superposé à des colonnes ioniques, et il paraît inutile de revenir sur ce point. D'autres questions se présentent : Comment l'édifice était-il terminé à sa partie supérieure ? d'abord par une corniche, sans doute ; mais au-dessus ? Était-ce une pyramide, forme qui a eu de tout temps un caractère funéraire, ou n'était-ce pas un toit à deux versants avec frontons sur ses faces principales ? La disposition des tombeaux de Sicyone semble appuyer la dernière de ces hypothèses ; mais, d'un autre côté, la similitude des quatre faces, les portes figurées sur chacune d'elles sont de puissants motifs pour la repousser, et le tombeau de Zacharie, qui a été cité tout à l'heure, est couronné par une pyramide quadrangulaire. Peut-être aussi n'y avait-il ni toit ni pyramide. Deux tombeaux grecs encore debout à Alinda, en Asie Mineure, dont M. Philippe Lebas a publié les dessins [2], consistent en tours carrées, comme celui d'Agrigente, et ils sont terminés horizontalement à leur partie supérieure par un petit socle élevé

---

[1] Première partie, page 249.
[2] *Voyage archéologique en Grèce et en Asie Mineure.*

au-dessus de la corniche. L'un d'eux est décoré de colonnes doriques avec pilastres dans les angles, l'autre ne porte que des refends. Il n'y a nulle indication de porte dans ces derniers monuments.

Ces importantes constructions ne sont pas, à notre avis, les œuvres les plus remarquables de l'art grec, en fait de monuments funéraires : ce sont bien plutôt les stèles de dimensions très-restreintes, dont le temps a fort heureusement épargné un grand nombre. Le génie et le goût exquis de ce peuple privilégié semblent s'y marquer plus complétement que partout ailleurs, ou du moins d'une manière plus touchante. Ce ne sont plus des monuments publics, solennels, destinés à perpétuer le souvenir d'une époque ; ce n'est plus l'art en quelque sorte officiel qui se montre, c'est l'art intime, celui qui était à la portée et au service de tous, qui ennoblissait la tombe après avoir charmé l'existence.

Ces stèles sont de minces dalles de marbre, de forme rectangulaire ; elles portent une courte inscription commémorative et sont habituellement couronnées par des palmes d'un admirable caractère, symboles de carrières honorablement parcourues. On y voit souvent, en outre, des couronnes, des fleurs, des instruments habituels du défunt, ou la scène des derniers adieux, scène remplie de calme et de mélancolique dignité. Chez les Grecs, plus encore que chez les autres peuples de l'antiquité, la mort n'avait point ce caractère hideux et terrible qu'elle a revêtu depuis ; leur charmante imagination avait su l'embellir. Le lecteur a sous les yeux plusieurs exemples de stèles grecques (pl. 46, fig. 2, 3 et 4). La figure 5 de la même planche ne donne qu'un couronnement, mais il est d'un admirable dessin. Une petite urne funéraire est représentée par la figure 6, qui est empruntée à l'ouvrage déjà cité de M. Lebas, et il est sans doute inutile de faire remarquer l'élégance et la distinction de ses formes.

La figure 7 représente un monument plus moderne, n'appartenant pas à une aussi belle époque de l'art que les précédents, mais pourtant très-remarquable. Il a été trouvé à Salonique, en Roumélie (Thessalonique, en Macédoine), par M. Pillet, consul de France, qui l'a donné au musée du Louvre, où il se voit aujourd'hui. Sa disposition rappelle tout à fait celle du grand tombeau, dit d'Alexandre Sévère, qui est déposé dans le musée du Capitole, à Rome. Deux personnages, l'homme et la femme, de grandeur naturelle, sont à demi couchés sur un lit funéraire qui couvre un sarcophage de forme rectangulaire. Ils sont représentés vivants et les figures sont des portraits. Des cariatides placées dans les angles du sarcophage soutiennent son couronnement. Un combat d'amazones est sculpté sur la face antérieure[1].

L'art des Étrusques nous serait presque complétement inconnu, si leurs tombeaux n'en avaient conservé de précieux témoignages ; car on ne pourrait s'en faire une idée d'après les rares débris des autres monuments de ce peuple, qui subsistent encore en divers points de l'Italie, tels que restes d'enceintes de villes ou d'amphithéâtres excavés dans le sol. Ces tombeaux sont de deux espèces : les uns ont été creusés dans des masses rocheuses aux parois abruptes ; d'autres sont de grands tumulus en terre, de forme conique, reposant sur des soubassements cylindriques exécutés en pierres de fortes dimensions. Les chambres funéraires de ces derniers sont habituellement souterraines en totalité ou en partie. Le plafond des salles, entièrement creusées dans le rocher, a quelquefois la forme d'une voûte cylindrique, et quelquefois aussi celle d'une construction en charpente, tantôt plate, tantôt à deux ou à quatre versants, avec poutres apparentes régulièrement disposées. Dans quelques-uns de ces monuments, le toit est soutenu par un ou deux piliers, réservés à cet effet et taillés en forme de pilastres. Lorsque le plafond de la salle n'est pas pris dans le rocher, il consiste d'ordinaire en une voûte exécutée par assises horizontales posées en encorbellement, comme celles du trésor d'Atrée, à Mycènes (t. I, pl. 44, fig. 13). Les arêtes inférieures des encorbellements sont abattues dans quelques tombeaux, comme on le voit à Mycènes, de manière que la surface est continue ; dans d'autres, les pierres ont conservé leur forme rectangulaire, et le plafond se compose d'une suite de gradins en saillie les

Tombeaux étrusques.

---

[1] Ce monument donne lieu à plusieurs observations intéressantes. Il appartient à deux époques bien différentes : les grandes figures paraissent devoir être attribuées au troisième siècle de notre ère ; les têtes sont frappantes de vérité et ont été certainement exécutées d'après nature, mais les draperies n'ont pas été terminées, non plus que la couronne de fleurs funéraires que la femme tient à la main, ces parties sont simplement *mises au point* ; le lit est dans le même état, et devait sans doute recevoir quelques ornements tels que des palmettes. Le sarcophage proprement dit est beaucoup plus ancien que son couvercle ; sans remonter au siècle de Périclès, il porte l'empreinte d'une belle époque de l'art, peut-être du premier siècle de notre ère ; les cariatides angulaires surtout sont d'un excellent caractère. Les guirlandes du socle sont probablement plus récentes, et auront été substituées après coup à une surface plane ou à des moulures. Elles peuvent être contemporaines des grandes figures.
Ces faits conduisent aux hypothèses suivantes : on sait que les Grecs et les Romains, se conformant en cela aux traditions de l'Égypte, étaient dans l'usage de ne pas laisser aux survivants le soin de leur élever des tombeaux ; la formule *vivus sibi posuit* se lit sur un grand nombre de monuments funéraires ; le personnage dont les cendres ont été déposées dans celui qui nous occupe, aura sans doute acheté le sarcophage, ancien à cette époque, œuvre d'art remarquable, qui peut-être avait été violé ou était resté en magasin sans destination ; il aura voulu l'enjoliver en y ajoutant les guirlandes du socle ; il aura commandé le couvercle à un sculpteur, qui se sera empressé de terminer complétement les têtes qu'il exécutait d'après nature, et se sera réservé d'achever les accessoires ultérieurement ; puis la mort ou toute autre catastrophe sera survenue, les projets n'auront pu avoir de suite et le monument sera resté sans inscription et peut-être même sans les dépouilles mortelles des personnages qu'il représente. Nous devons ces renseignements à M. A. de Longpérier, conservateur des antiques au musée du Louvre.

uns sur les autres. Il est des salles dont les parois sont très-grossièrement travaillées, et il en est qui sont ornées de pilastres ; quelques-unes ont conservé des peintures d'une remarquable exécution et d'un style archaïque. Les entrées de plusieurs tumulus ne sont point apparentes au dehors, d'autres sont nettement indiquées par des portes ouvertes dans le soubassement et dont la décoration se compose d'un large chambranle avec linteau très-élevé et crossettes saillantes. Ces crossettes sont quelquefois refouillées en dessous en forme de tête de crosse, et il est remarquable que cette singulière disposition se retrouve également sur plusieurs tombeaux d'Asie Mineure et notamment de Judée. Les entrées pratiquées dans les rochers sont tantôt de forme irrégulière, tantôt travaillées avec soin et décorées de lignes d'architecture. Il en est une, près de Faleri, qui est précédée d'un porche formé de trois arcades en plein cintre, entièrement évidées dans la masse et couronnées par une lourde corniche en pierres de taille.

Dans quelques-uns de ces tombeaux, on remarque des siéges taillés également dans le rocher et de même forme que les chaises curules des Romains. Étaient-ce des symboles de dignité ou étaient-ils destinés à l'usage du défunt, ainsi que plusieurs autres objets habituellement déposés dans ces monuments ?

De grandes niches creusées dans les parois des salles, quelquefois des gradins, recevaient soit les urnes cinéraires, soit les cadavres abandonnés à leur décomposition naturelle, lesquels étaient simplement déposés sur des lits funéraires sans être enfermés dans des cercueils. Dans quelques tombeaux on a trouvé de grands sarcophages, les uns creusés dans le roc comme le monument, les autres exécutés en pierres de taille, tantôt grossièrement travaillées, tantôt ornées de peintures ou de sculptures annonçant un ciseau exercé. Canina[1] a publié trois de ces derniers, tous fort intéressants. Chacun d'eux est de forme rectangulaire, et est surmonté d'une statue couchée qui représente, en grandeur naturelle, un homme endormi, tenant en main les attributs de sa dignité ou de sa profession, et ayant à ses pieds ou près de sa tête un lion accroupi. Deux de ces figures sont en outre accompagnées de sphinx ailés. L'un des sarcophages est décoré, sur ses parois verticales, d'un bas-relief représentant une suite de personnages, dont quelques-uns portent des instruments de musique. Une disposition analogue se retrouve sur un grand nombre d'urnes cinéraires qui ont reçu la forme de sarco-

---

[1] Canina, *L'antica Etruria marittima*.

phages. Ces urnes sont de petites dimensions, sont exécutées en marbre, en albâtre gypseux, en pierre commune ou en terre cuite, et leurs couvercles sont ornés pour la plupart d'une figure à demi couchée, mais représentée à l'état de veille. Ces figures paraissent avoir été souvent des portraits, et leurs têtes, qui importaient presque seules à la ressemblance, sont établies sur de plus grandes proportions que le reste du corps.

Canina a donné également les dessins d'un tombeau récemment découvert dans la nécropole de l'ancienne ville étrusque de Cœré, et qui a offert d'autant plus d'intérêt qu'il n'avait point encore été violé. C'est un tumulus de dimensions assez restreintes, qui avait été enveloppé, à une époque plus ou moins éloignée de sa construction, mais par les Étrusques eux-mêmes, d'un autre tumulus beaucoup plus vaste, dont il formait ainsi le noyau central. Cinq chambres funéraires avaient été établies dans le nouveau tumulus, sans avoir été prolongées jusqu'à l'ancien. Il n'était pas difficile de les découvrir, et elles ont été dilapidées; mais les malfaiteurs ne se sont pas doutés de l'existence de chambres centrales, et c'est ainsi que ce précieux monument nous a été conservé.

Ses excavations consistaient en une première salle d'environ 11 mètres de longueur sur 1^m,80 de largeur, accompagnée à son extrémité de deux salles latérales de forme à peu près elliptique, et suivie d'une quatrième salle de 7 mètres de longueur sur 1^m,30 de largeur. Les salles elliptiques sont entièrement creusées dans le rocher, et les deux autres sont couvertes par des espèces de voûtes formées, comme il a été dit plus haut, de grosses pierres posées en encorbellement et par assises horizontales.

Malgré les terres qui encombraient la dernière salle, par suite de l'écroulement d'une partie de la voûte, on a reconnu qu'elle ne contenait qu'un seul corps, qui, simplement déposé sur le sol, était revêtu d'un costume de la plus grande magnificence. Une riche parure de tête, un grand poitrinal en or chargé de figures symboliques en bas-relief, un long collier, des chaînes et deux bracelets en même métal, des morceaux d'ambre et une grande quantité de feuilles d'or extrêmement minces, qu'on suppose avoir formé un vêtement, tels sont les ornements qui ont été trouvés dans l'emplacement que le corps, celui d'une femme probablement, avait dû occuper. D'autres objets, tels que cassolettes et vases en argent et en bronze, les uns ayant une destination évidemment funéraire, d'autres ayant appartenu à des usages domestiques, ont été recueillis dans les décombres.

Dans la première partie de l'hypogée, on a trouvé un lit en bronze, formé de petites lames croisées en losanges, qui se rattachent à un châssis supporté par six pieds; les débris d'un char à quatre roues, qui avait servi sans doute dans les armées ou au transport du cadavre; enfin, des boucliers également en bronze et richement décorés, des armes, des vases, des statuettes et divers objets. Des ossements étaient déposés sur le lit funéraire. Les salles elliptiques ont fourni, outre un grand nombre de vases, des statuettes en terre cuite et une urne contenant des cendres.

Cette dernière circonstance, aussi bien que l'irrégularité de leur forme, porte à penser que ces salles ont été creusées après coup, car l'usage de brûler les corps paraît avoir été, chez les Étrusques, postérieur à celui de les ensevelir entiers. Canina croit pouvoir faire remonter cette construction au neuvième siècle avant notre ère.

Les œuvres d'art trouvées dans ce tombeau sont d'un plus haut intérêt que la construction elle-même. Elles jettent de vives lueurs sur l'état de l'art dans la haute antiquité. Les dessins qui couvrent le poitrinal d'or, deux petits vases en argent, quelques vases de bronze et deux des boucliers, rappellent d'une manière frappante ceux de quelques monuments de l'Asie Mineure. D'autres tombeaux étrusques ont fourni des hiéroglyphes, ainsi que des vases et des émaux de style égyptien. D'accord avec plusieurs passages historiques, ces monuments tendent donc à établir une communauté d'idées, résultant d'un même point de départ, ou de relations suivies entre des peuples qui, répartis sur des territoires fort éloignés les uns des autres, se sont développés plus tard dans des voies tellement différentes, que chacun d'eux a enfanté un art tout spécial. Ces vases et ces boucliers, aux riches ornements et aux personnages nombreux, viennent justifier d'ailleurs les descriptions d'Homère, et prouver que l'imagination du poëte avait un solide point d'appui dans le génie de l'époque.

Les peintures décoratives de quelques tombeaux étrusques appartiennent plus ou moins à ce style archaïque. Les unes représentent des sphinx et autres animaux fantastiques, d'autres des chasses, des festins funéraires, etc.

Un autre tombeau étrusque a eu un grand retentissement, et a longtemps exercé la sagacité de la critique savante : c'est celui de Porsenna. Mais il ne nous est connu que par une description assez obscure, donnée par Pline d'après Varron, et l'on est même en droit de révoquer en doute son existence. En parler, serait dépasser outre mesure les bornes de notre sujet.

TOMBEAUX.

Sous les rois et dans les premiers temps de la république, les Romains enterraient les morts, à l'exemple de la plupart des populations de l'Étrurie ; plus tard les familles riches empruntèrent aux Grecs l'usage de les brûler, mais cette mesure ne fut généralement adoptée par elles qu'au commencement de l'empire. On sait que Sylla fut le premier membre de l'illustre famille Cornélia dont le corps ait été placé sur un bûcher. Le tyran qui jugeait sa vie à l'abri des vengeances, les redoutait pour son cadavre, et voulut éviter les représailles que les partisans de Marius pouvaient se trouver en droit d'exercer. Les corps des pauvres étaient entassés dans des fosses profondes.

Les Romains ont eu pour maîtres, en fait d'art, les Étrusques d'abord, puis les Grecs, et leurs tombeaux rappellent cette double action. De même que le premier de ces peuples, ils établissaient la plupart de leurs monuments funéraires sur les principales voies qui donnaient accès dans la ville, et en dehors de l'enceinte. On en trouve encore aujourd'hui un grand nombre sur la voie Appienne, la *voie des tombeaux* de Pompéi est connue de tout le monde, et Strabon nous apprend que les environs du tombeau d'Auguste formaient une nécropole si considérable que, de loin, cette ville des morts était prise pour la ville même de Rome.

Ces monuments reproduisaient les différentes dispositions qui viennent d'être passées en revue : tumulus, pyramides, édicules décorés de pilastres ou de colonnes, hypogées, sarcophages, stèles avec ou sans figures, toutes ces formes ont été adoptées par les Romains, peu inventifs, comme on sait, en matière d'art. Mais ils étaient habiles à s'assimiler ce qu'ils empruntaient aux autres peuples ; leur caractère était tranché, et ils l'ont nettement marqué sur toutes leurs œuvres. De sorte qu'on rencontre dans le détail le cachet distinctif qui manque à la conception générale.

Le tumulus a dû être la disposition la plus habituellement employée aux débuts de la société romaine, et il ne paraît pas qu'elle ait été jamais abandonnée. C'était, par exemple, un véritable tumulus que le tombeau érigé à Auguste dans le champ de Mars ; mais un tumulus d'un luxe et d'une importance dont les Étrusques n'avaient sans doute jamais approché.

Ce monument (pl. 47, fig. 1 et 2) se composait d'un vaste soubassement circulaire, orné de grandes niches et précédé d'un portique de colonnes corinthiennes, le tout exécuté en marbre blanc. Le portique était accompagné de deux obélisques. Au-dessus du soubassement, s'élevaient une suite de terrasses concentriques en

Tombeaux romains.

Mausolée d'Auguste.

508   TRAITÉ D'ARCHITECTURE.

terre, inclinées sur l'horizon de manière à former des surfaces coniques; elles étaient séparées par des murs de soutènement circulaires, et étaient plantées de cyprès de haut en bas. La construction était couronnée par une statue de l'empereur, exécutée en bronze et sur de grandes dimensions. A l'intérieur se trouvaient des passages et une chambre sépulcrale.

Une description très-détaillée de Strabon et des ruines encore considérables ont permis de faire une restitution de ce monument avec beaucoup de probabilité d'exactitude. Le diamètre extérieur du soubassement était de 90 mètres environ.

Mausolée d'Adrien.

C'est encore au tumulus qu'il faut rattacher le mausolée d'Adrien, l'édifice de ce genre le plus considérable que les Romains aient exécuté. Ses restes mutilés forment aujourd'hui le château Saint-Ange, qui joue un si grand rôle dans l'histoire de la Rome moderne.

Ce tombeau était divisé en deux parties : l'une carrée, l'autre circulaire. La première se composait d'un soubassement et d'un étage décoré de grandes niches et de colonnes doriques ; la seconde comprenait, outre un soubassement, deux portiques superposés, en retraite l'un sur l'autre, au-dessus desquels s'élevait un couronnement conique que terminait une énorme pomme de pin en bronze. En arrière des portiques était un mur plein, et des statues étaient placées entre les colonnes. Cette immense construction était exécutée en marbre blanc. Les restaurations portent à 90 mètres la longueur d'un des côtés du corps carré, à 60 mètres le diamètre du premier portique circulaire, et à 93 mètres la hauteur de ce monumental témoignage d'orgueil.

Autres tombeaux romains.

Les tombeaux en forme de tour, dont les Romains paraissent avoir fait grand usage, doivent être rangés dans la même classe que le précédent. Ce sont des tumulus entièrement exécutés en maçonnerie, et dont le soubassement a reçu plus de hauteur que n'en comportaient ceux de ces anciens monuments. Tels sont les tombeaux bien connus et encore subsistants, du moins en partie, de Cécilia Métella, de la famille Plautia et de M. Plancus.

Un singulier monument sépulcral, dont la forme se rattache jusqu'à un certain point à celle des tumulus, est connu sous le nom de tombeau des Horaces. Il est situé près d'Albano, et il est assez bien conservé encore pour que sa restauration ne présente pas de difficultés sérieuses, du moins en ce qu'il avait de plus essentiel. Entièrement revêtu en pierres de taille régulièrement appareillées, il se compose d'un soubassement carré, au-dessus duquel s'élèvent cinq grands cippes de forme conoïde (ce sont des cônes droits largement arrondis au sommet), dont les bases se touchent. Le cippe central est d'un plus fort diamètre et avait probablement plus de hauteur que les autres.

Cette forme de cippe a été fréquemment employée dans l'antiquité, et convient effectivement fort bien à des monuments auxquels on veut assurer une longue durée ; car elle donne moins de prise que les autres aux agents ordinaires de destruction. On la trouve dans les nur-hags de la Sardaigne, constructions qui paraissent avoir eu également une destination funéraire, dont l'origine se perd dans la nuit des temps, et qui sont attribuées aux Phéniciens par quelques antiquaires, aux Tyrrhéniens par d'autres.

Quelques tombeaux romains consistent en pyramides quadrangulaires, et cette forme paraît avoir été empruntée à l'Égypte. Un monument de ce genre se voit encore à Rome, parfaitement conservé, près de la porte d'Ostie ; son inscription apprend qu'il était consacré à Caïus Sestius, dont le testament en ordonnait l'érection. Il est entièrement revêtu en blocs de marbre blanc. Un passage ouvert sur l'une des faces, à 7 mètres au-dessus du sol, conduit à la chambre sépulcrale, dans laquelle on a trouvé quelques fragments de peintures. La pyramide a environ 30 mètres de largeur à sa base, sur 38 mètres de hauteur. Il y a loin de là, sans doute, aux pyramides de Gizèh, mais c'est encore beaucoup pour un simple particulier.

On trouve près de Vienne, en Dauphiné, un tombeau romain que les croyances populaires attribuent à Ponce-Pilate, et qui consiste en une pyramide supportée par quatre piliers que réunissent des arcades.

Les Romains nous ont laissé un grand nombre d'hypogées, parmi lesquels on remarque à juste titre celui d'Alba Longa. Il appartenait à un personnage consulaire, et il est orné au dehors de l'aigle romaine et des douze faisceaux de licteurs, sculptés sur le rocher dans lequel il a été creusé.

C'était un hypogée qui formait le tombeau de l'illustre famille des Scipions ; il était excavé sous une petite colline qui sépare la voie Appienne de la voie Latine. On y a trouvé un sarcophage en pierre, qui renfermait le corps de Scipion Barbatus. Ce monument, dont le style est très-remarquable, est déposé aujourd'hui dans le musée du Vatican. Il est représenté par la figure 3 de la planche 47. D'autres sarcophages romains, et en très-grand nombre, sont venus jusqu'à nous ; la plupart sont exécutés en marbre blanc, et leurs dispositions sont très-variées. Quelques couvercles sont plats, il en est de bombés, beaucoup sont en forme de toits à deux égouts; leurs angles sont souvent surmontés de cornes, que décorent des palmettes ou des figures. Les faces verticales de ces monuments sont habituellement ornées de sculptures; ce sont des cannelures ondulées, des candélabres, des guirlandes supportées par des génies, des scènes mythologiques, des colonnes avec ou sans arcades entre lesquelles sont représentés des personnages. On admire, dans le musée du Vatican, les grands et magnifiques sarcophages de porphyre rouge dans lesquels ont été ensevelies sainte Hélène et sa fille, sainte Constance. Une bataille est sculptée sur le premier, et une scène de vendanges sur le second.

La voie des tombeaux, à Pompéi, est ornée de plusieurs sarcophages extérieurs, élevés sur des socles plus ou moins importants. L'un d'eux est représenté par la figure 5 de la planche 47. Il est séparé de la voie publique par une petite cour, et une salle funéraire est établie dans la hauteur du soubassement. Ce monument est exécuté en marbre blanc, travaillé avec la plus grande perfection.

Nos musées sont très-riches en stèles funéraires romaines. Quelques-unes portent des bas-reliefs comme celles des Grecs, d'autres renferment dans une niche le buste du défunt[1] et parfois ceux de deux époux déposés dans le même tombeau. Sur l'une des tours d'Antibes est incrusté un petit monument fort intéressant, qui avait été consacré à un jeune danseur du théâtre de cette ville. Des palmes sont placées à sa partie supérieure, pour rappeler les succès de l'artiste; en bas, une bourse pleine dit qu'ils étaient lucratifs; au milieu est une inscription, à laquelle sa sécheresse même donne quelque chose de touchant. Elle est ainsi conçue :

D. M.
PVERI SEPTENTRIONIS
ANNOR. XII
QUI ANTIPOLI IN THEATRO
BIDVO SALTAVIT
ET PLACVIT.

Enfin des urnes cinéraires, de dimensions beaucoup plus restreintes que les sarcophages, rappellent souvent les dispositions de ces monuments, et sont,

---

[1] La figure 4 de la planche 47 donne un exemple de cette disposition.

comme eux, de forme rectangulaire. D'autres sont en forme de vases. Elles étaient exécutées en pierre, en marbre ou en terre cuite.

Les *columbarium* étaient de vastes salles souterraines destinées à recevoir ces urnes. Leurs parois étaient percées, à cet effet, de rangs superposés de petites niches cintrées, et offraient par conséquent quelque analogie avec celles d'un pigeonnier. De là le nom qui a été donné à ces réceptacles. Une courte inscription était placée au-dessous de chaque niche, et les intervalles, ainsi que la voûte, étaient décorés de feuillages et d'arabesques peints en couleurs riantes. Lorsque toutes les niches étaient occupées, on murait la porte qui donnait entrée dans le columbarium. Aussi quelques-uns de ces singuliers monuments sont-ils venus jusqu'à nous dans un remarquable état de conservation. *Columbarium.*

Un caractère domine dans tous les tombeaux de l'antiquité : la mort n'y est accompagnée d'aucune image attristante ; elle s'y présente plutôt comme une continuation de la vie avec les plus heureuses conditions. Dans ces dernières demeures, le guerrier est entouré de ses plus belles armes, les femmes ont leurs bijoux et leurs miroirs, les enfants leurs jouets, chacun trouve les objets qui lui étaient le plus chers. Des vases renferment des parfums, d'autres, des comestibles de toutes sortes; les divinités protectrices y ont leurs statuettes; les adieux du défunt n'y seront jamais douloureux ; les décorations peintes n'y diffèrent point de celles qu'on pouvait trouver dans les habitations les plus agréables. Le christianisme eut un sentiment tout opposé. Pour combattre la religion sensuelle des païens, il s'appuya sur la mort et ses suites redoutables ; à l'amour déréglé des plaisirs, à l'orgueil, aux vanités, il opposa les terreurs de la damnation et la triste et humiliante pensée de la pourriture cadavérique. De là un nouvel ordre de tombeaux. Ces monuments ne sont plus des œuvres d'ostentation, destinés à passer à la postérité la plus lointaine, s'étalant fièrement au dehors : ce sont de modestes constructions témoignant d'une humble piété, qui s'établissent, sous l'égide de la religion, dans les temples mêmes ou à leurs abords, et ne consistent pour la plupart qu'en de simples dalles funéraires. Les unes ne portent qu'une inscription commémorative ; d'autres, au moyen d'un relief très-peu prononcé ou d'un dessin tracé en creux et habituellement coloré en noir, représentent le défunt couché sur le dos, revêtu de son costume caractéristique, les mains jointes, ou l'une levée pour bénir s'il s'agit d'un évêque. Ces dalles font partie du pavement de l'église. Quelquefois le relief est plus pro- *Tombeaux modernes.* *Tombeaux du moyen âge.*

noncé, la figure est même en ronde bosse, et alors elle repose sur un socle ou sarcophage rectangulaire, et s'adosse contre un mur, ou se place sous une arcade ménagée dans l'épaisseur des maçonneries. Il est de ces sarcophages qui sont ornés sur leurs faces verticales de figures représentant les évangélistes ou les apôtres, et l'on trouve des arcades dont les archivoltes sont décorées d'emblèmes religieux. Telles sont les dispositions de la plupart des tombeaux du moyen âge.

Quelques autres sont en forme de catafalque, souvent plus étroits au pied qu'à la tête, et sont couverts par un toit à deux ou à quatre versants. On remarque cette dernière disposition, qui rappelle la toiture d'une église avec transsept, sur plusieurs tombes juxtaposées près de la petite église romane de Charly, dans le département du Cher, et elle se retrouve encore en d'autres lieux. L'une des tombes de Charly est représentée par la figure 8 de la planche 48. On voit que la pierre tumulaire est rectangulaire à la base, et se dessine en forme de croix latine à sa partie supérieure. La toiture est couverte par une imbrication, un glaive est sculpté sur l'un des pignons, et des croix sont figurées sur les autres. Il n'y a que des croix dans les pignons de quelques-unes de ces tombes, et sur l'une d'elles le glaive est remplacé par des outils de tailleur de pierre. Aucune n'a d'inscription. Cette forme est des plus heureuses, car elle est d'une simplicité extrême et présente en même temps un caractère religieux très-prononcé. Il y a lieu de s'étonner qu'elle ne se soit pas conservée comme type.

Tombeaux de la Renaissance. Mais l'art réclamait et obtint bientôt plus de liberté pour ses conceptions. La réaction contre le paganisme avait atteint ses limites, et la Renaissance vint porter la vie jusque sur les tombeaux. Les morts se relèvent sous sa bienheureuse influence; l'homme se montre, sans d'ailleurs manquer à la piété, car c'est à genoux qu'il est représenté et dans l'attitude de la prière. Tel on le voit sur les tombeaux des cardinaux d'Amboise, dans la cathédrale de Rouen, de Louis XII et d'Anne de Bretagne, ainsi que de François Ier et de Henri II, à Saint-Denis.

Quelquefois cependant le personnage est représenté dans la position la plus conforme à sa carrière et à ses habitudes; mais alors, ce qui s'observe du reste dans plusieurs des monuments qu'on vient de citer, le cadavre couché est placé au-dessous, reposant sur le sarcophage. C'est l'apothéose surmontant la sépulture. Cette disposition a été adoptée par le Pollajolo pour le tombeau d'Innocent VIII, qu'on admire dans la basilique de Saint-Pierre de Rome. Le cadavre, revêtu des ornements pontificaux, est couché sur le sarcophage; le pontife donnant sa bénédiction est placé au-dessus, assis sur un trône, et il est accompagné des figures symboliques de ses vertus. Citons encore à ce propos le tombeau élevé à Louis de Brézé, dans la cathédrale de Rouen, par sa veuve, la trop célèbre Diane de Poitiers. Le cadavre, presque nu, est couché sur un sarcophage de marbre noir, et il est représenté avec une telle vérité qu'on pourrait le croire moulé sur nature; à ses pieds est une statue de la Vierge; derrière sa tête, la veuve éplorée, à genoux et en prière. Le guerrier à cheval, armé de pied en cap et l'épée en main, domine la composition. De chaque côté de cette figure, sont deux cariatides qui supportent un entablement couronné par des armoiries. Ces cariatides sont les personnifications de la Victoire, de la Foi, de la Prudence et de la Gloire.

L'Italie est très-riche en monuments de ce genre; ils sont pour la plupart placés dans des églises, à la beauté et au caractère desquelles ils contribuent efficacement. Beaucoup sont extrêmement remarquables, aussi bien par la composition que par la nature des matériaux et la perfection du travail, et peuvent être rangés parmi les œuvres les plus précieuses de l'art moderne. Il faudrait en citer un grand nombre, car le choix est difficile; mais nous sommes tenu à beaucoup de réserve et nous nous bornerons à dire quelques mots de ceux qui peuvent être présentés comme des types de disposition.

<small>Tombeaux d'Italie.</small>

Dans l'église de Saint-Dominique, à Sienne, est le tombeau d'Arringhieri, célèbre professeur de droit, mort en 1374. Le sarcophage est élevé sur des colonnes à une certaine hauteur au-dessus du sol, et sa face principale est ornée d'un bas-relief représentant le professeur dans l'exercice de ses fonctions; sur le bandeau qui le couronne est une courte inscription; au-dessus se voit le personnage couché, exposé sur un socle décoré de ses armes. Il y a un grand calme et beaucoup de dignité dans cette composition, qui est due au sculpteur Goro.

Guido Tarlati, évêque d'Arezzo, ne se bornant point à ses fonctions sacerdotales, commanda avec succès l'armée de cette petite république qui l'élut pour chef. Son tombeau se compose d'un grand soubassement divisé en seize compartiments, lesquels sont occupés chacun par un bas-relief représentant l'un des actes mémorables de la vie agitée du belliqueux prélat. Au-dessus est le sarcophage, dont la face est ornée du lit funéraire et de deux anges qui en soutiennent les rideaux. On attribue au Giotto les dessins de ce monument, qui est placé dans la cathédrale d'Arezzo, et qui a été exécuté par les frères Augustin et Ange de Sienne.

Un admirable tombeau est celui que Mino da Fiesole a élevé au marquis Ugo dans l'église de l'abbaye de Florence. Il date de la fin du quinzième siècle. Il consiste en une grande niche de forme rectangulaire, élevée sur un double socle et comprise entre deux pilastres que réunit un entablement. Dans la niche, reposant sur le second socle, est le sarcophage dont le couvercle est surmonté du lit funéraire et de la figure couchée du défunt ; au-dessus et en arrière, dans le fond de la niche, une Charité. L'épitaphe, supportée par deux anges, occupe la face antérieure du socle principal ; aux angles de ce socle, en avant des pilastres, deux enfants portent les écussons de la famille ; enfin au-dessus de l'entablement, dans l'intérieur d'un arc demi-circulaire, est un grand médaillon avec la Vierge et l'enfant Jésus. Il y a une unité parfaite dans cette composition et surtout une vérité, une grâce, une finesse et une distinction de formes que la sculpture a rarement atteintes et n'a peut-être jamais dépassées.

Le tombeau de Pierre de Noceto, exécuté par Civitali, dans la basilique de Saint-Martin, à Lucques, présente une disposition analogue et a pu servir de modèle au précédent, car il lui est antérieur de quelques années. C'est également l'une des œuvres les plus remarquables de la Renaissance italienne.

L'église de Sainte-Marie des Frères, à Venise, renferme un grand nombre de monuments funéraires fort intéressants, parmi lesquels on remarque celui du général B. Pesaro. Entre deux colonnes que surmonte un fronton, le guerrier revêtu de son costume de combat est debout sur son sarcophage, dans l'attitude du commandement. On y a ajouté, dans le fronton, la Vierge et l'Enfant ; sur la face du sarcophage, deux forteresses conquises par Pesaro ; à droite et à gauche, deux figures allégoriques dont l'une, celle de Mars, est due au célèbre sculpteur Baccio de Montelupo.

Il y a dans la même ville d'autres tombeaux analogues, où le sarcophage est surmonté d'une statue équestre, entièrement dorée, représentant le guerrier armé de pied en cap ; au-dessus est le lion de Saint-Marc, sous la bannière duquel les victoires ont été remportées ; puis, diversement distribués, les armes du défunt, des scènes de combat, des symboles religieux et l'inscription commémorative.

Telle est également la disposition du monument sépulcral élevé à Bergame au général Colleoni. Elle est complétée par une suite de statues placées au pied du sarcophage, qui représentent les compagnons de gloire de l'illustre guerrier.

Dans la même chapelle se voit une touchante composition due au ciseau de

A. Amadeis. La fille de Colleoni, morte à l'âge de quinze ans, est couchée sur le sarcophage, la figure calme et fine, paraissant dormir du paisible sommeil de l'enfance. L'artiste a ajouté à cette œuvre capitale d'autres sculptures également très-remarquables : au sommet, la Vierge et l'Enfant accompagnés d'un côté de la Charité, de l'autre d'un ange qui prie ; sur la face principale de l'urne funéraire, une représentation de Notre-Seigneur Jésus-Christ ; à ses extrémités, les armoiries des deux familles.

Citons encore, en dehors de l'Italie, le tombeau de l'empereur Maximilien, à Inspruck. Un grand sarcophage en marbre noir, décoré d'une série de charmants bas-reliefs en marbre blanc, occupe le milieu de la nef d'une petite église ; l'empereur est à genoux sur le couvercle ; à droite et à gauche, et à quelque distance du monument auquel elles font cortége, sont vingt-huit grandes statues en bronze d'un fort beau caractère, représentant d'illustres personnages et des ancêtres du défunt. On éprouve une profonde impression à la vue de ce tombeau qui semble réclamer pour lui seul l'église tout entière, tant il y domine, et de ces nobles figures qui paraissent préposées à la conservation des restes du puissant empereur auquel elles rendent hommage. Peu de compositions sont d'un aussi beau caractère et inspirent autant de respect.

<small>Tombeau de Maximilien.</small>

On voit enfin, dans l'une des chapelles de l'église de Notre-Dame, à Bruges, deux magnifiques sarcophages, dont nous ne pouvons nous dispenser de dire quelques mots : ce sont les tombeaux de Charles le Téméraire et de sa fille, Marie de Bourgogne. Leurs dispositions générales sont les mêmes, et l'un d'eux, celui de la princesse, est représenté par la figure 9 de la planche 48. Le sarcophage est en marbre noir, couvert des réseaux d'un arbre généalogique en bronze doré, dans lequel de charmantes figurines sont associées aux armoiries. Une figure couchée de la défunte, également en bronze doré, occupe la partie supérieure du monument.

<small>Tombeaux de Bruges.</small>

On remarque sur quelques tombeaux de la Renaissance des figures qui semblent en telle opposition avec l'esprit de l'époque qu'on a peine à se les expliquer. Elles représentent non pas seulement le corps dans la triste forme où il se trouvait immédiatement après le décès, mais le cadavre dans l'état d'une décomposition plus ou moins avancée. Qui a pu motiver ces hideuses représentations ? Est-ce, comme on l'a dit, l'ambition des artistes, désireux de montrer toutes les ressources de leur ciseau ? Ne seraient-elles pas dues plutôt à un suprême effort de l'esprit du moyen âge, se réveillant au moment où il va s'éteindre et portant jusqu'à l'exagération ses tendances déjà condamnées? Ne remontent-elles pas à la même inspiration que les danses macabres? Quoi qu'il en soit, pareille aberration n'a pas été de longue durée, et l'art a librement poursuivi la voie dans laquelle il s'était engagé.

Appréciation des tombeaux modernes et caractère à leur assigner.

Les tombeaux y ont-ils gagné? nous n'oserions l'affirmer. Peut-être, après avoir été trop sacrifié, l'homme a-t-il été exalté outre mesure? Peut-être, de trop humbles, les monuments sont-ils devenus trop orgueilleux; de trop exclusivement religieux, trop matérialistes? Les sculptures sont souvent admirables, la composition est savante, les allégories sont ingénieuses; mais le spectateur n'est point touché, parce qu'il ne trouve ni le caractère digne, sérieux et monumental qui convient à la mort, ni la pensée touchante ou religieuse qui le saisirait au cœur. Qui n'a été frappé, par exemple, en visitant Saint-Pierre de Rome, de l'ostentation de la plupart des tombeaux de papes placés dans ce monument? Que d'orgueil! quelle absence de sentiments religieux! quelle impiété! allions-nous dire. L'homme triomphe de la mort; mais la foi, quelle est-elle? quel a été le grand acte de l'existence terrestre? Rien ne le dit. Ce fameux tombeau de Jules II, projeté et commencé par Michel-Ange, eût été certes un des plus beaux monuments de l'art moderne; mais eût-il répondu à ce qu'on est en droit de demander à la dernière demeure d'un vicaire de Jésus-Christ? Eût-il présenté assez de calme, de dignité, de caractère profondément religieux? Le grand artiste a élevé, dans une chapelle de la basilique de Saint-Laurent, à Florence, deux tombeaux : l'un pour Julien, l'autre pour Laurent de Médicis, le père de Catherine. Ils sont justement célèbres, et il n'est personne qui ne les connaisse ou n'en ait vu les dessins. Jamais peut-être la sculpture n'a obtenu de pareils effets; il y a, dans les six figures qui les décorent, une grandeur et une puissance qu'on chercherait vainement ailleurs. Mais la conception de l'œuvre est-elle à la hauteur de l'exécution? Ne sont-ce point les statues plutôt que les tombeaux qui commandent l'admiration?

Quel est donc, puisqu'il faut conclure après cette énumération des œuvres du passé, quel est donc l'esprit qui doit présider aujourd'hui à la composition des tombeaux? quel est le caractère qu'il convient de leur donner? La question n'est pas facile à résoudre; car les sentiments de l'époque sont multiples et confus, et ne sont pas régis par un principe dominant d'où se puissent déduire toutes choses. Mais on peut reconnaître les traits généraux que réclament les idées actuelles. Elles veulent des formes vraies pour nous, c'est-à-dire découlant naturellement du sujet et de lui seul; elles n'admettent ni les monuments ambitieux de l'antiquité, ni les tristes tombes du moyen âge, ni les fastueuses compositions des deux derniers siècles ; l'orgueil, l'humilité excessive, les jeux de l'esprit sont également réprouvés par elle. Il ne leur convient ni d'égayer la mort, ni de l'environner de terreurs, ni d'en dissimuler la sévérité. Le tombeau, tel que nous le concevons, doit être digne et austère, présenter des garanties de durée, porter quelque témoignage d'une vie ou d'un caractère, reproduire en quelque sorte une personnalité, et dire aussi, car le grand problème se pose devant lui, vers quelle autre vie ont été dirigées les aspirations de l'homme dont il conserve la dépouille mortelle. Qu'il y ait donc de la simplicité dans les formes, du calme dans la composition, de la solidité dans les proportions et de la fermeté dans les ornements ; que les matériaux employés soient durables et de grandes dimensions ; que des figures ou des emblèmes caractéristiques embellissent l'œuvre et la précisent ; enfin que des symboles de foi plus ou moins développés annoncent les croyances du défunt et placent le monument sous l'égide de la religion.

Ce programme n'indique qu'une direction, il pose les termes du problème plutôt qu'il ne donne des solutions, mais quelques exemples suppléeront à ce qu'il peut avoir de trop vague.

Un général avait su se faire un nom dans les grandes guerres de l'Empire, et était devenu plus tard un orateur populaire; il est frappé par la mort au milieu de ses succès de tribune, la foule l'accompagne à sa dernière demeure, et une souscription nationale pourvoit largement aux frais de son tombeau. L'architecte chargé de l'exécution du monument s'inspire de ces circonstances, établit un soubassement pour la chambre funéraire, et le surmonte d'un édicule supporté par quatre colonnes, au milieu duquel il place une statue représentant l'orateur appuyé sur la tribune et prononçant une de ces nobles phrases qui allaient au cœur du pays. Sur les faces du soubassement, des bas-reliefs rappellent les combats du guerrier, les luttes oratoires du député et les funérailles faites par la reconnaissance publique. C'est le tombeau du général Foy, dans le cimetière du Père-la-Chaise ; il est dû à M. Vaudoyer, et il est représenté par les figures 1, 2 et 3 de la planche 48.

Exemples de tombeaux modernes.

A l'une des plus tristes époques de notre histoire, en 1815, le comte de Lavalette, victime des passions politiques, est condamné à mort; sa femme, admise à pénétrer jusqu'à lui la veille du jour fixé pour l'exécution, l'oblige, à force d'instances, à revêtir le costume qu'elle portait, et, restant à sa place, le fait évader. Ferme en présence du malheur, elle ne peut résister à la joie du succès, et elle paye le salut de son mari par la perte de sa raison. Une même tombe réunit les deux époux, et elle est surmontée d'un bas-relief qui rappelle le dévouement de cette noble femme.

Le capitaine du génie Coutaulx, brave et loyal militaire, auquel tous ses camarades d'école ont conservé le meilleur souvenir, est frappé mortellement sous les murs d'Anvers. Sa mère, qui avait mis en lui toutes ses affections et tout son bonheur, réclame son corps et le dépose sous une tente, où chaque jour elle va s'agenouiller et pleurer sur le fils qu'elle a perdu. Peut-être la forme laisse-t-elle à désirer sous le rapport de l'art, n'est-elle pas suffisamment digne et sévère ; mais le monument attire l'attention, et la pensée est comprise par tout le monde.

M. Duban est appelé à dessiner un tombeau pour Mme Delaroche, belle et sainte jeune femme, remplie d'élégance et de distinction, gracieuse et aimable entre toutes. Il adopte la forme d'une châsse, symbole de sainteté et de repos religieux ; trois ouvertures de chaque côté laissent pénétrer les regards dans l'intérieur, où l'on voit étendu un léger suaire qui semble couvrir le cercueil ; une couronne est disposée au-dessus de la tête, et, en arrière, sur la paroi verticale, est un médaillon qui rappelle les traits de la femme. Un petit jardin, que ferme une belle grille, entoure le monument. Dans cette composition l'art se montre à la hauteur du sujet : il y est touchant, doux, élevé, religieux, et d'une rare élégance (pl. 48, fig. 4).

Un grand peintre, Géricault, meurt dans la force de l'âge, après s'être fait connaître par une immense toile d'un puissant effet, par son tableau du naufrage de *la Méduse*. Une longue maladie n'avait point eu prise sur son amour pour l'art, et la mort l'a saisi rêvant à de nouvelles compositions. M. Étex l'a représenté couché sur son lit, le pinceau d'une main, la palette de l'autre, les extrémités inférieures déjà atteintes par la mort, la tête vivante et inspirée. Une traduction en bas-relief du célèbre tableau décore le socle qui supporte cette figure.

Cherubini s'était fait un nom illustre par ses compositions musicales, et l'un des plus beaux portraits du premier peintre de notre époque avait donné à ce nom un nouveau retentissement. L'architecte chargé de lui élever un tombeau a placé en arrière de la pierre tombale un grand bas-relief rappelant, sans en être une reproduction, le tableau de M. Ingres, et a fait graver sur la gaîne qui supporte la tête de Cherubini les titres des principaux ouvrages du grand musicien. Des pilastres encadrent et abritent cette composition. Elle est couronnée par le trépied que décernaient les Grecs aux vainqueurs des jeux olympiens, réminiscence classique dont le mérite peut être contesté. Ce monument est représenté par la figure 5 de la planche 48.

Un autre tombeau de musicien, placé dans une des églises de Bergame, mérite également d'être cité : trois anges, debout sur le sarcophage, chantent un des pieux cantiques composés par le défunt.

Le duc d'Orléans, enlevé brusquement à tant d'espérances, alors que tout lui souriait dans le présent et dans l'avenir, est représenté sur son tombeau au moment où il vient de rendre l'âme, les traits doux et calmes, et la tête appuyée sur un ange agenouillé qui intercède avec une profonde ferveur. Cette composition est d'autant plus touchante que l'ange, l'une des excellentes œuvres de l'art moderne, est dû au ciseau de la princesse Marie, dont la mort précéda de quelques années celle de son frère.

L'amiral Dumont d'Urville, après s'être illustré par ses longs et courageux voyages, périt avec toute sa famille, victime du plus terrible accident dont fassent mention les annales des chemins de fer. M. Constant Dufeux, chargé d'élever un monument à sa mémoire, divise la composition en trois parties : à la partie inférieure, le sarcophage de forme carrée, qui renferme ou annonce les restes mortels ; au milieu, un socle circulaire, qui raconte la vie du célèbre marin, en rappelant, au moyen de bas-reliefs gravés en creux, à la façon des hiéroglyphes égyptiens, les voyages et les découvertes qui l'ont signalée ; sur la face antérieure de ce socle, et le reliant au sarcophage, est un cippe surmonté du buste du navigateur ; enfin, la partie supérieure est formée d'une vigoureuse stèle parabolique que surmonte une couronne, au-dessus de laquelle une composition symbolique rappelle la catastrophe. Malgré la multiplicité des images et des symboles, cette œuvre est du plus beau caractère et d'une remarquable sévérité. Peut-être est-il à regretter que l'architecte ait jugé à propos de la couvrir de couleurs ; car elle est exposée aux intempéries de l'atmosphère, et c'est donner l'apparence de l'éphémère à ce qui doit annoncer la durée ; mais le temps fera justice de cette superfétation, et le monument subsistera dans tout ce qu'il a d'essentiel.

Ce sont là sans doute des individualités exceptionnelles, et dans la plupart des circonstances l'artiste ne rencontre pas le point d'appui que réclame une composition pour être originale, ne trouve rien de saillant à traduire par une forme expressive. Il n'y a point égalité, même devant la mort, et c'est de toute justice.

Aux grands services rendus, aux vertus éminentes, les noms durables et les tombes saisissantes ; aux existences vulgaires, l'oubli et les sépultures plus ou moins banales. Mais si inconnu que soit resté un homme, son monument funéraire peut porter quelque empreinte de sa vie, et, au lieu de n'être qu'une pierre sèche et muette, admettre une de ces manifestations de l'art qui animent, relèvent et éclairent. Qu'un buste ou un médaillon rappelle les traits du défunt ; que des emblèmes simples et faciles à comprendre fassent connaître sa position sociale ou ses goûts ; que sur la tombe d'un enfant on trouve des jouets ; sur celle d'une jeune fille, une fleur moissonnée avant le temps ou de modestes bijoux ; sur celle du militaire, le glaive ; sur celle du savant, quelques-uns des objets de ses études ; sur celle de l'ouvrier, ses instruments de travail. Enfin que les inscriptions soient modestes, courtes et sans affectation. Quelques mots suffisent à l'essentiel, et en mettre davantage est nuire à l'effet.

A l'appui de ce qui précède, la figure 6 de la planche 48 met sous les yeux du lecteur une pierre tombale, dessinée par M. Labrouste, pour un tailleur de pierres. Elle montre comment l'art sait s'accommoder à toutes les conditions.

Il est bien que quelques plantations accompagnent les tombeaux élevés en plein air ; elles semblent y entretenir la vie, et elles sont des témoignages de pieuse sollicitude. On remarque, sur les pierres tombales de l'Algérie, de petites cavités cylindriques, creusées en arrière de la stèle, et les indigènes disent qu'elles sont destinées à recueillir la rosée ou les eaux pluviales, qui attireront les oiseaux du ciel ; c'est encore la vie appelée autour de la mort. Une touchante coutume nous fait, à chaque visite, déposer des couronnes d'immortelles sur les tombes qui nous sont chères ; il convient de leur préparer des places convenables, de telle sorte que le monument semble les attendre et les demander.

Diverses dispositions sont en usage pour les tombeaux de famille. La plus habituelle consiste en une petite chapelle, qui porte au dehors le nom de la famille, et, sur les parois intérieures, les inscriptions commémoratives des individus. Elle est très-convenable et admet un fort bon caractère. Quelquefois une vaste pierre tombale recouvre le caveau funéraire, et au delà se dresse une paroi destinée à recevoir les épitaphes, qui sont mises ainsi en évidence. Un autre système paraît se mieux prêter que le précédent aux manifestations de l'art : il consiste en un grand catafalque que supporte un soubassement placé au-dessus du caveau ; la draperie mortuaire qui couvre le catafalque se relève pour laisser lire le nom de famille inscrit en tête du monument, et des médaillons appendus de chaque côté rappellent le souvenir de chacun des membres de la famille. C'est la traduction monumentale de l'appareil qui s'établirait au milieu de l'église, lors d'une cérémonie funèbre célébrée pour la famille entière. La figure 7 de la planche 48 représente un de ces tombeaux, qui a été élevé dans le cimetière du Père-la-Chaise, à Paris.

Il est enfin un genre exceptionnel de sépulture, qui est de tous les temps et produit toujours grand effet, parce qu'il est l'expression de légitimes et solennels hommages. Il sort des conditions qui viennent d'être exposées ; mais il s'y rattache au fond, car il appartient au même ordre d'idées. Il consiste à déposer les restes d'un grand personnage dans un monument affecté à tout autre destination, et auquel le nom du défunt se trouve déjà indissolublement attaché. On en peut citer de nombreux exemples. Nous nous bornerons à quelques-uns.

La colonne Trajane était surmontée d'une statue en bronze de l'empereur dont elle porte le nom, et l'on assure que les cendres du prince avaient été déposées dans un globe que cette figure tenait dans sa main droite.

C'est dans un caveau construit au centre de la splendide basilique qu'il avait fait élever à Aix-la-Chapelle que Charlemagne a été enseveli. Le grand empereur a été trouvé assis dans une chaise curule de marbre blanc que précédaient quelques marches, revêtu d'un costume splendide, la tête haute, couronné d'un diadème d'or et de pierreries, ayant un Évangile d'or sur ses genoux, et une épée, un sceptre, ainsi qu'un bouclier en même métal à ses côtés. Cette imposante sépulture, si digne de tous les respects, a été violée, et aujourd'hui, détestable profanation ! un sacristain exhibe les reliques et tire un revenu du crâne de Charlemagne, qu'il fait toucher aux curieux moyennant salaire.

Brunelleschi a été inhumé sous le dôme de Sainte-Marie des Fleurs, à Florence, et l'inscription qui accompagne son buste appelle cet admirable monument à témoigner de son auteur.

La même pensée est exprimée avec plus de concision et d'énergie à Saint-Paul de Londres, sur la pierre sépulcrale de Christophe Wren :

SUBTUS CONDITUR HUJUS ECCLESIÆ ET URBIS CONDITOR
CHRISTOPHORUS WREN QUI VIXIT ANNOS ULTRA NONAGINTA,
NON SIBI, SED BONO PUBLICO.
LECTOR, SI MONUMENTUM REQUIRIS,
CIRCUMSPICE.

<small>Cimetières.</small>

Peut-être quelques lecteurs trouveront-ils que nous nous sommes trop longuement étendu sur ce genre de constructions, et cependant nous ne pouvons nous décider à passer à un autre sujet sans avoir dit quelques mots sur la disposition des cimetières. Il arrive une époque dans la vie où l'on a été appelé trop fréquemment dans ces tristes enceintes, où elles sont devenues trop pleines de précieux souvenirs, pour que la pensée n'y trouve pas une sorte d'attrait, et qu'une grande importance ne s'attache pas à tout ce qui les concerne.

Autrefois, en France, on inhumait dans les églises et dans leurs enceintes, et ce n'était point sans de sérieux motifs. La sainteté du lieu semblait devoir préserver des profanations ; plus rapprochés des vivants, les morts étaient moins exposés à l'oubli, et leurs austères enseignements étaient de tous les jours ; ils s'associaient en quelque sorte par leur présence aux prières de l'Église, et peut-être une pieuse erreur portait-elle à penser que, dites près de leurs tombes, elles leur devaient être plus profitables. Cet usage est encore en vigueur en quelques contrées, et tout le monde a été frappé de ce qu'il y a de touchant dans les modestes cimetières qui entourent nos églises de villages. Mais il présente les plus graves inconvénients où l'espace est mesuré et l'air lent à se renouveler ; car on est incessamment obligé de bouleverser d'anciennes sépultures pour faire place à de nouvelles, et la salubrité publique est en outre compromise par d'affreuses émanations. La loi de l'an XII, qui a transféré ces établissements en dehors des villes, comme l'avait pratiqué l'antiquité, et a interdit les inhumations dans les églises, sauf de très-rares exceptions, a donc été une loi bienfaisante. Mais a-t-elle su concilier les intérêts matériels de la société avec d'autres intérêts non moins essentiels ? S'est-on préoccupé, comme il convenait, de la piété envers les morts et du respect des tombeaux ? Qu'on jette un coup d'œil sur nos cimetières, sur ceux de Paris, par exemple, et la réponse à ces questions ne sera malheureusement pas douteuse.

<small>Cimetières de Paris.</small>

Qu'y trouve-t-on, surtout dans le plus célèbre de tous : celui du Père-la-Chaise ? Une absence complète d'ordre, de caractère et de dignité, des promenades qui semblent tracées pour l'agrément des curieux, les disparates les plus choquantes, des monuments abandonnés à une ruine prématurée, et les tombeaux de nos grands hommes, ces souvenirs des gloires du pays, confondus dans la foule, exposés, comme les autres, aux intempéries de l'atmosphère, condamnés à une prompte destruction. Et les dernières prières, les adieux suprêmes des parents, des amis, des cœurs reconnaissants, dans quelles conditions se font-ils? Qui n'a été bien des fois douloureusement blessé à la vue de ces cérémonies qu'on voudrait si augustes? Qui ne se rappelle l'action qu'exercent sur elles les circonstances atmosphériques, généralement peu favorables dans notre climat? Combien de prières débitées à la hâte par un prêtre grelottant, et de discours prononcés les pieds dans la boue, sous une pluie battante, dont la péroraison est attendue avec une impatience mal dissimulée !

Une petite ville d'Italie a pourtant montré depuis plusieurs siècles ce qu'il y aurait à faire. Le *Campo Santo* de Pise est l'un des monuments du moyen âge qui impressionnent le plus profondément, et se gravent le mieux dans la mémoire. C'est un champ de forme rectangulaire, qu'entoure un large portique complétement fermé au dehors. A l'une de ses extrémités, en arrière du portique, dont rien n'interrompt le calme, est la chapelle mortuaire. Le champ était consacré aux sépultures vulgaires, et sous le portique étaient inhumés les hommes illustres de la république; les monuments funéraires, les images et les inscriptions commémoratives de ces derniers concourent, avec une architecture distinguée et de nombreuses peintures, à former une riche et austère décoration, qui est imposante au plus haut degré. C'est une admirable chose que ce champ de repos.

<small>Campo Santo de Pise.</small>

Nous voudrions donc voir, dans nos cimetières, de vastes portiques disposés avec la distinction sévère et digne qui convient aux monuments funéraires. Ils contourneraient l'enceinte, et pourraient se multiplier à l'intérieur suivant divers dessins, de manière à contribuer tous à l'effet général. Si le terrain était en pente prononcée, ils s'adosseraient à des terrasses étagées les unes au-dessus des autres, et s'embrasseraient d'un seul coup d'œil. Une disposition naturelle très-favorable serait le sommet d'une colline : la chapelle mortuaire s'élèverait sur le point culminant, et au-dessous, comme protégés par elle, se rangeraient les portiques successifs, disposés circulairement. On aurait quelque chose d'analogue aux tumulus de l'antiquité, mais d'incomparablement plus vaste, et érigé non pour un seul homme ou une seule circonstance, mais pour une ville entière et une suite de siècles. Et voyez alors quel noble et touchant spectacle remplacerait celui que nous avons sous les yeux aux jours de grande affluence ! La foule circulant avec ordre sous les portiques qu'elle remplit, dans une enceinte où tout est en harmonie avec les sentiments qui l'animent ; contemplant avec respect des monuments de diverses époques, sur aucun desquels le temps n'a eu prise ; lisant, pénétrée d'une

<small>Dispositions à adopter.</small>

pieuse émotion, d'antiques inscriptions dont les caractères ne sont point effacés, et retrouvant à chaque pas le souvenir d'un des grands citoyens dont s'honore la ville ou la patrie [1]; et au-dessus, le monument religieux, largement ouvert sur toutes ses faces, d'où s'échappe le glas funèbre, et où un nombreux clergé, entouré de toutes les pompes de la religion, adresse au ciel ses ferventes prières et ses chants solennels.

Faut-il entrer dans les détails de ces dispositions? Dans toute l'étendue du champ de repos, seraient établis des caveaux disposés de manière à ménager l'espace, qui est gaspillé aujourd'hui d'une manière si inquiétante pour l'avenir, qu'on avait songé, dans ces dernières années, à assigner des bornes aux concessions perpétuelles, mesure déplorable à laquelle on a renoncé avec raison. Chaque corps n'obtiendrait que la place strictement nécessaire, dans une alvéole maçonnée, et ne serait rappelé dans le caveau que par son nom et une date. Sous les portiques, se rangeraient les sépultures concédées à perpétuité, et seraient adossées, contre les murs et les points d'appui, les inscriptions commémoratives, ainsi que les monuments funéraires élevés par les familles ou par la reconnaissance publique. Les espaces découverts seraient destinés aux sépultures temporaires; mais chaque mort y aurait son épitaphe monumentale, quelle qu'eût été sa position sociale. Ces inscriptions seraient établies sur de petits murs longitudinaux, et seraient maintenues, aussi bien que la tombe, tant que des témoignages de souvenirs, faciles à constater, prouveraient qu'on ne peut les enlever sans blesser un sentiment respectable. Il n'y aurait pas à craindre, hélas! d'en avoir trop à conserver; l'oubli ferait bien vite de suffisantes lacunes. On verrait disparaître ainsi, du moins dans ce qu'elle a de plus blessant, cette inégalité qui, jusque dans la mort, pèse sur les classes inférieures de la société. Le pauvre saurait que, lui aussi, aura une tombe sur laquelle sa famille pourra s'agenouiller et adresser de pieux hommages à sa mémoire; et il n'en demande pas davantage [2].

Des plantations toujours vertes, soigneusement entretenues, des bouquets d'ar-

---

[1] Il est impossible de visiter à Londres l'abbaye de Westminster sans éprouver une profonde émotion à la vue de tous les monuments qu'elle renferme, et sans penser douloureusement à notre indifférence pour les tombes de nos grands hommes.

[2] Cette mesure aurait en outre le mérite de rendre les concessions à perpétuité moins nécessaires, et par suite plus rares. Des agents chimiques devraient être employés pour soustraire les cadavres à cette lente décomposition qui engendre des émanations dangereuses, se présente si horrible à l'esprit, et convertit nos corps en ces choses hideuses qui *n'ont plus de nom dans aucune langue.* La dépense serait minime et les avantages seraient considérables à tous les points de vue. On éviterait ainsi ce qu'il y a de plus affreux dans les inhumations prématurées.

bustes en fleurs dans la belle saison, seraient disposés le long des portiques et entre les petits murs d'inscriptions. Ils tempéreraient, sans la détruire, l'austérité du lieu.

Les dépenses ne seraient point aussi grandes qu'il semble au premier abord, ou du moins elles seraient promptement couvertes ; car elles ne dépasseraient pas celles qui se font actuellement. Ordonnés dans un but bien défini, entrepris sous une direction intelligente au lieu de se fractionner à l'infini, les travaux seraient plus productifs, et aucun ne serait stérile. Les droits à prélever sur les familles opulentes seraient beaucoup plus considérables qu'aujourd'hui, d'abord parce que, les sépultures temporaires étant devenues plus dignes, l'acquisition à perpétuité ne se présenterait plus comme une sorte de nécessité, puis parce que le prix d'une concession ne s'appliquerait pas seulement au terrain, mais encore aux travaux exécutés pour recevoir et conserver le corps. Ces droits croîtraient d'ailleurs dans une forte proportion, suivant que la sépulture n'aurait, sous les portiques, qu'une inscription commémorative, s'annoncerait par un simple cippe ou un modeste sarcophage, ou attirerait les regards par un vaste monument dans lequel l'art pourrait développer toutes ses ressources.

Nous voudrions enfin qu'une famille éplorée ne fût plus condamnée au navrant spectacle de grossiers fossoyeurs remuant péniblement, pour le faire entrer par une ouverture presque toujours trop mesurée, le cercueil dont elle ne peut détacher ses douloureux regards. Le cortége se dirigerait, en se développant solennellement sous les portiques, soit vers la chapelle, soit vers une salle spéciale ; et là, dans des conditions convenables, se réciteraient les prières, se prononceraient les discours, se feraient les derniers adieux.

Il semble que ces dispositions satisferaient pleinement à tous les intérêts : nos cimetières, comme nos cérémonies funéraires, y trouveraient une dignité qui leur manque aujourd'hui ; le pauvre aurait son monument commémoratif aussi bien que le riche, et aussi durable que les regrets qu'il se serait assurés ; un meilleur aménagement de l'espace rendrait moins inquiétante pour l'avenir l'extension incessante des cimetières ; les dépenses seraient couvertes par les droits considérables prélevés sur les concessions perpétuelles, et surtout sur les familles qui voudraient des monuments spéciaux, sans avoir, à cette distinction, d'autres titres que ceux de la fortune ; un nouveau champ serait ouvert aux productions de l'art et un long avenir leur serait assuré ; nos cimetières deviendraient de précieux musées et des monuments historiques du plus haut intérêt, tout en présentant le caractère le plus convenable ; enfin chaque ville s'honorerait d'un témoignage public de vénération pour les morts et de reconnaissance pour les grands citoyens.

CHAPITRE TROISIÈME.

ÉDIFICES D'INSTRUCTION PUBLIQUE.

I. — ÉCOLES.

Ce titre embrasse des édifices de natures fort diverses, depuis la modeste école de village jusqu'aux grands établissements ouverts à l'enseignement supérieur ou professionnel, depuis le pensionnat ne renfermant qu'un petit nombre d'élèves jusqu'aux vastes écoles qu'entretient le gouvernement pour préparer aux carrières publiques. Chacun d'eux a ses exigences spéciales, qui sont parfois fort complexes, et l'on comprend que nous n'avons pas l'intention de traiter le sujet dans tous ses détails. Nous nous maintiendrons dans les généralités. Puisse l'intérêt qui s'attache à tout ce qui importe au développement moral, intellectuel et physique de la jeunesse faire excuser ce qu'elles pourront présenter d'aride !

La salubrité est la première condition imposée à ceux de ces édifices qui sont destinés à recevoir des pensionnaires. Si nous sommes obligés d'enfermer nos enfants, et de les clouer sur les bancs de l'école, contrairement aux vues de la nature qui demande pour eux les libres ébats et l'air pur de la campagne, au moins devons-nous nous appliquer avec la plus grande sollicitude à rendre cette dure nécessité le moins dommageable possible à leur constitution physique. Il faudrait rejeter la majeure partie des pensionnats en dehors de l'enceinte des villes, dans des positions aérées, où l'horizon fût étendu et même la vue agréable. Ce dernier point n'est pas sans action sur la santé des élèves, et en exerce une très-grande sur la disposition des esprits. Le perfectionnement de nos moyens de transport diminue d'ailleurs considérablement les inconvénients qu'on pouvait trouver autrefois à éloigner ainsi les enfants de la demeure de leurs parents, et plusieurs grands colléges, établis depuis quelques années aux portes de Paris, prouvent, par leurs succès, que les avantages de cette mesure sont généralement appréciés. Il ne s'agit plus maintenant que de poursuivre résolûment l'excellente voie dans laquelle on est entré.

Les écoles établies pour recevoir des externes ne peuvent être ainsi tenues à distance des centres de population; il faut même les distribuer de telle sorte que le trajet à faire par les élèves qui habitent dans leurs familles soit le plus court possible. Les villages et les petites villes, qui n'ont qu'une seule école, doivent lui donner une position à peu près centrale, et il convient, dans les grandes villes, de répartir ces établissements entre les principaux quartiers[1]. Il est plus difficile alors de donner pleine satisfaction aux prescriptions de l'hygiène, mais il n'y a point à les négliger. On a le choix de l'emplacement entre certaines limites, et il faut s'arrêter à celui qui présente le plus de garanties de salubrité, éviter surtout les endroits humides, ceux qui sont étouffés par de hautes constructions et les versants inclinés vers l'ouest ou vers le nord.

La disposition générale des édifices doit également être conçue de la manière la plus favorable à la santé des élèves. Il convient notamment d'avoir égard aux conditions suivantes :

1° Que les cours ne soient jamais entourées de bâtiments sur leurs quatre côtés, et soient ouvertes au sud ou à l'est;

2° Que les différents corps de logis soient simples en profondeur, afin que des fenêtres ouvertes sur deux faces opposées, permettent de renouveler l'air par d'énergiques ventilations, d'éclairer largement toutes les salles, et d'y admettre les rayons solaires, ou de s'en garantir par des volets sans se plonger dans l'obscurité.

Il est sans doute difficile de distribuer convenablement un bâtiment simple en profondeur, et surtout d'établir une communication à couvert entre ses différentes parties, sans porter atteinte à l'indépendance de quelques-unes; mais il

---

[1] Paris est mal partagé sous ce rapport. Tandis que trois grands colléges à externes sont agglomérés dans le quartier Saint-Jacques, dont deux dans de fort mauvaises conditions hygiéniques, des quartiers très-importants, tels que le faubourg Saint-Germain, le centre de la ville, les Champs-Élysées, le faubourg Saint-Denis, en sont complétement dépourvus.

appartient à l'architecte de surmonter ces difficultés, et l'on peut assurer la circulation au moyen d'auvents ou de légers portiques à colonnettes en fonte, qui n'interceptent ni l'air ni le jour d'une manière trop prononcée.

Les salles de cours doivent être disposées en amphithéâtre, dès qu'elles sont destinées à recevoir un nombre d'élèves un peu considérable. La forme rectangulaire est celle qui ressort le plus naturellement des conditions générales de l'édifice, et il n'y a pas motif sérieux pour s'en écarter lorsque la salle est de dimensions restreintes. Mais il n'en est pas de même pour les amphithéâtres de nos grands établissements d'instruction publique, qui sont appelés à contenir un nombreux auditoire, et où il importe d'adopter les dispositions les plus favorables pour que le professeur soit en vue de tous les points, et puisse se faire entendre sans fatigue. Les formes en usage sont extrêmement variées ; mais elles paraissent avoir été déterminées, pour la plupart, par des considérations tout à fait étrangères, aussi bien aux intérêts des professeurs qu'à ceux de l'auditoire. Il en est de demi-circulaires, de carrées, de rectangulaires, et ces dernières placent la chaire, tantôt sur le petit, tantôt sur le grand côté[1]. Salles de cours.

Au premier abord, la forme demi-circulaire paraît très-convenable, en ce que les auditeurs, placés sur des bancs concentriques, sont également éloignés du professeur, qui se tient au centre ; mais il est à remarquer que la voix porte plus loin dans la direction où elle a été émise que dans toute autre, et qu'on voit mieux l'orateur et surtout le tableau, quand on est assis en face que lorsqu'on est rejeté sur le côté. Les places situées aux deux extrémités de la partie demi-circulaire sont donc beaucoup moins favorables que les autres ; elles sont en effet toujours occupées les dernières. Il y aurait évidemment avantage à augmenter, aux dépens de la largeur, la profondeur d'une salle ainsi disposée. Dans quelle proportion ? c'est ce qu'il est impossible de préciser, parce que nous ne pouvons pas évaluer avec certitude les inconvénients de l'obliquité d'une part, et ceux de la distance de l'autre, en ce qui touche la perception des sons et des images. Mais le sujet ne réclame, ne comporte même pas une solution rigoureuse, et une expérience de tous les jours peut faire reconnaître, avec une approximation suffisante, quelles sont, suivant les circonstances, les formes les plus convenables à adopter.

---

[1] On consultera utilement à ce sujet un opuscule fort intéressant, de M. l'architecte Lachèze, intitulé : *Acoustique et optique des salles de réunions publiques*, etc.

On doit admettre que, dans un amphithéâtre où les élèves se rangent à leur guise, les meilleures places sont occupées les premières, et les plus mauvaises à la fin; l'ordre dans lequel elles sont prises peut donc servir à les classer suivant leurs mérites. Ce choix des places est dicté par une longue expérience, qui doit tenir un compte équitable des divers éléments engagés dans la question, et l'on ne saurait se refuser à lui reconnaître une certaine valeur scientifique. Il est douteux qu'aucun autre ordre de considérations puisse mieux conduire au but. Or on remarque que les élèves se distribuent, au fur et à mesure qu'ils arrivent, le plus près et le plus en face possible du professeur, compensant d'une certaine façon les inconvénients de l'obliquité par les avantages de la proximité, et l'on reconnaît que les espaces successivement remplis par eux peuvent être limités, d'une manière approximative, par des arcs de cercle dont le centre commun est placé au milieu du premier banc, lorsque le professeur est situé au niveau du plan inférieur de l'amphithéâtre. Cette disposition est indiquée par des lignes ponctuées sur la figure 15 de la planche 1, qui représente, dans son ensemble, le plan d'un amphithéâtre de forme demi-circulaire. On serait donc conduit à choisir celui des arcs de cercle qui embrasse le nombre de places voulu, pour limiter la salle du côté opposé au professeur, si le problème se réduisait aux termes dans lesquels nous l'avons posé.

Mais il n'en est pas ainsi : on ne doit pas méconnaître le mérite des formes simples, d'une exécution facile, et se conciliant avec les données générales de l'édifice auquel la salle appartient. D'un autre côté, il est certain que, s'il importe d'adopter les dispositions les plus favorables à la vue et à l'audition, dans les amphithéâtres destinés à renfermer un grand nombre d'élèves, il n'y a réellement pas intérêt sérieux pour ceux qui sont de dimensions restreintes. Il convient d'ailleurs que la forme de la salle soit en certaine concordance avec celle des banquettes, et cette dernière dépend des dimensions de l'amphithéâtre.

Il y a avantage, sous le double rapport de l'économie et de la simplicité, à diriger les siéges en ligne droite; mais il y a l'inconvénient que les élèves, assis de chaque côté de l'axe, sont obligés de se tourner pour voir le professeur, et ce mouvement devient gênant dès qu'il doit dépasser un angle de 45° environ. On peut donc admettre qu'en deçà de cette limite pour les places qui sont le plus rejetées de côté, les banquettes doivent être rangées en ligne droite, normalement à l'axe de la salle, et qu'au delà, il convient de les courber; dans ce cas, la courbe à adopter est l'arc de cercle tracé du siége du professeur ou du milieu du tableau comme centre, de telle sorte que chaque élève ait à regarder droit devant lui.

Ces prémisses admises, voici, ce semble, quelles sont les conclusions à en tirer pour des amphithéâtres de diverses grandeurs.

De petits amphithéâtres, tels que ceux qui sont marqués Aaa'A′ et Bbb'B′ sur notre figure, dont le plus grand ne contiendrait que soixante élèves environ, doivent avoir la forme de rectangles tangents aux arcs de cercle dont il a été parlé plus haut. Les bancs sont dirigés en ligne droite, et le premier d'entre eux peut être plus rapproché du professeur que dans les grands amphithéâtres, parce que le petit nombre d'élèves rend l'enseignement plus intime. Les places sont comparativement mauvaises dans les angles a, a', b et b', mais elles sont en trop petit nombre et l'on n'y est pas assez mal pour qu'il y ait inconvénient réel.

Il n'en serait pas de même pour de plus grands amphithéâtres, tels que Ccc'C′, Ddd'D′, dont le dernier peut admettre environ deux cent vingt élèves. Ces triangles prendraient trop d'importance, et, s'il n'est pas nécessaire de les faire disparaître entièrement, au moins convient-il d'en réduire l'étendue. On y parvient en limitant la salle du côté opposé au professeur par une paroi circulaire adossée contre le dernier rang de banquettes. Il serait bien alors de donner même forme à la paroi opposée : la salle y gagnerait en régularité, on réduirait l'espace dans lequel doit retentir la voix du professeur, et il n'y aurait point à regretter les places supprimées, surtout si l'amphithéâtre était destiné à des cours où l'on écrit sur le tableau. Les triangles retranchés du rectangle circonscrit au périmètre adopté peuvent être occupés par des escaliers ou des cabinets.

Enfin, dans de vastes amphithéâtres tels que Eee'E′, Fff'F′, pouvant contenir l'un quatre cents, l'autre six cent cinquante auditeurs, les conditions d'optique et d'acoustique prennent une telle importance, qu'il importe de leur donner pleine satisfaction. Il convient donc alors de suivre exactement les courbes déduites de l'expérience. La paroi circulaire pourra se prolonger jusqu'au mur contre lequel est adossé le tableau ou la chaire; mais il y aura généralement avantage à briser ce dernier à une certaine distance de chaque côté de l'axe, de manière que les rayons visuels partis des extrémités des gradins ne fassent pas un angle inférieur à 30° avec le plan du tableau. Cette disposition a d'ailleurs le mérite de réduire, comme la précédente, le volume d'air que la voix du professeur doit mettre en vibration.

Lorsque la chaire est élevée à une certaine hauteur au-dessus du premier rang de banquettes, comme on le remarque dans l'un des amphithéâtres de l'école de droit de Paris, les places les plus favorables sont autrement situées, et les élèves ne se distribuent plus en effet dans l'ordre que nous avons indiqué. Le centre des cercles successifs d'occupation se relève, et vient se placer à peu près à hauteur du professeur, d'où résulte que, pour un même nombre d'élèves, l'amphithéâtre doit être plus allongé dans la direction de l'axe que ne l'indiquent nos dessins. Cette disposition est favorable à la surveillance du professeur et à l'audition de ses paroles, mais elle n'est admissible que pour les cours exclusivement oraux; il est évident qu'elle serait vicieuse s'il y avait à écrire sur un tableau ou à mettre des objets sous les yeux des élèves.

Les banquettes de quelques amphithéâtres, construits dans ces dernières années, ont été établies suivant un plan fortement incliné sur l'horizon. Ce système paraît mauvais. La voix du professeur vient se briser contre les banquettes qu'elle rencontre à peu de distance, lui est plus ou moins renvoyée, et se trouve perdue pour les auditeurs placés au-dessus, à moins que l'orateur n'ait soin de relever la tête en parlant, de manière à diriger les sons parallèlement au plan incliné des banquettes, ce qui lui est une fatigue ainsi qu'un sujet de préoccupation, et lui donne une attitude peu convenable. En outre, les élèves qui occupent la partie supérieure de la salle sont plongés dans un air chaud et vicié, pour peu que la ventilation ne soit pas très-énergique, et ils ont beaucoup de peine à résister au sommeil. Il est à remarquer d'ailleurs que cette disposition est sans grand avantage, en ce qui concerne la facilité avec laquelle ils peuvent apercevoir la chaire ou le tableau; car dès que les banquettes sont échelonnées suivant une ligne droite, chaque élève cache le professeur à celui qui est placé immédiatement derrière lui, à moins que le premier ne soit notablement plus petit que le second. C'est suivant une courbe qu'il convient de disposer ces siéges, et elle doit être déterminée par la condition que la ligne partant de l'œil d'un élève, et dirigée tangentiellement au sommet de la tête de celui qui précède, vienne rencontrer la chaire ou le pied du tableau. Il faut, pour la tracer, fixer au préalable la largeur et l'espacement des banquettes, et admettre un chiffre pour représenter la hauteur du sommet de la tête au-dessus de l'œil. Ce chiffre peut être porté à $0^m,14$; quant à la largeur et à l'espacement, l'une varie habituellement de $0^m,20$ à $0^m,30$, et l'autre, de $0^m,25$ à $0^m,42$. Il convient de se rapprocher des limites inférieures, quand l'amphithéâtre est destiné à un très-grand nombre d'élèves, car il importe beaucoup alors de réduire autant que possible les dimensions de la salle.

Le tracé de la courbe est extrêmement facile. La figure 16 de la planche 1 en rend un compte tellement clair qu'il paraît inutile d'entrer dans aucun autre détail à ce sujet.

Une vicieuse disposition se rencontre dans un grand nombre d'amphithéâtres : elle consiste à établir dans l'axe de la salle l'un des passages que doivent suivre les élèves pour se rendre à leurs places. C'est perdre la position la plus convenable de chaque rang de banquettes, mettre un espace vide en face du professeur, l'empêcher en quelque sorte de parler droit devant lui, l'obliger à se tourner successivement vers l'une et l'autre des deux divisions qui se partagent l'amphithéâtre, et lui apporter en outre quelque trouble par le spectacle des allants et des venants. Il faut donc rejeter ces passages sur les côtés, en les multipliant d'ailleurs autant que l'exige l'étendue de la salle[1].

La porte d'entrée du professeur doit être ouverte à proximité de la chaire ; celles qui sont destinées à l'introduction des élèves doivent être établies à la partie supérieure de l'amphithéâtre, dans les axes des passages conduisant aux différentes places. Il est bien qu'un couloir extérieur les mette en communication. Dans quelques amphithéâtres, ce couloir est placé à l'intérieur ; il consiste en un passage plus ou moins large, réservé en arrière de la dernière banquette. Cette disposition a l'avantage de remédier à l'insuffisance du nombre des places, mais elle a l'inconvénient de donner lieu à du bruit, quelquefois à des désordres, et d'imposer à la salle de plus fortes dimensions qu'il n'est rigoureusement nécessaire.

Il est essentiel de disposer un amphithéâtre de telle sorte qu'il n'y ait point d'échos, et que la voix du professeur arrive le plus distinctement possible dans toutes les parties de la salle. Il convient à cet effet d'avoir égard aux conditions suivantes :

1° Les parois qui avoisinent le professeur, telles que le fond de la salle, les murs en ailes et les murs latéraux, doivent être exécutées en matière rigide, en pierre, en stuc, ou en plâtre, afin qu'elles répercutent les vibrations sonores et viennent ainsi renforcer les sons dans les endroits où ils pourraient ne pas

---

[1] Nous n'avons point indiqué ces passages sur notre plan, de peur de tomber dans la confusion ; mais leur tracé n'offre aucune difficulté.

arriver assez intenses. Il ne peut résulter aucun inconvénient de cette répercussion, car la différence entre les distances parcourues par les sons directs et par les sons réfléchis n'est pas assez grande pour qu'ils ne soient pas perçus simultanément;

2° La paroi courbe ou plane opposée au professeur doit amortir les sons, sans entrer en vibration, afin de prévenir les échos ou une sonorité qui renforcerait la voix, il est vrai, mais lui ferait perdre de sa netteté; un excellent système consiste à recouvrir cette paroi en étoffe ;

3° Les banquettes sont généralement exécutées en bois, et sont exposées à entrer en vibration quand elles ne sont pas masquées par les auditeurs : on remédie à ce danger, en arrêtant solidement les planches, à des intervalles convenablement rapprochés, sur des points d'appui non susceptibles de vibrer, tels que des ouvrages de maçonnerie. Si l'on exécutait la face antérieure des banquettes en matière rigide, réfléchissant les sons, l'inconvénient serait plus grave encore ; dans le cas de bancs circulaires décrits de la chaire comme centre, des échos très-fatigants seraient perçus par le professeur. Les théâtres des Romains devaient produire cet effet quand ils n'étaient pas garnis de spectateurs. Il y avait autrefois à la Chambre des députés de Paris un écho qui renvoyait à l'orateur toutes ses paroles, et il provenait de ce que l'hémicycle placé en avant de la tribune était fermé par une petite clôture en marbre.

Lorsqu'un amphithéâtre est destiné à des cours qui exigent que des expériences soient faites sous les yeux des élèves, et tels sont plus particulièrement les cours de chimie, il faut y annexer un laboratoire, disposé de manière à pouvoir être mis en communication avec la salle par une large ouverture située en arrière de la chaire du professeur. Cette ouverture se ferme à volonté, et elle est couverte par une large hotte de cheminée, qui est appelée à donner issue aux gaz dégagés dans les manipulations. Dans ces amphithéâtres et dans ceux qui sont consacrés à l'enseignement de la physique, une autre ouverture doit être pratiquée du côté de la chaire, en position telle qu'elle permette l'introduction des rayons solaires, dont l'intervention est indispensable pour quelques expériences.

L'éclairage est une chose fort importante dans un amphithéâtre; la lumière doit y être abondante et distribuée aussi uniformément que possible. Il est donc à désirer qu'elle arrive par deux côtés opposés, et il est bien en outre, lorsque les dimensions sont considérables, d'ouvrir un jour à la partie supérieure de la salle, et de le garnir de verres dépolis.

Nous dirons plus tard quelles sont les dispositions à prendre pour le chauffage et la ventilation de ces salles[1].

On donne également le nom d'amphithéâtre à des lieux de réunion destinés, non à l'enseignement, mais à des solennités, comme des distributions de prix. Tel est le grand amphithéâtre de l'École des beaux-arts, à Paris, qu'a illustré la peinture de Paul Delaroche. Les convenances sont alors toutes différentes. Il faut sans doute s'attacher encore à satisfaire à toutes les conditions d'optique et d'acoustique dont il a été parlé tout à l'heure, mais elles sont moins impérieuses, et il est nécessaire de donner à la salle une forme en harmonie avec sa destination. La forme demi-circulaire peut être très-avantageusement adoptée en pareille circonstance. Sur le côté opposé aux gradins, on ménage un espace d'une certaine étendue pour les personnes qui président à la solennité et pour les dignitaires appelés à ajouter par leur présence à ce qu'elle a d'imposant. Des tribunes règnent souvent sur tout le développement de la partie demi-circulaire.

Tandis que les amphithéâtres destinés à l'enseignement doivent être d'une grande sobriété en fait d'ornementation, ceux dont on vient de parler admettent, exigent même un certain luxe sous ce rapport, à condition toutefois de conserver un caractère sérieux.

Les salles d'étude doivent être de forme rectangulaire, et il convient de les éclairer sur deux faces opposées, afin que le jour y soit toujours suffisant, et qu'on puisse les assainir par d'énergiques ventilations. La chaire du maître s'adosse contre un des murs de refend. Il y aurait avantage à la placer entre deux fenêtres, si la salle n'était éclairée que d'un côté. *Salles d'étude.*

Une salle d'étude doit présenter une capacité de 12 mètres cubes environ par élève, quand aucune disposition n'a été prise pour y assurer le renouvellement de l'air. Ce serait insuffisant si la durée d'une étude dépassait trois heures, et si les portes n'étaient fréquemment ouvertes par les élèves allant et venant.

Des casiers sont habituellement adossés contre les parois. Il convient de les peindre à l'huile en couleur foncée, ainsi que le mur jusqu'à hauteur de leur couronnement.

---

[1] Voir la note A, à la fin du volume.

Réfectoires et cuisines.

Les réfectoires doivent être placés près des cuisines, mais avec de telles dispositions qu'il ne puisse y avoir communication de mauvaises odeurs. Ce sont les salles pour lesquelles il est le plus essentiel d'avoir de larges fenêtres sur deux faces opposées. Il faudrait même que de petites ouvertures, qu'on fermerait habituellement par des volets, fussent établies au-dessous de ces fenêtres, à peu près au niveau du sol, afin que rien n'échappât aux courants d'air qu'il convient d'établir immédiatement après chaque repas. Toutes les personnes qui ont été appelées à visiter les réfectoires de nos établissements d'instruction publique savent quelle est l'odeur nauséabonde que les matières susceptibles de putréfaction, qui sont incessamment répandues sur le sol, développent dans la plupart d'entre eux ; il faut de vigoureux appétits pour y résister.

Des carreaux vernissés paraissent être le meilleur mode de dallage à adopter pour ces salles, parce qu'aucune autre matière n'est moins susceptible de s'imprégner.

Les cuisines doivent être établies à l'une des extrémités de l'établissement, être vastes et aérées, et être disposées de manière à pouvoir être tenues avec la plus grande propreté. Une cour spéciale leur est indispensable.

L'éclairage sur deux faces opposées convient également très-bien pour les dortoirs ; mais il se concilie difficilement avec les exigences impérieuses d'une bonne surveillance. Les fenêtres sont en effet percées habituellement, et avec raison, sur les longs côtés de la salle, et la surveillance extérieure ne peut s'exercer alors que par les deux extrémités, lesquelles sont souvent trop éloignées pour qu'elle puisse être aussi efficace qu'il est désirable. Une disposition paraît répondre à toutes les convenances. Elle consiste à placer le dortoir dans la direction est et ouest ; à l'éclairer par des fenêtres ayant presque toute la hauteur de la salle, et espacées de telle sorte que deux lits puissent s'adosser contre un trumeau (ce qui conduit à donner à chaque trumeau environ $2^m,80$ de largeur) ; à établir un corridor longitudinal, du côté du nord, au moyen d'une cloison légère ; enfin à percer, dans cette cloison, de petites ouvertures qui permettent à la surveillance de s'exercer dans les meilleures conditions, c'est-à-dire à l'insu des élèves. De grandes portes ménagées dans la cloison en face des fenêtres permettent de renouveler, pendant le jour, l'air de toutes les parties de la salle.

Le lit du maître d'étude chargé de la police du dortoir doit être placé dans une petite chambre ouverte sur cette salle, et non dans le dortoir lui-même.

Les vestiaires et lavabos se disposent à proximité des dortoirs.

Il faut pour les mauvais temps des promenoirs couverts ou des salles de récréation. Ces annexes doivent être vastes et largement aérées, de telle sorte que les élèves puissent s'y livrer en toute liberté à leurs jeux favoris et à leurs bruyants exercices. De grands portiques soutenus par de légères colonnes en fonte conviendraient parfaitement à cette destination, et peuvent s'établir à peu de frais.

<small>Salles de récréation</small>

Les classes, salles d'étude, réfectoires et dortoirs sont en général, et par mesure d'économie, simplement revêtus d'un enduit en plâtre ou en mortier. Afin de leur assurer de bonnes conditions de propreté et de salubrité, il convient de peindre ces enduits à l'huile en couleur foncée, sur 2 mètres environ de hauteur, et d'appliquer au surplus une couche de chaux, laquelle peut se renouveler fréquemment sans grandes dépenses.

L'architecture des écoles doit être simple, tout en présentant une certaine élégance et de larges et bonnes dispositions. Il ne faut pas faire vivre dans le laid, dans le désordonné ou dans le mesquin la jeunesse à laquelle on veut inculquer l'amour du beau, l'habitude de l'ordre et les sentiments élevés. Les édifices ont leurs enseignements, qui, incessamment répétés, exercent une puissante action sur nos esprits, bien que nous n'en ayons pas toujours conscience. Que l'aspect de nos colléges prévienne donc en leur faveur, qu'il annonce le bien-être et la sérénité, et ne vienne pas justifier en quelque sorte la répulsion qu'ils inspirent à nos enfants.

II. — BIBLIOTHÈQUES.

Ainsi que l'indique son étymologie, le mot de bibliothèque désigne un endroit destiné à renfermer des livres. Il s'applique également, en dehors du sens littéral, à une collection de livres ; mais il n'y a pas lieu de s'occuper ici de cette dernière acception.

Il n'est pas besoin sans doute d'insister sur l'importance des bibliothèques publiques, et sur la nécessité de les disposer et de les construire avec la plus grande sollicitude. Elles sont appelées à conserver nos plus beaux titres de gloire, les seules œuvres du génie de l'homme qui soient réellement durables, le plus précieux héritage des innombrables générations qui nous ont précédés, et elles rendent d'immenses services au développement des choses de l'esprit, en mettant à la portée de chacun les ouvrages des grands écrivains des temps anciens et modernes. Ces édifices sont de ceux dont le nom seul inspire le respect, et dont les nations civilisées se parent avec le plus d'orgueil. Leur dévastation est comptée au nombre des plus grands crimes de la barbarie.

<small>Bibliothèques de l'antiquité.</small>

On fait remonter à Moïse l'établissement de la première bibliothèque publique, parce qu'il avait ordonné le dépôt des livres sacrés dans l'arche du Seigneur ; mais il est permis de penser que, dès qu'il y a eu des livres, il y a eu des salles destinées à les conserver, et de mieux caractérisées que celle-là. On cite aussi, parmi les plus anciennes bibliothèques, celle du palais égyptien d'Osymandias (douze siècles avant notre ère), à l'entrée de laquelle se lisait cette belle inscription : *Trésor des remèdes de l'âme*. Rappelons encore celles de Polycrate à Samos, de Pisistrate à Athènes, celle de Cnide, que recommandaient ses nombreux ouvrages de médecine, et celle d'Aristote, qui s'était enrichie de tous les écrits recueillis en Orient par Alexandre. Enfin il n'est personne qui n'ait entendu parler de la plus célèbre de toutes celles de l'antiquité, de la bibliothèque d'Alexandrie, qui, fondée par Ptolémée Soter, et successivement accrue par les autres Ptolémées, se composait de sept cent mille volumes, lorsqu'un incendie, allumé dans le port par Jules César, se propagea jusqu'à elle et la dévora en grande partie. On sait que, rétablie par les empereurs romains, elle redevint un centre d'érudition pendant plusieurs siècles encore, et fut détruite de nouveau en 650, pour ne plus se relever. On ignore malheureusement quelle était la disposition de l'édifice.

A Rome, il y avait de nombreuses bibliothèques publiques ou privées. On a conservé le souvenir de celles de Régulus, de Paul-Émile, de Sylla, de Lucullus, de Cicéron, de Jules César, d'Auguste, de Vespasien, de Pline. Les plus considérables et les plus célèbres étaient celles que Trajan avait adossées contre la face nord de la basilique Ulpienne, et qui étaient consacrées l'une aux livres grecs, l'autre aux livres latins. La figure 4 de la planche 12 donne à la fois le plan de la basilique et ceux de ces bibliothèques, que séparait une petite cour, au centre de laquelle s'élevait la colonne Trajane, comme si l'empereur avait voulu réunir sur le même point ses titres les mieux assurés à la reconnaissance publique.

Les grandes bibliothèques des Romains paraissent avoir été décorées avec luxe. Les livres, dont la valeur vénale était bien plus grande que de nos jours, étaient conservés dans de riches armoires ; les murs étaient décorés d'incrustations et de peintures ; enfin on y trouvait des statues et des bustes en marbre ou en métaux précieux, qui, suivant l'heureuse expression de Pline, *représentaient les grands hommes dont les esprits immortels habitaient ces édifices et revivaient encore dans leurs ouvrages.*

Les livres n'avaient pas alors la forme commode à laquelle nous sommes habitués. Ils étaient écrits pour la plupart, et ordinairement d'un seul côté, sur des feuilles de papyrus ou de parchemin collées les unes à la suite des autres, qui s'enroulaient et se conservaient dans des coffres cylindriques. Tel ouvrage qui se réduit aujourd'hui à un mince volume, exigeait beaucoup de rouleaux de ce genre, de sorte que les bibliothèques de l'antiquité étaient fort peu de chose comparativement aux nôtres sous le rapport de la quantité des écrits ; mais, en revanche, on n'y trouvait pas autant de médiocrités, et l'on n'avait pas à se préoccuper du danger de l'encombrement. L'idée de former les volumes au moyen de feuilles de petites dimensions, placées les unes à la suite des autres, avait été émise et appliquée, il est vrai, bien avant Trajan ; mais on ne renonce pas facilement à d'anciens usages, et les rouleaux ne paraissent avoir été définitivement abandonnés que vers la fin du troisième siècle.

Pendant le moyen âge, il n'y avait guère de bibliothèques que dans les monastères, et c'est à ces établissements religieux que nous devons la conservation de presque tout ce qui nous reste des ouvrages de l'antiquité. Malheureusement ils ne nous ont pas remis intact le dépôt dont ils avaient la garde, et la barbarie des temps, à laquelle ils ne pouvaient se soustraire entièrement, a créé des lacunes qui ne se combleront jamais.

Bibliothèques modernes.

La première à citer, parmi les bibliothèques modernes, est celle du Vatican ; mais elle est plus remarquable par les richesses qu'elle renferme que par le mérite de sa disposition. Une salle destinée aux lecteurs précède son corps principal, lequel consiste en une longue galerie qui a été construite par Sixte-Quint. Cette galerie, est divisée en deux nefs, par sept pieds-droits de forme rectangulaire, elle a environ 65 mètres de longueur sur 14 mètres de largeur et 8^m,40 de hauteur, et elle est couverte par des voûtes d'arête décorées d'arabesques peintes. Autour des piliers et le long des murs, sont établies de belles armoires qui renferment principalement des manuscrits, et que surmontent de remarquables vases étrusques.

Dans de nombreuses salles disposées à la suite de la galerie, sont encore d'autres armoires avec manuscrits, antiquités précieuses, ouvrages d'art de diverses époques et de grande valeur pour la plupart. L'appartement jadis occupé par les Borgia a été annexé à cette bibliothèque et sert de dépôt de livres. Nous avons déjà parlé de la splendide décoration des voûtes de cette partie du palais pontifical.

Le local est vaste, il est orné avec luxe dans quelques parties, mais il ne présente ni la disposition ni le caractère qui conviendraient à sa destination. Les livres et les manuscrits sont trop disséminés, et beaucoup sont trop éloignés de la salle de lecture; leur classification doit être bonne, grâce à la sollicitude éclairée des savants prélats successivement placés à la tête de cette importante bibliothèque, mais la distribution des lieux ne s'y prêtait pas, et porte même à éprouver quelques doutes à ce sujet. Quant à la décoration, elle est fort éloignée de l'austérité et du calme qu'on est en droit de demander à un édifice de cette nature.

La bibliothèque construite par Michel-Ange près de la basilique de Saint-Laurent, à Florence, est beaucoup plus satisfaisante sous ce rapport. Elle a ce cachet de fermeté et de grandeur que l'illustre artiste a apposé sur toutes ses œuvres; mais elle ne consiste qu'en une seule salle précédée d'un vestibule, et peut-être l'architecture y a-t-elle envahi trop de place aux dépens des livres. C'est plutôt une remarquable construction qu'un modèle de bibliothèque.

Du reste ces bibliothèques de dimensions très-restreintes, ou disposées après coup dans des palais, des couvents, des écoles et autres édifices publics, ne présentent pas un intérêt assez général, et ne laissent pas à l'art assez de latitude pour qu'il y ait lieu de s'y arrêter davantage. Nous passerons donc à l'étude, plus profitable, des constructions de ce genre qui ont été élevées dans l'intention bien évidente de satisfaire le plus complétement possible, par des formes spéciales, aux diverses convenances du sujet.

Ces convenances sont bien connues, dans ce qu'elles ont de plus général et de plus essentiel : il faut un vestibule, une salle de lecture renfermant les ouvrages les plus usuels, des salles plus ou moins nombreuses pour dépôts de livres, des cabinets pour les conservateurs et employés, et, dans la plupart des cas, des pièces particulières pour les manuscrits précieux, les estampes, les médailles, etc. Toutes ces choses doivent être disposées de manière à faciliter le classement et la conservation des objets, la surveillance des diverses parties de l'établissement, la distribution des livres aux lecteurs et le recueillement nécessaire aux études sérieuses.

La bibliothèque de Bodley, à Oxford, fondée au commencement du dix-septième siècle, présente à peu près la forme d'une H, et cette disposition paraît au premier abord assez favorable. Les deux longues branches peuvent être affectées au dépôt des livres, et la branche transversale peut former la salle de lecture, qui occupe ainsi une position centrale ; mais la surveillance du conservateur n'est pas convenablement assurée, et la salle de lecture, servant de communication entre les deux branches, est incessamment parcourue dans toute sa longueur par les employés et les visiteurs. On n'y trouverait pas cet inconvénient, si les deux ailes longitudinales étaient rattachées l'une à l'autre, soit à l'une de leurs extrémités, soit à chacune d'elles.

A peu près vers la même époque, les moines de l'abbaye de Sainte-Geneviève, à Paris, établirent dans l'étage supérieur de leur couvent une grande bibliothèque, qui a subsisté jusque dans ces dernières années, et ils profitèrent fort habilement de la disposition des lieux pour lui donner la forme d'une croix. Il y a là le principe d'une distribution très-convenable pour un édifice de dimensions moyennes. Placez le vestibule et l'escalier principal à l'extrémité d'une des branches de la croix; les cabinets d'estampes, de médailles, etc., à l'extrémité de la branche opposée; la salle de lecture dans l'une des branches transversales, qui peuvent être moins longues que les autres; le bureau du conservateur sous la coupole centrale, laquelle serait accompagnée de quatre appendices, en saillie au dehors sur les angles rentrants des quatre corps de logis, et destinés aux cabinets et escaliers de dégagement : d'excellentes conditions seront assurées au service, et toutes les convenances de la destination se trouveront amplement satisfaites. L'effet produit sera en même temps le plus grand possible, puisqu'on jouira, dès l'entrée, d'une longue perspective, et qu'on pourra, d'un même point, embrasser l'édifice dans toute son étendue. Mais on serait obligé de donner une longueur excessive aux galeries, si l'on voulait appliquer cette disposition à une vaste bibliothèque; et elle a d'ailleurs l'inconvénient d'être dispendieuse, parce qu'elle exige beaucoup de terrain et un grand développement de murs extérieurs.

On a remédié à ces défauts dans la construction d'une bibliothèque publique à Carlsruhe : les deux branches transversales de la croix sont très-courtes, et une suite de salles, établies dans la même direction et de même longueur qu'elles, viennent s'appuyer contre les branches longitudinales, avec lesquelles elles communiquent directement. La forme extérieure de l'édifice est celle d'un rectangle, et il n'y a pas de terrain perdu. Ce système exige que le vaisseau principal reçoive plus de hauteur que ses annexes, afin de pouvoir être éclairé convenablement; ce qui est d'ailleurs favorable au caractère de l'édifice, aussi bien à l'extérieur qu'au dedans.

Dispositions de bibliothèques.

Les formes circulaires ou polygonales ont été également essayées. Couverts par un dôme et éclairés par sa partie supérieure, la salle de lecture et le bureau du conservateur se placent au centre, une galerie extérieure dessert la circulation, et ses parois présentent le développement nécessaire à l'installation des corps de bibliothèque. Mais la salle de lecture prend alors une hauteur démesurée ; puis la galerie des livres a quelque chose de triste et de mesquin, si elle n'est en communication avec la partie centrale que par des portes, et elle donne à l'édifice un caractère théâtral peu satisfaisant, si elle est largement ouverte de ce côté, ainsi qu'il s'observe dans la plupart des bibliothèques dont le plan a été ainsi disposé. Il y a en outre cet inconvénient, que, si les salles principales sont élevées au-dessus d'un rez-de-chaussée, système généralement adopté afin de se mettre à l'abri des atteintes de l'humidité, toute la partie de ce rez-de-chaussée située au-dessous du dôme central, ne peut être éclairée et aérée que d'une manière fort imparfaite, ce qui ne permet pas de l'utiliser pour y déposer des livres. Des critiques du même genre peuvent s'adresser à une disposition analogue imaginée par M. Benjamin Delessert, bien qu'elle ait assurément quelque chose de fort ingénieux, et qu'elle fasse de meilleures conditions que la précédente au service de la bibliothèque. Elle consiste à augmenter dans une forte proportion l'intervalle existant entre la salle centrale et les murs extérieurs, et à le diviser en parties égales par des murs de refend dirigés de la circonférence au centre. Les corps de bibliothèque sont appuyés contre l'une et l'autre face de ces murs, et peuvent recevoir par conséquent un grand développement par rapport à la superficie de l'édifice.

Il est impossible de rien prescrire ni de rien repousser d'une manière absolue en ce qui touche aux dispositions générales d'édifices dont l'importance varie entre des limites très-éloignées. Ainsi, il y aurait évidemment quelque chose de faux à vouloir faire rentrer dans la même formule le plan d'une bibliothèque publique de vingt à trente mille volumes, et celui d'une vaste bibliothèque, comme la Bibliothèque impériale de Paris, qui renferme actuellement plus d'un million de volumes, et voit ce nombre s'accroître de dix mille environ par année. Nous nous bornerons donc à poser quelques principes généraux à ce sujet :

1° Les formes les plus simples, c'est-à-dire les formes rectangulaires, sont en général les meilleures, sous les divers rapports de la facilité du service, de l'économie des constructions et du caractère de l'édifice ;

2° La construction doit être isolée de toutes parts, et être conçue de telle sorte que, s'il se manifestait un incendie en un point quelconque, il fût facile d'en arrêter la propagation, malgré les aliments que lui offriraient les livres ; c'est dire que les voûtes ou planchers doivent être exécutés en maçonnerie ou en fer, qu'il ne faut pas admettre de pans de bois ou de cloisons en menuiserie, et que les boiseries doivent être formées de planches préparées de manière à être à peu près incombustibles ;

3° Il convient d'éviter, autant que possible, de consacrer une partie de l'édifice à des appartements pour les fonctionnaires attachés au service de la bibliothèque, car ces logements augmentent le danger d'incendie, et présentent d'autres inconvénients encore ;

4° Il y a avantage à élever les salles principales d'une bibliothèque au-dessus d'un rez-de-chaussée, afin de leur assurer une suffisante quantité de lumière, et de les garantir des atteintes de l'humidité. Lorsque les bibliothèques ne sont pas très-considérables, comme il arrive dans la plupart des villes, le rez-de-chaussée peut être avantageusement occupé par des musées d'antiquités locales, de sculpture, de minéralogie, et, dans ce cas, quelques salles de l'étage principal sont habituellement consacrées à des collections artistiques ou scientifiques. Si l'édifice tout entier était réclamé par la bibliothèque, le rez-de-chaussée pourrait servir au dépôt des livres, à condition d'être exempt d'humidité et d'être convenablement éclairé. Telle est la disposition qui a été adoptée pour la bibliothèque Sainte-Geneviève à Paris, laquelle est représentée sur la planche 81 de la première partie de cet ouvrage. Peut-être est-il à regretter que, dans cet édifice, si remarquable d'ailleurs, le vestibule sépare en deux parties les magasins du rez-de-chaussée, mais les dispositions locales avaient des exigences auxquelles il a fallu se conformer;

5° Les grandes salles ouvertes aux lecteurs et aux visiteurs doivent être éclairées sur l'une et l'autre face, s'il est possible, par des fenêtres élevées à une assez grande hauteur au-dessus du sol de ces pièces pour ne pas interrompre les rayons de livres dont l'accès est le plus facile. Des plafonds paraissent leur mieux convenir que des voûtes, parce qu'ils laissent plus de surface à consacrer aux livres, et n'exigent pas autant de hauteur;

6° La décoration d'une bibliothèque doit être traitée avec cette simplicité sévère qui n'exclut pas un certain luxe; les livres et les boiseries qui les supportent sont appelés à y jouer le rôle principal, et la peinture des plafonds ou des voûtes doit éviter les tons clairs qui contrasteraient d'une manière peu satisfaisante avec les couleurs plus ou moins foncées des reliures. Il faudrait que la salle de lecture fût toujours précédée d'une autre pièce qui en formerait le vestibule, et dont l'ornementation consisterait surtout en statues, en bustes ou en portraits de grands écrivains. Des cadres régulièrement disposés, contenant des spécimens des écritures et des caractères d'imprimerie des diverses époques, pourraient également y trouver place. Ces dispositions produiraient une impression favorable sur le visiteur, lui présenteraient de l'intérêt, et annonceraient dignement la nature et la valeur de la collection [1].

III. — MUSÉES.

Un grand gymnase, vaste établissement destiné aux exercices de l'esprit, fondé à Alexandrie par les Ptolémées, s'était placé sous l'invocation des Muses et avait pris leur nom. Le *Museum* est célèbre dans l'histoire des sciences et des lettres, et son souvenir s'est perpétué dans des édifices qui n'ont pas exactement la même destination, mais qui importent aussi au développement de l'esprit humain. On donne aujourd'hui le nom de muséum ou de musée aux bâtiments qui renferment des collections d'œuvres d'art, d'objets relatifs à

---

[1] Voir, pour de plus amples renseignements, l'ouvrage de M. le comte de Laborde sur l'organisation des bibliothèques.

l'étude des sciences, ou même de produits industriels. C'est ainsi qu'on trouve, dans les grandes villes, des musées d'antiquités, de statues, de tableaux, d'histoire naturelle, d'ethnographie, d'armes, de machines, etc.

La plupart des musées ont été établis dans des édifices dont l'objet primitif était tout autre, et laissent à désirer sous le rapport de la disposition. Quelques-uns sont distribués en une série de salles de formes et de dimensions variées ; d'autres consistent en une ou plusieurs longues galeries.

Ces derniers sont ceux qui, toutes choses égales d'ailleurs, produisent le plus d'effet. Il est impossible de ne pas être profondément impressionné lorsqu'on se trouve en présence d'une nombreuse collection de richesses artistiques, scientifiques ou industrielles, qui s'embrassent d'un seul coup d'œil. Peu de spectacles sont aussi imposants, et touchent davantage les esprits éclairés. Mais il faut reconnaître que ces vastes enceintes, qui parlent si haut à l'imagination, ne sont pas très-favorables aux études sérieuses et à une complète appréciation des objets exposés.

Distrait par l'ensemble, l'esprit s'arrête difficilement sur les détails ; puis il est nécessaire d'observer un certain rapport entre les dimensions des objets et celles du local qui les renferme, surtout lorsqu'il s'agit d'œuvres d'art, telles que des statues ou des tableaux. Qu'un grand tableau soit placé dans une salle trop petite : faute de pouvoir se mettre à distance convenable, on le voit mal, on n'en peut pas juger les harmonies, les formes paraissent trop heurtées, et les dimensions, exagérées. Est-ce une disposition inverse qui a été adoptée ? le tableau se perd au milieu de vastes surfaces ; non-seulement il n'attire pas l'attention, mais elle a quelque peine à se fixer sur lui, et il n'est pas apprécié comme il le serait dans un milieu plus favorable.

Il faut éviter d'ailleurs de réunir dans une même salle des objets trop dissemblables ou manifestant des esprits trop divers. Les disparates pourraient être choquantes, et les appréciations deviendraient encore difficiles. Que différentes écoles de peinture exposent leurs produits côte à côte, par exemple ; les défauts des unes ne feront pas ressortir les qualités des autres, ce sera l'opposé : les qualités accuseront les défauts, le tableau du coloriste fera reconnaître immédiatement le côté faible de celui du dessinateur, et réciproquement. Telle œuvre qui, jugée isolément, eût excité une légitime admiration, nous blessera en quelques points, et se verra critiquer. Cela provient-il d'un sentiment de malveillance, d'une propension naturelle à la critique, de cette faiblesse qui nous rend plus sensibles au mal qu'au bien? Ou ne faut-il pas l'attribuer plutôt à l'un des plus nobles instincts de l'homme, à cet amour de la perfection, qui ne permet pas d'admirer où l'on reconnaît qu'elle n'est pas?

Il semble donc que la disposition générale la plus satisfaisante pour un musée consisterait en une série de salles, dont les dimensions seraient restreintes et déterminées en vue du nombre et de la grandeur des objets à exposer. Chacune de ces salles serait affectée aux œuvres comparables d'une même école, s'il s'agissait d'un musée de tableaux, ou à des productions de même nature, si le musée était consacré à la science ou à l'industrie. Elles devraient être mises en communication les unes avec les autres, tout en étant indépendantes, de manière à former une longue enfilade produisant un effet analogue à celui d'une grande galerie, et donnant une idée saisissante de l'importance de l'établissement. Il faudrait d'ailleurs qu'on pût se rendre directement dans chacune d'elles, ou du moins dans chacun des principaux groupes résultant d'une classification rationnelle. Un long vestibule pourrait servir à la fois de lien commun et de dégagement à toutes ces salles. Il recevrait les œuvres ou les produits d'intérêt secondaire, et il concourrait efficacement au caractère de l'édifice. Le riche musée des Offices, à Florence, présente une disposition de ce genre, et peut être cité comme un modèle sous ce rapport.

Les salles d'un musée doivent être éclairées de telle sorte que le jour y soit aussi abondant, aussi égal et aussi uniformément distribué que possible, et ne produise ni ombres, ni reflets de nature à nuire à la vue des objets. Les fenêtres, s'il y en a, doivent être percées au nord ; mais mieux vaut faire venir la lumière par le haut, au moyen d'ouvertures pratiquées dans les plafonds ou dans les voûtes. Des verres dépolis ferment ces ouvertures, de manière à tamiser les rayons solaires et à amortir leur éclat.

Il ne faudrait pas que ces jours fussent ouverts dans toute la largeur des salles qu'ils éclairent. D'abord la construction ne paraîtrait pas suffisamment close, et n'aurait pas le caractère qui lui convient ; puis il pourrait se produire des reflets nuisibles et des ombres relatives sur quelques objets. On sait en effet que les grands tableaux, placés à une certaine hauteur au-dessus du sol, ne se posent pas verticalement : on les incline de telle sorte que leur plan ne soit pas rencontré trop obliquement par le rayon visuel émané de l'œil du spectateur. Ce fait pourrait servir à déterminer les limites des ouvertures dont il s'agit, dans un musée de peinture ; elles pourraient être placées aux points où les faces des tableaux prolongées viendraient rencontrer le plafond ou la voûte. Mais il n'y a pas lieu à prescriptions absolues en pareille matière, et cette indication ne doit être acceptée qu'avec réserve, car elle ne laisserait pas passage suffisant pour la lumière, si la hauteur de la salle était très-grande comparativement à la largeur.

Quelle que soit la nature des objets exposés, ils ne doivent pas s'élever jusqu'au plafond ou à la naissance de la voûte. Il ne faut pas que l'espace semble insuffisant, ou qu'il y ait apparence d'encombrement : il en résulterait une mauvaise impression. Il est nécessaire que les parois de la salle se laissent voir, et elles sont même appelées à concourir à l'effet général.

Sans doute l'architecture doit s'effacer dans un musée ; ce n'est point là qu'il lui est permis d'étaler ses colonnes et ses pilastres, et de faire montre de toutes ses ressources. Il ne lui appartient pas de détourner l'attention ; elle doit même éviter avec soin toutes les saillies qui arrêteraient les regards et masqueraient une partie des parois. Mais elle est appelée à témoigner, par la richesse et l'ampleur de quelques formes, de l'importance attachée à la collection contenue dans l'édifice. Ainsi, les parois seront lisses dans toute l'étendue des salles, et l'on se gardera de leur appliquer des couleurs assez vives pour produire de fâcheux contrastes ; mais elles seront accompagnées à leur partie inférieure d'un beau soubassement en menuiserie, d'un ton foncé, et leurs portes seront traitées dans le même esprit ; elles seront peintes en couleurs amorties, appliquées sur d'élégants dessins, qui seront à peine accusés, de manière à laisser deviner le luxe plutôt qu'à le montrer ; les plafonds et les voûtes seront précédés d'une large frise, s'élevant au-dessus des cadres ou des vitrines, et pourront être richement décorés, sans rien présenter d'ailleurs de heurté dans la forme ou de trop éclatant dans les tons.

Enfin les abords d'un musée, ses façades, ses vestibules, ses escaliers, doivent être conçus avec ampleur, afin d'annoncer dignement la valeur et le haut intérêt des objets exposés. Des statues, des bustes ou des portraits d'artistes, de savants ou d'industriels, suivant la nature de la collection, seraient de légitimes hommages, qui pourraient contribuer très-convenablement à la décoration et au caractère du monument.

CHAPITRE QUATRIÈME.

ÉDIFICES DE DIVERTISSEMENTS PUBLICS.

I. — THÉATRES.

Théâtres antiques.

Les représentations théâtrales ont pour origine les hymnes en l'honneur de Bacchus, que chantaient des chœurs dans les fêtes dionysiaques de la Grèce antique, et le char ou les tréteaux sur lesquels se tenaient les exécutants sont les points de départ des théâtres. On vit successivement un coryphée se détacher des chœurs et alterner avec eux, Thespis intercaler des récits et même des dialogues entre les hymnes, et enfin la tragédie se constituer. En même temps, se développaient les théâtres, et s'essayaient les formes à leur donner. Bientôt ils s'établirent d'une manière plus ou moins permanente, au moyen d'échafauds en charpente, supportant la scène et les gradins des spectateurs, pour être ensuite solidement exécutés en pierre et sur de grandes proportions.

C'est à Eschyle qu'on doit, dans ce qu'elle a de plus essentiel, l'organisation qu'ils ont conservée pendant toute l'antiquité à partir de son époque. Un théâtre en charpente, construit à Athènes, s'était écroulé pendant la représentation d'une pièce de Pratinas, et cet accident avait coûté la vie à de nombreux spectateurs. Le grand tragique, auquel ses créations antérieures donnaient autorité, engagea alors ses concitoyens à élever un théâtre plus monumental, et son avis fut écouté. La nouvelle construction, dédiée à Bacchus, fut établie au pied de l'acropolis, et les gradins des spectateurs furent adossés contre le versant de la colline. Était-ce pour la première fois qu'on adoptait une disposition de ce genre? N'est-il pas probable qu'on y avait habituellement recours pour les établissements provisoires en charpente? Ce qu'il y a de certain, c'est que la majeure partie des théâtres des Grecs ont ainsi tiré parti des circonstances locales, et ont profité de la déclivité du sol pour asseoir les gradins à peu de frais, soit en excavant où besoin était, soit en élevant quelques massifs de maçonnerie, de manière à obtenir une forme régulière.

Cette méthode s'est perpétuée chez les Romains, mais elle n'y a plus été aussi dominante, et de nombreux théâtres y ont été élevés sur des terrains de niveau dans toute leur étendue. L'importance des spectacles publics s'était accrue, et l'on n'avait plus à se préoccuper autant du chiffre des dépenses.

Les dispositions générales de ces édifices étaient à peu près les mêmes chez les deux peuples. Le plan que représentent les figures 3 et 4 de la planche 6 peut en donner une idée[1]; c'est celui du théâtre de Marcellus, à Rome, lequel a été commencé par César et terminé par Auguste.

Les gradins s'élevaient en amphithéâtre, et étaient de forme demi-circulaire ; ils étaient divisés par des escaliers dirigés vers le centre, et quelquefois aussi par une ou plusieurs allées, demi-circulaires comme eux. Les espaces compris entre deux escaliers formaient ce qu'on appelait des coins (*cunei*). On donnait le nom de précinctions (*præcinctiones*) aux intervalles compris entre deux allées ou passages. Au-dessus du dernier rang de gradins, se développait souvent un portique dont le plafond était soutenu par des colonnes. L'orchestre était placé à la partie inférieure du théâtre ; il était de forme demi-circulaire, et de niveau dans toute son étendue. Occupé par les chœurs, dans les théâtres grecs, il était réservé aux sénateurs ou aux autorités provinciales, dans ceux des Romains, où les chœurs se rangeaient à côté des acteurs[2]. La scène, ou plutôt l'avant-scène (*proscenium*) s'ouvrait sur la majeure partie du diamètre contre lequel venaient s'appuyer les gradins. On donnait le nom de *scène* à une importante construction en maçonnerie, qui était traitée avec un grand luxe d'architecture, et formait ce que nous appelons aujourd'hui la *toile de fond;* c'était une toile de fond monu-

---

[1] Ces figures donnent le plan du théâtre à deux hauteurs différentes : la première représente la moitié du plan à hauteur du rez-de-chaussée; la seconde, l'autre moitié prise au niveau de la galerie supérieure.

[2] En conséquence de ces dispositions, l'orchestre était plus vaste chez les Grecs, et le proscenium, plus profond chez les Romains.

mentale et permanente. Il est probable qu'une décoration analogue était peinte sur une surface plane, dans les théâtres en charpente [1].

La scène était percée de trois portes ; celle du milieu était la *porte royale*, qui était réservée à l'acteur principal, et celles de côté étaient les portes des étrangers. Deux autres entrées étaient ouvertes dans les murs latéraux, à droite et à gauche du proscenium ; on arrivait par l'une de la place publique, par l'autre de la campagne. Derrière la scène était le *postscenium*, où se trouvaient les pièces dans lesquelles les acteurs s'habillaient, et celles qui étaient réservées à des dépôts de machines et de décorations. De ce côté aussi était habituellement un vaste portique destiné à abriter les spectateurs en cas de pluie. Vitruve en fait l'objet d'une prescription formelle, et l'on en voit un sur le plan du théâtre de Marcellus.

Avant le commencement du spectacle et pendant les entr'actes, le proscenium était séparé de la partie de l'édifice réservée au public par un grand rideau orné de figures (*auleum* ou *siparium*), qui se baissait, au lieu de se lever comme les nôtres [2]. Les décorations n'étaient pas aussi savamment établies que celles d'aujourd'hui, et elles ne visaient nullement à l'illusion. Elles s'appliquaient sur des prismes droits à base triangulaire (*versatiles*), distribués sur les faces latérales du proscenium, au nombre de trois de chaque côté. Ces prismes tournaient sur des pivots, de manière à présenter aux spectateurs le côté qui portait le genre de décoration que la pièce exigeait [3]. Il paraît qu'on adossait quelquefois en outre des décorations mobiles contre la scène, peut-être entre les colonnes, de manière à mettre le fond en une certaine harmonie avec les côtés. Les théâtres des anciens avaient enfin des machines au-dessus de la scène pour les divinités célestes et surtout pour celle qui se chargeait du dénoûment (*deus ex machina*). Les ombres, les Furies et les autres divinités infernales arrivaient par des trappes ouvertes dans le plancher du proscenium.

---

[1] Vitruve parle d'une remarquable perspective peinte par Agatarchus, pour les représentations des œuvres d'Eschyle.

[2] Sic ubi tolluntur festis aulæa theatris
Surgere signa solent, primumque ostendere vultum,
Cætera paulatim, placidoque educta tenore
Tota patent, imoque pedes in margine ponunt.   (Ovide, *Mét.*)

[3] Il y a trois sortes de scènes : on donne le nom de tragique à la première, de comique à la seconde et de satyrique à la troisième. Leurs décorations sont très-différentes : la scène tragique est décorée de colonnes, de frontons, de statues et de magnifiques ornements ; la scène comique représente des habitations particulières avec leurs balcons et leurs fenêtres disposés comme à l'ordinaire ; la scène satyrique est ornée d'arbres, de grottes, de montagnes et de tout ce qui constitue un sol agreste. (Vitruve, liv. V.)

Les gradins, l'orchestre et le proscenium étaient entièrement découverts, et les spectacles avaient lieu en plein jour. Aussi Vitruve recommande-t-il de ne pas exposer les gradins au midi ; mais cela ne suffisait pas pour mettre les spectateurs à l'abri des ardeurs du soleil, et l'on finit par prendre le parti de couvrir tout le théâtre par une grande toile (*velarium*) qui s'ouvrait ou se fermait à volonté, était richement ornée, et se fixait à des mâts implantés sur les murs d'enceinte. Le portique du postscenium, dont il a été déjà question, servait de refuge en cas de pluie, et les théâtres entièrement élevés au-dessus du sol en offraient d'autres encore sur leur périmètre. Dans ces derniers portiques, venaient déboucher les escaliers, fort habilement disposés sous les gradins, qui conduisaient aux différentes divisions, et étaient conçus de manière à rendre la circulation prompte et facile.

Quelques-uns des théâtres des anciens étaient établis sur de vastes proportions. Le théâtre de Marcellus, dont les ruines font connaître les dimensions, pouvait admettre 16 000 spectateurs, et l'on prétend que celui de Pompée, à Rome, en contenait 40 000 ; mais peut-être ce dernier chiffre n'est-il pas exempt de quelque exagération. Quoi qu'il en soit, les enceintes étaient tellement étendues qu'il fallait des dispositions spéciales pour que, de toutes les places, on pût juger les physionomies et entendre les paroles. Des masques couvraient à cet effet la figure des acteurs. Ils étaient très-accentués ; ils se divisaient, comme les pièces et les décorations, en tragiques, comiques et satyriques, et leur bouche, très-largement ouverte, était garnie de feuilles métalliques destinées à donner du retentissement à la voix.

Vitruve prétend qu'on employait un autre moyen encore pour renforcer la voix. Il dit que, dans les théâtres en pierre, qui sont moins sonores que les théâtres en charpente, il faut placer un certain nombre de vases d'airain dans des niches ménagées sous les gradins ; et il ajoute que ces vases doivent avoir leur ouverture dirigée du côté de la scène, et être conformés de manière à rendre les diverses consonnances des voix. Il est permis de douter de l'efficacité de ce système. Du reste, de tous les théâtres antiques venus jusqu'à nous, celui de Sagonte est le seul dans lequel on ait trouvé les niches dont parle l'auteur latin, et il n'y en a que neuf sur le cercle supérieur de la principale précinction, lesquelles n'ont pas plus de $0^m,49$ d'ouverture.

Les théâtres modernes sont tenus de satisfaire à de tout autres conditions que ceux des anciens, et ils n'admettent ni les mêmes formes, ni la même étendue.

Théâtres modernes.

Nous avons des délicatesses et des exigences que l'antiquité ne connaissait point, et le symbole, qu'elle accueillait largement, n'a presque plus prise sur nos esprits. Le masque faisait connaître le caractère du personnage, des fragments de décoration suffisaient pour indiquer le lieu de la scène, une déclamation rhythmée donnait du relief aux paroles et les portait au loin ; l'esprit était saisi, et les anciens ne demandaient pas davantage. Leurs représentations théâtrales étaient essentiellement symboliques, n'ouvraient que de larges horizons, et devaient, par cela même, frapper puissamment l'imagination. Qu'on se rende compte de l'effet qu'elles devaient produire, et les nôtres paraîtront mesquines ; qu'on se figure une de ces assemblées où d'innombrables spectateurs voient agir, non point des individus, mais des types immortels, éprouvent tous les mêmes émotions, les mêmes admirations enthousiastes, et l'on ne pourra s'empêcher de prendre en quelque dédain tous ces mérites auxquels les nations modernes attachent tant de prix : l'illusion de la scène, les jeux de physionomie, les nuances infinies de la récitation.

Mais nous n'avons point qualité pour traiter des questions de ce genre, et nous devons nous empresser de rentrer dans les limites de notre compétence. Examinons donc quelles sont les dispositions qui conviennent le mieux à une salle de spectacle, d'après les exigences du théâtre moderne.

Deux dispositions principales ont été adoptées pour ces édifices : l'une appartient à l'Italie, l'autre est essentiellement française. La première élève verticalement le mur d'enceinte de la salle, depuis le niveau du sol jusqu'au plafond, et le perce de plusieurs rangs d'ouvertures pour les loges des spectateurs ; la seconde admet largement les galeries saillantes et les loges découvertes. Les loges des théâtres italiens sont en quelque sorte en dehors de la salle sur laquelle elles ont vue ; plus profondes qu'en France, ce sont de petits salons où l'on reçoit des visites, et où la représentation n'occupe qu'au moment où se fait entendre un chanteur favori ou un morceau de prédilection. Un théâtre français est un grand salon, où les places sont distribuées avec art, où personne n'est isolé, et où les spectateurs attentifs suivent dans tout son développement l'action qui se déroule sur la scène. Peut-être y a-t-il plus de bien-être dans les salles italiennes ; mais qu'elles paraissent tristes et froides quand on les compare aux nôtres ! Quel admirable spectacle offrent ces dernières, lorsque, bien disposées et décorées avec goût, elles sont entièrement occupées par une société choisie ! Chacun y est à la

THÉATRES.   353

fois acteur et spectateur. On ne saurait trouver de plus charmantes assemblées, des formes plus favorables pour faire ressortir la beauté des femmes et les élégances de leurs toilettes. Et il y a en même temps un précieux témoignage de notre sociabilité, de notre bienveillance mutuelle, dans cette disposition qui associe aux mêmes plaisirs et réunit en une même enceinte, sans lignes de démarcation trop tranchées, des personnes habituellement séparées et étrangères les unes aux autres.

Sans doute il est parfois très-fatigant d'assister à toute une représentation ; il est des passages et même des pièces tout entières qui ne méritent pas l'attention que la distribution de nos salles force pour ainsi dire à leur accorder ; il est des circonstances où l'on voudrait se soustraire momentanément au spectacle pour continuer une conversation ou prendre un instant de repos, et cette faculté nous est refusée. Mais un système, adopté depuis quelques années dans plusieurs de nos théâtres, paraît très-satisfaisant sous ce rapport : c'est celui qui consiste à établir un petit salon en arrière de chaque loge. La liberté de chacun se trouve ainsi assurée, sans que l'aspect de la salle ait à en souffrir ; le mérite que présentent les salles italiennes vient s'ajouter à tous ceux qui recommandent les nôtres.

Deux des théâtres de Paris peuvent être cités comme fort remarquables tous deux, mais à différents titres ; ce sont : le théâtre de l'Opéra, dont on a représenté les plans sur la planche 60[1] et la coupe longitudinale sur la planche suivante, et le théâtre de l'Odéon, dont les mêmes dessins sont donnés par les planches 62 et 63[2].

Théâtres de Paris.

Le théâtre de l'Opéra, qui a été établi à titre provisoire et sera bientôt remplacé,

---

[1] La figure 1 de la planche 60 est un plan pris à hauteur du parterre ; la figure 2 est un plan pris à hauteur des premières loges. Les chiffres inscrits sur l'un et l'autre plan ont les significations suivantes : 1, rue Lepelletier ; 2, rue Rossini ; 3, 3, premiers vestibules ; 4, 4, bureaux de distribution des billets ; 5, second vestibule ; 6, 6, grands escaliers conduisant à la hauteur des premières loges et du foyer public ; 7, 7, passages et escaliers conduisant à l'orchestre des spectateurs et dans les baignoires ; 8, 8, passages et escaliers conduisant au parterre ; 9, 9, escaliers desservant les différents étages ; 10, parterre ; 11, orchestre des spectateurs ; 12, orchestre des musiciens ; 13, 13, baignoires ; 14, passage conduisant sous le théâtre ; 15, amphithéâtre ; 16, 16, premières loges ; 17, 17, petits salons ; 18, 18, loge de l'empereur et dépendances ; 19, premiers dessous ; 20, scène ; 21, 21, coulisses ; 22, 22, magasins, ateliers, corps de garde et dépendances ; 23, 23, cours ; 24, 24, passages ; 25, 25, café et dépendances ; 26, 26, loges et foyers des acteurs ; 27, foyer du public ; 28, 28, terrasses.

[2] Les figures 1 et 2 de la planche 62 représentent également, la première le plan pris à hauteur du parterre, et la seconde le plan pris à hauteur des premières loges : 1, place de l'Odéon ; 2, 2, voies publiques ; 3, porche ; 4, 4, portiques ; 5, vestibule ; 6, 6, grands escaliers conduisant au premier étage ; 7, 7, escaliers desservant les divers étages ; 8, 8, escaliers des premières loges d'avant-scène ; 9, parterre ; 10, orchestre des spectateurs ; 11, orchestre des musiciens ; 12, 12, baignoires ; 13, première galerie ; 14, 14, balcons ; 15, 15, premières loges ; 16, loge de l'empereur ; 17, scène ; 18, 18, loges et foyers d'acteurs ; 19, 19, foyer du public et dépendances.

II.   45 n'est pas très-convenablement situé, n'a pas les larges abords qui conviendraient, et ne présente aucun caractère monumental; mais il est fort bien distribué, ses vestibules sont vastes, ses issues sont faciles, et les dégagements y sont nombreux et favorables à la circulation. La salle proprement dite est d'une forme extrêmement heureuse. Elle est de grandes dimensions; près de 1800 spectateurs peuvent y prendre place sans être trop serrés; de tous les points, les regards plongent librement sur la scène, et l'embrassent, sinon dans la totalité, du moins dans la majeure partie de son étendue; elle est suffisamment sonore, et aucun écho n'y vient altérer la pureté des sons; enfin elle est convenablement variée dans ses dispositions, et elle présente un fort beau caractère. Richement décorée, éclairée d'une manière brillante, fréquentée par l'élite de la population parisienne, elle offre un admirable spectacle dans les jours de représentations solennelles.

Le lecteur remarquera les quatre groupes de colonnes, qui, réunis par des arcs surhaissés, supportent la coupole sur pendentifs de la salle. Ils contribuent très-efficacement à donner de l'unité et de la fermeté à la composition.

Le théâtre de l'Odéon est de dimensions beaucoup plus restreintes que celui de l'Opéra, mais il se recommande par des qualités qu'on ne trouve point dans ce dernier édifice : il est entièrement isolé, sa façade principale s'élève sur une place publique, en face d'une large rue, il est entouré de portiques sous lesquels débouchent plusieurs escaliers, enfin sa construction a quelque chose de monumental.

La salle présente une disposition analogue à celle que nous avons trouvée à l'Opéra, c'est-à-dire des points d'appui se dessinant sur toute la hauteur, supportant la calotte sphérique et reliant harmonieusement les diverses parties de la composition. Mais ils sont également espacés ici, au lieu d'être distribués par groupes, et ils consistent en pilastres et non en colonnes. Des consoles appuyées contre ces pilastres supportent, en saillie très-prononcée, des galeries et des loges découvertes.

Le foyer destiné au public est varié dans sa forme, et sa partie centrale est fort habilement disposée; elle s'élève à plus grande hauteur que le reste, et elle se termine par une ordonnance de cariatides.

Dans l'un et l'autre théâtre, il a été observé un rapport très-convenable entre la largeur et la hauteur de la salle, et il est à remarquer que les dimensions horizontales ont été établies de telle sorte qu'une circonférence de cercle peut s'inscrire dans le plan et servir de base à la voûte. Cette condition, à laquelle il a été satisfait dans beaucoup d'autres édifices de ce genre, a le double mérite de déterminer une forme simple et de conduire à d'excellentes proportions[1].

On peut citer encore, parmi les théâtres de France les plus remarquables, celui de Bordeaux d'abord, qui est disposé avec ampleur et traité dans un style monumental[2], puis ceux des Italiens et de l'Opéra-Comique, à Paris. Mais combien il y en a de défectueux! La plupart de ceux de cette dernière ville sont englobés dans des habitations particulières, au risque d'en recevoir et d'y communiquer des incendies. Plusieurs laissent exposées à toutes les intempéries de l'atmosphère les personnes obligées de *faire queue* pour prendre leurs billets; n'ont point de vestibule où les spectateurs puissent attendre, à la fin de la représentation, l'arrivée de leurs voitures; ne présentent pas les dispositions nécessaires pour abriter à la fois un grand nombre de personnes descendant de voiture ou y montant; n'ont ni dégagements suffisants, ni escaliers multipliés, larges et faciles, comme il conviendrait; ont mesuré les places avec une telle parcimonie qu'y être enfermé pendant toute une soirée est un véritable supplice pour tout homme dont la taille ou l'embonpoint atteint les dimensions moyennes; n'offrent enfin aux spectateurs fatigués, qui auraient besoin de se reposer pendant les entr'actes, qu'un foyer étroit, étouffé, où l'air et l'espace font également défaut. Puis quel hideux aspect que celui de leurs abords, soit pendant les entr'actes, soit à la fin du spectacle! tandis qu'il serait si facile de disposer des urinoirs en un point où ils seraient inoffensifs.

D'autres dispositions éminemment vicieuses se rencontrent dans tous nos théâtres, même dans ceux qui paraissent le mieux distribués.

Viennent en premier lieu celles des escaliers. Lors même qu'ils sont larges et bien tracés, la circulation y devient difficile à la fin du spectacle, parce qu'ils desservent les différents étages. Le passage est barré aux spectateurs des premiers rangs de loges par le courant qui descend des rangs supérieurs, et il y a toujours

---

[1] Il est sans doute inutile de faire remarquer que le plan d'une salle de spectacle est assujetti à de tout autres conditions que celui d'un amphithéâtre destiné à des cours publics. Dans le premier de ces édifices, les regards doivent pouvoir embrasser toute l'étendue de la scène; tandis qu'ils n'ont à se porter que sur un seul point, dans le second. La forme des théâtres antiques est également inadmissible pour les nôtres, dont les scènes sont moins larges et plus profondes.

[2] Voyez le vestibule de ce théâtre, planche 10.

encombrement aux points d'intersection. Il faudrait que chaque étage eût son escalier spécial, débouchant au rez-de-chaussée dans un vestibule.

L'éclairage de la scène est peu satisfaisant. On conçoit qu'à l'époque où la chandelle était le seul luminaire connu, on ait été obligé de placer près des acteurs, entre eux et le public, toute une série d'appareils d'éclairage, et que ce système ait été accepté ; car il fallait avant tout une suffisante quantité de lumière, et il n'y avait pas d'autres moyens de se la procurer. Mais on ne s'expliquerait pas, si l'on ne connaissait l'empire de la routine, que, sauf la nature du corps éclairant, la même disposition fût encore en vigueur, aujourd'hui qu'il est facile de se procurer des foyers lumineux très-puissants, et de distribuer la lumière ainsi qu'il convient. Nous attachons le plus grand prix à la vérité matérielle, nous voulons que la mise en scène fasse illusion, et non-seulement nous éclairons les figures de nos acteurs en dessous, mais encore nous laissons en évidence les lumières qui produisent ce singulier effet, de manière à les rendre à peu près aussi fatigantes pour le public que pour les personnes placées sur le théâtre.

Les loges du rez-de-chaussée de l'avant-scène, qui sont établies au niveau du plancher du théâtre, et mettent quelques assistants en contact avec les acteurs, sont également en opposition avec le but que nous poursuivons. Elles ont d'ailleurs ce grave inconvénient que les sons s'y engouffrent, et ne sont pas renvoyés dans la salle comme il le faudrait.

Un usage plus vicieux encore peut-être sous ce dernier rapport, est celui qui consiste à avoir des loges derrière le rideau, et en retraite sur les deux avant-corps qui limitent la scène latéralement. Il y aurait avantage à les supprimer, et il faudrait même renoncer à avoir des décorations à coulisses sur le premier plan. Quelque chose d'analogue aux prismes triangulaires des anciens, venant s'appuyer contre le *manteau d'Arlequin*, joint à la suppression des loges dont on vient de parler, de toutes draperies et de toute saillie trop prononcée sur les avant-corps, aurait pour effet de renvoyer dans la salle la voix des acteurs, qui s'entend difficilement aujourd'hui dès qu'ils se tiennent à une certaine distance de la rampe.

On pourrait adresser beaucoup d'autres observations critiques à nos théâtres, car il semble que la plupart aient été conçus sans aucun souci des exigences de l'optique, de l'éclairage, de l'acoustique ou des convenances des spectateurs. Mais le rôle serait ingrat et nous entraînerait à de trop longs détails. Nous préférons, pour le lecteur comme pour nous, énumérer, dans la rapide description d'un théâtre imaginaire, les conditions qui nous paraissent devoir présider à l'établissement des édifices de ce genre.

La façade du théâtre est située sur une place publique de grandes dimensions, de larges rues isolent entièrement l'édifice sur ses trois autres côtés, et de nombreux débouchés lui sont assurés. Un beau portique couvre ses entrées sur la place ; des marquises vitrées, appuyées sur les faces latérales, offrent un abri aux voitures, et permettent à un grand nombre de spectateurs d'arriver ou de partir à la fois.

<small>Programme de théâtre.</small>

Un premier vestibule est disposé à la suite du portique de la façade principale, et il est en communication directe, à chacune de ses extrémités, avec deux autres vestibules plus étroits qui s'étendent sur une partie des faces latérales ; ces derniers renferment les bureaux de distribution des billets. Ils sont largement ouverts au dehors, et servent de débouchés à de nombreux escaliers dont il sera parlé tout à l'heure.

Du premier vestibule, on entre dans un vestibule central, où trouvent leur point de départ un ou deux grands escaliers, conduisant à hauteur des premières loges et du foyer public. Une salle convenablement meublée et décorée est ouverte sur cette seconde pièce ; elle est destinée aux personnes qui attendent leurs voitures à la fin du spectacle.

D'autres escaliers, de dimensions moindres, sont distribués sur les faces latérales de l'édifice, et sont en tel nombre que chaque rang de loges en a au moins un. Ils peuvent être mis en communication avec les divers étages, de manière à faciliter la circulation d'un point de la salle à l'autre ; mais ils s'isolent avant la sortie du public, afin de prévenir les encombrements, et chacun d'eux débouche au rez-de-chaussée sous l'un des vestibules latéraux.

Le foyer public est vaste, et est accompagné de grandes terrasses ornées de fleurs, d'arbustes et de fontaines jaillissantes. Ces terrasses sont découvertes en été, et, garanties par un vitrage, se convertissent en jardins d'hiver pendant toute la durée de la mauvaise saison. L'une d'elles est réservée aux fumeurs.

La salle est couverte par une voûte surbaissée à base circulaire, et l'ouverture de la scène a pour mesure le côté du carré inscrit dans la circonférence. Les loges de face sont seules fermées, toutes les loges latérales sont découvertes, de manière qu'aucune cloison ne vient masquer la vue des acteurs ou arrêter leurs accents. En arrière de chacune des baignoires et des loges des deux premiers rangs, est un salon de même profondeur qu'elles. Les salons des loges latérales sont fermés par des portes du côté de la salle ; ceux des loges de face n'en sont séparés que par des draperies. De même qu'au théâtre de l'Opéra, un large amphithéâtre occupe le fond de la salle, en avant des premières loges de face, et il n'y a point de galeries le long des loges latérales ; mais un balcon sépare, de chaque côté, ces dernières loges des avant-scènes. Dans les étages supérieurs, des banquettes sont établies au-dessus des salons et des loges de face, et forment de profonds amphithéâtres.

Les siéges sont d'autant plus espacés que le prix des places est plus élevé. Les rangs sont distants de $0^m,90$ d'axe en axe à l'orchestre, au balcon et au premier amphithéâtre ; de $0^m,85$ dans les premières loges ; de $0^m,80$ au parterre et dans les galeries supérieures, et de $0^m,75$ dans les secondes et troisièmes loges. Pour chaque siége il est réservé une largeur de $0^m,75$ dans les premières loges ; de $0^m,70$ au balcon et au premier amphithéâtre ; de $0^m,65$ dans les loges supérieures et à l'orchestre où les hommes seuls sont admis, et de $0^m,55$ partout ailleurs.

Il n'y a point de loges d'avant-scène au niveau du théâtre, et il n'y en a point non plus en arrière du rideau. Les premières décorations sont collées sur des plans verticaux, rigides et disposés en ébrasements plus ou moins prononcés, qui renvoient dans la salle les sons partant des plans reculés de la scène. Les devantures des loges et galeries ne présentent ni ressauts, ni draperies flottantes et il en est de même des parois qui forment le fond des loges latérales ; ces parois favorisent le développement des ondulations sonores, par leurs formes et par leur système de construction ; elles ne répercutent pas les sons au point de produire des échos, ni ne les étouffent par leurs vibrations. L'orchestre des musiciens est établi sur une table d'harmonie et à un niveau inférieur à celui de l'orchestre des spectateurs, de sorte que ni les artistes ni leurs instruments ne viennent masquer la vue de la scène à une partie des spectateurs.

Il n'y a de lumières apparentes que celles du lustre, qui, s'il est fatigant pour quelques-uns des spectateurs placés dans les galeries les plus élevées, a l'avantage d'être un splendide ornement, et de donner à la salle un air de fête. A ses rayons directs viennent se joindre, pour constituer un brillant éclairage sans ombres trop heurtées, ceux que renvoient la voûte, laquelle est peinte en tons très-clairs que rehaussent d'abondantes dorures diversement colorées. La scène est éclairée par des foyers lumineux entièrement soustraits à la vue des spectateurs, distribués latéralement sous les premières loges d'avant-scène, à peu près au niveau de la tête des acteurs, et disposés de telle sorte que la lumière est uniformément répartie sur toute la largeur de la scène, tout en diminuant d'intensité à mesure que les plans se reculent.

L'édifice présente au dehors un caractère tout à fait monumental. Ses formes ont de l'ampleur, de la distinction et de la richesse ; mais elles annoncent plutôt la fantaisie que la sévérité. Le même esprit se montre à l'intérieur. L'ossature de la salle se marque par des points d'appui, qui s'élèvent depuis le niveau des premiers rangs de loges jusqu'à la naissance de la voûte qu'ils supportent, et introduisent ainsi de l'unité dans la composition. Ce ne sont point de grosses colonnes, comme on en voit à l'Opéra, ni de larges et nombreux pilastres, comme ceux de l'Odéon ; les constructions en fer nous ont habitués à des supports plus légers, nous trouvons une fermeté suffisante à de moindres sections, et il importe d'éviter tout obstacle à la vue ou à l'audition. Ces colonnes aux proportions élancées sont terminées par de gracieuses figures, hardies et élégantes cariatides, se rattachant à la voûte par des mouvements capricieux. Les devantures des galeries, peintes en tons clairs avec dorures, sont en harmonie avec la voûte, et constituent une ornementation riche et brillante, qui s'associe heureusement à l'éclat des toilettes. Un large accoudoir en velours cramoisi enveloppe leur arête supérieure, et sépare ces deux éléments de beauté, de sorte qu'ils ne contrastent nullement, et qu'aucun d'eux ne nuit à l'autre. Les parois des loges et des galeries sont couvertes d'ornements à peine accentués, qui se laissent deviner plutôt qu'ils ne se montrent, et forment un fond d'un ton cramoisi à peu près uniforme, qui est doux, chaud, suffisamment lumineux, et fait cependant ressortir les figures et les costumes.

Quelles que soient leur affluence et la température extérieure, les spectateurs trouvent toujours un air pur et une douce chaleur dans la salle ; car on a appliqué à sa ventilation les dispositions qui seront recommandées dans une autre partie de cet ouvrage[1], et une surveillance assidue assure aux appareils une marche régulière.

Enfin, de vastes urinoirs, ouverts gratuitement au public, sont établis dans un point de l'intérieur d'où ils n'offusquent ni la vue ni l'odorat.

Ici se terminait, dans nos éditions précédentes, le chapitre consacré à l'étude

[1] Note A.

des théâtres; mais depuis la publication de la dernière, on construit à Paris un édifice de la plus haute importance, qui paraît appelé à donner pleine satisfaction à la plupart des exigences de notre programme, et auquel nous devons nous arrêter quelques instants : il s'agit du nouveau théâtre de l'Opéra. La planche 64 en représente le plan pris à hauteur du premier étage [1], et la planche suivante en reproduit l'élévation principale. Nous regrettons de ne pouvoir compléter ces documents par une coupe; mais la décoration intérieure n'est pas encore commencée, et l'architecte se réserve d'en faire l'objet de mûres méditations.

Nouveau théâtre de l'Opéra, à Paris.

Entièrement isolé par de larges voies de communication, et précédé d'une place publique que longe le boulevard le plus fréquenté de la ville, il voit s'ouvrir devant lui trois rues de premier ordre.

Il se compose de quatre parties principales : les grands vestibules, les escaliers les plus importants et les foyers publics; la salle et ses dépendances; la scène et ses accessoires; les nombreuses pièces destinées à l'administration et aux artistes du théâtre. Deux appendices latéraux présentent, au rez-de-chaussée, des descentes de voiture à couvert et au premier étage, à gauche, les salons et dépendances de la loge de l'empereur, à droite, les salons, cabinets et offices d'un restaurant. Toutes ces divisions, établies dans l'ordre le plus judicieux et conçues avec ampleur, se relient entre elles ainsi qu'il convient, donnent pleine satisfaction aux exigences les plus minutieuses du service, et assurent les facilités des communications. Les dimensions dépassent de beaucoup celles de l'Opéra actuel, ainsi que le lecteur peut le reconnaître, à l'examen comparatif des plans des deux théâtres, lesquels sont dessinés à la même échelle. La scène aura $15^m,60$

[1] 1, place de l'Opéra; 2, portique, au-dessous, porche principal; 5, grand foyer, au-dessous, vestibule principal ouvert à ses deux extrémités, donnant accès aux escaliers et aux galeries latérales qui mènent aux bureaux de distribution des billets; 4,4, à gauche, foyer des fumeurs, à droite, galerie des rafraîchissements, au-dessous, galeries conduisant aux bureaux de distribution des billets; 5,5, restaurant et dépendances, au-dessous, porche ouvert aux voitures; 6, cage du grand escalier; 7, rampe allant du rez-de-chaussée au niveau du couloir de l'amphithéâtre, des baignoires et de l'orchestre des spectateurs; 8,8, rampes aboutissant au premier étage; 9,9, rampes conduisant du rez-de-chaussée dans un salon circulaire situé sous la salle et destiné aux personnes qui attendent leurs voitures; 10,10, escaliers secondaires desservant tous les étages; 11,11, premières loges; 12,12, salons de ces loges; 13, amphithéâtre des premières; 14, parterre; 15, orchestre des spectateurs; 16, orchestre des musiciens; 17,17, loges de l'empereur, grand salon et dépendances, au-dessous, porche sous lequel entrent les voitures; 18,18, loge de la famille impériale et dépendances; 19, loge du directeur du théâtre; 20,20, vestiaires; 21,21, cours de ventilation; 22, scène; 25,25, remises de décors; 24, foyer de la danse; 25, foyer du chant; 26, magasin des accessoires; 27,27, loges et galerie des choristes (hommes), au-dessous, loges et galerie des choristes (femmes); 28,28, escaliers des artistes; 29, grand escalier du théâtre; 30,30, loges des premiers artistes du chant et dépendances, au-dessus et au-dessous, loges des autres artistes, bureaux et dépendances; 31,31, cours; 32, grande cour d'entrée de l'administration et des artistes.

d'ouverture, tandis qu'elle n'a aujourd'hui que 12^m,60 ; sa largeur, y compris les coulisses et l'espace réservé aux dépôts de décorations, s'élèvera à 52^m,90, sa profondeur, à 27 mètres, et même à 48^m,50 quand on jugera à propos d'y englober le foyer de la danse, qui est largement ouvert sur elle, et sa hauteur, à 59^m,20 (presque celle des tours de Notre-Dame de Paris), depuis le plan inférieur des dessous jusqu'à la naissance du comble. La salle aura 20^m,50 de largeur sur 25^m,62 de profondeur jusqu'au rideau, ces mesures étant comptées à partir du devant des premières loges; elle contiendra 2022 spectateurs au lieu de 1783, maximum de la salle actuelle, qui n'alloue pas autant de surface à chacun d'eux.

L'escalier principal rappelle celui du théâtre de Bordeaux, mais sur une plus grande échelle et avec beaucoup plus de richesse de formes et de décoration, et l'architecte a eu le bon esprit de donner à l'intérieur de la nouvelle salle les dispositions de l'ancienne, qui ont été si pleinement justifiées par le suffrage de tous les hommes de goût.

Au dehors, ce que l'édifice présente de plus saillant à première vue, et le mérite est grand, est une accentuation très-nette des principales divisions de l'intérieur ; la partie consacrée à la circulation du public, la salle, la scène, le bâtiment de l'administration sont accusés par des formes spéciales, sans que l'harmonie fasse défaut, sans que l'unité de composition soit atteinte. La variété est grande, le mouvement est prononcé, et l'ordre cependant ne laisse rien à désirer.

Les proportions des divers membres d'architecture sont des plus heureuses, les profils et les ornements sont dessinés avec un goût parfait et la décoration est splendide, trop splendide même, au dire de bons esprits, qui la trouvent exubérante ; mais ce défaut approche tellement d'être une qualité, il s'associe si rarement à l'invention et à une exquise élégance, comme il le fait ici, qu'il n'y a pas à insister sur la critique. Et d'ailleurs ce spectacle de luxe, qui met tous les arts à contribution, qui a des splendeurs sans égales, et constitue l'un des grands attraits de Paris pour les classes opulentes du monde civilisé, ne comporte-t-il pas tellement un excès de richesse qu'il semble le réclamer.

Peut-être d'autres observations critiques seront-elles soulevées par un examen attentif du monument. Peut-être trouvera-t-on que sa partie antérieure a reçu trop de développement et de saillie ; que si elle se prête admirablement aux bals tumultueux, elle est trop vaste pour que les réunions habituelles l'animent suffisamment ; qu'elle masque trop les lignes essentielles de l'architecture, et oblige à se tenir à trop grande distance de la façade principale pour les apprécier justement, et qu'il y aurait eu avantage à reléguer, en le simplifiant, l'attique de cette face sur un second plan, ainsi qu'on le voit sur les faces latérales.

Quoi qu'il en soit, l'œuvre comptera parmi les plus remarquables de notre temps ; elle est grandement et judicieusement conçue, écrite dans un style qui est bien celui de l'époque et n'a rien d'archaïque, dans cette belle langue nationale, si lucide, si ferme, si élégante à la fois, qui a produit tant de chefs-d'œuvre et sait se conformer au développement successif du génie de la France, tout en gardant comme lui son caractère fondamental. Le jeune auteur du monument, M. Garnier, aura ajouté une belle page aux glorieuses annales de l'architecture française.

II. — AMPHITHÉATRES.

Les sacrifices sanglants ont joué un grand rôle dans les cérémonies religieuses de l'antiquité. Ce n'étaient pas seulement des animaux qui servaient de victimes ; c'étaient souvent des hommes, et cette barbare coutume finit par entrer tellement dans les mœurs, que l'effusion du sang devint, chez les Romains, plutôt une affaire de divertissement public qu'un acte de piété envers les dieux ou les mânes des héros. Les combats de gladiateurs, les massacres d'animaux étaient les spectacles les plus recherchés ; ce sont eux qui ont donné naissance aux amphithéâtres.

Ces édifices présentaient tous la même disposition générale, autant qu'il est permis d'en juger d'après ceux qui subsistent encore. Ils consistaient en une *arène* de forme ovale, laquelle était entourée de gradins élevés en retraite les uns au-dessus des autres ; au-dessous de ces gradins, étaient placés des galeries de communication et des escaliers qui conduisaient à différentes hauteurs.

On a cru pendant longtemps que le peuple romain, en général peu inventif, avait créé ce nouveau genre de monuments, si original et si bien approprié à sa destination ; mais une étude plus approfondie de l'antiquité et de récentes découvertes ont montré qu'il n'a été sur ce point, comme sur tant d'autres, que l'imitateur des Étrusques. Dans l'un des tombeaux étrusques de Corneto, on a trouvé une peinture représentant un combat de gladiateurs dans un amphithéâtre dont les gradins sont soutenus par des échafaudages en charpente. Un autre monument, plus remarquable et d'une autorité plus décisive, est l'amphithéâtre, encore très-bien conservé, de l'ancienne cité étrusque de Sutrium. Il est entièrement creusé dans le roc. Ses deux entrées principales sont situées aux extrémités du grand axe de l'arène. A droite et à gauche de chacune d'elles, on trouve d'abord des escaliers qui conduisaient sur les gradins, et plus loin, du côté de l'intérieur, des portes donnant entrée dans une galerie d'enceinte, excavée au-dessous des premiers gradins, et mise en plusieurs points en communication directe avec l'arène. Les gradins sont interrompus, de distance en distance, par des escaliers de formes et de dispositions singulières et par des espèces de niches qui étaient probablement des postes d'honneur ou de surveillance. Au-dessus du dernier rang, le rocher est taillé à pic et décoré de colonnes engagées dans la masse, lesquelles sont couronnées par une simple et vigoureuse moulure. Le grand axe de l'arène a $49^m,20$ de longueur, et le petit $40^m,15$.

A Rome, les combats de gladiateurs eurent d'abord lieu dans les cirques ; mais la forme trop allongée de ces édifices leur convenait peu, et l'on se décida à construire des amphithéâtres, d'abord en charpente, puis en pierre. Les premiers n'avaient qu'une durée fort limitée, et souvent même étaient enlevés immédiatement après les fêtes publiques à l'occasion desquelles on les avait établis. L'un d'eux, élevé du temps de César par un citoyen nommé Curion, présentait une disposition fort originale, et a même été regardé, mais à tort, comme le point de départ de ce genre d'édifices. C'est Pline qui nous a appris ce que nous en savons. « Curion, « dit cet écrivain, fit construire en bois deux théâtres très-vastes, placés l'un contre « l'autre, et posés chacun sur un pivot. Pendant la matinée, on jouait des pièces « sur ces deux théâtres, qui étaient alors adossés, afin que les acteurs ne s'inter-« rompissent pas. Ensuite on les faisait tourner tout à coup, de manière qu'ils se « trouvaient en présence ; leurs quatre extrémités se rejoignaient, et ils formaient « ainsi un amphithéâtre dans lequel les gladiateurs venaient se livrer des combats, « moins dangereux sans doute que la promenade aérienne que faisait le peu-« ple romain pour y assister. » Pline ajoute qu'au bout de quelques jours, les gonds se trouvant fatigués et forcés, la forme de l'amphithéâtre fut seule conservée.

Pour bien comprendre ce passage, il faut se rappeler que les théâtres des Romains étaient composés d'une partie demi-circulaire, occupée par les gradins des spectateurs, et d'une partie rectangulaire de même largeur que le demi-cercle et peu profonde, qui formait la scène. On concevra fort bien alors que deux théâtres réunis, comme il vient d'être dit, aient pu donner naissance à un édifice en forme d'amphithéâtre. Il était facile d'enlever en peu d'instants les constructions légères de la scène ; des banquettes latérales, placées à droite et à gauche, pouvaient être découvertes en même temps et former le prolongement des gradins demi-circulaires de l'un et l'autre théâtre. Mais comment réunir par leurs extrémités rectilignes deux théâtres d'abord en contact par les sommets de leurs parties circulaires, en se bornant à imprimer à ces deux masses un mouvement de rotation ? Faute de pouvoir résoudre ce problème, on avait pris le parti de nier l'exactitude du récit de Pline, lorsque, vers la fin du siècle dernier, M. Weinbrunner, architecte de Carlsruhe, en a donné la solution. Il a montré qu'il suffisait de placer le centre de rotation de chaque théâtre à la rencontre de deux lignes inclinées en sens inverse à 45°, et passant l'une par le milieu de la ligne de fond de la scène, l'autre par le sommet de la partie demi-circulaire. Il serait intéressant de savoir quel était le système de construction de ces immenses charpentes soumises à des actions aussi considérables, quel était le mécanisme employé pour opérer le mouvement de rotation, quelle quantité de force était dépensée ; mais on ne peut faire à ce sujet que des conjectures.

Tacite parle d'un autre amphithéâtre en bois, qui fut construit à Fidènes, sous le règne de Tibère, par un affranchi nommé Attilius. Cet édifice, dont les fondements étaient mal assurés et dont les différentes pièces n'étaient pas sans doute suffisamment assujetties, s'écroula tout à coup, et cinquante mille personnes furent tuées ou blessées par suite de l'accident. Attilius fut exilé, et un sénatus-consulte défendit aux citoyens qui n'avaient pas au moins 400 000 sesterces (environ 78 000 francs) de revenu de donner au peuple des spectacles de gladiateurs ; il prescrivit, en outre, de n'élever un amphithéâtre qu'après avoir constaté la solidité du sol.

Le premier amphithéâtre en pierre qu'il y ait eu à Rome fut construit dans le champ de Mars, par Statius Taurus, vers l'an 725 de la fondation de la ville. Il n'en reste plus de traces ; le palais de Monte-Citorio a été bâti sur ses ruines. Auguste avait manifesté l'intention d'en élever un autre dans une position plus centrale, mais ce projet ne fut mis à exécution que longtemps après lui, par Vespasien.

Ce dernier empereur commença, près du Forum, dans l'emplacement qu'occupait le célèbre étang du palais doré de Néron, un amphithéâtre qui devait surpasser, par ses dimensions et son luxe, tous ceux qu'on avait vus jusqu'alors, et rester comme le type le plus parfait de ce genre de constructions ; mais la mort le surprit au milieu de ses travaux. Son successeur Titus les continua avec activité, y employa une grande partie des prisonniers faits en Judée, et en célébra la dédicace l'an 80 de notre ère. Le monument reçut le nom d'amphithéâtre Flavien ; mais, par la suite des temps, le peuple, plus frappé des dimensions colossales de l'édifice que du souvenir de ses fondateurs, l'appela *Colosseum*, mot qui a été maladroitement traduit en français par celui de *Colisée*. De nombreuses fêtes publiques furent données dans cet amphithéâtre jusqu'au commencement du sixième siècle, époque à laquelle les jeux barbares disparurent sous l'action bienfaisante de la nouvelle religion. Le Colisée fut cependant encore témoin de bien des scènes sanglantes, car il servit de forteresse pendant le moyen âge et eut de nombreux assauts à soutenir. Il fut converti ensuite en hôpital. Enfin, dans le cours du quinzième et du seizième siècle, alors qu'on commençait cependant à apprécier la valeur des monuments de l'antiquité, il devint une sorte de carrière, et il fournit des matériaux pour la construction de plusieurs des palais dont s'enorgueillit la Rome moderne. Les déprédations ne furent arrêtées que sous Clément X, qui consacra les restes du monument à la mémoire des martyrs dont le sang avait abreuvé l'arène.

<small>Amphithéâtre Flavien ou Colisée.</small>

Les ruines du Colisée sont extrêmement imposantes, et il est impossible de les parcourir sans éprouver une grande émotion. C'est surtout de nuit qu'il faut les voir, lorsque les rayons de la lune se jouent au milieu des voûtes entr'ouvertes, des escaliers rompus, des débris de gradins et de colonnes, éclairant vivement quelques points pour en plonger d'autres dans une ombre épaisse. Elles prennent alors des dimensions prodigieuses, des formes étranges. Les terribles scènes du passé vous reviennent en mémoire : les animaux massacrés, les gladiateurs saluant César avant de mourir, les martyrs payant de leur noble sang l'avénement de la charité, la foule innombrable enivrée de ces horribles spectacles, toutes ces choses passent successivement sous vos yeux, et exercent sur vous une sorte de fascination. Plus que jamais peut-être, vous vous sentez convaincu de la puissance des Romains ; mais bientôt arrive un vif sentiment de répulsion pour la cruauté de leurs mœurs et leur civilisation sans entrailles. On se rappelle ensuite que les jeux de l'amphithéâtre leur faisaient oublier les libertés perdues et les Barbares menaçants, et l'on ne songe plus à regretter de n'avoir pas de pareils monuments à léguer à la postérité.

Pour étudier cette vaste construction, c'est de jour et le crayon à la main qu'il faut la parcourir dans toutes ses parties, et en examiner attentivement jusqu'au moindre détail. On admire alors ses dispositions, qui sont parfaitement entendues, et ont résolu de la manière la plus heureuse le problème de réunir dans une même enceinte près de soixante mille spectateurs, de leur rendre à tous la place commode, la vue facile et l'arrivée sans embarras, et d'offrir à la foule des dégagements rapides et des abris suffisants en cas de pluie.

L'arène se reconnaît immédiatement[1]; elle a la forme d'un ovale, qui a été décrit probablement au moyen de plusieurs arcs de cercle, et se rapproche beaucoup de l'ellipse qu'on tracerait sur les mêmes axes. Ses deux entrées principales étaient ouvertes aux extrémités du grand axe. Elle était recouverte de sable (*arena*, et de là son nom) destiné à assurer le pied des combattants, et à absorber le sang qui trop souvent coulait en abondance. On eut même, dans quelques fêtes, l'attention de colorer ce sable en rouge pour éviter le spectacle des souillures, et de le parsemer de paillettes d'or afin d'égayer cette terrible couleur. Les gradins de l'amphithéâtre commençaient immédiatement au-dessus du mur d'enceinte de l'arène (*podium*). Au premier rang et aux extrémités du petit axe, étaient établies, d'un côté, la loge de l'empereur et de sa famille, de l'autre, celle des consuls; à droite et à gauche, étaient les places réservées aux ambassadeurs, aux premiers magistrats, aux sénateurs et aux vestales. Les gradins à la suite étaient divisés en trois ordres ou précinctions (*meniani* ou *præcinctiones*). Ceux des deux premiers ordres étaient revêtus en marbre blanc, et couverts d'inscriptions qui constataient le nombre de places auquel pouvait prétendre telle ou telle famille, tel ou tel collége de prêtres, etc. Une division bien tranchée séparait ces deux précinctions de la troisième; elle était formée par le baudrier (*balteus*), mur percé de portes et richement décoré de niches, de colonnes et d'incrustations en marbres colorés. Les gradins de la troisième précinction, établis en bois d'abord, détruits par un incendie

---

[1] La planche 59 met sous les yeux du lecteur un dessin complet de cet édifice restauré, dessin qui est disposé suivant un système fort en usage autrefois, et auquel on a peut-être eu tort de renoncer. Il consiste à enlever une tranche de l'édifice, mais en laissant subsister ses traces sur le sol et à donner une vue de la composition ainsi réduite. On représente de cette manière, sur un même dessin, des parties de plan, d'élévation, de coupe et d'intérieur. La représentation n'est pas très-complète sans doute; mais elle a quelque chose de saisissant, et il n'en faut souvent pas davantage.

sous le règne de Macrin, furent reconstruits en pierre par Héliogabale. L'amphithéâtre se terminait par un beau portique formé de quatre-vingts colonnes, exécutées en bois dans le principe, et plus tard en marbre. De nombreux gradins étaient encore établis sous ce portique, qui était couvert par un plancher en charpente.

Nibby évalue à 107 000 le nombre de spectateurs que pouvait contenir le Colisée, et d'autres auteurs ont été jusqu'à 120 000 ; mais il y a beaucoup à rabattre sur ces chiffres, et il faut même de la complaisance pour accorder moitié du dernier[1].

Des ouvertures, ménagées entre les gradins, donnaient entrée dans l'amphithéâtre en divers points de son développement. Elles portaient le nom énergique de *vomitoires*. Des portes, qui étaient ouvertes dans les murs séparatifs des précinctions, concouraient également à faciliter la circulation dans toutes les parties de cette vaste enceinte. Enfin de petits escaliers, placés au-dessous des portes et des vomitoires, conduisaient aux différents gradins, et divisaient les précinctions en zones (*cunei*) dont la surveillance était confiée à des officiers spéciaux (*cunearii*), chargés de maintenir l'ordre et de distribuer les places.

Les escaliers et les galeries de l'amphithéâtre étaient parfaitement disposés, et étaient distribués de telle sorte que la circulation trouvait partout des surfaces proportionnées à son importance.

Le rez-de-chaussée présentait d'abord un portique extérieur double en profondeur, dans le fond duquel débouchaient de larges arcades, donnant entrée, soit dans des escaliers, soit dans des passages conduisant à une galerie intermédiaire d'où partaient de nouveaux escaliers et de nouveaux passages, puis venait une dernière galerie, plus basse que les précédentes, qui desservait les premiers gradins. Quelques-uns des escaliers, ayant leur point de départ sous le portique extérieur ou sous la galerie intermédiaire, conduisaient directement dans l'amphithéâtre, mais la plupart aboutissaient à une double galerie, formant premier étage, où se trouvaient encore des passages et des escaliers débouchant dans la vaste enceinte. D'autres escaliers partaient du même plan pour conduire à un second étage, lequel avait également sa double galerie et de nombreuses rampes. Ce dernier

---

[1] La surface occupée par les constructions ne s'élevait pas à plus de 19 500 mètres, et c'est évaluer largement qu'admettre trois spectateurs par mètre carré, sans rien défalquer pour les passages, les murs d'appui, les colonnes, etc. L'exagération a des attraits auxquels il n'est pas toujours facile de résister.

étage était établi à peu près à la même hauteur que le *balteus*, et il était surmonté d'un large passage voûté qui régnait sous le portique supérieur. D'autres passages moins larges étaient ménagés sous les gradins, dans tous les espaces libres, de manière à multiplier les dégagements, et à réduire autant que possible le cube des maçonneries. Les galeries offraient beaucoup plus de places que les gradins, et pouvaient par conséquent recevoir tous les spectateurs qu'une pluie d'orage forçait à chercher un abri.

Le monument présentait au dehors quatre ordonnances superposées; les trois premières étaient formées d'arcades sur pieds-droits décorés de colonnes engagées; la quatrième consistait en pilastres appliqués contre un mur, dans lequel étaient ouvertes de petites fenêtres rectangulaires. Les colonnes du rez-de-chaussée étaient d'ordre dorique, mais sans triglyphes dans la frise; celles du premier étage, d'ordre ionique; celles du deuxième étage, d'ordre corinthien. Les pilastres appartenaient également à ce dernier ordre. Le tout était couronné par une vigoureuse corniche à consoles. Les entre-colonnements étaient au nombre de quatre-vingts par étage.

Les façades extérieures, les piliers et les principaux murs étaient entièrement exécutés en pierres de taille de fortes dimensions; les petits murs de refend et les voûtes étaient formés de maçonneries de blocage ou de béton, avec chaînes ou revêtements en briques. Des égouts multipliés assuraient un prompt écoulement aux eaux pluviales.

D'immenses substructions s'étendaient sur deux étages au-dessous de l'arène et d'une partie des gradins; c'est là qu'étaient les loges des animaux, et c'est de là qu'ils étaient conduits dans l'arène, dont le sol était percé de trappes, qui se fermaient ou s'ouvraient à volonté, et auxquelles venaient aboutir des plans inclinés, descendant jusqu'au niveau de l'aire inférieure. Quelques-unes de ces ouvertures servaient en outre à faire sortir des décorations, ainsi qu'il se pratique encore sur nos théâtres.

On remarque, dans la corniche de couronnement, des trous carrés, au-dessous desquels sont placés de fortes consoles en pierre. Ils donnaient passage à des poutres recouvertes de bronze, dont les pieds reposaient sur les consoles, et qui étaient destinées à retenir le *velarium*. Cette immense toile avait pour but de mettre les spectateurs à l'abri des rayons solaires, et même des atteintes d'une pluie légère. Elle était composée, suivant toute apparence, d'une grande quantité

AMPHITHÉATRES.

de parties mobiles qui se juxtaposaient, et se manœuvraient de la terrasse du portique supérieur. Elle était teinte en pourpre et décorée de riches broderies.

L'arène avait 79^m,50 de longueur sur 46^m,30 de largeur. L'épaisseur des constructions qui l'entouraient atteignait à 54^m,50. La hauteur totale du monument était de 49^m,52.

Un mot maintenant sur quelques-uns des spectacles qui ont été donnés dans le Colisée.

Cinq mille bêtes féroces furent mises à mort dans l'arène, lors des fêtes de son inauguration sous Titus, et onze mille, dans les jeux célébrés à l'occasion de la défaite des Parthes par Trajan; Probus, ayant fait planter au milieu de l'arène une forêt et des rochers, y jeta une multitude innombrable d'animaux, parmi lesquels se trouvaient plus de mille autruches, mille cerfs et mille sangliers. On sait d'ailleurs les fréquents combats de gladiateurs, et la foule de martyrs livrés aux bêtes dans cette enceinte. Enfin le Colisée servait quelquefois de naumachie; on y représentait des scènes nautiques et des combats entre des galères montées par des gladiateurs; on y voyait des naïades, des sirènes, des tritons, etc. On fermait alors toutes les portes et trappes de l'arène, et l'on ouvrait de nombreux tuyaux mis en communication avec les aqueducs de la ville, qui la remplissaient très-rapidement.

Plusieurs amphithéâtres des Romains se sont beaucoup mieux conservés que le Colisée, et nous citerons entre autres ceux de Vérone et de Nîmes.

Ce dernier édifice, qui est représenté par les figures 5 à 10 de la planche 6, pouvait contenir environ 18 000 spectateurs, et non 24 000 comme on l'a souvent prétendu. Son grand axe a 133^m,38 de longueur, et le petit axe, 101^m,40. Il ne présente au dehors que deux portiques superposés; mais ils sont d'un fort beau caractère, et l'aspect de la construction est tout à fait monumental.

Amphithéâtre de Nîmes.

Le plan mis sous les yeux du lecteur est divisé en quatre parties prises à différentes hauteurs. La figure 7 donne celui du rez-de-chaussée, la figure 8 est un plan pris à hauteur d'une galerie de communication, établie sous les gradins, un peu au-dessous des impostes des arcades du premier rang; la figure 9 est un plan à hauteur de la galerie supérieure; la figure 10 représente le plan des gradins.

Les seules constructions modernes qui rappellent les amphithéâtres de l'antiquité portent le nom de cirques. Ce sont de grandes salles de forme circulaire, principalement destinées aux exercices équestres. Il y en a deux à Paris, toutes deux fort remarquables; elles ont été exécutées sur les dessins de M. Hittorff, l'une aux Champs-Élysées, l'autre sur le boulevard du Temple.

On donne aujourd'hui le nom d'amphithéâtre à des salles qui n'y ont d'autre titre qu'un certain nombre de gradins établis suivant une inclinaison plus ou moins prononcée, et qui sont pour la plupart consacrées à l'enseignement. Il en a déjà été traité dans le chapitre relatif aux établissements d'instruction publique.

III. — CIRQUES.

On fait remonter à Romulus l'institution des jeux du cirque dans la ville de Rome, on assure qu'il les dédia à Neptune *Consus*, dieu des bons conseils, en souvenir de l'enlèvement des Sabines, et l'on attribue à Tarquin l'Ancien la construction du premier cirque en pierre. Ce monument était placé entre le mont Aventin et le mont Palatin. Il fut restauré et agrandi par Jules César, enrichi par Auguste et par Tibère, gravement endommagé par l'incendie de Néron, rétabli sous Vespasien, puis successivement restauré et augmenté encore par Trajan et par Constantin. Denys d'Halicarnasse, qui le visita peu après l'achèvement des travaux ordonnés par César, dit qu'il pouvait contenir 150 000 spectateurs, et qu'il avait trois stades et demi de longueur sur quatre plèthres de largeur (778 mètres sur 111 mètres); Pline assure que ce cirque admettait de son temps jusqu'à 250 000 personnes; et enfin Victor porte ce nombre à 380 000, sous Constantin [1]. De cette immense construction, la plus vaste de toutes celles du même genre, et qui avait reçu en conséquence le nom de *Circus maximus*, il ne reste plus que des ruines informes qui permettent de reconnaître l'emplacement, mais sont insuffisantes pour faire revivre les dispositions.

La plupart des autres cirques construits par les Romains ne se sont pas mieux conservés; il en est même beaucoup dont il ne subsiste aucun vestige. Cependant ils avaient dû être solidement établis, et il fallait des masses considérables de ma-

[1] Il est probable que ces évaluations sont exagérées. Voir ce qui a été dit plus haut au sujet des amphithéâtres.

çonnerie pour soutenir leurs gradins ; mais on conçoit qu'impropres à tout autre usage, ils aient été abandonnés, lorsque tombèrent en désuétude les jeux à la célébration desquels ils étaient destinés, et qu'on ait tiré parti de leurs matériaux dans des temps où l'on n'avait pas un grand respect pour les œuvres de l'antiquité romaine. Heureusement un de ces édifices, situé à environ deux milles de Rome, près de la voie Appienne, a dû, à sa position dans la campagne et aux terres qui l'ont recouvert, de pouvoir dérober ses parties les plus essentielles aux injures du temps et des hommes. Sans lui, nous en serions réduits à d'insuffisantes descriptions et à des médailles plus insuffisantes encore. Ce monument avait été, pendant longtemps, attribué à Caracalla, sans autres motifs qu'une statue trouvée à proximité et le goût de cet empereur pour les jeux du cirque, et bien que la nature des maçonneries indiquât une époque postérieure ; mais des fouilles récentes ont fait découvrir une inscription constatant qu'il avait été construit par Romulus, fils de Maxence. Un temple voisin avait été dédié au premier de ces princes, et son enceinte était en communication avec le cirque. Il est probable qu'on y réunissait la *pompa circensis*, longue procession par laquelle les jeux débutaient.

Les cirques offraient quelque analogie avec les amphithéâtres, en ce qu'ils consistaient essentiellement en une arène entourée de gradins ; mais ils étaient beaucoup plus allongés et généralement moins élevés. Leur contour n'était pas elliptique comme celui des amphithéâtres ; il était formé, dans la majeure partie de sa longueur, par deux lignes parallèles. Ces lignes étaient réunies à l'une des extrémités par une demi-circonférence de cercle, au sommet de laquelle était établie la principale porte d'entrée de l'arène, et à l'autre par un arc de cercle d'un assez grand rayon, le long duquel étaient distribuées les remises (*carceres*) d'où partaient les chars au moment de la course. Au milieu de ce dernier arc était ouverte une autre porte, et à ses extrémités s'élevaient des tours sur lesquelles se plaçaient les musiciens chargés d'animer les jeux. Une troisième tour était établie quelquefois au milieu de sa longueur. Les *carceres* étaient couvertes par une terrasse d'où l'œil embrassait parfaitement toute l'enceinte, et qui était réservée à des spectateurs choisis. L'arène était divisée, dans la majeure partie de sa longueur, par la *spina*, sorte de chaussée en maçonnerie, peu élevée au-dessus du sol et décorée de divers monuments. A l'une et à l'autre des extrémités de la *spina*, étaient les bornes (*metæ*), au nombre de trois, groupées sur un soubassement. Leur forme était conique, et elles étaient surmontées chacune par un œuf, en mémoire de Castor qui, le premier, avait, disait-on, façonné le cheval à la course. Les chars circulaient autour de la *spina*, et les cochers s'efforçaient de ranger les bornes de très-près, sans les toucher. Dans quelques cirques et entre autres dans le *Circus maximus*, on avait creusé un canal (*euripe*) au bas des gradins, afin de garantir les spectateurs des atteintes des bêtes féroces, lorsqu'on en faisait intervenir dans les jeux. Enfin, dans la plupart de ces édifices, un ou deux rangs de portiques extérieurs, analogues à ceux des amphithéâtres, étaient destinés à offrir un abri au public, en cas de pluie.

Le cirque de Romulus avait environ 480 mètres de longueur sur 74 mètres de largeur. Il était dépourvu de portiques, et ne comptait qu'un petit nombre de gradins. Sa *spina* avait 296 mètres de longueur, 6^m,50 de largeur, et une hauteur variant de 2 à 3 mètres. Elle était divisée, sur sa longueur, par des coupures qui permettaient de se rendre d'un côté de l'arène à l'autre sans la contourner; les groupes de bornes en étaient également séparés par des passages. Un obélisque, qu'on admire aujourd'hui sur la place Navone, était placé au centre de l'épine, et des réservoirs d'eau, des statues, des édicules et entre autres deux colonnes portant une architrave surmontée de sept dauphins (symboles de Neptune), étaient distribués sur divers points de la même construction. On y trouvait aussi un petit temple consacré à Vénus, sur lequel étaient alignés sept œufs mobiles, qui servaient à marquer les nombres de tours accomplis par les chars.

L'épine n'était pas dirigée parallèlement aux longs côtés du cirque; l'une de ses extrémités était placée à peu près au milieu de la largeur de l'arène, près du centre de la partie demi-circulaire, et l'autre laissait à droite, à partir des *carceres*, un passage notablement plus large que de l'autre côté. Le centre de l'arc que formaient ces remises n'était pas placé non plus sur l'axe de l'arène; il était rejeté à droite, de telle sorte que le côté droit du cirque l'emportait un peu en longueur sur le côté gauche. Ces irrégularités s'expliquent parfaitement : les chars prenaient à droite en sortant des *carceres*, et il fallait satisfaire à cette double condition, de placer tous leurs points de départ à égale distance de l'endroit vers lequel ils devaient se diriger d'abord, et de leur offrir un plus large passage au début de la carrière, où ils étaient tous en ligne, que plus loin où ils se distançaient plus ou moins.

Les *carceres* étaient au nombre de douze; elles étaient fermées par des grilles du côté du cirque, et des hermès de grandes dimensions étaient adossés contre les pieds-droits qui les séparaient. A leurs extrémités, étaient placées les tours au pied desquelles s'ouvraient deux grandes portes communiquant avec le dehors. Les lignes de gradins étaient interrompues par deux loges (*pulvinaria*) ; l'une, placée à gauche, à peu près à hauteur du premier groupe de bornes, était probablement destinée à l'empereur, et l'autre, située sur le côté opposé, devait être occupée par les juges des jeux. De nombreux escaliers débouchaient sur les gradins, et étaient régulièrement distribués dans toute l'étendue de l'enceinte.

On comprend, en étudiant ces immenses édifices, en voyant avec quelle sollicitude ils étaient distribués, en cherchant à se rendre compte de l'effet que devait produire la prodigieuse quantité de spectateurs qu'ils admettaient, on comprend l'extrême importance que les Romains dégénérés de l'empire attachaient aux jeux du cirque, et l'on se rappelle sans surprise les folies de quelques empereurs, aussi bien que le *panem et circenses* du peuple. Il devait y avoir une animation, un enivrement, dont nous ne saurions nous faire une idée, dans ces luttes excitées par les clameurs de la multitude, où la part du vaincu était le déshonneur, la mort quelquefois, et qui donnaient au vainqueur la fortune, la gloire, plus que cela peut-être, les applaudissements enthousiastes de spectateurs qui se comptaient par centaines de mille.

Peut-être est-il à regretter qu'il n'y ait pas d'édifices analogues aux cirques, tant à Paris que dans nos grandes villes ; ils y rendraient plus d'un service.

Nos fêtes publiques, qui consistent toujours en feux d'artifice et en insignifiantes décorations encombrant nos places et nos promenades, sont sans portée et paraissent bien misérables, malgré le talent des ordonnateurs et les dépenses qu'elles exigent ; et que de fois d'ailleurs les intempéries de notre climat ne viennent-elles pas y mettre d'insurmontables obstacles ! Tandis que si nous avions dans notre capitale une vaste enceinte, capable de contenir deux cent mille spectateurs, ces fêtes toujours assurées pourraient être variées à l'infini, et concourir à l'éducation des classes inférieures en même temps qu'à leurs plaisirs. L'édifice serait couvert. Ce n'était pas nécessaire, et c'eût été jugé sans doute impossible à Rome ; mais ce serait indispensable dans notre climat, et nous n'y trouverions aucune difficulté sérieuse, puisque nous pouvons exécuter, en toute sécurité et sans trop grands frais, des fermes en fer d'une centaine de mètres de portée. La majeure partie sinon la totalité de la couverture serait vitrée, et des dispositions, faciles à imaginer, assureraient une ventilation suffisante dans l'intérieur, et le mettraient à l'abri des rayons et des ardeurs du soleil. La *spina* serait remplacée par une large plate-bande de gazon où des groupes d'arbustes choisis encadreraient heureusement des fontaines jaillissantes, d'élégantes sculptures, et des statues de grands hommes. Les jeux consisteraient en courses de chevaux, en exercices équestres, en évolutions militaires, en représentations d'événements historiques et d'illustres faits d'armes, en concerts formés par des milliers de voix et des instruments innombrables. Ces fêtes, et tant d'autres qu'enfanterait l'imagination de nos artistes, auraient lieu tantôt pendant le jour, tantôt pendant la nuit, et elles seraient alors brillamment éclairées par de nombreux jets de gaz ou par la lumière électrique, et des feux de Bengale viendraient les embellir de couleurs éclatantes et variées.

Pendant la mauvaise saison, la vaste enceinte pourrait devenir un magnifique jardin d'hiver, dont l'entrée serait gratuitement ou à bas prix ouverte au public. Des bancs et des chaises distribués sur le sable de l'arène, des fleurs et des plantes rapidement grimpantes sur les gradins, des oiseaux en liberté, des poissons et des cygnes dans les bassins, des animaux choisis sur la pelouse et dans les massifs, des groupes épars d'enfants se livrant à leurs gracieux ébats ; toutes ces choses réunies donneraient grand intérêt à cette promenade, où tout respirerait le bonheur, et qui offrirait un admirable coup d'œil en même temps qu'un contraste frappant avec les rigueurs du dehors.

Enfin, pour chacune de nos expositions des produits de l'industrie, nous sommes condamnés à encombrer à grands frais l'une de nos promenades ou de nos places publiques par de disgracieuses et éphémères constructions, où l'espace est mesuré d'une main parcimonieuse, où la circulation est difficile, et où ni belle disposition ni longue perspective ne viennent frapper les regards. Or l'édifice dont il s'agit y conviendrait merveilleusement. Deux ou trois larges gradins en charpente s'établiraient au-dessus de ceux du cirque ; un certain nombre de rampes à pente douce les mettraient en communication ; chacun d'eux serait muni d'une balustrade du côté de l'arène, et les objets les moins encombrants se rangeraient contre la paroi opposée ; les machines et quelques produits agricoles seraient répartis autour de la pelouse. Cette vaste enceinte, qui occuperait une surface de 6 à 8 hectares, n'admettrait pas seulement les produits de l'industrie nationale, mais ceux du monde entier, et on les embrasserait tous d'un seul coup d'œil, ainsi que la foule innombrable accourue de toutes parts pour les admirer. Il semble qu'une pareille exposition serait l'un des plus imposants spectacles qu'il eût jamais été donné à l'homme de contempler[1].

[1] Ce chapitre était écrit avant les expositions universelles de l'industrie qui ont eu lieu en 1855 et en 1867. Il n'a pas paru qu'il y eût lieu d'en modifier les conclusions, car les édifices construits dans ces deux circonstances n'ont pleinement répondu, ni l'un ni l'autre, à ce qu'on était en droit d'en attendre.

CHAPITRE CINQUIÈME.

ÉDIFICES D'UTILITÉ PUBLIQUE.

I. — HOTELS DE VILLE.

Les hôtels de ville ont pour origine l'établissement des communes. Ils rappellent l'un des faits principaux du moyen âge : les longues luttes de la bourgeoisie contre ses oppresseurs, et les premières institutions de libertés publiques depuis la chute de l'empire romain. Aussi les communes attachaient-elles grande importance à ces édifices, dans lesquels elles trouvaient des centres d'action et des symboles de puissance. Aucun autre, dans l'ordre civil, ne recevait autant de développement, et n'était plus solidement établi ou plus richement décoré.

L'hôtel de ville s'élevait habituellement sur la place centrale de la cité. Son rez-de-chaussée se composait presque toujours de portiques plus ou moins ouverts, servant de halles et de marchés publics ; au-dessus, étaient les bureaux, les archives de la commune et une grande salle dans laquelle se réunissaient les assemblées, se faisaient les élections et se donnaient les fêtes ; au milieu de la façade, s'élevait la tour du beffroi. La grande salle et la tour étaient les parties les plus caractéristiques et les plus importantes de l'édifice. Largement ouverte sur la façade principale, dont elle occupait quelquefois toute la longueur, cette salle était de belles proportions, d'un caractère imposant, et était ornée avec tout le luxe que comportaient les ressources de la ville. La tour était traitée avec plus de sollicitude encore, et volontiers eût-on renoncé à tout le reste pour la conserver ;

car les réunions pouvaient se tenir en plein air, dans les églises ou sous les halles, tandis que le beffroi était nécessaire pour donner le signal qui annonçait l'ouverture des assemblées populaires, ou appelait les bourgeois à prendre les armes et à marcher à l'ennemi. Aussi aucun sacrifice ne paraissait-il trop lourd pour l'élever à une grande hauteur, et lui donner beaucoup de magnificence. Il fallait qu'elle dominât celles des églises, voire même celles de la cathédrale, et qu'elle proclamât au loin les libertés et la puissance de la ville. Elle était un légitime objet d'orgueil.

Les villes de Flandre, où les communes, constituées de bonne heure, ont longtemps conservé leurs franchises, sont remarquables entre toutes par la beauté et les vastes dimensions de leurs hôtels de ville. Ils ne remontent pas au début des libertés municipales; car les ressources étaient trop bornées alors, et il a fallu attendre, pour élever les monuments qu'exigeaient ces libertés, qu'elles eussent exercé leur influence sur le développement des richesses publiques. Ils datent pour la plupart du quatorzième et du quinzième siècle. On peut citer, parmi les plus beaux, ceux de Bruxelles, de Bruges, de Louvain, d'Anvers, de Gand et d'Ypres. Les beffrois y sont extrêmement élevés.

La Hollande compte un assez grand nombre d'hôtels de ville très-remarquables, à la tête desquels se place celui d'Amsterdam. Cet édifice, construit vers le milieu du dix-septième siècle, par Van Campen, le plus célèbre architecte hollandais, a la forme d'un rectangle d'environ 94 mètres de longueur sur 74 mètres de profondeur. Sa façade sur la place publique n'a pas moins de 39 mètres de hauteur. Il est d'une belle et grande disposition, sa salle principale est très-vaste, et il y a de la magnificence dans sa décoration.

L'Allemagne, les provinces du Rhin et la Suisse présentent également de fort beaux édifices de ce genre, tels que ceux de Berne et de Bâle.

Ce sont aussi des hôtels de ville ces édifices connus en Italie sous les noms de *Palazzo della ragione, Palazzo della communità, Palazzo pubblico,*[1] etc. Quelques-uns d'entre eux sont d'admirables monuments. Tels sont: le palais Vieux de Florence, dont les vigoureuses murailles ont vu tant de révolutions et soutenu tant de siéges; le palais de Sienne, avec sa tour élancée et sa grande salle couverte de peintures; ceux de Pistoja et de Brescia; ceux de Padoue et de Vicence, dont les immenses salles sont couvertes par des voûtes en charpente, et dont le second a été entouré par Palladio d'un double rang de portiques[1].

[1] Voyez la première partie, page 296 et planche 30, figure 5.

En France, les hôtels de ville remarquables sont nombreux. Citons ceux de Reims, de Lille, d'Arras, de la Rochelle, de Toulouse, de Compiègne, de Metz, de Rennes, de Lyon surtout, dont le plan est très-habilement disposé et dont la riche architecture témoigne d'une action exercée par le voisinage de l'Italie sur l'art français du dix-septième siècle. Citons enfin l'hôtel de ville de Paris, qui, ayant suivi la ville dans ses brillantes destinées, est devenu le plus vaste et le plus magnifique de tous les édifices de ce genre. Il est trop important, et présente de trop précieux enseignements pour que nous ne jugions pas nécessaire de nous y arrêter quelques instants.

Hôtel de ville de Paris. Il est représenté par les planches 52, 53 et 54. La première donne le plan du premier étage ; la seconde, l'élévation et le plan du rez-de-chaussée rapporté à une échelle moindre que le précédent ; la troisième est consacrée à la coupe transversale.

Cet édifice date du seizième siècle ; il fut commencé en 1533, sur les dessins d'un architecte italien, Dominique Boccadoro, plus connu sous le nom de Dominique de Cortone, conformément à un usage de l'époque, qui faisait honneur à la ville de l'artiste qu'elle avait vu naître. On ne songeait pas alors à donner au palais le développement qu'il a reçu plus tard ; il ne devait se composer que de la cour centrale, en forme de trapèze régulier, et des bâtiments, simples en profondeur, qui en suivent le périmètre. La façade principale s'élevait, comme aujourd'hui, sur la place de Grève, et elle subsiste encore, enclavée dans les nouvelles constructions ; l'une des faces latérales longeait une voie publique, l'autre était adossée contre l'hôpital du Saint-Esprit, et la façade postérieure n'était séparée que par une étroite ruelle de l'église paroissiale de Saint-Michel en Grève.

Les travaux, poussés d'abord avec une certaine activité, furent à peu près suspendus pendant toute la seconde moitié du siècle qui les avait vu commencer, et, repris en 1606, ne furent terminés qu'en 1628. Une statue équestre d'Henri IV, placée au-dessus de la principale porte d'entrée, rappelle l'intérêt qu'avait pris ce prince à l'achèvement du palais.

La galerie de la cour au rez-de-chaussée, la grande salle du premier étage sur la place, et la partie centrale de la façade de ce côté, appartiennent à la construction primitive, et se font remarquer par l'originalité, la variété, la richesse et l'élégance de leurs formes. Et, chose singulière, rien ne rappelle l'Italie dans cette architecture dessinée par un artiste italien. Les fenêtres sont de grandes dimensions, comme il convient à notre climat, et le système décoratif présente cette charmante fantaisie, cette liberté d'allures qui appartiennent en propre à la Renaissance française, et n'ont jamais pénétré de l'autre côté des Alpes. C'était un grand artiste celui qui savait si bien apprécier les convenances de diverses natures, spéciales au pays pour lequel il travaillait, et leur donner une aussi complète satisfaction.

Vers la fin du siècle passé, on éleva une galerie au-dessus du portique de la cour, qui ne régnait qu'au rez-de-chaussée, et l'on se proposait d'agrandir l'édifice devenu insuffisant; mais les événements politiques firent ajourner ce projet, et il ne fut sérieusement repris qu'en 1836. Les travaux étaient en cours d'exécution l'année suivante, et ils furent poursuivis avec une telle activité qu'en 1844, toutes les maçonneries étaient terminées, et qu'on pouvait utiliser la majeure partie des nouvelles constructions. La belle et splendide décoration des salles de réception, confiée à nos artistes les plus distingués, ne pouvait marcher aussi rapidement; mais elle est achevée depuis plusieurs années, et rien n'a manqué aux dernières fêtes données par la ville dans ce palais, où la richesse et le bon goût s'associent à une excellente disposition.

Il serait difficile d'imaginer une distribution plus favorable pour de nombreuses réceptions. Nous avons déjà fait remarquer au lecteur[1] les vestibules du rez-de-chaussée, qui sont établis sur de grandes proportions et de manière à donner toutes facilités à la circulation. Qu'il jette les yeux sur le plan du premier étage; il n'y trouvera pas moindre matière à une approbation sans réserve, et il sera frappé de l'art avec lequel les nouvelles constructions ont été rattachées aux anciennes. Un examen détaillé de toutes les parties de ce vaste plan nous entraînerait trop loin, et n'est pas nécessaire d'ailleurs pour en faire apprécier les mérites; car ils sont faciles à reconnaître à première vue, en lisant la légende qui donne la destination des différentes salles. Nous nous bornerons à signaler l'heureuse disposition des grands escaliers et de leurs galeries latérales; des salons qui, de chaque côté, précèdent la grande salle des fêtes; du salon des cariatides, d'où la vue s'étend sur les deux escaliers; du salon de réception, qu'un double escalier relie à la cour couverte, convertie, ainsi que nous l'avons déjà dit, en un immense vestibule; enfin des nombreuses galeries de dégagement, grâce auxquelles on circule aisément partout, alors même que la ville hospitalière a ouvert son palais à plus de

[1] Page 124.

six mille invités. Ajoutons cependant que toutes ces salles qui se succèdent sont variées, comme il convient, dans les formes, dans les hauteurs et dans l'ornementation, de telle sorte que l'ordre n'y engendre nullement la monotonie.

La légende ci-après fait connaître la destination des différentes parties de l'un et de l'autre plan.

Plan du rez-de-chaussée : 1, 1, porches ouverts d'un côté sur une cour latérale, et de l'autre sur la voie publique ; 2, grand vestibule, servant de vestiaire dans les jours de fêtes ; 3, vestibule tétrastyle, donnant accès aux grands escaliers 4, 4 ; 5, rampe conduisant sous le portique de la cour centrale, accompagnée d'une fontaine de chaque côté ; 6, ancienne cour du palais, couverte aujourd'hui ; 7, principale entrée du palais sur la place de Grève ; 8, grand escalier des appartements municipaux ; 9, ancien escalier principal ; 10, 10, bureaux ; 11, 11, appartements du préfet ; 12, escalier de la bibliothèque ; 13, escalier des bureaux ; 14, 14, escaliers de dégagement ; 15, 15, cours.

Plan du premier étage : 1, 1, antisalles ; 2, 2, salons ; 3, galerie des fêtes ; 4, 4, grands escaliers ; 5, salon des cariatides, ayant vue sur ces escaliers ; 6, salon de réception ; 7, 7, appartements municipaux ; 8, grand escalier ; 9, 9, appartements de l'empereur ; 10, salle du trône ; 11, vestibule de la salle du trône ; 12, 12, cabinets du préfet ; 13, 13, bureaux ; 14, ancien escalier principal ; 15, escalier de la bibliothèque ; 16, 16, galeries de dégagement ; 17, cour couverte ; 18, 18, cours ; 19, escalier des bureaux ; 20, 20, escaliers de dégagement.

Il est à remarquer que ce que nous avons appelé rez-de-chaussée est un plan pris au niveau de la cour centrale, laquelle est fort élevée au-dessus de la voie publique, ainsi qu'on le voit sur la coupe. Sur les cours latérales, sur la place de Grève et sur les faces en retour, ce rez-de-chaussée est précédé d'un soubassement dans lequel sont distribuées diverses dépendances du palais.

C'est à MM. les architectes Lesueur et Baltard que sont dus les travaux dont cet édifice a été l'objet dans ces dernières années ; à ce dernier appartiennent la couverture et le magnifique escalier de la cour d'honneur.

II. — PALAIS DE JUSTICE.

Les palais de justice sont des édifices fort importants. Ils comptent parmi les plus beaux de la ville à laquelle ils appartiennent, quand ils ont été mis à hauteur de leur destination.

Un palais de justice se compose essentiellement de vestibules, de salles d'audience, et de chambres ou cabinets pour les juges, les avocats, les avoués, les greffiers, les témoins, etc. Ces différentes pièces sont plus ou moins vastes et plus ou moins nombreuses, suivant l'importance du ressort, et suivant qu'il s'agit d'une cour impériale, ou seulement d'un tribunal de première instance. Dans ce dernier cas, l'édifice prend habituellement le nom de tribunal. Une prison, destinée aux accusés en état de détention préventive, doit être annexée à tout palais de justice.

Le principal vestibule, habituellement désigné sous le nom caractéristique de *salle des pas perdus*, doit se présenter dès l'entrée, et être de dimensions comparativement vastes. C'est là que se rendent les avocats, les plaideurs et les curieux, en attendant l'ouverture de l'audience, que se donnent de nombreux rendez-vous d'affaires, et que se tiennent les écrivains publics qui mettent leur plume et leur longue expérience à la disposition des classes inférieures. Sur la salle des pas perdus, doivent être ouvertes les entrées principales des salles d'audience, qu'il convient toutefois de faire précéder par un petit vestibule ou tambour, afin que les bruits du dehors ne puissent pénétrer dans ces salles. Une bonne disposition exige en outre que la salle des pas perdus serve de dégagement direct ou indirect à toutes les dépendances du palais dans lesquelles le public est appelé à se rendre, telles que le greffe, les cabinets du ministère public et des juges d'instruction, etc. La grande salle des pas perdus du palais de justice de Paris a déjà été signalée à l'attention du lecteur[1]; celle du palais de justice de Rouen est également fort remarquable.

Les salles d'audience doivent être d'une étendue proportionnée au nombre des juges et à l'affluence habituelle des auditeurs. Ainsi, celle qui est destinée à une

---

[1] Page 125

cour d'assises doit l'emporter de beaucoup sur celle d'un tribunal de première instance. La forme qui paraît la plus convenable est la forme rectangulaire, l'entrée principale étant ouverte au milieu d'un des petits côtés. Sur la face opposée s'établissent, sur une estrade, les siéges des juges au centre, et ceux du ministère public et du greffier, à droite et à gauche. Un espace libre est réservé, en avant de l'estrade, pour les témoins et le dépôt des pièces de conviction ; à gauche est le banc des accusés ; à droite, dans les cours d'assises, sont placés ceux des jurés. Puis viennent les bancs réservés aux plaideurs, aux avocats, aux témoins et aux personnes munies de billets. Enfin la partie de l'enceinte ouverte au public est située du côté de l'entrée, et elle est séparée du reste de la salle par une balustrade.

Il convient qu'une salle d'audience soit largement éclairée, et que les fenêtres soient ouvertes sur l'un des longs côtés, de manière que le jour donne en plein sur les accusés, et permette d'apercevoir tous les mouvements de leur physionomie.

Quelques salles d'audience sont voûtées, d'autres et en plus grand nombre sont couvertes par des plafonds à compartiments. Cette dernière disposition paraît la plus convenable, sous le double rapport du caractère et des facilités de construction. Il importe que ces salles soient d'une belle hauteur, afin de leur assurer la dignité qu'elles doivent avoir, et d'éviter l'action qu'une atmosphère étouffée pourrait exercer sur des magistrats déjà excités parfois à la somnolence. Il est nécessaire d'ailleurs de pourvoir, par un bon système de ventilation, au renouvellement de l'air et au maintien d'une température convenable.

Une salle de conseil doit être établie à proximité de la salle d'audience, et être mise en communication directe avec l'estrade des juges ; les jurés doivent trouver près de leur banc la porte conduisant dans la salle réservée à leurs délibérations ; il faut un passage pour les témoins appelés dans la salle d'audience, et un autre, donnant accès, soit dans la prison, soit dans une salle de dépôt, et débouchant derrière le banc des accusés.

L'architecture d'un palais de justice doit être digne et austère, mais sans excès de sévérité. Il convient que toutes choses y soient régulièrement disposées, que la construction s'y montre rationnelle, que la décoration y soit calme, noble et imposante. L'édifice en un mot doit se mettre, autant qu'il est en lui, en harmonie avec la justice elle-même, et en annoncer l'idéal.

III. — PRISONS.

On peut dire que ces établissements sont d'institution moderne, au point de vue de l'art; non qu'il n'y ait eu toujours des prisons, mais parce que l'Architecture n'avait, pour ainsi dire, pas à intervenir autrefois dans ces édifices, tandis qu'ils lui offrent aujourd'hui d'intéressants sujets d'étude. La société outragée ne veut plus se venger; elle cherche surtout à se sauvegarder en enfermant le coupable, et à le ramener, s'il se peut, à de meilleurs sentiments : de là résulte la nécessité de dispositions spéciales pour les prisons.

Sans doute l'antiquité peut revendiquer l'honneur d'avoir proclamé les principes qui nous dirigent; mais elle n'a pas celui de les avoir appliqués, car ils étaient à trop grande distance de ses mœurs. Et l'on en peut dire autant d'époques beaucoup plus rapprochées de nous.

En vain Platon imagine le *sophronistère*, véritable prison pénitentiaire, où les condamnés, visités chaque jour par les magistrats, apprennent à accepter le châtiment en expiation de la faute, ouvrent leur cœur au repentir, et, purifiés, rentrent ensuite dans la société dont ils deviennent des membres utiles; en vain le christianisme donne naissance, dès son début, à de charitables associations qui visitent les prisonniers, et leur prodiguent les encouragements et les bons conseils; en vain Constantin et ses successeurs promulguent de sages règlements sur les maisons de détention; en vain le grand évêque de Milan, saint Charles Borromée, prend chaleureusement en main la cause qui a trouvé de nos jours de si nombreux défenseurs : jusqu'au dix-septième siècle, on ne voit dans la prison qu'un endroit destiné à punir et à séquestrer des individus. Qu'elle s'oppose efficacement aux évasions, on ne lui demande pas autre chose et tout édifice qui remplit cette condition, quelle que soit sa distribution, quelle qu'ait été sa destination première, est propre à servir de prison. Suivant les circonstances locales, les détenus sont entassés sans ordre, en nombre plus ou moins considérable, les criminels endurcis avec les hommes simplement égarés, les innocents avec les coupables, ici dans des lieux humides, là sous des plombs brûlants. Privés d'air et d'exercice, soumis aux privations les plus rudes, livrés à des geôliers inhumains, ces malheureux semblent sous le coup de la terrible sentence de Catherine de Médicis : *È pietà lor esser crudele, è crudeltà lor esser pietoso.*

Cependant, à mesure que les mœurs perdaient de leur férocité, le régime des prisons s'améliorait sur divers points de l'Europe ; l'Allemagne, la Hollande, le Danemark offraient, dès le dix-septième siècle, des établissements organisés en vue de la correction, et où les détenus prenaient l'habitude du travail. Dans le siècle suivant, la maison pénitentiaire de Saint-Michel, à Rome, puis les prisons de Milan et de Gand furent construites de manière à permettre l'isolement des prisonniers pendant la nuit et leur réunion silencieuse pendant le jour soit pour travailler, soit pour entendre des instructions religieuses. Mais ce n'étaient que des tentatives isolées, et ces expériences n'avaient pas grand retentissement, lorsque parut Howard, qui se dévoua à l'étude de la question, et la signala à la sollicitude du monde civilisé dans un ouvrage publié en 1777. Quelques années après (1791), Bentham fit ressortir les avantages du plan *panoptique* pour les édifices destinés à contenir un grand nombre d'individus, et spécialement pour les prisons. Vinrent enfin les États-Unis d'Amérique. A peine émancipés, ils s'occupèrent sérieusement et avec suite des dispositions à adopter pour résoudre le problème qui préoccupait l'Europe, et ils eurent la gloire d'appliquer sur une grande échelle, en les développant et les rendant pratiques, les meilleures idées émises jusqu'alors.

Deux systèmes d'emprisonnement y sont en vigueur. Ils sont connus sous les noms de *système d'Auburn* et *système de Philadelphie*, ou de *emprisonnement cellulaire de nuit* et *emprisonnement cellulaire de jour et de nuit.*

Dans le premier, les condamnés sont réunis pendant le jour dans des ateliers, où le travail et le silence sont de rigueur, et où ils sont soumis à une surveillance incessante ; pendant la nuit, ils sont enfermés chacun dans une petite cellule.

Le second système rend l'isolement absolu ; nuit et jour le prisonnier reste dans sa cellule, il n'en sort qu'à de rares intervalles, et n'aperçoit jamais un seul de ses compagnons de captivité.

L'un et l'autre constituent une grande amélioration sur ce qui existe encore dans la plupart des prisons de l'ancien monde ; mais chacun d'eux a ses inconvénients, et la question de savoir lequel doit être préféré n'est pas encore résolue.

A l'emprisonnement cellulaire de nuit, on reproche de ne pas offrir une solution complète du problème. Quand bien même, disent ses adversaires, on parviendrait à intercepter toute communication orale entre les détenus, que leurs travaux journaliers mettent incessamment en contact, on n'arrêterait pas les signes d'intelligence ; ces hommes se connaissent, se retrouvent à leur sortie de prison, et renouent, au grand détriment de la société, des relations dans lesquelles les natures les plus perverses ne manquent pas de dominer. Le repentir arrive difficilement où l'on n'est pas porté à se recueillir, et où l'on est toujours en présence d'hommes aussi coupables que soi. Pour empêcher des prisonniers placés côte à côte, attachés à un même ouvrage, de céder à l'irrésistible tentation qu'ils doivent éprouver de se communiquer parfois leurs pensées, il faut de nombreux surveillants armés d'un pouvoir presque discrétionnaire ; on n'a obtenu aux États-Unis, non pas le silence absolu, mais son apparence, qu'en donnant des fouets aux geôliers avec autorisation de frapper à la moindre infraction. Or on n'améliore pas l'homme qu'on dégrade, on n'adoucit pas les mœurs par la brutalité, et les humiliations de la prison engendrent des passions féroces qui finissent parfois par éclater, soit à l'expiration de la peine, soit même dans l'intérieur de l'établissement, où elles déterminent des révoltes sanglantes. Enfin ce régime, bien que très-cruel au fond, ne paraît pas au dehors aussi dur, aussi effrayant que l'autre et n'a pas par suite autant de puissance préventive.

Contre l'isolement absolu, dont les applications s'étaient faites d'abord en toute rigueur, on a pu objecter malheureusement les suicides et les aliénations mentales qu'il avait eus pour conséquence ; mais plusieurs rapports officiels établissent qu'on a pu remédier à ce danger en faisant visiter les prisonniers par le directeur, l'aumônier, le médecin et quelques personnes charitables, de manière à ne pas priver ces malheureux de toute communication avec les hommes. Un autre reproche a été adressé à ce système, et il est fondé : c'est celui d'être beaucoup plus dispendieux que l'autre. D'une part, en effet, la cellule dans laquelle un homme doit travailler et être constamment enfermé, exige de plus grandes dimensions et des dispositions plus compliquées que celle où il est seulement appelé à passer la nuit ; et, de l'autre, l'expérience a démontré que le travail des hommes isolés est moins productif que celui d'hommes réunis dans des ateliers, de sorte que l'État ne récupère pas une aussi forte partie de ses dépenses par le prélèvement opéré sur le produit des ouvrages qu'exécutent les détenus. Mais, sans méconnaître ce qu'il y a de très-sérieux dans la question de dépenses, on peut dire qu'elle ne doit pas dominer, alors qu'il s'agit d'intérêts aussi importants pour la société.

Un magistrat[1], qui a étudié sur place les pénitenciers des États-Unis, résume, ainsi qu'il suit, les considérations d'après lesquelles il donne la préférence à l'isolement de jour et de nuit :

« La démoralisation y est impossible ; l'amendement y est probable et, dans un « grand nombre de cas, infaillible.

« La solitude est favorable à la réflexion, à la méditation, à la prière et à la « lecture.

« L'instruction morale et religieuse n'y est troublée par aucune cause de dis-« traction. Il est permis d'y étudier le caractère et le tempérament du condamné, et « de lui adresser les conseils et les encouragements qui paraissent de nature à faire « impression sur son cœur, d'après ses antécédents, ses habitudes et son éducation.

« La peine y est proportionnée à la culpabilité morale du condamné, car la « solitude est d'autant plus poignante que le détenu est plus coupable et plus cor-« rompu.

« Combinée avec quelques moyens de discipline intérieure, elle est susceptible « d'être modifiée dans sa rigueur jusqu'à la mansuétude, et d'atteindre le plus « haut point d'énergie, sans le secours d'aucun des moyens qui répugnent à l'hu-« manité et aux scrupules d'un esprit public avancé. Ce régime comporte une du-« rée de peine moins longue, et économise ainsi à la fois le temps des condamnés, « et les deniers de l'État.

« En donnant aux condamnés le moyen de s'amender, il leur assure encore le « secret de leur ignominie, leur permet de rentrer dans la vie civile, sans y être re-« poussés, et d'y exercer sans trouble l'industrie dont la prison les aura souvent « dotés.

« Par l'absence de toute espèce de communication entre les prisonniers, et cha-« que cellule formant une prison séparée et complète où le détenu ignore le nom « et même l'existence de son voisin, on peut renfermer dans le même pénitencier, « sans le moindre inconvénient, toutes natures de condamnés, quels que soient « leur âge, leur sexe, leur dépravation, leur culpabilité ; ce qui permet de réduire « le nombre des prisons, et de supprimer entre elles toute classification, écono-« mie impossible avec un autre système. Enfin il y a moins de chance d'évasion « que dans le système d'Auburn, et cette certitude est pour la société un nouveau « gage de paix et de sécurité. »

[1] Demetz, *Rapport sur les pénitenciers des États-Unis*. Paris, 1857.

Le système de l'emprisonnement cellulaire de jour et de nuit a été appliqué dans un grand nombre de localités, notamment pour la prison de la nouvelle Force, sur le boulevard Mazas, à Paris, et nous ne pouvons mieux faire connaître le détail de ses convenances, au point de vue de l'art des constructions, que par une description de ce dernier édifice, qui a été étudié avec la plus grande sollicitude, et réunit aux meilleures dispositions éparses dans les divers pénitenciers des États-Unis, quelques innovations que l'expérience a pleinement justifiées. Il est dû à MM. les architectes Lecointe et Gilbert, et il a été terminé en 1849. Il est représenté en plan par la figure 1 de la planche 57, en élévation et en coupes sur la planche 58.

Prison Mazas.

On voit que le plan a reçu la forme panoptique préconisée par Bentham. En avant, sont les bâtiments d'administration ; en arrière et réunis aux premiers par un passage couvert, ceux qui sont destinés aux détenus. Ces derniers consistent en six longues galeries rayonnantes, qui renferment les cellules et ont pour point de départ et de réunion une salle centrale de forme circulaire. Les bâtiments cellulaires sont séparés par des cours triangulaires, dans chacune desquelles on trouve une série de petites cours, disposées également suivant la forme panoptique et destinées aux promenades solitaires des prisonniers. Ces petites cours sont séparées par des murs fort élevés, sont accompagnées de hangars qui offrent un abri en cas de pluie, sont mises en communication par un couloir, et sont dominées par un pavillon central de surveillance.

La surveillance de l'intérieur a son poste principal en 18 (pl. 57, fig. 1) ; la vue s'étend de là sur tous les bâtiments cellulaires. Au-dessus de ce poste, est une plate-forme qui constitue la chapelle de l'établissement. L'autel est en vue de toutes les entrées des cellules, dont les portes sont entr'ouvertes dans sa direction pendant les offices religieux, de telle sorte qu'il soit impossible aux prisonniers de profiter de la circonstance pour échanger des regards. Les bâtiments cellulaires consistent chacun en une longue galerie de 4 mètres de largeur, s'élevant dans toute leur hauteur, et accompagnée de chaque côté de trois rangs de cellules superposées. On communique aux cellules des deux étages au moyen de balcons longitudinaux établis en encorbellement, et reliés deux à deux aux extrémités et au milieu de la galerie, ainsi qu'il est indiqué sur le plan et sur les coupes que donnent les figures 3 et 4 de la planche 58. Chaque cellule a $1^m,95$ de largeur sur $3^m,67$ de longueur et 3 mètres de hauteur. Sur la face opposée à celle de l'entrée, et à sa partie supérieure, est ouverte la fenêtre qui l'éclaire. Près de la porte est un siége d'aisances que le système de ventilation adopté rend tout à fait inodore. Les cellules sont voûtées, et sont séparées les unes des autres par des murs pleins en maçonnerie de 0^m,35 d'épaisseur. Elles sont revêtues en stuc blanc. Les murs extérieurs ont 0^m,75 d'épaisseur. Le nombre des cellules pour les détenus s'élève à 1200. L'une des ailes est plus spécialement affectée aux malades. Elle renferme quelques cellules doubles en largeur, et un certain nombre de cellules de mêmes dimensions que les autres, qui sont munies de baignoires. Dans les intervalles qui séparent les passages conduisant de la salle centrale dans les bâtiments cellulaires (19, fig. 1, pl. 57), sont les parloirs, lesquels sont divisés en petites cellules, aussi bien du côté des détenus que de celui des visiteurs. Deux cellules correspondantes sont séparées l'une de l'autre par deux grilles en fer, assez espacées pour qu'il ne puisse y avoir de communication que par la vue et la parole.

Les dispositions suivantes permettent aux détenus de se rendre, isolément et sans se voir, dans les cours triangulaires où ils vont prendre l'air : chacun d'eux sort de sa cellule, dès qu'il y est invité, et se rend rapidement à l'un des passages, marqués 24 sur le plan, qui conduisent dans les cours ; il entre dans la division de la cour panoptique la plus rapprochée de ce passage, arrive de là dans le couloir central, et le suit jusqu'à ce qu'il trouve une porte ouverte ; c'est celle du compartiment qui lui est destiné, et elle se referme immédiatement après qu'il en a franchi le seuil. Un second détenu sort de sa cellule au moment où le premier est entré dans le passage 24, et n'est par conséquent plus en vue, et ainsi de suite. La marche inverse est adoptée pour le retour dans la cellule.

A leur entrée dans la prison, les détenus sont déposés provisoirement dans de petites cellules rangées de chaque côté de deux grandes salles indiquées sur le plan par le chiffre 14. Les voitures dans lesquelles ils sont transportés sont également divisées en cellules.

Outre les pièces dont on vient de parler, on trouve dans le principal corps de bâtiment une cantine, une pharmacie, des cabinets de juges d'instruction, des cellules pour les conférences des avocats avec leurs clients, une bibliothèque et des magasins. Les vivres sont amenés, des cuisines dans les bâtiments cellulaires, au moyen d'un petit chemin de fer établi au-dessous du sol (27, 27) ; on les hisse ensuite à hauteur des différents étages, en les faisant passer par des ouvertures ménagées dans les voûtes au-dessus des points fixés pour le stationnement des wagons. Chaque porte de cellule est munie d'un guichet s'ouvrant du dehors, par lequel on remet au détenu le bidon qui lui est destiné. Grâce aux dispositions adoptées, ce service se fait très-rapidement. Le chauffage et la ventilation, qui sont de grande importance dans les établissements de cette nature, sont parfaitement entendus dans la prison dont il s'agit. Nous ferons connaître plus loin les dispositions adoptées à ce sujet [1].

La construction est exécutée de la manière la plus simple et la plus rationnelle, et le caractère de l'édifice est très-convenable.

Les dépenses de construction se sont élevées à la somme de 4 millions environ, non compris la valeur du terrain.

La légende suivante donne le détail de la distribution de ce vaste édifice :

Planche 57 :

Figure 1, plan du rez-de-chaussée : 1, entrée de la prison ; 2, guichet ; 3, salle d'attente ; 4, 4, corps de garde ; 5, 5, cuisine et dépendances ; au-dessus, logements d'employés ; 6, 6, magasins ; logements d'employés au-dessus de ces pièces et du corps de garde ; 7, salles de désinfection des costumes ; 8, salles des morts ; 9, 9, cour d'entrée et passages ; 10, 10, greffe ; 11, 11, pièces de service et de visite ; 12, cabinet du directeur ; 13, paneterie ; 14, 14, cellules de dépôt provisoire (au-dessus des pièces 10 à 14 s'élèvent trois étages, et il y en a un au-dessus du rez-de-chaussée des deux bâtiments en aile sur la cour ; ces étages renferment la lingerie et les logements du directeur, des aumôniers, du pharmacien et des employés du greffe) ; 15, passage couvert, fermé latéralement par des grilles ; 16, 16, cantine ; 17, 17, pharmacie et dépendances (au-dessus de la cantine et de la pharmacie, bibliothèque et cabinets des juges d'instruction) ; 18, poste central de surveillance ; au-dessus, plate-forme et autel ; 19, 19, parloirs ; au-dessus, magasins ; 20, cheminée d'appel ; 21, 21, puits de communication des différents étages ; 22, 22, pavillons cellulaires ; 23, pavillon de l'infirmerie, avec salles de bains et grandes cellules ; 24, 24, passages conduisant dans les cours ; 25, 25, cours cellulaires ; 26, 26, postes de surveillance ; 27, 27, chemin de fer pour le transport des vivres ; 28, 28, chemin de ronde ; 29, 29, boulevard Mazas.

[1] Note A.

Figure 2, plan détaillé des cellules : 1, siége d'aisances ; 2, table et tabouret ; 3, tuyau adducteur d'air ;

Figures 3 et 4, coupes d'une cellule, montrant, l'une la porte, l'autre la fenêtre ;

Planche 58 :

Figure 1, coupe suivant la ligne MN du plan ; figure 2, élévation sur le boulevard ; figure 3, coupe transversale d'un des bâtiments cellulaires, figure 4, fragment de coupe longitudinale d'un de ces bâtiments, prise à partir du point où il se rattache au pavillon central.

IV. — HOPITAUX.

L'institution des hôpitaux est due au christianisme ; elle a été implicitement décrétée le jour où il a proclamé une nouvelle vertu, la charité, et l'a élevée au rang des plus essentielles. On trouve, il est vrai, dans l'antiquité romaine quelques établissements de ce genre annexés à des temples d'Esculape ; mais ils ne constituaient que de rares exceptions, et ne découlaient pas du même principe, car, si la charité était dans quelques cœurs, ni les lois ni la religion ne la connaissaient ; elle n'existait, pour ainsi dire, qu'à l'état latent, et ne pouvait produire grand effet.

La gloire d'avoir inauguré la voie bienfaisante ouverte par la nouvelle religion paraît appartenir à l'Orient. On y rencontrait des hôpitaux dans le troisième siècle, et l'on sait que saint Basile en fonda un aux portes de Césarée, sa ville épiscopale, et lui donna un tel développement qu'au dire de saint Jean Chrysostome, on pouvait le regarder comme une seconde ville. A Rome, une noble femme dont le nom est venu jusqu'à nous, Fabiola, consacra sa fortune à la construction du premier hôpital fondé en Occident. Cet établissement date de la fin du quatrième siècle. A partir de cette époque, de nombreux hôpitaux s'élevèrent et furent administrés par les soins du clergé, auquel l'assistance des pauvres était plus particulièrement dévolue, et qui devait lui consacrer le quart des revenus de l'Église, d'après le décret d'un concile tenu à Rome sous Constantin.

L'Hôtel-Dieu de Lyon remonte à Childebert (542), et celui de Paris fut fondé en 660 par saint Landry, huitième évêque de cette ville. La piété de nos rois, d'accord avec une saine politique, vint en aide à ces établissements, et en créa de nouveaux pendant tout le cours du moyen âge, malgré la misère des temps. Charlemagne, Philippe Auguste et saint Louis se signalèrent entre tous par leur bienfaisance. Mais ce qui fit surtout croître rapidement le nombre des hôpitaux, ce fut l'invasion de la terrible maladie rapportée des croisades, de la lèpre, juste sujet d'effroi pour toute la chrétienté. Dans le seul royaume de France, on comptait, sous Louis VIII, deux mille *léproseries*, *ladreries* ou *maladreries*, comme on les appelait, spécialement affectées aux malheureux que la contagion avait atteints. (Thomassin, part. I, lib. II.)

Malheureusement, l'administration du clergé ne fut pas toujours irréprochable; elle finit par ne répondre, ni à l'esprit de l'institution, ni aux charitables intentions des donateurs, et François Ier se vit obligé de placer le préambule suivant en tête d'un édit de 1545, destiné à remédier aux abus et à en prévenir le retour :

« Comme nous soyons deüement advertis que nos hospitaux, fondez en nostre
« royaume, ayant esté mal administrez par cy-devant et sont encore de pis en pis
« gouvernez tant par leurs administrateurs que prélats de nostre royaume, et autres
« qui doivent avoir l'œil sur iceux ; lesquels se sont efforcez et efforcent journelle-
« ment vouloir appliquer à eux ou à leurs serviteurs le revenu des dits hospitaux
« et en faire leur patrimoine, sous couleur qu'ils prétendent nos dits hospitaux
« estre titulez et bénéficiez en tiltre, en contrevenant aux sainctes constitutions cano-
« niques, intentions des fondateurs d'iceux hospitaux, et défraudant les pauvres
« de nostre dit royaume de leur deüe nourriture et sustentation ; et qui plus est,
« laissent tomber et ruiner les édifices d'iceux hospitaux et ne se soucient que de
« prendre le revenu d'iceux, esteindre et abolir le nom d'hospital, pour tousjours
« du dit revenu disposer à leur plaisir et volonté, dont se sont ensuyvis plusieurs
« inconvénients; mesmement que les habitans des villes de nostre dit royaume,
« à la grande foule de nostre peuple, sont contraints de soy cottiser et imposer
« sur eux les deniers pour la nourriture des pauvres impotents, lesquels doi-
« vent être nourris et alimentez par les dits hospitaux et lieux pitoyables, selon
« les revenus d'iceux et intentions des gens de bien leurs fondateurs. »

On voit que le tiers état préludait à ses grandeurs futures en s'emparant spontanément de la noble mission, désertée par le clergé, de venir en aide aux pauvres malades. Cette conquête lui fut assurée par un édit de Henri III, dans lequel on lit : « Ne pourront désormais estre establis commissaires au régime et gouverne-

« ment des fruits et revenus des dites maladreries et hospitaux, autres que sim-
« ples bourgeois, marchands ou laboureurs, et non personnes ecclésiastiques,
« gentilshommes, archers, officiers publics, leurs serviteurs ou personnes par
« eux interposées. » La même prescription avait été faite du reste par le concile
de Trente, en ce qui concerne les ecclésiastiques.

Mais, si un terme fut posé aux dilapidations, si de notables améliorations furent
introduites dans plusieurs hôpitaux par l'active sollicitude des nouveaux administrateurs, il faut avouer que la plupart de ces établissements laissèrent beaucoup
à désirer jusqu'à la fin du dernier siècle, et que, même à Paris, la position faite
aux malheureux obligés d'y avoir recours était bien pénible. Qu'on lise, pour s'en
convaincre, le mémoire publié par Tenon, en 1788, sur les hôpitaux de cette
ville. « A l'Hôtel-Dieu, y est-il dit, le nombre des lits est de 1219 dont 733 dits
« grands, ayant 52 pouces de largeur, où couchent quatre et même six hommes,
« qui n'ont ainsi que 8 pouces et demi ou 13 pouces à leur disposition, et 486, dits
« petits, ayant 3 pieds de largeur et dans lesquels les malades couchent seuls.....
« A l'Hôtel-Dieu les malades n'ont guère plus, dans quelques salles, que deux toises
« et demie d'air à respirer, dans d'autres une toise, et il en est même où ils n'ont
« pas une toise cube. La salle Saint-Joseph est consacrée aux femmes enceintes lé-
« gitimes ou de mauvaises mœurs, elles y sont toutes ensemble ; trois ou quatre
« en cet état couchent dans le même lit, exposées à l'insomnie, à la contagion
« des voisines malsaines, et en danger de blesser leurs enfants. »

Disons tout de suite qu'aujourd'hui rien de comparable à ce hideux état de
choses n'existe nulle part en France. Si tous nos hôpitaux ne sont pas placés dans
les meilleures conditions hygiéniques, si quelques-uns d'entre eux présentent
encore des dispositions tellement vicieuses, qu'il conviendrait de les reconstruire,
du moins dans aucun d'eux ne trouve-t-on plusieurs malades réunis dans le même
lit, et sont-ils tous tenus avec la plus grande propreté. Loin d'être des objets de
dégoût, ils inspirent au visiteur une sorte de consolation au milieu de tant de
douleurs : celle de voir avec quelle touchante sollicitude la société vient en aide
aux malheureux.

D'après un rapport de Necker, il y avait en France, en 1780, 870 hôpitaux ou
hospices, qui possédaient un revenu annuel de 20 millions. En 1847[1], on en

---

[1] De Watteville, *Rapport au ministre de l'intérieur*, 1851.

comptait 1270, renfermant 126150 lits, et jouissant d'un revenu de plus de 34 millions. On voit que les secours se sont multipliés dans une énorme proportion, en même temps qu'ils devenaient plus éclairés et plus charitables.

Les hôpitaux sont placés aujourd'hui sous l'autorité du ministre de l'intérieur, et leur direction est confiée à des commissions administratives, dont les fonctions sont essentiellement gratuites, et qui se renouvellent à intervalles réguliers. A Paris, cette administration est remise, à raison de son importance, à un directeur responsable dont la gestion est surveillée par un conseil. Les établissements hospitaliers ont leurs revenus propres, et ils reçoivent, en cas d'insuffisance, des allocations sur les ressources de la commune. Ils se divisent en deux classes principales : les hôpitaux proprement dits, et les hospices. Les premiers sont plus spécialement destinés à recevoir les malades et les blessés qui n'ont recours que temporairement à la charité publique ; les seconds sont des asiles pour les vieillards, les enfants ou les incurables. Du reste, beaucoup d'établissements servent à la fois d'hôpital et d'hospice.

Peut-être n'est-il pas inutile d'ajouter que ces deux mots ont été détournés de leur signification première. Ils dérivent tous deux du mot *hospitium*, qui désignait chez les Romains le lieu consacré à l'exercice de l'hospitalité, pour quelque motif que l'hôte (*hospes*) vînt la réclamer, et qui avait conservé le même sens pendant toute la durée du moyen âge. Ainsi, un collége fondé à Paris vers la fin du douzième siècle, portait le titre d'*hôpital des Écoliers-Saint-Nicolas-du-Louvre;* l'*hôpital du Saint-Sépulcre*, dans la même ville, était destiné à donner asile aux pèlerins revenant de Jérusalem, etc. En Orient, les hôpitaux consacrés aux malades, portaient les noms de *ptochotrophium* et de *xenodochium*, et saint Jérôme donne celui de *nosocomium* (νόσος, maladie ; χομεῖν, prendre soin) à l'établissement fondé par Fabiola. Il se pourrait, ainsi que le dit le docteur Roubaud[1], que l'habitude de voir des malades dans les lieux appelés hôpitaux, où soit les fatigues du voyage, soit les épreuves d'une existence misérable, devaient en effet donner lieu à beaucoup de maladies, eût fait consacrer ce mot à tout établissement appelé à recevoir des hommes en mauvais état de santé.

Examinons maintenant quelles sont, au point de vue de l'art des constructions, les principales conditions à observer dans l'établissement d'un hôpital. Elles

Dispositions générales.

---

[1] *Des hôpitaux*, par le docteur Félix Roubaud. Paris, 1823.

peuvent se ranger sous trois chefs principaux : la situation, l'exposition et la distribution.

En ce qui concerne la situation, deux opinions diamétralement opposées se sont produites. Les uns veulent que les hôpitaux soient placés au centre des quartiers les plus populeux, afin d'éviter de longs trajets aux malades, et de ne pas rendre trop rares les visites des parents et des amis, qui sont plus précieuses à l'hôpital que partout ailleurs. Les autres font remarquer, et, ce semble, avec raison, que le tumulte des rues fréquentées trouble le repos des malades ; que les conditions hygiéniques sont généralement peu favorables où les habitations se trouvent très-agglomérées ; et qu'on est conduit à se montrer trop avare d'espace dans les endroits où les terrains sont d'un prix élevé, ou entraîné à des dépenses qui ne sont pas suffisamment justifiées, et, mieux dirigées, auraient pu soulager plus de misères. Cette dernière opinion veut donc que les hôpitaux soient distribués sur le périmètre des villes, et elle s'appuie sur ce qui s'est fait à Paris, où, sauf deux exceptions, les hôpitaux et hospices ont été établis loin du centre, sans qu'aucune règle générale eût été posée à ce sujet, et par la seule force des considérations qu'elle invoque. Elle admet d'ailleurs l'établissement de postes médicaux dans les différents quartiers, pour les secours les plus urgents et la direction à donner aux malades, suivant le mal dont ils sont atteints.

Il faut éviter de placer un hôpital sous les vents régnants par rapport à la ville, afin qu'il ne reçoive pas habituellement un air déjà plus ou moins corrompu. Ainsi, on le mettra de préférence à l'ouest et au nord de la cité, à moins que les vents qui soufflent dans ces directions n'aient traversé des marécages voisins, dont l'action serait plus nuisible encore que celle des habitations. Il ne faut pas qu'il soit trop exposé au vent ; mais il ne faut pas non plus lui choisir des lieux bas, où l'air se renouvelle difficilement et où l'humidité est habituelle. On a préconisé pourtant le voisinage des rivières, comme facilitant le service des eaux et le dégagement des immondices, et l'on a fait remarquer que cette position a été donnée à un grand nombre d'anciens hôpitaux ; mais les brouillards, si fréquents en ces endroits, sont défavorables à la santé ; les rives sont souvent, dans les basses eaux, des espèces de marais plus ou moins insalubres, et il est à présumer que la plupart de ces vieux établissements ont été construits sur des cours d'eau, moins d'après des considérations hygiéniques, qu'afin de percevoir plus facilement les péages qui leur avaient été concédés, ou d'avoir des arrivages plus économiques, à des époques où la viabilité du territoire était bien éloignée de ce qu'elle est maintenant. Il faut sans doute une assez grande quantité d'eau pour assurer de bonnes conditions au service d'un hôpital ; mais il vaut mieux en général faire venir l'eau qu'aller la trouver. Un terrain sec est d'ailleurs à rechercher, tandis qu'il faut éviter les terrains humides, et il n'est pas jusqu'à l'étendue et à l'agrément de la vue dont il ne convienne de se préoccuper, et qui ne militent pour la hauteur contre la plaine.

Ainsi, l'emplacement d'un hôpital doit être choisi en dehors du centre de la ville, dans un endroit où l'on soit assez élevé pour n'avoir pas à craindre les effets de l'humidité et pour être assuré du renouvellement régulier de l'air, sans être trop exposé cependant à l'action des vents ; où l'on soit à l'abri des miasmes ; où le terrain soit sec, et où il soit facile de faire arriver des eaux abondantes et de s'en débarrasser promptement. Enfin il est à désirer que les vues ne soient pas trop bornées, et apportent, s'il se peut, quelque consolation aux misères du lieu, par le spectacle de la campagne ou de belles plantations.

L'exposition la plus favorable pour les salles de malades, lesquelles doivent être éclairées sur les deux faces, a été souvent controversée, mais il est bien reconnu aujourd'hui que c'est celle du nord et du sud. On évite ainsi les vents de l'ouest, les plus fréquents et les plus redoutables de tous, et le froid d'un côté est tempéré par la chaleur de l'autre.

Les esprits se divisent également sur la question de savoir s'il convient d'avoir, dans une ville importante, un petit nombre de grands hôpitaux ou un grand nombre de petits. Elle paraît devoir être résolue en faveur de la première de ces alternatives par des motifs d'économie, qui ont d'autant plus d'importance en pareille matière, qu'il s'agit de sommes à employer de la manière la plus profitable aux intérêts de la classe pauvre. Ni les frais d'administration, ni l'étendue des bâtiments accessoires, ni les dépenses de la construction ne croissent en effet proportionnellement au nombre des malades ; et si la disposition est bonne, si le service est bien fait, l'agglomération est sans dangers.

Quelle doit être cette disposition? C'est ce que nous allons examiner, en n'envisageant d'abord la question que dans ce qu'elle a de plus général ; les détails viendront ensuite.

La forme rayonnante ou panoptique a été préconisée pour ceux de ces établissements qui sont exécutés sur une grande échelle. Mais elle ne leur convient pas aussi bien qu'aux prisons, et cela par plusieurs motifs : la surveillance à exercer n'est pas de même nature, la plupart des salles de malades reçoivent nécessairement une exposition peu favorable, l'air se renouvelle difficilement au sommet des cours triangulaires qui séparent les salles, et quelques-unes de ces cours ne sont presque jamais assainies par les rayons solaires dans une partie de leur étendue. Les formes carrées ou rectangulaires et la forme de croix présentent des inconvénients analogues, à des degrés plus ou moins prononcés, et bien que plusieurs hôpitaux très-importants aient été ainsi disposés, notamment en Italie, on peut dire qu'il faut éviter les petites cours entourées de bâtiments, surtout dans les climats où l'humidité est le plus à craindre. Mais le rectangle devient très-convenable, s'il est ouvert à l'une de ses extrémités, ou n'est fermé que par des constructions peu élevées, et si sa largeur est telle que l'une des ailes ne mette pas l'autre dans l'ombre. Ainsi, que les deux longs côtés, qui seront occupés par les salles de malades, soient exposés nord et sud, que la grande cour soit close à l'ouest par le corps de logis destiné aux dépendances, et qu'elle ne soit limitée du côté du levant que par un mur de clôture ou un bâtiment bas, et l'on aura une disposition générale très-satisfaisante. Toutefois, si l'hôpital était considérable, la forme d'une H aurait quelque chose de plus rationnel, en ce qu'elle assure aux services généraux une position plus centrale. Dans ce cas, chaque aile serait divisée en deux parties égales par un grand escalier placé dans l'axe de la transversale, et serait desservie en outre par de petits escaliers de service établis à ses extrémités. Le seul inconvénient est que l'une des cours serait ouverte à l'ouest ; mais les circonstances locales peuvent fournir un abri de ce côté, et, à leur défaut, les constructions accessoires qu'exige tout grand établissement devraient être disposées de manière à remédier au mal, sinon complétement, du moins en partie. L'hôpital de la marine, à Rochefort, présente un plan de ce genre.

Plusieurs grands hôpitaux ont été disposés dans un tout autre système, lequel consiste à distribuer les salles de malades dans des pavillons isolés, mais reliés les uns aux autres et aux dépendances par des portiques ou de larges corridors établis seulement au rez-de-chaussée. Parmi les établissements hospitaliers conçus dans ce système, on peut citer celui de Plymouth, en Angleterre, l'hôpital de la marine, à Brest, le grand hôpital de Bordeaux et l'hôpital Lariboisière, nouvellement élevé à Paris. Ce dernier est représenté sur la planche 56 par le plan du rez-de-chaussée et un fragment de coupe transversale[1].

[1] On a teinté en gris sur le plan les constructions qui ne s'élèvent que dans la hauteur du rez-de-chaussée.

Cette disposition a quelque chose de très-séduisant au premier abord. Les pavillons isolés donnent à la composition plus de variété qu'on n'en trouverait avec un autre plan ; on embrasse ou l'on devine dès l'abord toutes les parties de l'établissement qu'il n'y a pas intérêt à cacher ; il semble que les malades y trouvent plus de calme et de bien-être qu'ailleurs, et ils doivent éprouver en y entrant cette salutaire impression ; la contagion du mal y paraît moins redoutable, et la répartition par genre de maladies plus assurée. Plusieurs de ces mérites sont considérables, et ne sauraient être contestés ; mais à côté se trouvent des inconvénients qui ne sont pas sans gravité. Les distances à parcourir dans l'intérieur de l'établissement sont grandes et rendent le service et la surveillance à la fois pénibles et difficiles ; les cours qui séparent les pavillons sont trop étroites pour que les rayons du soleil y exercent suffisamment leur action bienfaisante, et même pour que l'ombre d'un pavillon ne se projette pas habituellement sur l'autre ; si les salles sont exposées au nord et au sud, comme dans l'hôpital Lariboisière, toute une série de cours est ouverte à l'ouest ; si la grande cour centrale est affectée à la promenade des malades, la séparation n'est plus complète ; si ce sont les petites cours qui lui sont destinées, il y a insalubrité, et les portiques ne sont plus assez motivés[1] ; enfin, et c'est là le grand vice du système, les dépenses de premier établissement sont très-considérables, parce que cette disposition exige une grande étendue de terrain, un grand développement de murs extérieurs, de nombreux escaliers et de longs portiques. L'hôpital Lariboisière ne contient que 612 lits de malades, et ses dépenses se sont élevées à 10 455 000 francs : chaque lit y revient donc à 17 083 francs, capital représentant un revenu de 854 francs environ[2]. Qu'on y ajoute les frais annuels d'entretien des constructions, et peut-être se demandera-t-on s'il y a eu là un emploi bien judicieux des ressources destinées au soulagement des pauvres. Mais il faut reconnaître que le système n'exigeait pas impérieusement d'aussi fortes dépenses, et ne pas imputer à lui seul ce qui tient en partie à la manière dont il a été appliqué.

Une chose non moins essentielle à considérer que la disposition générale, est

---

[1] A l'hôpital Lariboisière, on a reconnu la nécessité de sortir du périmètre indiqué sur notre plan, afin de remédier à une partie de ces inconvénients. Des cours plantées vont être établies à droite et à gauche de l'enceinte, et serviront à la promenade des malades et à l'assainissement des petites cours qui seront ouvertes sur elles.

[2] La valeur du terrain est comprise dans ces chiffres pour 3 147 000 francs en nombre rond. En la défalquant de la somme totale, on trouve que les dépenses de construction et de mobilier (appareils de chauffage compris) portent le prix, par lit de malade, à 11 941 francs ; ce qui est encore énorme.

celle des salles de malades. Nous avons déjà parlé de leur orientation, et nous avons dit qu'elles doivent être percées de fenêtres sur l'un et l'autre de leurs longs côtés. Cette dernière prescription a pour objet d'assurer un jour convenable sur tous les points, et surtout de donner la faculté de renouveler rapidement l'air de la salle. Ces ouvertures doivent être descendues presque au niveau du sol, et s'élever jusqu'à une petite distance du plafond. On les divise en plusieurs parties sur leur hauteur, au moyen de traverses horizontales en bois ou en pierre, et il est bon que les châssis du bas s'ouvrent en s'élevant dans des coulisses, suivant le système dit *à guillotine*, afin que les abords des lits voisins ne soient pas entravés quand une fenêtre est ouverte.

Les lits s'établissent habituellement sur deux rangées, qui s'appuient contre les murs longitudinaux. Les trumeaux des fenêtres doivent avoir la largeur nécessaire pour comprendre deux lits et la ruelle qui les sépare, ainsi que le montre le plan de la planche 56; ce qui conduit à leur donner environ 3 mètres. La largeur des fenêtres ne doit pas être d'ailleurs inférieure à $1^m,40$, dans les embrasures; de sorte que l'espacement de ces ouvertures, d'axe en axe, peut être fixé à $4^m,40$ environ. De cette manière, chaque lit est placé près d'une fenêtre, et est séparé des lits voisins, d'un côté, par une ruelle de $0^m,98$ à 1 mètre de largeur, et de l'autre, par le passage de $1^m,40$ à $1^m,50$ qui conduit à la fenêtre. La salle ne doit pas avoir moins de 9 mètres de largeur dans œuvre. La longueur des lits étant de $1^m,90$, il en résulte, pour le passage central, une largeur de $5^m,20$, laquelle est fort convenable, et permet, en cas de nécessité absolue, d'ajouter une rangée de lits, disposés en sens inverse des premiers, à ceux qui appartiennent à l'état normal de l'établissement. La hauteur moyenne des salles doit être de 5 mètres environ, afin d'assurer aux malades une suffisante quantité d'air. D'après ces dimensions, l'espace cubique par lit est de $49^m,50$, soit 50 mètres, ce qui est suffisant, à condition toutefois qu'il sera établi un bon système de ventilation, combiné de manière à fournir, dans des conditions convenables, le volume d'air pur qui importe à la salubrité. Cette quantité d'air varie d'ailleurs suivant la nature des maladies, et doit être réglée pour chaque salle d'après les circonstances. Nous ferons connaître, à la fin de ce volume, les dispositions à adopter à cet effet.

Les circonstances locales obligent quelquefois à admettre dans la largeur de la salle, trois ou même quatre rangées de lits, tous dirigés dans le même sens, c'est-à-dire perpendiculairement à la longueur. C'est une nécessité très-regrettable:

l'aspect de la salle a quelque chose de peu satisfaisant et même d'attristant ; les malades des rangs intermédiaires n'ont pas assez de calme, sont trop exposés aux courants d'air, et leurs lits ne sont pas suffisamment éclairés ; on ne peut pas augmenter la largeur proportionnellement à l'accroissement du nombre des lits ; d'où il résulte qu'un moindre espace est affecté à chaque malade ; on donne 12 mètres environ de largeur pour trois rangées de lits, et 15 mètres pour quatre, et ces distances, quoique restreintes, ne peuvent être franchies par des poutres d'une seule portée, de sorte qu'il faut avoir recours à des supports isolés, qui sont toujours gênants et produisent un mauvais effet.

Sous le rapport du bien-être des malades, mieux vaut augmenter le nombre des salles que leur donner une grande longueur ; mais, chaque salle ayant son service distinct et ses dépendances obligées, on serait entraîné à de trop grandes dépenses, tant pour le premier établissement que pour l'entretien, si l'on se laissait dominer par cette considération. Il faut donc accepter les grandes salles, sans dépasser toutefois une certaine limite, laquelle paraît pouvoir être fixée à une contenance de 60 à 80 lits. On remédie d'ailleurs aux principaux inconvénients résultant de cette agglomération de souffrances, en plaçant, près de chaque grande salle, une ou deux pièces destinées aux maladies contagieuses, aux douleurs qui arrachent des cris et aux agonies bruyantes.

Les salles établies au rez-de-chaussée doivent être élevées sur caves et à une hauteur de $0^m,60$ au moins au-dessus du sol. Moyennant ces conditions, elles sont aussi salubres que les autres, pourvu qu'elles ne soient pas privées d'air et de soleil par des bâtiments ou des arbres trop rapprochés.

Il faut éviter avec soin, dans les salles de malades, tout ce qui est de nature à donner de la poussière, à offrir des réceptacles à la saleté ou aux insectes, et à s'opposer au renouvellement de l'air. Les parois doivent être entièrement lisses, et être recouvertes d'un enduit blanchi à la chaux ou susceptible d'être lavé à grande eau ; les plafonds doivent être exécutés en plâtre, et ne pas présenter de ressauts. Il est bon que les planchers soient parquetés et frottés.

Près de chaque salle, il faut des lieux d'aisances, et l'on ne saurait prendre trop de précautions pour s'opposer à la communication des mauvaises odeurs. Indépendamment des dispositions à adopter à cet effet dans l'établissement des cabinets, des sièges et de la fosse, on devra toujours interposer entre ces lieux et la salle un vestibule largement aéré, et chauffé en hiver.

Les escaliers qui conduisent dans les salles doivent être larges, faciles, bien éclairés, et n'être composés que de rampes droites, séparées par des paliers de repos.

Il importe que les salles de bains communiquent à couvert avec les salles de malades, et en soient le plus rapprochées possible. Elles sont habituellement disposées, soit dans un pavillon spécial, soit dans le corps de logis qui renferme les principales dépendances de l'établissement.

Les cuisines et les buanderies doivent être assez éloignées des salles pour que les vapeurs nauséabondes qui s'en dégagent soient sans inconvénients. Il en est de même des salles d'opérations et d'autopsies, et de la salle des morts ; et il ne suffit pas que les cris des opérés ne puissent arriver jusqu'aux malades, il faut encore éloigner de la vue tout ce qui peut faire venir de tristes pensées, trop fréquentes déjà dans un hôpital. Ajouter que ces dernières salles doivent avoir des issues spéciales au dehors est sans doute inutile.

Il est, par contre, une dépendance essentielle de tout hôpital, qu'on ne saurait trop mettre en évidence : c'est la chapelle. Il est de toute justice que ces établissements soient ostensiblement placés sous le patronage de la religion qui les a enfantés, et il est nécessaire de rappeler aux déshérités de ce monde, à tant de malheureux qui, comme les damnés de Dante, ont dû laisser tout espoir à l'entrée, qu'une meilleure vie leur est promise et que leurs douleurs y sont un acheminement.

Les bâtiments destinés aux logements du directeur, de l'aumônier, des sœurs et des divers employés, à la pharmacie, à la lingerie, etc., doivent être disposés suivant les circonstances locales, de telle sorte que le repos des malades soit troublé le moins possible par le mouvement des relations avec l'extérieur, et que le service soit établi dans de bonnes conditions.

Enfin, des promenoirs couverts et des cours plantées d'arbres sont nécessaires pour les convalescents, et la végétation a le double mérite de récréer la vue des malades, et d'assainir l'air qu'ils respirent. Mais qu'elle ne prenne pas assez de développement pour engendrer de l'humidité, car elle deviendrait nuisible, et que les cours soient spacieuses et convenablement aérées. La largeur des cours ouvertes sur un de leurs côtés devrait être au moins double de la hauteur des bâtiments, et les cours entièrement fermées réclament beaucoup plus.

Il est plus essentiel encore dans un hôpital que partout ailleurs de prévenir la stagnation des eaux. Il faut à cet effet que tous les bâtiments soient accompagnés de revers pavés fortement inclinés, que les ruisseaux aient une pente très-prononcée, que la surface des cours soit bombée et bien entretenue, et que de nombreux égouts à bouches multipliées dégagent rapidement toutes les eaux.

Presque toutes les conditions qui viennent d'être passées en revue s'appliquent également aux hospices et aux hôpitaux ; mais on comprend que la plupart des hospices ont des exigences spéciales, à raison de la nature des misères auxquelles ils sont affectés, et qu'entrer dans le détail de ce qui leur convient nous entraînerait trop loin de notre but et de notre compétence. Qu'il suffise d'avoir indiqué les généralités et l'esprit dans lequel les projets d'édifices de ce genre paraissent devoir être étudiés.

Quant au caractère à donner à leur architecture, il ne saurait être douteux. La charité doit être digne sans ostentation. Qu'elle ne prenne donc ni les dehors de la misère, ni ceux du faste, et que ses édifices, sans attrister les regards par leur pauvreté, ne contrastent pas par leur luxe avec le dénûment des malheureux qui les habitent. Une bonne construction bien ordonnée, des formes simples et calmes, des proportions vraies et harmonieuses, cet entretien assidu qui annonce au dehors la propreté du dedans : voilà ce qui leur convient, tel est le genre de beauté à leur assurer. La chapelle seule comporte quelque décoration, et encore faut-il y apporter beaucoup de réserve, si l'on veut se conformer aux convenances morales du sujet ; on doit repousser ces façades somptueuses, comme il s'en voit en Italie, qui choquent les hommes de goût, et annoncent que des sommes destinées au soulagement des pauvres ont été détournées de leur emploi, d'une manière aussi absurde que coupable.

Indépendamment de l'hôpital dont nous avons déjà parlé, nos planches mettent sous les yeux du lecteur un établissement hospitalier trop justement célèbre par sa noble destination et par son architecture, pour que nous n'ayons pas regardé comme un devoir d'en donner les dessins. Il s'agit de l'hôtel des Invalides, à Paris. La planche 55 représente le plan du rez-de-chaussée et un fragment de l'élévation.

Ce monument, construit sous Louis XIV, par Libéral Bruant et J.-H. Mansard, est l'un des plus vastes de l'architecture française. Il présente une ample et belle disposition. Son entrée principale, précédée d'une place d'armes défendue par un large fossé, s'annonce par une grande arcade, dont l'imposte est établie à hau-

Hôtel des Invalides.

teur du couronnement de l'édifice, et dont le tympan est occupé par une statue équestre du grand roi. La cour d'honneur, que précède un beau porche à trois entrées, est entourée d'un double rang de portiques superposés, dont les proportions sont à la fois fermes et élégantes. A l'extrémité de cette cour est l'église, qui est terminée par un dôme monumental, chef-d'œuvre de J.-H. Mansard. Ce magnifique appendice a son entrée principale par une grande cour ouverte sur une place publique. A droite et à gauche de la cour d'honneur et de l'église sont les bâtiments destinés aux logements des officiers et des soldats, et aux diverses dépendances de l'établissement. Ces bâtiments sont séparés par des cours convenablement spacieuses, et de larges galeries dégagent et mettent en communication facile leurs différentes parties. Quelques-uns comptent plusieurs étages, d'autres n'admettent qu'un rez-de-chaussée. Ces derniers sont indiqués par une teinte grise sur le plan, tandis que les premiers sont marqués en noir.

La légende suivante fait connaître la destination des principales parties de l'édifice sous le règne de Louis XV, règne auquel appartiennent les adjonctions qui portent les n°[s] 17, 18, 21 et 22 :

1, Place d'armes ;
2,2, Fossés ;
3, Porche; au-dessus, salle du conseil et dépendances ;
4, Cour d'honneur ;
5, Église ;
6,6, Réfectoires des soldats; au-dessus, d'un côté, chambres de soldats, de l'autre, archives et dépôts,
7,7, Réfectoires des officiers . . . . .
8,8, Cuisines et dépendances . . . . . } Au-dessus, chambres de soldats ;
9,9, Magasins et chambres de soldats .
10,10, Corps de garde, cuisines et dépendances d'appartements situés au premier étage et destinés à divers fonctionnaires de l'établissement ;
11, Chauffoir des soldats ;
12, Bâtiments du clergé ;
13,13, Infirmerie et dépendances ;
14,14, Ateliers et magasins ;
15,15, Chambres d'officiers ;
16,16, Écuries et remises ;
17,17, Loges d'aliénés ;
18, Ateliers de serrurerie, menuiserie, vitrerie, etc. ;
19, Cimetière ;
20, Glacière ;
21, Pompe ;
22, Fours et boulangerie ;
23,23, Latrines.

HOPITAUX.

La légende ci-après se rapporte à l'hôpital Lariboisière :

1, Entrée principale ;
2, Porche ;
3, Concierge ;
4, Salle de réception des malades ;
5, Bureau des entrées ;
6, Cabinet du directeur ;
7,7, Bureau et cabinet de l'économe ;
8, Salle de garde des élèves en médecine ;
9,9, Salles des médecins....
10, Salle de garde des élèves en pharmacie........
11, Cabinet du pharmacien...
12,12, Pharmacie et dépendances.

} Au-dessus : au premier étage, appartements du directeur, du premier aumônier, du pharmacien en chef, et deux chambres d'employés ; au deuxième étage, appartement du second aumônier et chambre des élèves internes en médecine et en pharmacie ;

15,15, Salle de consultations et cabinets de médecins..............
16, Réfectoire des gens de service....
17,17, Cuisine et dépendances........

} Au-dessus : au premier étage, appartement de l'économe et logements d'employés ; au deuxième étage, dortoirs des gens de service ;

18, Grande cour ;
19,19, Portiques ;
20,20, Salles destinées à servir de réfectoires, et à recevoir des lits de malades en cas de besoin ; l'une d'elles doit être convertie en bibliothèque ;
21,21, Salles de malades (hommes)...................
22,22, Salles de malades (femmes)....................
23,23, Chambres à deux lits annexées à chacune des salles, pour les malades qui doivent être isolés ....
24,24, Cabinet de la religieuse qui dirige le service de la salle...................
25,25, Office avec baignoires.............
26,26, Dépôt de linge sale..................
27,27, Latrines..........................

} Au-dessus, dans un entre-sol, vestiaire et dépôt ;

} Mêmes dispositions au premier et au deuxième étage ;

28,28, Chapelle et sacristie ;
29, Salle de bains ordinaires.
30, Salle de bains sulfureux.
31, Salle de bains de vapeur.
32, Salle des fumigations...
33, Salle de douches.....

} Mêmes dispositions à gauche, pour les femmes ;

34,34, Buanderie et dépendances ; au premier étage, lingerie et dépôt de linge à pansement ; au second étage, logement de filles de service et magasins ;
35,35, Réfectoire, oratoire, salle et cabinet des sœurs ; au premier étage, cellules pour les sœurs ; au deuxième étage, cellules de sœurs et dortoirs des filles de service ;
36,36, Amphithéâtres et dépendances ;
37,37, Écuries et remises ;
38, Salle d'autopsies ;
39, Salle des morts ;
40, Dépôts des vêtements des décédés.

V. — THERMES.

Les bains avaient pris chez les Romains beaucoup plus d'importance qu'ils n'en ont aujourd'hui. Ils étaient plus usuels et par suite plus savamment combinés. Dans les édifices qui leur étaient consacrés, on trouvait des bains froids, des bains tièdes, des bains chauds, des salles maintenues à une température moyenne, des étuves fortement chauffées et des pièces où l'on se couvrait d'huiles et de parfums, soit avant, soit après le bain. Il y avait aussi des endroits pour les exercices du corps, et d'autres pour ceux de l'esprit ; c'étaient des portiques, des exèdres, des bibliothèques, des galeries, des cirques, des xystes, des promenades agréablement plantées. Les bains se prenaient, ou dans des baignoires, ou dans des bassins assez grands pour qu'on pût y nager, et des siéges de marbre étaient disposés dans l'étuve.

Les familles opulentes avaient des thermes dans leurs palais. D'autres thermes plus vastes, formant des édifices spéciaux, étaient ouverts au public, moyennant une légère rétribution d'abord, puis gratuitement à partir des Antonins. Ces derniers établissements avaient fini par prendre un développement prodigieux, dont aucune construction moderne ne saurait donner une idée ; tout y était colossal et traité avec le plus grand luxe. De belles mosaïques ou des compartiments de marbres colorés couvraient le sol ; les murs étaient en partie revêtus de grandes dalles de marbre, et en partie ornés de peintures ; les immenses voûtes étaient peintes ou dorées ; les colonnes, les baignoires, les bassins étaient formés de marbres précieux, de granit, de porphyre ou de basalte ; les plus belles statues décoraient les salles, les portiques et les promenades. De tous les monuments de la vie civile des Romains, les thermes étaient ceux pour lesquels on sacrifiait le plus, et c'étaient aussi les plus fréquentés. Il n'y faut pas voir seulement des bains, mais aussi des lieux de réunion, quelque chose d'analogue aux gymnases des Grecs ; les philosophes et les hommes de plaisirs, les lettrés et les ignorants, le sénat et le peuple, toutes les classes de la société y trouvaient à occuper leurs loisirs, et à satisfaire leurs goûts. Ces édifices étaient tellement entrés dans les mœurs, qu'ils étaient presque devenus de première nécessité.

THERMES.

Agrippa est le premier qui fit hommage au peuple romain de vastes thermes publics, et son exemple fut suivi par un grand nombre d'empereurs. Néron, Vespasien, Titus, Domitien, Trajan, Adrien, Commode, Caracalla, Alexandre Sévère, Philippe, Dèce, Aurélien, Dioclétien, Constantin, ne négligèrent point ce puissant moyen de capter les faveurs populaires, et chacun d'eux donna son nom aux thermes qu'il avait élevés. La plupart de ces immenses constructions ont disparu ; il ne reste plus à Rome que les ruines de trois d'entre elles : des thermes de Titus, des thermes de Caracalla, et des thermes de Dioclétien. Mais le peu qui subsiste encore suffit à nous faire connaître ce qui était. Les thermes de Caracalla surtout se peuvent restaurer avec une entière exactitude, en ce qui touche aux principales dispositions, et avec grande probabilité pour ce qui est des formes secondaires.

Bien qu'il appartienne à une époque de décadence, ce monument peut être cité parmi les plus remarquables que l'architecture ait jamais produits. L'importance des travaux, l'ampleur des dispositions, les mérites de la distribution, la variété et l'harmonie des formes, le rendent un des plus intéressants sujets d'étude qui puissent être offerts aux méditations de l'architecte [1].

Thermes de Caracalla.

Son plan et sa coupe sont représentés sur la planche 66 [2]. On a marqué sur le plan par une teinte foncée les parties de la construction qui se retrouvent encore, et par une teinte plus pâle celles qui ont été restituées. La coupe est prise suivant la ligne brisée ABCD. Il est regrettable que l'exiguïté du format de nos planches nous ait forcé de réduire ces dessins à une échelle de beaucoup inférieure à celle qui a été adoptée pour la plupart des autres édifices mis sous les yeux du lecteur.

Le monument était situé au pied du mont Aventin, et avait son entrée principale sur la voie Appienne. Il consistait en un vaste édifice central et isolé, établi sur une plate-forme dominant le niveau de la voie publique et entourée de constructions.

Le chiffre 1 indique sur le plan la place qui précédait l'entrée de l'édifice. Les autres renvois ont les significations suivantes :

2,2, Portiques extérieurs. Il y en avait sur deux rangs : ceux du rez-de-chaussée étaient au niveau de la voie publique, ceux de l'étage étaient au niveau de la plate-forme ;
3,3, Escaliers conduisant sur la plate-forme ;

---

[1] Il a déjà été question de ce monument, livre I, page 7.
[2] Ces dessins sont empruntés à la savante restauration de Blouet.

4,4, Salles de bains séparées, comprenant chacune un bassin et une antisalle pour se déshabiller. Il y en avait à chaque étage ;
5,5, Promenades plantées, décorées de bancs, de fontaines, de statues et de vases ;
6,6, Entrées principales de l'édifice central ;
7,7, Vestibules ;
8,8, *Apodyterium*, salles dans lesquelles on se déshabillait. Deux des petites pièces y annexées servaient de dépôts pour les costumes ; une autre, le *conisterium*, fournissait le sable dont se servaient les lutteurs ; dans la quatrième, l'*elæoterium*, on s'oignait d'huile avant de se baigner ou de se livrer aux exercices gymnastiques ;
9, *Frigidarium*, bain froid consistant en une vaste piscine découverte ;
10, *Cella tepidaria* ou *sphæristerium*, salle maintenue à une douce température, qui renfermait plusieurs bassins d'eau tiède, et dans laquelle on se livrait à différents exercices ;
11, Second *tepidarium*, dont la température était probablement plus élevée que celle de la salle précédente ;
12, *Caldarium*, bains chauds composés d'une piscine au milieu, et de bassins plus petits dans les embrasures des fenêtres. Cette grande salle était en saillie sur le bâtiment, du côté du sud, de manière à recevoir les rayons du soleil pendant toute la journée ;
13,13, *Tepidarium*, salles dans lesquelles on se rendait au sortir du bain chaud, avant de s'exposer à l'air extérieur ;
14,14, *Cella frigidaria* ;
15,15, Salles d'exercices, non couvertes ;
16,16, Bassins d'eau froide découverts (*frigidarium*) ;
17,17, Cours accompagnées de portiques sur trois côtés ;
18,18, Exèdres ;
19,19, *Ephebeum*, salles destinées aux leçons de gymnastique ;
20,20, Vestibules avec bibliothèque de chaque côté ;
21,21, *Sudatorium*, étuve précédée d'un petit *tepidarium* ;
22,22, Cours de service avec réservoirs ;
23,23, Exèdres extérieurs ;
24,24, *Hypæthrum*, promenoirs découverts ;
25,25, *Palestres*, salles destinées aux jeux gymnastiques ;
26,26, Académies, salles de réunions et promenoirs couverts ;
27,27, *Xyste*, vaste espace découvert où l'on s'exerçait à la lutte, à la course ou aux jeux du disque, des palets et des javelots ;
28,28, Gradins pour les spectateurs des jeux du xyste, et salles découvertes à l'usage des acteurs ;
29,29, Réservoirs et aqueduc.

Toutes les salles qui réclamaient une température plus élevée que celle de l'air extérieur, étaient chauffées au moyen de calorifères (*hypocaustes*) consistant en canaux de briques ménagés sous le sol et en tuyaux de chaleur appliqués contre les murs.

Quelques mots maintenant sur les dimensions de ce vaste édifice. La façade sur la voie Appienne s'étendait sur une longueur de 338 mètres, en nombre rond. Le bâtiment principal avait 248 mètres de longueur sur 112 mètres de profondeur.

Le grand bassin froid (*frigidarium*) avait 52 mètres sur 27. Le *sphæristerium*, marqué 10, n'avait pas moins de 24 mètres de largeur sur 56 mètres de longueur, non compris les grandes niches latérales et les deux salles des extrémités.

Les colonnes de granit qui recevaient la retombée de ses voûtes avaient 14 mètres de hauteur; l'une d'elles a été transportée sur la place de la Trinité à Florence, où elle est surmontée d'une statue en porphyre rouge. Le *caldarium* a 35 mètres de diamètre intérieur. La surface occupée par les bâtiments et la plate-forme était de 12 hectares environ.

Ces immenses constructions avaient reçu la plus grande solidité et présentaient un caractère tout à fait monumental, et l'on assure cependant qu'il n'avait pas fallu plus de quatre années pour les élever dans toute leur étendue. Le mode d'exécution fait comprendre la possibilité d'une pareille promptitude. Les murs étaient simplement construits en maçonnerie de blocage, revêtus en briques triangulaires, et reliés par des assises de grandes briques qui régnaient dans toute leur épaisseur et étaient espacées de $1^m,35$ environ. Les voûtes étaient formées d'une sorte de béton de pierres ponces, que supportaient de grandes briques de revêtetement posées à plat. Des dalles de marbre ou des enduits en stuc que décoraient des peintures s'appliquaient sur les parements. Il n'y avait pas besoin d'habiles ouvriers pour des travaux de ce genre, et l'on pouvait y employer autant d'hommes qu'on le jugeait nécessaire. Les colonnes, les marbres, les œuvres d'art se préparaient pendant qu'on exécutait les maçonneries, et il ne fallait pas beaucoup de temps pour les mettre en place.

Les thermes de Caracalla contenaient seize cents siéges de marbre pour les baigneurs, au dire d'Olympiodore, et l'on a trouvé dans leurs ruines une très-grande quantité d'œuvres d'art, dont quelques-unes sont des plus remarquables, telles que l'Hercule de Glycon, le Taureau de Farnèse, le Torse antique, la Flore et les deux Gladiateurs.

Il fallait la puissance de Rome pour élever de pareilles constructions, et les décorer avec autant de luxe.

Les thermes de Dioclétien étaient à peu près aussi importants que ceux de Caracalla; mais ils ne se sont pas aussi bien conservés, à l'exception de la salle centrale (*cella tepidaria*); qui, convertie en église par Michel-Ange, est un des vaisseaux les plus imposants qu'on puisse citer.

Les différentes provinces de l'empire avaient aussi des thermes. Moins vastes et beaucoup moins riches sans doute que ceux de Rome, quelques-uns de ces édifices étaient pourtant fort remarquables. On sait que Paris montre encore les restes de ceux de l'empereur Julien.

Thermes modernes. — Les Orientaux ont conservé jusqu'à présent plusieurs des usages de Rome dans leurs établissements thermaux : l'*apodyterium*, le *tepidarium*, le *sudatorium*, le *caldarium* se rencontrent dans nos bains maures de l'Algérie, mais sur une petite échelle et misérables au lieu d'être luxueux. On y retrouve aussi les *tractatores*, qui ont pour mission de pétrir les muscles et de faire craquer les jointures des baigneurs. L'Europe moderne a complétement rompu sous ce rapport avec les traditions de l'antiquité. Le christianisme avait dû proscrire des pratiques efféminées qui favorisaient les plus infâmes débauches, et les bains ne se sont point encore relevés de cet arrêt. C'est justice, s'il s'agit des abus, car c'est dans les thermes que la société romaine a achevé de s'énerver et de se corrompre ; mais il est regrettable, au point de vue de l'hygiène et de la propreté, que l'abandon ait été aussi complet. Beaucoup de nos petites villes n'ont pas un seul établissement de bains, et l'on n'en trouve qu'un petit nombre dans les plus grandes, sans que le public se plaigne de la pénurie. Ces établissements appartiennent à l'industrie privée ; et les bains sont à un prix trop élevé pour que les classes inférieures de la société puissent en prendre aussi souvent qu'il conviendrait.

Les nouvelles constructions ne rappellent en rien celles de l'empire romain. Elles consistent habituellement en un vestibule ou corridor plus ou moins large, dans lequel débouchent de très-petits cabinets renfermant chacun une baignoire, et elles sont exécutées très-légèrement ; elles sont même quelquefois installées sur des bateaux amarrés contre un des quais de la ville. On s'attache seulement à leur donner un certain cachet d'élégance, et à atténuer par la gaieté de la décoration ce qu'il y a de misérable dans le fond.

Des édifices plus importants sont ceux des eaux médicinales, et quelques-uns se rapprochent en quelques points des thermes des Romains. Tels sont ces établissements des bords du Rhin, plus fréquentés encore par les oisifs que par les malades, où l'on trouve, outre les bains, des galeries, des salons, des salles de jeux, de concert ou de banquet, des théâtres, des bibliothèques, etc. Mais s'il y a quelque analogie dans les destinations, il n'y en a point entre les édifices ; les constructions modernes ne présentent ni l'ampleur, ni la savante ordonnance, ni le caractère monumental de celles des anciens. L'architecture y est maigre, la décoration y est pauvre, et les plus grandes salles y ont quelque chose de mesquin ; on sent que tout y a été ordonné dans un étroit esprit de spéculation.

On trouve dans quelques eaux de France des constructions thermales très-convenablement disposées et exécutées. Afin d'être en état de résister à l'action destructive des eaux et des gaz qui s'en dégagent, elles sont presque toujours voûtées, ce qui leur donne un certain aspect monumental. Leur distribution varie avec le régime et les usages du lieu. Elle consiste souvent en une longue galerie, largement éclairée ou ouverte sur une des faces, donnant entrée par l'autre dans des cabinets de bains ou de douches. Une piscine ou bassin commun, avec vestiaires, est parfois annexée aux cabinets. Quelques établissements, où l'eau est principalement prise à l'intérieur, présentent un vaste vestibule embrassant deux étages dans sa hauteur, qui reçoit les sources bienfaisantes dans une ou plusieurs vasques, et sert à la fois de promenoir couvert et de dégagement pour les cabinets de bains et diverses dépendances. Il en est où l'on trouve une ou deux salles de réunion, une bibliothèque et un musée des richesses naturelles de la contrée. Les thermes de Bagnères-de-Luchon rappellent ceux des Romains, tant par leur caractère que par leurs dispositions générales.

L'architecture de ces édifices ne réclame pas un grand luxe, mais il lui faut de la distinction dans la forme, un caractère un peu monumental et quelque gaieté dans l'expression.

VI. — BOURSES.

Les bourses sont des lieux de réunion ouverts aux négociants et aux financiers, qui viennent y traiter de leurs affaires. Tel était l'un des objets des basiliques de l'antiquité romaine.

On n'est pas d'accord sur l'origine du nom de bourse, bien qu'il semble parfaitement adapté à la destination de l'édifice qu'il désigne. Les uns le font venir d'un ancien établissement d'Amsterdam dont les portes auraient été décorées à leur partie supérieure de bourses sculptées ; d'autres l'attribuent à la famille Van der Beurse, de Bruges, dans la maison de laquelle s'assemblaient les négociants de la ville.

Les bourses d'Amsterdam et de Londres sont justement célèbres. La première, construite au commencement du dix-septième siècle, est un vaste bâtiment d'environ 80 mètres de longueur sur 35 mètres de largeur, avec cour centrale entourée de portiques. La seconde, plus importante encore et d'une architecture beaucoup plus riche, date de la fin du même siècle, et remplace celle qui, inaugurée en présence de la reine Élisabeth, fut détruite par l'incendie de 1666. Elle se compose également d'une cour spacieuse environnée de portiques et de bâtiments.

La bourse de Paris est un des grands édifices de la ville. Elle consiste essentiellement en une vaste salle à deux rangs de portiques superposés, qui est éclairée par en haut, que précède un vestibule, et qu'accompagnent les dépendances obligées. Un grand portique de colonnes corinthiennes, embrassant les deux étages dans sa hauteur, entoure le monument, et lui donnerait l'apparence d'un temple périptère, si chacun des petits côtés était surmonté du fronton sacramentel. Mais quoique notre époque se montre fervente pour une divinité de la fable, dont le culte n'a jamais été d'ailleurs complétement négligé, la forme est peu satisfaisante, précisément parce que la disposition n'est pas celle qui conviendrait. Ce portique est trop élevé pour être un abri efficace, il ne met pas en communication les différentes parties de l'édifice, et il séparerait, au lieu de les réunir, les négociants qui s'y tiendraient, puisqu'il ne peut être embrassé d'un seul coup d'œil. Aussi voit-on qu'il n'est point fréquenté. Ceux de Londres et d'Amsterdam sont beaucoup mieux entendus.

Il semble qu'une bourse devrait consister en une vaste salle, très-éclairée et susceptible d'une abondante ventilation naturelle, située à l'extrémité d'une cour ou plutôt d'un jardin qu'entourerait un large portique. Ce portique desservirait toutes les dépendances de l'établissement, telles que bureaux, cabinet de commissaire, salles de lecture, de correspondance, de rafraîchissements, etc. Peut-être le jardin pourrait-il être couvert en hiver par un vitrage, de manière à conserver ses agréments dans la saison où l'on est le mieux disposé à les apprécier. Quant au caractère de l'architecture, moins solennel que celui du monument parisien, il ne serait pas moins vrai assurément : les marbres, les sculptures, les ornements dorés, le luxe des matériaux et de la décoration concourraient avec la disposition générale à annoncer la destination de l'édifice. Ils rappelleraient l'idéal du lieu, le but des transactions et l'influence qu'elles exercent sur le développement des richesses.

VII. — MARCHÉS.

Les marchés publics ont joué un très-grand rôle dans les villes de la Grèce et de Rome, sous les noms d'*agora* et de *forum*. C'étaient de grandes places de forme rectangulaire entourées de portiques. Il n'y avait qu'un marché lorsque la ville était petite, et il en occupait le centre, sauf dans les cités maritimes, où Vitruve nous apprend qu'il était situé sur le port. Les grandes villes en avaient plusieurs; ils étaient d'autant plus nombreux que la cité était plus étendue, et ils se spécialisaient par catégorie de marchandises. C'est ainsi qu'à Rome on comptait quatorze marchés : le *forum boarium*, le *forum suarium*, le *forum olitorium*, le *forum piscarium*, le *forum cupedinis*, etc.

Les marchés avaient alors beaucoup plus d'importance qu'aujourd'hui, parce que, les boutiques n'étant pas aussi multipliées dans les rues de la ville, ils concentraient presque tout le commerce de détail, et étaient extrêmement fréquentés. C'étaient autant des lieux de réunion pour les citoyens que des endroits destinés au commerce. Aussi quelques-uns d'entre eux étaient-ils décorés avec beaucoup de magnificence. On y trouvait des autels, des statues élevées aux dieux ou aux hommes célèbres et même des temples. Chez les Romains, l'un des côtés du forum était ordinairement occupé par une basilique. En Orient, où quelques traditions de l'antiquité se sont remarquablement conservées, les bazars présentent quelque chose d'analogue, abstraction faite du caractère monumental.

Nos usages ont fait aux marchés de tout autres conditions. Ces édifices sont presque exclusivement consacrés au commerce des comestibles, et ne sont guère fréquentés que par les classes inférieures de la société. Le luxe y serait complètement déplacé; on ne leur demande que de fournir un abri commode aux vendeurs et aux acheteurs.

Nos marchés sont de diverses sortes, suivant le mode de commerce et la nature des objets.

Les uns, et tels sont ceux de nos bourgs et de nos petites villes, sont uniquement destinés aux cultivateurs, qui y apportent leurs produits, à des jours et à des heures déterminés, et n'y stationnent pas longtemps. Ce sont des hangars, plus ou moins vastes, ouverts sur toutes leurs faces, et disposés de telle sorte que les bestiaux et les voitures y puissent entrer. Leur construction est très-simple ; la charpente de la toiture est apparente, et est supportée par des points d'appui en pierres, en briques ou en bois, suivant les ressources locales.

Lorsque le marché est permanent et occupé, comme dans la plupart des grandes villes, par des revendeurs qui tiennent pendant toute la journée leurs marchandises à la disposition du public, il faut un abri plus complet et des comptoirs ou étalages établis dans le système le plus convenable à la nature des objets exposés. Diverses dispositions sont adoptées à cet effet. Quelques-uns de ces édifices consistent en un simple portique, couvert en appentis, et entourant une cour de forme rectangulaire, laquelle est ouverte aux voitures. Les étalages s'adossent contre le mur du fond du portique. Dans d'autres, tels que les marchés Saint-Germain, des Carmes et des Blancs-Manteaux, à Paris, le portique est remplacé par de larges galeries couvertes comprises entre deux murs ; de grandes ouvertures percées sur toutes les faces, et d'autres pratiquées au sommet de la toiture, éclairent convenablement l'intérieur, et assurent la ventilation, sans exposer les marchands à des courants d'air dangereux ; la circulation s'établit au milieu de la galerie, et il y a étalage de chaque côté. Une disposition très-satisfaisante pour un petit marché consiste en un large portique, ouvert sur ses deux faces, et divisé par un mur longitudinal, s'élevant à deux ou trois mètres de hauteur, de manière à servir d'appui aux comptoirs et à abriter des courants d'air ; le portique est terminé à chacune de ses extrémités, soit par un hémicycle, soit par un espace de forme rectangulaire, fermés l'un et l'autre par un mur plein, contre lequel s'adossent aussi des marchands. Enfin un assez grand nombre de marchés consistent simplement en une vaste salle, à charpente apparente, aussi largement aérée que possible, dans laquelle les étalages sont disposés par rangs longitudinaux de la manière la plus favorable pour la circulation et l'économie de l'espace.

On établit fréquemment des caves sous ces édifices. Elles servent de magasins pour les marchands ou s'utilisent d'une autre manière, et elles ont le mérite, quand elles se louent convenablement, de permettre de réduire le prix des places du marché, lequel réagit sur celui des denrées, qu'il y a grand intérêt à maintenir le plus bas possible.

L'architecte chargé de la construction d'un marché doit rechercher les dispositions les plus simples et les plus économiques, sans rien négliger d'ailleurs de ce qui importe à la propreté, à la salubrité et aux convenances des marchands et du public.

Le fer et la fonte paraissent appelés à intervenir largement dans ces constructions. Ils ont l'avantage d'être durables, incombustibles, de réclamer moins de place que les autres matériaux, d'être moins exposés aux dégradations, et d'admettre de l'élégance dans la forme sans entraîner à de trop grandes dépenses.

La propreté et la salubrité exigent que tout marché soit fourni d'eaux abondantes pour les lavages, qu'il soit dallé en pierres dures, que des dispositions soient prises pour le dégagement prompt et facile des immondices, enfin qu'une large ventilation le débarrasse incessamment des miasmes dégagés par les matières végétales ou animales qu'il contient.

Les halles centrales de Paris peuvent servir de modèle pour les édifices de ce genre, bien qu'elles soient traitées avec plus d'ampleur et de luxe que n'en comportent les circonstances ordinaires, et aient exigé des dépenses que bien peu de villes seraient en état de supporter.

Halles centrales de Paris.

Cette magnifique construction, presque entièrement exécutée en fer et en fonte, est représentée sur la planche 67 [1]. La figure 1 donne le plan de l'édifice, et la figure 2 fait voir d'un côté la coupe, de l'autre l'élévation du principal corps de bâtiments.

Les travaux actuellement exécutés se composent de deux parties séparées par un large boulevard. La première, celle dont le lecteur a la coupe et l'élévation sous les yeux, comprend six pavillons que réunissent des rues couvertes; la seconde n'a que quatre pavillons auxquels des rues couvertes sont également annexées, mais elle doit être complétée par les deux pavillons marqués 11 et 12 sur le plan. Ces adjonctions futures sont échancrées suivant des arcs de cercle du côté de l'édifice circulaire marqué 13, qui est la halle aux blés, dont il sera question tout à l'heure. Les deux constructions symétriques 14 et 15 sont également en projet et sont destinées à des services administratifs. Une autre disposition générale, primitivement adoptée, a été indiquée dans nos éditions antérieures; celle que nous donnons aujourd'hui a prévalu avec juste raison.

Des caves sont établies dans toute l'étendue des pavillons. Elles sont couvertes par des voûtes d'arête en briques avec nervures en fonte que supportent des co-

---

[1] Voyez, pour plus de détails que nous n'en pouvons donner, l'ouvrage intitulé : *Monographie des Halles centrales de Paris*, par Baltard et Callet.

lonnes en même métal. On y accède par de larges escaliers dirigés en ligne droite. Celles qui sont situées sous les rues sont appelées à recevoir les rails d'un chemin de fer souterrain, qu'il est question d'établir pour faciliter les approvisionnements de la ville.

Les pavillons se composent de colonnes en fonte que réunissent des arcs en même matière, et qui supportent des fermes exécutées en fer laminé. Ils sont très-largement ouverts, le jour y abonde, et l'air circule aisément dans toute leur étendue. Des cloisons en briques, de 2^m,50 de hauteur, établies sur leur périmètre, interceptent les courants d'air qui seraient nuisibles, et la plupart des ouvertures sont fermées par des persiennes composées de lames de verre dépoli, de manière à s'opposer à l'introduction des eaux pluviales et des rayons solaires, sans faire obstacle au passage de l'air et de la lumière.

Les comptoirs des marchands sont régulièrement distribués dans chaque pavillon, suivant des lignes longitudinales placées dans les axes des colonnes de face, et ont reçu les dispositions les plus favorables à la nature des marchandises. Ils sont séparés par des supports et des grillages en fer, de sorte qu'ils n'entravent nullement la circulation de l'air. Leurs tables sont couvertes de dalles de marbre, et c'est dans de petits bassins également en marbre, où l'eau est incessamment renouvelée, que se conservent les poissons vivants. Ces comptoirs sont représentés sur la coupe ; l'échelle du plan est trop petite pour qu'on ait jugé à propos de les indiquer sur ce dessin.

Les fontaines, les bassins et les robinets sont très-multipliés à l'intérieur, et le dallage est disposé de manière à assurer un prompt écoulement à toutes les eaux qu'il reçoit.

Les différentes classes de marchandises et les divers modes de vente se distribuent entre les pavillons de la manière suivante :

Pavillon n° 1 : viande de boucherie, vente en gros, demi-gros et détail, avec cinq bancs de vente mobiles pour la criée ;

Pavillon n° 2 : volaille et gibier, vente en gros, avec six bancs de vente à la criée ;

Pavillon n° 3 : vente en gros le matin, en détail dans la journée, de légumes, fruits, fleurs coupées, plantes médicinales, etc. ;

Pavillon n° 4 : même affectation que le précédent, avec partie réservée à la vente à la criée ;

Pavillon n° 5 : fleurs et fruits, vente en demi-gros et en détail ;

Pavillon n° 6 : légumes frais ou conservés, vente en demi-gros et en détail ;
Pavillon n° 7 : poissons, vente en gros, à la criée et en détail ;
Pavillon n° 8 : beurre, œufs et fromages, vente en gros, à la criée ;
Pavillon n° 9 : huîtres, vente en gros, demi-gros et détail ;
Pavillon n° 10 : vente en détail de beurre, d'œufs, de fromages, de champignons, de pain, etc.

Les pavillons 11 et 12, qui ne sont pas encore exécutés sont destinés, le premier, à la vente de la charcuterie, le second, à celle de la volaille et du gibier.

Des dépôts et des magasins pour la conservation des substances sont disposés dans les caves.

Les cabinets nécessaires aux employés de l'octroi et aux divers agents attachés au service des halles sont placés dans l'intérieur et appuyés contre les parois latérales des pavillons.

Toutes ces halles sont éclairées au gaz. La coupe peut donner une idée de la distribution des lanternes.

Le groupe principal de pavillons a $170^m,50$ de longueur sur $124^m,56$ de profondeur ; l'autre a $100^m,70$ de longueur sur même profondeur que le premier. La surface couverte est de 34 000 mètres carrés en nombre rond, dont 9000 environ sont consacrés aux rues.

Les dépenses de construction se sont élevées à 12 421 462 francs, et se réduisent à 10 637 312 francs si l'on fait abstraction de celles qui se rapportent aux voies souterraines destinées à un chemin de fer. Elles donnent les chiffres suivants, lesquels ne sont pas dépourvus d'intérêt eu égard à la nouveauté du système : Prix par mètre carré d'espace couvert, y compris les trottoirs extérieurs, les installations de boutiques, bancs de vente, bassins, latrines, bureaux, eaux, gaz, etc., pour les grands pavillons, $377^{fr},45$; pour les petits, $364^{fr},05$. Ces chiffres seraient descendus respectivement à $237^{fr},65$ et $207^{fr},05$, s'il n'y avait pas de caves. La couverture des rues est revenue à $122^{fr},83$ par mètre carré d'espace couvert.

Les dépenses d'expropriation du terrain qu'occupe le vaste édifice n'ont pas été inférieures à 35 000 000.

Ces travaux ont été conçus et exécutés par M. l'architecte V. Baltard. Très-remarquables par leur importance, ils le sont également par l'ampleur des dispositions, par la manière dont ils sont traités, et par le rôle qu'y jouent deux matières dont l'art de bâtir n'avait point encore tiré un aussi grand parti : nous voulons parler du fer et du verre, qui paraissent appelés à exercer désormais une action très-marquée sur notre architecture. On ne saurait trop applaudir à tous les succès obtenus dans cette nouvelle voie.

Halle aux blés et halle aux vins. — On donne plus particulièrement le nom de halles aux marchés établis dans des édifices parfaitement clos, où les objets de consommation sont emmagasinés et se vendent plutôt en gros qu'en détail. Chaque halle est habituellement affectée à une classe spéciale de marchandises et disposée en conséquence. Paris a deux marchés de ce genre, tous deux fort remarquables, mais à titres divers : la halle aux blés et la halle aux vins.

La halle aux blés, marquée 13 sur le plan de la planche 67, consiste en une cour de forme circulaire entourée d'une large galerie voûtée ; au-dessus de cette galerie règnent de vastes greniers, également voûtés, qui sont éclairés par des fenêtres ouvertes au-dessus des arcades du rez-de-chaussée. Cet édifice, construit en 1762 par Camus de Mézières, étant devenu insuffisant, on prit le parti de couvrir par une charpente à la Philibert Delorme, en forme de dôme, la cour centrale qui n'a pas moins de 40 mètres de diamètre. Cette charpente était fort élégante ; mais elle a disparu, dévorée par un incendie, et elle a été remplacée, en 1811, par une construction en fer qui produit également un excellent effet.

Peut-être la halle aux blés n'a-t-elle pas reçu la disposition la plus convenable ; mais elle est d'une belle construction, et elle a un caractère tout à fait monumental [1].

La halle aux vins consiste en de vastes corps de bâtiments régulièrement distribués dans une enceinte fermée. Ils sont voûtés dans la majeure partie de leur étendue. Les salles voûtées ou celliers présentent une surface de 75 000 mètres carrés environ, et la surface des magasins couverts en charpente n'est pas inférieure à 45 000 mètres carrés. On évalue à 600 000 hectolitres de vin et 50 000 hectolitres d'eau-de-vie les approvisionnements que peut contenir cet important édifice.

La disposition générale de cette immense halle est très-simple et très-convenable, et le système de construction, qui est fort bien entendu et offre toutes garanties de solidité, y est franchement mis en évidence [2].

---

[1] Un monument qui n'est pas sans intérêt, tant pour l'histoire du pays qu'au point de vue de l'art, a été maintenu lors de la construction de cet édifice ; c'est une colonne de près de 30 mètres de hauteur, élevée par ordre de Catherine de Médicis, sur les dessins de Jean Bullant, pour les observations du célèbre astrologue Ruggieri. Elle contient un escalier qui conduit à son sommet. Elle est marquée A sur le plan.

[2] Cet édifice est dû à M. Gauché, ancien répétiteur d'architecture à l'École polytechnique.

VIII. — ENTREPOTS.

Les entrepôts diffèrent des halles en ce qu'ils sont exclusivement destinés à l'emmagasinement, et sont soumis à des administrations spéciales, qui exercent un contrôle sur l'entrée et la sortie des marchandises. On compte en Angleterre un grand nombre d'établissements de ce genre, surtout dans les ports de mer, où ils renferment des bassins dans lesquels les navires se maintiennent à flot, parfaitement abrités, et trouvent toutes facilités pour leur déchargement. Le nom de *docks*, qui appartient à ces bassins, s'est étendu à l'ensemble des constructions dont ils forment une dépendance, et s'applique même à des entrepôts qu'aucune navigation n'alimente directement.

Les docks rendent d'immenses services au commerce, en réduisant les dépenses d'emmagasinement et de surveillance, et surtout en facilitant les transactions, grâce à une organisation administrative fort bien entendue. « Les Anglais ont
« trouvé le moyen, dit M. Blanqui, de donner à leurs docks une utilité particu-
« lière, peut-être supérieure aux avantages matériels qu'ils en retirent, par des com-
« binaisons d'entrepôt qui sont très-ingénieuses. Aussitôt qu'une marchandise est
« mise en magasin dans un dock, la compagnie des directeurs de ce dock délivre
« au consignataire un certificat ou *warrant*, énonçant qu'il a été emmagasiné pour
« son compte telle marchandise, de tel poids et de telle qualité. Ce certificat lui sert
« de titre de propriété ; il est transmissible par voie d'endossement..... Ces *war-*
« *rants* sont divisibles et remis à des courtiers qui s'en servent pour opérer les
« transactions les plus importantes, sans que la marchandise soit changée de place,
« et conséquemment sans avoir été grevée de frais de transport. Si le propriétaire
« de la marchandise veut l'échanger contre de l'argent, ou simplement la consigner
« en garantie d'un prêt, il remet ce *warrant* à un banquier qui lui fait les avances
« nécessaires, sans avoir besoin de prendre livraison de la marchandise, de la soi-
« gner ou de la surveiller. C'est la compagnie des docks qui est chargée exclu-
« sivement de ce soin. Ainsi, par l'usage des *warrants*, la marchandise est en
« quelque sorte mobilisée ; elle devient monnaie, circule sans changer de place,
« puisqu'elle peut se transporter avec la plus grande facilité, comme une valeur de
« portefeuille. »

Les entrepôts offrent, en outre, au commerce, cet avantage considérable que les droits de douane et d'octroi ne se perçoivent qu'au moment de la sortie des marchandises, c'est-à-dire lorsque le négociant les a vendues.

On voit que le dock d'un port de commerce doit consister en un ou plusieurs bassins, munis d'écluses dans les ports de marée, et entourés de magasins plus ou moins vastes; qu'en arrière de ces magasins doivent se trouver des cours de service pour le chargement des marchandises qu'expédie le dock; qu'à l'entrée de l'établissement, du côté de la ville, il faut distribuer des bâtiments pour les bureaux de l'administration et le service des douanes; enfin que toutes ces constructions doivent être comprises dans une enceinte fermée sur laquelle il soit facile d'exercer une surveillance efficace.

Les docks de Londres et ceux de Liverpool sont nombreux; ils sont exécutés sur une vaste échelle, et offrent d'intéressants sujets d'étude.

Dans quelques-uns, les magasins sont placés presque sur le bord du quai, de telle sorte que les marchandises se transportent immédiatement, du navire qui les a amenées, dans le local où elles doivent être conservées pendant un temps plus ou moins long. Dans d'autres, des hangars sont établis sur les quais pour le dépôt provisoire des colis, que des chemins de fer conduisent ensuite à leur destination, soit au dehors des docks, soit dans des bâtiments placés en arrière des hangars. Quelquefois les deux systèmes sont réunis dans le même établissement. Afin de ménager l'espace et les dépenses de construction, les magasins renferment un grand nombre d'étages, dont les hauteurs sont convenablement déterminées pour le but qu'on se propose. On compte jusqu'à huit étages dans les docks de Sainte-Catherine, à Londres, et leur hauteur varie entre 3 et 4 mètres. Les bâtiments ont jusqu'à 30 et 40 mètres de profondeur. De distance en distance, ils sont percés à chaque étage, et sur l'une et l'autre face, d'ouvertures descendant jusqu'au niveau du sol de l'étage et destinées les unes à l'entrée, les autres à la sortie des marchandises. Les colis sont montés et descendus à l'aide de treuils parfaitement disposés.

Ces constructions sont solidement exécutées, en murs assez épais pour mettre l'intérieur à l'abri de l'humidité et même, jusqu'à un certain point, des variations de température. Dans les nouveaux docks, les planchers sont en fer, et sont soutenus entre les murs par des supports en fonte, de telle sorte qu'un incendie, s'il venait à se déclarer, n'aurait qu'une portée fort restreinte.

Quelques chiffres donneront une idée de l'importance de ces établissements : les docks de la compagnie des Indes occidentales, à Londres, couvrent une surface de 1 200 000 mètres carrés, soit 120 hectares, dont 235 000 mètres carrés de bassins et 965 000 en terrains et bâtiments ; leurs dépenses de construction se sont élevées à la somme de 82 millions de francs environ. Le développement sur les quais des bâtiments des docks de Sainte-Catherine est de près de 1 400 mètres, et la surface de planchers que présentent ces immenses magasins atteint à 240 000 mètres carrés ou 24 hectares.

Un entrepôt, dit des Marais, a été construit il y a quelques années à Paris, sur le bord du canal Saint-Martin. Il présente une disposition très-simple et très-convenable, mais il ne saurait être comparé à ceux dont on vient de parler.

IX. — ABATTOIRS.

Les abattoirs sont des établissements consacrés à l'abatage et au dépècement des bestiaux destinés à la consommation. Ils procurent de nombreux avantages aux villes qui en sont pourvues ; aussi se sont-ils beaucoup multipliés en France depuis 1810, date du décret qui en a fait construire cinq sur le périmètre de la ville de Paris. Ils évitent à la population le hideux spectacle du sang des victimes, coulant dans les ruisseaux et se mêlant à la boue des rues ; ils éloignent d'elle d'horribles odeurs et des miasmes insalubres ; ils la garantissent des embarras du passage des troupeaux, ainsi que du danger d'animaux furieux échappés à un coup mal assuré ; enfin ils permettent à l'autorité d'exercer une surveillance efficace sur les bouchers, et de s'opposer à ce que des viandes malsaines soient livrées à la consommation.

Un abattoir se compose essentiellement de bouveries, de bergeries et d'échaudoirs, salles dans lesquelles se tuent et se dépècent les bestiaux. On y ajoute habituellement un ou deux bâtiments pour l'administration et le logement des employés, des locaux destinés à diverses opérations, telles que la fonte du suif, l'apprêt des intestins, etc., et des hangars pour remises et dépôt de divers objets. Des greniers à fourrages sont établis au-dessus des écuries. Tous ces bâtiments sont compris dans une enceinte fermée. Les bouveries, bergeries et échaudoirs se divisent habituellement en un même nombre de compartiments ou cases, qui se réunissent pour former autant de locations distinctes.

Les échaudoirs de Paris sont disposés de telle sorte que chaque case a deux portes opposées; l'animal entre vivant par l'une et sort dépecé par l'autre, pour être immédiatement transporté dans la boutique du boucher. Le bœuf qu'on veut abattre est fixé par une corde enroulée sur ses cornes et attachée à un anneau solidement scellé dans le sol. L'animal tombe sans connaissance, frappé sur la tête par une masse en fer, et il est immédiatement saigné. Le sang s'écoule par des rigoles ménagées dans le dallage, et il est recueilli dans des cuves. Des appareils fixés à la charpente permettent de soulever le corps, et de l'accrocher de manière à faciliter le dépècement. Des robinets convenablement distribués fournissent l'eau nécessaire aux opérations, et permettent d'abondants lavages.

Le type adopté pour les abattoirs de Paris consiste en une cour carrée, limitée latéralement par les échaudoirs. Les écuries, triperies, fonderies de suif et hangars sont distribués sur le périmètre de l'établissement, et les pavillons d'administration sont placés à l'entrée.

Il est évident que des édifices de ce genre ne comportent aucun luxe de décoration; tout ce qu'on peut leur demander est une disposition simple et rationnelle, et un système de construction à la fois solide et économique.

Les abattoirs de Paris peuvent être cités comme des modèles, sous tous les rapports[1].

X. — GARES DE CHEMINS DE FER.

L'établissement des chemins de fer a donné naissance à un grand nombre d'édifices d'une nature toute spéciale. Ce sont les grandes gares et les stations de voyageurs, les gares de marchandises, les ateliers de construction et d'entretien, les remises de locomotives, celles des voitures de diverses espèces, les salles de restaurants, les magasins, les logements d'employés, etc. Quelques-unes de ces constructions exigent et ont reçu de grands développements; d'autres se recommandent

[1] Le lecteur qui désirerait de plus amples renseignements à ce sujet, consultera avec fruit l'ouvrage intitulé : *Études relatives à l'art de la construction*, par L. Bruyère, inspecteur général des ponts et chaussées, directeur des travaux publics de Paris.

par leur multiplicité; toutes importent à la régularité de l'exploitation, au bien-être des voyageurs ou des agents des chemins de fer, et aux intérêts de la compagnie concessionnaire; elles présentent enfin un mérite rare dans notre vieille société: celui de la nouveauté. Tandis que nos autres édifices ont été l'objet de longues élaborations, ne se distinguent que par des nuances de ceux qui les ont précédés, appartiennent aussi bien au passé qu'au présent, ceux dont il s'agit ont été entièrement créés, improvisés pourrait-on dire, par notre génération; sont un produit spontané d'une des plus bienfaisantes inventions de l'époque, et sont appelés à satisfaire à des exigences dont nos pères ne se doutaient point. Cette indépendance que nous désirons, ces formes nouvelles, caractéristiques de notre temps, qu'on demande à notre architecture, en lui reprochant parfois si injustement de ne pas les revêtir, elles se présentent naturellement ici : dispositions sans précédents, matériaux jusqu'alors inusités en grand, ces conditions essentielles de toute innovation légitime s'imposent aux bâtiments dont il s'agit et ouvrent à l'art de nouveaux horizons. La création des chemins de fer est un fait trop capital dans l'histoire de l'humanité, elle est destinée à exercer une trop grande influence sur nos mœurs et nos institutions, pour ne pas agir puissamment sur notre architecture. Il n'est plus besoin maintenant d'invasions de barbares, de fondations d'empires ou de mélanges de races pour renouveler les sociétés, ainsi que les formes qui en expriment les usages et l'esprit: nous avons les progrès de la science et de l'industrie, et eux aussi produisent de profondes révolutions, mais des révolutions pacifiques et n'apportant que des bienfaits.

Il y a donc, sous tous les rapports, très-grande importance à attacher à ces nouvelles constructions, et surtout à celles qui, plus particulièrement destinées au service des voyageurs, réclament cette distinction dans les formes et quelque chose de ce caractère monumental que nous demandons à tous nos édifices de réunions publiques. Elles se recommandent à toute la sollicitude de nos architectes, et elles appellent leurs plus sérieuses méditations. Aussi comptions-nous donner un grand développement à ce chapitre, faire connaître les diverses conditions des édifices de tous genres qu'il embrasse, et éclairer le sujet par de nombreux exemples; mais il nous a bientôt été démontré que la plupart de ces constructions nous obligeraient à entrer dans des détails sur l'exploitation des chemins de fer, qui seraient trop longs et trop techniques pour un ouvrage de la nature de celui-ci, sans pouvoir d'ailleurs être assez multipliés ou assez précis pour fournir toutes les données nécessaires à une étude approfondie. Il nous a paru en conséquence qu'il fallait nous abstenir, et renvoyer aux traités spéciaux sur la matière le lecteur désireux d'être complétement renseigné.

D'un autre côté, l'art n'a pas la marche rapide et les brusques évolutions de l'industrie, de sorte que la plupart des bâtiments exécutés jusqu'à ce jour pour le service des chemins de fer laissent plus ou moins à désirer, soit sous le rapport de la forme, soit sous celui de la disposition. Les uns paraissent convenablement distribués, mais ont plutôt le caractère de constructions industrielles et provisoires que celui d'édifices d'utilité publique ; les autres ont été traités avec un certain luxe d'architecture, mais, conçus en vue de l'effet à produire, trop empreints des réminiscences du passé, ils n'ont pas tenu un compte suffisant des conditions qui leur étaient imposées, et pèchent à la fois par le fond et par la forme. Il est sans doute inutile d'ajouter que les premiers sont de beaucoup préférables aux seconds ; que, s'ils ne peuvent être présentés comme des solutions complètes du problème, ils donnent du moins satisfaction à des intérêts sérieux, sont de précieux acheminements, préparent les voies à l'avenir en habituant à des formes caractéristiques, et se montrent judicieusement ménagers de capitaux réclamés par d'impérieux besoins. Mais toujours est-il que ce nouvel ordre de composition promet plus qu'il n'a tenu encore. Nous nous bornerons donc à en faire l'objet de quelques considérations générales, et à mettre sous les yeux du lecteur deux exemples de grandes gares de voyageurs.

Les positions relatives de l'entrée et de la sortie sont le principal point à prendre en considération dans l'établissement d'une gare placée en tête d'un chemin de fer ; ce sont elles qui exercent le plus d'influence sur toute la distribution et même sur l'organisation du service. Sous ce rapport, les édifices exécutés peuvent être divisés en trois grandes classes :

1° L'entrée et la sortie sont réunies dans un même corps de bâtiment placé en tête du chemin de fer, et dans une direction normale à celle des voies;

2° L'entrée et la sortie sont ouvertes sur les côtés du chemin et débouchent dans des cours séparées;

3° L'entrée ou la sortie étant établie en tête, la sortie ou l'entrée est ouverte sur l'un des côtés.

Chacune de ces dispositions se recommande par quelques mérites, et présente aussi des défauts. Il est difficile de se prononcer d'une manière absolue en faveur d'aucune d'elles, et c'est aux circonstances qu'il appartient d'éclairer la décision à prendre dans chaque cas particulier.

Les mérites les plus saillants du premier système paraissent être les suivants : l'édifice se présente bien, et l'entrée se trouve nettement marquée en tête de l'établissement ; les constructions, étant agglomérées, ne réclament pas autant de développement ; un même vestibule peut desservir les départs et les arrivées ; le service, plus concentré, est plus facile à surveiller et n'exige pas un aussi grand nombre d'agents ; enfin les deux côtés de la gare restent libres, soit pour des voies de remisage, soit pour les voies à affecter à un ou plusieurs nouveaux chemins qui viendraient s'adjoindre au premier. Ce dernier avantage est très-considérable. On conçoit, et l'expérience a prouvé qu'il est prudent de faire large part aux éventualités de l'avenir en un sujet qui renferme tant d'inconnu, et où les progrès ultérieurs sont pour ainsi dire sans limites.

La seconde disposition est plus avantageuse en ce qui concerne le service des voyageurs et surtout celui de leurs bagages, elle prévient mieux les encombrements, et elle est généralement adoptée aujourd'hui pour les gares appelées à desservir une circulation très-active. Du côté du départ, le grand vestibule, dans lequel se trouvent les bureaux de distribution des billets, occupe le centre du bâtiment ; il est ouvert, à l'une de ses extrémités sur les salles d'attente, à l'autre sur la salle de dépôt de bagages. Cette dernière est placée vers la tête du convoi, de sorte que les bagages n'ont que le trottoir à traverser pour se rendre dans les wagons qui leur sont destinés, et ne viennent jamais contrarier le mouvement des voyageurs. Du côté de l'arrivée, on peut également établir au centre de l'édifice un vestibule destiné aux personnes et aux voyageurs qui attendent, les unes un convoi, les autres leurs bagages, et l'ouvrir sur la salle consacrée à la distribution de ces objets. Cette salle étant placée, comme celle des départs, vers la tête du convoi, les bagages n'ont encore que le trottoir à traverser, et se transportent sans embarras pour les voyageurs. On peut même faire entrer les wagons qui les renferment, soit dans cette salle, soit dans des annexes. De l'autre côté du vestibule, se disposent différentes pièces d'importance secondaire, telles que magasins, bureaux, postes, etc. Les voies peuvent se prolonger sur une certaine longueur au delà des deux bâtiments latéraux, de manière à offrir en tête du chemin un espace plus ou moins étendu pour remisage de voitures ou préparation de convois.

Les gares disposées suivant le troisième système participent à la fois des avan-

424   TRAITÉ D'ARCHITECTURE.

tages et des inconvénients de celles dont on vient de parler. L'entrée est très-convenablement placée, si l'on a soin d'établir en tête toutes les pièces relatives au service des départs ; un des côtés de la gare reste libre pour les voies supplémentaires, et le transport des bagages se fait dans les meilleures conditions du côté de l'arrivée, point où il est le plus important et le plus difficile, parce qu'il doit s'y opérer très-rapidement et concurremment avec la sortie des voyageurs.

<small>Gare du chemin de fer de Paris à la Méditerranée.</small>   La planche 68 met sous les yeux du lecteur le plan d'une gare fort habilement distribuée suivant la seconde des dispositions générales dont nous venons de parler : c'est celle du boulevard Mazas ; elle appartient au chemin de fer de Paris à la Méditerranée [1].

<small>Gare du chemin de fer d'Orléans.</small>   Les planches 69 et 70 sont consacrées à une gare conçue dans le même esprit, mais plus complète, exécutée sur une plus grande échelle, et offrant un caractère plus monumental. Il n'en est point, à notre connaissance, qui puisse rivaliser avec elle. C'est la nouvelle gare du chemin de fer d'Orléans, à Paris, laquelle est due à M. l'architecte Renaud.

La première de ces planches en donne le plan [2] ; la seconde en représente l'élé-

---

[1] La légende suivante fait connaître le détail de cette distribution, ainsi que la nomenclature des divers éléments qui entrent dans la composition d'une grande gare : 1, rampe d'accès ; 2, cour du départ ; 3,3, portiques ; 4, bureaux de voitures en correspondance avec le chemin de fer ; 5, vestibule du départ ; 6, bureaux de distribution des billets ; 7, 7, salles d'attente pour les voyageurs ; 8, 8, salles pour les bagages des voyageurs et les articles de messageries ; 9, bureau du chef de gare ; 10, restaurant ; 11, 11, remises et magasins : 12, cabinets d'aisances et urinoirs ; 13,13, trottoirs du départ ; 14, 14. trottoirs d'arrivée ; 15, vestibule de sortie ; 16, salle de distribution des bagages ; 17,17, salles pour les articles de messageries ; 18, 18, bureaux relatifs au service des bagages ; 19, 19, salles pour les employés de l'octroi ; 20,20, bureaux du commissaire de police ; 21, corps de garde ; 22, gare spéciale pour les denrées alimentaires ; 23, bureaux du mouvement ; 24, atelier des lampistes ; 25, salon et cabinet du médecin ; 26, lieux d'aisances ; 27, 27, portiques ; 28, cour de sortie ; 29, 29, urinoirs ; 30, rampe de sortie.
Nous avons fait connaître dans la première partie de cet ouvrage (page 559 et planche 84, figures 1 à 6) la belle charpente en bois et fer qui couvre les voies et trottoirs de cette gare.

[2] La nomenclature qui suit fait connaître la destination des différentes parties de l'édifice : 1, place publique ; 2,2, boulevards ; 3,3, Seine, bas-port et rampes ; 4, cour des départs ; 5, grand vestibule ; 6,6, portiques ; 7,7, salles d'attente ; 8, salle des bagages du départ ; 9,9, bureaux de distribution des billets ; 10,10, pièces réservées pour le service de l'empereur ; 11,11, bureaux du chef de gare, du commissaire de surveillance, etc. ; 12, consigne des bagages ; 13,13, service médical ; 14,14, café-restaurant ; 15,15, service télégraphique ; 16, pompiers ; 17,17, service de la poste aux lettres ; 18,18, magasins, lampisterie, etc. ; 19, trottoir des départs ; 20, grande halle ; 21, remise pour le petit entretien ; 22, remise du service des postes ; 23, cour du service de la messagerie au départ ; au delà, du même côté, des quais découverts pour l'embarquement des chevaux et voitures ; 24, halle de la messagerie (départ) ; 25,25, bureaux ; 26, halle de la messagerie (arrivée) ; au delà, du même côté, des quais découverts pour le débarquement des chevaux et voitures ; 27, cour de la messagerie ; 28, trottoir des voyageurs à l'arrivée ; 29, vestibule de sortie ; 30, salle d'attente des bagages ; 31, compartiment ouvert au public ; 32, salle de distribution des bagages ; 33,33, portiques ; 34, cour de sortie, couverte en A pour le remisage des voitures de maître ; 35, salon d'attente ; 36,36, service de police ; 37, facteurs ; 38, service de l'octroi ; 39, consigne ; 40, bureaux du service de la messagerie ; 41, rue des écuries, des remises et de la messagerie ; 42,42, écuries, remises, etc., s'étendant en dehors des limites du cadre ; 43,43, ateliers divers pour menues réparations ; 44,44, corps de garde des hommes d'équipe ; 45, dépôt des sacs et portefeuilles ; 46,46, latrines et urinoirs ; 47,47, bâtiment de l'administration du service du chemin de fer.

vation principale sur la cour d'entrée (fig. 1), la coupe transversale (fig. 2), un fragment de coupe longitudinale de la grande halle (fig. 3) et un fragment de coupe longitudinale du vestibule d'entrée (fig. 4).

La grande halle n'a pas moins de 280 mètres de longueur sur $51^m,55$ de largeur sans points d'appui intermédiaires; le vestibule principal a $38^m,30$ de longueur, $16^m,30$ de largeur et $19^m,20$ de hauteur ; la salle des bagages du départ a 60 mètres sur 20 mètres; celle de l'arrivée, $109^m,25$ sur 14 mètres ; la surface couverte par cet immense édifice s'élève à près de 40 000 mètres carrés, y compris les petites cours intérieures et abstraction faite des écuries, remises et dépendances diverses situées sur la voie latérale ouverte à droite de la gare le long de la cour de sortie.

Toutes les dispositions d'une grande gare doivent être largement conçues ; il leur faut de l'ampleur et de l'espace. Que les vestibules et les salles d'attente soient vastes et élevés ; que les trottoirs pèchent plutôt par excès que par insuffisance de largeur, et ne soient pas coupés par des points d'appui ; que la charpente qui couvre les voies présente de la hardiesse, et n'exige pas de supports susceptibles d'entraver le service; que les entrées et les issues soient bien accentuées, nombreuses et d'un parcours facile : telles sont les conditions générales les plus essentielles en ce qui concerne les détails de la distribution.

Quant au caractère, il ne paraît pas que le moment soit venu de le rendre monumental. Il est sans doute nécessaire que la construction soit solidement établie ; mais il n'y faut point d'excès, et il ne semble pas qu'il appartienne à la pierre d'y jouer le rôle le plus important. C'est le fer qui constitue les nouvelles voies, et une large place doit lui être réservée dans les édifices qu'elles font élever ; car ils semblent appelés à glorifier en quelque sorte la précieuse matière dont l'industrie vient de doter l'architecture.

XI. — PHARES.

Les phares étaient établis autrefois à l'entrée des ports de mer, chaque grande cité maritime en avait un, et c'était souvent son édifice le plus remarquable tant par la hauteur que par le luxe et la solidité de la construction.

Le plus célèbre de tous ces monuments est celui que Ptolémée Philadelphe fit élever dans l'île de Pharos, à l'entrée du port d'Alexandrie. Il passait pour une des sept merveilles du monde. Pendant longtemps il a été considéré comme un modèle, et il a transmis, à tous les édifices du même genre, le nom qu'il avait emprunté à sa position, ou que peut-être il lui avait donné, car *phrah*, en égyptien, signifie soleil. Malheureusement il n'en reste que d'insignifiants vestiges, et les documents que nous fournissent à son sujet les historiens et les géographes sont, quoique assez nombreux, insuffisants pour nous en faire connaître les dispositions, et nous permettre de le restituer avec quelque chance de succès. Ce qu'il y a de certain, c'est que cette tour était très-élevée, qu'elle était de forme carrée, et qu'elle présentait plusieurs retraites sur sa hauteur. Édrisi, géographe arabe du commencement du douzième siècle, dit qu'elle avait, de son temps, 300 coudées ou 100 brasses de hauteur, dont 96 jusqu'à la lanterne et 4 pour la hauteur de cette lanterne; que, depuis le sol jusqu'à la galerie du milieu, on comptait exactement 70 brasses, et qu'à partir de cette galerie, le phare s'élevait jusqu'à son sommet en se rétrécissant de plus en plus, de telle sorte qu'on pouvait circuler autour à différentes hauteurs. Le même écrivain rapporte que la construction était exécutée en excellentes pierres scellées les unes aux autres avec du plomb fondu, de manière à former une masse indestructible, et que le feu était visible à 100 milles de distance. Ce dernier chiffre est évidemment inexact, car la hauteur assignée à la tour n'aurait pas donné, à beaucoup près, une portée aussi considérable; mais il prouve du moins que la lumière s'apercevait à une très-grande distance de la côte.

On sait que l'architecte de ce monument, Sostrate de Gnide, y avait fait graver l'inscription suivante : *Sostrate de Gnide, fils de Dexiphanes, aux Dieux sauveurs pour ceux qui sont sur mer.* D'après Lucien, il aurait eu soin de cacher ces mots par un enduit sur lequel il écrivit le nom de Ptolémée, comptant sur l'action du temps pour faire reparaître le sien. Pline, au contraire, loue le souverain de l'honneur accordé à l'artiste. Quant à nous, s'il fallait se prononcer sur cette question, assez indifférente du reste, nous serions disposé à nous ranger à la première de ces versions, à cause de la teneur de l'inscription, laquelle attribue à Sostrate plus qu'il ne lui revenait ; Ptolémée n'eût pas admis, et avec raison, que l'architecte se présentât comme le consécrateur.

Denis de Byzance parle d'un phare qui était placé à l'embouchure du Chrysorrhoas, dans le Bosphore de Thrace, et il ajoute que les habitants du pays allumaient d'autres feux sur divers points de la côte pour tromper les navigateurs.

Ces criminelles tentatives se sont reproduites en d'autres lieux et à des époques beaucoup plus rapprochées de nous, mais, grâce aux progrès de la civilisation, elles ne déshonorent plus notre pays.

On voyait encore, dans le dix-septième siècle, sur les côtes de France, près de Boulogne, un phare de construction romaine qui était probablement celui que Caïus Caligula fit élever, au dire de Suétone, lors de son expédition dans les Gaules. Montfaucon rapporte qu'il s'écroula en 1644, par suite de l'éboulement de la falaise sur laquelle il était situé, et il en donne un dessin qui lui avait été transmis par un religieux de l'ordre de Saint-Dominique. Le plan de cette tour était de forme octogonale, et elle était composée de douze étages élevés en retraite les uns sur les autres et terminés chacun par une corniche, de telle sorte qu'à chaque étage, on pouvait circuler autour de l'édifice sur une petite plate-forme, laquelle avait $0^m,50$ de largeur à peu près, mais était dépourvue de garde-corps. Chacun des côtés de l'octogone de la base avait environ 8 mètres de longueur. Quant à la hauteur, sur laquelle on n'a aucune donnée précise, on pourrait l'évaluer à près de 60 mètres, s'il était permis de s'en rapporter au dessin de Montfaucon. La construction était exécutée par assises variées, disposées suivant un certain ordre : à trois rangs de pierre grise de Boulogne, succédaient deux rangs d'une pierre jaune plus tendre, puis deux lits de grandes briques d'un rouge foncé; on retrouvait alors la pierre grise, et ainsi de suite. Ce phare paraît avoir été restauré par Charlemagne, qui fit rallumer le feu qu'avaient négligé ses barbares prédécesseurs; mais il fut abandonné depuis, on ignore à quelle époque.

Les feux allumés sur ces tours étaient alimentés par du bois ou du charbon, d'où devaient résulter d'assez grandes inégalités dans leur éclat et probablement aussi des extinctions.

Notre système actuel d'éclairage maritime diffère essentiellement de celui des anciens, aussi bien sous le rapport de la répartition des phares que sous celui du mode de production de la lumière.

Les phares n'ont pas perdu de leur importance; loin de là, elle s'est accrue et ils se sont multipliés à mesure que notre navigation a pris plus de développement et de hardiesse; mais ceux qui se voient dans nos ports sont habituellement de très-faible hauteur, et paraîtraient bien misérables si on les comparait à ceux de l'antiquité. Nos grands phares sont placés ailleurs, en position de rendre plus de services. C'est en effet à l'approche des terres qu'existent les dangers les plus redoutables, et c'est par conséquent le littoral qu'il importe essentiellement et avant tout de signaler aux navigateurs. Or ce littoral présentant une suite de parties saillantes et de parties rentrantes, de caps plus ou moins avancés et de baies plus ou moins ouvertes, si l'on place un feu sur chacune des saillies principales, qu'elle appartienne au continent ou qu'elle s'en détache et consiste en une île ou en un rocher, on aura éclairé les sommets d'un polygone circonscrit à tous les écueils ; on enverra la lumière aussi loin de la côte que le comportent l'éclat et la hauteur des appareils. Si l'on a observé en outre une relation telle entre l'espacement de ces sommets et la portée des feux, que la lumière s'aperçoive à une distance au moins égale à la moitié de la longueur d'un des côtés du polygone, un navigateur ne pourra pas approcher de la côte sans en être averti, car il aura au moins un feu en vue. Mais cela ne suffit pas : après avoir signalé la présence des dangers, il faut donner le moyen d'arriver au but en les évitant. On y parvient en allumant d'autres feux, de moindre portée que les précédents, soit sur quelques points singuliers de l'intervalle compris entre ces derniers, soit dans l'intérieur des terres et groupés de telle sorte qu'ils déterminent une direction à suivre en toute sécurité. Le navigateur est ainsi conduit à proximité du port vers lequel il se dirige, et l'on n'a plus qu'une faible lumière à placer sur l'extrémité d'une des jetées pour lui indiquer l'entrée du chenal.

Il y a donc trois classes de phares dans ce système, qui est celui des nations modernes, et qui a été appliqué à la côte de France avec une très-grande précision : la première comprend ceux qui doivent annoncer au loin la présence de la côte, ce sont les plus essentiels, ceux qui réclament le plus d'éclat et de hauteur, et on leur a assigné une portée de 35 à 50 kilomètres ; la seconde se compose de ceux qui, appelés à faire éviter les dangers compris entre les précédents, doivent avoir plus ou moins de portée, de 16 à 35 kilomètres, suivant les circonstances locales ; dans la dernière classe, enfin, sont rangés les feux de la plus faible intensité, ceux dont il est inutile que la lumière s'aperçoive à plus de 16 kilomètres, et auxquels on a affecté plus particulièrement le nom de fanal, afin de les mieux distinguer des autres. Or les grandes saillies du littoral, sur lesquelles se placent les premiers de ces phares, sont, pour la plupart, formées par le prolongement des faîtes qui séparent les divers bassins du continent, et là, point d'embouchures de fleuves, point de plaines fertiles, peu de facilités pour l'ouverture des voies de communication, rien, en un mot, de ce qui invite à l'établissement de centres de population d'une certaine importance. Il en résulte que presque tous les grands monuments consacrés à l'éclairage maritime sont construits loin des villes, quelquefois sur des îles, ou même sur des rochers isolés en mer, et que, dans la plupart de nos ports, de petites tourelles sont seules affectées à cet objet. Il n'y a d'exception à cette règle que pour les parties de la côte qui sont dirigées en ligne droite sur une grande longueur ; car, en pareille circonstance, il y a avantage à placer les phares dans les ports. Ainsi, sur quarante-trois phares de première classe ou de grand atterrage allumés actuellement sur les côtes de France, la Corse comprise, il n'y en a que deux qui soient établis dans les ports : ceux de Dunkerque et de Calais, et il en est à peu près de même pour la seconde classe.

Ces feux si nombreux pourraient, à côté des services qu'ils rendent à la navigation maritime, l'exposer à de funestes méprises, si l'on n'avait trouvé moyen d'en varier les apparences, de telle sorte qu'il fût facile de ne pas les confondre. On n'avait pas cette ressource lorsque la lumière était produite par la combustion du bois ou du charbon ; du moins la seule qu'on possédât, laquelle consistait à réunir plusieurs feux en un même point, était-elle bien bornée et bien dispendieuse. Il est vrai que les phares étaient si espacés à cette époque que l'inconvénient était sans gravité ; mais, quand on a voulu multiplier ces établissements, il est devenu nécessaire de prévenir les confusions, et l'on y est si bien parvenu qu'on a pu augmenter, sans danger aucun, le nombre des feux auxquels on s'était arrêté d'abord, et donner ainsi pleine satisfaction aux intérêts de l'humanité et à ceux du commerce.

Les appareils lenticulaires imaginés par Augustin Fresnel ont permis de diversifier les phares, en même temps qu'ils leur donnaient plus d'intensité ; de telle sorte que les navigateurs sont prévenus actuellement à grande distance, non-seulement des approches de la côte, mais encore du point précis où ils se trouvent. Le système d'éclairage maritime de la France est arrivé à un tel degré de perfection, que la plupart des marins aiment mieux atterrir de nuit que de jour sur notre littoral.

Revenons maintenant aux édifices qui font le sujet de ce chapitre, pour les envisager désormais au point de vue exclusif de l'art des constructions.

De tous ceux de ces monuments qui existent aujourd'hui, le phare de Cordouan est le plus remarquable par l'ampleur de ses dispositions et le luxe de son architecture. Il est établi sur un rocher isolé en mer, à l'embouchure de la Gironde.

Phare de Cordouan.

Commencé en 1584, sous Henri III, il fut terminé en 1610 ; mais il a été restauré à plusieurs reprises et considérablement agrandi.

On ne lui avait pas donné, dans le principe, la hauteur qu'il a aujourd'hui. Il se composait autrefois d'une plate-forme circulaire, qui était défendue par un large parapet, de près de 4 mètres de hauteur, et de la tour, laquelle était divisée en quatre étages, non compris la lanterne. Le rez-de-chaussée de cette tour présentait un grand vestibule de forme carrée et quatre petits réduits qui servaient de logements pour les gardiens ou de lieux de dépôts. De petits escaliers placés dans les embrasures de la porte d'entrée et des deux fenêtres conduisaient dans les caves et dans la citerne ; en face de l'entrée était la cage du grand escalier. Au premier étage, qui portait le titre, probablement peu justifié, d'appartement du Roi, était une salle de mêmes dimensions que le vestibule, également accompagnée de quatre petits cabinets, mais plus richement décorée. De cette salle, on pouvait se rendre sur une première galerie extérieure. Une chapelle de forme circulaire occupait le second étage ; elle était ornée de pilastres corinthiens et d'élégantes sculptures, éclairée par deux rangs de fenêtres, et couverte par une voûte sphérique décorée de caissons. Au-dessus de la porte d'entrée de cette chapelle se voit encore le buste de Louis de Foix, le célèbre architecte du monument, et l'inscription suivante, qu'on nous pardonnera de transcrire ici, se lit dans un large cadre qui le domine :

> Qvand iadmire ravi cest œvvre en mon covrage
> Mon de Foix mon esprit est en estonnement,
> Porte dans les pensers de mon entendement
> Le gentil ingenievx de ce svperbe ovvrage.

> Là il discovrt en lvy et d'vn mvet langage
> Te va lovant svbtil en ce point mesmement
> Qve tv brides les flots dv grondevx element
> Et dv mvtin Neptvn la tempeste et l'orage.

> O trois et qvatre fois bienhevrevx ton esprit
> De ce qv'av front dresse ce phare il entreprit
> Povr se perpetver dans l'hevrevse memoire.

> Tv t'es acqvis par là vn honnevr infini
> Qvi ne finira point qve ce phare de gloire
> Le monde finissant ne se rende finy.

La chute en est jolie; mais deux autres inscriptions se lisent dans la même salle : elles sont commémoratives des travaux exécutés dans l'édifice, sous les règnes de Louis XIV et de Louis XV, et elles prouvent que, si l'on n'était venu à son secours, ce *phare de gloire* aurait disparu bien avant le terme qui lui avait été assigné.

Deux ordonnances superposées sont appliquées en dehors dans la hauteur du rez-de-chaussée et des deux étages ; la première est formée de colonnes doriques, et la seconde, de pilastres composites. Elles sont d'un fort bon style, et chacune d'elles est couronnée par une galerie.

Toutes ces parties de la construction primitive subsistent encore, et n'ont pas été trop altérées par les restaurations qu'elles ont exigées ; mais il n'en est pas de même de la partie supérieure de l'édifice : elle a été complétement détruite lors de l'exhaussement de la tour.

Au-dessus de la seconde galerie, le dôme de la chapelle était accusé au dehors, et était découpé par des lucarnes, richement ornées, qui formaient le second rang de fenêtres de cette salle, et dont on voit encore la trace dans la voûte. Il était surmonté d'un pavillon circulaire voûté et décoré de pilastres composites, dont l'entablement était couronné par la balustrade à jour d'une galerie extérieure conduisant dans la lanterne. Cette lanterne, de dimensions assez restreintes, était exécutée en pierres de taille, et se composait de huit arcades, dont les pieds-droits étaient ornés de colonnes, et dont la coupole se terminait par la cheminée destinée au dégagement de la fumée du foyer.

Sous Louis XV, en 1727, une lanterne en fer fut substituée à cette lanterne en maçonnerie, dont les pierres avaient été calcinées par le feu, et dont les larges pieds-droits présentaient d'ailleurs le grave inconvénient d'occulter une partie très-notable de la lumière ; mais on conserva la même hauteur au foyer, qui n'était élevé qu'à 37 mètres environ au-dessus du niveau des plus hautes mers.

Cette hauteur ne permettant pas aux navigateurs d'apercevoir le feu à grande distance, fut bientôt jugée insuffisante. L'exhaussement de la tour fut décidé, et cette opération, qui n'était pas sans quelque témérité, fut exécutée vers la fin du siècle dernier, avec une rare habileté, par M. Teulère, ingénieur en chef de la généralité de Bordeaux. Elle a eu pour effet d'augmenter la portée du phare, dont elle a élevé le foyer à 63 mètres au-dessus du niveau des hautes mers ; mais il faut avouer qu'au point de vue de l'art, le monument est loin d'y avoir gagné. Les formes trop nues de la construction moderne ont quelque chose de sec, qui contraste d'une manière regrettable avec l'élégance et la richesse, trop grande peut-être, de l'œuvre de la Renaissance. Le couronnement actuel ne vaut pas, à beaucoup près, celui qui existait autrefois. Du reste la première impression que fait éprouver l'édifice ne laisse place à aucun regret ; on est saisi d'un profond sentiment d'admiration dès qu'on se trouve en présence de ce majestueux monument, s'élevant avec tant de hardiesse du sein de l'Océan.

Enfin une restauration complète de ce phare a été exécutée dans ces dernières années ; elle a eu pour objet de remplacer les pierres rongées par le temps, et elles étaient nombreuses surtout en dehors, et de faire revivre les sculptures qu'on avait grand'peine à retrouver, tant elles étaient dégradées. On a reconstruit en outre la totalité des logements qui avaient été, à diverses reprises, adossés contre le rempart de la plate-forme pour suppléer à l'insuffisance de ceux de la tour.

Nous n'admettons plus autant de richesse d'ornementation dans nos phares. Ce ne sont pas des œuvres de luxe, ce sont des édifices d'utilité publique, et il convient d'autant mieux de leur conserver ce caractère, avec toute la simplicité qu'il comporte, que la plupart d'entre eux sont établis loin de tout centre de population, ainsi qu'on l'a dit plus haut. Ils réclament une grande solidité et une exécution parfaite, afin d'être durables et faciles à entretenir, et leur beauté doit consister uniquement dans le mérite des dispositions, dans l'harmonie des proportions et dans ce caractère monumental qui se concilie avec la hardiesse de la construction.

Phare de Bréhat. Le phare de Bréhat, qui est représenté sur la planche 71, par son élévation, sa coupe et quatre plans pris à différentes hauteurs, peut donner une idée de l'esprit dans lequel ces édifices sont actuellement conçus. Nous en dirons quelques mots, parce qu'il nous fournit l'occasion de faire connaître au lecteur un exemple des dispositions qui peuvent être adoptées pour l'exécution en pleine mer d'ouvrages de ce genre.

Ce phare est situé à 5000 mètres environ du cap de la presqu'île bretonne le plus avancé vers le nord, sur le plateau les *Héaux de Bréhat*, lequel consiste en une roche de porphyre, qui présente près de 500 mètres de diamètre à mer basse, et qui, à mer haute, est entièrement submergée, à l'exception de quelques aiguilles dispersées sur sa surface. Les courants de marée sont très-forts dans ces parages ; leur vitesse atteint jusqu'à huit nœuds ($4^m,11$ par seconde), et lorsque l'action d'une tempête se joint à l'agitation qu'ils produisent, la mer devient d'une violence extrême, et les lames s'élèvent à des hauteurs considérables, en se brisant avec fracas contre les obstacles qu'elles rencontrent.

L'édifice n'est pas placé sur le sommet le plus élevé du plateau. Il était beaucoup plus essentiel de l'établir près de l'endroit où le rocher est le plus fréquemment accostable, afin de réduire autant que possible les difficultés et les dépenses du débarquement et du transport à pied d'œuvre des matériaux de construction. Ce point, situé dans une échancrure sur le bord sud du plateau, offre, à mer basse, un assez bon abri contre les vents du large compris entre le nord et l'ouest-sud-ouest, en passant par l'ouest. On y trouve une tête de roche qui s'élève au niveau de mi-marée, qui est coupée à pic du côté de la mer, et au pied de laquelle il existe toujours, sauf dans les basses mers de vives eaux, un tirant d'eau suffisant pour les navires d'un faible tonnage. A peu de distance est une plate-forme d'une certaine étendue, un peu plus élevée et dominée de $4^m,50$ environ par le niveau des plus hautes mers. Ce dernier emplacement fut regardé comme devant assurer, tout compte fait, un minimum de dépenses, et il fut adopté pour l'établissement de la nouvelle construction.

L'édifice consiste en une tour cylindrique de $4^m,20$ de diamètre intérieur, et de $47^m,40$ de hauteur depuis l'arête de sa base jusqu'au pied de la lanterne. Il est composé de deux parties principales sur sa hauteur : la première, concave à son pied, est pleine en maçonnerie jusqu'à 1 mètre au-dessus du niveau des plus hautes mers. La pression qu'elle supporte, aussi bien que les attaques auxquelles elle est exposée, ont engagé à lui assurer une grande solidité ; elle a $13^m,70$ de diamètre par le bas, et $8^m,60$ au sommet. La seconde, reposant sur une base considérée comme inébranlable, présente le degré de légèreté qu'il eût paru convenable d'assigner à une tour de même hauteur qu'elle, exécutée sur le continent et fondée sur un sol incompressible ; l'épaisseur du mur est de $1^m,30$ à sa partie inférieure, et elle est réduite à $0^m,85$ au-dessous de la corniche de couronnement.

Le profil concave de la base ne pouvait être déduit d'aucune loi formelle, mais il devait être tangent à la ligne droite avec laquelle il se raccorde à sa partie supérieure, et présenter un degré de courbure croissant de haut en bas. On a satisfait à ces conditions au moyen d'un arc d'ellipse. La tangente au sommet étant donnée, on a fixé, après quelques essais, la direction de la tangente à l'origine, et l'on en a conclu l'équation de la courbe.

L'intérieur de l'édifice est divisé en plusieurs étages. Les deux premiers sont consacrés à des magasins, et l'on a profité de l'épaisseur des murs pour pratiquer, dans chacun d'eux, quatre grandes niches qui servent d'armoires; les quatre suivants forment la cuisine et les chambres des gardiens ; le septième est une chambre un peu plus décorée que les autres, qui est destinée à l'ingénieur chargé de la surveillance du phare; au huitième étage enfin se trouve la chambre de service des gardiens, et au-dessus, au sommet de l'édifice, la *chambre de la lanterne*. Une galerie extérieure est placée au niveau de cette dernière chambre, ainsi que le montre le plan (fig. 6). Une autre galerie est établie au-dessus du bandeau qui termine la première partie de la tour; on y descend de la cuisine, et elle est destinée à servir de promenoir aux gardiens. Le plan (fig. 5) qui est pris à la hauteur de EF, en indique la disposition.

La porte d'entrée est ouverte du côté opposé aux vents régnants, à 1 mètre au-dessus du niveau des plus hautes mers; on y arrive au moyen d'une échelle en bronze logée dans une enclave. En face de cette porte (fig. 2 et 4), et à la suite d'un petit vestibule, est un escalier, droit d'abord, puis circulaire à noyau plein, qui met en communication les différents étages, et s'élève jusqu'au niveau de la chambre de service ; là il est remplacé par un petit escalier en fonte, très-roide, qui débouche dans la chambre de la lanterne après avoir traversé la voûte dans une ouverture convenablement disposée. La cage de l'escalier circulaire est encastrée d'un côté dans l'épaisseur du mur, et forme de l'autre, sur le vide cylindrique de la tour, une saillie qui est régularisée par des armoires placées à droite et à gauche. Elle a $1^m,75$ de diamètre intérieur, et les marches, de $0^m,75$ de longueur, sont disposées comme on le voit sur les figures 5 et 6 de la planche 48 de la première partie de cet ouvrage.

Chaque chambre est éclairée par une fenêtre établie en face de la porte d'entrée. Quant à l'escalier, une suffisante quantité de lumière lui est envoyée par de petites fenêtres en forme de meurtrières, ouvertes sur le côté opposé et placées de deux en deux révolutions.

Toute la construction est exécutée en un granit parfaitement homogène, d'un grain fin et serré, d'une teinte bleuâtre et d'excellente qualité. Les voûtes sont construites en briques fabriquées exprès.

Entrons maintenant dans quelques détails de construction et d'exécution, en commençant par les fondations.

Le porphyre sur lequel repose l'édifice est d'une dureté extrême, et use rapidement les outils les mieux acérés; mais il présente, en quelques points, des fissures très-multipliées dont la mer profite pour en détacher parfois de petits fragments. Cet état de choses n'a pas permis d'établir la fondation à un même niveau dans toute son étendue ; il a obligé de la diviser en plusieurs parties, afin de la mettre à l'abri de toute chance de déchaussement, sans se condamner cependant à l'extraction dispendieuse d'une grande quantité de rocher. Au centre, une surface circulaire de $4^m,20$ de diamètre, correspondant au vide intérieur de la tour, n'exigeait et n'a reçu aucun travail ; à sa suite, une surface annulaire, de $11^m,70$ de diamètre extérieur, a été arasée et piquée à $0^m,15$ au-dessous du point le plus bas de cette partie du plateau ; puis il a été creusé au pourtour, et en contre-bas, une rigole de 1 mètre de largeur sur une profondeur qui a varié avec l'état de la roche, de telle sorte que le pied de la construction fût défendu par du porphyre compacte sur $0^m,40$ de hauteur au moins. Le fond de cette rigole a été disposé d'ailleurs par gradins horizontaux dressés avec la plus grande exactitude. En quatre points, où le rocher paraissait attaquable jusqu'à une trop grande profondeur, on s'est borné à enlever la partie défectueuse sur une certaine hauteur, et l'on est sorti des limites de la fondation pour s'appuyer latéralement contre le porphyre solide ; on a comblé ensuite, en pierres de granit posées à bain de mortier, les cavités ainsi formées en dehors. La rigole a été remplie en pierres de taille fortement comprimées, jusqu'au niveau de l'arasement, et la première assise embrassant toute l'étendue de la construction a été placée à cette hauteur.

On s'est souvent appliqué, dans les ouvrages de ce genre, à rendre toutes les pierres solidaires, afin que la mer ne puisse les entraîner, ni pendant ni après l'exécution du travail. Cet effet est surtout redoutable dans la première de ces périodes, quand les maçonneries sont encore recouvertes par les eaux, et que les mortiers n'ont pas acquis de consistance. Des appareils fort dispendieux ont été parfois employés pour s'en garantir. Ainsi, dans les phares d'Eddystone, en Angleterre, et de Bell-Rock, en Écosse, toutes les pierres des assises inférieures s'enchevêtrent suivant des dessins assez compliqués, et sont maintenues par de nombreux goujons en fer ou en bois. Ces dispositions ne sont pas assurément sans efficacité, mais il est permis de douter qu'elles soient suffisamment motivées, et peut-être présentent-elles plus d'inconvénients que d'avantages ; car, outre les dépenses qu'elles exigent, elles apportent nécessairement des retards dans l'exécution de travaux qu'il y a grand intérêt à élever le plus rapidement possible au-dessus du niveau de la mer. Quoi qu'il en soit, on n'a pas jugé convenable d'avoir recours à un pareil système pour le phare de Bréhat, et l'on s'est posé pour condition d'arriver au but le plus économiquement possible ; en d'autres termes, on s'est résolu à accepter toutes les avaries qu'il paraissait plus onéreux de prévenir que de réparer.

On a été ainsi conduit à ne pas fixer chaque pierre séparément, et à se borner à arrêter solidement les pierres qu'on supposait pouvoir mettre en place dans le cours d'une marée. Chaque assise a été divisée en un certain nombre de grands claveaux, et chacun d'eux a été rattaché à l'assise inférieure au moyen de quatre dés en granit, encastrés dans l'une et l'autre assise et placés aux angles du claveau. Les pierres angulaires appartenant au parement extérieur ainsi maintenues, et formant sommiers à crossettes, supportent les pierres du parement qui sont comprises entre elles, ainsi que le montre le plan (fig. 3), et elles se relient à celles qui forment les côtés du claveau au moyen de queues d'hirondelle entaillées de toute leur épaisseur. Enfin la face intérieure de ce claveau, maintenue par deux dés sur l'assise inférieure, l'est encore par le dé destiné à l'assise supérieure, lequel, posé à cheval sur un joint, a permis de renoncer aux crossettes sur ce côté. Le périmètre de l'ensemble étant solidaire, l'intérieur pouvait se passer d'artifices de construction, et il a même été exécuté en partie en maçonnerie de blocage dans les premières assises, qu'il était nécessaire de poser rapidement, et où il présentait une surface assez étendue. L'expérience a justifié ces dispositions ; jamais on n'a éprouvé d'avaries, quand on a pu mettre en place un claveau tout entier avant le retour de la mer, ce à quoi l'on est parvenu assez habituellement, et il en a été de même lorsqu'on a dû quitter le travail sans avoir posé d'autres pierres que celles du parement, par lesquelles on débutait toujours ; mais quelquefois on s'est trouvé en défaut, et des pierres ont été enlevées et entraînées au loin. Du reste l'opération a été avantageuse en définitive ; car on n'a pas perdu beaucoup de pierres de parement, et rien, depuis l'achèvement des travaux, n'est venu inspirer le moindre doute sur l'efficacité du système. Ce mode de construction ne s'est pas arrêté au niveau des hautes mers ; il a été poursuivi jusqu'à 4 mètres au-dessus, afin de se garantir de l'action des lames qui était encore très-redoutable à cette hauteur.

L'appareil du reste de l'édifice a été disposé à la manière ordinaire, et l'on s'est borné à y employer des pierres d'assez grandes dimensions, taillées avec la plus grande exactitude.

Les deux balustrades ont été formées de dalles de granit, maintenues latéralement par des dés en même matière, lesquels sont solidement fixés sur la construction au moyen de forts goujons en bronze.

S'il est essentiel, en pareille circonstance, de méditer sérieusement le système de construction à adopter, et de le faire exécuter ensuite avec toute la perfection dont il est susceptible, il ne l'est pas moins et il est souvent plus difficile d'avoir recours aux dispositions les plus favorables pour le transport, le débarquement et la mise en place des matériaux. Le succès de l'entreprise y est grandement intéressé. Il faut déterminer d'abord le lieu d'embarquement, et l'on ne doit pas toujours donner la préférence au point de la côte le plus rapproché, alors même qu'on y trouverait un port naturel ou artificiel convenable; car la direction habituelle des vents ou celle des courants pourrait apporter de fâcheuses entraves à la régularité des communications. Après avoir reconnu l'endroit où le rocher est le plus fréquemment accessible, les dangers auxquels on y est exposé et les conditions dans lesquelles le débarquement peut s'effectuer, il faut imaginer et installer solidement les machines et appareils nécessaires à un prompt enlèvement des matériaux et à la sécurité des navires. Enfin on doit examiner s'il y a possibilité de loger un certain nombre d'ouvriers à proximité du travail, sans se condamner à de trop grandes dépenses, et surtout sans compromettre leur existence.

Telles sont les principales considérations qui doivent présider à l'organisation des travaux. Voici, en quelques mots, comment on y a eu égard dans l'établissement de la construction dont il s'agit.

L'île de Bréhat, située à 10 kilomètres environ du rocher, en est un peu plus éloignée que le continent; mais elle offre des havres d'une excellente tenue, ce qui ne se rencontre pas sur la côte voisine, et, point capital, elle est très-heureusement placée par rapport à la direction des courants de marée, car le jusant porte de l'île sur le rocher, et le flot suit la marche opposée. Elle fut choisie en conséquence pour lieu d'embarquement; on construisit une petite calle en pierres sèches dans celui de ses ports naturels qui fut reconnu le plus favorable, et l'on installa à proximité les magasins et les chantiers de préparation des matériaux. C'est là que furent taillées toutes les pierres de l'édifice. On posait successivement chaque assise sur une plate-forme horizontale, pour s'assurer de l'exactitude du travail. Les pierres étaient embarquées ensuite sur des bâtiments pontés du port de quarante tonneaux environ, chacune entourée de son élingue, et garantie soigneusement contre les écornures.

Ces bâtiments partaient de l'île au commencement du jusant pour se rendre au rocher, où ils arrivaient ordinairement avant la basse mer. Ils y trouvaient tous les apparaux nécessaires pour les maintenir ou pour leur permettre de se dégager promptement et en toute sécurité des écueils qui les entouraient. Une grue, qui était submergée à chaque marée, avait été très-solidement installée sur la tête de roche à parement droit que les navires accostaient. Elle était simplement composée d'un arbre vertical et d'un arbre incliné. Ce dernier pouvait tourner autour de son pied, et il était saisi à sa tête par deux haubans frappés sur le navire, de telle sorte qu'il suivait à peu près l'embarcation dans ses petits mouvements en avant et en arrière, et se trouvait toujours en position convenable pour faire sortir les pierres du panneau, sans qu'aucun accident fût à redouter. Il ne les élevait qu'à une faible hauteur, puis il les déposait sur un petit chemin de fer, d'où elles étaient saisies par d'autres machines, qui se multipliaient au fur et à mesure de l'avancement des travaux, de manière à réduire autant que possible le temps nécessaire au débarquement et au montage des matériaux.

Pendant l'exécution du massif plein de la base, une grue à longue volée, maintenue par six haubans amarrés sur le rocher, était installée au centre de l'édifice sur une plate-forme en charpente, élevée à 5 mètres au-dessus du niveau des plus hautes mers, laquelle était supportée par quatre poteaux. Ces poteaux étaient fixés chacun par deux forts boulons à scellement de $0^m,07$ de diamètre et par cinq haubans. Ils étaient compris dans le massif de maçonnerie de blocage, correspondant au vide intérieur de la tour, de sorte que la construction les enveloppait sans en être gênée, et les consolidait en s'élevant. Ils y sont restés enfouis. Ils sont représentés sur le plan (fig. 3), et sur la coupe par des lignes ponctuées. Plus tard la même grue a été placée à l'intersection de deux poutres armées, qui reposaient sur la maçonnerie de la tour, et se soulevaient au moyen de verrins ; elle saisissait les pierres au dehors, et les mettait immédiatement en place, car il était facile d'en faire varier la volée, lors même qu'elle était chargée.

Afin de réduire autant que possible le temps et les dépenses que devait exiger l'exécution de ces travaux, il fallait loger les ouvriers sur le rocher même, car il était évident qu'on trouverait à les occuper utilement, quand bien même l'état de la mer viendrait interrompre les communications pendant plusieurs jours consécutifs. Si bien préparées que fussent les pierres, il y avait en effet à les ragréer sur place ; chaque assise devait être soigneusement dressée après sa pose ; et d'ailleurs, par cela même que les dispositions adoptées assuraient une grande rapidité au débarquement, on ne pouvait compter que l'on mettrait immédiatement en place toutes les pierres composant le chargement d'une des barques de transport. Deux aiguilles très-élancées, très-rapprochées l'une de l'autre, et qui, placées vers le centre du plateau, élevaient leurs cimes à près de 6 mètres au-dessus du niveau des hautes mers, offraient un précieux point d'appui pour les logements qu'il s'agissait d'établir. On remplit en pierres sèches l'intervalle qui les séparait ; ce massif, contenu par elles au nord et au sud, le fut à l'ouest par un mur vertical, et à l'est par un plan incliné, exécutés tous deux en gros blocs maçonnés en ciment. On obtint ainsi une plate-forme à peu près carrée, d'environ 9 mètres de côté, élevée à 4 mètres au-dessus du niveau des plus hautes mers, et l'on y installa une construction en charpente, solidement maintenue, qui renfermait des magasins, une petite forge et des chambres pour l'ingénieur, le conducteur des travaux et les ouvriers. Le tout fut surmonté d'une tourelle destinée à un appareil d'éclairage provisoire.

C'était de là que partaient chaque jour les ouvriers, au nombre de soixante environ, pour se rendre au travail, dès que la mer laissait à découvert la surface du rocher, et c'était là qu'ils trouvaient un refuge quand la cloche d'alarme annonçait le retour du flot.

Ces travaux ne pouvaient s'exécuter que pendant la belle saison ; on commençait vers le milieu du mois de mai, et l'on était obligé de les suspendre dès les premiers jours d'octobre, et encore étaient-ils souvent entravés par l'état de la mer. On est resté quelquefois pendant dix et quinze jours consécutifs sans pouvoir débarquer une seule pierre. L'exécution a été cependant assez rapide : après avoir consacré une première campagne à l'établissement des logements et à la préparation de la plate-forme des fondations, des appareils et d'une certaine quantité de matériaux, on n'en a mis que quatre pour la construction de l'édifice ; la première pierre a été posée en 1836, et la dernière en 1839.

Phare de la Chaussée de Sein. — On a récemment entrepris une construction de phare en mer qui est la plus hardie, on dirait presque la plus téméraire, de toutes les opérations de ce genre tentées jusqu'à présent. Elle est appelée, si elle est couronnée de succès, à un grand et légitime retentissement, et le lecteur nous saura peut-être gré de l'avoir signalée à son attention. La roche sur laquelle on veut élever l'édifice est située sur le littoral du Finistère, à 10 milles marins environ à l'ouest du cap du Raz, près de l'extrémité d'une longue suite d'écueils connue sous le nom de *Chaussée de Sein*, elle ne découvre que dans les grandes marées, ne présente pas tout à fait 8 mètres de diamètre à mer basse, est formée d'un gneiss très-dur en quelques points, décomposé en d'autres, et est divisée en trois parties par de profondes fissures de nature à inspirer des craintes sur sa résistance. Les courants de marée sont d'une grande violence dans ces parages, et la mer, qui brise constamment sur l'écueil, lors même qu'elle est calme aux abords, ne permet l'accostage que dans des circonstances tout à fait exceptionnelles ; ainsi, pendant l'année 1869, où les conditions atmosphériques se sont montrées très-favorables, on n'a eu en tout que 42 heures de travail sur la roche, et l'on n'a pu y descendre que 24 fois.

On ne pouvait songer ici, ni à un encastrement dans le rocher, ni à l'emploi de pierres de taille, et le système de construction auquel on s'est arrêté peut être résumé en ces termes : percer sur toute l'étendue de la surface à occuper des trous de fleuret de $0^m,30$ à $0^m,40$ de profondeur espacés de mètre en mètre, y implanter des goujons en fer en saillie sur la roche de $0^m,60$ environ, et exécuter la base de la construction en petits matériaux avec ciment à prise rapide. Les goujons servent à maintenir la maçonnerie sur le rocher et par son intermédiaire à consolider la roche elle-même ; ils sont utilisés en outre pour appuyer de légers panneaux provisoires à l'abri desquels se placent les pierres. On a le projet de poursuivre de la sorte jusqu'au-dessus du niveau des hautes mers, en multipliant les goujons et y ajoutant des tirants horizontaux noyés dans la maçonnerie. On se réserve de rejointoyer ensuite sur une grande profondeur en ciment de Portland, et peut-être même de faire un enduit de cette excellente matière, de manière à mettre le ciment à prise rapide à l'abri de la décomposition par l'eau de mer.

Les ouvriers et surveillants sont tous munis de ceintures de sauvetage, et le canot de service va les reprendre quand ils sont emportés par la mer. On ne saurait se faire une idée du dévouement et de l'énergie de ces hommes ; ils déploient sur ce champ de bataille la même ardeur que nos soldats devant l'ennemi, eux aussi se sentent appelés à assurer au pays une précieuse conquête.

Les travaux sont commencés depuis trois ans ; tous les trous sont percés et l'on est parvenu à exécuter environ 25 mètres cubes de maçonnerie.

Forme des tours.

Dans les phares ainsi exposés aux atteintes de la mer, la forme cylindrique est évidemment préférable à toutes les autres, et c'est même la seule à laquelle un esprit judicieux puisse songer. Elle se recommande encore, à un certain point de vue, pour toutes les tours très-élevées construites sur le continent, car c'est celle qui offre le moins de prise au vent. On est peu habitué, dans nos contrées, à prendre en considération cette action du vent sur les édifices, et à la regarder comme un danger pour la stabilité ; et elle est en effet fort peu redoutable dans la plupart des circonstances. Cependant elle se manifeste nettement sur les tours élancées, auxquelles elle imprime parfois des mouvements oscillatoires très-sensibles, et ce phénomène s'observe dans la plupart de nos phares. Il ne résulte pas, il est vrai, de ruptures partielles ou de joints qui s'ouvriraient ; il paraît provenir uniquement de l'élasticité de la construction, car il y a de ces édifices, comme celui de Gênes, par exemple, qui sont revêtus d'un enduit, et l'on n'y remarque aucune fissure, de même qu'on ne voit aucun joint s'épaufrer dans ceux qui sont exécutés en pierres de taille ; mais il certain que telle épaisseur de mur qui paraîtrait bien suffisante si l'on avait seulement égard à la pression exercée par le poids de la construction, pourrait ne pas offrir assez de garanties contre le renversement par une tempête.

On n'a pas malheureusement d'expériences assez concluantes pour apprécier exactement la valeur qu'il convient d'attribuer à la pression du vent s'exerçant sur des surfaces de diverses formes. Toutefois M. Léonor Fresnel, qui a traité cette question dans les *Annales des ponts et chaussées* de 1831, admet qu'il convient de la porter à 275 kilogrammes par mètre carré de surface plane placée normalement à la direction du vent, et que l'action produite sur un cylindre vertical se réduit aux $\frac{2}{3}$ de celle qu'éprouverait la section méridienne de ce même cylindre. On tient compte, dans cette évaluation, des deux effets qui se produisent, l'un direct, résultant de la pression de l'air sur la face qu'il vient frapper, l'autre dû à la raréfaction de ce fluide sur la face opposée.

Mais, si la forme cylindrique est plus avantageuse, sous ce rapport, que celle d'un prisme à base carrée, elle lui est inférieure en ce qui est de l'économie de l'exécution, et elle ne se concilie pas toujours aussi bien avec les convenances de la distribution de l'édifice ; les magasins et les logements de gardiens ne s'agencent plus avec la même facilité au pied de la tour. On donne donc la préférence à cette dernière forme toutes les fois que le phare, étant établi sur une hauteur, ne réclame pas une grande élévation pour assurer au feu la portée qu'on a en vue ; la tour se place alors au centre d'un soubassement carré qui renferme toutes les pièces d'usage, ou bien elle se détache, depuis son pied et par une saillie plus ou moins prononcée, en avant d'un corps de logis de forme rectangulaire.

Lorsque la tour, bien que soustraite à l'action de la mer, est située en telle position qu'il est indispensable de lui donner une grande hauteur (de 50 à 60 mètres), on prend habituellement une sorte de terme moyen entre les deux formes en question, et l'on a recours à une section octogonale. On évite ainsi les inconvénients les plus marqués des autres dispositions, et l'on s'assure, à peu de chose près, les avantages inhérents à chacune d'elles ; car on n'emploie que des surfaces planes, et la construction n'offre pas sensiblement plus de prise au vent que si elle était de forme circulaire. En outre les arêtes verticales qui la divisent donnent quelque chose de plus élégant à la tour et de plus saisissant à la perfection du travail ; elles agissent à la manière des cannelures des colonnes.

Plusieurs de nos grands phares ont été disposés dans ce système : tels sont ceux des Baleines à l'île de Ré, de la pointe de Portzic dans la rade de Brest, de Fatouville à l'embouchure de la Seine, de la baie d'Étaples et de Calais.

Ce dernier, établi dans l'intérieur d'une ville, a été traité avec un peu plus de luxe de décoration que les autres, à raison de sa position exceptionnelle ; cependant, la pierre de taille étant très-dispendieuse dans la localité, on a considérablement restreint son emploi, et la majeure partie de la construction a été exécutée en briques. Il a paru que cet édifice présentait quelque intérêt à ces deux titres, et la planche 72 en met les dessins sous les yeux du lecteur [1].

On voit qu'il consiste en une tour de forme octogonale, qui est enclavée en partie dans le corps de logis renfermant les logements et magasins. Le soubassement de la tour est exécuté en pierres de taille ; le fût, occupé par l'escalier, est entièrement formé de briques, à l'exception des chambranles des fenêtres ; enfin le couronnement, qui comprend dans sa hauteur la chambre de service, est décoré de pilastres en pierre, lesquels supportent l'entablement que surmonte une balustrade à jour, également exécutée en pierres de taille.

Les fanaux destinés à éclairer les entrées de nos ports sont habituellement installés sur de petites tourelles cylindriques, placées aux extrémités des jetées. Ces modestes constructions n'ont pas en général plus de 9 à 10 mètres de hauteur, car les feux qu'elles supportent ne réclament pas une grande portée ; leur diamètre intérieur varie de $1^m,40$ à $1^m,60$.

On a exécuté dans ces dernières années quelques phares en tôle de fer, qui ont

---

[1] La figure 1 représente l'élévation principale ; la figure 2 donne la coupe ; les figures 3, 4 et 5 sont des plan respectivement pris à hauteur du rez-de-chaussée, du premier étage et de la chambre de service.

été transportés dans des colonies où les ressources locales ne permettent pas d'élever des constructions plus monumentales, ou les rendraient trop dispendieuses. Quelquefois aussi on a recours à des édifices de ce genre pour des rochers isolés en mer d'un accès très-difficile. La planche 78 du premier volume de cet ouvrage donne les dessins d'un grand phare métallique qui vient d'être élevé sur le plateau des Roches-Douvres, lequel est situé dans la Manche, à peu près à égale distance des côtes de France et de l'île de Guernesey. La planche suivante représente un petit phare en fer établi sur pieux en même matière vissés dans le sol.

XII. — PONTS ET AQUEDUCS.

La solidité que réclament les ponts, les conditions auxquelles ils sont assujettis, les circonstances tout exceptionnelles qui président à leur établissement, rendent leur composition beaucoup plus difficile qu'on ne serait tenté de le croire au premier abord, et tendent à introduire dans leurs formes plus de diversité qu'elles n'en paraissent susceptibles.

Ponts.

La première question à résoudre, dans une étude de ce genre, est celle du débouché. Est-il trop faible ? les eaux soulevées à l'amont pourront inonder les propriétés riveraines, et prendre sous le pont une vitesse assez considérable pour être nuisible à la navigation et peut-être même aux fondations des piles. Est-il trop grand ? non-seulement on aura exécuté un ouvrage plus long et par conséquent plus dispendieux qu'il n'était nécessaire, mais encore les eaux, divaguant dans le large lit qui leur a été ouvert et qu'elles n'occuperont pas habituellement en entier, pourront y déposer une partie des matières qu'elles charrient, y former de puissants atterrissements, et ne plus trouver dans les crues un passage suffisant. Il importe donc de s'éloigner également de ces deux excès. Il faut se rendre compte du débit du fleuve lors des crues, de la vitesse de ses eaux dans la section qu'on a l'intention de leur ouvrir, et s'assurer si cette vitesse ou la surélévation qui la déterminera n'est point de nature à produire l'un des dommages dont on vient de parler. Il est rare, du reste, qu'on n'ait pas de données expérimentales à ce sujet dans un pays riche en voies de communication, comme le sont la plupart des États européens. Des ponts sont presque toujours établis à peu de distance, soit au-dessus, soit au-dessous de celui qu'il s'agit de construire, et ils peuvent fournir des indications approximatives. Mais il n'y a point à s'y confier aveuglément ; il n'est pas toujours permis d'adopter pour la nouvelle construction le débouché qui convient aux anciennes, soit parce que le sol n'est pas le même, soit parce qu'un ou plusieurs affluents ont modifié le volume des eaux, soit parce que les rives supérieures sont à des hauteurs différentes. Le problème est fort important, et exige de sérieuses méditations.

La seconde question qui se présente est celle de savoir à quelle hauteur devra être établi le tablier du pont, ou plutôt le sommet des arches. Cette hauteur doit être déterminée de manière à l'emporter sur celle des plus fortes crues, et à ne pas créer d'obstacles à la navigation, ou du moins à ne pas lui être plus dommageable que celles des ponts voisins.

Ces questions résolues, il faut examiner quel sera le nombre des arches et quelle forme leur sera donnée. A ne considérer que les convenances du débouché et de la navigation, ainsi que l'aspect de la construction, il y a avantage à réduire ce nombre, ou, en d'autres termes, à augmenter les ouvertures. Il peut même y avoir intérêt au point de vue de l'économie ; lorsque les fondations présentent de sérieuses difficultés, par exemple. Mais des arches de grande ouverture donnent lieu à des dépenses d'exécution qu'on ne rencontre pas dans les petites ; elles exigent des matériaux de choix, à raison des pressions considérables qu'elles produisent ; enfin, et c'est là leur plus grand inconvénient, elles obligent, ou à élever le tablier, ou à surbaisser les voûtes au delà de ce qui eût paru nécessaire, si elles avaient été plus étroites. La hauteur du tablier étant ordinairement déterminée par des conditions locales et impérieuses, surtout dans les villes, c'est à ce dernier parti qu'on a recours habituellement. Il appartient à l'ingénieur de satisfaire en une juste mesure aux intérêts opposés qui sont en présence, de manière à éviter également les arches trop étroites et les voûtes trop surbaissées.

Quelques auteurs ont recommandé d'établir toujours les arches en nombre impair. Mais il paraît douteux qu'il convienne de rien prescrire à ce sujet en termes absolus ; c'est aux circonstances locales qu'il appartient d'indiquer la solution à adopter.

La forme demi-circulaire est celle qui est la plus convenable, quand la hauteur l'admet ; car elle est simple, élégante et d'une exécution facile. Cependant, si la rivière était sujette à des crues considérables, et si les naissances des voûtes devaient être établies au niveau des basses eaux, comme il arrive souvent, l'inconvé nient que présente cette courbe, de rétrécir le débouché à mesure que les eaux s'élèvent, devrait être pris en grande considération, et il pourrait y avoir avantage à remonter les naissances et à réduire la flèche en conséquence.

Une autre disposition a été adoptée pour remédier à l'insuffisance du débouché dans les crues ; elle consiste à ouvrir des arches supplémentaires dans les tympans, afin d'augmenter la section offerte à l'écoulement des eaux au moment où le resserrement de la courbe réduit l'ouverture dans une trop forte proportion. Le pont antique, représenté par la figure 4 de la planche 73, en offre un exemple. Mais la contraction de la veine fluide rend presque insignifiant le débit de la petite arche, de sorte que ce système est peu efficace ; aussi a-t-il été abandonné.

Les voûtes surbaissées ont pour directrices des arcs de cercle ou des courbes en anse de panier. Les voûtes en arc de cercle ont été employées dans des ponts justement célèbres, tels que celui de Sainte-Maxence et ceux de la Concorde et d'Iéna, à Paris. Elles ne manquent pas d'une certaine hardiesse et de quelque élégance ; mais elles ont quelque chose de sec, ne se rattachent pas très-bien aux piles, et ne paraissent pas produire un aussi bon effet que les secondes. Elles ont aussi l'inconvénient d'exercer plus de poussée. Les voûtes en anse de panier, un peu moins favorables sous le rapport du débouché, présentent plus de garanties de solidité, aussi bien en réalité qu'en apparence, se relient mieux aux piles qu'elles saisissent à leur pied, et sont susceptibles d'un fort beau caractère.

On doit à Perronet l'heureuse idée d'associer ces deux courbes. Au pont de Neuilly, dont les arches sont formées par des anses de panier, il a tracé des arcs de cercle sur les têtes, a terminé les voûtes cylindriques à des plans verticaux passant par leur sommet et dirigés obliquement sur l'axe du pont, et les a raccordées avec les arcs des têtes au moyen de surfaces gauches, qui ont reçu le nom de *cornes de vache*. Il a ainsi facilité l'écoulement des eaux en élargissant l'orifice d'entrée, et il a donné une apparence de hardiesse à la construction tout en lui conservant une juste fermeté. La figure 5 de la planche 74 offre un exemple de cette disposition.

Il est encore une forme de voûte surbaissée, qui est susceptible d'être avantageusement employée, c'est celle de cette ogive très-plate et presque rectiligne dans la majeure partie de son cours, qu'on rencontre dans plusieurs constructions de l'Orient et notamment de la Perse. Les voussoirs du sommet s'y trouvent mieux maintenus que ceux des voûtes en arc de cercle ou en anse de panier de même hauteur, parce que leurs joints sont plus inclinés sur la verticale. La figure 2 de la planche 74 met sous les yeux du lecteur l'un des plus beaux ponts modernes, dans lequel cette forme a été adoptée avec une juste réserve, et où l'on a très-habilement dissimulé ce qu'elle peut présenter de peu satisfaisant pour notre goût.

Il n'est pas toujours nécessaire que toutes les arches soient de même hauteur au-dessus de la surface de l'eau, car lorsque cette hauteur est déterminée par les convenances de la navigation, il suffit de l'assurer à l'une d'elles. On profite de cette latitude quand les berges ne sont pas très-élevées : on fait dominer l'arche du milieu, et le couronnement du pont est établi, soit suivant des lignes brisées (pl. 73, fig. 4 et 7), soit suivant deux lignes inclinées en sens inverse (pl. 74, fig. 1), soit suivant une courbe très-peu prononcée (pl. 74, fig. 2 et 5). La réduction de hauteur qu'on obtient ainsi pour chaque extrémité facilite les abords du pont. Lorsqu'il n'y a point à se préoccuper de considérations de ce genre, on maintient le tablier de niveau dans toute sa longueur, sauf les pentes et contre-pentes à donner au pavage pour assurer l'écoulement des eaux pluviales, lesquelles sont rejetées par des gargouilles percées dans les voûtes.

En ce qui concerne les piles des ponts, deux systèmes ont été adoptés et sont parfois controversés. L'un, habituel à l'antiquité romaine, ainsi que le montrent les ponts représentés par la planche 73, consiste à donner à chaque pile assez d'épaisseur pour qu'elle puisse résister à la poussée d'une des arches qu'elle supporte, alors même qu'elle serait privée de l'appui de l'arche voisine, en d'autres termes, pour qu'elle *fasse culée*, suivant l'expression consacrée. L'autre, généralement usité aujourd'hui, réduit les piles à l'épaisseur qu'exigent la pression qu'elles ont à supporter et la différence de poussée entre deux arches consécutives, qui peut résulter soit de l'excédant de largeur, soit de la surcharge accidentelle de l'une d'elles. Cette réduction est considérable ; car les poussées des arches, étant à peu près égales et diamétralement opposées, se détruisent, sinon en totalité, du moins en grande partie, et la force qui tend à renverser les piles est très-minime.

L'inconvénient de cette dernière disposition est que la chute d'une arche peut entraîner immédiatement celle du pont tout entier ; mais elle a de nombreux avantages comparativement à l'autre : elle diminue le cube des maçonneries, elle apporte moins d'obstacles à l'écoulement des eaux et rend par suite leur action moins redoutable, enfin elle est beaucoup plus satisfaisante sous le rapport de la forme. On combine souvent les deux systèmes, quand le pont est de grande longueur : quelques piles formant culées sont distribuées à intervalles réguliers, de manière à limiter le désastre, si l'une des arches venait à manquer. Plus massives que les autres, ces piles ont en outre le mérite de contribuer efficacement à la stabilité de la construction.

Les piles sont terminées à l'amont et à l'aval par des parties saillantes destinées à les préserver, et connues sous le nom d'*avant* et d'*arrière-becs*. On donnait autrefois une forme triangulaire à ces appendices ; mais leurs arêtes étaient exposées à de fréquentes dégradations, et la forme demi-circulaire a obtenu la préférence dans la plupart des ponts modernes.

Il est essentiel de diriger toujours les piles parallèlement à l'axe du courant, afin qu'elles entravent le moins possible l'écoulement des eaux et les mouvements de la navigation. Il s'ensuit que les voûtes doivent être biaises lorsque le pont est oblique par rapport à cet axe. Telles sont celles des ponts représentés par les figures 1 des planches 73 et 74.

Les ponts des villes doivent être placés plutôt dans le prolongement des rues que dans l'axe de monuments publics élevés sur les quais. On leur donne d'autant plus de largeur qu'ils sont appelés à desservir une circulation plus active, et il est bien de les évaser à l'entrée et à la sortie, de manière à faciliter le mouvement des voitures. Il est rare qu'il convienne de les établir de niveau dans toute leur étendue, parce qu'on serait obligé de relever outre mesure les abords pour satisfaire à cette condition.

La disposition générale, les proportions et le mode de construction sont ce qu'il y a de plus fondamental dans les ouvrages de ce genre, et ce qui contribue le plus efficacement à leur beauté. Il n'y a souvent point à se préoccuper d'autre chose pour produire un excellent effet ; cependant il est des circonstances où il convient d'y adjoindre quelque décoration, et nous allons examiner dans quel esprit elle doit être conçue, et sur quels points il faut la porter.

Il est évident qu'elle doit être surtout monumentale, et être distribuée de manière à accentuer les diverses parties de l'œuvre et rendre leur caractère saisissant. Ainsi, elle devra détacher les voûtes des tympans, meubler les surfaces trop nues, marquer par un bandeau plus ou moins riche la hauteur du sol, diviser le parapet en y indiquant une ossature, et rattacher à la construction les candélabres ou les statues dont elle peut disposer.

Les planches 73 et 74 mettent sous les yeux du lecteur différents exemples de ces dispositions décoratives.

La construction des voûtes est nettement marquée dans les arches uniformément extradossées de la figure 1 de la première de ces planches et des figures 2 et 6 de la seconde, et elle est indiquée par une archivolte sur la figure 7 de la planche 73. Un excellent moyen de la faire ressortir consiste à exécuter les tympans en matériaux d'autre nature que ceux des voûtes, avant-becs et bandeaux. Qu'ils soient parementés en pierres de plus petit échantillon ou en briques, et ils se détacheront ainsi qu'il convient. Il est inutile d'ajouter qu'il n'y a rien que de très-rationnel dans cette méthode.

La trop grande surface lisse des tympans peut être occupée de diverses manières : par des niches, comme le montrent les figures 1 de l'une et l'autre planche; par des bas-reliefs (pile centrale de la fig. 1 et fig. 5, pl. 74); par des pilastres (pl. 73, fig. 7) portant des dés au-dessus desquels s'élèvent des statues ou des candélabres; enfin par le prolongement des becs saillants des piles (pl. 74, fig. 2), lesquels peuvent se poursuivre jusqu'au niveau des trottoirs du pont, et offrir aux passants des lieux d'abri et de repos.

Les bandeaux doivent être peu saillants, car ils n'ont pas à remplir l'office matériel des corniches, et il importe de leur donner de la vigueur. Ils peuvent être simplement de forme rectangulaire, être décorés de quelques moulures, ou être accompagnés de modillons ou de consoles.

Les parapets peuvent rester pleins, et n'être découpés que par quelques moulures ou des dés figurés; mais ils produisent généralement meilleur effet lorsqu'ils sont à jour, soit qu'on les exécute en métal, comme ceux du pont représenté par la figure 7 de la planche 73, soit qu'on les évide suivant un dessin analogue à ceux de la planche 41 de la première partie de cet ouvrage.

Une difficulté se présente lorsqu'on veut placer des statues sur un pont. Convient-il de mettre ces ornements en harmonie, par leurs dimensions, avec les piles qui les supportent? ou faut-il les maintenir en telle proportion qu'ils ne paraissent pas trop grands aux yeux des personnes qui stationnent sur le pont? La première de ces questions avait été résolue affirmativement, il y a quelques années, pour le pont de la Concorde, à Paris : des statues colossales s'élevaient au-dessus de chacune des piles, et produisaient un fort bon effet, lorsqu'elles étaient vues à grande distance; mais il en était tout autrement quand on les examinait de près, et l'on a

PONTS ET AQUEDUCS.   449

dû les enlever. Le pont Saint-Ange, à Rome (pl. 73, fig. 7 et 8), offre un exemple de la solution inverse : les statues et piédestaux semblent peut-être un peu grêles sur l'élévation du monument, mais ils sont très-judicieusement proportionnés pour qui les regarde en passant sur le pont, et c'est l'essentiel, car là est le point de vue le plus habituel.

Un grand pont est une œuvre trop importante pour qu'il n'y ait pas intérêt à connaître la date de sa construction, et il conviendrait par conséquent d'y ajouter toujours une inscription commémorative.

Sur le pont d'Auguste, à Rimini, le parapet est relevé de chaque côté au milieu de sa longueur, et porte l'inscription sur sa face intérieure. Sur le pont Fabricius, à Rome, elle est gravée au sommet de chacune des arches. Dans d'autres ponts, comme ceux de Saint-Ange, à Rome, et de la Trinité, à Florence, elle se lit sur les piédestaux placés aux extrémités du monument.

Quelques mots encore sur les divers ponts que les planches 73 et 74 mettent sous les yeux du lecteur.

Le pont construit par Auguste, à Rimini, est représenté par les figures 1, 2 et 3 de la première de ces planches. Il est composé de cinq arches, dont celle du milieu, plus large que les autres, a $10^m, 56$ d'ouverture. Les voûtes sont en plein cintre, et leur naissance est établie à une certaine hauteur au-dessus du niveau des basses eaux. Elles sont uniformément extradossées, et se détachent des tympans par une saillie prononcée. Leurs clefs portent des ornements en saillie, tels que couronnes, patères, etc. Les piles sont posées en biais et les tympans sont occupés par des niches rectangulaires d'une forme très-heureuse. Le tout est couronné par une fort belle corniche à consoles [1]. Le parapet est plein et lisse, et il se relève au-dessus de l'arche centrale, afin d'offrir place à l'inscription commémorative, comme nous l'avons dit tout à l'heure. Le pont est exécuté en grandes pierres d'Istrie. Quatre de ses arches subsistent encore.

Exemples de ponts.

Les figures 4, 5 et 6 de la même planche donnent l'élévation et les principaux détails d'un pont plus ancien. Construit, l'an 690 de Rome, par Fabricius, *Curator viarum*, ainsi que nous l'apprennent les inscriptions qui s'y lisent encore, il unit un quartier de Rome à l'île du Tibre. On voit qu'il se compose de cinq arches, dont deux grandes et trois petites. Le parapet antique n'existe plus. Il paraît avoir été formé de dalles évidées ou de grillages en bronze, soutenus à leurs extrémités par

---

[1] Nous avons donné les dessins de cette corniche dans la première partie de l'ouvrage, planche 40, figure 2.

des pilastres couronnés de la quadruple tête de Janus. De là le nom de *Quattro capi*, que porte le monument. On voit dans le voisinage les débris de quelques-uns de ces pilastres.

Le pont Ælius, aujourd'hui pont Saint-Ange, de la même ville, est représenté par les figures 7, 8 et 9 de la planche 73. L'empereur Ælius Adrien le fit construire pour conduire à son magnifique mausolée et à des jardins qu'il avait pris en grande affection. Ce monument a conservé ses dispositions générales ; mais il a été restauré à plusieurs reprises, et son parapet est moderne ainsi que ses statues. Le pape Clément VII a élevé les figures de saint Pierre et de saint Paul qui décorent l'entrée du pont du côté de la ville, et le Bernin, agissant par ordre de Clément IX, a fait établir la balustrade en fer et en pierre, ainsi que les dix statues d'anges qui la surmontent. La coupe d'un piédestal et un fragment du grillage en fer, exécutés sur une plus grande échelle que les autres dessins, sont donnés par la figure 9[1].

La planche 74 est consacrée à des ponts modernes. La figure 1 représente l'élévation de l'ancien pont Saint-Michel, à Paris, qui remontait au règne de Louis XIII. Une statue équestre de ce prince, exécutée en bas-relief, surmontait la pile centrale, et des niches circulaires, couronnées de frontons, occupaient les tympans des piles latérales. Une belle corniche à consoles terminait le monument[2]. Ce pont était biais avec becs triangulaires et arches en plein cintre, dont les arêtes aiguës étaient abattues. Trop étroit et gênant pour la navigation, il vient d'être démoli et remplacé par un pont à trois arches.

Les figures 2, 3 et 4 de la même planche représentent un pont très-remarquable construit à Florence, vers le milieu du seizième siècle, par le célèbre architecte Ammanati. Il porte le nom de pont de la Trinité. On y admire la hardiesse et l'élégance des arches, leur peu d'épaisseur à la clef, la fermeté des ornements et les heureuses proportions des statues. Nous avons déjà dit que les voûtes sont des espèces d'ogives très-surbaissées. La figure 4 donne le détail des moulures rentrantes formant archivoltes, et d'un des cartouches placés au sommet des arches pour couvrir l'angle qu'auraient formé les deux branches de la courbe adoptée.

Enfin les figures 5, 6 et 7 donnent les dessins du pont de l'Alma, lequel a été récemment construit, à Paris, entre les Champs-Élysées et le faubourg du Gros-

---

[1] Ces trois ponts antiques ont été mesurés et dessinés par M. l'ingénieur Malibran, avec la plus grande exactitude. Nos gravures ont été exécutées d'après ses dessins.
[2] Première partie, planche 40, figure 3.

Caillou, par MM. les ingénieurs Michal, de Lagalisserie et Darcel. L'arche principale n'a pas moins de 43 mètres d'ouverture avec une flèche de 9 mètres seulement. La flèche de l'arc de cercle tracé en tête de cette arche n'est que de $4^m,50$. Nous avons déjà fait connaître les motifs, et signalé le mérite de la disposition qui associe l'arc de cercle à l'anse de panier.

Les reins des voûtes de ce pont ont été évidés, afin de réduire autant que possible la pression imposée aux fondations des piles, qui est transmise par des pilotis sur un banc d'argile compacte. La voie est supportée par une série de petites voûtes, exécutées en briques, et disposées ainsi que le montre la figure 7, qui est la moitié de la coupe prise suivant l'axe d'une pile. Des arcs intermédiaires, formant entretoises, maintiennent les pieds-droits de ces voûtes. La figure 6 représente la moitié de la coupe prise suivant l'axe de l'arche principale.

On donne le nom de viaducs aux ponts destinés à franchir une vallée. Ces ouvrages sont généralement de plus grande importance que ceux dont on vient de parler, tant sous le rapport des dimensions que sous celui des dépenses; mais, établis pour la plupart en dehors des centres de population, ils ne réclament pas de formes décoratives, et ne peuvent arriver au beau que par le mérite de leurs dispositions.

Viaducs

Ils sont presque toujours d'assez grande hauteur pour qu'il n'y ait nulle difficulté à donner à leurs arches la forme demi-circulaire, et cette forme y est par conséquent à peu près exclusive. Les piles seraient exposées à se rompre, lorsque cette hauteur est très-considérable, si elles n'étaient maintenues latéralement en un ou plusieurs points. On a recours à cet effet à des arcs intermédiaires qui agissent à la manière d'étais. Les Romains ont fréquemment employé cette disposition, bien que leurs piles fussent très-massives et les hauteurs fort modérées. Plus hardis qu'eux, parce que nous avons plus d'expérience, nous montrons beaucoup plus de réserve sous ce rapport, et nous isolons sur de plus grandes hauteurs des piles moins épaisses que les leurs, ainsi que le montre le viaduc représenté sur la planche 75, lequel a été construit aux abords de la ville de Dinan, en Bretagne. Quand les matériaux n'offrent pas une grande résistance à l'écrasement, il convient de faire croître la section de la pile à mesure que la pression augmente. On satisfait à cette condition au moyen de talus ou d'empatements. Dans l'exemple que le lecteur a sous les yeux, on a monté verticalement les faces latérales des piles, parce que la construction était exécutée en excellent granit; les contre-forts seuls ont reçu des empatements successifs à partir de l'origine des arches.

Un viaduc aussi élevé, placé à l'entrée d'une ville dont les vieilles murailles portent encore leurs mâchecoulis, réclamait un couronnement accentué, et obligeait par conséquent à tenir le sommet des arches à une assez grande hauteur au-dessous du tablier. On a profité de cette condition pour établir, sous le pavage et dans toute la longueur du pont, une double galerie qui se voit sur la coupe transversale (fig. 3) et sur le fragment de coupe longitudinale (fig. 4). On a réduit de cette manière le cube des maçonneries à exécuter, ainsi que la pression à imposer aux piles, et l'on s'est donné toutes facilités pour prévenir les filtrations dans les maçonneries, et pour faire les réparations qui pourront devenir nécessaires. Le prolongement des contre-forts jusque sous le larmier de la corniche la rattache vigoureusement au reste de la construction, et concourt à lui donner de la fermeté. On remarquera que le parapet est posé en encorbellement. Il y a d'autant plus d'avantage à adopter une disposition de ce genre que le pont est plus élevé, et peut-être n'y a-t-on pas recours assez souvent.

La figure 2 est un fragment de plan pris, d'un côté, au-dessus du tablier, et de l'autre, au niveau de la naissance des arcs.

L'établissement de nos chemins de fer a nécessité la construction d'un grand nombre de viaducs, dont plusieurs sont de très-remarquables monuments.

Aqueducs. Ce serait sortir de notre sujet que traiter des dispositions à adopter pour le tracé et la construction des canaux destinés à la conduite des eaux ; mais nous croyons devoir dire quelques mots sur les ponts aqueducs.

La composition de ces ouvrages ne diffère pas essentiellement de celle des viaducs, et cependant elle s'en écarte en plusieurs points. D'abord la voie est remplacée par une cuvette, laquelle est comprise entre deux bajoyers, qui réclament une certaine épaisseur pour résister à la pression qu'ils sont appelés à supporter. En second lieu, les aqueducs étant généralement beaucoup plus étroits que les viaducs, il est plus nécessaire de les appuyer par des contre-forts, dès que leur hauteur dépasse une certaine limite. Enfin les mouvements de la construction y sont plus redoutables que dans les ponts, parce qu'ils ont pour conséquence la perte d'une partie des eaux et une destruction plus ou moins rapide des maçonneries pénétrées par elles, et l'on doit s'attacher davantage à les prévenir, montrer plus de réserve dans l'emploi d'arches de grande ouverture, et consolider les piles à des intervalles plus rapprochés, au moyen d'arcs intermédiaires. Les Romains donnaient habituellement beaucoup d'épaisseur et peu d'espacement aux piles de leurs aqueducs; mais les circonstances locales ne leur permettaient pas toujours de suivre cette méthode, qui devenait d'ailleurs très-dispendieuse lorsque la hauteur était considérable. Le plus remarquable monument de ce genre qu'ils nous aient laissé, le pont aqueduc du Gard (pl. 76, fig. 1), donne l'exemple d'une disposition fort ingénieuse à laquelle ils avaient alors recours. Elle consiste à élever sur un pont, que supportent des arches de grande ouverture solidement établies, une série de petites arches sur lesquelles repose la cuvette de l'aqueduc. Les mouvements deviennent moins redoutables, et il est plus facile d'y remédier.

Le pont du Gard appartenait à un aqueduc qui amenait à Nîmes les eaux des fontaines d'Eure et d'Airan, situées à 40 kilomètres environ de cette ville. On attribue sa construction à Agrippa, le gendre d'Auguste. Il franchissait la vallée profonde et encaissée dans laquelle coule la rivière dont il porte le nom; encore assez bien conservé, il n'exigerait pas de grandes dépenses pour être mis en état de rendre de nouveaux services. Trois rangs d'arcades superposées le composent; le rang inférieur est formé par six arches, le second en a onze, et le troisième, trente-cinq. La hauteur des eaux de l'aqueduc au-dessus de celles de la rivière était de 48 mètres. La construction est entièrement exécutée en pierres de taille posées sans mortier, à l'exception de la cuvette, qui est maçonnée en moellons et recouverte à l'intérieur d'un enduit de $0^m,05$ d'épaisseur. Une couche extrêmement dure, provenant de dépôts formés par les eaux, couvre aujourd'hui cet enduit.

Ce beau monument fut rompu à ses deux extrémités par les barbares qui assiégèrent la ville de Nîmes au commencement du cinquième siècle, et il n'a pas été rétabli depuis cette époque. En 1743, on y a exécuté quelques travaux de consolidation, et l'on a prolongé les piles inférieures pour leur faire supporter un pont, ainsi que le montre la coupe (fig. 3).

La même planche donne les dessins du pont aqueduc de Roquefavour, lequel présente même disposition générale, mais est beaucoup plus important que celui dont on vient de parler. Construit, il y a quelques années, pour conduire à Marseille une partie des eaux de la Durance, il n'a pas moins de $82^m,65$ de hauteur au-dessus du fond de la vallée sur 490 mètres de longueur. Les arches du premier rang sont au nombre de douze; il y en a quinze au second rang et cinquante-trois au troisième. La construction est entièrement exécutée en pierres de taille d'excellente qualité et de très-fortes dimensions pour la plupart[1].

[1] Cet admirable monument est dû à un ingénieur d'une rare distinction, Montricher, qu'une mort prématurée a

Ces deux aqueducs sont rapportés à la même échelle, celle de 0,001, et nous avons adopté le même parti, mais avec une échelle double, pour les ponts antiques et modernes des planches 73, 74 et 75. La comparaison entre ces divers ouvrages est ainsi facile à établir, et l'on reconnaîtra à première vue que, si les monuments des Romains peuvent la soutenir avantageusement sous le rapport de la forme, ils sont de beaucoup inférieurs aux nôtres en ce qui est du mérite des dispositions, de la science des constructions et de la hardiesse des conceptions.

_{enlevé au moment où il allait s'illustrer encore par d'autres travaux non moins importants. La ville de Marseille voudra sans doute s'honorer d'un témoignage public de reconnaissance pour l'homme qui a transformé son territoire.}

CHAPITRE SIXIÈME.

HABITATIONS.

Nous embrasserons sous ce titre toutes les habitations privées, quelle que soit leur importance, qu'elles forment des palais, des hôtels ou de modestes maisons, et nous ne les diviserons qu'en deux classes : les maisons de ville et les maisons de campagne.

L'architecture de ces édifices ne présente pas, au point de vue de l'art, autant d'intérêt que celle des monuments publics; elle n'a pas les mêmes ressources, ne comporte pas la même ampleur dans les formes, et ne peut prétendre à d'aussi grands effets. Mais elle est appelée à exercer plus d'action sur le bien-être des individus, à rendre plus de services, et à élever des édifices plus nombreux. Moins austère, moins contenue, moins puissante que l'autre, elle est plus libre en ses allures, et se prête volontiers à la fantaisie. On dirait, s'il était permis d'employer une formule devenue banale dans ces dernières années, qu'elles dérivent, la première du principe de liberté, la seconde de celui d'autorité. Et il est à remarquer en effet qu'elles paraissent difficilement se concilier, et que la décadence de l'une est jusqu'à un certain point nécessaire au développement de l'autre. Ce n'est pas dans les grandes époques de l'art que l'architecture privée prend de l'importance, et produit ses œuvres les plus remarquables ; c'est après. Les exigences morales et matérielles de la société, d'abord; puis celles des individus. Les temples des dieux, les enceintes fortifiées, les travaux d'utilité publique les plus essentiels: voilà ce dont l'architecture se préoccupe avant tout, tels sont les édifices en vue desquels on la voit se constituer dans chacune de ses rénovations fondamentales. C'est seulement après y avoir pourvu qu'elle descend aux habitations, et semble se rapetisser pour y entrer. Les maisons des Grecs étaient très-modestes, alors que l'acropole d'Athènes se couvrait des plus splendides monuments, et elles ne commencèrent à prendre du développement et à déployer quelque luxe qu'après la guerre du Péloponèse[1] ; à Rome, la fin de la république marque l'avénement des habitations opulentes aux colonnes de marbre; et l'on peut dire que l'architecture privée en France date de l'époque où l'on n'avait plus de cathédrales à construire, et n'est même devenue l'objet de sérieuses études qu'à partir du dix-septième siècle.

I. — MAISONS DE VILLE.

Habitations des Grecs.

Ce que nous savons de plus positif sur les habitations des Grecs, nous est enseigné par Vitruve, et encore sa description n'est-elle pas très-explicite et est-il probable qu'elle s'applique plutôt à un édifice contemporain qu'aux dispositions le plus généralement adoptées.

« L'atrium, dit cet écrivain, n'est point en usage chez les Grecs, et ils n'en « construisent pas ; mais de la porte d'entrée on pénètre dans un corridor assez « étroit, ayant d'un côté les écuries, de l'autre la loge du portier, et à son extré- « mité une porte intérieure. Le passage ainsi placé entre deux portes, s'appelle en « grec θυρωρεῖον. De là on entre dans le péristyle. Ce péristyle a des portiques sur « trois de ses côtés, et sur le quatrième, qui regarde le midi, sont deux antes très- « espacées que réunit une poutre. La distance des deux antes diminuée d'un tiers « détermine la profondeur de cette partie de l'édifice, que quelques-uns appellent « προστὰς, et d'autres παραστὰς.

« C'est là que sont placées de grandes salles où se tiennent les mères de famille « avec les femmes qui travaillent la laine. A droite et à gauche du *prostadium* sont « les chambres dont l'une s'appelle *thalamus* et l'autre *antithalamus*. Autour des « portiques sont les salles à manger ordinaires, des chambres à coucher et les loge- « ments des domestiques. Cette partie de la maison est le *gynécée*.

« A ce bâtiment s'enjoint un autre plus vaste avec un plus large péristyle, dont « les quatre portiques sont de même hauteur, ou dont l'un, celui qui regarde le « midi, est soutenu par des colonnes plus élevées. Le péristyle qui présente cette

---

[1] De nos jours, disait Démosthènes, l'opulence des particuliers qui se mêlent des affaires de l'État est portée à un tel point, qu'ils se sont bâti des maisons qui surpassent en beauté nos grands monuments. Quant aux édifices que la ville fait élever, ils sont si modiques et si misérables que j'aurais honte d'en parler.

« dernière disposition se nomme *rhodien*. Dans cette seconde division, les vesti-
« bules sont magnifiques, les portes richement décorées, et les portiques ornés
« de fleurs, de peintures et de caissons en menuiserie. Sous le portique tourné
« vers le nord, sont ouvertes les salles à manger et la galerie des tableaux ; contre
« celui de l'est est la bibliothèque, et contre celui de l'ouest sont des exèdres ; le
« portique exposé au midi donne entrée dans de grandes salles carrées assez vastes
« pour contenir aisément quatre tables à trois lits, avec l'espace nécessaire pour
« le service et pour les jeux.

« Ces salles sont réservées aux festins des hommes, car il n'est pas dans les
« usages des Grecs d'admettre à leur table les mères de famille. On appelle cette
« partie de la maison *andronidites*, parce que les hommes peuvent y converser
« sans être interrompus par les femmes. Il y a encore, à droite et à gauche, de
« petits appartements avec des portes particulières, des salles à manger et des
« chambres commodes destinées aux étrangers auxquels on donne l'hospitalité.....

« Entre les péristyles et les appartements des hôtes, sont des passages appelés
« *mesaulæ*, nom tiré de la position qu'ils occupent entre deux bâtiments. »

Il y a quelque chose de difficile à expliquer dans cette description : c'est qu'elle place le gynécée à l'entrée de l'édifice, et donne à supposer qu'on devait le traverser pour se rendre dans la partie de l'habitation destinée aux hommes et aux réceptions. Or, une disposition de ce genre, fort peu convenable partout, eût été complétement inadmissible en Grèce, où les femmes menaient une vie très-retirée. « Dans leur maison, dit Cornélius Népos, les femmes n'habitent que la partie la
« plus reculée, qu'on appelle gynécée, et dont l'accès n'est permis qu'aux plus
« proches parents. » N'en faut-il pas conclure que Vitruve a omis de dire que la seconde partie de l'édifice avait une entrée spéciale sur la voie publique? Quelques passages d'Homère, qui nous montrent Hélène ou Pénélope descendant de leur appartement ou y montant avec leurs femmes, portent à penser que les pièces composant le gynécée étaient habituellement situées, non au rez-de-chaussée, mais au premier étage.

Les maisons grecques étaient peintes en dedans, et paraissent même l'avoir été à l'extérieur. Elles étaient probablement couvertes en terrasses, et n'étaient percées que de rares ouvertures sur la voie publique.

L'atrium, que Vitruve paraît si frappé de ne pas trouver chez les Grecs, était la partie la plus caractéristique des maisons romaines. Ces maisons présentaient deux

<small>Habitations des Romains.</small>

divisions bien tranchées : l'une dans laquelle le public avait accès, l'autre qui était plus particulièrement réservée à l'habitation de la famille. L'atrium appartenait à la première.

On a longtemps agité la question de savoir quelle était la disposition habituelle et la fonction de la salle désignée sous ce nom; les opinions les plus diverses ont été émises à ce sujet, et le problème ne paraît pas encore résolu. La plupart des maisons de Pompéi sont distribuées de la manière suivante dans leur partie antérieure : un vestibule long et étroit (*prothyrum*)[1] conduit de la rue dans une cour centrale (*cavædium*), découverte seulement au milieu[2]; des appentis, appuyés sur les quatre côtés de cette cour, versent les eaux pluviales dans un bassin rectangulaire (*impluvium*) que décore souvent une fontaine; sur les deux côtés du cavædium, à droite et à gauche de l'entrée, sont des magasins, des chambres d'étrangers et les pièces nécessaires au service de cette partie de l'habitation; sur la face opposée au vestibule, est une grande salle (*tablinum*) largement ouverte sur la cour, dans laquelle se déposaient les images des ancêtres, et se tenait le maître de la maison pour recevoir ses clients; des corridors de dégagement (*fauces*) sont placés à côté du tablinum; enfin, aux extrémités de l'appentis sous lequel ils débouchent, sont deux petites pièces ouvertes (*alæ*), qui servaient probablement de salles d'attente.

C'est à toute cette construction que Mazois donnait le nom d'atrium. D'autres archéologues ont cru, les uns que ce nom devait être réservé au cavædium, les autres que l'atrium était une salle entièrement distincte. Tous s'appuient sur Vitruve. Les premiers font remarquer que cet auteur paraît regarder les deux expressions comme synonymes; qu'en parlant des poutres du cavædium toscan, il dit : *trabes in atrii latitudine trajectæ;* que l'usage de l'atrium était général chez les Romains, et que, ni à Pompéi, ni sur le plan gravé du Capitole, on ne trouve aucune salle en dehors du cavædium à laquelle cette dénomination puisse être appliquée. Les seconds citent également le texte de l'architecte romain qui, après avoir parlé des cavædium et les avoir divisés en cinq classes, passe aux atriums et dit qu'il y en a de trois espèces.

---

[1] Le nom de vestibule (*vestibulum*) était donné par les Romains à ce que nous appelons aujourd'hui une antiporte, à un espace découvert séparant de la voie publique la porte d'entrée et tout ou partie de la façade, à une sorte de petite place qui annonçait l'édifice et en dégageait les abords.

[2] On trouve encore aujourd'hui une disposition analogue dans la plupart des maisons de l'Orient, et dans celles de l'Algérie. Elle est en effet très-convenable pour les pays chauds. Plusieurs habitations d'Alger présentent des cavædiums fort remarquables.

Il nous semble que ces opinions, si opposées en apparence, se peuvent très-bien concilier, et ne sont erronées que dans ce qu'elles ont d'exclusif. Il suffit d'admettre en effet que les deux mots aient été plus particulièrement consacrés, celui de *cavædium* pour désigner la forme (cavum ædium, le vide de la maison, la cour), celui d'atrium pour faire connaître la fonction, celle d'un vestibule central. Dans les habitations ordinaires, la cour remplissait ce dernier office, et avait, par conséquent, droit aux deux titres; dans les palais, il y avait des atriums spéciaux, lesquels recevaient diverses dispositions et pouvaient se diviser en trois classes. Deux passages de Vitruve viennent du reste à l'appui de cette hypothèse, concurremment avec ceux dont il a été question tout à l'heure; car cet écrivain énumère dans l'ordre suivant les différentes parties des maisons : *vestibula, cava ædium, peristylia*, puis, il parle des palais, il dit : *vestibula regalia, alta atria, et peristylia amplissima.*

La seconde partie d'une habitation romaine était distribuée autour d'une ou de plusieurs cours cultivées en jardins, qu'accompagnaient des portiques (*peristylia*). Sous ces portiques s'ouvraient les salons (*æci*), les salles à manger (*triclinia*), les chambres à coucher (*cubicula*), puis, dans les demeures opulentes, des exèdres, des bibliothèques, des galeries de tableaux, des thermes et même des basiliques. Il y avait dans ces dernières habitations des appartements pour l'été, d'autres pour l'hiver, et un corps de logis spécial réservé à la maîtresse de la maison, à ses jeunes enfants et à ses femmes.

On sait que toutes les maisons de Pompéi étaient peintes et étaient dallées en mosaïque. Il devait en être ainsi de celles de Rome, où le luxe des habitations était porté très-loin dès l'avénement de l'empire. Les palais des riches citoyens déployaient une magnificence prodigieuse ; les plus belles colonnes, les marbres les plus rares, les matériaux les plus précieux y étaient semés à profusion. Toutes les parties du monde connu étaient mises à contribution pour orner ces édifices.

Le palais des Césars, dont il ne reste malheureusement que des ruines, devait surpasser tout ce dont les plus splendides habitations modernes peuvent nous donner une idée. Établi d'abord sur le mont Palatin, d'où le nom qu'il a reçu et qui est devenu générique, il fut étendu par Caligula jusque sur le mont Capitolin, et Néron engloba l'Esquilin dans ses immenses constructions. La *maison dorée* de ce prince présentait un triple portique de mille pas de longueur, des galeries, des exèdres, des salles immenses, des thermes, des logements innombrables ;

le vestibule était de telles dimensions, qu'on y avait placé une statue d'environ 40 mètres de hauteur, celle du tyran ; dans le fond de la vallée était un lac creusé à bras d'hommes, qu'entouraient tous les édifices qu'on aurait pu trouver dans un port de mer ; ailleurs on rencontrait des maisons de plaisance, des champs, des vignes, des forêts. Une grande partie de la ville avait été enlevée aux citoyens après l'incendie pour asseoir cet orgueilleux palais, et les confiscations pourvurent largement à sa décoration, qui éclipsait toutes les magnificences rêvées jusqu'alors. La tyrannie s'était chargée de venger les nations spoliées et cruellement opprimées par d'avides conquérants.

<small>Habitations du moyen âge.</small>

Notre époque s'est tellement donné la tâche de réhabiliter toutes les choses du passé, si peu recommandables qu'elles soient, que les habitations du moyen âge ont trouvé, dans ces dernières années, de fervents admirateurs et des architectes disposés à les prendre pour modèles. C'étaient pourtant de tristes demeures, grossièrement distribuées, sans souci de ce qui importe aux agréments ou à la dignité de l'existence. Des entrées étroites et obscures, des cours humides, des escaliers d'un parcours difficile, de grandes pièces mal éclairées et mal chauffées, dont chacune avait à remplir plusieurs offices : voilà ce qu'on trouvait à peu près dans toutes, quelle que fût leur importance. Dans les villes, toujours fortifiées et où l'espace était mesuré d'une main avare, les maisons, entassées dans d'étroites ruelles, étaient pour la plupart habitées par des marchands. Au rez-de-chaussée était la boutique, ouverte sur la rue par une grande arcade et suivie d'une arrière-boutique ; à côté, une allée étroite en partie occupée par un escalier à une seule rampe, ou conduisant à la tourelle d'un petit escalier circulaire en saillie sur la cour ; au premier étage se trouvaient deux chambres et quelquefois un petit cabinet au-dessus de l'entrée ; la principale de ces chambres, de mêmes dimensions que la boutique, était la chambre à coucher des maîtres, le salon et la salle à manger aux jours de fêtes ; dans un second étage, ou dans une espèce de grenier, se logeaient tant bien que mal les gens de la maison. Mêmes dispositions étaient en usage pour les habitations des rares bourgeois qui n'étaient point adonnés au commerce ; le parloir ou le cabinet de l'homme de loi remplaçait la boutique. Quelques-unes de ces maisons étaient bâties en pierres ou en briques, beaucoup en pans de bois. Les étages de ces dernières s'avançaient souvent en encorbellement sur le rez-de-chaussée, et les uns sur les autres. Cette forme était pittoresque sans doute, mais elle avait le grave inconvénient d'enlever de l'air et de la lumière aux rues et aux étages inférieurs, déjà peu favorisés sous ce rapport.

Au château étaient réservés le luxe et le bien-être de l'époque; mais les améliorations n'y étaient pas encore très-prononcées. Il s'agissait beaucoup moins d'y pourvoir aux commodités de la vie qu'à la sécurité des habitants. La distribution était bonne dès qu'elle faisait à la défense des conditions favorables, et permettait de grands approvisionnements; on s'en accommodait comme on pouvait. Construits dans le double but de défendre la ville contre les ennemis du dehors, et de maintenir les habitants dans l'obéissance, ces châteaux consistaient habituellement, dans le principe, en un simple donjon élevé au centre d'une cour qu'entourait une épaisse courtine, flanquée de tours défensives et précédée d'un fossé. Plus tard, des constructions furent adossées aux courtines, dans l'intérieur de la cour, afin de donner des logements plus vastes, et surtout de plus grandes salles pour les fêtes ou pour les réunions de gens d'armes.

Le Louvre de Philippe Auguste présentait la première de ces dispositions; et l'on trouve la seconde dans le même château, après les grands travaux exécutés sous le règne de Charles V.

La position était bien choisie : contre le mur d'enceinte de la ville; en dehors, de manière à conserver toute liberté d'action; sur les bords de la Seine, afin d'arrêter les ennemis venant du bas du fleuve. Les défenses étaient considérables, et se composaient ainsi qu'il suit : deux enceintes extérieures avec tours et bastions, du côté de la rivière; la première protégeant à la fois l'entrée de la ville et les abords du château, et munie de deux portes fortifiées; la seconde ouverte du côté de la ville seulement, par une porte flanquée de tours; un châtelet en saillie sur cette dernière enceinte, et couvrant la principale entrée de l'édifice; un large fossé entourant le corps du château; des courtines élevées, flanquées de quatorze tours défensives, et percées de quatre entrées bien défendues que précédaient des ponts-levis; des logements simples en profondeur, excepté du côté de l'ouest, formant le périmètre de la cour, et couronnés en dehors de mâchecoulis et de créneaux; enfin, au centre de la cour, le vieux donjon circulaire, réservé comme dernier abri de la défense et entouré d'un fossé. Certes les dispositions étaient bonnes pour l'objet qu'on avait en vue, et le vieil édifice devait avoir un aspect imposant; c'était un digne emblème du pouvoir royal constituant la nationalité française au milieu de luttes sanglantes et de difficultés sans cesse renaissantes. Mais que les appartements étaient incommodes! Quelle vicieuse distribution ou plutôt quelle absence complète de distribution! Combien y devait être difficile le service, et triste l'existence! De grandes pièces placées les unes à la suite des autres, sans autres dégagements que des escaliers tortueux, qui semblent réparties au hasard sans attribution préalable, et ne sont éclairées que par de rares fenêtres ouvertes, d'un côté, sur des fossés d'eau stagnante, de l'autre, sur une cour restreinte, close de toutes parts et obstruée par le donjon et ses fossés. Qu'il y a loin de là aux magnificences et autres formes variées du palais des Césars, dont nous parlions tout à l'heure! Comme on est éloigné des splendeurs de Versailles, de ses larges dispositions, de ses nombreux vestibules, de ses belles galeries, de ses grands et de ses petits appartements! Le moyen âge ne se souciait pas de toutes ces choses, dira-t-on? et volontiers on lui en ferait un mérite. Sans doute ses mœurs, ses goûts n'y étaient pas, et il avait malheureusement bien d'autres sujets de préoccupation. Il n'y a même que justice à reconnaître que ses architectes se sont fort habilement conformés aux conditions de leur époque; mais, grâce au ciel, nous ne nous trouvons en présence ni des mêmes goûts, ni des mêmes mœurs, ni du même état social. Qu'on cesse donc de nous vanter ces constructions d'un autre temps, qui ne nous peuvent convenir en aucune façon. Jetons, si l'on veut, un coup d'œil sur les étapes déjà parcourues : il nous sera salutaire, surtout parce qu'il nous ôtera toute envie de revenir sur nos pas, et nous incitera à poursuivre résolûment notre route; mais laissons le moyen âge à sa place, et gardons-nous de le vouloir exhumer dans quelque direction que ce soit.

Qu'on trouve parfois d'heureux motifs dans ces constructions, que quelques détails y soient arrangés avec goût, qu'on y puisse voir des ornements d'une certaine élégance, on ne saurait le méconnaître ; mais il n'y a point à s'émerveiller de ce que l'art n'ait pas entièrement fait défaut dans les habitations du moyen âge. Et peut-être, au fond, est-ce montrer peu de respect pour l'idole qu'on encense, qu'admirer avec une sorte d'étonnement la moindre qualité qui s'y rencontre [1] :
Mieux vaudrait un sage ennemi.

La Renaissance n'eut pas pour conséquence immédiate la révolution complète dans l'état des habitations, qu'on était en droit d'attendre du mouvement des

---

[1] Le sentiment de l'art est si peu développé en France, que nous avons vu, dans ces dernières années, des hommes très-éclairés repousser avec énergie l'esprit et les institutions du moyen âge, et vouloir faire revivre l'art de cette époque. Comme si ces choses n'étaient point solidaires ! comme si la forme n'était pas l'expression de la pensée ! Ils ont été conséquents ceux qui, aux admirateurs de l'art, ont demandé aussi l'admiration de la littérature et des mœurs.

esprits, et du remarquable talent de nos grands architectes du seizième siècle. Inaugurée et protégée par des souverains amis du plaisir, elle s'était pliée à leurs goûts en tout ce qui est du domaine de l'art, et elle n'avait pas, sous ce rapport, assez de sérieux dans les idées pour pénétrer hardiment jusqu'au fond des choses. Elle se contenta de toucher aux surfaces. Elle rompit nettement sans doute avec le moyen âge; mais elle se borna à revêtir d'un costume de fête, aux gracieux ornements, les dispositions générales qu'il avait consacrées, et elle laissa au siècle suivant la gloire de constituer une architecture rationnelle et essentiellement française.

Dans les maisons comme dans les palais, à la ville comme à la campagne, les distributions de la Renaissance sont, à peu de chose près, celles du passé; la différence ne se trouve guère que dans la forme. Mais le progrès est grand et incontestable de ce côté.

La planche 77 met sous les yeux du lecteur deux exemples des maisons de ville de cette époque. Ils sont empruntés à la ville d'Orléans, qui est très-riche en édifices de ce genre parfaitement conservés. Dans tous deux on retrouve le plan du moyen âge; la boutique, l'arrière-boutique, l'étroit passage, l'escalier tournant et la petite cour avec son puits. Mais que d'art au dehors! que d'élégance dans les proportions! combien de grâce et de richesse dans les ornements! comme on est loin de la triste et maigre architecture du siècle précédent!

Voyez la maison de gauche, la plus ancienne en date. Les plus heureux motifs de décoration y abondent, et leur variété n'engendre point la confusion : la boutique est largement ouverte par une arcade où la finesse s'allie à la fermeté; la petite porte d'entrée a de la grandeur, malgré l'exiguïté de ses dimensions; les arcades géminées, ouvertes au-dessus pour éclairer le passage, sont parfaitement ajustées, et produisent le meilleur effet; les grandes fenêtres rectangulaires des chambres, les petites fenêtres cintrées des cabinets, les pilastres, les cartouches, toutes ces choses sont disposées avec art, sont gaies, capricieuses et d'un goût délicat.

L'autre maison est plus grande. Placée au coin d'une rue, elle est plus élevée, et a quelque chose de monumental dans son architecture. On l'attribue à Ducerceau. Le sentiment de l'ordre s'y marque bien davantage. Peut-être même, il faut en convenir, y est-il un peu trop prononcé; mais, là encore, les proportions sont belles et les ornements sont du meilleur goût. On y remarquera les grands pilastres qui accusent les étages, les petits pilastres qui accompagnent et divisent les fenêtres, les linteaux qui supportent ces derniers, la vigoureuse corniche qui couronne l'édifice. On sent que toutes les parties de la composition ont été étudiées avec amour par un artiste consommé. L'architecture, en se mettant ainsi au service de la bourgeoisie, qu'elle avait paru dédaigner jusqu'alors, la relevait à ses propres yeux comme aux yeux de tous, et semblait lui annoncer un prochain avénement.

Citons encore deux habitations plus importantes de la même ville, qui sont connues, l'une sous le nom de maison de François Ier, et où l'on trouve en effet la salamandre caractéristique, l'autre sous le nom fort impropre de maison d'Agnès Sorel. Elles appartiennent toutes deux à la même époque. Plus que les précédentes, elles témoignent des importations de l'architecture italienne en France. Chacune de leurs cours est décorée d'un portique ; aux deux étages dans la première, au rez-de-chaussée seulement dans la seconde.

On sait qu'à l'Italie appartient l'initiative de la Renaissance ; qu'elle avait pris, en tête de la civilisation, la place naguère occupée par nous ; qu'elle avait produit Dante, Giotto et Brunelleschi, pendant que nous nous traînions péniblement dans une voie sans issue ; que nos yeux ne s'étaient ouverts à ses lumières que lors des invasions de Charles VIII et de Louis XII ; et que François Ier jugea nécessaire d'appeler un grand nombre d'artistes italiens, peintres et architectes, afin d'introduire en France l'art régénéré, et de rompre complétement avec les traditions du passé. L'imitation pourtant ne fut pas servile. Il y a une telle virtualité dans notre pays que les importations étrangères y sont toujours de courte durée ; il transforme vite en s'assimilant. La Renaissance française a eu presque immédiatement son caractère spécial, et, dussions-nous être taxé de partialité, nous dirons qu'elle nous paraît avoir été supérieure à celle de l'Italie, en fait de style d'architecture. Elle est plus vraie, plus variée, d'un goût plus fin. Les Pierre Lescot, les Jean Bullant, les Philibert Delorme, les Ducerceau ont certainement montré plus d'invention et un sentiment plus délicat de l'art que leurs contemporains d'Italie, tels que les Vignole et les Palladio.

C'est dans les palais surtout que nos architectes de la Renaissance ont prouvé leur indépendance, leur judicieux esprit et leur excellent goût. Quel palais d'Italie peut être comparé au Louvre de Pierre Lescot ? Où trouver autant d'élégance dans la forme, autant de richesse sans confusion, de délicatesse sans maigreur ? Quel

MAISONS DE VILLE. 465

goût parfait dans toutes les parties de l'œuvre! Que c'est bien là le séjour du souverain de la France du seizième siècle [1] !

Mais il faut reconnaître que, si ce monument atteint à la perfection sous le rapport de la forme, ses distributions laissent beaucoup à désirer. Il ne semble pas qu'elles obéissent à une loi ; les corps de logis sont simples en profondeur, et les salles se suivent sans destinations bien marquées, sans dégagements et sans ces nombreux cabinets dont l'utilité est si fort appréciée aujourd'hui. On croirait que l'édifice trouve en lui-même sa raison d'être, et laisse à qui voudra l'habiter le soin de s'accommoder de ses dispositions. L'architecture n'obéit pas, elle commande; il semble que, fière de sa beauté, elle n'admette pas qu'on lui puisse demander autre chose.

Les mêmes observations s'appliquent au palais commencé, peu de temps après le Louvre et dans son voisinage, pour Catherine de Médicis, par Philibert Delorme. Cet édifice eût été également un chef-d'œuvre au point de vue de la forme; mais la distribution en était peu satisfaisante. Il ne fut pas terminé d'ailleurs par son illustre architecte; l'une des ailes n'était pas encore achevée, que les travaux furent abandonnés pour n'être repris que longtemps après et sur de nouveaux plans.

Mais le dix-septième siècle arrivait, et avec lui le moment où l'art, devenu plus sérieux, devait mieux apprécier sa mission, et sacrifier volontiers quelque chose de son élégance et de ses parures pour obéir à des conditions plus impérieuses.

<small>Habitations du dix-septième et du dix-huitième siècle.</small>

Le palais du Luxembourg est la plus importante des constructions qui ont inauguré cette nouvelle phase de l'architecture.

Il fut élevé par Marie de Médicis, quelques années après la mort de Henri IV, sur un emplacement qui appartenait au duc de Luxembourg, et de là le nom sous lequel il est connu. Son architecte, Jacques de Brosse, auquel Paris doit également le beau portail de Saint-Gervais et la grande salle des pas perdus du palais de justice, commença ses travaux en 1615, et les poussa avec une telle activité qu'ils étaient en grande partie terminés en 1620 ; du moins le palais fut-il habité dès cette époque.

On a dit bien souvent, et l'on répétera sans doute encore longtemps, que Marie de Médicis avait imposé à son architecte de reproduire le palais Pitti de Florence. C'est une erreur : les plans et les dispositions générales des deux palais diffèrent

---

[1] Voyez la planche 38 de notre première partie.

essentiellement; le seul point de ressemblance est la multiplicité des refends et des bossages, et encore ce mode de décoration n'est-il pas traité à Paris avec la même vigueur, on dirait presque avec la même rudesse qu'en Toscane. On conçoit d'ailleurs fort bien que la reine ait voulu retrouver dans cette habitation, où elle croyait pouvoir finir ses jours, quelques-unes des formes habituelles *del bel paese là dove 'l si suona*, formes qui lui rappelaient des souvenirs d'enfance, et étaient peut-être à ses yeux des symboles de bonheur. Il y a aussi quelque chose d'italien dans le rapport qui a été observé sur les façades du palais entre les vides et les pleins; les fenêtres y sont plus espacées et de moindres dimensions proportionnelles que dans la majeure partie des constructions françaises contemporaines. Enfin le caractère et la richesse de la décoration intérieure, ainsi que la multiplicité des peintures témoignent du goût pour les beaux-arts que la princesse avait puisé dans son pays natal. Mais la disposition générale de l'édifice, les vigoureux pavillons dont il est flanqué, les toits élevés qui le couvrent, toutes ces choses sont françaises. Jacques de Brosse était un trop grand artiste pour s'abaisser à une servile reproduction; s'il a employé les formes qui lui étaient recommandées, il les a arrangées à sa manière; s'il s'est servi d'une langue étrangère, les pensées lui appartiennent en propre.

Ce palais a éprouvé à plusieurs reprises de nombreuses modifications, et a été considérablement agrandi dans ces dernières années; mais son architecture a été respectée, et il nous reste assez de dessins de ses anciennes dispositions pour qu'il soit aisé de le représenter dans son état primitif. Les planches **78** et **79** donnent, l'une, les plans du rez-de-chaussée et du premier étage, l'autre, une vue à vol d'oiseau de l'édifice tel que Jacques de Brosse l'avait établi.

On voit que le palais consiste en un corps de logis principal, simple en profondeur, qu'accompagnent, à chacune de ses extrémités, deux gros pavillons carrés, établis en saillie sur le jardin et sur la cour. Cette cour est séparée de la voie publique par une galerie, qui n'était ouverte autrefois que de son côté, et l'est aujourd'hui sur les deux faces. La galerie se retourne à droite et à gauche, et se prolonge jusqu'aux pavillons. Elle est interrompue, au milieu de sa longueur, par un cinquième pavillon, richement orné, présentant au rez-de-chaussée un beau porche circulaire qui forme l'entrée du palais. Enfin la façade sur la rue est flanquée, à l'une et à l'autre de ses extrémités, d'une tour carrée, dont l'objet principal est d'annoncer au dehors l'importance de l'édifice. Ajoutons que la cour était divisée autrefois en deux parties, dont la seconde, formant cour d'honneur, dominait la première d'environ un mètre, et en était séparée par une balustrade en marbre blanc, ornée de riches piédestaux que couronnaient des statues. La différence de niveau des deux cours était rachetée par un perron demi-circulaire.

Nous empruntons à un travail fort intéressant, publié par M. de Gisors, sur ce palais, la nomenclature suivante qui fait connaître la destination des différentes parties de l'édifice [1].

Plan du rez-de-chaussée (fig. 1) : 1, 1, porche et galeries ; 2, logement du suisse ; 3, corps de garde, officiers, etc. ; 4, première cour ; 5, cour d'honneur ; 6, vestibule et grand escalier ; 7, 7, grandes salles des gardes ; 8, 8, vestibules et portiques ouverts sur les jardins ; 9, 9, services généraux du palais ; 10, 10, escaliers de service ; 11, 11, entrées par les galeries de la cour.

Les cuisines d'une part, les écuries et remises de l'autre, étaient distribuées dans des annexes établies à droite et à gauche du palais, et dont les masses sont indiquées sur le plan.

Plan du premier étage (fig. 2) : 1, 1, terrasses et pavillon ; 2, grand escalier ; 3, chapelle ; 4, 4, terrasses ; 5, 5, grandes salles ; 6, 6, appartements particuliers ; 7, cabinet de réception de Marie de Médicis ; 8, grande chambre à coucher d'apparat ; 9, 9, dépendances de cette chambre ; 10, oratoire ; 11, grande galerie peinte par Rubens ; 12, 12, archives de Marie de Médicis ; 13, 13, appartements inachevés en 1640 ; 14, grande galerie inachevée en 1640, convertie aujourd'hui en musée. On croit que Marie de Médicis avait l'intention de la faire décorer par des peintures représentant l'histoire allégorique de Louis XIII. Les tableaux de Rubens, placés dans l'autre galerie et déposés aujourd'hui au Louvre, avaient trait à sa propre histoire.

L'architecture de ce palais est extrêmement remarquable par sa fermeté, son caractère monumental, sa noble et sévère ordonnance et l'ampleur de ses dispositions. Sous ces divers rapports, il l'emporte de beaucoup sur les palais les plus vantés de l'Italie. On doit remarquer aussi la symétrie parfaite du plan, symétrie qui n'est d'ailleurs nullement destructive d'une certaine variété, car la forme générale est très-accidentée. Ces diverses qualités, la dernière surtout, se retrouvent plus ou moins prononcées dans la plupart des compositions de la même époque.

---

[1] Le palais du Luxembourg, par A. DE GISORS.

C'est le dix-septième siècle qui a introduit dans nos édifices cet ordre, cette savante régularité que le moyen âge appréciait peu. Ces qualités ne s'étaient guère produites dans le siècle précédent qu'à l'état de tendances ; poussées beaucoup trop loin plus tard, elles ont donné à notre architecture quelque chose de sèchement géométrique, et lui ont fait méconnaître ses conditions fondamentales. Là comme partout, il est en effet une certaine mesure à observer. Une grande composition doit être grandement conçue sans doute ; mais il faut se garder de trop sacrifier à la régularité du plan, car alors on arrive au faux, on laisse de côté les convenances essentielles, et l'ordre cesse de plaire parce qu'il paraît oppressif.

Jacques de Brosse a-t-il su éviter entièrement ce danger? Son plan est-il tout à fait irréprochable? Annonce-t-il que l'architecte se soit convenablement préoccupé de la destination de l'édifice? A ces questions, il nous est impossible de répondre affirmativement. Il y a évidemment excès de régularité dans la composition ; les quatre pavillons qui accompagnent le principal corps de logis sont exactement de mêmes dimensions et distribués de la même manière, comme si le palais avait dû être habité, non par une seule, mais par quatre reines égales en puissance ; les formes et les dimensions des différentes salles paraissent dictées beaucoup moins par le service de ces pièces que par les exigences de la symétrie et de l'équilibre de la construction. L'architecture ne se plie pas aux convenances de l'homme, elle lui impose les siennes.

La cour, avec ses trois portiques, ses deux divisions, ses balustrades, ses statues et son large perron, devait assurément produire beaucoup d'effet au premier abord, et c'est un grand mérite ; mais les voitures ne pouvant entrer dans la cour d'honneur, il fallait descendre sous les portiques dans les mauvais temps, et ces magnifiques appendices, qui jouent un si grand rôle dans l'architecture du palais, où viennent-ils aboutir? dans de petites pièces d'usage privé, d'où l'on avait quelque peine à gagner les grands appartements. On n'arrivait à la chapelle que par des terrasses découvertes. Il fallait traverser la chambre à coucher et l'oratoire de Marie de Médicis pour se rendre de l'appartement principal dans la belle galerie peinte par Rubens. Les vices de distribution sont évidents.

Mais il faut reconnaître que la science de distribuer les habitations en vue des agréments de la vie était encore à créer à cette époque, et que, malgré ses défauts, le Luxembourg constituait un grand progrès sur ce qui s'était fait avant lui. Tout l'honneur de ce progrès appartient-il à Jacques de Brosse? Il est permis d'en douter.

Une femme, justement illustre, dont l'action a été considérable sur le développement de l'esprit français au dix-septième siècle, avait apprécié l'importance d'une bonne distribution, et avait reconnu les dispositions à adopter pour mettre les édifices en harmonie avec les délicatesses et la distinction qu'elle introduisait dans les relations sociales. C'est l'hôtel de Rambouillet, si célèbre dans l'histoire de la littérature et des mœurs, qui paraît avoir été le point de départ de la nouvelle voie, et ce fut la marquise elle-même, la belle Arthénice, qui en conçut le plan et le dicta à son architecte. Tallement des Réaux dit qu'elle apprit à mettre les escaliers de côté pour avoir une longue suite de chambres, à exhausser les planchers, à faire les portes hautes et larges et à les placer en enfilade.

L'hôtel de Rambouillet ne subsiste plus ; mais un contemporain, Sauval, nous en a laissé une description, fort intéressante surtout en ce qu'elle témoigne nettement de l'esprit tout nouveau qui avait présidé à la distribution.

« Sa cour, ses ailes, ses pavillons et son corps de logis ne sont que d'une
« médiocre grandeur ; mais ils sont proportionnés et ordonnés avec tant d'art
« qu'ils imposent à la vue et paraissent beaucoup plus grands qu'ils ne sont en
« effet. C'est une maison de briques, rehaussée d'embrasures, d'amortissements,
« de chaînes, de corniches, de frises, d'architraves et de pilastres de pierre [1].
« Quand Arthénice l'entreprit, la brique et la pierre étaient les seuls matériaux
« qu'on employât dans les grands bâtiments ; ils avaient paru avec tant d'applau-
« dissements sur les murailles de la place Dauphine, de la place Royale, des châ-
« teaux de Verneuil, de Monceaux, de Fontainebleau et de plusieurs autres édifices
« royaux et publics ; la rougeur de la brique, la blancheur de la pierre et la noir-
« ceur de l'ardoise faisaient une nuance de couleur si agréable en ce temps-là,
« qu'on s'en servait dans tous les grands palais, et l'on ne s'est avisé que cette
« variété les rendait semblables à des châteaux de cartes que depuis que les mai-
« sons bourgeoises ont été bâties de cette manière.

« De l'entrée et de tous les endroits de la cour, on découvre le jardin, qui,
« occupant presque tout le côté gauche, règne le long des appartements et rend les
« abords de cet hôtel non moins gais que surprenants : de la cour, on passe à

---

[1] On sait combien le dix-septième siècle affectionnait le mélange de briques et de pierres, polychromie monumentale et rationnelle exécutée en matériaux du pays.

« gauche dans une basse-cour assortie de toutes les commodités et même de toutes
« les superfluités qui conviennent à une grande maison : le corps de logis est accom-
« pagné de quatre beaux appartements dont le plus considérable peut entrer en
« parallèle avec les plus commodes et les plus superbes du royaume. On y monte
« par un escalier, consistant en une seule rampe large, douce, arrondie en portion
« de cercle, attachée à une salle claire, grande, qui se décharge dans une longue
« suite de chambres et d'antichambres, dont les portes en correspondance forment
« une très-belle perspective. Quoiqu'il soit orné d'ameublements fort riches, je
« n'en dirai rien néanmoins, parce qu'on les renouvelle avec la mode et que je ne
« parle que des choses qui ne changent point; je remarquerai seulement que la
« chambre bleue, si célèbre dans les œuvres de Voiture, était parée, de son temps,
« d'un ameublement de velours bleu rehaussé d'or et d'argent, et que c'était le
« lieu où Arthénice recevait ses visites. Ses fenêtres sans appui, qui règnent de
« haut en bas, depuis son plafond jusqu'à son parterre, la rendent très-gaie et la
« laissent jouir sans obstacle de l'air, de la vue et du plaisir du jardin.

« La rampe de son escalier arrondie en portion de cercle, et les portes en
« enfilade de son appartement, ont servi de modèle à ces escaliers circulaires qui
« ne conduisent que jusqu'au premier étage, et à ces longues suites de portes qui
« sont les principales beautés de nos châteaux et de nos palais. »

Peu de temps après, le cardinal de Richelieu fit bâtir l'hôtel du petit Luxembourg, et y introduisit sans doute les nouvelles dispositions qu'il avait pu apprécier dans l'hôtel de Rambouillet, où il s'était montré fort assidu. Le premier de ces édifices subsiste encore ; mais, complétement renouvelé lorsqu'il passa entre les mains d'Anne de Bavière, au commencement du dix-huitième siècle, il a pris un aspect tout différent de celui qu'il avait dans l'origine.

Du reste, cet hôtel du petit Luxembourg, trop modeste pour le cardinal de Richelieu, trop restreint pour le faste que le grand ministre aimait à déployer, ne tarda pas à être abandonné par lui pour le Palais-Cardinal, aujourd'hui le Palais-Royal.

Ce palais, commencé en 1629 par l'architecte Lemercier, fut terminé en 1636. Il était très-vaste, et présentait à peu près la même disposition générale qu'aujourd'hui, c'est-à-dire deux grandes cours, l'une à l'entrée, l'autre du côté du jardin, entre les deux le bâtiment principal, et deux ailes latérales à chacune. Mais des modifications considérables y ont été introduites à diverses reprises, et l'architecture extérieure a été complétement renouvelée. Les seules traces qui subsistent encore de la composition de Lemercier se trouvent dans la seconde cour, où l'on remarque des trumeaux décorés de trophées maritimes, attributs rappelant l'une des nombreuses charges du cardinal, celle de surintendant général de la navigation.

Le Palais-Cardinal renfermait des appartements splendides, disposés suivant le nouveau système de distribution : les communs et dépendances au rez-de-chaussée, les pièces de réception au premier étage, les salles hautes, placées en enfilade et largement éclairées. On y admirait une longue galerie décorée de portraits d'hommes illustres, exécutés par les premiers peintres du temps, tels que Philippe de Champagne, Simon Vouet, etc. La chapelle était très-remarquable. Il en était de même des deux salles de spectacle ; l'une, de dimensions restreintes, pour les petits comités, et l'autre, beaucoup plus grande, qui eut l'honneur de voir les premières représentations du *Cid*, des *Horaces* et de *Cinna*, puis de recevoir Molière et sa troupe.

Après le palais de Richelieu, celui de Mazarin. Ce dernier, aujourd'hui la bibliothèque Impériale, était compris entre les rues Richelieu, des Petits-Champs et Vivienne, et ses vastes jardins s'étendaient vers le nord. Les édifices témoignent des maîtres. Le palais de Richelieu, renversant ce qui lui fait obstacle, s'établit hardiment de toutes pièces ; le palais Mazarin se renferme modestement d'abord, quitte à se développer plus tard, dans deux hôtels qu'avaient fait construire les présidents de Chivry et Aubert ; la disposition générale du premier est d'une noble simplicité, celle du second est irrégulière et semble avoir toujours couru aux expédients ; il y a de la sévérité dans l'architecture de l'un, quelque chose de sensuel dans celle de l'autre ; la décoration intérieure est essentiellement française dans le palais de Richelieu, elle rappelle l'Italie dans celui de Mazarin ; là les salles de spectacle, ici la plus riche galerie d'œuvres d'art que la France ait encore possédée.

Descendons maintenant aux hôtels que cette grande époque a vu élever. Ils ont été nombreux, et plusieurs d'entre eux subsistent encore. Nous en citerons quelques-uns, sans nous assujettir scrupuleusement à l'ordre des dates, et même en allant jusqu'au siècle suivant.

L'hôtel de Luynes, rue Saint-Dominique, en face de l'église Saint-Thomas-d'Aquin, est représenté sur la planche 80. Les figures 1 et 2 en donnent respectivement le plan, pris à hauteur du rez-de-chaussée, et une coupe transversale. Il a été construit vers le milieu du dix-septième siècle, sur les dessins de Le Muet, pour la duchesse de Chevreuse, dont il a longtemps porté le nom.

Sa disposition générale ne diffère pas essentiellement de celles qui viennent d'être passées en revue. Grande cour d'honneur; bâtiment principal, accompagné de deux pavillons en saillie, et précédé d'une terrasse; cour latérale pour les écuries et remises; galeries en ailes : toutes ces choses sont caractéristiques des grands hôtels de l'époque. Ses différentes parties avaient reçu les destinations suivantes, peu de temps après sa prise de possession par la famille de Luynes : 1, cour d'honneur; 2, vestibule; 3, salle; 4, salle à manger; 5, chambre à alcôve; 6, 6, cabinets; 7, garde-robe; 8, vestibule; 9, grand escalier; 10, 10, petits escaliers; 11, sommellerie; 12, salle du commun; 13, cuisines; 14 garde-manger; 15, portier; 16, écuries; 17, 17, remises; 18, concierge. Le premier étage renfermait des chambres à coucher avec leurs dépendances, une grande salle située au-dessus de celle du rez-de-chaussée et une longue galerie qui occupait toute l'étendue de l'aile droite en entrant.

L'architecture de cet édifice porte bien le cachet de son époque. Elle a de la simplicité, de la fermeté, et elle est grandement conçue.

Le règne de Louis XIV a introduit un style d'architecture qui, s'il ne présente ni la liberté ni la distinction de formes de ses devanciers immédiats, se recommande par la grandeur des conceptions, une certaine noblesse, et la netteté de l'ordonnance. La place Vendôme, à Paris, en présente l'une des applications les plus remarquables aux grandes habitations privées. Elle a été construite à la fin du dix-septième siècle, par J.-H. Mansard, aux frais de la ville de Paris, pour encadrer dignement un monument élevé à la gloire du souverain dont elle porta le nom pendant longtemps. La figure 1 de la planche 81 en représente le plan, sur lequel on a indiqué, au lieu de la statue équestre du *Grand Roi*, la colonne triomphale qui lui a été substituée à la suite des victoires du premier empire. La figure 2 de la même planche donne l'élévation d'une partie d'un des longs côtés de la place, comprenant l'avant-corps central, et de chaque côté une amorce du surplus de la façade.

On voit que l'ordonnance se compose de deux parties principales : un soubassement, formé d'arcades en plein cintre décorées de refends; au-dessus, deux étages embrassés par un seul rang de pilastres corinthiens, qui sont réunis par un entablement et que remplacent dans l'avant-corps des colonnes engagées. Des lucarnes, dont les dessins alternent, éclairent les logements ménagés dans le comble. Cette disposition générale a été plusieurs fois reproduite ; elle a le mérite d'apporter de la grandeur et des formes accentuées dans des édifices où la multiplicité des étages tend à engendrer le mesquin et l'indécis.

La figure 1 de la planche 82 représente le plan de l'hôtel ou palais Bourbon, qui a été exécuté pour la duchesse de Bourbon sur les dessins des architectes Giardini et de Lassurance. Cet édifice a été commencé en 1722. Il ne comportait qu'un rez-de-chaussée. Le palais du corps législatif couvre aujourd'hui l'emplacement qu'il occupait.

Il était précédé d'une vaste avant-cour plantée, qu'une balustrade séparait de la cour d'honneur. La façade principale s'élevait sur cette dernière, et les trois autres côtés du palais donnaient sur des jardins. Les écuries, remises et autres dépendances étaient rejetées à quelque distance dans la même rue, et n'avaient aucune communication directe avec l'habitation.

La distribution était établie de la manière suivante : 1, cour d'honneur ; 2, vestibule ; 3, antichambre ; 4, salle à manger ; 5, salon ; 6, salle d'assemblée ; 7, chambre de parade ; 8, grand cabinet ; 9, galerie ; 10, chambre à coucher ; 11, 11, cabinets ; 12, 12, garde-robes ; 13, 13, chambres à coucher ; 14, 14, antichambres ; 15, 15, escaliers conduisant dans les entre-sol ; 16, escalier des cuisines et dépendances établies dans le soubassement ; 17, salles de bains.

Il y a de l'ampleur dans ces dispositions, les formes sont variées et les enfilades bien entendues ; mais la distribution laisse à désirer : l'entrée principale eût été plus convenablement placée au centre de l'édifice qu'à l'extrémité d'une des ailes ; elle se fût mieux annoncée, et le vestibule eût mieux desservi l'intérieur ; on a tiré un parti peu satisfaisant du grand pavillon de gauche ; beaucoup d'espace est perdu, et plusieurs formes sont inutilement compliquées ; enfin le trumeau planté dans l'axe de la façade est une malheureuse conception, car il coupait maladroitement la vue des cours et de l'entrée du palais.

La planche 83 met sous les yeux du lecteur le plan du rez-de-chaussée d'un hôtel fort important et mieux distribué que le précédent : c'est l'hôtel du Maine, qui a été exécuté dans les premières années du dix-huitième siècle, sur les dessins de Gabriel le père, et qui subsiste encore. Il est situé rue de Varenne.

L'entrée de cet édifice est précédée d'une antiporte, en forme d'hémicycle aplati. Cette disposition, usitée chez les Romains, était tombée en oubli, lorsque les architectes français la firent revivre, sans se douter probablement de son antiquité. Elle est fort bien entendue, et se montre fréquemment dans les hôtels des deux derniers siècles. Elle dégage et annonce l'entrée principale, elle facilite le mouvement des voitures, et elle permet d'offrir, sans entraver la circulation, des bancs aux passants fatigués ou aux hommes de peine qu'on ne juge pas convenable d'introduire immédiatement.

La figure 2 de la même planche donne l'élévation d'une de ces grandes portes d'hôtel. Elle est empruntée à un autre édifice, à l'hôtel d'Estrées, rue de Grenelle. L'entrée est dignement accusée par le développement de l'hémicycle, par la hauteur et la richesse de la porte, ainsi que par les armoiries qui couronnent la composition.

La cour d'honneur de l'hôtel du Maine est de grandes dimensions; à droite est la cour des cuisines et des remises, qui communique avec une autre cour plus petite spécialement affectée au service des écuries, à gauche est l'entrée des jardins, dont les ombrages viennent embellir la cour principale. En face de l'entrée se présente l'hôtel proprement dit, lequel contient un grand appartement de réception, au rez-de-chaussée, et une série de chambres à coucher et de cabinets, au premier étage. Une belle terrasse règne sur trois côtés de l'édifice, et donne sur un jardin aux formes régulières.

La distribution du rez-de-chaussée est très-remarquable. Le vestibule, largement ouvert au dehors, est de belles proportions et donne très-convenablement entrée dans l'escalier principal. Il communiquait directement autrefois avec le salon central, mais on a renoncé à cette disposition qui était peu convenable, et la porte, que nous avons cru devoir reproduire sur notre dessin, a été bouchée. On traverse actuellement la salle de gauche, dont la distribution primitive avait fait la salle à manger, pour se rendre dans les salles de réception, qui sont toutes placées du côté du jardin. Ce plan concilie la régularité des formes avec une heureuse variété, et l'enfilade des salons y a été très-habilement ordonnée. Il ne paraît soulever que deux observations critiques : l'une porte sur le grand escalier, dont la première rampe coupe une des fenêtres de la façade, défaut qu'on eût évité, soit en retournant cet escalier, soit en portant le point de départ à l'autre extrémité du vestibule; l'autre concerne la salle à manger, qui eût été plus convenablement placée à droite, en dehors de la circulation, en 12 ou dans l'emplacement occupé par les pièces 13, 14, 15 et 16.

La légende suivante fait connaître le détail de la distribution telle qu'elle avait été conçue dans le principe, et avec les termes alors en usage :

1, antiporte, logement du suisse à gauche, logement du concierge à droite; 2, cour d'honneur; 3, basse-cour; 4, cour des écuries; 5, jardin; 6, vestibule; 7, grand escalier; 8, salle à manger; 9, salle de compagnie; 10, salon; 11, salle d'assemblée; 12, 12, grands cabinets; 13, 13, chambres à coucher; 14, 14, cabinets; 15, 15, garde-robes; 16, 16, chaises percées; 17, terrasse; 18, 18, cuisines et dépendances, communiquant avec l'hôtel par un passage pratiqué dans le soubassement; 19, cour des cuisines; 20 salle du commun; 21, 21, remises; 22, 22, écuries; 23, 23, chambres.

La planche 84 représente le plan du rez-de-chaussée et l'élévation sur la cour de l'hôtel de la Vrillière, qui est aujourd'hui celui du ministre de la guerre. Il est situé rue Saint-Dominique, et ses jardins s'étendent jusqu'à la rue de l'Université. Il a été construit dans les premières années du dix-huitième siècle, par l'architecte Aubry, pour Mme de Mailly, veuve du secrétaire d'État, marquis de la Vrillière.

L'entrée principale, précédée d'une antiporte, est bien accusée par une porte d'un aspect monumental, et elle est d'un style très-convenable. A droite est un logement de concierge, à gauche, une petite cour fermée, pour dépôt temporaire des fumiers.

La cour d'honneur est de belles proportions, et elle est accompagnée, d'un côté, par la cour des remises et écuries, de l'autre, par la cour des cuisines et dépendances. A son extrémité est l'hôtel, qui ne s'élève au-dessus du rez-de-chaussée que dans sa partie centrale.

Le vestibule, placé dans l'axe de cette cour, est ouvert par trois arcades dont les pieds-droits sont décorés de pilastres. Il annonce dignement l'entrée des appartements. Un grand escalier, largement ouvert sur ce vestibule, a son point de départ à gauche; à droite est l'entrée d'une première antichambre; dans le fond était une porte ouverte sur le salon, mais qui a été bouchée depuis avec raison. La seconde antichambre est en communication directe avec la première, et elle appartient à l'enfilade des appartements de réception dans lesquels elle conduit. La salle à manger est placée en aile du côté de la cour des cuisines, en dehors de la circulation habituelle, et l'on y accède soit par la première antichambre, soit par une longue salle, salle à manger d'apparat, ouverte sur l'autre antichambre. Le service de ces salles se fait à couvert, et sans que l'odeur des cuisines puisse arriver jusqu'à elles.

Outre les pièces dont nous avons déjà parlé, des dégagements et des chambres ou cabinets d'importance secondaire sont distribués du côté de la cour. Des entresol sont établis au-dessus de toutes les petites pièces, qui ne comportaient pas autant de hauteur que l'appartement principal. Au premier étage sont des antichambres, du côté de la cour, et des chambres à coucher avec dépendances, du côté du jardin.

La disposition de cet hôtel est parfaitement entendue. Les salles de réception sont toutes placées sur les jardins, et forment une longue enfilade que rien ne vient interrompre. Mais peut-être pourrait-on leur reprocher un peu de monotonie, voudrait-on trouver un peu plus de variété dans les formes et les proportions.

La légende suivante fait connaître le détail de la distribution du rez-de-chaussée, tel qu'il avait été conçu par l'architecte :

1, antiporte ; 2, cour d'honneur ; 3, basse-cour des écuries ; 4, basse-cour des cuisines ; 5, vestibule ; 6, grand escalier ; 7, première antichambre ; 8, seconde antichambre ; 9, salon ; 10, salle d'assemblée ; 11, 11, grands cabinets ; 12, grande chambre à coucher ; 13, cabinet de toilette ; 14, salle de compagnie ; 15, salle à manger ; 16, 16, chambres à coucher ; 17, 17, dégagements et escaliers de service ; 18, 18, cabinets, garde-robes et lieux d'aisances ; 19, 19, salles de bains ; 20, petite chapelle ; 21, 21, petites cours ; 22, office ; 23, salle du commun ; 24, 24, cuisine et dépendances ; 25, 25, logement du suisse ; 26, écuries ; 27, 27, remises.

Citons encore, parmi les hôtels du dix-huitième siècle, celui dont la figure 2 de la planche 82 donne le plan du rez-de-chaussée. Il est beaucoup plus modeste que les précédents, mais il n'est pas dépourvu d'intérêt, et sa distribution est fort convenable. Construit pour le comte de Choiseul, par un architecte nommé Gaubier, il est situé dans l'angle formé par les rues de Sèvres et Saint-Romain.

Voici les détails de sa composition : 1, cour ; 2, vestibule et grand escalier ; 3, 3, antichambres ; 4, salon ; 5, cabinet ; 6, chambre à coucher ; 7, cabinet de toilette ; 8, escalier de service ; 9, escalier conduisant aux cuisines établies dans le soubassement ; 10, écuries ; 11, remises ; 12, portier. Le premier étage a reçu la même distribution que le rez-de-chaussée, et forme un second appartement de réception. On trouve plusieurs chambres à coucher avec dépendances dans un second étage, qui est mansardé.

On voit que la distribution des hôtels avait fait de grands progrès dans le cours

MAISONS DE VILLE.   477

du dix-septième siècle. Ils ont été tels, que ni le siècle suivant ni le nôtre n'y ont ajouté beaucoup; mais il n'en a pas été de même pour les maisons. Elles semblent avoir été dédaignées par l'architecture de cette époque, et avoir attendu l'avénement de la bourgeoisie pour prendre rang parmi les constructions qui exigent de sérieuses méditations. On en peut citer sans doute dont les façades présentent d'heureuses dispositions, et ont un caractère fort convenable : telles sont, à Paris, les maisons en briques et pierres, qui entourent la place Royale, et celles qui donnent d'un côté sur la place Dauphine, et de l'autre sur les quais de l'Horloge et des Orfévres. Ces édifices remontent aux débuts du dix-septième siècle [1]. Mais leurs architectes semblent ne s'être occupés que des aspects extérieurs, et avoir attaché fort peu d'importance au dedans. Même plus tard, jusque dans les dernières années du siècle suivant, et l'on pourrait dire jusqu'au commencement du nôtre, les principes qui régissent la distribution des hôtels ne se font pas complétement jour dans celle des maisons. Combien d'appartements sans antichambres, de salles à manger à traverser pour se rendre au salon, de chambres à coucher sans dégagements, de cuisines mal placées ! C'est à notre époque qu'appartient l'honneur d'avoir mis l'Architecture au service de tous, établi une judicieuse théorie des distributions, et introduit l'élégance de la forme jusque dans les plus modestes habitations. Nous allons faire connaître les principes généralement adoptés aujourd'hui à ce sujet, aussi bien pour les hôtels que pour les maisons.

Les hôtels sont destinés aux familles opulentes et sont habituellement situés entre cour et jardin, comme il était d'usage dans les deux derniers siècles. Leur disposition générale est conçue ainsi qu'il suit : sur la rue, une antiporte accompagnée de bancs, la grande porte donnant entrée dans la cour d'honneur, et un corps de logis plus ou moins important, renfermant le logement du concierge, ainsi que les écuries et les remises, lorsque l'espace est restreint; dans les grands hôtels, une ou plusieurs cours latérales pour les écuries, les remises, les cuisines et leurs dépendances; à l'extrémité de la cour d'honneur, en face de l'entrée, le principal corps de logis, l'hôtel proprement dit, double en profondeur, composé d'un rez-de-chaussée surmonté d'un ou de deux étages au plus; à la suite de l'hôtel, le

Habitations modernes.

---

[1] Ils sont représentés sur la planche 80. La figure 3 donne le plan d'un des pavillons d'entrée de la place Royale, avec l'amorce des portiques. La figure 4 est un fragment d'élévation d'une des maisons de cette place, qui ont chacune quatre arcades en largeur. La figure 5 représente le plan du rez-de-chaussée des maisons du quai de l'Horloge : 1, passage ; 2,2, boutiques ; 3,3, arrière-boutiques ; 4, cours ; 5,5, cuisines. L'élévation d'une de ces maisons est donnée par la figure 6.

jardin. On place fréquemment une vaste marquise au-dessus de la porte d'entrée du vestibule, pour abriter les personnes qui descendent de voiture ou y remontent, et on la couvre en feuilles de verre, afin de ne pas enlever trop de lumière à cette première pièce de l'appartement. Une autre disposition souvent employée aujourd'hui, et qui ne l'était pas autrefois, consiste à adosser contre l'hôtel, du côté du jardin, des serres plus ou moins étendues formant jardins d'hiver, lesquelles sont d'autant plus précieuses que les villes ne s'habitent guère pendant la belle saison.

Le principal corps de logis d'une maison destinée à l'habitation de familles appartenant à la classe moyenne est habituellement situé sur la rue, est double en profondeur, et est accompagné d'une ou de plusieurs ailes sur la cour, lorsque les dimensions du terrain le permettent. Dans les quartiers commerçants, le rez-de-chaussée est occupé par des magasins et largement ouvert sur la voie publique.

Deux systèmes principaux ont été adoptés en ce qui concerne ces maisons : les unes sont établies pour une seule famille, les autres renferment un ou même plusieurs appartements à chaque étage. Les mérites respectifs de ces dispositions ont été très-controversés, et chacune d'elles présente en effet de tels avantages et de tels inconvénients, qu'il est bien difficile de se prononcer d'une manière absolue en faveur de l'une ou de l'autre.

En réunissant, sous un même toit, des familles entre lesquelles il n'existe aucun autre lien, on rend les habitations moins closes, moins calmes, et on enlève à la vie privée une partie de son indépendance. L'escalier est une sorte de voie publique ouverte jusque dans l'intérieur de la maison. La grande hauteur qu'on est conduit à donner à la construction ne laisse pas arriver une suffisante quantité d'air et de lumière aux étages inférieurs, et entretient une humidité malsaine dans les rues, et surtout dans les cours où la ventilation est plus entravée. Elle condamne en outre un grand nombre d'habitants à de pénibles ascensions.

Dans les maisons habitées par une seule famille, le service est plus difficile, et exige un plus grand nombre de domestiques qu'il n'en faut pour un appartement de plain-pied. L'obligation où l'on est de monter et de descendre à chaque instant les escaliers, afin de se rendre d'une partie à l'autre de l'habitation, est fatigante et devient très-pénible pour les personnes âgées ou infirmes. Les logements sont plus dispendieux, toutes choses égales d'ailleurs, parce que quelques-unes des dépenses de construction (celles qu'exigent le terrain, les fondations et la couverture) sont indépendantes du nombre des étages. Enfin, par cela même que les maisons sont moins élevées, que moins de personnes sont logées sur une même surface, la ville prend plus de développement pour une même population, les quartiers plus espacés tranchent davantage les uns avec les autres, et les relations entre les habitants deviennent plus difficiles.

On sait que le premier de ces systèmes est généralement usité en France, et le second en Angleterre. Ce qui précède peut faire apprécier les motifs qui ont dirigé l'un et l'autre pays.

Qu'il s'agisse d'un hôtel ou d'une maison, les conditions de distribution intérieure sont à peu près les mêmes ; car il n'y a plus aujourd'hui de lignes de démarcation aussi tranchées qu'autrefois entre les diverses positions sociales. Le niveau tend à s'établir, sinon dans les fortunes, du moins dans les usages et les ambitions, et les appartements de la modeste bourgeoisie veulent reproduire, sur une petite échelle, ceux des familles opulentes. Ils n'admettent de différence que dans le nombre et les dimensions des pièces, ainsi que dans la richesse de l'ornementation.

Le principe dominant, et il est de tous les temps, car il tient au fond, veut que toute habitation présente trois divisions :

1° Les pièces de réception, telles que vestibules, antichambres, cabinets, salons, galeries, salles à manger ;

2° Les chambres à coucher, boudoirs, cabinets de toilette, salles de bains, etc. ;

3° Les pièces relatives au service, telles que cuisines et dépendances, communs, écuries, remises.

Dans les hôtels à l'usage d'une seule famille, ces divisions se marquent nettement avec la plus grande facilité. Le rez-de-chaussée est consacré à la réception, les chambres à coucher et leurs dépendances se distribuent dans les étages, et les cuisines s'établissent dans un soubassement ou dans la cour destinée aux écuries et aux remises. Les appartements de plain-pied ne présentent pas une classification aussi nette, sauf en ce qui concerne les écuries et les remises, puisque toutes leurs parties sont situées au même niveau et couvertes par le même toit ; mais on la reconnaît immédiatement, si la distribution a été intelligente : la première division précède la seconde, et la troisième est reléguée de côté.

A chaque division et à chacune des pièces principales qui la composent, il faut une entrée bien marquée et un dégagement commode. Les vestibules et les antichambres doivent être seuls des passages obligés pour se rendre dans d'autres salles; les salons, les salles à manger, les chambres à coucher et leurs dépendances ne doivent jamais se commander, tout en étant mis d'ailleurs en relations aussi directes que possible les uns avec les autres. Ainsi l'on n'admet pas qu'il faille traverser nécessairement la salle à manger pour se rendre soit dans le salon, soit dans un cabinet de réception, ou qu'une chambre à coucher serve d'unique passage à une autre. Il faut assurer l'indépendance de toutes ces pièces, et l'on doit y parvenir, en leur assignant des positions convenables, et leur ménageant habilement des issues, plutôt qu'en ayant recours à ces longs corridors, qui sont toujours tristes et font perdre un espace précieux.

Chaque pièce principale doit être accompagnée d'une pièce plus petite, destinée à la seconder dans son service, et à masquer ce qu'on veut soustraire aux regards, Près des vestibules et antichambres, il faut un ou plusieurs cabinets pour dépôts de combustibles et d'instruments de propreté; près de la salle à manger, un office; près d'un cabinet de travail, une petite pièce pour recevoir les papiers et les livres qui ne peuvent trouver place dans la bibliothèque; près des chambres à coucher, les cabinets de toilette, les garde-robes, etc.; près des cuisines, les éviers et le garde-manger.

Il convient de placer la salle à manger et les plus belles chambres à coucher à proximité des salons, et de les mettre en communication facile avec eux, afin qu'elles puissent leur venir en aide en s'ouvrant aux invités lorsque les réunions sont nombreuses.

Les portes d'entrée des pièces de réception doivent être larges, et celles qui mettent ces salles en communication les unes avec les autres doivent être placées en enfilade, et être ouvertes, non dans l'axe des pièces, mais près du mur dans lequel sont percées les fenêtres, de manière que la circulation ne soit point gênante, qu'on puisse se tenir à l'abri de ses mouvements, et que le mobilier trouve à se ranger aisément. Sont exceptées de cette règle les salles de forme circulaire ou octogonale, auxquelles elle ne saurait être appliquée, et les longues galeries, dont les entrées principales sont plus convenablement établies sur l'axe longitudinal, parce qu'elles y produisent meilleur effet, sans y présenter d'inconvénients.

Outre ces portes en enfilade placées près des fenêtres, il convient souvent d'en ouvrir d'autres sur les mêmes parois et dans une position symétrique par rapport à l'axe de la salle, afin de faciliter la circulation, et de permettre aux courants de ne pas se rencontrer. Ainsi, deux salons contigus ou un salon et une salle à manger sont fréquemment mis en communication par deux grandes portes dont les battants s'enlèvent dans les jours de réception.

Les vues les plus gaies et les expositions les plus favorables, celles du midi et de l'est, doivent être réservées pour les salons et les chambres à coucher ; les autres salles peuvent être moins bien traitées sous ce rapport, sans qu'il y ait inconvénient réel. L'exposition au nord est même la plus convenable pour quelques-unes d'entre elles, telles que les galeries de tableaux et les cuisines. On évitera l'exposition à l'ouest pour les salles à manger, parce que les rayons du soleil deviennent fort incommodes pendant l'été à l'heure du dîner ; celle du nord ou de l'est lui est préférable.

Tout appartement doit être desservi par deux escaliers au moins : un escalier principal, large, facile, bien éclairé, et un ou plusieurs escaliers de moindres dimensions pour les gens de service ou quelques communications secondaires. C'est une condition indispensable, si l'on veut que le grand escalier puisse être convenablement tenu. {Escaliers.}

Nous ne reviendrons pas sur ce que nous avons déjà dit touchant la disposition des escaliers ; nous nous bornerons à rappeler :

1° En ce qui concerne la forme, que les rampes droites, interrompues par des paliers de repos, sont préférables aux rampes circulaires ;

2° En ce qui concerne l'éclairage, que la lumière doit être distribuée aussi largement et uniformément que possible, et qu'un escalier embrassant plusieurs étages sur sa hauteur ne peut être convenablement éclairé par une lanterne ouverte à sa partie supérieure, et exige une fenêtre au moins à chaque étage ;

3° En ce qui concerne la position, que l'entrée d'un grand escalier doit être bien accentuée et nettement mise en évidence, et que, dans les édifices composés d'un corps de logis accompagné d'ailes, il y a presque toujours avantage à placer l'escalier au point d'intersection d'une des ailes avec le bâtiment principal, parce qu'il dessert alors directement ces deux parties, et occupe un espace auquel on trouverait difficilement un emploi plus convenable ;

4° En ce qui concerne la décoration, qu'elle doit être mâle et simple, comparativement à celle des autres parties de l'habitation, tout en se maintenant en une certaine harmonie avec elle, et qu'on y doit éviter tout ce qui serait de nature à donner de dangereuses distractions. D'autres places plus convenables peuvent être faites aux tableaux ou aux sculptures.

Vestibules. C'est dans le vestibule que se tiennent les domestiques en attendant leurs maîtres, et les individus auxquels on ne juge pas convenable d'accorder un accès plus complet. Cette destination doit engager à traiter ces pièces avec une grande simplicité ; cependant il convient de les mettre en rapport avec la décoration générale de l'appartement. Elles peuvent participer aussi de celle de l'extérieur, de manière à former une sorte de transition entre le dehors et le dedans. Ainsi que nous l'avons déjà dit, ce sont des porches intérieurs. La pierre y reste souvent apparente, et des statues, des bustes ou des bas-reliefs y sont très-convenablement placés. Elles sont presque toujours dallées en pierre, en carreaux de marbre ou en mosaïque.

On donne habituellement aux vestibules une position centrale et une forme rectangulaire, ainsi qu'il s'observe sur la plupart de nos plans d'hôtels. Ils doivent être très-éclairés, largement ouverts sur la cage de l'escalier, avoir une entrée bien accusée sur la première antichambre, et être percés d'une ou de plusieurs issues de dégagement. Ceux des grands appartements exigent des dimensions assez considérables, parce que, dans les jours de réception, ils sont appelés à contenir un nombreux domestique sans qu'il en résulte d'entraves pour la circulation.

Le mobilier d'un vestibule consiste en banquettes recouvertes de cuir, de tapisserie ou de velours de laine. Le chauffage a lieu au moyen d'un poêle ou de bouches de chaleur.

La cage de l'escalier sert de vestibule dans quelques hôtels ; et dans plusieurs appartements, même d'une certaine importance, le vestibule est supprimé et l'antichambre en tient lieu.

Antichambres. L'antichambre vient à la suite du vestibule ; elle a pour but de le séparer des salons, et de servir de salle d'attente pour différentes personnes ainsi que de dégagement à quelques parties de l'appartement. C'est dans l'antichambre qu'on ôte les vêtements destinés à garantir du froid de l'extérieur, et elle donne quelquefois entrée dans un vestiaire. Une disposition assez habituelle consiste à ouvrir dans une antichambre deux portes principales, outre celle du vestibule, lesquelles conduisent, l'une dans les salons, l'autre dans la salle à manger.

Les antichambres des grands appartements sont chauffées par des cheminées et sont parquetées ; leurs parois sont revêtues d'une boiserie dans toute leur hauteur, ou sont tendues, au-dessus d'un lambris assez élevé, en cuir gaufré, en drap ou en papier velouté. La décoration doit y être calme et d'un ton un peu soutenu.

Le mobilier consiste en belles banquettes, en chaises solides et en une table recouverte d'un tapis, avec plateau en argent pour dépôt des cartes de visite.

Dans les appartements de second ordre, la salle qui tient lieu de vestibule et d'antichambre participe des dispositions et des caractères qui viennent d'être assignés à ces pièces en les supposant distinctes.

La salle à manger doit être une des plus grandes pièces de l'appartement, et nos habitations modernes laissent trop souvent à désirer sous ce rapport ; presque toujours cette salle y est sacrifiée au salon, et c'est à tort. Nulle part peut-être l'air et l'espace ne sont plus nécessaires ; car c'est un véritable supplice qu'un dîner, où l'on est serré les uns contre les autres, où l'odeur des mets vous porte à la tête, où la chaleur vous accable, et où les domestiques, gênés dans leurs mouvements, viennent à chaque instant frôler votre siége. La chère la plus succulente, les vins les plus exquis ne sont point une suffisante compensation à tous ces tourments, et, si choisis que soient les convives, l'esprit se cache, la gaieté s'éteint, la conversation, cette âme des festins, est triste et languissante. C'est une des grandeurs de l'homme d'avoir su ennoblir les conditions de son existence, d'avoir couvert par des jouissances de l'esprit la satisfaction accordée à la plupart de ses besoins matériels, au point de faire disparaître la grossièreté du fond sous l'élégance de la forme, et de réduire ce qui était le but à l'origine à n'être presque plus qu'un prétexte. La nécessité de couvrir son corps a engendré la toilette avec ses richesses, ses fantaisies et ses innombrables variétés ; celle de se mettre à l'abri des intempéries de l'atmosphère a donné naissance à l'Architecture, qui, se défiant de ses propres ressources, a appelé à son secours les merveilles de la palette et du ciseau ; à celle de se nourrir, on doit l'art culinaire aux élégances recherchées, le luxe plein de goût du service de nos tables, et surtout ces charmantes réunions où l'esprit excité s'épand en vives saillies, où l'amitié devient plus expansive, et où s'oublient si bien les tristes préoccupations de la vie.

Que l'architecte mette donc le local en harmonie avec la fonction, telle que l'a créée le développement moral et intellectuel de l'humanité : que la salle à manger soit disposée de manière à venir en aide aux divers plaisirs qu'on y doit goûter ; que la circulation n'y soit point embarrassée, que l'air s'y renouvelle, que la température ne s'y élève pas trop ; qu'on se garde enfin de revêtir ses parois des marbres ou des stucs qui étaient de mode il y a quelques années, et qui ont quelque chose de glacial dans notre climat, mieux valent des boiseries, des cuirs rehaussés de quelques dorures, des étoffes ou de beaux papiers. Les dallages en marbre ne conviennent même pas dans ces salles, ils sont trop froids et trop bruyants; il faut au contraire que le sol soit couvert d'un épais tapis, afin de maintenir la chaleur et d'amortir les bruits du service.

Les tons clairs ne sont pas à leur place dans une salle à manger; elle ne doit pas être sombre sans doute, mais il faut éviter tout ce qui pourrait distraire de l'éclat de la table. La décoration de la salle est un cadre destiné à faire ressortir les splendeurs du service, et à y attirer l'attention. Il faut par conséquent lui assurer un certain calme, sans négliger d'ailleurs l'harmonie avec le reste de l'appartement. Le même caractère doit se trouver dans le mobilier. Que les sièges soient amples et commodes, et que les dressoirs se contentent de briller par les faïences, les riches porcelaines ou les élégants produits de l'orfévrerie artistique qu'ils étalent aux regards.

La forme la plus convenable pour une salle à manger est la forme oblongue, rectangulaire ou ovale, parce qu'elle répond à celle de la table. Les portes de service doivent y être placées de manière à ne point incommoder les convives.

Une salle à manger ne devrait être chauffée ni par un poêle ni par une cheminée, mais par une série de bouches de chaleur distribuées sur le périmètre, puisque la température doit y être la même partout. Il est essentiel surtout d'y assurer une ventilation susceptible d'être activée ou ralentie à volonté.

Salons. — Les salons sont les pièces les plus riches de nos habitations. Les grands appartements en ont plusieurs, les petits n'en ont qu'un.

Les salons affectent diverses formes; la plupart sont rectangulaires, mais il en est d'ovales, de circulaires, de polygonaux, qui produisent de fort bons effets. Quand plusieurs salons se suivent, il convient de varier leurs formes ou du moins le sens dans lequel se présentent ceux qui sont rectangulaires.

La position à donner à la cheminée d'un salon a été controversée : quelques architectes adossent la cheminée contre l'un des murs perpendiculaires à celui dans lequel les fenêtres sont ouvertes, ainsi qu'on le remarque sur plusieurs des plans qui sont mis sous les yeux du lecteur. Cette disposition a l'avantage d'assurer pendant le jour une quantité suffisante de lumière auprès de la cheminée, de permettre de voir au dehors sans s'éloigner du feu, et de placer dans un demi-jour, souvent recherché, la maîtresse de la maison, qui tourne habituellement le dos aux fenêtres, afin de ne pas se fatiguer la vue et d'éclairer convenablement le livre qu'elle parcourt ou le léger ouvrage auquel elle travaille. Mais il y a cet inconvénient, si les dimensions du salon sont restreintes, que la porte de communication avec la salle voisine se trouve près de la cheminée, et que la circulation ou les courants d'air deviennent incommodes pour les personnes qui font le cercle. On s'en affranchit en plaçant la cheminée sur la paroi opposée aux fenêtres, mais on perd alors les avantages qui viennent d'être énumérés. On peut dire que la première de ces dispositions est préférable pour le jour, et la seconde pour le soir. On n'est pas d'ailleurs toujours à même de choisir, parce qu'il est bien évident que la cheminée ne doit jamais se trouver à proximité de la principale porte d'entrée du salon.

Les dorures et les tons clairs sont parfaitement de mise dans un salon destiné aux réceptions du monde ; car on y recherche l'éclat et la gaieté. Cependant il en est de fort beaux dans lesquels la coloration est à la fois riche et soutenue. Ces derniers sont plus difficiles à éclairer, sont moins brillants et paraissent moins vastes ; mais ils font mieux ressortir les toilettes des femmes, ont quelque chose de plus confortable, et témoignent peut-être d'un goût plus distingué. On a quelquefois appliqué l'un et l'autre système de décoration dans des appartements comportant plusieurs salons ; à une pièce tenue très-claire, on en a fait succéder une autre comparativement terne, et réciproquement. Mais si la variété est un mérite, si elle répond à l'un des besoins de notre nature, il n'y faut point de brusquerie, et les esprits délicats demandent qu'elle ne soit pas uniquement motivée par le désir du changement ; l'harmonie les touche davantage. Ils n'admettent pas que deux pièces contiguës, ayant même office et à peu près mêmes dimensions, présentent des caractères essentiellement différents. Est-il besoin d'ajouter qu'il en serait tout autrement si l'une d'elles était une longue galerie destinée à la danse, par exemple, et l'autre, un salon pour la conversation ou le jeu ? A la diversité des formes et des destinations, pourrait, devrait même correspondre la diversité des caractères ; l'éclat à la galerie et le calme au salon.

On comprend, du reste, qu'il est impossible de formuler des prescriptions absolues en pareille matière. Il en est de la toilette des salons, s'il est permis d'employer cette expression, comme de celle des femmes : elle varie à l'infini suivant le goût des personnes, et elle a son cachet d'individualité très-prononcé, tout en suivant les caprices de la mode. C'est un de ses grands mérites.

Un cabinet de travail et de réception doit être placé en dehors du bruit de l'ap-

Cabinets.

partement, en position telle qu'on y puisse arriver sans passer par les salons ou par la salle à manger.

Qu'il soit convenablement éclairé, et que les fenêtres soient situées de telle sorte que, sans trop éloigner son bureau de la cheminée, on y reçoive le jour par la gauche. L'exposition à l'est et la vue sur des jardins lui conviennent fort bien.

Sa forme doit être simple, et sa décoration calme et sévère ; car c'est au sérieux de la vie qu'il est consacré. La bibliothèque, chez l'homme d'étude, les cartonniers, chez l'homme d'affaires, en sont les ornements caractéristiques, et il est bien d'y ajouter quelques tableaux de choix et les bustes des grands hommes qu'on se propose pour modèles. Le cabinet doit porter l'empreinte de la profession et du caractère de son maître.

Chambres à coucher. Le lit est l'objet essentiel d'une chambre à coucher, et lui faire une place convenable est la première condition à observer. On est généralement d'accord qu'il doit être appuyé contre la paroi opposée à celle où les fenêtres sont ouvertes, parce qu'il y est mieux abrité du froid, des courants d'air et des bruits extérieurs. Il s'ensuit qu'une chambre à coucher doit avoir plus de profondeur que de largeur, cette dernière dimension étant prise dans une direction parallèle à celle des fenêtres.

Les alcôves sont à peu près abandonnées et avec juste raison, car l'air ne s'y renouvelle pas suffisamment, et elles ont en outre quelque chose de triste. Les rideaux suffisent pour donner de l'abri, et encore est-il préférable, quand la chambre est bien close, ou de les supprimer ou de les ouvrir pendant la nuit. Dans les chambres de petites ou de moyennes dimensions, le lit s'appuie contre le mur sur un de ses longs côtés ; dans celles qui sont vastes, longues surtout, c'est la tête qu'on adosse, de sorte que le lit est en saillie sur toute sa longueur, et se trouve dégagé sur chacune de ses faces latérales. Cette dernière disposition est à la fois la plus commode et la plus salubre, et on l'apprécie fort quand on est malade. C'est celle des chambres d'apparat des palais et des grands hôtels, et l'on sait quel rôle ont joué les ruelles dans la galante société des deux derniers siècles.

Dans le fond de la chambre, près du lit, sont ouvertes habituellement une ou deux petites portes, qui conduisent dans des garde-robes ou des cabinets de toilette.

La cheminée doit être appuyée contre celui des murs longitudinaux qui est placé du côté opposé à l'entrée principale.

La décoration des chambres à coucher varie beaucoup, non-seulement avec la fortune, mais aussi avec le caractère des individus. Elle doit être en harmonie avec le sexe, l'âge et les goûts. Tout ce qu'on en peut dire, c'est qu'elle ne comporte pas le même degré de richesse que celle d'un salon, et que le calme y est fort à sa place.

Un boudoir s'associe à la chambre à coucher dans les grands appartements, et ce nom seul rappelle trop bien l'élégance, les gracieux caprices, les couleurs tendres et l'ornementation plus ou moins voluptueuse, pour qu'il nous paraisse nécessaire d'entrer dans aucun détail à ce sujet.

Il importe beaucoup que les cuisines soient situées de telle sorte que ni leurs bruits ni leurs odeurs n'atteignent les autres parties de l'appartement, et que pourtant il ne soit pas créé de trop grandes difficultés au service de la table. Dans les hôtels, elles sont habituellement établies, soit dans les soubassements, soit, ce qui est préférable, dans un petit bâtiment en aile ouvert sur une cour de service. Il convient alors de leur assurer une communication à couvert avec le principal corps de logis, condition à laquelle on n'a pas toujours eu égard. Dans les maisons ordinaires, on les rejette à l'une des extrémités de l'appartement, et volontiers dans une des ailes en retour sur la cour. Il est nécessaire qu'elles soient desservies par un escalier spécial, ainsi que nous l'avons déjà dit. *Cuisines.*

Une cuisine doit être largement éclairée, et il faut qu'on ait toute facilité pour en renouveler l'air. Des dispositions doivent être prises pour qu'elle puisse être tenue avec la plus grande propreté, et que le service y soit commode. Plusieurs de nos nouvelles habitations laissent trop à désirer sous ces divers rapports; la cuisine y a été sacrifiée outre mesure, et il y a ce double inconvénient : que la santé des domestiques en souffre, et que les préparations culinaires se ressentent plus ou moins des mauvaises conditions dans lesquelles elles ont été faites.

Il est un genre de pièces qui, presque inconnu autrefois, s'est répandu depuis quelques années, sans avoir pris toutefois le développement auquel il paraît appelé : nous voulons parler des serres ou jardins d'hiver, qui contribuent si efficacement à l'agrément des habitations, et répondent si bien à nos besoins de luxe et aux délicatesses du goût moderne. Quelles charmantes salles de réception, aussi bien pour le jour que pour le soir ! Avec quel plaisir ne retrouve-t-on pas la verdure et les fleurs du printemps au milieu de l'hiver ! et comme elles s'associent admirablement à l'éclat des toilettes et des lumières ! Établir des serres dans les grands hôtels, *Serres.*

n'est point difficile ; l'espace ne manque pas, et on peut les placer sur le jardin ou même sur la cour. Il n'en est pas de même sans doute dans nos maisons à plusieurs étages ; mais il est rare qu'en cherchant bien, on ne leur trouve une place plus ou moins convenable. Seraient-elles réduites à quelques mètres, qu'elles seraient encore très-précieuses. Et il faut dire qu'elles trouvent aujourd'hui des ressources qu'on n'avait pas autrefois. Le fer et le verre sont descendus à un tel prix, que la dépense est minime ; et, d'un autre côté, ces constructions se peuvent traiter avec assez de légèreté dans les points d'appui pour n'enlever que fort peu de jour aux salles qu'elles couvrent, et même beaucoup moins que ne font les rideaux et les draperies dont il est d'usage d'orner les fenêtres. Il y a donc, sous ce rapport, un grand progrès à réaliser dans la disposition de nos demeures.

Dépendances. Les cabinets d'aisances doivent être de dimensions convenables, être éclairés directement, et se prêter à un large renouvellement de l'air. Leur installation doit être conçue de telle sorte qu'ils puissent être toujours sans odeur et d'une excessive propreté. Il convient de les placer à proximité des chambres à coucher. Il en faut de spéciaux pour les domestiques. Ces derniers s'établissent dans les soubassements, dans les combles ou dans les cours de service.

Les écuries doivent être disposées dans les conditions les plus favorables à la santé des chevaux. Il est essentiel qu'elles ne soient point humides, et que l'air s'y puisse renouveler aisément. L'exposition à l'est paraît la plus favorable, lorsqu'elles ne peuvent être éclairées que d'un côté. Les fenêtres doivent être ouvertes à une certaine hauteur ($2^m,50$ à 3 mètres) au-dessus du sol, de telle sorte que le jour vienne d'en haut, et l'on recommande de placer les chevaux de manière qu'ils ne le reçoivent pas directement dans les yeux. Les mangeoires des écuries simples s'appliquent sur la face opposée à celle des fenêtres ; dans les écuries doubles, lorsque les chevaux sont placés croupe à croupe, on ne prend de jour que sur les côtés parallèles à la direction des chevaux, et quand ces animaux sont placés tête à tête, ce qui paraît préférable, les jours s'ouvrent en arrière de chaque rang. Il faut compter de $1^m,40$ à $1^m,50$ d'espacement par cheval, 6 mètres de largeur pour les écuries simples, 12 mètres pour les écuries doubles avec chevaux tête à tête, et $10^m,50$ seulement pour ces mêmes écuries, si les chevaux sont placés croupe à croupe. La hauteur d'une écurie ne devrait jamais être inférieure à 4 mètres. Il convient en outre de percer dans le plafond, en arrière de la croupe des chevaux, des ventouses d'appel d'air susceptibles d'être ouvertes ou fermées à volonté.

Le sol doit être établi de manière à assurer un prompt écoulement aux liquides, et à ne pas être pénétré par eux. Une bonne disposition consiste à lui donner une pente transversale de 0,02 à 0,03, et à le paver en pierres dures non glissantes, maçonnées en mortier hydraulique, en ciment ou en asphalte. Une couche d'asphalte, placée sous ce pavage, arrêterait les filtrations qui peuvent se produire par les joints.

Les écuries doivent être rejetées autant que possible dans des cours de service, et ne pas se trouver au-dessous de pièces habitées. Quand on ne peut satisfaire à cette dernière condition, il faut isoler l'écurie de l'étage supérieur au moyen d'un double plancher, de manière à intercepter le bruit et l'odeur.

Au-dessus ou près des écuries, doivent se trouver un grenier à fourrages, un dépôt d'avoine, une sellerie et une chambre de palefrenier ouverte sur l'écurie. Un abreuvoir et une petite cour à fumier se placent dans la cour des écuries, quand il y en a une.

Les grands hôtels ont des écuries distinctes pour les chevaux de selle, les chevaux de voiture, les étalons et les chevaux malades. L'exposition du midi a été souvent préconisée pour ces dernières.

Les remises doivent être soigneusement maintenues à l'abri de l'humidité, et l'exposition au nord paraît être celle qui leur convient le mieux. On leur donne environ 7 mètres de profondeur, et 3 mètres de largeur par voiture. Dans l'axe de la place réservée pour chaque voiture s'ouvre une grande porte fermée par deux battants en menuiserie.

Passons maintenant à quelques exemples de distributions modernes.

Nous avons déjà dit que celles des hôtels représentés sur les planches 82, 83, et 84 sont fort convenables pour nos usages actuels, sauf quelques détails d'importance secondaire et sauf aussi les serres dont ils sont dépourvus, et qui sont tellement entrées dans les habitudes de la vie élégante qu'elles doivent être regardées comme des objets de première nécessité dans les habitations destinées aux familles opulentes.

<small>Exemples de distributions modernes.</small>

Les planches 85 et 86 mettent sous les yeux du lecteur des maisons construites à Paris, dans ces dernières années, par M. Lesoufacher, l'un de nos plus habiles architectes en ce genre.

La maison que représente la planche 85 est située rue de la Paix.

Les conditions qui lui étaient imposées étaient les suivantes : dans les étages, des appartements en harmonie avec la richesse du quartier ; au rez-de-chaussée, une entrée ouverte aux voitures, des écuries, des remises et des magasins ; enfin, le terrain étant de grande valeur, il importait d'en occuper la majeure partie par des constructions, et de les élever à toute la hauteur que permettent les règlements de la voirie urbaine. Ces conditions ont été appréciées, et il leur a été donné pleine satisfaction, ainsi qu'on peut le reconnaître à l'inspection des dessins.

La figure 1 montre le plan du rez-de-chaussée, dans lequel on trouve : 1, passage de porte cochère ; 2, 2, magasins ; 3, grand escalier du corps de logis sur la rue ; 4, 4, logement du concierge ; 5, grand escalier du corps de logis sur la cour ; 6, escalier de service commun aux deux corps de logis ; 7, grande cour ; 8, 8, remises, chacune pour deux voitures ; 9, 9, écuries ; 10, petite cour.

La figure 2 donne le plan du premier étage, qui est distribué ainsi qu'il suit : corps de logis sur la rue : 1, antichambre ; 2, 2, salons ; 3, salle à manger ; 4, 4, chambres à coucher ; 5, cuisine ; 6, 6, cabinets d'aisances ; 7, 7, garde-robes ; 8, 8, petites cours ; 9, grand escalier ; 10, escalier de service. Corps de logis sur la cour : 11, antichambre ; 12, salon ; 13, salle à manger ; 14, 14, chambres à coucher et cabinets ; 15, cuisine ; 16, lieux d'aisances ; 17, 17, cours ; 18, grand escalier ; 19, escalier de service.

On remarquera que la cage du grand escalier 9 a été rapprochée au rez-de-chaussée du passage de porte cochère, afin de permettre de prolonger jusque sur la cour le magasin situé de ce côté. A partir de l'entre-sol, cet escalier n'est éclairé que par la partie supérieure, et l'on a ménagé beaucoup de vide entre ses rampes dans le but de réduire autant que possible les inconvénients de cette disposition.

L'ornementation de la façade est de fort bon goût, et ses proportions sont très-satisfaisantes. Les hauteurs des différents étages sont parfaitement réglées, et la coupe (fig. 4) montre comment on a su tirer parti de toute la latitude accordée par les ordonnances qui fixent les hauteurs des maisons dans les grandes rues de Paris. La construction est limitée par deux lignes, l'une verticale, s'élevant sur $17^m,55$ de hauteur, à $0^m,50$ en avant du mur de face ; l'autre, inclinée à $45°$, et prolongée jusqu'au centre du corps de logis.

La planche 86 donne les plans de deux maisons accolées, situées rue d'Astorg, et l'élévation de l'une d'elles.

Le quartier n'étant point commerçant, elles n'ont pas de magasins au rez-de-chaussée. Voici quel est le détail de leur distribution : au rez-de-chaussée (fig. 1) : 1, passage de porte cochère ; 2, logement de concierge ; 3, cour ; 4, grand escalier ; 5, escalier de service ; 6, 6, écuries ; 7, 7, remises ; 8, lieux d'aisances. Au premier étage (fig. 2) : 1, antichambre ; 2, 2, salons ; 3, salle à manger ; 4, 4, chambres à coucher et cabinets ; 5, cuisine ; 6, grand escalier ; 7, escalier de service ; 8, 8, lieux d'aisances ; 9, 9, petites cours.

L'escalier principal de la plus grande de ces maisons est éclairé à chaque révolution par une fenêtre ouverte sur une petite cour, bien qu'il le soit également par en haut, et soit à peu près de mêmes dimensions que celui de la maison de la rue de la Paix. L'escalier de l'autre maison est éclairé de même à chaque révolution, et mieux encore, parce que les fenêtres sont ouvertes sur la grande cour. L'élévation de la maison principale (fig. 3) présente toutes les qualités qui ont été signalées dans celle de la planche précédente.

Nous avons réuni sur la planche 87 plusieurs plans de maisons établies dans les conditions les plus diverses, et qui paraissent offrir des exemples intéressants de distribution moderne pour des appartements de différentes grandeurs.

La figure 1 est le plan, à hauteur du premier étage, d'une maison récemment construite par le même architecte, à l'angle des rues de la Victoire et de la Chaussée-d'Antin ; la façade principale est exposée au midi.

Il y a deux appartements à chaque étage, et ils sont distribués de la manière suivante : 1, escalier principal ; 2, 2, escaliers de service ; 3, 3, antichambres ; 4, 4, salons ; 5, 5, chambres à coucher ; 6, 6, salles à manger ; 7, 7, cuisines ; 8, 8, petites cours ; 9, grande cour.

Ces distributions paraissent parfaitement entendues. Peut-être, cependant, la cuisine de l'appartement de droite est-elle trop rapprochée de la salle à manger, et aurait-on pu tirer meilleur parti du pan coupé placé à l'intersection des deux rues.

La solution adoptée par M. l'architecte Berthelin dans la maison dont la figure 2 représente le plan du premier étage, paraît plus satisfaisante sous ce dernier rapport. Les vues du salon, qui est placé dans l'angle, s'étendent dans trois directions, et cette disposition est d'autant mieux motivée que la fenêtre ouverte dans le pan coupé jouit d'une longue et agréable perspective, car l'édifice est situé à l'intersection de la rue Drouot et du boulevard des Italiens. Il faut reconnaître toutefois qu'à côté des avantages de la position, se trouvent les inconvénients de la forme, qui manque de netteté et n'est pas favorable à l'ameublement. La distribution de l'appartement est d'ailleurs excellente, et est indiquée par les mêmes chiffres que la précédente.

La figure 3 donne le plan, à hauteur du premier étage, d'une de ces agglomérations de maisons, fréquentes dans les grandes villes, qui sont établies sur des terrains fort irréguliers, et en vertu d'un accord intervenu entre les propriétaires. Cet immeuble a sa façade principale sur la rue de Rivoli, et ses faces latérales sur les rues du Roule et Tirechappe. Il forme trois propriétés distinctes : la première se compose de la maison qui occupe le milieu de la façade, de la grande cour et de toutes les constructions à la suite, les autres se retournent sur les rues latérales. On reconnaît facilement les limites de ces dernières à l'inspection du plan, et l'on voit en 10 les projections des cours de chacune d'elles. Ces cours sont séparées de la cour principale par des murs de faible hauteur, que les propriétaires se sont interdit d'exhausser.

Les appartements sont de dimensions plus restreintes que ceux qui viennent d'être passés en revue, parce qu'ils ne sont pas destinés à la même classe de la société ; les pièces y sont moins nombreuses, sont généralement plus petites, surtout les salles à manger, et il n'y a point d'escalier de service. La distribution est conçue de telle sorte qu'on passe habituellement par la salle à manger pour se rendre au salon, ce qui est un correctif à l'exiguïté des antichambres, mais serait un défaut si un couloir de dégagement ne permettait pas d'arriver directement dans la seconde de ces pièces. On voit qu'on a eu égard à cette convenance, sauf dans l'un des appartements pour lequel il y a eu impossibilité.

Il était difficile de tirer meilleur parti du terrain mis à la disposition de l'architecte. Sept appartements complets, très-commodément distribués, se trouvent ainsi établis sur une surface assez restreinte et comprise en partie entre des propriétés sur lesquelles il n'était pas permis de prendre des jours. Sauf les passages qui conduisent dans les cours et aux escaliers, le rez-de-chaussée tout entier est occupé par des magasins, ainsi qu'il convenait dans un quartier commerçant.

Le plan, figure 4, a dû être également disposé sur un terrain de forme peu favorable. Le petit côté, au bas de la figure, donne sur le boulevard de Sébastopol, et il fallait y ouvrir l'entrée de la maison. On a satisfait à cette condition, et le passage qui conduit à l'escalier s'appuie contre le mur mitoyen de droite ; le surplus du rez-de-chaussée forme des magasins. L'escalier est placé au milieu de la longueur de l'édifice, qui présente deux appartements complets à chaque étage.

Ces deux maisons ont été construites par le même architecte, M. F. Rolland. On a appliqué aux détails de leur distribution la notation qui a été adoptée pour les précédentes.

Trois autres types de distribution de maisons, qui ne paraissent pas dépourvus d'intérêt, sont dessinés sur la planche 81.

Dans le premier (fig. 4), le terrain, de forme rectangulaire, est situé à l'intersection de deux rues qui se croisent à angle droit. La voie principale longe le petit côté, lequel est exposé au sud. Le plan est celui du premier étage ; il est distribué ainsi qu'il suit : 1, grande cour ; 2, escalier principal ; 3, antichambre ; 4,4, salons ; 5, salle à manger ; 6, cabinet ; 7,7, chambres à coucher ; 8,8, cabinets de toilette ; 9, cuisine ; 10, garde-manger.

Les deux autres plans sont adaptés à des terrains de forme irrégulière, placés à l'intersection de rues se rencontrant suivant des angles aigus, ainsi que la plupart de nos grandes villes en présentent aujourd'hui de nombreux exemples par suite des travaux de transformation dont elles ont été l'objet, à l'instar de ce qui s'est fait à Paris sur une très-grande échelle.

Le plan que donne la figure 5 est également celui du premier étage. Le grand salon, établi dans l'angle, devant lequel s'ouvre une longue perspective, est de forme circulaire, et cette disposition s'annonce nettement au dehors ; la distribution est habilement variée et donne pleine satisfaction à toutes les convenances du sujet, ainsi qu'il est facile de le reconnaître d'après la nomenclature suivante : 1, cour ; 2, grand escalier ; 3, antichambre ; 4, grand salon ; 5, petit salon ; 6, salle à manger ; 7,7, chambres à coucher ; 8,8, cabinets de toilette ; 9, cuisine ; 10, office.

Cette maison, dont nous regrettons de ne pouvoir reproduire la façade, car elle est d'un fort bon style, a été construite par M. l'architecte Hue.

Le plan que représente la figure 6 est celui du rez-de-chaussée, élevé à une certaine hauteur au-dessus du sol de la cour et des voies publiques, d'un petit hôtel destiné à l'habitation d'une seule famille, lequel a été exécuté par M. l'architecte Renaud. Voici le détail de la distribution : 1, cour d'entrée ; 2, vestibule ; 3, antichambre ; 4,4, salons ; 5, grande salle à manger ; 6, petite salle à manger ; 7, cabinet ; 8, terrasse ; 9, concierge ; 10, remises ; 11, écuries. Des chambres à coucher avec dépendances sont très-convenablement disposées dans l'étage supérieur.

Les figures 5, 6 et 7 de la planche 87 représentent les plans du rez-de-chaussée, du premier et du second étage d'une petite maison, destinée à l'habitation d'une seule famille. Elle est exposée à l'est sur la voie publique et au sud sur la cour ; le rez-de-chaussée est consacré aux cuisines, écuries et remises ; le premier étage, à l'appartement de réception ; le second étage, aux chambres à coucher ; au-dessus, dans le comble, on trouve deux autres chambres de maîtres et plusieurs chambres de domestiques. Rez-de-chaussée : 1, cour ; 2, bassin adossé contre un massif de verdure ; 3, porche ; 4, vestibule ; 5, concierge ; 6,6, cuisines ; 7, remises ; 8, écuries ; 9, sellerie ; 10, bûcher ; 11, escalier de la cave ; 12, grand escalier ; 13, petite cour. Premier étage : 1, vestibule ; 2, 2, salons ; 3, salle à manger ; 4, office ; 5, serre. Second étage : 1, 1, chambres à coucher ; 2, 2, cabinets de toilette.

Des habitations d'une nature spéciale se sont multipliées depuis quelques années aux abords de la plupart de nos grandes villes, sous la double influence de l'élévation du prix des loyers, et d'un goût prononcé pour le calme et le bien-être de la vie de campagne. Chacune d'elles est destinée à une seule famille, et est accompagnée d'un jardin de dimensions ordinairement assez restreintes. Des écuries, des remises, un logement de concierge, des serres quelquefois, en sont les dépendances habituelles et se distribuent diversement dans l'enceinte. Nous en citerons quelques exemples.

La figure 8 de la planche 87 est le plan du rez-de-chaussée d'un petit hôtel construit par M. l'architecte Viollet-Le-Duc, à Neuilly. Il se compose ainsi qu'il suit : 1, jardin ; 2, vestibule ; 3, salle à manger ; 4, cabinet ; 5, 5, salons ; 6, office ; 7, cuisine ; 8, remises ; 9, écurie ; 10, salle de bains ; 11, cour de service ; 12, sellerie ; 13, vacherie ; 14, poulailler ; 15, réservoir ; 16, fosse à fumier. Les bâtiments de la cour de service n'ont qu'un rez-de-chaussée, le pavillon contient deux étages, dans lesquels sont distribuées des chambres à coucher et une salle de billard.

La figure 9 de la même planche donne le plan du rez-de-chaussée d'une petite maison construite dans les Champs-Élysées, au milieu d'un jardin. Cette habitation se compose d'un soubassement, où se trouvent les cuisines et dépendances ; d'un rez-de-chaussée ; d'un premier étage, renfermant quatre chambres à coucher, et d'un comble, dans lequel sont établies quelques chambres de domestiques. Voici le détail de la distribution du rez-de-chaussée : 1, porche ; 2, vestibule ; 3, salon ; 4, salle à manger; 5, office ; 6, salle de bains. Une serre était projetée en 7, mais elle n'a pas été exécutée.

Les figures 7 et 8 de la planche 81 représentent respectivement le plan du rez-de-chaussée sur la face principale, et celui du premier étage d'une habitation également établie dans un jardin. Le terrain est en pente, et grâce à quelques menus travaux de terrassement, le rez-de-chaussée sur la face antérieure, laquelle est exposée au sud, est devenu un premier étage de l'autre côté, où un large vestibule est ouvert au niveau du sol. Ce vestibule donne entrée, à gauche dans la cage du grand escalier, à droite dans la cuisine et ses dépendances. La distribution des plans que le lecteur a sous les yeux est la suivante : plan du rez-de-chaussée : 1, grand escalier ; 2, petit salon; 3, grand salon ; 4, salle de billard ; 5, salle à manger; 6, office; 7, escalier de service; 8, serre; 9, vérandah : plan du premier étage : 1, vestibule éclairé par en haut; 2,2, chambres à coucher; 3, cabinet; 4,4, cabinets de toilette.

Les figures 1, 2 et 3 de la planche 92 donnent l'élévation principale et les plans d'un fort joli hôtel construit par M. l'architecte Hugé près du bois de Boulogne, à Paris. Il peut être envisagé comme un type des édifices de ce genre, tant sous le rapport des formes architecturales, que sous celui de la distribution, dont la légende suivante fait connaître les parties essentielles : plan du rez-de-chaussée (fig. 3) : 1, vestibule; 2, antichambre ou cabinet; 3, grand salon ; 4, petit salon; 5, salle à manger ; 6, office. Les cuisines et dépendances sont établies dans un soubassement, et le premier étage (fig. 2) est consacré aux principales chambres à coucher et à leurs cabinets.

Les palais de souverains sont régis par des conditions analogues à celles qui président à la distribution des diverses habitations dont on vient de parler. Mais ils ont des convenances spéciales, et il paraît nécessaire de s'y arrêter quelques instants.

<small>Palais.</small>

Édifices de haute importance, disposés en vue de réceptions nombreuses et solennelles, exécutés aux frais de l'État, et se développant en même temps que la puissance du pays, ces palais participent à la fois du caractère des monuments publics et de celui des habitations privées. Ils doivent être distribués dans le même esprit que ces dernières constructions, mais l'architecture est appelée à s'y déployer sur des proportions et avec une magnificence qui n'appartiennent qu'aux premières. Outre les salles destinées à l'habitation proprement dite, un palais de souverain doit en présenter de beaucoup plus vastes, conformément à ce qu'exigent la dignité du lieu, les fêtes et les grandes réceptions. Il y faut des vestibules étendus, des salles des gardes, de longues galeries, de nombreux salons, une salle du trône ; et l'on y adjoint d'ordinaire une chapelle et une salle de spectacle. Toutes ces choses doivent être conçues avec ampleur, disposées avec ordre, et variées dans leurs formes, de manière à produire de grands effets. La décoration réclame beaucoup de richesse et de distinction, aussi bien au dedans qu'au dehors ; elle est tenue de rappeler la majesté du rang suprême.

La plupart de ces palais sont ouverts, d'un côté sur une cour d'honneur, de l'autre sur des jardins. Les porches, les vestibules, les escaliers, divers appartements et quelques dépendances doivent être établis au rez-de-chaussée ; l'appartement du souverain et toutes les salles de réception sont distribués dans le premier étage.

Nous avons déjà parlé[1] de la disposition générale du palais de Versailles, et nous avons montré combien elle est en harmonie avec le caractère et la puissance du roi qui a élevé cet immense édifice ; nous n'y reviendrons pas. Obligé de nous restreindre, nous nous bornerons à appeler pendant quelques instants l'attention du lecteur sur un palais, bien plus important aujourd'hui que celui de Versailles, et qui présente un développement et des beautés qu'on ne trouve réunis dans aucun autre. Il s'agit du vaste et admirable monument qui résulte de la réunion des palais du Louvre et des Tuileries. La planche 14 en donne le plan pris à hauteur du rez-de-chaussée.

Palais du Louvre et des Tuileries. — Ce palais ne peut pas sans doute être cité comme un modèle de disposition, car, exécuté à diverses reprises et dans des vues différentes, il manque d'unité et n'a pas même d'entrée bien accentuée. Mais les vicissitudes de son développement successif lui donnent un intérêt tout particulier ; on aime à voir comment et avec quelle intelligence ses diverses parties se sont succédé dans l'ordre des temps, et à y retrouver le caractère des époques qui les ont élevées.

L'histoire du monument remonte jusqu'à Philippe Auguste, car quelques parties du Louvre reposent sur les fondations du château fort construit par ce prince au-dessous de la ville, pour en défendre les approches de ce côté. Mais ces substructions ne sont point apparentes et c'est le règne de François Ier qui doit être regardé comme le point de départ. Ainsi qu'il a été dit dans le premier vo-

[1] Page 8.

lume de cet ouvrage [1], Pierre Lescot fit élever, sous les règnes de François Ier et de Henri II, les deux ailes qui forment l'angle sud-ouest de la cour du Louvre. La façade de l'aile occidentale sur la cour, l'une des œuvres les plus remarquables de l'art moderne, subsiste encore dans l'état où il l'avait laissée. Ces anciennes parties de l'édifice sont marquées sur notre plan par les chiffres 1 et 2. Elles étaient simples en profondeur, conformément aux usages de l'époque, et l'on suppose généralement que Pierre Lescot avait le projet d'en construire deux autres semblables, de manière à reproduire la cour carrée du vieux château du moyen âge, cour dont la surface n'était que le quart environ de celle de la cour actuelle. Un jardin devait s'étendre, dans la direction de l'ouest, jusqu'aux murs d'enceinte de la ville; mais les travaux furent suspendus après la mort de Henri II, et ils reçurent bientôt une nouvelle direction. Catherine de Médicis fit élever sur les dessins d'un architecte, auquel Sauval donne le nom de Chambiche [2], le rez-de-chaussée de l'aile en retour sur le côté de la Seine, dont le premier étage est occupé aujourd'hui par la galerie d'Apollon, et qui est marquée 3 sur notre plan. La façade de cet appendice, décorée de marbres diversement colorés et de charmantes sculptures, peut être citée au nombre des chefs-d'œuvre de la Renaissance. A la même époque appartient le pavillon qui porte le chiffre 4. Catherine a-t-elle fait davantage? a-t-elle, pour jouir de la vue du fleuve et de l'exposition du sud, fait élever le pavillon 5, qui est semblable au précédent, et les aurait-elle réunis par la galerie 6, 6, à laquelle elle n'aurait donné que la hauteur du rez-de-chaussée? On serait tenté de le croire à l'examen de l'architecture de cette partie du palais, et en admettant que les sculptures, sur lesquelles se lit le monogramme de Henri IV, n'étaient pas terminées lors du décès de cette reine. Ce qu'il y a de certain, c'est qu'après avoir poursuivi ces travaux avec ardeur, elle parut leur témoigner la plus grande indifférence, et voulut se faire construire un palais à sa guise, sans être entravée par d'anciennes constructions ou peut-être par les volontés d'un de ses fils devenu roi.

Elle confia ce nouvel édifice, non plus à un architecte italien, mais à un Français, Philibert Delorme, et elle choisit son emplacement au-dessous de la ville, encore sur la rive droite de la Seine, mais en dehors du mur d'enceinte, en un

---

[1] Première partie, page 320 et planche 58.

[2] Il est probable, ainsi que l'a fait remarquer M. Vitet, que Sauval a estropié ce nom, comme il l'a fait pour le Primaticcio qu'il appelle Primatiche, et que ce Chambiche était aussi un artiste italien. Peut-être eût-il fallu écrire Ciambiccio. Voyez le Louvre, par M. Vitet.

lieu où ne se trouvaient que des fabriques de poteries et de tuiles. De là le nom que reçut le palais. Le plan de Philibert Delorme avait la forme d'un rectangle comprenant dans son intérieur une cour principale et deux cours latérales, mais il n'a pas été complétement mis à exécution. Les seules parties du palais qui aient été élevées par cet architecte, et encore ont-elles été considérablement altérées, sont le pavillon central 7 et les deux ailes y attenantes, 8, 8 ; les pavillons 9, 9, qui étaient dans ses projets, paraissent dus à un autre architecte français, justement célèbre, à Jean Bullant. Du reste ils n'étaient pas terminés, que Catherine, effrayée, dit-on, par une prédiction d'astrologue, avait de nouveau renoncé à ses intentions, et chargeait le même Jean Bullant de disposer à son usage l'ancien hôtel de Soissons.

Le Louvre et les Tuileries étaient donc séparés par les remparts de la ville, et sans que personne eût songé à les réunir, lorsque Henri IV, arrivé au trône, puisa cette pensée dans les difficultés de sa position. Il voulut joindre ces palais inachevés, « afin, dit Sauval, d'être, par ce moyen, dehors et dedans la ville quand il lui « plairait, et de ne pas se voir enfermé dans des murailles, où l'honneur et la vie « d'Henri III avaient presque dépendu du caprice et de la frénésie d'une populace « irritée. »

Ducerceau, chargé de la direction de ce grand travail, prolongea vers la Seine la partie des Tuileries déjà exécutée, et rattacha l'extrémité de ses nouvelles constructions au dernier pavillon qu'avait fait élever Catherine de Médicis. C'est à cet architecte qu'appartiennent l'aile, le pavillon et la longue galerie, indiqués respectivement sur notre plan par les chiffres 10, 11 et 12 [1]. Il était élève des grands architectes français auxquels il avait l'honneur de succéder ; mais malheureusement ce ne fut point à eux qu'il demanda des inspirations, bien qu'il eût gravé leurs œuvres : ce fut à l'Italie, où l'architecture était entrée dans une mauvaise voie. Des mains des Bramante et des B. Peruzzi, elle avait passé dans celles des Vignole et des Palladio, pour tomber ensuite à Charles Maderne, qui annonçait le Bernin et le Borromini. De fausses idées de grandeur dominaient, et, ne tenant point compte de la vérité, faisaient établir des ordres colossaux embrassant plusieurs étages dans leur hauteur. Certes il n'y a point à proscrire cette disposition d'une manière abso-

---

[1] Ces trois parties du palais sont actuellement en voie de reconstruction, et avec de nouvelles dispositions ; mais les travaux ne sont pas assez avancés pour que nous ayons pu en tenir compte sur notre plan, lequel représentera le passé quand il sera mis sous les yeux du lecteur. Il n'y a point, d'ailleurs, de regrets à éprouver à ce sujet ; car il est des documents historiques essentiels à conserver, et celui-là est du nombre.

lue ; elle peut produire de fort bons effets en plusieurs circonstances : témoin les façades latérales de Saint-Pierre de Rome, la colonnade du Louvre, les palais de la place de la Concorde, les hôtels de la place Vendôme, et le pavillon central de l'École militaire, à Paris. Mais il était impossible de l'appliquer plus mal à propos ; les lourds pilastres de Ducerceau contrastent de la manière la plus fâcheuse avec les fines et délicates ordonnances des deux palais que réunit sa composition ; il y a là une des fautes les plus grossières que présente l'histoire de l'architecture française. Peut-être aussi tout le mal ne doit-il pas être imputé à l'architecte, et fut-il obligé de se conformer aux goûts du roi, chez lequel le sentiment de l'art n'était pas aussi développé que chez les Valois. Cependant ce prince disgracia Ducerceau, et confia la suite des travaux à Étienne Dupeirac, auquel il donna pour adjoint, puis pour successeur Thibault Metezeau. Ces architectes surélevèrent la galerie 6, 6. Obligés d'exhausser leur étage principal sur un entre-sol, afin de l'établir à même hauteur que celui de l'aile déjà construite, ils se tirèrent très-habilement de cette difficulté. Ils se gardèrent bien de recourir à un ordre colossal, soit qu'ils eussent le sentiment de la faute commise par leur prédécesseur, soit qu'ils fussent tenus par l'ordonnance de la galerie qui supportait les nouvelles constructions ; ils prirent le parti d'accuser le principal étage par des pilastres de même hauteur que lui, et d'attribuer à l'entre-sol une ordonnance d'attique. Cette ordonnance se marie parfaitement avec celles qu'elle réunit, et la composition, à la fois originale, vraie et variée, douée d'heureuses proportions et enrichie d'élégantes sculptures, produit un excellent effet.

Henri IV fit également élever un étage au-dessus de la galerie 3 ; mais cette partie de son œuvre a été entièrement refaite sous Louis XIV, après avoir été détruite par un incendie. On doit enfin au même prince la construction, marquée 13, qui double cette galerie.

A Louis XIII appartient la gloire d'avoir repris les travaux du Louvre proprement dit, depuis si longtemps abandonnés, et d'avoir assigné à la cour de ce palais les dimensions que nous lui voyons aujourd'hui. Le chiffre 14 indique les travaux exécutés sous le règne de ce prince, par un architecte de grande distinction, que nous avons eu souvent occasion de citer, par Lemercier. Lemercier sut apprécier le mérite de l'ordonnance adoptée par Pierre Lescot, et il eut le bon esprit de la reproduire et le bon goût d'y rattacher heureusement celle des grands pavillons qu'il plaça au milieu de chacun des côtés de la cour.

Sous Louis XIV, Leveau succéda à Lemercier, et les travaux, attaqués partout à la fois, furent poussés avec une assez grande activité. Dans le Louvre, on éleva les ailes, simples en profondeur, marquées 15, qui embrassaient la moitié du palais et fermaient la cour. Dans les Tuileries, on construisit, au nord de l'œuvre inachevée de P. Delorme et de J. Bullant, un corps de logis et un pavillon (16, 17) à peu près semblables à ceux de Ducerceau. Mais malheureusement Leveau, qui était pourtant un homme de mérite, ne s'en tint pas là : il mutila d'une manière très-regrettable l'œuvre des deux grands architectes de la Renaissance, et mit en divers points lourdeur et sécheresse où il y avait grâce et légèreté. Il s'attaqua aussi aux constructions de Ducerceau, et ne paraît pas les avoir améliorées ; mais il n'y avait pas autant de mal à faire de ce côté.

Les façades extérieures de l'aile orientale et de l'aile méridionale du Louvre n'étaient pas encore exécutées, et elles furent également confiées à Leveau. Cet architecte fit élever la dernière avec quelque succès ; mais il fut moins heureux pour celle de l'est, qui présentait plus de difficultés, et réclamait plus d'importance, parce que la principale entrée du palais devait y être ouverte. Colbert, qui n'accordait pas à Leveau autant de confiance que Mazarin, conçut des doutes sur le mérite des dispositions projetées, et fit agréer au roi l'idée de provoquer une solution en ouvrant un concours public. Parmi les nombreux projets qui furent présentés, celui d'un médecin, de Claude Perrault, parut réunir tous les suffrages. Il donnait pourtant large prise aux critiques ; elles ne lui furent pas épargnées, et le ministre, effrayé de la responsabilité qu'il allait assumer en l'adoptant, songea à s'adresser à un architecte étranger, dont le nom avait alors un grand retentissement. On demanda au chevalier Bernin des avis d'abord, puis un projet, et l'on parvint enfin à le décider au voyage de Paris. Les villes qu'il traversa lui firent des réceptions qui n'avaient été accordées auparavant qu'à des têtes couronnées, ou tout au moins à des princes du sang, et il trouva à Paris un hôtel splendidement meublé et des gens du roi attachés à son service.

Malheureusement il ne sut pas répondre à tous ces honneurs ; ses projets ne parurent pas à la hauteur de sa réputation et de ce qu'on attendait de lui. Le chevalier était assurément un grand artiste, un homme de génie même ; mais la nature de son esprit le portait plutôt aux larges conceptions qu'aux formes élégantes, et il se fût mieux tiré du projet d'un vaste palais que de celui d'une façade à rattacher à des constructions déjà existantes. Le peu de succès de ses dessins, joint à quelques maladresses provenant d'un immense orgueil, firent accueillir le désir qu'il exprima bientôt de retourner à Rome, et l'on ne fut pas moins heureux du départ qu'on ne l'avait été de l'arrivée. On en revint alors au projet de Perrault, qui était, malgré ses défauts, bien supérieur à celui de l'architecte italien.

La façade orientale du Louvre est donc due à Perrault. On sait qu'elle consiste en un grand portique de colonnes corinthiennes accouplées, élevé sur un soubassement, embrassant deux étages dans sa hauteur, arrêté par un vigoureux pavillon à chacune de ses extrémités, et interrompu au milieu par l'avant-corps dans lequel est ouverte la principale entrée. Cette disposition est vicieuse en plusieurs points : elle est en désaccord complet avec le reste du palais ; elle ne s'y rattache ni par les idées, ni par les formes, ni par les dimensions ; elle a exigé une surélévation de l'aile de l'est, et a fait exhausser également celles du nord et du sud, au grand détriment de la beauté de l'édifice ; elle ne constitue qu'un fastueux hors-d'œuvre ; enfin, la porte d'entrée, dont le sommet s'élève au-dessus du sol de la galerie, est d'un pauvre aspect et a quelque chose de faux. Un projet présenté par Jean Marot était mieux conçu, et il est à regretter qu'on ne lui ait pas donné la préférence. Mais cet amour du grand, qui n'est un mérite qu'à condition de se contenir en de justes limites, et qui devait dominer outre mesure dans l'art du règne, avait commencé à se faire jour, et la conception de Perrault lui donnait plus complète satisfaction qu'aucune autre. Il est juste d'ailleurs de reconnaître qu'elle présente de la distinction, de la dignité, d'élégantes proportions, et qu'elle n'est pas sans droits à l'admiration qui lui a été accordée.

Les deux pavillons qui terminent le portique formaient des saillies très-prononcées sur les façades du nord et du sud ; la première subsiste, mais Perrault a fait disparaître la seconde, en doublant le corps de bâtiment sur le quai, au moyen d'une construction appliquée contre la face que Leveau venait de décorer. Le chiffre 46 indique sur notre plan les parties du palais qui ont été exécutées sur les dessins du premier de ces architectes.

Bientôt Versailles fit oublier le Louvre, et les travaux de Perrault étaient restés inachevés, et même en un tel état d'abandon qu'ils menaçaient ruine, lorsque, vers la fin du règne de Louis XV, Gabriel fut chargé d'y faire d'abord les réparations devenues indispensables, puis de poursuivre l'entreprise. Mais le temps n'était plus aux constructions de palais ; les travaux furent bientôt suspendus de nouveau, et les maçonneries, mal abritées, étaient retombées dans le plus triste état de délabrement, quand le Premier consul voulut achever l'œuvre à laquelle tant de rois avaient travaillé sans pouvoir la mener à terme. En même temps qu'il mettait la dernière main au Louvre, il faisait attaquer par les deux extrémités, en 18 et 19, la galerie qui devait compléter la réunion des deux palais en longeant la rue de Rivoli. Nos désastres vinrent arrêter encore une fois la grande opération si souvent reprise et abandonnée; mais, si ses motifs ont été douloureux, le nouvel ajournement n'est point à regretter au point de vue de l'art, car les projets dont on méditait l'exécution n'étaient pas heureusement conçus. Ainsi que nous l'avons déjà dit[1], on voulait alors séparer les deux palais par une aile transversale, afin de masquer l'irrégularité résultant de ce qu'ils ne sont pas établis sur le même axe. Pour corriger un défaut insignifiant, on renonçait à l'admirable effet qu'était appelée à produire cette longue suite de constructions réunies, se développant avec ordre, et s'embrassant d'un seul coup d'œil.

C'est à notre époque qu'étaient réservés l'honneur de trouver les dispositions générales les plus satisfaisantes, et la gloire de terminer enfin l'immense palais, dont la ville et le pays se parent avec un légitime orgueil. A peine l'empereur Napoléon III était-il monté sur le trône, que les travaux furent repris et poursuivis avec une prodigieuse activité, sous les ordres de M. Visconti d'abord, puis bientôt sous ceux de M. Lefuel, qui a fort habilement modifié les projets de son prédécesseur en plusieurs points essentiels, et a pu poser la dernière pierre du vaste édifice. Il n'y a plus à exécuter aujourd'hui que quelques décorations intérieures, sauf dans la partie du palais qui est en reconstruction ainsi que nous l'avons dit plus haut.

Ces nouvelles constructions sont marquées en gris sur notre plan. A droite, au premier étage, sont distribués une vaste salle destinée à la réunion des grands corps de l'État, les vestibules qui la précèdent et les grands escaliers qui y conduisent. Les constructions de gauche sont appelées à recevoir la bibliothèque du palais, deux ministères, une caserne, des logements de divers ordres et plusieurs services accessoires. Des portiques accompagnent ces bâtiments sur la cour principale, et un large porche (23), ouvert dans l'axe de la place du Palais-Royal (24), donne à l'édifice une belle entrée de ce côté, en face de l'aile qui renferme la grande salle des États.

Nous avons signalé les mérites de ces dispositions générales dans le chapitre de

[1] Page 152.

cet ouvrage qui traite de la composition des cours [1]; nous n'y reviendrons pas. Une tâche plus ingrate nous attend : c'est celle de la critique.

Si bon parti qu'on ait tiré des constructions existantes, si heureusement qu'aient été surmontées d'innombrables difficultés, si admirables même que soient les longues perspectives de l'édifice, il n'y a pas à regarder ce palais comme un modèle à suivre ; il présente des défauts qu'il ne nous est point permis de passer sous silence. Le premier et le plus grand de tous est le manque d'unité. Il ne peut être imputé à personne, car il provient de ce qu'il n'y a pas eu unité dans la conception. L'œuvre porte, aussi bien dans les dispositions générales que dans le style, l'empreinte des générations successives et des esprits divers qui y ont apposé leur cachet. C'est fort heureux sans doute aux yeux de tout homme qui envisage l'édifice d'un point de vue élevé, y trouve matière à de sérieuses études, et sait apprécier l'intérêt que présentent toutes ces murailles dont chacune porte une date, toutes ces formes qui offrent un résumé complet des évolutions de l'art moderne, et font du vaste palais une série de monuments historiques, une sorte de musée d'architecture. Mais, dans un ouvrage destiné à l'enseignement, l'on n'a point à se préoccuper de considérations de cette nature, et l'on se voit obligé de reconnaître que la construction dont il s'agit manque à l'une des règles fondamentales de l'art.

En tant que disposition générale des constructions, le palais de Versailles est de beaucoup supérieur. L'unité s'y trouve bien marquée ; chaque corps de bâtiment y a sa fonction déterminée, les gradations y sont très-habilement ménagées, les abords sont grandement conçus, et l'édifice tout entier apparaît dès l'entrée, qui est largement ouverte.

Dans le palais de Paris, on ne sait où prendre l'entrée principale. Celle qui serait le plus convenablement placée est la grande porte du Louvre sous la colonnade (25), parce qu'elle est ouverte dans l'axe fondamental, en face ou à peu près, de la partie du palais réservée à l'habitation du souverain. Mais cette entrée est étroite, et n'est pas précédée, comme il conviendrait, par une avenue ou tout au moins par une grande place. Puis elle a l'inconvénient de faire traverser d'abord la cour qui présente le plus de richesse d'architecture et les formes les plus délicates, celle qu'il est le moins permis de convertir en une sorte de vestibule. Ce défaut dans la disposition générale est malheureusement de ceux qu'il faut savoir accepter, car il est impossible d'y remédier.

[1] Voyez page 152 et suivantes.

Le prolongement de la partie du palais des Tuileries construite par Catherine de Médicis nous paraît avoir été une faute regrettable. Il y a quelque chose de peu satisfaisant dans ce long bâtiment, qui se poursuit en ligne droite, sans mouvement dans ses lignes essentielles, aussi bien sur la grande cour que sur le jardin. La demeure du souverain n'est pas assez marquée ; elle se confond trop avec les dépendances qui s'y rattachent et ne présente pas le caractère qu'elle comporte. Mieux eût valu ne pas construire les corps de logis 10 et 16, et respecter le projet de Philibert Delorme, ou plutôt, car ses cours intérieures eussent été trop restreintes, se borner à établir les deux ailes en retour sur la façade principale, qui se fût trouvée alors en saillie prononcée du côté des jardins, comme celle du palais de Versailles. Les deux ailes ainsi dirigées sont indiquées sur notre plan par des lignes ponctuées.

Il semble que cette disposition était de nature à produire un excellent effet. Elle donnait de l'air à la cour et une admirable perspective au jardin : de la cour, on apercevait de beaux ombrages sur un second plan et les hauteurs de Chaillot dans le lointain ; du jardin, les regards, passant entre le palais principal et ses dépendances, se portaient sur les nouvelles constructions, dont les formes accidentées, se présentant sous les aspects les plus variés, eussent offert un spectacle plein de grandeur et d'attrait. Les deux ailes du palais central pouvaient d'ailleurs être mises en communication par des portiques ou galeries basses avec celles qui longent, d'un côté le quai, de l'autre la rue de Rivoli, ainsi que l'indiquent les lignes ponctuées. Ces deux dernières ailes auraient été prolongées, comme elles le sont aujourd'hui, jusque dans l'alignement de la façade sur le jardin, ou, ce qui eût été préférable, se seraient arrêtées au droit des portiques.

La distribution intérieure du palais trouvait en même temps des conditions beaucoup plus favorables. Les grands escaliers se reportaient dans les pavillons 9, 9, de manière à desservir à la fois le principal corps de logis et les ailes, sans intercepter d'ailleurs les communications directes entre la première de ces divisions et les deux autres. Ils étaient précédés de longs vestibules qui manquent actuellement, et leurs débouchés, établis dans l'axe des galeries de réception, ne laissaient rien à désirer. Enfin, le palais était entouré de jardins sur trois de ses côtés, et une exposition favorable, celle du midi, était assurée à une notable partie de son développement [1].

---

[1] Peut-être la cour du palais eût-elle paru trop restreinte, si elle ne s'était pas étendue au delà des pavillons qui

Nous n'insisterons pas davantage sur les édifices de ce genre, car, s'ils présentent un grand intérêt, on a bien rarement occasion d'en exécuter. Nous allons passer à l'autre extrémité de l'échelle en fait d'habitations.

On s'est beaucoup occupé dans ces dernières années, et quelques personnes avec la plus louable sollicitude, des dispositions à adopter pour assurer aux classes inférieures de la société des logements salubres, convenablement disposés et d'un prix modéré.

Logements d'ouvriers.

Le problème a reçu des solutions très-satisfaisantes dans plusieurs de nos grandes usines établies en province, loin de tout centre de population d'une certaine importance. Il était indispensable de loger les ouvriers attachés à ces établissements, et on leur a affecté de petites maisons, destinées chacune à une seule famille. Ces habitations sont disposées les unes à la suite des autres, soit sur le périmètre d'une place rectangulaire, soit sur l'un et l'autre côté d'une rue, et ne se composent habituellement que d'un rez-de-chaussée surmonté d'un étage. On trouve, au rez-de-chaussée, un petit vestibule, formant le palier inférieur de l'escalier, et donnant entrée, sur l'une de ses faces latérales, dans une grande chambre à feu, qui est suivie de deux petits cabinets dont l'un sert d'évier et de garde-manger, et l'autre de garde-robe. L'étage contient deux chambres à coucher pour les enfants. Il est pris quelquefois en partie dans la hauteur de la toiture, et il est éclairé alors par des lucarnes. Chaque maison est accompagnée d'un petit jardin, de même largeur qu'elle, qui contient un cabinet d'aisances. Dans quelques-unes de ces constructions, le vestibule et l'escalier desservent deux logements. Des dispositions analogues ont été adoptées sur plusieurs de nos frontières pour le logement des douaniers et de leurs familles, et elles se retrouvent aussi dans quelques-unes de nos villes industrielles. Il est sans doute inutile d'ajouter que ces édifices sont établis dans des conditions très-économiques, tout en présentant une solidité convenable, et de manière à ne pas exiger des frais d'entretien trop considérables.

Le problème n'a pas été aussi bien résolu dans les grandes villes, où les besoins ne sont certes pas moins impérieux; mais il faut reconnaître qu'il y rencontre

---

terminent les ailes dont il s'agit; mais il était aisé de l'augmenter, en portant la grille de clôture à quelque distance en avant, sur la ligne ponctuée de notre plan, par exemple. Il eût été facile d'ailleurs d'assurer aux communications entre les deux rives de meilleures conditions que celles d'aujourd'hui, et de donner pleine satisfaction aussi bien aux intérêts de la ville qu'à ceux du palais.

de nouvelles données, et y présente de tout autres difficultés. Il ne s'agit plus de loger des ouvriers attachés à un même établissement, enrégimentés pour ainsi dire, qui acceptent le logement en même temps que les autres clauses du marché contracté par eux avec le directeur de l'usine : l'édifice est placé dans les mêmes conditions que les maisons ordinaires, c'est uniquement sur lui et non sur un ensemble de travaux industriels que porte la spéculation, et le capitaliste qui l'a élevé veut tirer un revenu convenable des fonds engagés dans l'entreprise. Or, les terrains, la main-d'œuvre, les matériaux de construction étant beaucoup plus dispendieux à la ville qu'à la campagne, le propriétaire se voit obligé d'avoir recours aux dispositions les plus économiques, sous peine d'être entraîné à des prix de location tout à fait inadmissibles, et il est tenu d'ailleurs de prendre des mesures spéciales pour soumettre à la surveillance qu'exigent ses intérêts des locataires sur lesquels il n'a point autorité.

C'est ainsi qu'on a été amené, dans plusieurs des édifices exécutés ou des projets présentés, à multiplier les étages autant que le permettent les règlements de la voirie urbaine, à donner à la construction tout le développement qu'admet le terrain dont on peut disposer, et à réduire le plus possible l'étendue de chaque logement et le nombre des escaliers et des lieux d'aisances. Si vaste que soit l'édifice, on ne lui accorde qu'une issue au dehors, afin que le portier puisse exercer une surveillance efficace. Tous les logements s'ouvrent sur de longs corridors, et ne sont souvent desservis que par un seul escalier. Mais ces dispositions paraissent peu satisfaisantes pour les locataires : les familles sont en contact incessant, se gênent mutuellement, et ne trouvent dans leur intérieur ni le bien-être, ni le calme, ni l'indépendance qui leur importent. Ces maisons deviennent des espèces de casernes, mais des casernes où manque la hiérarchie, où les habitudes sont diverses, où l'ordre et la propreté sont presque impossibles à maintenir, et leur aspect seul suffit pour en éloigner la partie de la population à laquelle elles sont destinées. Aussi voit-on qu'elles n'ont pas obtenu grand succès, malgré ce qu'il y a d'ingénieux dans la distribution de quelques-unes.

Peut-être la question a-t-elle été mal posée, et ce résultat était-il inévitable. Il est à remarquer qu'il n'y a point de ligne de démarcation tranchée entre la bourgeoisie et les ouvriers des villes, et qu'on ne peut par conséquent en établir entre les habitations. Les positions, les fortunes, les fonctions sont diverses sans doute, mais elles se rattachent les unes aux autres par des nuances insensibles ; tel est ouvrier aujourd'hui qui sera maître demain, et tel qui porte l'habit noir a l'existence plus laborieuse et plus misérable que l'homme en blouse et en sabots. Or il n'est pas permis à l'architecture d'introduire des divisions arrêtées dans les édifices, où il n'y en a pas dans les positions, dans les usages et dans les mœurs.

Qu'il puisse être utile de construire des habitations pour les personnes ou les familles dont les ressources sont très-bornées, nous ne le contestons point ; que les anciennes maisons désertées par la classe moyenne, parce que leur distribution ne convient plus à ses goûts, ne suffisent pas à contenir la quantité de logements économiques qui est nécessaire, nous l'admettons volontiers ; qu'il y ait avantage à former de grands établissements afin de réduire les dépenses proportionnelles d'administration, cela paraît évident. Ce que nous jugeons erroné, c'est d'abord le titre donné à ces habitations, puis la distribution reposant sur l'hypothèse de mœurs toutes spéciales et d'une égalité absolue entre tous les locataires. Il semble donc qu'il faudrait adopter, pour les édifices de ce genre, de tout autres dispositions générales, quand bien même elles devraient avoir pour effet d'augmenter dans une faible proportion le prix des loyers.

Un autre système paraît tenir un plus juste compte de tous les éléments de la question, et être de nature à donner satisfaction, non-seulement aux convenances matérielles, mais encore aux convenances morales, dont l'importance n'est pas moindre assurément. Il se rapproche, autant que le permettent les circonstances, de celui qui a été employé avec succès dans plusieurs de nos provinces.

Une série de petites maisons accolées sont établies sur le périmètre d'une cour de forme rectangulaire ; cette cour n'a qu'une issue sur la voie publique, et elle est fermée par une grille de ce côté ; elle est occupée en son milieu par un jardin ouvert à tous les locataires ; chaque maison embrasse plusieurs étages dans sa hauteur, de manière à tirer bon parti du terrain et des dépenses de fondations et de couverture, mais chacun d'eux ne renferme que deux logements, trois au plus, dont les entrées sont directement ouvertes sur le palier de l'escalier ; l'étendue et la disposition de ces appartements varie dans une même maison et d'une maison à l'autre, de sorte que chaque famille peut trouver ce qui convient à sa position et à ses goûts ; il n'est logement si restreint qu'un évier et un cabinet d'aisances ne lui soient attribués ; en arrière de chaque maison est une petite cour à l'usage commun de tous les locataires ; enfin les maisons, dissemblables par les distributions, le sont également par les formes, les hauteurs et la décoration, de manière que rien n'annonce une affectation spéciale, ou l'intention de ranger tous les locataires sous une loi étroite, et de porter quelque atteinte à leur légitime indépendance. La disposition générale est analogue, on le voit, à celle des squares qui ont été établis depuis quelques années dans plusieurs de nos grandes villes, et sont habités par la classe riche, ou tout au moins par les classes moyennes de la société. La différence ne porte que sur l'étendue des appartements et le luxe des constructions ; et elle ne doit pas en effet aller au delà. Il convient d'ailleurs d'appliquer à ces habitations les procédés économiques imaginés depuis quelques années pour le chauffage, la ventilation et l'éclairage.

Il est pourtant un grand nombre d'ouvriers dont la position est toute spéciale, et qui auraient besoin par suite d'habitations distinctes : nous voulons parler des ouvriers nomades, qui se rendent dans les grandes villes pour y travailler pendant une partie de l'année, et n'y ont ni famille ni mobilier. Ces hommes vivent avec une parcimonie extrême, et ne demandent à leur logement que le lit sur lequel ils vont chaque soir se reposer de leurs fatigues. La plupart d'entre eux couchent actuellement dans des espèces de dortoirs, fort mal disposés sous tous les rapports et surtout sous celui de l'hygiène. Il y aurait évidemment là quelque chose à faire, et le problème serait pour ainsi dire sans difficultés. La maison serait divisée en salles de différentes dimensions ; des compartiments fermés par des cloisons sur trois côtés et par une grille sur le quatrième isoleraient les lits, et donneraient à chaque locataire la place nécessaire pour ranger une malle ; les cloisons s'élèveraient à 2 mètres environ de hauteur, de sorte que l'air de chaque cellule serait facile à renouveler ; chacune des salles serait largement éclairée sur deux faces opposées, et des courants d'air s'y établiraient pendant le jour ; enfin un appareil spécial assurerait une large ventilation pendant toute la durée des nuits. Il s'agirait en un mot de substituer des édifices, convenablement distribués en vue de leur destination, aux bouges infects dans lesquels s'exerce actuellement l'industrie des logeurs à la nuit.

Nous ne parlerons pas des divers systèmes qui ont été préconisés par plusieurs écrivains, et qui consistent à substituer l'association à l'isolement. Ils se recommandent sans doute par des dispositions qui seraient très-économiques ; mais ils ne sont point dans nos mœurs, et leurs mérites ne sont pas spéciaux d'ailleurs aux logements d'ouvriers. Nous ne saurions en faire une étude raisonnée sans sortir des limites de notre sujet et de notre compétence.

II. — MAISONS DE CAMPAGNE.

Le séjour de la campagne ! comment en décrire les attraits, en faire apprécier convenablement toutes les conditions ? C'est, pour l'enfance, le bonheur ; pour la jeunesse, des plaisirs toujours nouveaux ; pour l'âge mûr, une aspiration incessante ; pour la vieillesse, l'*otium cum dignitate* ; pour tous, c'est la santé du corps, le repos de l'esprit, l'épanouissement du cœur, la liberté de la vie. Aussi qui ne s'est surpris bien des fois à répéter l'exclamation du poëte romain, aspirant au calme des champs, du milieu des splendeurs de la reine du monde ? Et comme on aime sa maison de campagne ! Avec quelle sollicitude on s'étudie à l'embellir sans cesse, à la façonner à son gré ! Comme elle entre dans notre vie ! comme on s'identifie avec elle ! Il n'est, pour ainsi dire, pas un nom bien connu auquel ne vienne s'associer, dans nos souvenirs, celui d'une campagne de prédilection. C'est Cicéron avec ses villas de Tusculanum et de Pompéianum ; Horace avec sa maison de Tibur ; Lucullus et ses jardins fastueux ; Pline et le Laurentin ; l'empereur Adrien et l'immense villa qui portait son nom ; Dioclétien abdiquant le pouvoir pour se consacrer en toute liberté à ses jardins de Salone. Et plus près de nous, ne sont-ils pas inséparables les noms de François Ier et de Chambord ou de Fontainebleau, de Louis XIV et de Versailles ou de Marly, du grand Condé et de Chantilly, de Boileau et d'Auteuil, de Colbert et de Sceaux, de Voltaire et de Ferney, de Napoléon et de la Malmaison, de Louis-Philippe et d'Eu ou de Neuilly ? Voyez encore comme les écrivains, si discrets sur leurs habitations à la ville, se complaisent d'ordinaire à décrire leurs maisons des champs. Lisez la correspondance de Cicéron, et vous serez frappé de voir combien il pense à ses campagnes, malgré tant et de si graves sujets de préoccupation. Lisez surtout les deux lettres dans lesquelles Pline s'étend avec bonheur sur les agréments de ses villas du Laurentin et de Toscane[1] ; leurs des-

[1] Voyez la note D.

criptions sont très-complètes, et, malgré les obscurités inévitables de quelques passages, elles ont permis de rétablir les dessins des deux édifices avec de grandes probabilités d'exactitude, du moins pour ce qui est des dispositions générales. Elles ont le mérite de nous initier à d'intéressants détails de mœurs, et de faire revivre à nos yeux ces campagnes des Romains de l'empire, dont aucune n'a été respectée par le temps.

Mais ce que ces lettres ont peut-être de plus précieux, ce qu'elles nous offrent de plus profitable en fait d'enseignement, c'est l'esprit dont elles témoignent, c'est cette intelligence parfaite des conditions les plus essentielles d'une habitation à la campagne. Dans ces longs et minutieux détails, comme le dit l'auteur, sur de vastes édifices, véritables palais, à peine est-il question de l'architecture proprement dite. De la disposition des façades, de l'effet qu'elles produisent, de la composition des portiques, des ordres de colonnes, de la régularité des plans, il n'est pas dit un mot, et la décoration intérieure n'a pas obtenu plus d'une phrase. Il semble que toutes ces choses aient été regardées, sinon comme indifférentes, du moins comme tout à fait secondaires, et cependant l'architecture était tenue en grand honneur du temps de Pline.

C'est qu'à la campagne, les relations à observer entre la distribution de l'intérieur et les circonstances du dehors sont, en effet, de bien autre importance que les formes de l'édifice. Placé en face de la nature, désireux de jouir de ses bienfaits, il faut avant tout se conformer à ses conditions, et disposer les plans de manière à tirer parti de tous les avantages des lieux. Aussi comme l'illustre Romain se préoccupe des points de vue, des expositions, des moyens d'assurer de la chaleur à telle salle, de la fraîcheur à telle autre! Là, les rayons du soleil arrivent tout le jour, ici ils ne pénètrent jamais. Les saisons varient, elles ont plus d'action sur nous à la campagne qu'à la ville, et des pièces spéciales sont affectées à chacune d'elles : dans les unes on peut braver les rigueurs de l'hiver, dans d'autres, les ardeurs de l'été. A telle salle dont la vue s'étend sur la mer ou sur de vastes campagnes, en succède une autre dont l'horizon est borné. Voici une galerie : d'un côté elle est ouverte sur la plage, qui s'étend au loin parsemée de maisons diversement groupées ; de l'autre, sur un jardin régulièrement planté et de dimensions restreintes. Partout les oppositions sont ménagées avec art. S'il est un point de vue préférable aux autres, on se garde d'en abuser, on sent qu'il sera mieux apprécié s'il ne se représente pas à chaque instant, et les salles où l'on en jouit sont accompagnées de pièces éclairées d'un autre côté. L'eau et la végétation se marient à l'architecture, l'embellissent de leurs agréments, et lui communiquent, pour ainsi dire, le mouvement et la vie ; et cela, non-seulement au dehors, mais en des points choisis de l'intérieur. Enfin, si la majeure partie de la villa, largement ouverte, est merveilleusement disposée pour les plaisirs et les fêtes, si les salles de festins y sont variées et nombreuses, on y trouve aussi des retraites éloignées, où le calme est profond, où l'on peut s'abandonner au sommeil en toute sécurité, et surtout se livrer aux charmes de l'étude sans crainte des distractions.

Ce dernier point est bien essentiel pour tous les hommes auxquels il est donné d'attacher grande importance aux choses de l'esprit, et qui savent tirer bon parti des loisirs de la campagne pour le développement de leur intelligence. Montaigne l'appréciait fort. « Chez moy, dit-il, ie me détourne un peu plus souvent à ma librai-
« rie, d'où, tout d'une main, ie commande à mon mesnage. Je suis sur l'entree,
« et veois soubs moy mon iardin, ma basse court, ma court, et dans la plus
« part des membres de ma maison.... Elle est au troisiesme estage d'une tour :
« le premier, c'est ma chapelle ; le second, une chambre et sa suitte, ou ie me
« couche souvent, pour estre seul ; au-dessus, elle a une grande garderobbe :
« c'estoit, au temps passé, le lieu le plus inutile de ma maison. Ie passe là et la
« plus part des iours de ma vie, et la plus part des heures du iour : ie n'y suis
« iamais la nuict. A sa suitte est un cabinet assez poly, capable à recevoir du feu
« pour l'hyver, très-plaisamment percé : et si ie ne craignois non plus le soing
« que la despense, le soing qui me chasse de toute besongne, i'y pourrois facile-
« ment couldre à chasque costé une gallerie de cent pas de long et douze de large,
« à plain pied, ayant trouvé touts les murs montez, pour aultre usage, à la haulteur
« qu'il me fault. Tout lieu retiré requiert un promenoir ; mes pensees dorment,
« si ie les assis ; mon esprit ne va pas seul, comme si les iambes l'agitent : ceulx
« qui estudient sans livre en sont touts là. La figure en est ronde, et n'a de plat
« que ce qu'il faut à ma table et à mon siege ; et vient m'offrant, en se courbant
« d'une veue, touts mes livres, rengez sur des pulpitres à cinq degrez tout à l'en-
« viron. Elle a trois veües de riche et libre prospect, et seize pas de vuide en
« diamètre..... C'est là mon siege : i'essaye à m'en rendre la domination pure, et
« à soustraire ce seul coing à la communauté et coniugale, et filiale, et civile.....
« Misérable à mon gré, qui n'a chez soy où estre à soy, où se faire particuliere-
« ment la court, où se cacher ! »

Invoquer d'autres autorités, ne serait point difficile et ne serait pas sans doute dépourvu d'intérêt pour le lecteur ; mais nous sommes tenu de nous borner, et il est temps de présenter quelque chose de plus précis sur les dispositions les plus convenables pour une habitation à la campagne.

Dispositions à adopter.

Choisissez, dirions-nous à qui viendrait nous consulter à ce sujet, choisissez d'abord une contrée salubre et agréable, entremêlée de collines et de riantes vallées, où les bois alternent avec les prairies et les champs cultivés. Que la terre y soit fertile, parce que vos travaux agricoles vous attacheront d'autant plus qu'ils réussiront mieux, et surtout parce que, l'aisance étant répandue dans le pays, vous n'aurez pas sous les yeux le triste spectacle de misères que vous seriez impuissant à soulager. Placez-vous assez loin de la ville pour n'avoir pas à craindre de trop fréquentes importunités, mais soyez à proximité d'un village ; vous y trouverez des ressources utiles, des secours en cas de besoin, et il vous soustraira aux dangers d'un isolement trop absolu.

N'établissez pas votre maison dans le fond d'une vallée, où vous auriez à redouter les atteintes de l'humidité, et évitez également le sommet de la colline, où vous seriez trop battu par les vents ; mettez-la à mi-coteau, sur un versant à pente douce, qui ne soit exposé ni au nord, ni aux vents régnants, et d'où la vue soit agréable, étendue et variée.

Il faudra qu'il y ait des eaux courantes en cet endroit, ou que vous puissiez vous en procurer facilement et en suffisante quantité, en réunissant quelques sources supérieures. L'eau est indispensable aux travaux du jardinage et à la fraîcheur des prairies ; elle viendra animer votre solitude, et tempérera pour vous les ardeurs de l'été. Ménagée avec art, tantôt elle paraîtra stagnante en de larges bassins, tantôt elle s'écoulera rapide entre des rives rapprochées, ici à ciel ouvert, là sous d'épais ombrages. Laissant aux jardins réguliers des villes, ou aux châteaux fastueux, ces jets d'eau qui annoncent trop d'artifice, et dont le bruit métallique a quelque chose de fatigant, vous n'entendrez de votre habitation que le doux murmure de petites chutes ou celui des cascades lointaines.

A l'exemple de Pline, préoccupez-vous plutôt, dans la distribution de l'édifice, des expositions et des points de vue que de la régularité du plan, choses qui d'ailleurs se peuvent presque toujours concilier. Ayez des pièces pour l'été et d'autres pour les temps froids. Les premières seront exposées au nord ou à l'est, et il sera facile d'y entretenir de légers courants d'air ; les secondes seront parfaitement closes, seront éclairées du côté du midi, et pourront être chauffées par un calorifère, en cas de besoin. Qu'une ou deux salles soient ouvertes sur deux faces opposées ou même sur trois côtés, leur aspect en deviendra plus riant ; elles jouiront de points de vue variés, et, sans se plonger jamais dans l'obscurité, on pourra à volonté y recevoir ou en éloigner les rayons du soleil.

Votre maison doit-elle être vaste ? Que le vestibule soit établi sur de grandes proportions, que ce soit un dégagement large et facile, qu'il embrasse peut-être dans sa hauteur le rez-de-chaussée et le premier étage ; il y gagnera en gaieté, et rendra plus de services. Gardez-vous surtout des salles trop restreintes ; il ne faut pas que l'espace soit mesuré d'une main parcimonieuse à la campagne, c'est déjà bien assez d'être souvent forcé de prendre ce parti à la ville. Mieux valent quelques grandes pièces que beaucoup de petites. Outre le vestibule, distribuez au rez-de-chaussée les portiques, les salons, les salles à manger, la salle de billard, s'il vous en faut une, la salle de bains, les cuisines et les offices ; dans les étages, seront disposées les chambres à coucher, dont un certain nombre sera réservé à vos amis. Mais que ces dernières ne soient pas trop nombreuses, si vous voulez qu'elles soient dignement occupées, et si vous craignez de transporter à la campagne les embarras et le tumulte de la ville.

N'oubliez pas surtout de vous ménager pour l'étude un de ces endroits retirés que Pline affectionnait, et que Montaigne s'efforçait de *soustraire à la communauté*. Que votre bibliothèque soit choisie, variée et nombreuse, s'il se peut ; admettez-y les romans et l'histoire, la poésie et la science. Que les beaux-arts ne soient pas non plus négligés. Il n'est pas donné à tout le monde d'avoir des tableaux de grands maîtres et des statues de marbre ou de bronze ; mais on peut se contenter de bonnes gravures et de plâtres moulés soit sur l'antique, soit sur les chefs-d'œuvre de l'art moderne. A défaut de vases de bronze ou de porcelaine, il en est en terre cuite dont les prix sont modérés et les formes admirables ; ayez-en beaucoup, et qu'ils soient garnis des plus belles fleurs de votre jardin. Il n'y a pas antagonisme entre l'art et la nature, loin de là : ils s'éclairent et se font valoir réciproquement. Heureusement groupées dans un vase élégant, les fleurs nous plaisent mieux qu'au milieu d'un parterre ; celui-là est bien disposé à jouir d'un beau coucher de soleil qui se rappelle ceux de Claude Lorrain ; les paysages du Poussin apprennent à sentir les beautés des grandes lignes de la nature ; et à qui sait apprécier les œuvres des artistes éminents que compte la peinture d'histoire, la vie des champs réserve de douces surprises et de nombreux sujets d'admiration : ici c'est un beau type de figure, là ce sont des costumes pittoresques, des groupes disposés de la manière la plus heureuse, ou des scènes pleines de naïveté et de charme que le paysage encadre harmonieusement. Où celui qui sent les beautés de l'art est profondément touché, l'ignorant ne voit rien et passe indifférent. Et d'un autre côté, les œuvres d'art semblent prendre plus de valeur, nous trouvent plus sensibles à leurs beautés au milieu des champs que partout ailleurs. On dirait que, mis en présence de la nature, nous éprouvons le besoin de nous rappeler comment elle a été comprise par les grands génies en qui se résument les divers aspects du sentiment humain. Puis, s'il est salutaire d'oublier le trouble et les misères des grands centres de population, dont vous voulez vous éloigner, gardez-vous de perdre le souvenir de leurs merveilles, car elles constituent des titres de gloire pour l'humanité. Dans une ville importante, on peut, à la rigueur, se passer de livres et d'objets d'art ; on y est soutenu par la conversation des hommes éclairés, on a des bibliothèques publiques, des musées, des statues sur les places et dans les jardins, et, de tous côtés, de nombreux monuments de temps et de styles divers ; mais vous ne trouvez aucune de ces ressources à la campagne, et il faut les remplacer sous peine de voir les préoccupations matérielles vous dominer à la longue, et votre esprit s'engourdir dans la retraite qui eût pu lui être profitable.

Les mêmes considérations devront présider à la décoration de l'édifice. Qu'elle soit riche ou simple, que l'architecture y déploie tout son luxe ou qu'il faille se contenter de rares ornements, attachez-vous, aussi bien dans vos intérieurs qu'au dehors, à ne présenter aux yeux que des formes remplies d'élégance et de distinction. Cela importe beaucoup à l'agrément de votre habitation, et même, jusqu'à un certain point, à votre dignité. Vous pouvez d'ailleurs satisfaire à cette condition quelle que soit la modicité de votre fortune ou la modération de vos goûts. Il n'est si chétif édifice

> Qui, par l'art embelli, ne puisse plaire aux yeux,

et à l'esprit, ce qui est plus essentiel. Si l'art est appelé, en effet, à témoigner plus de puissance dans un palais, à frapper davantage alors que rien ne vient arrêter le développement de ses ressources, il a peut-être quelque chose de plus touchant lorsqu'il se manifeste sur une construction modeste, et l'on dirait qu'il y est mieux apprécié dès l'abord. Telle idylle a plus de charmes qu'un long poëme épique.

Quel que soit le style que vous adopterez, évitez les formes froides et sévères; qu'il y ait de la liberté et quelque fantaisie dans votre architecture. Fuyez toute apparence de lourdeur, et même un aspect trop monumental. Que la silhouette générale de l'édifice présente des lignes accidentées et pittoresques ; elles se peuvent concilier avec la symétrie qu'il sera convenable d'observer si votre construction est importante, et elles vous permettront de vous affranchir de cette entrave dans le cas contraire. Laissez aux habitations de la ville leurs façades uniformes, comprises dans un même plan, terminées par une même ligne horizontale; ayez des ailes, des pavillons en saillie, des tourelles peut-être, et donnez-leur des hauteurs différentes de celles du principal corps de logis. Que l'architecture, en un mot, se mette en harmonie avec le paysage qui l'entoure, et exprime ce que vous cherchez dans la vie de campagne : une heureuse indépendance.

Votre établissement comportera d'autres constructions encore : ce seront des serres, les bâtiments d'une ferme, des écuries et des remises, une basse-cour tout au moins. Disposez-les à quelque distance de l'habitation, mais de manière qu'elles s'y rattachent, se présentent bien comme des annexes, et qu'aucune des exigences de l'exploitation agricole ou du service des animaux ne vienne offusquer les regards. Qu'elles soient groupées avec art, et que le pittoresque y abonde, afin de présenter d'agréables points de vue. Leur architecture devra être de la plus grande simplicité, elle n'affichera aucune prétention, elle n'admettra pas le moindre ornement parasite,

> . . . . . . absurde à grands frais,
> N'allez pas ériger une ferme en palais.

C'est par ses proportions, par sa naïveté surtout qu'elle s'attachera à plaire; c'est en mettant franchement en évidence tous les détails d'une construction agreste. Vraie et variée dans ses dispositions générales, elle le sera encore par les formes et les couleurs des matériaux économiques qu'elle emploiera ; ce seront des briques, des meulières, des schistes, des cailloux roulés, des bois de charpente ou même des planches, suivant les ressources locales.

Enfin que vos plantations encadrent heureusement les édifices ; qu'elles les fassent dignement ressortir ; que tantôt elles les découvrent entièrement, et tantôt les masquent en partie. Votre château est-il important ; ses principales divisions sont-elles symétriquement distribuées : il conviendra, pour satisfaire aux exigences de l'harmonie, que votre parc présente le même caractère à ses abords ; que des allées d'arbres, des massifs réguliers, des parterres aux formes géométriques viennent accompagner la construction, et se rattacher aux grandes lignes de son architecture. Toutefois, il faudra vous garder de pousser trop loin ces relations, car vous seriez exposé à tomber dans la monotonie et dans la sécheresse. Que le château et la partie du parc qui y touche portent l'empreinte du même esprit, que le génie de l'homme se marque également sur l'un et sur l'autre, rien de mieux ; mais n'oubliez pas que c'est la nature que vous êtes venu chercher à la campagne, et empressez-vous de la retrouver ; que des transitions habilement ménagées vous conduisent de l'ordonnance régulière aux formes libres, pittoresques et accidentées du paysage. Que si, au contraire, votre habitation affecte des formes capricieuses, évitez toute symétrie dans les plantations, et que partout l'art s'attache à s'y dissimuler. Quel que soit d'ailleurs le système que vous aurez adopté, appliquez-vous à animer votre parc ; que de nombreux oiseaux l'égayent de leurs chants, que de beaux poissons circulent dans ses eaux, et que des troupeaux de daims, de chevreuils, ou même d'animaux domestiques paissent en liberté sur ses gazons. Qu'autour de vous tout respire le bonheur, et semble célébrer à l'envi les douceurs de la vie des champs.

Voulez-vous des exemples ? Il n'y aura pas à les chercher au loin, car ils abondent dans notre *plaisant pays de France*, où la campagne est si belle, où les sites présentent tant de variété. Nous n'en demanderons pas non plus au moyen âge, bien qu'il ait eu ses ingénieuses dispositions, et que le spectacle de ses châteaux en ruine excite souvent à bon droit notre admiration. Il nous est trop étranger, ses mœurs contrastent trop avec les nôtres, les conditions de ses habitations à la campagne différaient trop de celles qui doivent nous préoccuper aujourd'hui, pour que ses enseignements puissent apprendre autre chose qu'à se montrer indépendant du passé et exclusivement soucieux des besoins de son époque. La Renaissance sera notre point de départ.

Elle a eu peine pourtant à s'affranchir des traditions qu'elle était appelée à combattre. Le juste respect, les souvenirs de famille qui s'attachaient à de vieilles demeures féodales luttaient avec énergie contre les tendances du temps, et s'opposaient aux reconstructions totales. On s'attachait bien plutôt à améliorer ce qui existait qu'à édifier sur de nouveaux plans. On élargissait quelques ouvertures, on utilisait, pour les agréments de la vie, les tours établies dans l'intérêt de la défense, et l'on couvrait de parures nouvelles les murailles dénudées de l'antique manoir.

Quelquefois on reconstruisait en entier les corps de logis entre les tours, mais on respectait le plan primitif. Dans les châteaux ainsi modifiés, le style seul appartient à la Renaissance, le fond est au moyen âge. Ce sont des constructions revêtues d'un habit d'emprunt. Les nouveaux châteaux eux-mêmes rappellent en plus d'un point les anciens ; ils se placent encore sur des hauteurs ou dans des endroits où de faciles inondations leur sont des remparts naturels ; ils sont toujours entourés de fossés remplis d'eau plus ou moins stagnante ; on n'y arrive que par des ponts-levis, qui se relèvent chaque soir ; enfin ils sont flanqués de tours dans les angles, et les ouvertures sont plus nombreuses sur la cour qu'au dehors, surtout au rez-de-chaussée.

Il faut reconnaître d'ailleurs que, si ces dispositions paraissent peu satisfaisantes à qui ne considère que les conditions de la vie de campagne, elles avaient été pendant trop longtemps des témoignages de puissance et de distinction pour pouvoir se dépouiller immédiatement de ce caractère. Où l'on n'eût trouvé ni tours, ni pont-levis, on se fût refusé à voir un château, et les architectes étaient bien obligés de se conformer à l'esprit du temps, lors même qu'ils étaient appelés à construire de toutes pièces.

Mais, si les œuvres de cette époque laissent une place à la critique, elles en font une plus large à l'admiration, et nulle part peut-être l'art nouvellement inauguré ne s'est aussi complétement développé que dans les châteaux. Si c'est dans les églises qu'il faut étudier plus particulièrement l'architecture du moyen âge, c'est dans les habitations qu'il faut suivre celle de la Renaissance, pour apprendre à l'apprécier. Cette dernière a su tirer un excellent parti des formes générales qui lui étaient en quelque sorte imposées ; à ces tours, autrefois si massives, elle a donné de l'élégance ; à la rudesse, elle a substitué la distinction ; tout entre ses mains, jusqu'aux lourds mâchecoulis, s'est empreint de grâce et de finesse. Ils étaient sombres et tristes les châteaux du temps passé, elle a appelé dans les siens la gaieté et la lumière ; au dehors comme au dedans, ce sont partout des ornements peints ou sculptés dans un goût exquis, des marbres ou des pierres diversement colorées qui brillent au soleil et réjouissent les regards. Citons, parmi ces nombreuses et admirables compositions : le château de Chambord, dont la disposition générale est absurde au plus haut degré, mais où les charmantes fantaisies sont semées à profusion ; le château d'Azay-le-Rideau, aux formes élégantes et aux sculptures d'excellent style; le château d'Amboise, si admirablement placé ; le château de Chaumont-sur-Loire, avec sa belle terrasse et ses tours monumentales ; le château de Nantouillet, élevé par le cardinal Duprat ; la partie du château de la Rochefoucault qui appartient à l'époque dont nous parlons. Citons surtout le charmant château de Chenonceaux, et arrêtons-nous-y un instant.

Château de Chenonceaux.

La planche 88 donne une vue de cet édifice, dont le plan est représenté par la figure 5 de la planche 90. Il a été construit, à la place d'un ancien moulin, dans le lit même du Cher, par Thomas Boyer, chambellan de Louis XII. « C'était, dit un de « nos vieux écrivains, un castel fleuronné, flanqué de jolies tourelles, ajusté d'ara- « besques, orné de cariatides, et tout contourné de balconnades avec enjolivations « dorées jusqu'au haut du faîte, et pavillons et tourillons d'iceluy chasteau, lequel « est devenu royal et bien justement. » C'était aussi une bien lourde entreprise pour un particulier, si riche qu'il fût, et Boyer fit reproduire sur plusieurs points de son œuvre, cette devise qui était prophétique : *S'il vient à point m'en souviendra*. Il éprouva en effet, mais après sa mort, le sort qui devait atteindre plus tard le surintendant Fouquet ; une enquête fut ouverte sur les origines de cette fortune dépensée avec tant d'ostentation, et le château, à peine achevé, passa entre les mains de François Ier. Il fut donné ensuite par Henri II à Diane de Poitiers, qui fit élever une lourde construction entre les deux ailes saillantes placées sur le premier plan de notre dessin, et dont l'une est occupée par la chapelle, l'autre par la bibliothèque. C'était sacrifier les dehors à la commodité de l'intérieur. Diane de Poitiers mit aussi à exécution le projet qu'avait conçu Boyer, de rattacher le château par un pont à la rive gauche du fleuve, où se trouvait un *plantureux bocage*. Mais elle ne jouit pas longtemps de sa délicieuse résidence ; Catherine de Médicis voulut recouvrer Chenonceaux après la mort de Henri II, et l'ancienne favorite dut s'estimer heureuse d'obtenir en échange le château de Chaumont-sur-Loire. Vaste pour un particulier, le premier de ces édifices était trop restreint pour recevoir la cour de France, et Catherine prit le parti d'élever, au-dessus du pont édifié par sa rivale, un long corps de logis composé de deux étages, dans lequel elle trouva des galeries pour ses fêtes et des chambres pour sa suite.

Notre vue ne tient nul compte de ces adjonctions successives [1]. Elle représente le château dans l'état où il se trouvait lorsque François Ier s'en empara. C'est d'un point situé sur la rive droite, un peu au-dessus de l'édifice, qu'elle a été prise.

---

[1] Le pont est indiqué sur le plan par une teinte grise.

On voit que le bâtiment principal se relie à la rive par un pont composé de deux arches et d'une travée mobile formant pont-levis. Deux vigoureuses piles, réunies par une arche dont on n'aperçoit qu'une retombée, supportent le château. En avant du pont est un donjon avec tourelle, sorte d'ouvrage avancé, qui est censé en défendre les approches. Des tourelles en saillie accompagnent la façade principale, et il y en avait également sur les autres côtés. Ce sont des réminiscences évidentes du moyen âge; mais les destinations ont changé aussi bien que les proportions. Il ne s'agit plus de repousser les agressions ; l'essentiel est de donner du caractère au dehors et de l'agrément à l'intérieur. Ces tourelles renferment des boudoirs, des cabinets de toilette ou des escaliers de dégagement.

Plusieurs choses sont à remarquer dans cette composition : le mouvement observé dans la disposition générale, la variété des détails, la richesse et le goût exquis des ornements et surtout de ceux des lucarnes, l'habile agencement des toitures, enfin la forme ogivale donnée aux ouvertures de la chapelle, qui est établie dans le prolongement de la façade principale, en saillie très-prononcée sur le corps carré de la construction. Cette dernière forme, dont on trouve plusieurs exemples dans d'autres châteaux à peu près contemporains, tels que ceux de Nantouillet et d'Écouen, tend à prouver que les artistes de la Renaissance, si novateurs qu'ils fussent, étaient disposés à reconnaître à l'ogive un caractère essentiellement religieux, et à se contenter de la bannir des constructions civiles.

On ignore malheureusement le nom de l'habile architecte auquel on doit Chenonceaux.

Mais, à mesure qu'elle s'affermissait, la Renaissance se dégageait davantage des traditions qui avaient entravé ses débuts, et bientôt on vit s'élever un grand nombre de châteaux établis sur des plans tout différents de ceux qu'on avait connus jusqu'alors. Une nouvelle école se forma sous l'influence des études faites en Italie et des architectes italiens appelés en France par François Ier. Elle eut pour chefs les Pierre Lescot, les Philibert Delorme, les Jean Bullant, et on lui doit les châteaux de Fontainebleau, de Madrid, d'Anet, d'Écouen et celui des Tuileries, alors situé en dehors de la ville, charmante composition dont une partie seulement a été exécutée, pour être ensuite gravement altérée à plusieurs reprises, ainsi que nous l'avons déjà dit.

Avec le seizième siècle disparaît la gracieuse architecture de la Renaissance ; les mœurs changent, et l'architecture se modifie pour se tenir en harmonie avec elles. Il y a plus de sérieux dans les esprits et dans l'art, plus d'ampleur dans les conceptions, plus d'indépendance et de dignité dans les formes ; une nouvelle rénovation se produit, qui ne s'appuie plus sur l'étranger. La France marche plus résolûment à son but, et a trouvé, en même temps que la langue, l'architecture vraie, éminemment rationnelle et nationale qui lui convient ; les constructions du dix-septième siècle, surtout celles des châteaux, sont extrêmement remarquables, et il est permis de douter qu'aucun autre pays puisse être comparé au nôtre sous ce rapport. Ce sont de véritables palais, d'un style bien caractérisé, d'une étendue et d'une majesté jusqu'alors inconnues, que les principales résidences de campagne de cette époque. La planche 89 en met un exemple sous les yeux du lecteur ; elle représente le château que s'était fait construire l'homme qui a inauguré et dominé ce grand siècle de notre histoire, le cardinal de Richelieu.

Château de Richelieu.

Ce vaste édifice, dont il ne subsiste aujourd'hui que de rares débris, était situé près de la petite ville de Richelieu, sur les confins de la Touraine et du Poitou ; il a été exécuté sur les dessins de Lemercier, à qui l'on avait prescrit de réserver dans son plan une partie de l'ancien château, lequel était incomparablement plus modeste, mais était un souvenir de famille et avait vu naître l'illustre ministre. C'est ainsi que Louis XIV voulut que le palais de Versailles respectât, en l'entourant, le pavillon de chasse élevé par Louis XIII.

Trois larges avenues conduisaient à la place circulaire qui précédait l'entrée de la première cour. Cette cour, de vastes dimensions, était accompagnée, à droite et à gauche, de deux autres cours plus étroites ; dans l'une étaient distribués les écuries du commun, les chenils et les logements de jardiniers ; dans l'autre se trouvaient les fourrières, la ménagerie, la boulangerie, etc. A la suite, une seconde cour un peu moins large était comprise entre deux longs bâtiments en aile, plus importants et plus élevés que les précédents. Celui de gauche renfermait les écuries destinées aux chevaux du cardinal, lesquelles contenaient 56 stalles, un manége au centre, et au-dessus les logements des écuyers et palefreniers ; celui de droite était distribué en appartements pour les hôtes qui n'étaient point admis à l'honneur d'un logement dans le château. Après cette seconde cour, venait le bâtiment principal, se développant sur les trois côtés d'une cour de moindres dimensions que les deux premières, entouré d'un large fossé rempli d'eau, et au delà duquel se trouvaient les jardins et les bois. Un pont fixe, terminé par un pont-levis, donnait accès dans un beau porche placé à l'entrée de la cour d'honneur. Une terrasse avait été ménagée entre le château et les fossés, et était ornée d'une riche balustrade. Après avoir traversé le vestibule, qui occupait toute la largeur du principal corps de logis, on trouvait un autre pont conduisant dans un grand parterre, lequel était dessiné à la mode du temps, en mosaïques de buis et de sables colorés, et était également entouré d'eau. Enfin cette longue série de constructions se terminait par un vaste hémicycle, accompagné de grottes et décoré de statues antiques se détachant sur un fond de charmilles taillées en forme de niches. Au delà, un parc immense; en avant et sur le côté, une petite chapelle, qui appartenait sans doute à l'ancien château.

Il est impossible de n'être point frappé de la grandeur et de la noble ordonnance de cette composition; il y a là un très-beau caractère de puissance et de dignité. C'était bien le château qui convenait au cardinal dont le génie dominait le roi et le royaume.

Le château proprement dit, dont le plan pris à la hauteur du rez-de-chaussée est donné par la figure 2 de la planche 89, présentait, au centre du principal corps de logis, un beau vestibule, accompagné à droite et à gauche de rampes conduisant au premier étage. On trouvait au rez-de-chaussée une chapelle, des chambres à coucher, de vastes cuisines et diverses dépendances. Le premier étage était occupé par l'appartement du cardinal, deux appartements réservés, l'un pour le roi, l'autre pour la reine, une belle bibliothèque, plusieurs salons et une grande galerie ornée de bustes antiques, de divers objets d'art et de tableaux représentant les conquêtes de Louis XIII, ou plutôt celles de son grand ministre. L'appartement du roi était décoré avec beaucoup de magnificence; on y admirait des tableaux de Mantegna, du Pérugin et du Poussin. Ajoutons, comme trait caractéristique des distributions de l'époque, que les cabinets d'aisances étaient rejetés, en dehors de l'habitation, dans de petits pavillons, qui occupaient les angles saillants de la terrasse extérieure.

En tant que disposition générale, le principal bâtiment présente de l'analogie avec le palais du Luxembourg qui a été décrit plus haut, et qui est figuré sur les planches 78 et 79. Dans l'un et l'autre édifice, la cour est fermée du côté de l'entrée sur toute la hauteur du rez-de-chaussée, et est précédée d'un porche en pavillon que décorent des statues; le corps de logis du fond est accompagné de longues ailes qui ferment la cour latéralement; des pavillons carrés occupent chacun des angles saillants de l'édifice ; un pavillon en dôme marque l'entrée d'honneur sur la cour, et contient, au rez-de-chaussée, un vestibule avec grands escaliers à droite et à gauche. Mais les styles d'architecture ne sont pas les mêmes ; le ministre n'avait point voulu s'inspirer de formes étrangères, comme l'avait fait la reine mère. Confiant dans le génie de la France, qu'il était appelé à développer dans toutes les directions, c'est une architecture essentiellement française qu'il a adoptée pour son château, aussi bien que pour son palais de Paris. L'art monumental ne lui doit pas moins de reconnaissance que notre littérature.

Nous regrettons que la réserve qui nous est imposée nous oblige à renfermer dans une seule planche le dessin de ce remarquable édifice, et à ne donner par conséquent qu'une idée fort imparfaite de son architecture [1]. Toutefois les deux détails mis sous les yeux du lecteur (fig. 3 et 4) paraissent de nature à faire apprécier ce qu'il y a de plus caractérisé dans le nouveau style. L'un représente l'élévation extérieure du porche placé à l'entrée de la cour d'honneur, l'autre est un fragment de l'élévation du principal corps de logis sur la même cour.

La première de ces compositions est traitée avec une fermeté remarquable. Une porte d'une solide construction en occupe le centre, et est accompagnée de deux vigoureuses culées ; au-dessus de la porte, s'élève la statue de Louis XIII, reposant sur la clef et se détachant sur une grande arcade que décorent des pilastres ; à droite et à gauche, sont des colonnes rostrales qui rappellent l'une des dignités du cardinal ; dans le fronton, les armes de Richelieu ; enfin le dôme est couronné par une Renommée, emblème que le puissant ministre avait assurément le droit d'adopter.

On remarquera, sur le fragment d'élévation, les grandes dimensions des fenêtres, si convenables dans notre climat, ce qu'il y a de rationnel et de logique dans les formes et les proportions, et une sobriété de décoration qui n'exclut point la richesse.

On ne trouve plus ici les ornements capricieux et multipliés à l'excès de l'époque précédente. Toutes choses ont leur raison d'être et leur signification. L'architecture est calme et digne ; elle est d'une remarquable lucidité ; elle fait à la sculp-

---

[1] Consultez, pour plus amples renseignements, l'ouvrage intitulé : *Le magnifique château de Richelieu, en général et en particulier*, etc., par JEAN MAROT.

ture une part convenable, mais ne lui permet point d'empiéter sur elle ; et, tout en admettant l'agrément, est bien éloignée d'en faire son principal objet.

Peut-être, il faut l'avouer, l'art du dix-septième siècle n'est-il pas entièrement irréprochable sous ce dernier rapport, se montre-t-il parfois trop austère, et ne sait-il pas faire une part suffisante à la liberté. Appelé à réagir contre les exagérations de la Renaissance, il n'a pas toujours évité de tomber dans l'excès opposé à celui qu'il voulait combattre. La crainte du caprice le conduit quelquefois à des formes trop froidement rationnelles ; celle d'une trop grande légèreté, à de la lourdeur ; celle de l'exubérance des ornements, à une simplicité excessive. Mais il a un très-grand mérite, et il le doit à sa logique, à son admirable bon sens : celui de s'adapter aussi bien aux plus modestes constructions qu'aux palais les plus importants. Vrai avant tout, il n'avait ni formes à imposer, ni formes à sacrifier, et il n'était déplacé nulle part. Le lecteur peut en juger à l'inspection de la planche 90, qui met sous ses yeux deux petites maisons de campagne de cette époque.

L'une, celle dont le plan et l'élévation sont représentés par les figures 1 et 2, est située à quelques lieues de Blois, dans une riante campagne, sur le bord d'un petit cours d'eau. L'autre, dont les figures 3 et 4 rendent compte, est un pavillon établi sur un coteau près de Trouville, d'où les regards embrassent d'un côté un bel horizon maritime, et de l'autre la charmante vallée de la Touques. Ce dernier édifice a appartenu au chancelier d'Aguesseau, et il en porte le nom. Les deux petits pavillons qui l'accompagnent, et ne sont dessinés qu'au trait, ont été ajoutés après coup.

<small>Petites maisons de campagne du dix-septième siècle.</small>

Ces habitations sont très-restreintes, et leurs distributions laissent assurément beaucoup à désirer pour nos usages actuels ; mais les édifices, le premier surtout, ont un certain caractère monumental et une expression de vérité qui sont d'un excellent effet.

On y remarquera, comme disposition très-rationnelle et ordinaire à l'architecture du temps, que les portes sont de petites et les fenêtres de grandes dimensions ; les premières sont tenues en juste proportion avec les objets auxquels elles doivent livrer passage, les secondes sont conçues de manière à pouvoir donner un large accès à l'air et à la lumière. On remarquera aussi que les matériaux de construction sont franchement mis en évidence sur les deux façades ; ici ce sont des pierres de taille et des moellons recouverts d'un enduit ; là, des pierres de taille alternant avec des briques diversement colorées, disposées de manière à former des dessins réguliers.

Cette association de briques et de pierres est très-fréquente dans l'architecture des débuts du dix-septième siècle, ainsi que nous l'avons déjà dit plusieurs fois, et elle paraît plus convenable encore à la campagne qu'à la ville, parce que le ton rouge de la brique se détache de la manière la plus heureuse sur les fonds verts du paysage. On n'avait eu garde d'y manquer dans le charmant rendez-vous de chasse que Louis XIII s'était fait construire au milieu des bois de Versailles, et qu'on retrouve dans la cour centrale du somptueux palais de Louis XIV.

<small>Château de Maisons.</small>
Citons encore l'un des châteaux de cette époque où l'architecture française se montre sous un nouvel aspect, celui de Maisons, que François Mansard construisit sur les rives de la Seine, près de Saint-Germain. Cet édifice subsiste dans un remarquable état de conservation. Moins vaste que celui de Richelieu, il est d'une architecture plus riche, plus monumentale, on dirait volontiers plus solennelle. Il appartient à une autre école, à celle qui devait dominer sous Louis XIV, et à laquelle on peut trouver le défaut d'avoir souvent trop sacrifié à la régularité, et par suite trop approché de la monotonie.

<small>Château de Marly.</small>
Le château de Marly occupe une trop grande place dans notre histoire pour qu'il soit permis de le passer sous silence, quand on traite de ce genre de constructions ; mais il n'y a lieu de le présenter comme modèle à imiter, ni aux souverains ni aux architectes.

Saint-Simon a fait une excellente critique des conceptions du monarque. « Le « roi, dit-il, lassé du beau et de la foule, se persuada qu'il voulait quelquefois du « petit et de la solitude. Il chercha autour de Versailles de quoi satisfaire ce nou- « veau goût ; il visita plusieurs endroits, il parcourut les coteaux qui dominent « Saint-Germain et cette vaste plaine qui est au bas. On le pressa de s'arrêter à « Luciennes, mais il répondit que cette heureuse situation le ruinerait, qu'il vou- « lait un lieu qui ne lui permît pas de songer à y rien faire.

« Il trouva derrière Luciennes un vallon étroit, profond, à bords escarpés, inac- « cessible par les marécages, sans aucune vue, enfermé de collines de toutes « parts, extrêmement à l'étroit, avec un méchant village sur le penchant d'une de « ces collines, qui s'appelait Marly. Cette clôture sans vue, ni moyen d'en avoir, « fit tout son mérite ; l'étroit du vallon où l'on ne pouvait s'étendre y ajouta beau- « coup ; il crut choisir un ministre, un favori, un général d'armée.

« L'ermitage fut fait : ce n'était que pour y coucher trois nuits, du mercredi au
« samedi, deux ou trois fois l'année, avec une douzaine de courtisans en charge,
« les plus indispensables ; peu à peu l'ermitage fut augmenté. D'accroissement en
« accroissement, les collines furent taillées pour faire place et y bâtir, et celles
« du bout légèrement emportées pour donner au moins une échappée de vue fort
« imparfaite. Enfin en bâtiments, en jardins, en eaux, en aqueducs, en ce qui
« est si curieux sous le nom de machine de Marly, en parcs, en forêts ornées et
« renfermées, en statues, en meubles précieux, en grands arbres qu'on y a appor-
« tés sans cesse de Compiègne, et de bien plus loin, dont les trois quarts mou-
« raient et qu'on remplaçait aussitôt, en allées obscures subitement changées en
« d'immenses pièces d'eau où l'on se promenait en gondoles, en remises en forêt
« à n'y pas voir le jour dès le moment qu'on les plantait, en bassins changés cent
« fois, en cascades de même, en figures successives et toutes différentes, en séjours
« de carpes ornés de dorures et de peintures les plus exquises, à peine achevés,
« rechangés, et rétablis autrement par les mêmes maîtres une infinité de fois ; que
« si l'on ajoute les dépenses de ces continuels voyages qui devinrent enfin égaux
« aux séjours de Versailles, souvent tout aussi nombreux, et tout à la fin de la
« vie du roi, le séjour le plus ordinaire, on ne dira pas trop sur Marly en comp-
« tant par milliards. »

Peut-être bien cette évaluation est-elle quelque peu exagérée ; mais quelle vive peinture des entraînements de l'orgueil et de la toute-puissance ! Ajoutons que ces somptueuses constructions ont disparu, qu'on en trouve à peine quelques traces sur le sol qu'elles couvraient jadis, et qu'à en juger d'après les dessins qui ont été conservés, l'art n'a point à regretter cette ruine prématurée.

Le château consistait en un pavillon carré au centre duquel s'élevait un vaste salon octogone éclairé à sa partie supérieure ; dans les angles étaient distribués quatre petits appartements portant les noms du roi, de la reine, du dauphin et de la dauphine. A droite et à gauche du parterre d'honneur, qui entourait le pavillon royal, se trouvaient des dépendances pour les communs et pour les logements qu'ambitionnaient les courtisans avec tant d'ardeur. Un plus grand parterre, situé en avant, et décoré de plusieurs pièces d'eau, était accompagné de six pavillons exactement semblables, sur l'un et sur l'autre de ses longs côtés. Ces pavillons, que réunissaient des berceaux de verdure, renfermaient chacun deux petits appartements destinés aux seigneurs de la cour. On a vu dans cette disposition une allégorie au

526 TRAITÉ D'ARCHITECTURE.

soleil, que le roi avait pris pour emblème. Un vaste soleil occupait en effet le sommet de la voûte du grand salon, et les pavillons pouvaient rappeler les douze demeures célestes successivement parcourues par l'astre du jour. On sait aussi que Louis XIV se plaisait à visiter chaque matin tous ces pavillons, dont les hôtes empressés venaient à sa rencontre, et se joignaient ensuite à son cortége, après lui avoir rendu leurs hommages comme à une divinité.

Cette flatterie monumentale n'avait pas heureusement inspiré l'architecte courtisan, Hardouin Mansard. La disposition générale est sèche, sans grandeur, sans beauté ; puis, à Marly comme dans le château de Versailles du côté du parc, on ne trouvait qu'une architecture froide, guindée et d'un goût très-contestable. Hardouin Mansard ne mériterait pas le retentissement qui s'est attaché à son nom, s'il n'avait eu la gloire d'élever la coupole de l'église des Invalides.

Châteaux du dix-huitième siècle.

Le siècle suivant a vu construire en France un grand nombre de châteaux et de maisons de campagne. D'une distribution plus savante, plus commode que la plupart de ceux dont nous venons de parler, ils sont en général beaucoup moins satisfaisants sous le rapport de l'art. Le goût est en décadence manifeste, l'architecture se ressent du relâchement des mœurs ; elle a perdu le sentiment de la dignité et de la grandeur morale, qui s'était déjà considérablement amoindri à la fin du règne de Louis XIV. Aussi ne mettrons-nous sous les yeux du lecteur qu'un seul exemple des constructions de ce temps : c'est un petit château construit près de Lyon, sur le versant d'une colline dont le pied est baigné par la Saône [1].

La figure 1 de la planche 94 donne le plan du rez-de-chaussée et celui du parc aux abords du château. En A, est le commencement d'une longue et large avenue à l'extrémité de laquelle est l'entrée principale, ouverte sur la route qui longe la rivière ; en B, le parterre avec boulingrins et jets d'eau ; sur les côtés, le parc ; à la suite, la terrasse qui entoure l'édifice ; en C, une pièce d'eau en amphithéâtre avec grotte et salles de bains. Deux longues avenues latérales assurent une vue agréable aux salles ouvertes dans leur direction, et l'une d'elles conduit aux dépendances du château. La distribution intérieure n'est pas moins heureuse que celle du dehors ; elle est ample et commode, qualités que ne pouvaient réunir les bâtiments simples en profondeur du temps de Louis XIII et des époques antérieures. Au centre, un vestibule ouvert sur l'une et l'autre face, occupe toute la profondeur

---

[1] Nous devons avouer franchement que ce château n'eût probablement pas obtenu la préférence dont il a été l'objet, s'il ne nous rappelait de précieux souvenirs d'enfance.

de l'édifice ; à droite sont les salons, suivis d'une bibliothèque et d'une chambre à coucher avec cabinets ; on trouve à gauche une grande et une petite salle à manger, des offices, et les cuisines et dépendances ; la cage du grand escalier est ouverte à l'une des extrémités du vestibule.

La figure 2 représente le plan du premier étage. On voit qu'une belle galerie donne entrée dans des chambres à coucher distribuées sur sa longueur, et dans deux appartements complets, situés à ses extrémités.

L'élévation est le côté faible de l'édifice ; elle est froide et sans caractère. Mais la même époque en a vu de beaucoup moins satisfaisantes.

On a construit, dans ces derniers temps, sur divers points de notre territoire, plusieurs châteaux et maisons de campagne, conçus dans un excellent esprit, et qui mériteraient sans doute d'être placés sous les yeux de nos lecteurs. Il leur manque malheureusement ce style caractérisé, appartenant en propre à l'époque, qui fait défaut dans la plupart de nos autres constructions ; les uns rappellent les formes de la Renaissance ; d'autres, celles du règne de Louis XIII ; il en est qui ont emprunté l'architecture de Louis XIV, ou celle de Louis XV ; quelques-uns même n'ont pas craint de remonter jusqu'au moyen âge pour y puiser des modèles. Ce ne sont point des œuvres assez originales, au point de vue de l'art, pour que nous ayons pu hésiter à en faire le sacrifice, en présence de la nécessité où nous sommes de nous borner à un petit nombre d'exemples ; ce qui a été dit plus haut paraît d'ailleurs établir suffisamment quelles sont les considérations qui doivent présider à l'établissement d'une habitation à la campagne, dans l'état actuel de nos mœurs.

Nous ne résistons pas cependant au désir de profiter de l'occasion qui se présente pour sauver de l'oubli le nom d'un architecte, M. Danjoy, qu'a enlevé une mort prématurée au moment où commençaient à être appréciées, par tous les hommes de goût, les rares qualités d'indépendance d'esprit et de fin sentiment d'élégance dont il était doué au plus haut degré. La figure 4 de la planche 92 représente le plan du rez-de-chaussée d'un château construit par lui dans les environs de Marseille pour une femme de grande distinction qui sait l'animer par de nombreuses et brillantes réunions. On voit que la distribution est parfaitement entendue, que les salles sont vastes et que les formes, heureusement variées, se prêtent tellement au luxe et à la fantaisie qu'elles semblent les appeler. Un beau perron rachète la hauteur observée entre le sol intérieur et celui du dehors, et les diverses parties du plan ont les destinations suivantes : 1, vestibule ; 2, 3, grands salons ; 4, petit salon ; 5, cabinet ; 6, salle à manger. Dans le soubassement, sont établies les cuisines et leurs dépendances ; le premier étage, auquel donne accès un magnifique escalier en marbre blanc, est consacré aux chambres à coucher et à leurs annexes habituelles.

Enfin les jardins d'une certaine importance se meublent ordinairement de divers édicules, tels que maisons de jardiniers, pavillons de repos, laiteries, serres, etc., et nous avons cru devoir offrir au lecteur deux exemples de ces petites constructions.

Les figures 5 et 6 de la planche 92 représentent un charmant petit pavillon à usage de café, construit dans le jardin du Luxembourg, à Paris, par M. l'architecte Davioud. La brique y alterne avec la pierre, et les frises sont heureusement accentuées par des terres cuites peintes et émaillées.

Un mode de décoration analogue a été appliqué, avec plus de richesse, au pavillon octogonal dont les figures 7 et 8 de la même planche donnent les dessins, lequel a été élevé par M. l'architecte Demimuid, dans le parc réservé de l'Exposition universelle de 1867, où il était fort apprécié par tous les visiteurs.

CHAPITRE SEPTIÈME.

VILLES.

Le tracé d'une ville est œuvre de temps plutôt que d'architecte. Le point sur lequel se sont groupées quelques habitations attirées par la fertilité des terres, la facilité des communications ou la protection d'un château fort, se trouve réunir les conditions nécessaires à l'établissement d'un grand centre de population. Rares au début, les habitants voient leur nombre s'accroître incessamment ; les mérites de la position s'apprécient chaque jour davantage ; ses ressources se développent, et attirent les étrangers ; les relations commerciales s'étendent, et à leur suite arrivent les richesses ; on veut se mettre à l'abri de la cupidité des voisins, et la ville se fortifie ; la sécurité enfante les entreprises, l'industrie améliore les conditions naturelles, des monuments s'élèvent, et l'humble bourgade devient une cité qui prend rang dans l'histoire. Mais elle garde de précieux témoignages des phases par lesquelles elle a passé ; il n'est aucun de ses développements successifs qui n'y ait son empreinte ; produit d'une longue suite de générations, elle conserve quelque chose de chacune d'elles. Ces souvenirs du passé ne se lisent pas seulement dans les monuments ; on les trouve ou plutôt on les sent de tous côtés : dans les dispositions générales, dans les rues, dans les places, dans les promenades. S'ils sont plus confus, si les points de départ et les événements ultérieurs sont moins définis en ces endroits, sont même impossibles à constater, leur action n'est pas moindre sur la physionomie et le caractère. Il n'est pas un accident de terrain, pas une inflexion de tracé, pas une irrégularité qui n'ait eu sa raison d'être dans l'existence antérieure ; chaque âge a apporté ses besoins et ses goûts, mais a dû se plier, dans les modifications qu'il a introduites, à ce qui existait avant lui et devait être respecté entre certaines limites. Sous l'œuvre d'une époque, apparaissent plus ou moins celles des époques antérieures. Le plan, tellement compliqué qu'on n'y découvre aucune loi, et qu'il paraît, à première vue, avoir été tracé au hasard, a des causes innombrables ayant toutes leur valeur, et ayant été sérieusement méditées en leur temps. Les monuments publics sont diversement distribués et sans ordre appréciable ; mais chacun d'eux occupe la position qui lui convient le mieux, soit qu'il ait été établi dans le quartier qui le réclamait, soit que les habitants qu'il intéresse le plus se soient rangés à l'entour. Les rues ne sont point dirigées en ligne droite, mais elles répondent assez bien aux besoins de la circulation, chaque époque se chargeant d'ouvrir les artères où elle porte le mouvement ; et, à bien examiner, on reconnaît que, si elles laissent quelque chose à désirer aujourd'hui, elles répondaient convenablement aux exigences de la veille. Les maisons sont d'une diversité extrême ; mais les goûts, les fortunes, les positions sociales des citoyens sont également fort dissemblables. Il y a donc un ordre profond dans cette anarchie apparente.

Que la ville compte une longue suite de siècles ou se soit rapidement développée, peu importe, ce n'est point une seule pensée qui l'a enfantée. Elle résulte des travaux accumulés d'un grand nombre d'intelligences, elle est le produit de volontés qui ont été fort diverses, mais dont le concours est harmonieux parce qu'elles ont été inspirées par une même organisation sociale ; elle est conforme à une loi qui a ses origines et ses motifs à la fois dans les circonstances locales, dans la constitution politique, dans les évolutions du passé, et dans les mœurs des habitants.

Or cette loi, tellement compliquée que nous ne la pouvons découvrir, bien que nous en ayons conscience, dans laquelle entrent, en si prodigieuse quantité, des éléments de natures très-diverses, est-il un architecte qui aurait pu l'imaginer ? Évidemment non. Ce qu'une longue série de circonstances, ce que d'innombrables révolutions dans les mœurs ont enfanté, aucun homme n'eût été en état de le concevoir. Qu'un architecte soit chargé de tracer le plan d'une ville, il voudra cependant une loi pour présider à sa composition, et ne pouvant découvrir celle que suivraient les constructions dans leur agglomération successive, si le développement était progressif, naturel, dirions-nous volontiers, il sera obligé d'en chercher une autre. Mais sur quelles bases parviendra-t-il à l'établir ? L'expérience, aussi bien que les procédés habituels de l'esprit humain, prouve qu'il les demandera pour la plupart à la géométrie. Ce qu'il imaginera, ce sera une forme régulière, d'une génération simple, ne comportant que des rues dirigées en ligne droite. Des considérations de valeur très-secondaire domineront dans son esprit, l'emporteront sur l'essentiel qui est d'ordre plus élevé et plus délicat, et engendreront la sécheresse et la monotonie où une saine appréciation des véritables convenances eût donné de l'ampleur et de la variété. Ce sera la convention arbitraire substituée à l'esprit vivifiant.

Vitruve a proposé un plan de ville. Il s'y donne pour condition d'avoir le Forum au centre, et de diriger les rues de manière à ne point être enfilées par les vents, qu'il suppose au nombre de huit; le reste est affaire de géométrie. Son plan est un octogone régulier dont chaque côté est normal à la direction d'un des vents; les rues principales sont dirigées du centre aux angles du polygone, lesquels sont occupés par des tours défensives; les autres rues sont parallèles aux côtés de cette figure. La composition se modifie un peu pour les cités maritimes, en ce que le Forum est rapproché du port, lequel pénètre probablement dans un des angles de l'enceinte. Vitruve explique ensuite quelles sont les positions à assigner aux temples principaux. Mais sa conception paraît purement théorique, et il y a tout motif de penser qu'elle n'a jamais été exécutée. Il est inutile d'ailleurs d'ajouter qu'elle est peu satisfaisante, même au point de vue de l'auteur, puisque les vents ne se parquent pas comme il se l'imaginait, et qu'indépendamment des inconvénients de la monotonie, elle ne saurait convenir en aucune circonstance, en ce qu'elle admet implicitement que tous les quartiers de la ville auront même valeur, à même distance du centre, et que le mouvement se portera également dans toutes les directions, tant au dedans qu'au dehors.

Un autre plan a été adopté par la plupart des architectes modernes, qui ont eu la rare et belle mission de tracer une nouvelle ville ou de nouveaux quartiers. Il consiste en longues rues parallèles, ouvertes suivant deux directions se croisant à angles droits; on le trouve à Turin, à Nancy, à Rochefort, dans la majeure partie de Versailles, dans plusieurs villes des États-Unis d'Amérique, etc. En outre, les rues sont larges et sont quelquefois bordées de maisons uniformes. Les villes ainsi tracées sont ce qu'on appelle de belles villes, par suite des fausses idées qui ont cours en matière de beauté; mais qu'elles semblent tristes! comme l'ennui s'y gagne! comme on se sent peu tenté de s'y fixer! et comme elles font regretter jusqu'aux plus vilains quartiers de nos vieilles villes, qui ont au moins le mérite de la variété, et celui de manifester la vie et la liberté!

Ajoutez que toutes ces conceptions sont radicalement fausses, que cet ordre apparent n'est autre chose au fond que du désordre, parce qu'il est la représentation d'une loi souverainement irrationnelle, destructive d'une véritable harmonie, en opposition avec les données les plus essentielles du sujet. La circulation n'est convenablement desservie que dans deux directions, et elle est condamnée, pour toutes les autres, à suivre les deux côtés d'un triangle rectangle, au lieu de prendre la diagonale. Telle partie de la ville, favorablement située, sera plus particulièrement habitée par la classe riche ; telle autre attirera la majeure partie du mouvement commercial ; ici se grouperont les établissements qui veulent éviter le tumulte, et recherchent les terrains peu dispendieux ; là se porteront les usines et les nombreux ouvriers qu'elles emploient ; en un mot, il se formera nécessairement plusieurs subdivisions distinctes dans l'intérieur de la cité, ayant, chacune, leurs convenances spéciales en ce qui concerne le nombre, la largeur et la direction des rues : or le tracé ne tient aucun compte de ce fait capital. Les relations avec le dehors ne seront point les mêmes dans toutes les directions ; la ville aura une ou plusieurs entrées principales, et il faudrait évidemment que ces points privilégiés fussent mis en relations aussi directes que possible avec les différents quartiers : cette condition fondamentale est complétement mise en oubli. L'uniformité est partout ; à la voie la plus fréquentée, il n'est pas assuré plus de débouché qu'aux rues habituellement désertes.

« Il semble, a dit un écrivain[1], dont il nous est sans doute permis d'invoquer
« l'autorité, il semble que la ville la plus parfaite serait celle dont le plan tout
« entier sortirait de la même main. Et théoriquement, on ne saurait nier, en effet,
« qu'un architecte capable de ramasser dans sa pensée la foule d'idées qui pré-
« sident à l'érection d'une ville, de les assembler, tout en conservant le caractère
« individuel de chacune, et de donner à toutes leur expression propre, en regard
« de l'harmonie de l'ensemble, ne dût produire la perfection. C'est ainsi qu'ont
« été faits les ouvrages de Dieu, et c'est pourquoi, avec une conservation si précise
« des individualités, on y trouve un sentiment d'ensemble si exquis. Mais s'il
« s'agit de l'homme, et, dès que le sujet qu'il se donne se complique, l'impuis-
« sance de ses facultés se trahit : il ne trouve plus moyen de gouverner en lui
« avec clarté tous les modèles de son œuvre ; il devient aveugle ou sur le détail
« ou sur l'ensemble, selon qu'il s'applique à l'ensemble ou au détail ; enfin,
« toutes les harmonies qu'il essaye d'enfanter sont troubles ou vicieuses, parce que

---

[1] Jean Reynaud, *Encyclopédie nouvelle*, art. VILLES.

« le particulier y est sacrifié au général ou réciproquement. Aussi voit-on que la
« plupart des villes qui ont été bâties avec méthode, loin de s'approcher plus que
« les autres de la beauté idéale, s'en sont peut-être tout au contraire écartées da-
« vantage. La loi ne les a soumises à son niveau qu'en leur faisant violence. Les
« rues, au lieu de représenter, dans la diversité de leurs édifices, une diversité
« infinie de goûts et de naturels, n'ont plus respiré qu'une triste et mensongère
« identité, ou, comme dans les villes où toutes les maisons sont dans la dépen-
« dance officielle d'un palais, qu'un assujettissement plus monotone encore. Bref,
« les personnes des habitants sont restées sous celle de l'architecte, et l'on pourrait
« même dire, en un certain sens, qu'il n'y a plus eu de maisons puisqu'il n'y a
« plus eu de familles apparentes. Tandis que dans les villes bâties sans ordre,
« l'individualité se faisant jour de toutes parts, il y a souvent eu, nonobstant les
« défauts d'harmonie dans les particularités et dans l'ensemble, plus de véritable
« beauté que dans les villes conçues avec le sentiment de l'uniformité ou de l'éti-
« quette et faussement régulières. Bien que l'ordonnance des villes, même dans
« leurs caractères purement esthétiques, intéresse tout le monde, il serait donc
« dangereux que cette ordonnance fût confiée tout entière à l'État. C'est une
« charge qui, à moins de certaines restrictions, ne paraît pas de nature à lui
« convenir. Plus il est porté, par le principe même de son existence, à l'esprit
« d'unité, moins il est capable de faire régner dans l'intérieur des villes la franche
« diversité qui est un de leurs charmes les plus essentiels. A lui l'architecture des
« édifices publics, puisque dans chacun d'eux se témoigne un intérêt général ; mais
« que les citoyens soient appelés à intervenir dans l'architecture privée, puisque ce
« sont leurs personnes que doivent représenter les maisons.

« Ainsi, à moins que l'on ne suppose à l'État la perfection idéale, le détail des
« villes lui échappe. Ce n'est pas dire cependant que le contrôle sur les construc-
« tions des particuliers lui soit absolument refusé. Nous avons déjà dit comment
« il doit veiller à ce qu'elles ne puissent nuire ni à la salubrité ni à la commodité
« de la ville ; il s'entend qu'il doit veiller également à leur solidité ; enfin, il ré-
« sulte de ces principes que, dans les villes où les maisons sont superposées, ces
« mêmes droits doivent s'étendre jusque dans l'intérieur des entassements, puisque
« les canaux qui y assurent la circulation de l'air, de la lumière, des habitants, ne
« sont au fond que des ruelles entre la rue et les maisons, et, par conséquent, de
« véritables appendices du système circulatoire de la communauté.

« Il y a dans les villes, lors même que tout n'y procède pas de la même pensée,
« un principe puissant d'harmonie, et c'est dans le secret accord des citoyens les
« uns avec les autres que ce principe repose. C'est cet accord qui doit faire régner
« l'unité, sans qu'il y ait besoin de s'y appliquer systématiquement, dans la va-
« riété indéfinie de l'architecture des maisons. Si l'harmonie de ces édifices est
« préparée par celle des sentiments et des mœurs de leurs habitants, l'harmonie
« esthétique de la cité, toute spontanée, sera parfaite. Je me représente un empla-
« cement convenablement choisi, les rues, les jardins, les places publiques bien
« tracés, le lieu de chaque édifice marqué : les maisons s'élèvent au gré de chacun,
« et l'on sent, à les voir, qu'elles sont toutes de la même famille. En quelque
« direction que l'œil se porte, il rencontre une perspective qui le flatte. Chaque
« rue est une harmonie dont les maisons qui la composent sont les termes, et dont
« la convenance réciproque des habitants, réunis dans un même voisinage, est le
« principe. Chaque quartier, par la convenance analogue de toutes les rues qu'il
« contient, forme une autre harmonie d'un ordre plus élevé. Enfin la ville elle-
« même, par la composition de toutes ces harmonies entre elles et avec les édi-
« fices publics, en forme une dernière qui peut, ou frapper d'ensemble et à
« plusieurs points de vue, ou se diviser en éléments détachés, semblables aux
« phrases variées, mais toujours connexes, d'une mélodie bien conduite, et frap-
« pant, l'un à la suite de l'autre, l'œil qui se promène dans l'intérieur de la cité.
« Et ce grand monument d'architecture qui, avec tant d'unité dans son ensemble,
« se laisse pourtant partager sans résistance en une multitude de monuments
« différents, n'est que la figure symbolique de la société qu'il contient, et dont il
« n'est, pour ainsi dire, que le vêtement. Les proportions de l'ensemble sont
« l'expression des relations générales des citoyens, celles des constructions
« particulières sont l'expression du goût et de l'aisance de chacun ; et entre
« toutes ces proportions règne un heureux accord, parce qu'il y en a un tout
« pareil entre les principes divers qu'elles représentent. De sorte que, sans des-
« potisme, sans violence, au contraire par le développement spontané de toutes
« les tendances naturelles, s'étend sur toutes les constructions, tant individuelles
« que publiques, l'empire d'une même loi qui est le système unitaire des institu-
« tions et des mœurs.

« A la vérité, les grandes harmonies d'architecture que nous venons d'entrevoir
« ne peuvent exister non plus que dans un ordre idéal. Mais, sans s'élever à la per-

« fection, toutes les villes, pourvu que l'art soit en honneur chez elles, peuvent,
« par la simple manifestation de leur essence, prétendre à la beauté. Si l'âme des
« habitants est ouverte aux influences esthétiques, l'amour de ces nobles jouis-
« sances les conduit, et ils épargnent volontiers, afin de se procurer d'élégantes
« représentations de leurs communautés et d'eux-mêmes. Il n'y a même pas besoin
« d'opulence. Dès que la pauvreté ne perce nulle part, la vue respire partout, dans
« les perspectives qui se présentent à elle, la distraction et le contentement. On
« vit à l'aise dans le sein des constructions comme dans celui de la nature et plus
« encore, car on ne cesse d'y sentir autour de soi, dans le charme des proportions,
« des témoignages bienveillants de la présence des hommes. Tel est le but vers
« lequel, par la restauration du sentiment religieux des choses de la terre, joint
« aux progrès du goût et de la richesse dans tous les rangs, doivent tendre néces-
« sairement les villes modernes.

« C'était sans doute ainsi que s'étaient exécutées ces villes de la Grèce, que le
« monde entier contemplait comme les chefs-d'œuvre de l'architecture, et dans les-
« quelles, précieusement contenus comme dans un objet d'art, les citoyens se com-
« plaisaient véritablement à demeurer. Le temps les a dissipées, mais leur mé-
« moire est restée pour servir d'exemple et de modèle aux nations qui se préparent
« à décorer à leur tour, par leurs bâtiments, la surface de la terre. Qu'il nous soit
« seulement permis d'invoquer ici le souvenir de cette illustre ville de Rhodes,
« que l'antiquité considérait unanimement comme le type classique de ce genre
« d'ouvrages. Au temps de la guerre du Péloponèse, les Rhodiens, qui étaient alors
« divisés en trois villes, ayant résolu de vivre désormais tous ensemble, choisirent,
« dans la partie orientale de leur île, un emplacement utilement situé pour les na-
« vigateurs et dans un site agréable. Il s'élevait sur la croupe d'un promontoire
« largement baigné par les eaux de la mer. Hippodamus de Milet, déjà célèbre par
« ses murailles du Pirée, fut chargé par eux d'y construire la ville nouvelle.
« Aucun secours ne lui manqua, car leur république, favorisée par le commerce,
« était depuis longtemps une des plus éclairées et des plus florissantes de la
« Grèce. C'étaient eux qui avaient la réputation d'avoir les premiers sacrifié à Mi-
« nerve ; et leur opulence, déjà vantée dans Homère, était regardée comme une
« récompense de leur piété. Comme dit Pindare dans les *Olympiques*, Jupiter
« ayant amené sur leur île une nuée resplendissante, en avait fait tomber une pluie
« d'or. Mais ce que l'on admira d'abord, ce fut l'art avec lequel Hippodamus sut

« tirer parti de la situation naturelle du terrain, car il y établit la ville de telle
« sorte qu'elle se dessinait à l'horizon avec la plus superbe attitude, comme pour
« annoncer de loin aux navires qui traversaient la mer, la puissance et la majesté
« de l'État des Rhodiens. Quant à l'intérieur même de la ville, on pouvait le regar-
« der comme parfait. Par son port, par ses rues, par ses murailles, par toute son
« architecture, dit Strabon, Rhodes excelle tellement qu'aucune ville du monde
« ne lui est préférable, et ne peut même lui être comparée. Aristide, dans son
« discours aux Rhodiens, n'en fait pas un moindre éloge. Il y avait des ports des-
« tinés à la marine de chaque peuple ; et, garantis contre les tempêtes par des
« digues puissantes, ils semblaient convier tout l'univers maritime à l'hospitalité.
« Des dépouilles navales, monuments de l'empire des mers et de la répression des
« pirates, ornaient les quais. Les dieux ne possédaient nulle part des temples plus
« beaux et plus nombreux que dans l'intérieur de la ville. On y trouvait une telle
« abondance de statues de tout genre que la Grèce tout entière, au dire d'Aristide,
« n'en avait pas autant, et que ces statues, dont une seule aurait suffi ailleurs pour
« l'honneur de la cité, n'étaient employées dans Rhodes que pour la décoration
« générale. L'enceinte de la ville, d'environ une lieue de diamètre, était formée
« par une muraille flanquée de distance en distance de tours si hardies, d'une si
« heureuse proportion, et d'une telle richesse, qu'en approchant de l'île on ne
« pouvait se lasser de les admirer de plus en plus ; et, loin de paraître emprison-
« ner la ville, de quelque point de l'intérieur qu'on les aperçût, elles se mariaient
« élégamment aux maisons, en embellissant, comme une noble couronne, toutes les
« perspectives. Non-seulement les rues étaient spacieuses et convenablement diri-
« gées, mais leur ordonnance architectonique, partout empreinte de dignité et par-
« tout combinée avec art, était partout variée. C'était ce qu'admirait particulière-
« ment Aristide : de tous côtés, dit-il, la ville se développait avec splendeur ;
« mais ce qu'il y avait de plus étonnant que tout le reste, c'est qu'elle ne causait
« à ceux qui en prenaient le spectacle aucune satiété. Et cependant, comme il
« le dit ailleurs, tout y était tellement étudié qu'aucune construction n'y faisait
« tort à ses voisines, toutes ensemble étaient mises dans une ordonnance si
« harmonieuse qu'il résultait de leur totalité, non point tant une ville qu'une
« maison. »

Cet exemple de la ville de Rhodes prouve qu'il n'y a point impossibilité à résoudre *a priori* le problème difficile que soulève le tracé d'une ville, ou du moins

qu'on peut esquisser les principaux traits d'un de ces vastes monuments, sans tomber dans l'écueil qui a été signalé plus haut. On y parviendra si l'on s'attache à se rendre un compte sérieux des données essentielles du sujet, et à mettre de côté toutes les considérations qui lui sont réellement étrangères, quelque valeur que nos préjugés ou la faiblesse de notre esprit puissent leur attribuer. Cette étude, indépendamment de l'intérêt qu'elle offre par elle-même, en tant qu'exercice de la pensée, n'est pas dépourvue d'utilité pratique. Il est sans doute très-rare aujourd'hui qu'on soit appelé à exécuter des projets de cette nature. Dans notre vieux monde, quelques villes se développent, d'autres s'atrophient et semblent condamnées à une fin prochaine ; mais il ne s'en crée plus de nouvelles. Cependant un plan idéal peut exercer une heureuse influence, d'abord en faisant reconnaître les imperfections existantes, puis et surtout en montrant dans quel esprit les améliorations doivent être conçues, tant en vue des besoins actuels qu'afin de ne point devenir des entraves à celles qu'un avenir plus ou moins éloigné se chargera de réaliser.

Entrons donc dans cette nouvelle voie, et supposons, pour fixer les idées et attaquer la question par le vif, supposons qu'il s'agisse de tracer le plan de la capitale d'un vaste empire ; admettons même que la position soit à fixer.

Il est évident que cette position devra être à peu près centrale ; cependant, si d'un côté se trouvaient des populations plus importantes, de plus grands intérêts politiques, ou des voisins plus puissants, il conviendrait de se porter dans cette direction, car l'essentiel est d'établir un centre pour les relations et non pour la figure du territoire.

L'emplacement devra être choisi de manière à assurer à la ville les conditions les plus favorables ; les terres y seront fertiles, et les eaux de bonne qualité ; l'air y sera salubre ; le sol sera propice à l'établissement des constructions, et leur offrira des matériaux convenables ; un fleuve mettra la capitale en relations faciles avec diverses provinces et en communication directe avec la mer, cette large et précieuse voie ouverte au transport économique de tous les produits du globe, et dont le génie de l'homme a su faire un lien entre les nations les plus éloignées ; enfin les environs seront variés et agréables, de manière à offrir d'heureux délassements aux labeurs et aux soucis de l'existence. Sans doute, toutes ces conditions ne sont pas également essentielles, et notre industrie est en état de corriger beaucoup d'imperfections naturelles. Des travaux intelligents peuvent amener la salubrité où elle n'était pas, fournir d'eaux pures et abondantes une contrée qui en était dépourvue, fonder des édifices solides sur les sols les moins favorables, faire arriver de loin sans trop grands frais les matériaux de construction qui ne se trouvent pas sur place, établir une navigation artificielle où il n'y avait aucun cours d'eau, embellir la plus triste campagne par des plantations et des mouvements de terre convenablement disposés. En un mot, nous ne sommes point dans une telle dépendance de la nature qu'il lui appartienne de fixer les positions de nos capitales ou d'interdire celles que nous paraissent exiger les intérêts généraux du pays : témoin Venise, Amsterdam, Pétersbourg, Berlin et tant d'autres villes, dont l'établissement a été déterminé par des considérations purement politiques ou commerciales. Mais il est certain que les développements sont moindres, toutes choses égales d'ailleurs, où les circonstances locales sont défavorables ; qu'il est des qualités naturelles auxquelles l'art ne saurait suppléer ; enfin que, si la victoire est assurée, la lutte est onéreuse, peut exiger des travaux considérables, et ne doit être entreprise qu'en cas de nécessité en quelque sorte absolue.

Si avantageuse que soit d'ailleurs la position, l'établissement d'une capitale obligera à de vastes entreprises au dehors. Cette ville, d'où rayonneront toutes choses et où tout convergera, devra être reliée à toutes les parties du territoire par le système le plus complet de voies de communication. Des routes ordinaires, des chemins de fer surtout en sortiront dans toutes les directions, et iront desservir jusqu'aux moindres centres de population, en se ramifiant à mesure qu'ils s'éloigneront de leur point de départ. Ces voies aboutiront à toutes les frontières en des lieux convenablement déterminés, tant en vue des relations avec l'étranger qu'afin de faciliter la défense du pays contre les attaques de l'ennemi. Le fleuve et ses affluents devront être améliorés de manière à faire à la navigation les meilleures conditions, et des canaux, franchissant en plusieurs points la ligne de faîtes qui encadre le bassin, les relieront aux cours d'eau navigables des bassins limitrophes, qui, eux aussi, seront mis de même en relation avec leurs voisins, de telle sorte que les produits des provinces les plus éloignées puissent arriver à peu de frais dans la capitale.

Examinons maintenant quelles sont les dispositions générales qui conviendront le mieux à la ville, et d'abord quelles sont les grandes divisions qu'elle comporte.

Ces divisions ne sauraient être arbitraires ; elles doivent avoir une raison d'être, et elle ne peut être fondée que sur les mœurs et les usages de la population. Si unis que soient les habitants d'une ville, si grande que soit l'harmonie de leurs relations, ils n'ont ni la même fortune, ni les mêmes travaux, ni les mêmes goûts, ni la même manière de vivre, et, à voir les choses de haut, on reconnaît immédiatement, dès que l'attention se porte sur ce sujet, qu'il y a lieu à une classification assez précise, bien que, grâce au ciel, les lignes de démarcation ne soient point tranchées chez nous comme celles des castes de l'Égypte ou de l'Inde. Une partie de la population est, en effet, plus particulièrement occupée de travaux industriels, une autre s'adonne au commerce, une troisième se compose des financiers et des gens d'affaires, une quatrième comprend les personnes dont la vie se passe dans les loisirs que crée la fortune, et dans une cinquième peuvent se ranger les hommes qui consacrent leur temps à l'étude ou à l'éducation de la jeunesse.

Chacune de ces classes a ses exigences particulières, et, tout en se refusant à être parquée dans un quartier spécial, à la manière des Juifs du moyen âge, tend à s'agglomérer et à se cantonner dans la portion de la ville qui lui convient le mieux, et qu'elle se charge d'arranger à sa guise. Il n'y a rien d'absolu sans doute dans les divisions ; les limites ne sont point infranchissables ; il n'est quartier qui n'ait ses oisifs, ses industriels, ses marchands et ses hommes d'étude ou de finance, et ne puisse être assimilé à une ville et subdivisé comme elle ; mais les exceptions n'infirment pas la loi, et, fondée sur la nature des choses, elle est évidente pour quiconque sait observer sainement. Il est même facile de se figurer dans quel ordre doivent se ranger les principales divisions.

Toutes les villes européennes, dont le développement n'est pas entravé par des circonstances locales, se portent du côté de l'ouest, à mesure qu'elles se modifient. C'est dans cette direction que se construisent la plupart des nouvelles habitations, et l'on abandonne peu à peu la face opposée. Ainsi, la partie la plus peuplée de la Rome antique est déserte aujourd'hui, et le centre animé s'est transporté dans l'emplacement de l'ancien champ de Mars ; Naples et Florence ont suivi le même mouvement ; on le retrouve dans la plupart de nos grandes villes, et il est très-marqué dans les deux capitales de l'Europe, à Londres et à Paris. On peut sans doute le contrarier, le ralentir, en s'efforçant de reporter la vie aux endroits qu'elle délaisse ; mais les diversions n'ont qu'un temps, et l'on ne parvient pas à l'arrêter. C'est qu'il y a là une de ces lois qui sont d'autant plus impérieuses, qui s'imposent avec d'autant plus d'énergie, qu'elles n'ont point été créées par nous ;

on s'y conforme sans en avoir conscience, on y obéit d'une manière purement instinctive[1]. Sa grande raison d'être est l'intérêt que nous avons à respirer un air pur, rapproché de ce fait que les vents régnants dans nos climats sont ceux de la partie de l'ouest. Les positions qui dominent la ville par rapport à ces vents sont, toutes choses égales d'ailleurs, les plus avantageuses de toutes, puisqu'on y jouit habituellement d'un air que n'ont point contaminé des maisons agglomérées.

Le mouvement de translation d'une ville présente d'ailleurs de nombreux avantages à côté des inconvénients qu'on y peut trouver : les habitations qui ne sont plus distribuées à la mode du jour ne se détruisent pas, elles descendent successivement à des classes de moins en moins riches, et leur donnent des logements qu'on ne pourrait leur accorder à des conditions aussi économiques, s'il fallait les établir à nouveau. Combien d'hôtels de grands seigneurs ont passé à la bourgeoisie, au commerce, à l'industrie, et sont habités aujourd'hui par de simples ouvriers! Grâce à ces changements, aucune des richesses acquises n'est sacrifiée avant le temps, et l'on ne reconstruit pas sur les mêmes emplacements, quand ces anciennes maisons tombent de vétusté; d'autres sont là, un peu plus à l'ouest, dont la décrépitude approche, et l'on abandonne à jamais un sol qui a absorbé trop de déjections pour n'être point insalubre. Une grande armée s'avance majestueusement vers l'ouest, quelques pionniers à l'avant-garde, un brillant état-major en tête, les troupes de diverses sortes à la suite, en queue les serviteurs et les traînards : ainsi font les villes.

Dans une ville bien ordonnée, la population industrielle devra donc se placer sous le vent de la cité, où se trouvent les terrains à bas prix, et où la fumée, les gaz et les odeurs dégagés par ses travaux seront sans action nuisible sur le reste de la population; les classes riches, celle des financiers et celle de l'aristocratie de naissance ou de fortune, devront, par les mêmes motifs, porter leurs habitations sur le côté opposé de l'enceinte; au milieu se rangeront convenablement les négociants de divers ordres, qui ont des relations habituelles avec toutes les classes, et sont à peu près à égale distance de chacune d'elles, sous le double rapport des conditions de fortune et de la nature des occupations ; les hommes d'étude enfin, qui aiment le calme, et sont, pour la plupart, condamnés à une stricte économie, s'établiront de préférence sur l'un des confins de ce quartier du côté du dehors,

---

[1] La même loi semble avoir présidé au déplacement des civilisations : l'Orient, la Grèce, l'Italie, aujourd'hui la France et l'Angleterre.

loin des bruits de l'industrie et du tumulte des affaires ou des plaisirs. Il n'y aura, par le fait, que trois grandes divisions principales, qui se partageront ensuite pour former les cinq quartiers et les subdivisions que comporte chacun d'eux : la première pour la classe riche, la seconde pour le commerce et les études, la troisième pour les établissements industriels. Quant aux lignes de séparation de ces trois groupes fondamentaux, il est évident qu'elles devront, d'après les considérations qui règlent les positions relatives, être tracées dans une direction à peu près normale à celle des vents régnants, sauf à infléchir vers ses extrémités celle qui limite le quartier de l'industrie, afin de réunir à cette division des terrains beaucoup plus à sa convenance qu'à celle des autres.

A chacun des cinq quartiers, appartiendra une physionomie spéciale, aussi bien par les voies de communication que par les édifices publics et les habitations.

Les rues ne seront très-multipliées, ni dans ceux des richesses, ni dans celui de l'industrie, parce que les premiers auront les grands hôtels avec cours et jardins, et que le second devra présenter les vastes emplacements réclamés par les usines et les manufactures. Dans les quartiers du centre, au contraire, où l'on ne trouvera que des maisons comparativement restreintes, il faudra un grand nombre de rues, afin de tirer bon parti du terrain, et de desservir convenablement la circulation. Les rues des divers quartiers seront d'ailleurs d'autant plus larges qu'elles seront plus espacées, sauf celles qui constituent de grandes artères.

Les habitations seront élégantes et plus ou moins luxueuses dans les quartiers riches ; elles seront modestes dans ceux du commerce et des études ; enfin celles du quartier réservé aux travaux de l'industrie seront établies dans les conditions les plus économiques. Et non-seulement ces édifices seront dissemblables d'un quartier à l'autre, mais on se gardera bien de vouloir ranger sous une même loi tous ceux d'un même quartier. Où la variété est dans les besoins, elle doit être dans les formes. Elle est infinie la diversité des convenances et des goûts, qu'il en soit de même de celle des maisons. Il importe au bien-être des habitants et au bon aspect de la ville qu'il y ait toute liberté sous ce rapport, qu'on sente à première vue que chacun trouvera à se loger à sa volonté. Que les constructions ainsi que les étages soient donc de hauteurs inégales, qu'elles diffèrent par leur largeur, par leurs ornements, par leur caractère ; elles seront dans le vrai, et par conséquent dans la voie du beau. Il n'y aurait pas ordre véritable à les tenir sous un même niveau, et à leur donner à toutes même apparence. Elles n'annonceraient plus la vie et ses accidents, l'homme et sa liberté ; elles deviendraient quelque chose de faux, de blessant pour tout esprit délicat, une sorte de lit de Procuste imposé à tous les habitants d'une ville par la tyrannie d'une architecture inintelligente. Et, en même temps, quelle monotonie et quelle tristesse en seraient la conséquence !

Que sur un petit nombre de points, qu'aux abords d'un grand monument public auquel elles semblent se rattacher, on impose l'uniformité à quelques habitations, comme on l'a fait à Paris sur la place Vendôme, sur la place de la Concorde et dans une partie de la rue de Rivoli : il n'y a certes point de mal, loin de là. Dès que la mesure est exceptionnelle, elle devient une diversité de plus, et s'admet volontiers. Et d'ailleurs, on conçoit aisément, d'une part, qu'il y ait dans une grande ville assez de familles dans des positions analogues pour y admettre un certain nombre d'habitations identiques, et, de l'autre, qu'un édifice de haute importance ait quelques droits sur son entourage immédiat, veuille le plier à ses convenances, et puisse exiger une certaine tenue de qui a l'honneur de l'approcher.

Les monuments et les édifices publics, dissemblables aussi, puisque les destinations sont diverses, seront placés, chacun, dans le quartier et dans la position qui lui conviennent le mieux. Au centre de la ville devront se trouver ceux qui importent également à tous les citoyens : la cathédrale, l'hôtel de ville, le palais de justice, le principal marché de denrées alimentaires ; dans les quartiers riches s'établiront le palais du souverain, les ministères, les musées d'œuvres d'art, les grands théâtres et les plus belles promenades ; sur la limite qui sépare le quartier de la finance de celui du commerce, sera placé le palais de la Bourse. Les entrepôts de produits industriels appartiendront à ce dernier quartier ; les principaux établissements scientifiques ou littéraires, à celui des études ; les entrepôts de matières premières et la grande école industrielle avec son musée et ses dépendances, à celui de l'industrie. Chacun aura en outre ses édifices religieux, ses écoles, ses bibliothèques, ses théâtres, ses marchés, sa mairie, sa justice de paix, etc. Sur divers points du périmètre et dans des positions salubres, se distribueront les hôpitaux et les prisons, et là aussi se trouveront les marchés de bestiaux et les abattoirs. Enfin les cimetières occuperont, en dehors de l'enceinte, des endroits choisis de telle sorte que de dangereuses émanations ne puissent atteindre la cité ; c'est-à-dire qu'ils seront rejetés plus particulièrement dans la direction du nord-est.

La forme à donner à la ville peut être également déterminée d'une manière approximative. Il semble au premier abord que la forme circulaire soit la plus convenable de toutes, parce que c'est celle qui renferme le plus d'espace pour un même périmètre, et rapproche davantage les divers quartiers ; mais le problème ne se réduit pas à ces deux termes, et il est facile de reconnaître qu'elle ne lui donne pas pleine satisfaction. La ville étant assise sur les rives d'un fleuve, ainsi qu'on l'a admis plus haut, cette voie de communication naturelle offrira un agrément et des facilités dont il y aura intérêt à faire jouir le plus grand nombre d'habitations possible, sans cependant dépasser certaines limites. L'enceinte devra donc s'allonger dans la direction du fleuve, et elle prendra plutôt la forme d'une ellipse que celle du cercle. Mais ce n'est pas tout : puisqu'il y a avantage à se placer dans une ville du côté des vents régnants, l'ellipse dont il s'agit devra se déformer en se développant de ce côté (celui de l'ouest en France), et se comprimant à l'opposé, de manière à multiplier les bonnes positions et à réduire le nombre des mauvaises. Le même motif exige une autre déformation : la rive du fleuve placée sous ces vents sera plus exposée que l'autre aux brumes et aux atteintes de l'humidité ; les conditions hygiéniques n'y étant pas aussi bonnes, les habitations auront moins de tendance à s'y porter, et il conviendra d'aplatir l'ellipse dans cette partie de la ville.

La forme qui paraît la meilleure est par conséquent celle d'une ellipse très-sensiblement déformée, et les déformations à faire subir à cette courbe dépendent de la direction du fleuve et de celle des vents régnants. La courbe sera symétrique par rapport à un axe, si ces directions sont les mêmes ou normales entre elles. Dans le premier cas, elle aura la forme d'un œuf tronqué sur le gros bout, lequel fera face au vent, et le fleuve occupera l'axe longitudinal de cette figure ; dans le second, la courbe se composera de deux demi-ellipses, accolées par un grand axe commun qui sera le fleuve, dont les petits axes différeront d'autant plus que le fleuve plus large et les ponts plus espacés rendront les communications plus difficiles, et dont la plus déprimée sera placée sous le vent de l'autre [1]. En dehors de

---

[1] Si l'on avait eu égard à ces considérations lors du tracé des boulevards de Paris qui sont situés sur la rive gauche de la Seine, on les eût tenus à bien moindre distance du fleuve que les autres, et ils ne seraient pas abandonnés à la solitude. Un nouveau boulevard, le boulevard Saint-Germain, actuellement en cours d'exécution remédiera à ce défaut, et l'on peut être assuré qu'il sera très-fréquenté.

ces deux hypothèses, la courbe ne sera plus symétrique. La partie de la ville située au-dessous du fleuve, par rapport au vent, pourra encore être renfermée dans une demi-ellipse, mais le contour de l'autre partie ne sera pas d'une génération aussi simple : il sera tracé de manière à présenter une large tête au vent, les avantages de l'exposition faisant accepter les inconvénients d'une plus grande distance du centre ou du fleuve [1]. Si le fleuve était tellement large que les communications devinssent difficiles d'une rive à l'autre, la partie de la ville située sur la rive inférieure devrait se réduire beaucoup, et pourrait alors être consacrée au quartier industriel, ainsi qu'il s'observe à Rouen, à Nantes et dans plusieurs autres villes. Ajoutons que des accidents de terrain ou la présence d'un second cours d'eau, pourront exiger des modifications dans la courbe dont on vient d'indiquer la forme, et qui est trop régulière pour être admissible en toutes circonstances ; car elle a été conçue dans l'hypothèse d'une seule rivière et d'un sol horizontal dans toute son étendue. Que le terrain s'élève en pente douce, par exemple, sur une partie du périmètre et suivant une exposition favorable, et il y aura évidemment avantage à déformer encore un peu le contour afin d'assurer à la ville les bénéfices de cet heureux accident. Il ne faut pas oublier enfin que nous avons supposé la ville établie à peu près au centre du pays, dans un endroit où l'on n'a point à redouter la violence des vents ; s'il en était autrement, si on la supposait située sur le bord de la mer, il est évident qu'il faudrait modifier les dispositions précédentes, de manière à s'assurer les bienfaits d'un prompt renouvellement de l'air sans s'exposer à ses dangers.

On voit que les données du problème conduisent, quand elles sont mûrement pesées, à une solution qui s'éloigne beaucoup des formes simples et régulières auxquelles se sont arrêtés tous les architectes qui ont cru devoir présenter des projets de villes ; et l'on peut en conclure la marche que doit suivre une ville dans ses développements successifs, car elle tend nécessairement à corriger ce qu'il y a eu de défectueux dans le plan primitif.

Le tracé des rues se refuse plus encore que celui de l'enceinte aux formes, simples et faciles à définir, d'une géométrie élémentaire. Il est assujetti à des conditions très-complexes, dont les principales paraissent pouvoir être résumées

---

[1] Ces différentes formes sont représentées par les figures 17, 18 et 19 de la planche 1. Nous y avons inscrit des circonférences de cercle, qui nous ont paru de nature à en faire apprécier immédiatement les motifs. Le fleuve est représenté par deux lignes parallèles, une flèche marque la direction du vent régnant, et les trois grandes divisions sont indiquées par les chiffres 1, 2 et 3.

ainsi qu'il suit : il faut des communications directes entre les différents quartiers et les principales entrées de la ville, que ces dernières appartiennent à des chemins de fer ou à des voies ordinaires ; il en faut d'un quartier à l'autre, et entre chacun d'eux et les édifices publics placés au centre de la cité ; d'autres sont nécessaires pour accéder au fleuve et aux principales promenades ; quelques-unes devront desservir les établissements publics de chaque quartier ; enfin, après ces artères essentielles, il en faudra de moins importantes pour tirer bon parti de tous les points de l'enceinte, et assurer la circulation de l'air et des personnes suivant les convenances du quartier. On voit déjà que la complication est grande, et que les directions seront nécessairement très-variées ; et cependant nous avons négligé beaucoup de considérations, qui, pour être secondaires, ne sont pas dépourvues d'importance. Mais elles se représenteront dans l'étude qui va être faite des dispositions à adopter pour obéir aux plus essentielles.

Il est aisé de reconnaître qu'il est impossible de faire partir du centre de chaque quartier, des rues se dirigeant en ligne droite sur chacune des grandes entrées de la ville. Quelques-unes d'entre elles se rapprocheraient trop, et deviendraient des entraves à une bonne distribution du terrain. Des lignes brisées sont fort admissibles pour établir les relations dont il s'agit, et la solution sera bonne, qui, en face de chaque entrée principale, offrira trois voies divisant en parties à peu près égales l'espace angulaire à desservir, et se bifurquant ou s'infléchissant à une certaine distance de leur point de départ, de manière à atteindre partout où il est nécessaire sans augmenter sensiblement les distances. Le carrefour placé à l'origine pourra avoir la forme d'un triangle isocèle, avec l'entrée au sommet et les trois rues ouvertes au milieu et aux deux extrémités de la base (pl. 1, fig. 21). Telle est la disposition de la place du Peuple, à Rome, l'une des plus belles entrées de ville qu'on puisse citer, et telle aussi celle des avenues qui conduisent au palais de Versailles (pl. 15, fig. 1). Plusieurs de ces voies importantes, dont le point de départ sera sur le périmètre, pourront établir des relations très-convenables entre les différents quartiers, et les faire communiquer avec le centre de la ville ; mais elles ne suffiront pas, et il faudra leur en adjoindre d'autres. La plupart de ces dernières seront tracées suivant des directions perpendiculaires au cours du fleuve, car il y a là une artère importante à laquelle il est essentiel de rattacher les diverses parties de la ville, et elles auront pour conséquences des rues parallèles à ce même cours. D'autres rues enfin donneront accès aux promenades, aux édifices publics, et diviseront le terrain, en se multipliant plus ou moins, ainsi qu'il conviendra à la destination du quartier.

Une large voie, reliant toutes les entrées, marquera le contour extérieur, et il conviendra en outre d'en tracer une autre également courbe ou plutôt polygonale, à peu près parallèle à la première, et située dans l'intérieur de la ville, presque à égale distance du centre et du périmètre. Cette dernière servira de lien commun entre les divers quartiers, sera très-convenablement placée pour les besoins de la circulation, et pourra devenir une charmante promenade si elle est plantée d'arbres. Là seront d'excellentes positions pour les théâtres, les salles de bals ou de concerts, les principaux cafés, etc., se développeront les cortéges dans les grandes solennités, et se porteront plus particulièrement le mouvement, la vie et les joies publiques.

Les largeurs de ces diverses voies seront fort inégales. Elles ne descendront nulle part au-dessous de la limite qu'impose la salubrité, et cette limite, qui dépend à la fois du climat et de la hauteur des maisons, sera adoptée, afin de ménager l'espace, pour toutes les rues où l'on ne s'attend qu'à une circulation très-restreinte. Pour les autres, la largeur croîtra avec l'importance du mouvement qu'on y peut prévoir, et elle devra être considérable dans les principales artères, de manière à les accentuer très-nettement, et à donner toutes facilités à la circulation des voitures et des piétons.

On se gardera également, et de prolonger les rues en ligne droite sur de trop grandes longueurs, et de les briser ou de les infléchir outre mesure; car ces dispositions ne conviennent ni au fond ni à la forme. Il est rare qu'une longue direction rectiligne n'ait pas quelque chose de faux; qu'il n'eût pas été bien de la dévier en un ou plusieurs points, soit pour éviter une pente trop prononcée, soit pour rencontrer une place publique, soit pour se rapprocher d'un édifice important, soit pour obéir aux convenances de la circulation, soit encore pour se mettre à l'abri des vents trop impétueux. Et, d'un autre côté, il est rare aussi qu'elle produise bon effet, parce qu'elle est trop uniforme. En vain les habitations y sont variées, elles n'attirent pas l'attention, parce qu'elles se présentent obliquement; on les voit mal, et leurs formes sont pour ainsi dire sans action sur les passants. Les longues rues droites sont généralement tristes, et elles ont en outre l'inconvénient de faire paraître la ville plus petite qu'elle ne l'est réellement, car, faute de points de repère, on ne peut se rendre un compte exact de leurs dimensions. Elles vont à l'inverse de ce qu'on doit désirer : elles semblent courtes à qui les voit, longues à qui les parcourt. Mais qu'on y admette quelques changements de direction, et la variété arrive immédiatement ; ils jalonnent les distances, présentent les édifices sous des angles plus divers, déterminent des accidents d'ombre et de lumière, et offrent au promeneur des points de vue qui se renouvellent à chaque pas. Il en est des rues comme des grandes routes, où l'on sait l'effet que produisent les longs alignements ; ils ennuient même les chevaux, prétendent les maîtres de poste.

L'excès opposé serait plus fâcheux encore. Des rues trop courtes, trop fréquemment brisées dans leur direction, ou présentant de trop petits rayons de courbure, allongeraient les distances outre mesure, gaspilleraient le terrain, seraient insalubres parce que l'air ne s'y renouvellerait pas suffisamment, seraient plus fausses encore que les précédentes, enlèveraient à la ville tout caractère de grandeur, et la rendraient triste aussi en la privant de toute longue perspective.

On doit donc se tenir en une juste mesure et éviter les exagérations ; mais il n'y a ni limites, ni principes absolus à poser en pareille matière. Qu'on prenne en sérieuse considération toutes les données du problème, qu'on les apprécie sainement, qu'on ne se laisse dominer par aucune idée préconçue, et la solution à laquelle on arrivera sera bonne sous tous les rapports. Tel est l'esprit qui préside actuellement au tracé des routes et lui a fait faire de si grands progrès.

Il faut des places dans une ville ; elles donnent de l'air, rompent l'uniformité des rues, et offrent les positions les plus convenables pour les édifices publics, les fontaines et les monuments honorifiques. Leur disposition peut et doit être variée. L'une de celles qui séduisent le plus au premier abord, pour une place de grandes dimensions, est la forme circulaire avec un grand nombre de rues de même largeur tendant au centre et également espacées ; c'est ce qu'on appelle une étoile. Mais elle produit rarement bon effet, d'abord parce que la symétrie s'y montre trop dominante, puis parce que la circulation n'ayant pas la même activité dans toutes les rues convergentes, celles qui en sont comparativement dépourvues paraissent tristes et inutiles. Le système qui consiste à réunir par une place carrée deux rues se croisant à angles droits, de manière qu'elles débouchent au milieu de chacun des côtés, n'est pas non plus très-satisfaisant, parce qu'aucun mouvement n'est appelé et ne se porte dans les angles. A cette forme, qui est représentée par les lettres a, b, c, d de la figure 22 de la planche 1, il y a avantage à substituer celle qu'indiquent les lettres e, f, g, h de la même figure. Une autre forme de place très-convenable est celle qui réunit deux rues parallèles, ainsi que le fait voir la figure 23 de la même planche. Quand un édifice public de quelque importance est situé sur une place, il est bien qu'une large rue, ouverte en face, y donne accès et le mette en évidence. On peut adopter alors un tracé analogue à celui que représente la figure 24. Une autre disposition, également très-favorable, consiste à donner une grande longueur à la place, ainsi qu'on l'a fait à Rome pour la place Navone, qui occupe l'emplacement d'un cirque antique dont elle suit à peu près le contour, et qui est décorée de deux fontaines et d'un obélisque, établis sur son axe longitudinal.

Une des belles places qu'on puisse citer, la plus belle peut-être, est la place de la Concorde à Paris, dont la planche 7 donne les dessins. D'un côté, deux grands édifices ornés de portiques monumentaux et, entre eux, une large rue que termine dignement l'église de la Madeleine; sur le côté opposé, le fleuve que franchit un beau pont aboutissant à la façade principale du palais du Corps législatif; sur l'une des façades latérales, l'entrée et les terrasses du jardin des Tuileries, sur l'autre, les plantations des Champs-Élysées; au milieu, un obélisque, des fontaines, des candélabres; dans les angles enfin, huit statues colossales, élevées sur de grands piédestaux. Cet ensemble produit le plus bel effet, et semble bien supérieur à la place de Saint-Pierre de Rome, qu'on pourrait être tenté de lui comparer, mais qui, si elle a quelque chose de plus monumental, est loin d'offrir autant de variété et d'agrément dans les perspectives. Ajoutons que la place de la Concorde paraîtrait trop vaste en toute autre position, et que ce défaut avait été senti par Gabriel, l'architecte qui a eu l'honneur d'en donner les dessins. Des fossés défendus par des balustrades et occupés par des jardins avaient été appelés à le dissimuler, en occupant une partie de l'espace et introduisant du mouvement dans la composition. Ils sont marqués sur notre plan; mais, par suite de l'accroissement de la population, ils se sont trouvés gênants dans les jours de fêtes publiques, et ils ont été comblés il y a quelques années.

Les places trop grandes n'ont pas seulement l'inconvénient d'employer d'une manière peu profitable un terrain précieux, et de tendre à augmenter la ville outre mesure; elles ont aussi le défaut de produire moins d'effet que celles dont les dimensions ont été plus justement établies. Ce qui nous frappe, en effet, ce que nous sommes disposés à admirer, ce n'est point l'étendue de la surface, c'est l'importance et la beauté des constructions qui l'encadrent. Or un édifice perd à être vu de trop loin; que la distance dépasse une certaine limite, et il est jugé petit plutôt que ses abords ne paraissent vastes.

Ce ne seront pas seulement des fontaines élégantes, des monuments honorifiques ou des œuvres d'art de diverses natures qui orneront les principales places de la ville ; d'autres embellissements encore viendront s'y adjoindre. Des arbres, des arbustes, des fleurs, des gazons occuperont dans ces endroits tout l'espace que ne réclame point la circulation. Ils assainiront l'air, doteront chaque quartier d'agréables promenades, et récréeront la vue, tant par le spectacle de la verdure que par celui des gracieux ébats des enfants du voisinage. Enfin d'autres plantations plus abondantes formeront des jardins publics sur des points convenablement choisis, ou, artistement disposés sur les rives du fleuve, s'associeront heureusement aux points de vue qu'on découvrira de ses quais et de ses ponts.

Une question souvent débattue est celle de savoir s'il convient que les rues soient accompagnées de portiques, ainsi qu'il s'observe dans plusieurs villes. Il est certain que cette disposition est avantageuse pour les piétons, en ce qu'elle les met à l'abri des atteintes des voitures, de la boue, de la pluie, du vent et des ardeurs du soleil. Mais elle a de nombreux inconvénients : elle diminue, sans réduire les dépenses de construction, l'étendue des rez-de-chaussée, et ne laisse pas arriver une suffisante quantité d'air et de lumière à celles de leurs salles qui sont situées sur la rue ; de hautes maisons soutenues par des supports isolés présentent moins de solidité que celles dont les murs reposent directement sur les fondations ; malgré le mouvement qui les anime, ces portiques, trop prolongés, ont de la monotonie, parce que la vue y est nécessairement très-bornée ; ils donnent enfin à la ville quelque chose de morne, car ils masquent une grande partie de la circulation, qui y entretient et y annonce la vie. Il semble donc que, s'il n'y a pas lieu de les proscrire, il convienne d'en restreindre l'emploi aux endroits où ils sont appelés à rendre le plus de services. Tels sont les abords d'une promenade fréquentée ou le périmètre d'une place dont le centre est occupé par un jardin public ; en pareilles situations, ils offrent de précieux abris aux promeneurs surpris par le mauvais temps[1].

Enfin il faudra régler, en vue de la salubrité et de l'agrément de la ville, les hauteurs des maisons d'après les largeurs des rues, ainsi que les dimensions des

---

[1] Une disposition fort simple remplirait le même office que les portiques, sans présenter aucun des défauts dont on vient de parler. Elle consisterait à couvrir par un vitrage, sur tout ou partie de leur largeur, les trottoirs que la plupart des villes ont reconnu la nécessité d'établir de chaque côté des rues, dans l'intérêt des piétons. On se bornerait à soutenir ces auvents vitrés par de légères potences en fer scellées dans les murs. Ils n'enlèveraient ni jour ni air, et ils préserveraient des rayons du soleil au moyen de tentures mobiles. La dépense d'établissement serait fort minime, de même importance à peu près que celle des trottoirs ; et elle n'aurait certainement rien de trop onéreux pour les propriétés qui bénéficient de façades sur la voie publique.

cours intérieures, et établir un système complet de canalisation souterraine pour les tuyaux adducteurs d'eau et de gaz, et pour le prompt dégagement des immondices.

Telles sont les principales considérations et les conditions les plus essentielles qui paraissent devoir présider à l'établissement d'une ville. Il appartient à l'architecte, auquel est dévolu le périlleux honneur d'un travail de cette importance, de les méditer avec la plus grande sollicitude et de ne négliger aucun des nombreux intérêts qui lui sont confiés. Son œuvre n'aura point de durée si elle est vicieuse; elle sera complétement remaniée, car on n'arrête point le mouvement d'expansion d'une grande cité, et les besoins d'une population nombreuse finissent toujours par trouver satisfaction; mais elle aura pesé lourdement sur plusieurs générations, et les fautes du début imposeront à l'avenir de pénibles sacrifices. Il aura exercé une action funeste, où il avait de grands bienfaits à répandre, et une juste réprobation frappera sa mémoire. Qu'il se livre donc aux plus sérieuses études ; que, pénétré des devoirs qui lui sont imposés, il s'adresse tour à tour à son jugement et à son imagination, et sache se former un large et puissant idéal. Qu'il voie dans sa ville un vaste monument, un et multiple à la fois, répondant pleinement aux exigences d'une vie collective et à toutes celles d'existences individuelles, présentant comme elles les aspects les plus divers, alliant en une juste mesure l'ordre et la liberté, et constituant une sorte de sublime concert par la savante réunion de toutes les formes variées et harmonieuses, expressions fidèles de la diversité des goûts, des positions et des besoins, des liens qui unissent et du sentiment d'art qui anime les habitants.

Mais cette ville idéale dont nous venons d'esquisser si péniblement les traits fondamentaux, elle existe, nous la connaissons tous, c'est la plus belle ville du monde, c'est la ville aimée et admirée entre toutes, aussi bien par les étrangers que par les nationaux : c'est Paris.

Placée un peu au nord du centre de la France, du côté où l'attiraient nos intérêts politiques et nos relations commerciales, elle est assise dans une vallée belle, saine et fertile, sur le bord d'un fleuve dont la navigation est facile, dont les eaux ne tarissent jamais et dont les inondations sont peu redoutables. Mise en communication par la Seine, d'un côté, avec l'Océan, de l'autre, avec plusieurs provinces, elle dispose de la Marne et de l'Oise pour étendre sa navigation sur d'autres parties du territoire. Ses environs sont meublés de douces collines et de riantes vallées, et le vaste plateau de la Beauce se couvre, à faible distance, des riches moissons qui lui sont destinées. Son sol n'est pas accidenté au point d'apporter des entraves à la circulation, et il l'est assez pour faciliter l'écoulement des eaux, donner de la variété au dedans, et déterminer une silhouette caractérisée au dehors. Les matériaux de construction y abondent; on trouve d'excellentes pierres calcaires des qualités les plus diverses à peu de profondeur au-dessous de la surface ; deux des collines qui lui forment abri contre les vents du nord renferment le meilleur plâtre connu ; à proximité se montrent les pierres meulières, si précieuses en une foule de circonstances, et, un peu plus loin, les grès résistants, quoique faciles à tailler, qu'exige le pavage des rues.

A ces avantages naturels, la main de l'homme en a ajouté de très-considérables par d'immenses travaux sagement conçus. De Paris, partent, dans toutes les directions, des routes et des chemins de fer, qui, se ramifiant à l'infini, rattachent à la capitale les moindres villages de l'empire, artères innombrables faisant circuler partout la vie et le mouvement. Les voies navigables ont franchi les faîtes qui séparent les vallées, et elles amènent à peu de frais, dans le centre commun, les produits les plus divers du territoire tout entier. Des eaux puisées dans le fleuve ou tirées de loin sont mises partout au service des habitants, assurent la propreté de la ville, et sont évacuées ensuite par de nombreux égouts.

Aux environs, de quelque côté que vos pas se dirigent, vous trouvez de charmantes maisons de campagne et de délicieuses promenades : ce sont, sans parler des parcs de Vincennes et de Boulogne, les collines boisées de Montmorency, de Saint-Germain, de Marly, de Versailles, de Ville-d'Avray, de Saint-Cloud, de Meudon, de Clamart, de Verrières, qui forment à la ville comme une belle couronne de verdure et d'agréables habitations.

Et, à l'intérieur, quelle diversité dans les formes ! comme tout y est vivant ! quelle large part faite à l'indépendance ! combien de précieux souvenirs et de beaux monuments ! Les rues sont de toutes largeurs, se croisent dans toutes les directions ; les unes se dirigent en ligne droite, d'autres sont ondulées, beaucoup suivent des lignes brisées. Si, sur quelques places publiques ou dans un petit nombre de rues, les maisons sont établies sur le même dessin, on les voit partout ailleurs de hauteurs inégales et d'ordonnances différentes ; la modeste habitation se dresse à côté du somptueux hôtel ou du vaste monument, chacun ayant son caractère et témoignant de conditions sociales ou de destinations différentes. Tel quartier est bruyant et tel autre plein de calme; ici sont des jardins qui apportent dans la ville la verdure des campagnes, là le terrain, trop précieux, est complétement envahi par les constructions. A chaque goût, à chaque position ce qui lui convient. Les monuments sont nombreux, appartiennent à tous les temps, sont des styles les plus opposés. Le moyen âge, la Renaissance, les deux derniers siècles, notre époque y sont représentés par des chefs-d'œuvre. Puis quelles admirables perspectives! Où trouver le mouvement et la variété de nos boulevards? où, les lointains et pittoresques points de vue de nos quais? Et toutes ces choses si diverses se relient harmonieusement; on ne songe point à être choqué des irrégularités, des oppositions, si brusques qu'elles soient, parce qu'on les sent vraies, parce qu'on les juge en connexion tellement intime, tant avec l'existence antérieure qu'avec l'existence actuelle de la population, qu'elles prennent elles-mêmes une apparence de vie. La ville témoigne de l'esprit qui l'anime, et semble refléter tout ce qu'il y a de bon et d'aimable dans le caractère national. C'est là ce qui est dominant, et c'est là l'essentiel [1].

Tout n'y est point parfait sans doute [2] : les conditions hygiéniques sont encore peu satisfaisantes dans plusieurs quartiers; la circulation, qui s'accroît rapidement, demande un plus grand nombre de larges artères ; les plantations, les fontaines et les statues ne sont pas assez multipliées; mais nous sommes largement entrés depuis quelques années dans la voie des améliorations, et nous nous disposons à de plus vastes travaux. Quelques-uns des traits de la ville seront changés, quelques quartiers seront profondément modifiés; mais le vieux Paris percera tou-

---

[1] Il est à remarquer que la ville a su corriger les imperfections de son enceinte, tantôt en sortant de ses murailles, tantôt en abandonnant quelques espaces de terrain, et qu'elle a renfermé ses habitations dans l'un des contours que nous a révélés l'étude des données fondamentales du problème. Elle s'est développée dans la direction du nord-ouest, en s'emparant du plateau de Batignolles et des hauteurs de Montmartre, et a refusé de s'étendre jusqu'aux limites qui lui étaient concédées au sud et à l'est; elle a pris dans son ensemble la figure d'une ellipse déformée, ainsi que le montre la figure 20 de la planche 1, dans la partie qui est couverte de hachures. Le mur d'enceinte qu'ont remplacé les fortifications depuis quelques années est marqué par un double trait sur ce dessin. Le fleuve est en c,c; la petite rivière de Bièvre, en b,b; le canal Saint-Martin, en a,a. On voit que chacun de ces cours d'eau a exercé son action : le premier en déterminant le grand axe de l'ellipse ; le second et le troisième en amenant les prolongements e et f. Un troisième appendice, d, est motivé par les pentes favorables de Belleville et de Ménilmontant. Les quartiers sont également distribués conformément à la loi qui a été indiquée plus haut : en 1,1, sur l'une et l'autre rive du fleuve, sont les parties de la ville plus particulièrement habitées par l'aristocratie de naissance et de fortune; en 2, le quartier de la finance; en 3,3, celui du commerce; en 4, celui des études; en 5,5, celui de l'industrie. Les édifices publics sont d'ailleurs répartis pour la plupart dans les positions que nous avons reconnues être les plus convenables.

[2] Ne serait-ce point nous écarter de notre sujet, et trop abonder dans le détail, que conseiller, en fait d'améliorations, la suppression de ces ignobles colonnes, qui donnent un si singulier spectacle aux promeneurs de nos quais et de nos boulevards, ainsi que celle de ces plaques émaillées, distribuées sur tous nos trottoirs, comme pour inviter les passants à commettre des inconvenances? Il serait, ce semble, bien facile d'y suppléer.

jours, et avec lui se maintiendront les formes caractéristiques et les précieux souvenirs. Il suffira de ne pas trop accorder à la régularité, de ne pas se croire obligé de diriger en ligne droite les nouvelles voies à ouvrir, de savoir les infléchir, ici pour épargner un monument qui a de la valeur, là pour éviter la destruction d'une propriété dispendieuse, sur tel point afin de se raccorder facilement avec une rue existante, sur tel autre dans le but d'ouvrir une agréable perspective. Il faudra surtout se garder scrupuleusement d'entraver la liberté au delà du nécessaire, et n'imposer l'uniformité pour les façades des maisons que dans de très-rares circonstances. Une économie intelligente, une juste appréciation de toutes les convenances, un sentiment élevé de l'art, devront présider à ces opérations, et la ville, plus digne que jamais de sa haute position, prouvera, mieux qu'elle ne l'a fait encore, que le bon esprit amène les belles formes.

Puis viendront les améliorations de détail : de nouveaux édifices publics combleront des lacunes ou remplaceront tous ceux qui ne répondent pas convenablement à leur destination, les eaux se montreront plus abondantes dans tous les quartiers de la ville, et l'on verra se multiplier les promenades intérieures, ainsi que les monuments honorifiques, trop rares actuellement [1].

Appelés à de grandes conceptions, nos architectes apprécieront l'étendue de leur mission, se montreront fidèles interprètes de l'esprit et des besoins de l'époque, et sauront tirer parti des nouvelles et innombrables ressources que leur offre notre industrie dans ses progrès incessants. L'architecture aura des formes et des magnificences, jusqu'alors inconnues, pour la ville qui occupe aujourd'hui dans le monde la place qu'Athènes et Rome y tenaient jadis, et notre civilisation, plus avancée que celle des anciens, sera dignement représentée par cette noble cité, tête et cœur de la France.

« Elle a mon cœur dez mon enfance : et m'en est advenu comme des choses
« excellentes; plus i'ay veu, depuis, d'aultres villes belles, plus la beauté de cette
« cy peult et gaigne sur mon affection : ie l'aime par elle mesme, et plus en son

---

[1] Tout ce qui vient d'être dit sur la ville de Paris est reproduit textuellement de la première édition de cet ouvrage. Nous voulions refondre ce passage et rendre compte des grands travaux exécutés depuis 1858, date de cette publication; mais, vraie aujourd'hui, notre description eût encore été inexacte demain, tant est grande la rapidité avec laquelle la ville se transforme, et nous nous sommes abstenu. Il a paru d'ailleurs qu'il n'était pas sans intérêt de conserver un souvenir de l'ancien état de choses, et sans quelque utilité de rappeler dans quel esprit nous avions jugé que pouvait être conçue la grande opération. Loin de nous d'ailleurs la pensée de refuser notre admiration à une œuvre qui a sa place marquée dans l'histoire du pays, et comptera parmi les plus remarquables et les plus bienfaisantes de l'époque.

« estre seul, que rechargee de pompe estrangière : ie l'aime tendrement, iusques
« à ses verrues et à ses taches : ie ne suis François que par cette grande cité,
« grande en peuples, grande en félicité de son assiette ; mais surtout grande et in-
« comparable en variété, et diversitez de commoditez ; la gloire de la France, et
« l'un des plus nobles ornements du monde. Dieu en chasse loing nos divisions ! »

(Montaigne.)

FIN DE LA SECONDE ET DERNIÈRE PARTIE.

NOTES.

A

DISPOSITIONS RELATIVES A LA SALUBRITÉ DES ÉDIFICES

Les dispositions qui importent à la salubrité comprennent la situation et l'exposition de l'édifice, ainsi que les mesures à prendre pour le mettre à l'abri des atteintes de l'humidité et lui assurer une température convenable et un air pur. Elles vont être successivement examinées.

I. — SITUATION.

Ne sont point favorables à l'établissement des constructions, les sols humides, ceux qui sont formés de vase, de tourbe ou d'un sable fin, facilement soulevé par les vents, et ceux qui ont été remblayés avec des immondices, comme il s'en rencontre à proximité des grandes villes. Sont également à éviter, les hauteurs où l'air est trop vif et les fonds de vallées où il se renouvelle difficilement, et où l'on est exposé aux brouillards et aux inondations. Il faut mettre l'édifice à l'abri des vents régnants, surtout quand il est à proximité de la mer ou sur un plateau élevé. La salubrité du pays doit être prise en très-grande considération. Les contrées qui renferment des marais ou des eaux stagnantes sont habituellement fiévreuses, et il ne faut s'y établir qu'en cas d'absolue nécessité. Il convient même de s'éloigner autant que possible des étangs ou des marais et, s'il en est dans le voisinage, de choisir un emplacement qui les domine, tant par sa hauteur que par sa position relativement au vent régnant.

La qualité et le régime des eaux sont également à examiner, quand on est appelé à faire choix d'un endroit pour bâtir. Il faut que l'eau soit bonne à boire et apte à tous les autres services qu'elle est appelée à rendre, soit suffisamment abondante, et se puisse obtenir sans trop de labeur.

Dans les villes, les terrains les plus favorables sont, abstraction faite des mérites spéciaux du quartier, ceux qui sont situés sur les promenades, sur les places publiques ou sur les rues larges et bien aérées.

Il y a une tendance parfaitement motivée à rechercher les positions qui dominent la ville par rapport au vent régnant, parce qu'on y jouit habituellement d'un air pur de tout contact avec les habitations agglomérées. Aussi voit-on que, dans nos contrées, les villes se développent toujours vers l'ouest, lorsqu'elles sont libres de leurs mouvements, ainsi que nous l'avons déjà dit.

En France, l'exposition au sud est généralement regardée comme la plus avantageuse de toutes, et paraît en effet très-favorable à la santé. Elle est à l'abri des vents régnants et des vents froids, et elle fait jouir du soleil que nulle autre source de chaleur ou de lumière ne saurait remplacer, et dont il est toujours facile de se garantir quand il devient trop ardent ; inconvénient qui se fait d'ailleurs rarement sentir dans notre climat. Cependant, dans les habitations princières, on trouve quelquefois des appartements d'hiver et des appartements d'été, et l'on expose ces derniers au nord ou à l'est. Une disposition analogue se rencontre même dans des demeures beaucoup plus modestes, surtout à la campagne ; mais elle se borne généralement aux salons, dont l'un est réservé pour les temps froids, et l'autre pour les mois les plus chauds de l'année.

Il est, du reste, plusieurs parties de nos édifices pour lesquelles l'exposition au sud est plutôt à fuir qu'à rechercher. Ainsi les pièces qui réclament un jour aussi égal que possible, telles que les bibliothèques, les galeries d'œuvres d'art ou d'histoire naturelle, les ateliers des peintres, des graveurs, des sculpteurs, sont plus convenablement éclairées du côté du nord ; et il en est de même pour celles qui redoutent la chaleur, telles que les cuisines, les laiteries, les boucheries, les magasins de comestibles, etc. Pour les salles à manger, l'exposition au nord ou à l'est est préférable, parce que, dans les longs jours de l'été, les rayons du soleil sur son déclin pénètrent fort désagréablement, à l'heure du dîner, dans celles qui sont éclairées, soit au sud, soit surtout à l'ouest. Les écuries et les étables paraissent réclamer l'exposition au levant. Il n'y a que celle de l'ouest à laquelle on ne reconnaisse aucun avantage, et encore ne peut-on pas la repousser d'une manière absolue, parce qu'il est souvent des circonstances locales qui obligent à accepter ses inconvénients. Ainsi, dans nos villes, quand une maison est exposée à l'ouest sur la voie publique, et n'a qu'une cour de dimensions restreintes, on place de ce côté les pièces principales, parce qu'on y trouve plus de salubrité et d'agrément que sur l'autre face.

Nous n'insisterons pas davantage à ce sujet ; nous avons eu soin, en traitant des différentes espèces d'édifices, de faire connaître les expositions les plus favorables pour les principales pièces dont ils se composent.

II. — ASSÉCHEMENT.

L'humidité est l'une des choses le plus à redouter dans l'intérieur de nos édifices ; car elle est insalubre, et elle exerce une action destructive sur la plupart des objets qu'elle atteint. Elle peut provenir de diverses causes : du sol, des matériaux de construction, de vices d'exécution ou d'un défaut de ventilation.

Afin de s'opposer à la propagation de l'humidité du sol dans l'intérieur d'un édifice, il faut avant tout élever le rez-de-chaussée à une certaine hauteur au-dessus du terrain naturel, et disposer les abords de telle sorte que, non-seulement les eaux ne puissent être rejetées contre les murs, mais encore qu'elles s'en éloignent rapidement. On satisfait à cette dernière condition en établissant le long des murs des revers pavés, dallés ou bitumés, avec forte pente en travers (0,08 au moins) ; en donnant une inclinaison prononcée aux ruisseaux auxquels ces revers aboutissent ; enfin en élevant le sol des cours au-dessus de celui de la voie publique, de manière à pouvoir dégager convenablement les eaux qu'elles reçoivent, ou en construisant à cet effet des égouts ou des puisards.

Malgré ces précautions, il est des terrains qui, naturellement aquifères, propagent l'humidité dans nos constructions, dont les matériaux sont presque toujours plus ou moins hygrométriques. Des filtrations peuvent avoir lieu par le sol des caves ou au travers des murs souterrains : on s'en garantit en couvrant le sol d'un radier général en béton hydraulique, dont l'épaisseur varie, dans les circonstances ordinaires, de $0^m,60$ à $1^m,00$, et en exécutant les murs en pierres de bonne qualité maçonnées en mortier hydraulique, ou mieux encore en ciment de Portland. Si les eaux étaient abondantes et les pierres spongieuses, ces précautions ne suffiraient pas pour assécher convenablement les caves, et il conviendrait de creuser, au-dessous des murs et à un niveau inférieur à celui du sol de ces constructions souterraines, un canal qu'on remplirait en pierres sèches, sur lequel on remblayerait, et qui conduirait les eaux qu'il aurait recueillies jusqu'au point où elles deviendraient inoffensives.

Quand il n'y a pas de caves sous un bâtiment, le sol du rez-de-chaussée peut être difficilement garanti des atteintes de l'humidité, si, établi sur des remblais, il reste en contact par leur intermédiaire avec le terrain naturel. Il faudrait l'élever sur des arcs en maçonnerie ou sur de petits murs percés d'ouvertures nombreuses, de telle sorte que le contact fût supprimé, et qu'il pût s'établir une circulation d'air entre les deux sols. Des solives en bois ou en fer supportent, dans ce cas, l'aire sur laquelle se pose le plancher ou le dallage du rez-de-chaussée. Si le sol était très-humide, il conviendrait en outre de le couvrir d'une couche de béton hydraulique ou bitumineux.

Lorsque les murs sont exécutés en pierres susceptibles d'absorber beaucoup d'eau, ou sont maçonnés, soit en plâtre, soit en mortier de chaux non hydraulique, l'humidité peut les pénétrer et se propager jusque dans les parties supérieures de l'édifice. Des matériaux de qualité plus convenable remédieraient efficacement au mal ; mais on n'en a pas toujours à sa disposition. On peut alors interrompre le passage de l'humidité, ou en interposant une feuille métallique dans toute l'épaisseur du mur, entre le niveau du sol extérieur et le dessous du plancher du rez-de-chaussée, ou en maçonnant sur une certaine hauteur avec ciment de Portland, bitume ou mastic hydrofuge.

Une des causes d'humidité dont il est le plus difficile de se garantir est la perméabilité des murs. Il est des pierres de si mauvaise qualité sous ce rapport, et des contrées où les eaux pluviales sont chassées avec une telle violence par les vents, que les murs les plus épais sont traversés. La peinture à l'huile au dehors n'est pas sans efficacité, mais c'est à condition d'être fréquemment renouvelée ; les enduits hydrofuges appliqués sur les parois intérieures ne remédient pas complètement au mal, parce qu'ils ne peuvent s'étendre partout, laissent pénétrer l'humidité dans les planchers, et sont fréquemment endommagés ; les boiseries présentent le même inconvénient, et ne sont pas de longue durée ; les revêtements intérieurs en feuilles de zinc ou d'étain ont eu de meilleurs résultats, mais ils se voilent plus ou moins lorsque la température s'élève, et se concilient difficilement avec la décoration intérieure. Le meilleur système à adopter, en pareille circonstance, paraît être celui de la double enveloppe en maçonnerie. Il consiste à établir à l'intérieur, à quelques centimètres en avant des murs humides, des cloisons en briques posées sur champ ou à plat, cloisons qui, lorsqu'elles ont un grand développement, se rattachent aux murs de distance en distance avec des briques vitrifiées, lesquelles ne sont pas susceptibles de transmettre l'humidité. On leur donne ainsi toute la solidité désirable, sans qu'il en puisse résulter aucun inconvénient. Il convient de s'assurer les moyens d'établir une circulation d'air entre les murs et les cloisons, afin d'assécher autant que possible l'intervalle qui les sépare. Verser de l'air chaud en hiver dans cet espace, serait une excellente chose.

On doit éviter de sceller des poutres ou des solives dans les murs qu'on ne peut mettre à l'abri des atteintes de l'humidité.

Les mêmes dispositions s'appliquent avec succès aux constructions des contrées maritimes, qu'on a souvent le tort d'exécuter en pierres imprégnées d'eau de mer, ou avec du mortier dont le sable a été ramassé sur la grève ou l'eau prise dans la mer. Le sel déliquescent que contiennent ces maçonneries les rend essentiellement hygrométriques pendant un grand nombre d'années.

C'est encore à la double enveloppe qu'il faut avoir recours quand des terres sont appuyées contre un édifice, comme il se rencontre fréquemment dans les constructions établies sur le revers fortement incliné d'un coteau ; et il peut être convenable, dans ce cas, d'établir entre la cloison et le mur, au-dessous du sol du rez-de-chaussée, un caniveau destiné à donner de l'écoulement aux eaux de filtration.

Quand le mal provient de vices de construction, tels que couvertures ou chéneaux mal établis, tuyaux de descente donnant lieu à des filtrations, il est aisé de reconnaître ce qu'il y a à faire pour s'en préserver, et nous ne mentionnons cette éventualité que pour la signaler à l'attention des personnes appelées à s'enquérir des causes auxquelles on peut attribuer l'humidité d'un édifice.

Enfin le défaut de ventilation est une cause d'humidité. Que de l'air à peu près saturé de vapeur d'eau pénètre dans une pièce fermée dont la température est inférieure à la sienne, il se formera des précipitations aqueuses contre les parois, et si cet air ne se renouvelle plus ensuite, il contiendra toute la quantité de vapeur que comporte la température, de sorte que les murs ne pourront être asséchés. Ce phénomène se produit sur toutes les parois conductrices de la chaleur, lorsqu'une température douce succède tout d'un coup à un froid vif ; refroidi au contact de ces surfaces, l'air, à peu près saturé d'humidité, abandonne une partie de l'eau qu'il contenait à l'état de vapeur, et on la voit couler plus ou moins abondante.

III. — CHAUFFAGE.

Les combustibles employés au chauffage de nos édifices sont le bois, le charbon de bois, la houille, le coke, l'anthracite et la tourbe. Nous ne parlons ni des mottes, de la bouse de vache et des plantes marines desséchées, qui sont de fort médiocres combustibles, d'un usage très-restreint, ni du gaz hydrogène, qui a été proposé dans ces derniers temps et présenterait des avantages très-réels, mais n'est pas encore complétement entré dans la pratique.

La puissance calorifique d'un combustible est d'autant plus grande que la matière renferme plus de carbone et d'hydrogène. En prenant pour unité (cette unité a reçu le nom de *calorie*) la quantité de chaleur nécessaire pour élever d'un degré du thermomètre centigrade la température d'un kilogramme d'eau, on a trouvé que la quantité de chaleur fournie par un kilogramme de bois très-sec est égale à 3600 calories, quelle que soit la nature du bois, et qu'elle se réduit à 2800 lorsque le bois renferme de 0,20 à 0,25 d'eau, ce qui est la proportion habituelle de celui que livre le commerce ; que cette valeur s'élève à 7000 calories pour le charbon de bois ; qu'elle varie de 6400 à 7600 pour la houille et pour l'anthracite ; enfin qu'elle est de 3600 pour la tourbe de bonne qualité, et de 6500 environ pour le coke.

Une calorie peut élever de 1° la température de 3 mètres cubes d'air environ ; de sorte que si nos appareils de chauffage utilisaient toute la quantité de chaleur produite, il suffirait, pour élever de 20° la température de 100 mètres cubes d'air, d'environ $0^{kg},25$ de bois et de $0^{kg},10$ de houille de qualité ordinaire. On sait qu'il s'en faut de beaucoup que ces résultats soient atteints.

La chaleur développée par la combustion se disperse par le rayonnement du combustible et par le courant d'air qui entraîne les produits gazeux de cette combustion. La chaleur rayonnante est seule utilisée dans nos cheminées ordinaires, mais non pas en totalité. D'après M. Péclet, à l'excellent ouvrage duquel nous ferons plusieurs emprunts[1], la quantité de chaleur rayonnante produite par le bois est le quart environ de la chaleur totale, elle est le tiers avec le charbon de bois et un peu plus de moitié avec la houille ou le coke. Ces chiffres, rapprochés de ceux que nous avons donnés plus haut et des prix des divers combustibles, montrent combien le chauffage à la houille ou au coke est plus économique que le chauffage au bois. Ainsi, un kilogramme de bois donne par rayonnement 700 calories, et l'on en tire 3600 environ de la même quantité de coke ou de houille de qualité moyenne ; de sorte que, quand le prix du kilogramme de ces divers combustibles est à peu près le même, comme à Paris, la chaleur rayonnante de la houille ou du coke ne coûte pas le cinquième de celle qu'on obtient avec du bois.

Les systèmes employés pour opérer le chauffage au moyen de ces combustibles sont extrêmement variés ; mais ils peuvent être divisés en deux grandes classes, suivant que l'appareil de combustion est placé dans la salle même, ou qu'il est établi au dehors. A la première, appartiennent les brasiers, les cheminées et les poêles ; à la seconde, les calorifères à air chaud, à vapeur ou à eau chaude.

Dans les huttes de quelques peuplades sauvages, un feu assez actif pour chauffer les hommes et cuire leurs aliments est allumé sur le sol, au milieu de la salle et au-dessous d'une ouverture pratiquée dans le toit pour donner passage aux produits gazeux de la combustion. Nous avons rencontré la même disposition chez des pêcheurs de la Méditerranée, dans la Camargue. Elle serait très-dangereuse si le courant ascendant qui s'établit ne forçait l'air à affluer de tous côtés, en passant par les ouvertures des portes et les fissures des parois, de sorte que les hommes accroupis autour du feu sont entourés d'un air assez pur. Mais elle est fort incommode, à raison de cette circulation incessante d'air froid, puis parce que le moindre vent renvoie beaucoup de fumée dans l'intérieur.

[1] Péclet, *Traité de la chaleur*.

L'antiquité a fait grand usage de récipients portatifs en métal, sans tuyaux d'échappement, dans lesquels on brûlait de la braise, matière qui ne dégage aucune fumée. Le même mode de chauffage est fréquemment employé, encore aujourd'hui, en Orient, en Italie et en Espagne. Ces brasiers présentent également le danger d'asphyxie par l'acide carbonique et l'oxyde de carbone, que produit la combustion ; mais le feu est généralement peu actif, tandis que les salles sont grandes et surtout fort mal closes. Des courants d'air, qui sont réfrigérants, mais salutaires, s'établissent par les joints ouverts des portes et des croisées.

L'usage des cheminées ne paraît pas remonter au delà du douzième siècle, et plusieurs de nos vieux monuments prouvent qu'il a été très-répandu en France dès cette époque. La plupart de ces anciennes cheminées et surtout de celles des siècles suivants étaient établies sur de vastes proportions ; leurs tuyaux étaient très-larges, et leurs vastes foyers étaient surmontés de hottes véritablement monumentales. Une famille entière pouvait s'abriter sous leur manteau. Quelques-unes étaient décorées de riches sculptures, et la Renaissance en a produit de très-belles. Leur aspect devait être des plus récréants, lorsque, par un temps froid, elles se montraient remplies de grandes bûches en pleine combustion ; mais c'étaient de détestables appareils de chauffage. La consommation de combustible y était très-considérable, et elles produisaient un énorme tirage et, par suite, de très-forts courants d'air dans l'intérieur de la salle, qu'il était presque impossible de chauffer. Grillé d'un côté, on était gelé de l'autre. C'étaient plutôt des appareils de ventilation que des appareils calorifiques, et, comme le disait Franklin, en parlant de cheminées moins vicieuses, elles semblaient avoir été disposées dans le but d'utiliser la moindre quantité possible de la chaleur produite. Elles fumaient en outre fréquemment, soit parce que le vent s'engouffrait dans leurs tuyaux, soit parce qu'il s'y établissait un double courant.

Les cheminées actuelles sont disposées de manière à n'avoir aucun des inconvénients de celles d'autrefois, tout en présentant les mêmes avantages essentiels : ceux de donner la vue du feu, d'offrir un moyen prompt et commode de se chauffer les pieds, de contribuer au renouvellement de l'air, et de permettre d'activer ou de ralentir rapidement le chauffage. On s'attache, en les établissant, à satisfaire aux conditions suivantes :

1° Renvoyer dans la salle la plus forte partie possible de la chaleur rayonnante produite par le combustible ;

2° Réduire la quantité d'air entraîné sans utilité pour la combustion ;

3° Remplacer, par de l'air pur, préalablement chauffé, celui qui alimente la combustion ou s'échappe par le tuyau de la cheminée ;

4° S'opposer à l'introduction de la fumée dans la salle, quelles que soient la force et la direction du vent.

On se conforme à la première en donnant peu de profondeur au foyer, de manière à porter le feu en avant, et à augmenter ainsi l'amplitude du champ de dégagement du calorique rayonnant ; en évasant les parois latérales et la paroi supérieure en avant de l'orifice du tuyau, afin de renvoyer dans l'appartement les rayons calorifiques qui viennent les rencontrer ; enfin en exécutant ces parois en matériaux blancs et polis, comme la faïence ou les tuiles vernissées.

C'est à Rumfort qu'on doit cette solution de la première partie du problème. Elle est très-judicieuse ; toutefois, si elle constitue une amélioration considérable sur ce qui se pratiquait auparavant, elle ne peut être regardée comme suffisante au point de vue économique. Ces cheminées perfectionnées n'utilisent en effet, pour le chauffage de la salle, qu'environ les 0,06 de la chaleur produite, si le combustible est du bois, et les 0,13, si l'on emploie de la houille. Pour en obtenir davantage, il faut établir autour du foyer un des appareils de circulation d'air dont il sera question tout à l'heure.

Le même savant a prouvé que, pour réduire la consommation d'air, il faut étrangler la partie inférieure de la cheminée, de manière à limiter, autant que possible, l'espace par lequel l'air peut s'échapper sans rencontrer le combustible. Cette disposition a en outre l'avantage d'augmenter la vitesse de l'air affluent, et d'activer la combustion. On la complète utilement, d'abord en installant une plaque mobile à l'entrée du tuyau, pour permettre de régler le tirage à volonté, et même de fermer l'orifice en cas d'incendie, ou lorsqu'on veut s'opposer au refroidissement de la salle après l'extinction du feu ; puis en plaçant, en avant du foyer, un tablier de tôle, qui se lève ou se baisse, suivant qu'on juge à propos de ralentir ou d'activer la combustion. Ce tablier, lorsqu'il est baissé, ne laisse qu'une étroite ouverture par laquelle l'air se projette avec force sur le combustible, et il produit l'effet d'un soufflet énergique ; mais il intercepte complétement les rayons calorifiques, et l'on doit le relever dès que le feu a acquis une activité suffisante.

Malgré ces améliorations, nos cheminées consomment une immense quantité d'air. En admettant que la section du tuyau soit égale à $\frac{1}{20}$ de mètre carré, que la vitesse de l'air soit $1^m,50$ par seconde, et ce sont presque des minima, la consommation par heure s'élèvera à 270 mètres cubes. Un autre point de départ conduit à un chiffre approchant : on a reconnu que, dans une cheminée bien construite, il passe environ 100 mètres cubes d'air par kilogramme de bois brûlé, et un feu qui consomme 5 kilogrammes à l'heure n'est pas très-ardent. L'air d'une salle de la contenance de 100 mètres cubes devra donc être complétement renouvelé, par la seule action de la cheminée, près de trois fois par heure. Qu'on se figure ce que ce devait être avec les vastes cheminées du moyen âge !

L'expérience prouve du reste que la plupart de nos portes et de nos fenêtres sont si mal closes qu'elles laissent passer assez d'air pour subvenir à cette consommation ; mais elle prouve aussi que la combustion devient languissante, et même que la cheminée fume, lorsqu'on s'attache à remédier aux défauts des menuiseries, et à obtenir une clôture plus hermétique. Il y a d'ailleurs, à cette ventilation accidentelle, le grave inconvénient qu'elle introduit incessamment de l'air froid dans la salle, et qu'il s'établit, à peu près au niveau du sol, des vents coulis fort désagréables, si ce n'est nuisibles à la santé. On y a remédié au moyen de ventouses prenant l'air au dehors, et le versant en avant du foyer, soit au-dessus, soit au-dessous de l'ouverture ; mais c'est établir un rideau d'air froid devant le feu, et c'est enlever à la cheminée un de ses principaux mérites, celui de dégager l'air vicié de la salle. Une disposition beaucoup plus convenable sous tous les rapports, et généralement usitée aujourd'hui, consiste à faire circuler autour du foyer, dans des tuyaux de fonte diversement combinés, l'air froid pris au dehors, lequel s'échauffe dans ces tuyaux, et vient se répandre dans la salle par une ou deux bouches de chaleur. Cet air chaud et pur s'élève, et remplace celui qu'entraîne la cheminée, qui est plus froid et plus ou moins vicié.

Ce système se prête à des combinaisons très-variées, et a le mérite d'améliorer à la fois le chauffage et la ventilation. Une cheminée ainsi disposée est de beaucoup préférable à un poêle ; elle n'est pas tout à fait aussi économique, sans doute, mais elle rachète cette cause d'infériorité par ses nombreux avantages, dont le plus considérable est assurément celui d'assurer le renouvellement de l'air. Il ne faudrait pas cependant que les tuyaux de fonte fussent portés à une température trop élevé, parce que l'air y contracterait une odeur particulière, qui est désagréable et donne des maux de tête, et il convient de placer un vase contenant de l'eau à proximité des bouches de chaleur, afin d'assurer à l'air de la salle le degré d'humidité qui convient à sa température.

Dans les salles de réception, où l'on est exposé à voir la température s'élever beaucoup trop, et où la cheminée est appelée à agir plutôt comme appareil de ventilation que comme appareil de chauffage, ce système aurait l'inconvénient de donner trop de chaleur, et il est bien d'y adjoindre des prises d'air extérieur, sans relations avec la cheminée, et même placées à l'autre extrémité de la pièce. Mais ceci rentre plus particulièrement dans l'aérage, dont il sera parlé plus bas.

Deux des dispositions qui viennent d'être indiquées contribuent efficacement à empêcher la fumée de se répandre dans l'appartement, et se recommandent encore à ce titre ; ce sont celle qui consiste à resserrer le tuyau à son origine, et celle qui fait arriver du dehors l'air nécessaire pour alimenter la combustion et le tirage. La première, en donnant une grande vitesse au courant ascendant, refoule la fumée au point où elle aurait tendance à s'échapper ; la seconde active la combustion et par suite cette vitesse, et prévient le courant d'air descendant qui se produit quelquefois dans les anciennes cheminées, pour combler le vide que l'air enlevé et non remplacé a causé dans la salle. Une expérience que tout le monde a faite prouve la nécessité de la ventilation sous ce rapport, puisqu'il suffit souvent d'entr'ouvrir une porte ou une fenêtre pour empêcher une cheminée de fumer.

D'autres causes peuvent déterminer un dégagement de fumée dans l'intérieur, ce sont les suivantes :

1° Insuffisance de hauteur du tuyau de la cheminée. La force qui tend à faire monter l'air chaud et les produits gazeux de la combustion a pour mesure la différence entre les poids de deux colonnes d'air, ayant l'une et l'autre la hauteur du tuyau, et dont les densités seraient respectivement égales à la densité de l'air extérieur et à celle de l'air dans l'intérieur du tuyau ; de sorte que, toutes choses égales d'ailleurs, le mouvement ascensionnel est d'autant plus prononcé que le tuyau de la cheminée est plus élevé au-dessus de son point de départ ;

2° Insuffisance ou excès de section du tuyau. Un tuyau de cheminée pourrait ne pas avoir une section suffisante pour débiter tous les gaz de la combustion ; mais ce cas ne se présente presque jamais dans la pratique, et c'est bien plutôt l'inverse qui est à redouter. Une section trop large a pour effet de diminuer la vitesse du courant d'air chaud ; car elle le refroidit, et lui offre plus d'espace qu'il ne convient. Elle a en outre l'inconvénient de permettre à deux courants de s'établir, l'un montant, l'autre descendant, et ce dernier entraîne toujours avec lui quelques parcelles du premier. On a reconnu, par expérience, qu'une section de $0^m,22$ à $0^m,25$ de diamètre est très-convenable pour la plupart des cheminées de nos habitations ordinaires ; mais il faudrait aller au delà, s'il s'agissait de la cheminée d'un grand salon, auquel on voudrait assurer une ventilation un peu énergique. Du reste, il vaut mieux pécher par excès que par insuffisance de section, parce qu'on remédie facilement, par des registres, au premier de ces défauts, quand il n'est pas trop prononcé. Dans les tuyaux qui sont beaucoup trop larges, il faut opérer un rétrécissement sur toute la hauteur au moyen de languettes en briques ;

3° Frottement dans le tuyau. Le frottement est une cause de ralentissement ; on le réduit en ayant des parois aussi unies que possible, et en donnant à la section une forme telle, que son périmètre soit un minimum, c'est-à-dire la forme circulaire. Les tuyaux en plâtre, dont on fait un fréquent usage à Paris, sont sujets à se crevasser, et peuvent conduire la fumée d'un appartement dans l'autre ; les tuyaux de fonte ou de poteries présentent le même inconvénient, car ils se brisent souvent sous l'action des tassements, qui se manifestent plus ou moins dans toute construction, peu de temps après son achèvement ; les tuyaux les meilleurs sont ceux qui sont formés de briques évidées en arc de cercle, dites briques *Gourlier*, du nom de l'architecte qui les a inventées. Quand les tuyaux réclament une section de plus de $0^m,049$, ce qui correspond à un diamètre de $0^m,25$, on a recours à des briques évidées, connues dans le commerce sous le nom de briques wagons, qui offrent un passage de forme rectangulaire avec angles arrondis, dont la section varie de $0^m,036$ à $0^m,071$, suivant le modèle adopté ;

4° Excès d'ouverture du tuyau à sa partie supérieure. Il ne suffit pas d'étrangler le tuyau à son origine, afin de refouler la fumée par le courant d'air affluent ; il faut l'étrangler également à son sommet, si l'on veut que l'air chaud ait assez de vitesse pour résister à l'action du vent. On le couronne à cet effet d'un appendice conique ;

5° Action du vent. Quand le vent souffle avec violence et suivant une direction inclinée sur l'horizon, il peut pénétrer dans l'intérieur du tuyau, et repousser la fumée. On remédie à ce danger en coiffant l'extrémité du tuyau, soit d'un capuchon tournant, disposé de telle sorte que son ouverture se dirige toujours du côté opposé au vent, soit d'un chapeau, qui couvre le tuyau, sans le fermer et descend au-dessous de son ouverture, soit encore de bascules que le vent fait manœuvrer de manière à fermer le tuyau du côté où il arrive et à l'ouvrir du côté opposé, soit enfin d'un chapeau mobile, dit aspirateur, disposé de manière à tourner sous l'action de la fumée. Ces moyens ne réussissent pas toujours quand l'extrémité du tuyau est dominée par des constructions voisines ; il se produit alors des remous dans l'atmosphère, et le vent pénètre dans le tuyau en tournoyant, quel que soit le système adopté. Le seul parti à prendre dans ce cas est celui de surélever le tuyau. Le soleil peut déterminer un effet analogue à celui du vent, par les courants d'air qu'il développe sur les toits. Les mêmes moyens permettent de se garantir de son action ;

6° Tirages voisins. Une cheminée fume souvent parce que, dans le même appartement, une cheminée voisine et plus puissante fait appel de l'air de la salle que chauffe la première, ou parce qu'il se trouve à proximité une cage susceptible de déterminer un tirage plus actif que celui du tuyau, celle d'un escalier très-élevé, par exemple. Dans ce dernier cas, l'air sort de la salle par les fissures des portes, et la fumée rentre pour combler le vide qui s'est formé. Le système à employer consiste à clore le plus hermétiquement possible, et à assurer à chaque pièce une ventilation directe et suffisante ;

7° Tuyau commun à plusieurs cheminées. Dans quelques anciennes constructions, plusieurs tuyaux de cheminée se réunissent dans un même coffre, et le courant le plus fort vient quelquefois intercepter les autres, qui refluent alors dans l'intérieur. Parfois aussi, lorsqu'un seul foyer est allumé, la fumée descend dans les pièces non chauffées, soit parce qu'elle s'est trop refroidie à son entrée dans le tuyau commun, soit parce qu'un appel se produit dans ces pièces. Il faut que chaque foyer ait son conduit débouchant dans l'atmosphère.

Les poêles utilisent beaucoup mieux la chaleur que les cheminées, surtout que celles qui ne sont pas munies d'appareils à circulation d'air. L'air de la salle s'échauffe à la fois au contact et par le rayonnement des parois du poêle, et l'on peut en outre faire circuler autour du foyer, dans des conduits qui multiplient les surfaces de chauffe, de l'air pris dans la salle même, ou, ce qui est préférable, de l'air pris à l'extérieur pour remplacer celui qu'enlève la combustion. Mais si les poêles sont plus économiques, ils n'ont pas l'avantage, que présentent les cheminées, de donner la vue du feu, à laquelle on tient généralement presque autant qu'à la chaleur, et ils ont l'inconvénient d'être moins salubres, par cela même qu'ils ne contribuent pas aussi efficacement au renouvellement de l'air dans la salle. Dans un poêle bien construit, tout l'air appelé se trouve en contact avec le combustible, et la consommation d'air est bien inférieure à celle d'une cheminée; elle ne dépasse pas beaucoup celle qui est nécessaire à une bonne combustion, soit environ 6 mètres cubes par kilogramme pour le bois, 15 pour coke et 18 pour la houille.

Les poêles exécutés en tôle ou en fonte sont exposés d'ailleurs à développer une odeur désagréable et malsaine, lorsqu'ils sont portés à une température élevée.

Les poêles se construisent en terre cuite, en tôle ou en fonte. Dans les premiers, l'échauffement est lent, mais le refroidissement l'est également, et ils ont le mérite de ne pas altérer la qualité de l'air. Les autres se chauffent rapidement, utilisent mieux le combustible, et sont plus durables; leur défaut spécial vient d'être signalé, c'est celui de l'odeur.

Les cheminées dites *à la prussienne* sont des poêles ayant une large bouche fermée par un rideau qui se hisse ou se baisse à volonté. Ces appareils participent à la fois des poêles et des cheminées, et n'en ont au même degré ni les avantages ni les inconvénients.

Des poêles en tôle ou en fonte disposés pour le service culinaire sont fort en usage depuis quelques années. Ils procurent une économie de combustible considérable, tant parce qu'ils réduisent la consommation faite en pure perte, que parce qu'ils permettent l'emploi de la houille. Mais les rôtis s'y font dans des fours où la viande se dessèche et perd de sa saveur.

Les calorifères se placent en dehors des pièces à échauffer, et à un niveau inférieur, afin de faciliter le mouvement de l'air chaud, de la vapeur ou de l'eau chaude qu'ils sont destinés à leur envoyer. Leurs avantages économiques sont d'autant plus grands que l'espace à chauffer est plus considérable. Ils permettent une grande égalité de température, lorsqu'ils ont été convenablement établis, et ils ont en outre ce mérite, considérable en beaucoup de circonstances, qu'une seule personne est appelée à régler leur chauffage.

Le principe qui régit les calorifères à air chaud consiste à multiplier les surfaces de chauffe, et à tirer le plus grand parti possible du rayonnement des parois du foyer et des conduits de fumée. Une disposition très-convenable place un poêle en fonte dans une chambre en maçonnerie bien close, et fait faire aux tuyaux de conduite de la fumée plusieurs circuits dans cette chambre avant d'aboutir au coffre qui communique avec l'extérieur. L'air s'échauffe au contact et par rayonnement, puis se rend dans les appartements; le difficile est de le faire arriver de manière à assurer même température dans toutes les pièces. Il est essentiel d'ailleurs de lui procurer de l'humidité, et de ne pas trop chauffer le calorifère, si l'on veut qu'il soit salubre et inodore.

L'économie dans les dépenses de premier établissement constitue le principal mérite des calorifères à air chaud. Leurs inconvénients sont la difficulté de régler la température, l'impossibilité de réduire la chaleur au-dessous d'une certaine limite et de la transmettre à grande distance, l'altération de l'air, la rapidité du refroidissement, et la section comparativement considérable qu'il faut donner aux tuyaux.

Les hypocaustes des Romains étaient de véritables calorifères. L'air chaud, mêlé avec les produits gazeux de la combustion, passait dans des conduits en maçonnerie ménagés sous le sol de la pièce à chauffer, et était mis en mouvement par une cheminée d'appel, qui était sans doute fort élevée.

Les calorifères à vapeur se composent essentiellement d'un appareil générateur de la vapeur, de tuyaux de distribution, de récipients à grandes surfaces destinés à condenser la vapeur et à transmettre la chaleur produite, et de tuyaux qui ramènent l'eau de condensation dans le générateur ou la conduisent au dehors. Ce système est fort économique, mais il exige des dépenses d'installation considérables, et il expose à des fuites de vapeur, pour peu que les ouvrages ne soient pas exécutés avec une grande perfection. Il a en outre l'inconvénient de ne pas permettre de faire varier le chauffage, ainsi qu'il convient, suivant le degré de température à l'extérieur. Enfin le refroidissement y est instantané. Cependant il a reçu de nombreuses applications en Angleterre, et M. l'ingénieur Grouvelle l'a employé avec succès, à Paris, pour le palais de la Bourse, celui de l'Institut et l'établissement des Néothermes.

Les calorifères à eau chaude présentent une disposition analogue à ceux des calorifères à vapeur. L'eau remplace la vapeur dans les conduits de circulation, et l'air se chauffe au contact et au rayonnement de ces tuyaux ou des réservoirs dans lesquels ils amènent de l'eau. De la chaudière, sort un tuyau ascendant qui se rend dans un vase, lequel est ouvert lorsque le calorifère est à basse pression, et fermé, avec soupape de sûreté, dans le cas contraire ; c'est par ce récipient que l'eau s'introduit dans l'appareil, que se dégagent l'air qu'elle remplace, celui qu'elle contient quand on la chauffe pour la première fois, et la vapeur qui se forme ; c'est dans ce vase aussi que s'effectuent les variations du volume de l'eau, qui correspondent à celles de la température. Le même récipient est le point de départ des tuyaux descendants, qui ramènent l'eau dans la chaudière, après l'avoir fait circuler dans les pièces à chauffer. Échauffée, l'eau s'élève ; refroidie, elle descend. La circulation est continue tant que le feu est allumé, et l'on voit que l'ensemble de l'appareil peut être considéré comme une vaste chaudière à ramifications. On proportionne les surfaces de chauffe à l'étendue des pièces, en recevant l'eau descendante dans des poêles à grandes surfaces ou en multipliant les circuits du tuyau.

Ce système de chauffage présente de nombreux avantages : il est économique ; il est d'un établissement assez facile ; il n'exige pas une surveillance assidue ; il permet de modérer la chaleur autant qu'on le juge convenable, ce qui n'est pas possible avec les calorifères à air ou à vapeur ; enfin le refroidissement y est très-lent, tandis qu'il est très-rapide dans les deux autres. Ses inconvénients sont les frais de construction, la haute pression que supportent les appareils quand il faut chauffer plusieurs étages, et l'impossibilité de porter la chaleur à grandes distances.

Inventé en 1777 par Bonnemain, pour un établissement d'incubation artificielle, il a ensuite passé en Angleterre d'où il nous est revenu il y a quelques années, et il est aujourd'hui très-répandu. Un habile fumiste, M. Léon Duvoir, l'a employé avec succès dans plusieurs de nos grands établissements, au palais du Luxembourg, à l'École polytechnique, à celle des ponts et chaussées, etc.

L'église de la Madeleine est chauffée à l'eau chaude. L'appareil consiste en une chaudière placée à l'extrémité du grand caveau qui règne sous la nef, et en tuyaux d'ascension et de retour d'eau qui débouchent dans des poêles à eau, à double enveloppe, lesquels sont logés dans des puits cylindriques ménagés sous le sol de l'église. Ces puits sont en communication avec l'air extérieur, qui, après s'y être échauffé, entre dans la nef par les ouvertures des grilles en fonte dont leurs orifices supérieurs sont garnis. Des dispositions analogues ont été adoptées pour plusieurs autres églises de Paris, et il serait grandement à désirer que cette mesure devînt générale, car nos églises sont, pour la plupart, froides, humides, et par conséquent malsaines.

L'ingénieur anglais Perkins a établi plusieurs appareils de chauffage à eau chaude, lesquels diffèrent de ceux qui sont généralement usités en France, en ce qu'ils sont à haute pression. La température y étant plus élevée, il n'est pas nécessaire d'avoir des surfaces de chauffe aussi considérables, et les tuyaux sont d'un diamètre beaucoup plus faible. Il n'y a même ni chaudière ni poêles d'eau; le tuyau se replie plusieurs fois sur lui-même, soit pour se chauffer dans le foyer, soit pour rendre une partie de sa chaleur dans les salles.

Ces appareils s'adaptent facilement à toutes les convenances locales et sont plus économiques que les précédents; mais ils présentent le danger des fuites, et les tuyaux, portés à une température très-élevée, peuvent altérer à la longue les matières avec lesquelles ils sont en contact.

M. Grouvelle a imaginé un nouveau système de chauffage dans lequel il a recours à la fois à l'eau et à la vapeur, et qui a donné des résultats qu'il eût été impossible d'obtenir avec ceux dont on vient de parler. Ce système consiste à employer la vapeur au chauffage de l'eau contenue dans des réservoirs plus ou moins nombreux, qui sont des points de départ de circulation d'eau chaude.

« Nous avons reconnu, dit M. Grouvelle[1], que les qualités qui manquent au chauffage à vapeur,
« c'est-à-dire les qualités d'émission et d'égalisation de chaleur, sont positivement les plus hautes
« qualités de la circulation d'eau, et qu'au contraire, les qualités importantes qui manquent au
« chauffage à circulation, celles de transport et de distribution, se trouvent à un haut degré dans le
« chauffage à vapeur, le plus puissant et le plus rapide moyen de transport de chaleur qui existe.

« Nous nous sommes demandé si, par leur combinaison, ces deux procédés ne se compléteraient
« pas réciproquement, et ne donneraient pas un système capable de suffire pleinement et largement
« aux besoins les plus compliqués des édifices publics et des habitations particulières, et nous avons
« trouvé dans les manufactures de toiles peintes, les blanchisseries, les teintureries, etc., le procédé
« complet et tout pratique que nous cherchions, c'est-à-dire la vapeur employée uniquement comme
« *moyen de transport*, pour chauffer de nombreux réservoirs d'eau placés à tout niveau et à toute
« distance, jusqu'à plus de 500 mètres si l'on veut.

« Nous avons alors compris qu'en fractionnant les circulations d'eau et les poêles, par étage
« et par localités, et en leur envoyant la chaleur dont ils ont besoin, au moyen de la vapeur sortie
« d'un générateur unique et central, pour un édifice entier, si grand qu'il puisse être et si nom-
« breux que soient les points à chauffer, nous atteindrions complétement le but par un moyen tout
« nouveau dans son application particulière au chauffage des monuments publics, mais éprouvé
« dans l'industrie par les plus belles applications. »

---

[1] Article *chauffage* du *Dictionnaire des arts et manufactures*, de M. C. Laboulaye.

Ce mode de chauffage a été appliqué, par son inventeur, à des maisons particulières et à de vastes établissements publics.

Dans une de ces maisons, trente-cinq poêles en tôle, hermétiquement clos et à peu près pleins d'eau sont distribués dans les divers étages, et sont chauffés chacun par un petit serpentin dans lequel on fait arriver la vapeur. On intercepte à volonté le chauffage de chacun d'eux, on règle leur température ainsi qu'on le juge convenable, et leur refroidissement est très-lent. Le chauffage est économique, et chaque locataire en paye sa part.

La prison Mazas, à Paris, dont les planches 57 et 58 donnent les dessins, est chauffée de la même manière. Le problème à résoudre présentait de grandes difficultés, et elles ont été très-heureusement surmontées. Il fallait en effet chauffer 1220 cellules divisées en six corps de logis, les corridors qui y conduisent, les parloirs, les différentes pièces de service et les bâtiments de l'administration ; ventiler en même temps toutes ces pièces ; permettre de supprimer à volonté le chauffage d'une ou de plusieurs parties de ce vaste ensemble ; disposer les appareils de telle sorte que les détenus ne pussent y toucher ; enfin n'avoir qu'un seul foyer, afin d'obtenir une égalité complète de température, et de centraliser le service du chauffage et de la ventilation. Il a été pleinement satisfait à toutes ces conditions.

Chacune des dix-huit divisions a un vase chauffeur qui est le point de départ d'une circulation d'eau en tuyaux de fonte. L'eau chauffée s'écoule par un tuyau ouvert à la partie supérieure du vase, et revient, plus ou moins refroidie, par un tuyau de retour qui débouche à la base du même récipient. Ces deux tuyaux sont parallèles dans la majeure partie de leur étendue, de telle sorte que, l'eau coulant en sens inverse, la température dans le caniveau qui les renferme tous deux est à peu près constante en chaque point. Les caniveaux sont placés devant les cellules, et à une faible profondeur au-dessous du sol. Ils sont représentés sur le plan de détail (fig. 2, pl. 57), et sur la coupe (fig. 3 de la planche suivante). Des cloisons transversales les divisent au droit de chacun des murs de refend, de sorte que chaque cellule a son appareil particulier, qui présente environ $1^m,20$ de surface de chauffe, et dans lequel vient s'échauffer l'air pur, pris dans le corridor, pour se rendre ensuite dans la cellule. Nous dirons, en traitant de la ventilation des édifices, comment s'effectue cet appel de l'air chaud.

Les corridors eux-mêmes sont chauffés par la chaleur perdue de ces caniveaux.

Au sommet de chaque système de circulation, un vase de trop-plein permet la dilatation de l'eau et le dégagement de l'air.

Une disposition analogue a été adoptée pour le chauffage du grand hôpital Lariboisière qui est représenté sur la planche 56 ; mais elle n'a été appliquée qu'à la moitié de l'édifice ; le surplus est chauffé à l'eau chaude, dans le système, déjà décrit, de M. Léon Duvoir. On a voulu pouvoir comparer les deux dispositions, en les admettant à fonctionner dans des conditions identiques.

La chaudière à vapeur est placée dans une cave située en X, sous une des cours de service. La vapeur, formée sous une pression de 4 à 5 atmosphères, détendue ensuite dans une machine (qui sert à la ventilation et sur laquelle nous reviendrons plus tard), de manière à conserver une pression d'une atmosphère et demie, est conduite en face de chaque pavillon par un tuyau en fonte enveloppé de corps mauvais conducteurs du calorique. Un petit tuyau est branché sur la conduite générale, au droit de chacun de ces pavillons, auquel il fournit la quantité de vapeur nécessaire. Un autre système de tuyaux ramène l'eau de condensation dans la chaudière.

Les corridors et les chambres des sœurs sont maintenus à une température convenable, au moyen de bouches de chaleur qui reçoivent l'air chauffé par les colonnes montantes de vapeur et de retour d'eau ; les cages d'escaliers et les salles de malades renferment des poêles à eau chauffés par la vapeur. Les tuyaux de conduite de vapeur dans les salles sont placés dans un caniveau recouvert d'une plaque de fonte ; l'air de ventilation circule dans ce caniveau, et s'y échauffe en hiver, pour pénétrer ensuite dans les salles en traversant les poêles, où sa température s'élève encore.

On peut résumer, ainsi qu'il suit, ce qui vient d'être dit sur les différents appareils de chauffage.

Les cheminées sont les appareils de chauffage les plus agréables et les plus convenables pour nos habitations ; ces appareils sont moins économiques que les autres, parce qu'ils n'utilisent qu'une faible partie de la chaleur produite, et consomment une quantité considérable d'air déjà chauffé ; mais on diminue cet inconvénient en adoptant les dispositions que nous avons indiquées, et il est racheté d'ailleurs par la salubrité qui résulte de l'énorme ventilation produite.

Les poêles bien disposés chauffent avec beaucoup d'économie de combustible et sont très-convenablement placés dans les vestibules et dans les antichambres, d'où l'air chaud se répand dans les autres pièces, soit par les portes, quand elles s'ouvrent, soit par des bouches de ventilation, quand les cheminées sont dépourvues de ventouses.

Les calorifères constituent le meilleur mode de chauffage, et souvent le seul admissible pour les édifices publics, les grands établissements et les vastes ateliers qui réunissent de nombreux ouvriers. On peut donner la préférence aux calorifères à air chaud, quand il importe de réduire les frais de premier établissement, ou quand les pièces à chauffer sont peu nombreuses et très-rapprochées. Les calorifères à eau chaude paraissent convenir surtout aux édifices qui n'obligent pas à un trop grand développement de tuyaux ; ils permettent de régler la température avec beaucoup de précision, et ils assurent une grande économie de combustible. Enfin les calorifères à eau chauffée par la vapeur présentent à peu près les mêmes avantages que les précédents, et ont surtout la faculté de porter rapidement la chaleur à de grandes distances, et de pouvoir chauffer les plus vastes établissements avec un seul foyer.

Le mode de distribution de l'air chaud n'est pas indifférent, et il doit varier avec la destination des salles.

Dans les habitations particulières, il convient de placer les bouches de chaleur, soit au niveau du sol, soit à un mètre environ de hauteur, afin qu'on puisse s'y chauffer les pieds ou les mains, et qu'elles soient faciles à manœuvrer. L'air chaud s'élève pendant que l'air refroidi et vicié par la respiration s'abaisse et est entraîné par l'appareil de chauffage. Une salle à manger devrait être toujours chauffée par un calorifère ou par un poêle en terre cuite placé dans une pièce voisine, parce que la chaleur doit y être uniformément répartie. Les bouches de chaleur seraient distribuées sur le périmètre de la salle près du plafond, et celles qui ont pour objet l'évacuation de l'air vicié seraient ouvertes au pied des murs. Il conviendrait en outre de faire passer de l'air chaud sous des plaques de fonte ou de tôle couvertes d'un tapis, et disposées sous la table, de manière à assurer une douce chaleur aux pieds des convives.

Dans les écoles, les tuyaux de conduite de l'eau chaude suffisent généralement au chauffage des cages d'escalier, des corridors et des dortoirs. Les poêles d'eau sont placés dans les salles d'étude, qui réclament une température plus élevée, et où il est essentiel de pouvoir se chauffer les mains. On pourrait y ajouter des plaques de fonte légèrement chauffées, placées au niveau du sol, en divers points de la salle.

Dans les grands amphithéâtres, il convient de distribuer la chaleur aussi uniformément que possible, et il y a avantage, pendant l'hiver, à faire arriver l'air chaud par un grand nombre de petits orifices ouverts autour du plafond, l'air vicié s'échappant par plusieurs ouvertures pratiquées sous les gradins.

Dans une bibliothèque publique, il est bien d'avoir des poêles à eau, des plaques de fonte chauffées, établies sous les pieds des lecteurs, et des ouvertures d'évacuation d'air, placées au niveau du sol, de distance en distance.

Pour les prisons et pour les hôpitaux, les dispositions les plus convenables paraissent être celles qui ont été appliquées à la prison Mazas et à l'hôpital Lariboisière. Nous venons de les faire connaître.

Enfin les églises peuvent être chauffées par des calorifères à eau chaude, dans des conditions assez économiques pour qu'il convienne de leur appliquer à toutes cette importante amélioration. L'air chaud arrive au niveau du sol, soit par des bouches de chaleur uniformément distribuées, et ouvertes au-dessus de poêles à eau, comme à la Madeleine, soit par une grille posée sur le caniveau qui renferme les tuyaux de circulation. On peut chauffer ainsi l'air de l'église, ou, mieux encore de l'air appelé du dehors, et ventiler par conséquent en même temps que l'on chauffe.

Nous regrettons de ne pouvoir nous étendre davantage sur un sujet qui est d'une haute importance, et soulève des questions très-intéressantes. Mais nous sommes obligé de nous borner, et nous devons renvoyer à l'ouvrage de M. Péclet et à ceux de M. le général Morin[1], le lecteur qui serait désireux d'approfondir la matière. Il suffit à notre objet d'avoir fait connaître, dans ce qu'ils ont de fondamental, les divers systèmes de chauffage actuellement en usage, et d'avoir montré comment il convient de faire varier leurs dispositions suivant les circonstances. Nous nous arrêtons au point où l'architecte doit s'effacer pour faire place au fumiste.

IV. — AÉRAGE.

L'air est notre aliment le plus essentiel, et sa pureté importe à notre santé. Or l'homme et les animaux l'altèrent incessamment, par l'usage même qu'ils en font, et il résulterait de cette action une limite à la durée de la vie animale sur le globe, ou du moins au maintien des conditions actuelles d'existence, si d'autres agents ne produisaient un effet inverse, de manière à remédier au mal, et à maintenir la composition de l'atmosphère. On sait que les végétaux décomposent l'acide carbonique, sous l'influence des rayons solaires, et que divers phénomènes ont pour résultat d'enlever l'humidité et les miasmes répandus dans l'air. Mais ce bienfait, assuré au dehors, ne l'est

---

[1] A. MORIN, *Études sur la ventilation*, Paris, 1863, et *Manuel pratique du chauffage et de la ventilation*, Paris, 1868.

pas pour l'air enfermé dans nos édifices ; là ces agents réparateurs font défaut, et il est indispensable de pourvoir au moyen d'expulser l'air vicié, et de le remplacer par de l'air suffisamment pur.

Quelle est la quantité d'air à renouveler pendant l'unité de temps, dans une enceinte fermée ? Telle est la question dont nous nous occuperons d'abord ; nous examinerons ensuite quels sont les systèmes à employer.

La respiration est l'une des sources principales de l'altération de l'air par l'homme ; elle a pour effet de transformer une partie de l'oxygène en acide carbonique. Des expériences de M. Dumas établissent que le volume d'air expiré par un homme, pendant une heure, peut être évalué à 333 litres, qu'il renferme à peu près 0,04 d'acide carbonique, et que l'air ainsi modifié est impropre à la respiration. Un vase contenant 333 litres ou un tiers de mètre cube d'air pur suffirait donc pour entretenir la vie d'un homme pendant une heure, pourvu que l'air ayant traversé les poumons ne fût pas rejeté dans ce récipient ; car il y aurait bientôt sans cela une altération assez prononcée pour devenir nuisible. Cette quantité proportionnelle d'acide carbonique, susceptible d'exercer, au bout d'un certain temps, une influence sensible sur l'organisme, soit par elle-même, soit plutôt parce qu'elle a pour conséquence une réduction dans le volume d'oxygène contenu dans l'air, ne peut pas être fixée avec une grande rigueur ; mais il paraît hors de doute qu'elle ne dépasse pas 0,01. De sorte que le volume d'air à introduire dans un lieu fermé, par heure et par homme, avant que la quantité d'acide carbonique ait atteint cette limite, doit être au moins quadruple de celui qui passe par les poumons pendant le même laps de temps, c'est-à-dire doit être d'un mètre cube et un tiers au moins ; faute de quoi il y aura malaise par le seul fait de la conversion de l'oxygène en acide carbonique.

L'homme vicie d'une autre manière l'air qui l'entoure : c'est par la transpiration cutanée et par la transpiration pulmonaire, et cette action paraît être plus nuisible encore que la précédente.

Les vapeurs dues à ces deux transpirations peuvent être évaluées en moyenne, d'après des expériences de M. Leblanc, à 1200 grammes par vingt-quatre heures, et exigent par conséquent, pour être dissoutes, un volume d'air sec de 90 mètres cubes environ, en admettant que la température soit de 15°, et un volume double, si, comme il se rencontre ordinairement, l'air est déjà à demi saturé. Or il est certain qu'un air complétement saturé doit exercer à la longue une funeste influence sur la santé, puisqu'il change les conditions habituelles de la transpiration. Ce n'est pas tout d'ailleurs ; ces vapeurs sont accompagnées de matières animales, qui peuvent échapper à l'analyse chimique, mais qui se manifestent, du moins en partie, par l'odeur qu'elles répandent, et sont assurément une cause très-puissante d'insalubrité. Il y a là un élément qui ne permet pas de résoudre la question par des considérations purement scientifiques ; de sorte qu'après avoir apprécié les diverses causes d'altération de l'air, il a fallu avoir recours à des expériences directes pour évaluer la ration minimum à fournir à un homme, afin de lui assurer de bonnes conditions de respiration. M. Péclet y a procédé, et il a conclu que cette limite inférieure est de 6 mètres cubes pour des hommes en état de santé, ne séjournant que pendant quelques heures dans un lieu fermé ; car toutes les fois qu'elle a été atteinte, on n'a trouvé aucune odeur à l'air contenu dans la salle. Cependant un fait cité par le même auteur peut porter à penser qu'elle est encore trop faible pour que, dans des circonstances particulières, les miasmes en suspension ne se manifestent pas à nos organes. Il a été constaté, à la chambre des députés, qu'avec une ventilation de 6 à 7 mètres cubes par heure et par personne, l'air prenait une odeur très-prononcée dans les cheminées d'appe., quoiqu'il n'en manifestât point dans la salle. Et d'ailleurs combien d'émanations dont, ni les instruments les plus délicats, ni l'odorat le plus sensible ne nous donnent conscience, produisent les effets physiologiques les plus funestes! Il sera donc prudent de ne regarder cette ventilation comme suffisante que dans des circonstances analogues à celles qui ont servi de base aux expériences, c'est-à-dire pour des salles dans lesquelles des hommes, en bon état de santé, ne sont enfermés que pendant un petit nombre d'heures. On comprend qu'il faudrait assurer à des malades des conditions hygiéniques encore plus favorables, et que, si le séjour devait se prolonger, l'air réclamerait plus de pureté, tant parce qu'il agirait pendant plus longtemps, que parce que les miasmes en contact pourraient finir par entrer en fermentation et affecter l'odorat, comme on l'a observé dans la cheminée d'appel de la chambre des députés. Dans une chambre à coucher, par exemple, il est prudent de ne pas se contenter de moins de 10 mètres cubes par heure et par individu.

Enfin, d'autres causes de viciation de l'air viennent se joindre souvent à l'action de l'homme, et nous citerons en première ligne les lumières artificielles. Elles consomment de l'oxygène, dégagent de l'acide carbonique, et produisent de la vapeur d'eau. M. Péclet annonce qu'une bougie consomme en une heure tout l'oxygène contenu dans $0^m,107$ d'air, soit $0^m,0225$, et que la consommation d'une lampe ordinaire à double courant d'air, brûlant 42 grammes d'huile par heure, s'élève en oxygène à $0^m,0886$ environ. Partie de cet oxygène se convertit en eau, et partie en acide carbonique, et les quantités de cet acide qui sont produites sont d'environ $0^m,015$ pour la bougie et $0^m,059$ pour la lampe. Si donc on veut que le volume d'acide carbonique versé dans une salle, par les appareils d'éclairage, ne dépasse pas le centième de celui de l'air, ainsi qu'il a été dit plus haut, il faudra, par heure, une ventilation de $1^m,50$ environ par bougie et de $5^m,90$ par lampe. Et ces chiffres doivent être considérés comme des limites inférieures. On peut du reste s'y tenir dans les circonstances ordinaires, car les appareils d'éclairage n'exercent une grande influence sur la composition de l'air que lorsqu'ils sont très-multipliés, et cela ne se rencontre guère que dans les réunions nombreuses, lesquelles n'ont en général qu'une durée assez limitée.

Dans quelques lieux habités, il existe des récipients contenant des matières susceptibles d'entrer en fermentation, de produire des vapeurs, et de dégager des miasmes plus ou moins nuisibles; c'est ce qui se rencontre, par exemple, dans les hôpitaux. Il faut avoir égard à ces causes d'altération de l'air, dans l'établissement des calculs relatifs à la ventilation. Malheureusement, s'il est aisé de juger qu'elles doivent être actives, il ne l'est pas de les évaluer exactement. A l'hôpital Lariboisière, on a demandé que les appareils fussent en état d'assurer une ventilation de 60 mètres cubes par heure et par lit de malade, et ils vont au delà. On a reconnu qu'il fallait au moins le double dans un amphithéâtre de dissection. Dans les théâtres nouvellement construits à Paris, on se propose d'obtenir 30 mètres cubes par heure et par spectateur[1].

[1] Nous devons prévenir le lecteur que ces chiffres de ventilation, qui pourront paraître trop élevés à quelques personnes, sont regardés aujourd'hui comme insuffisants par des hommes dont la compétence est incontestable. Ainsi M. le général Morin donne ceux qui suivent, dans son *Manuel pratique du chauffage et de la ventilation* :

Hôpitaux :	Malades ordinaires.	60 à 70 mètres cubes
	Blessés, femmes en couche.	100 —
	En temps d'épidémie.	150 —

Il est à remarquer qu'il convient d'avoir égard à la capacité de la salle dont on veut assurer la ventilation, pour fixer l'époque à laquelle il faut commencer l'opération, ou pour déterminer la quantité d'air nouveau à introduire dans un temps donné.

Ainsi, supposons une chambre de 5 mètres de largeur, sur 6 mètres de longueur et 4 mètres de hauteur, où deux personnes devront rester dix heures de suite, et où brûlera une lampe pendant les quatre premières heures du séjour : au bout de cette première période, la quantité d'air altérée au degré que nous avons admis, c'est-à-dire à raison de 10 mètres cubes par heure et par individu, et de $5^m,90$ par heure et par lampe, sera de 80 mètres cubes par les personnes et de $23^m,60$ par la lampe, soit en tout $103^m,60$. Or la salle contenant 120 mètres cubes, il n'y aura pas encore nécessité de ventilation ; on ne sera obligé de commencer l'opération que quand les $16^m,40$ restant auront été altérés par les deux habitants, c'est-à-dire au bout de 70 minutes, et, à partir de ce moment, il faudra envoyer dans la chambre 20 mètres cubes d'air pur par heure, et en retirer par conséquent la même quantité d'air vicié[1].

Pour qu'il ne fût pas nécessaire de renouveler en totalité ou en partie l'air d'un dortoir dans lequel des jeunes gens doivent séjourner pendant huit heures consécutives, il faudrait que la salle fût assez vaste ou le nombre de lits assez restreint pour assurer à chacun un espace libre de 80 mètres cubes. Il est bien peu de nos établissements d'instruction publique, si toutefois il y en a, qui satisfassent à cette condition. Dans un dortoir où le cube d'air n'est que de 20 mètres par lit, et dans beaucoup il est inférieur, la ventilation devrait commencer au bout de deux heures à raison de 10 mètres cubes par heure et par individu, ou s'élever à $7^m,50$ seulement, si l'on y procède immédiatement après le coucher des élèves.

Supposons encore un salon de 10 mètres de longueur sur 8 mètres de largeur et 5 mètres de hauteur, et admettons qu'il contienne 150 personnes (on est souvent plus entassé dans nos bals), soit éclairé par 100 bougies et 10 lampes, et qu'on puisse se borner à une ventilation de 6 mètres cubes par personne, celle des appareils d'éclairage étant réglée comme il a été dit plus haut : l'air qu'il renferme sera vicié au bout de vingt et une minutes environ, et il faudra, à partir de ce moment, expulser de la salle et faire arriver du dehors l'énorme quantité de 1109 mètres cubes

Prisons.		50	mètres cubes.
Ateliers :	Ordinaires.	60	—
	Insalubres.	100	—
Casernes :	De jour.	30	—
	De nuit.	40 à 50	—
Salles de spectacle.		40 à 50	—
Salles d'assemblées ou de réunions prolongées.		60	—
Salles de réunions momentanées, amphithéâtres.		50	—
Écoles d'enfants.		12 à 15	—
Écoles d'adultes.		25 à 30	—
Écuries et étables.		180 à 200	—

par heure et par individu.

Peut-être y a-t-il quelque peu d'exagération dans ces exigences. Il est à remarquer d'ailleurs qu'une ventilation trop énergique présente, outre l'inconvénient de la dépense, celui de déterminer des courants d'air qui ne se bornent pas toujours à être désagréables.

Nous admettons dans ces calculs que l'air de la salle n'est jamais altéré au point de modifier les conditions naturelles de la respiration, c'est-à-dire les quantités d'acide carbonique expiré et de vapeur produite.

d'air par heure, si l'on veut se maintenir dans de bonnes conditions hygiéniques. Et il est à remarquer qu'un phénomène, dont nous n'avons pas tenu compte, peut rendre cette ventilation insuffisante : c'est l'élévation de température résultant d'un aussi grand nombre de personnes et de foyers de lumière.

Il ne suffit pas en effet que l'air soit pur ; il ne doit pas dépasser une certaine température. C'est une condition à laquelle il importe d'avoir égard dans la ventilation des salles destinées à de grandes réunions, et dont on ne se préoccupe malheureusement pas assez. Chaque personne, chaque lumière est un foyer de chaleur. De nombreuses expériences ont été faites à diverses reprises pour évaluer les quantités de chaleur développées par le phénomène de la respiration, et celles qui sont absorbées par l'économie animale. Leurs résultats ne concordent pas parfaitement, et il n'y a point à s'en étonner ; mais on peut conclure des faits constatés aujourd'hui que le corps humain produit environ 100 calories par heure. Or une calorie élève de près d'un degré la température de 3 mètres cubes d'air, d'où il suit qu'un homme dégage en une heure la quantité de chaleur nécessaire pour élever de 20 degrés la température de 15 mètres cubes d'air. En admettant une différence du même nombre de degrés entre la température de l'extérieur et celle de l'intérieur, une ventilation d'air froid, calculée sur le pied de 15 mètres cubes par individu, sera donc nécessaire pour que la température d'une salle ne s'élève pas par le seul fait de la chaleur humaine, abstraction faite du refroidissement par les parois. Il faudrait une ventilation double, si cette différence n'était que de 10 degrés.

Les lumières développent plus de chaleur encore : une lampe produit environ 400, et une bougie, près de 100 calories par heure.

Ces faits doivent être pris en très-sérieuse considération dans l'étude des mesures à adopter pour le chauffage et la ventilation des salles destinées à de nombreuses réunions, et surtout des salles de bals. Ils exigent que l'on cesse d'envoyer de l'air chaud dans ces salles beaucoup plus tôt qu'on ne le fait généralement, et qu'on y fasse arriver de l'air comparativement froid en bien plus grande abondance que n'en comporte une bonne ventilation dans les circonstances ordinaires.

Examinons maintenant quelles sont les dispositions à adopter pour envoyer l'air pur et retirer l'air vicié.

Ces deux opérations sont tellement corrélatives, que chacune d'elles est la conséquence en quelque sorte obligée de l'autre, et qu'il suffit de pourvoir à une seule, dès qu'on a ouvert les orifices nécessaires à l'autre. Ou l'on attire l'air vicié, et l'on fait ainsi un appel à l'air pur ; ou l'on insuffle de l'air pur, et l'on expulse par suite une même quantité d'air vicié.

On a vu, lorsqu'il a été question du chauffage, que les cheminées ordinaires de nos appartements sont de puissants instruments de ventilation, qui agissent par appel d'air vicié, et qu'il suffit d'un chauffage peu actif pour faire affluer dans une pièce toute la quantité d'air pur que peut réclamer une réunion de cinquante personnes, c'est-à-dire 300 mètres cubes par heure. Les cheminées des grands salons produisent un effet plus énergique encore, quand on a eu soin de régler convenablement leurs ouvertures et les sections des tuyaux. Mais ce mode de ventilation exige que le foyer soit allumé, et l'on ne peut pas toujours satisfaire à cette condition, sous peine de voir la température de la salle s'élever beaucoup trop. Le renouvellement de l'air devient donc insuffisant au moment où il serait le plus nécessaire. Il n'est personne qui n'ait constaté bien des fois ce grave inconvénient, surtout lorsque la température extérieure n'est pas très-basse.

Il s'ensuit que si les cheminées de nos salons sont des appareils très-convenables de ventilation, dans la plupart des circonstances, elles sont loin d'être toujours assez efficaces, et qu'il ne faut pas compter exclusivement sur elles dans les pièces destinées à de grandes réunions. Elles ne fonctionnent d'ailleurs activement que pendant l'hiver, et il est nécessaire de pourvoir à la ventilation en tout temps, sauf pendant les quelques jours de grande chaleur, où il est permis de laisser les fenêtres ouvertes. On remédierait au mal si l'on plaçait dans la cheminée un ou deux becs de gaz, à hauteur telle qu'ils ne soient pas en vue, et qu'on allumerait quand il n'y aurait pas de feu ; mais il est mieux d'établir la cheminée d'appel au dehors de l'appartement, quand il est de grande étendue, parce qu'elle peut servir alors à l'assainissement de plusieurs pièces, et recevoir les dispositions les plus favorables à la fonction.

Ces cheminées spéciales constituent l'un des systèmes de ventilation les plus répandus. Elles doivent être disposées de manière à entraîner le plus d'air possible, pour une quantité déterminée de combustible. On satisfait à cette condition en donnant à la cheminée une grande hauteur et un fort diamètre, et en faisant arriver sur le foyer l'air qu'on veut soutirer.

Ce mode de ventilation a le grand avantage de fonctionner avec beaucoup de régularité, et d'être d'un entretien extrêmement facile. Il est employé dans un grand nombre de maisons, à la prison Mazas et dans plusieurs établissements publics. Un foyer allumé n'est pas d'ailleurs nécessaire pour déterminer un tirage : une source quelconque de chaleur peut le remplacer, et même le tuyau remplit cet office sans être chauffé.

Dans les appareils de chauffage à eau chaude établis par M. Léon Duvoir, le réservoir d'eau supérieur et les tuyaux qui dégagent la fumée du foyer sont placés sous la cheminée d'appel, de manière à produire un tirage très-actif.

Quand on n'a pas besoin d'une ventilation énergique, on peut se contenter d'allumer une lampe ou un bec de gaz dans une cheminée d'appel, ou d'y faire passer le tuyau d'un poêle ou d'un fourneau de cuisine. Dans les chambres à coucher où l'on tient une veilleuse allumée, on devrait toujours la placer sous la cheminée ; d'une cause de viciation de l'air, on ferait un instrument de ventilation, qui serait peu énergique sans doute, mais dont les effets seraient pourtant très-appréciables.

Il suffit même de la différence de température qui existe presque toujours entre l'air intérieur et l'air extérieur, pour qu'un courant s'établisse dans une cheminée ; il est ascendant lorsque l'air extérieur est le plus froid, et descendant dans le cas contraire. Une cheminée contribue donc efficacement à la salubrité, lors même qu'il n'y a pas de feu, et l'on devrait en placer dans toutes nos chambres, à défaut d'autre appareil de ventilation.

On peut encore ventiler une pièce dans des conditions très-économiques, en y pratiquant une série de petites ouvertures au niveau du sol, du côté du nord, et à la partie supérieure, du côté du sud ; l'air froid arrive par les premières, s'échauffe, s'élève, et sort par les secondes.

Mais la ventilation qui repose uniquement sur la température de l'atmosphère, varie avec elle, n'est pas toujours suffisante, et l'on ne peut s'en contenter, quand le mouvement régulier de l'air est jugé indispensable.

Des appareils mécaniques sont employés quelquefois, de préférence aux cheminées d'appel, pour attirer et expulser l'air vicié ; et il est beaucoup de circonstances où ils sont en effet plus avantageux. En principe, ils sont plus économiques, lors même qu'ils exigent une production de vapeur, car la chaleur employée à faire de la vapeur produit plus de travail que si elle était consacrée à chauffer de l'air dans une cheminée ; toutefois des expériences, qui sont nombreuses aujourd'hui, tendent à établir que leur effet utile est assez faible. Ils peuvent être mis en mouvement par une machine à vapeur, par une chute d'eau, par des animaux, ou même par des hommes lorsque la main-d'œuvre est à bon marché, comme dans une prison, par exemple. La disposition de ces appareils est d'ailleurs extrêmement variée, et chaque jour en voit apparaître une nouvelle. Nous citerons seulement le ventilateur du docteur van Hecke, de Bruxelles, parce qu'il fonctionne avec succès dans un grand nombre d'édifices, et se prête fort bien aux ventilations les moins importantes. On peut lui appliquer une machine à vapeur, la force d'un homme ou seulement un contrepoids quand il n'y a pas lieu à grand débit. Dans ce cas, c'est une machine qu'on monte de temps à autre, et qui fonctionne dans les intervalles avec une grande régularité.

Quelques personnes ont émis l'opinion que quand on a recours à des machines, il y a avantage à procéder par insufflation d'air pur, au lieu d'agir par voie d'appel de l'air vicié, parce qu'on est mieux assuré de l'effet produit. Il n'est pas toujours certain, en effet, que l'air appelé soit remplacé par celui qu'on veut introduire, c'est-à-dire par de l'air chaud en hiver et de l'air frais en été ; les portes qui s'ouvrent de temps à autre, leurs fissures, celles des croisées, des planchers ou des cloisons peuvent donner passage à de l'air, dont on ne se soucierait point parce qu'il n'aurait pas la température ou la pureté convenables. Cependant une expérience faite à l'hôpital Lariboisière ne paraît pas avoir complétement répondu à ce qu'on attendait.

Trois des pavillons de cet établissement sont chauffés et ventilés à l'eau chaude. Dans chacun d'eux, la chambre qui contient le réservoir d'eau chaude, placée dans les combles, est mise en communication avec les salles au moyen de canaux verticaux ménagés dans l'épaisseur des murs ; ces canaux débouchent au niveau du sol des chambres, entre les lits. C'est par eux que l'appel s'effectue. D'autres canaux, placés sous le plancher, sont destinés à l'introduction de l'air extérieur ; ils sont ouverts, d'un côté au dehors, de l'autre au milieu des poêles à eau qui sont placés dans l'axe de la salle ; pendant l'hiver, l'air ne peut arriver qu'après s'être chauffé au contact de ces poêles, et, pendant l'été, il arrive par la même voie, sans que sa température ait été élevée, puisque la communication des poêles avec le réservoir est interrompue. On pourrait même abaisser la température de l'air en renouvelant de temps à autre l'eau froide contenue dans ces récipients.

Les trois autres pavillons sont ventilés par insufflation d'air dans les salles, suivant un système imaginé par MM. les ingénieurs Thomas et Laurens.

Ainsi que nous l'avons dit plus haut, une chaudière placée dans une cave, à l'une des extrémités de l'établissement, produit de la vapeur à quatre atmosphères. Cette vapeur, en se détendant, emploie une partie de sa force élastique à mettre en mouvement un ventilateur à force centrifuge, et conserve d'ailleurs presque toute sa chaleur, qui est ensuite utilisée pour le chauffage. Le ventilateur aspire, d'un côté, de l'air pur qu'il puise au sommet du clocher de la chapelle, et le pousse, de l'autre, dans un large tuyau qui débouche par des ramifications dans les salles à ventiler. Pendant l'hiver, cet air s'échauffe en suivant les tuyaux de vapeur et de retour d'eau, et en circulant dans les poêles à eau, lesquels sont placés dans l'axe de la salle. L'air vicié sort par les conduits ménagés dans les murs, pour se rendre dans une cheminée commune établie dans les combles. On voit que, de cette manière, tout l'air mis en mouvement par l'appareil est utilisé pour la ventilation, laquelle est toujours assurée, quelles que soient les imperfections des clôtures de la salle. Il est inutile d'ajouter qu'on peut ventiler les salles sans les chauffer.

Des dispositions particulières permettent d'ailleurs d'augmenter l'humidité de l'air injecté, quand il est trop sec, et de le refroidir pendant les grandes chaleurs de l'été.

L'un et l'autre système ont donné des résultats qui peuvent être considérés comme bons, puisque les cheminées d'appel soutirent les quantités d'air prescrites, et qu'il en résulte un grand progrès sur ce qui existait jadis dans les hôpitaux. Toutefois, ils laissent encore à désirer : la ventilation ne paraît pas s'opérer aussi uniformément qu'il conviendrait dans toutes les parties des salles; l'air refoulé par le ventilateur ne provient pas uniquement, il s'en faut de beaucoup, de la cheminée destinée à en fournir de pur ; enfin la quantité d'air sortant des cheminées d'appel l'emporte notablement sur celle qui est insufflée ou passe par les poêles d'eau chaude, d'où il résulte qu'il s'introduit en abondance, par les ouvertures accidentelles, de l'air qui peut exercer une influence fâcheuse, soit par sa température, soit par sa composition.

Du reste, la question de dépenses est, en pareille matière, de très-grande importance, et M. le général Morin donne dans ses *Études sur la ventilation*, quelques chiffres qui, sans avoir une valeur absolue et sans être de nature à résoudre la question de principe, sont utiles à connaître pour apprécier le mérite comparatif des divers systèmes sur lesquels ont porté les nombreuses expériences d'où ils ont été déduits.

Les dépenses de premier établissement se sont élevées pour les appareils de
MM. Thomas et Laurens, à l'hôpital Lariboisière, par lit, à. . . . . 808 fr.
M. L. Duvoir dans le même édifice, à. . . . . 480 »
M. Van Hecke, à l'hospice du Vésinet, à. . . . . 236 »

Les dépenses annuelles de ventilation par heure et par mètre cube d'air peuvent être évaluées dans ces trois systèmes, non compris les intérêts et l'amortissement du capital engagé, à :
Appareils Thomas et Laurens. . . . . $1^{fr},30$
Appareils L. Duvoir. . . . . $0^{fr},79$
Appareils Van Hecke. . . . . $0^{fr},92$

En été, on peut ventiler une salle sans moteur mécanique et sans cheminée d'appel. Il suffit de placer un appareil réfrigérant au-dessus du plafond; l'air à introduire traverse cet appareil, s'y refroidit, descend dans la salle en vertu de sa densité, en passant par les ouvertures qui lui ont été ménagées, et expulse l'air chaud qui s'échappe par des orifices disposés à cet effet. Ce système pourrait être utilement appliqué à la ventilation de nos théâtres, ainsi qu'on le verra tout à l'heure.

Quel que soit d'ailleurs le mode adopté, il faut s'attacher à disposer les orifices d'entrée et de sortie de manière que l'air se renouvelle aussi uniformément que possible dans toutes les parties de la salle à ventiler, et ne sorte par les bouches d'appel qu'après avoir produit son effet, c'est-à-dire que comparativement vicié et refroidi en hiver ou réchauffé en été. Pour l'introduction de l'air chaud, il convient en général de restreindre le nombre des orifices et de les ouvrir à la partie inférieure de la salle; cet air s'élève immédiatement, s'étale sur le plafond d'où il descend peu à peu ; on peut en jouir à son entrée, et il suffit de se tenir à une petite distance des bouches pour ne pas en être incommodé. L'air froid doit arriver par le haut dans la plupart des circonstances, et par des ouvertures assez nombreuses pour assurer une distribution aussi uniforme que possible et éviter les courants d'air trop prononcés. Quant aux orifices de sortie, le niveau du sol est la position la plus convenable à leur assigner pendant l'hiver, parce qu'elles y trouvent l'air vicié et refroidi ; en été, il serait mieux de les ouvrir à la partie supérieure de la salle, car c'est là que se porte l'air qui a servi, s'est échauffé, et a perdu par cela même de sa densité. Les mêmes tuyaux peuvent servir du reste à ces deux évacuations ; il suffit d'avoir des registres qui permettent d'ouvrir et de fermer à volonté les bouches de l'une et de l'autre circulation. Il est surtout essentiel d'éloigner les bouches de sortie des bouches d'entrée, afin qu'aucune des parties de l'enceinte ne soit soustraite au mouvement de l'air, et que l'air amené y séjourne aussi longtemps que le permet l'activité de la ventilation.

Examinons maintenant quelles sont les conditions spéciales de ventilation de quelques édifices, et citons encore quelques-unes des solutions qui ont été adoptées dans ces dernières années.

Les prisons cellulaires sont peut-être les établissements où la ventilation est le plus nécessaire (abstraction faite pourtant des hôpitaux), et présente le plus de difficultés. Chaque détenu est enfermé en effet dans une cellule de dimensions extrêmement restreintes, qui contient un baquet ou un siége d'aisances ; il n'en sort qu'à de rares intervalles ; il y prend ses repas ; la plupart de ces hommes ont de vieilles habitudes de malpropreté ; les cellules sont très-nombreuses ; enfin il faut que les tuyaux adducteurs de l'air ne puissent pas servir à des communications orales. Voici comment le problème a été résolu par M. Grouvelle dans la prison Mazas, dont nous avons déjà fait connaître le système de chauffage.

La ventilation a lieu par voie d'appel de l'air vicié, et c'est par le tuyau du siége d'aisances que s'effectue celle de chaque cellule, de sorte qu'on trouve la salubrité où l'on pouvait craindre l'infection. Ce tuyau débouche dans un grand caveau (A, A, fig. 3 et 4 de la planche 58), qui est établi sous le corridor du bâtiment cellulaire, et qui renferme les tonneaux de vidange. A son extrémité, du côté de l'extérieur, ce caveau est fermé par une double paire de portes constituant une sorte d'écluse à air, afin que la ventilation ne se trouve pas interrompue quand des voitures viennent chercher les tonneaux. A l'autre extrémité, il est ouvert sur un conduit (B, fig. 4), de $1^{mq},30$ de section, qui amène l'air vicié dans un large canal circulaire (C, C, fig. 1), placé sous le dôme central, et qu'une galerie met en communication avec la cheminée d'appel, laquelle est marquée 20 sur la figure 1 de la planche 57. L'air vicié débouche directement sur le foyer d'appel. La ventilation de chaque aile est réglée par un registre placé à l'entrée du conduit B.

Afin de s'opposer aux communications orales qui auraient pu s'établir entre les détenus par les tuyaux de descente, chacun de ces tuyaux plonge dans un tonneau de vidange particulier, et porte latéralement un petit ajutage relevé, lequel est destiné au passage de l'air. Cet ajutage a un registre destiné à régler la ventilation de la cellule, et est recouvert d'un chapeau qui ne laisse que $0^m,025$ de passage, et oblige le courant à se briser avant d'entrer dans le caveau.

L'air appelé dans les cellules est pris dans le corridor, et passe, avant d'entrer, sur les conduites d'eau chaude, ainsi que nous l'avons dit en parlant du chauffage. Pendant l'été, il est plus frais que celui qu'on tirerait directement du dehors. Il est introduit dans la cellule par plusieurs orifices.

La ventilation produite est très-efficace ; elle s'élève de 20 à 22 mètres cubes par heure et par cellule. Les cellules ayant chacune une capacité de 21 mètres cubes, l'air qu'elles renferment est renouvelé une fois par heure. Aussi sont-elles sans odeur aucune, et les détenus peuvent-ils fumer, sans qu'on s'en aperçoive dans le corridor, ni même dans leur cellule peu de temps après qu'ils ont cessé de se livrer à ce passe-temps.

Avec ce système de ventilation, on consomme en été un kilogramme de houille pour enlever de 1200 à 1250 mètres cubes d'air.

Dans les hôpitaux, la ventilation doit être extrêmement énergique, et il convient, en outre, de disposer les appareils de telle sorte que leur action puisse être accrue dans une forte proportion, soit en cas de maladies contagieuses, soit lors d'épidémies qui obligent à encombrer les salles. A l'hôpital Lariboisière, dont il a été déjà question, la ventilation produite par l'appareil de MM. Thomas et Laurens s'élève, dans l'état normal, à plus de 60 mètres cubes par lit et par heure, et on pourrait la doubler en cas de besoin.

C'est un excellent résultat ; mais cet appareil exige des dépenses considérables de premier établissement, et nos administrations hospitalières n'ont pas toujours à leur disposition les ressources nécessaires. Et disons à ce sujet que beaucoup de personnes charitables, qui fondent des lits dans les hôpitaux, rendraient probablement plus de services à l'humanité, si elles consacraient leurs libéralités à la ventilation des lits existants. Quoi qu'il en soit, M. Péclet a proposé de recourir, faute de mieux, à une disposition simple et facile à installer, qui nous paraît de nature à se répandre utilement, et que nous croyons devoir rappeler.

A l'une des extrémités de la salle, se place un poêle en fonte, entouré d'une enveloppe en tôle, d'un plus fort diamètre, portant à sa partie supérieure des orifices couverts de toiles métalliques ; l'intervalle entre le poêle et son enveloppe communique avec l'air extérieur, qui s'y réchauffe en hiver avant d'entrer dans la salle ; le tuyau du poêle traverse la pièce pour se rendre dans une grande cheminée, laquelle est pourvue d'un foyer à sa partie inférieure ; de chaque côté de cette cheminée, deux caisses en bois ou en plâtre s'élèvent depuis le plancher jusqu'au plafond ; toutes deux sont percées en haut et en bas d'ouvertures susceptibles d'être fermées, et communiquent ainsi avec elle au-dessus du foyer ; on ferme l'ouverture supérieure en hiver, et l'ouverture inférieure en été. Ce qui a été dit plus haut fait comprendre la marche de cet appareil.

La même disposition peut être très-convenablement appliquée au chauffage et à la ventilation de salles d'écoles, d'ateliers, etc.

La ventilation des amphithéâtres est très-nécessaire, tant pour les élèves que pour le professeur ; car si l'on ne fait pas de longs séjours dans ces salles, les auditeurs y sont parfois très-entassés, vicient l'air rapidement, et peuvent élever la température outre mesure. Le professeur se fatigue, et les élèves éprouvent un malaise qui leur permet difficilement de rester attentifs. Un des éminents directeurs des études de l'École polytechnique, M. Coriolis, frappé de voir qu'un grand nombre d'élèves étaient punis pour s'être endormis pendant les cours, remarqua que c'étaient plus particulièrement ceux qui occupaient les bancs supérieurs de l'amphithéâtre ; il voulut assister de là à plusieurs leçons, et il déclara que, quel que fût le mérite du professeur et l'intérêt du sujet, il n'avait jamais pu se tenir éveillé jusqu'à la fin de la séance.

Ainsi que nous l'avons dit, en parlant du chauffage, l'air chaud doit arriver par en haut ou par en bas en des points où il ne peut être gênant ; il en est de même de l'air frais en été. Quant à l'air vicié, ce serait sous les gradins qu'il faudrait le retirer, ou au pied des parois, en se ménageant la faculté de lui donner également issue par en haut lorsque la chaleur est trop forte. La ventilation devrait être calculée à raison de 6 mètres cubes au moins par individu et par heure.

Une disposition analogue conviendrait aux grandes salles de nos assemblées délibérantes, en ayant soin de ventiler la tribune de manière à assurer toujours de l'air pur à l'orateur, et en plaçant des bouches d'appel d'air vicié dans chacune des tribunes publiques.

La ventilation de la plupart de nos théâtres laisse beaucoup à désirer.

Le système actuellement employé consiste à chauffer les vestibules, les foyers et les corridors par des poêles à eau chaude ; l'air chaud se rend de là dans la salle en passant par les plafonds des loges et galeries, soit dans de petits tuyaux très-multipliés, soit entre deux planchers ; il est attiré par le courant d'air que détermine la chaleur du lustre, lequel est surmonté d'une large cheminée d'appel. Au fond de chaque loge sont pratiquées deux ouvertures, l'une destinée à introduire de l'air pris dans le corridor, l'autre mise en communication avec la cheminée d'appel pour évacuer l'air vicié. Une autre cheminée d'appel est placée au-dessus de la scène. Elle est habituellement fermée, mais elle s'ouvre lorsqu'on veut enlever de mauvaises odeurs dégagées sur le théâtre, ou en cas d'incendie de ce côté ; dans ce dernier cas, on ferme la cheminée d'appel de la salle. Quand on juge nécessaire d'augmenter la ventilation on élève le lustre, et l'on ouvre les registres qui règlent la section de cette cheminée ; on la réduit en pratiquant les opérations inverses.

En été, c'est aux souterrains qu'on demande l'air frais qui doit remplacer celui qu'entraîne la cheminée.

Ces dispositions sont assurément fort bien entendues, et il semble, au premier abord, qu'elles devraient donner d'excellents résultats. Il n'en est rien cependant ; elles peuvent remédier efficacement à la viciation de l'air, mais non à l'élévation de la température. Le mal provient de ce que la ventilation s'effectue uniquement avec de l'air pris dans les corridors, air qui doit être chauffé en hiver à une température convenable, 15 à 16°, et que les spectateurs en circulation et de nombreuses lumières portent pendant l'été à une température plus élevée encore. L'air des caves ne répond pas d'ailleurs à l'appel qui lui est adressé, tant que celui de l'extérieur est plus chaud que lui, parce que ce dernier, plus léger, arrive plus vite et profite du passage que lui livrent les portes, incessamment ouvertes, du parterre, des loges et des galeries. C'est l'inconvénient inhérent à tous les systèmes d'appel. On introduit donc dans la salle, pendant l'été comme pendant l'hiver, de l'air qui se trouve déjà à la température qu'on ne devrait pas dépasser, et là il s'échauffe rapidement outre mesure. Pour remédier au mal, il faudrait pouvoir, lorsque le besoin s'en fait sentir, donner entrée à de l'air frais, sans établir dans la salle des courants de nature à incommoder les spectateurs ou à entraver le mouvement des ondes sonores parties de la scène. Il faudrait pour cela que l'appel se fît bien plutôt par des ouvertures ménagées au fond des loges et au pied de la première galerie que par celle du plafond au-dessus du lustre, et que tout l'air frais arrivât par la scène, quitte à percer des trous dans le rideau pour maintenir la ventilation pendant les entr'actes. Mais les acteurs pourraient souffrir du renouvellement trop actif de l'air autour d'eux, et il serait bien, afin de le ralentir sans nuire d'ailleurs sensiblement à la portée du son, d'établir une série de bouches d'introduction d'air frais dans l'arc ou le soffite qui limite l'ouverture de la scène à la partie supérieure.

L'air frais serait introduit par un ventilateur mécanique, qui le puiserait dans les souterrains. On pourrait même supprimer le ventilateur, et se borner à faire venir de l'air du dehors ; car cet air étant plus froid que celui de la salle, descendrait par son propre poids. En été, où la différence de température serait trop faible pour déterminer un mouvement assez actif, on rafraîchirait l'air en le faisant passer dans un serpentin entouré d'eau, qui serait placé dans les combles. Cette disposition n'exigerait pas un renouvellement d'eau bien considérable, puisque la température d'un mètre cube d'eau ne s'élèverait de 5° qu'après avoir abaissé, de la même quantité, celle d'environ 3000 mètres cubes d'air, abstraction faite des pertes par l'enveloppe du récipient[1].

Dans nos maisons d'éducation, la ventilation, beaucoup trop négligée jusqu'à ce jour, devrait être l'objet de prescriptions formelles de la part de l'autorité compétente. C'est bien assez d'enfermer dans des espèces de prisons de malheureux enfants qui auraient doublement besoin de l'air et de la liberté des champs, sans les condamner encore à vivre dans une atmosphère constamment viciée. Il y a sous ce rapport, de la part de tous, une incurie vraiment inconcevable. Qui n'a été frappé, à la vue des longues files d'écoliers qu'on rencontre parfois dans nos promenades, des figures pâles et souffreteuses de la plupart d'entre eux? C'est au manque d'exercice et plus encore peut-être au défaut d'air pur qu'on doit l'attribuer, et s'il y avait à s'étonner d'une chose, ce serait de voir ces enfants résister aussi bien au détestable régime qui leur est imposé.

Pendant la nuit, ils sont entassés dans des dortoirs qu'on ferme le plus hermétiquement possible en hiver, où il est rarement alloué à chacun d'eux plus de 20 mètres cubes d'air, et où brûlent constamment une ou plusieurs lampes plus ou moins fumeuses. Pendant la majeure partie de la journée, ils sont enfermés dans des salles d'étude ou dans des classes, où l'air ne se renouvelle pas, et où le chauffage, fort mal réglé, tantôt insuffisant, tantôt trop fort, se fait dans des poêles en fonte, qui dessèchent l'air, et lui donnent souvent une mauvaise odeur. Leurs réfectoires surtout exhalent cette odeur *sui generis*, nauséabonde au plus haut degré, provenant de tous les miasmes qui s'y accumulent et y fermentent, et qu'on se rappelle avec un profond dégoût longtemps après avoir quitté les bancs. Nous ne parlons ni des exhalaisons des cuisines ou des lieux d'aisances, ni de l'humidité des salles du rez-de-chaussée, ni des cours étouffées dans lesquelles le soleil ne pénètre qu'à de rares intervalles. Tous ceux qui ont passé dans les collèges ou dans les pensions de Paris quelques-unes de ces années d'enfance, qui devraient être si belles, savent à quoi s'en tenir là-dessus.

Il faudrait à ces établissements, d'abord plus d'espace et de meilleures dispositions, puis une ventilation très-complète. Imposer la première de ces conditions serait difficile, eu égard à l'élévation de la dépense, et n'est praticable que pour les créations nouvelles ; mais il ne serait pas très dispendieux de donner satisfaction à la seconde, et ce serait une amélioration considérable. Si l'administration de l'instruction publique donnait l'exemple dans ses collèges, elle pourrait l'imposer ensuite à tous les autres ; le bienfait serait promptement réalisé, et bientôt même les économies obtenues sur le chauffage prouveraient qu'il n'a rien eu d'onéreux.

---

[1] Nous croyons que ce système a déjà été proposé et peut-être appliqué par M. Léon Duvoir.

Il semble que le système le plus convenable consisterait en chauffage à l'eau et à la vapeur, et en ventilation par appel. Les détails dans lesquels nous sommes entré précédemment montrent comment devraient être disposés les appareils de chauffage et les orifices d'entrée et de sortie de l'air, dans les différentes salles.

Dans nos habitations particulières, où la vue du feu est un besoin, et où les cheminées convenablement disposées assurent une ventilation suffisante dans les circonstances ordinaires, on peut se contenter de chauffer à l'air chaud, à l'eau chaude ou à l'eau et à la vapeur les cages d'escaliers, les vestibules, les antichambres et les salles à manger. Une cheminée d'appel suffirait à la ventilation de toutes ces pièces, et pourrait même assurer celle des salons, qui seraient mis en communication avec elle au moyen de tuyaux qu'on ouvrirait et fermerait à volonté. Des dispositions seraient prises pour introduire dans ces salons, suivant les besoins, de l'air chaud ou de l'air frais tiré de l'extérieur.

Enfin il est des établissements, comme les casernes, dans lesquels une ventilation de nuit serait désirable, sans qu'on puisse faire les dépenses qu'exigerait un foyer constamment allumé. Or on peut pourvoir très-facilement à une circulation d'air, non pas très-active, mais à peu près suffisante, en adoptant un système fort simple, qui a été proposé par M. le docteur Papillon. Qu'on pratique dans chaque salle une série d'ouvertures sur deux faces opposées, du côté du nord au niveau du sol, du côté du midi près du plafond, et il s'établira immédiatement une ventilation naturelle. Il conviendra d'adapter sur les ouvertures extérieures des tuyaux qui se retournent contre le mur, sans s'y appliquer toutefois, afin que l'action du vent ne puisse empêcher l'entrée ou la sortie de l'air.

V. — DÉSINFECTION.

Les causes d'infection de nos édifices sont nombreuses et variées ; mais il en est une principale : les lieux d'aisances. C'est par elle que nous commencerons.

Les dispositions adoptées jusque dans ces dernières années pour les maisons de Paris sont les suivantes : une fosse rendue parfaitement étanche reçoit les matières ; elle est quelquefois accompagnée d'un appareil diviseur qui sépare les liquides des solides ; elle est munie d'un tuyau d'évent qui s'élève, parallèlement au tuyau de chute, jusqu'au-dessus des combles ; dans les cabinets d'aisances des habitations bien tenues, le siége est établi sur une cuvette en porcelaine fermée à sa partie inférieure par une bascule qui s'ouvre pour donner passage aux matières ; enfin, en même temps que la bascule, s'ouvre un tuyau, en communication avec un réservoir supérieur d'où s'échappe assez d'eau pour nettoyer la cuvette et même pour recouvrir la bascule, dès qu'elle est fermée, d'une couche de quelques centimètres d'épaisseur. La fosse est rendue étanche, afin de prévenir des infiltrations de nature à infecter le sol et à vicier l'eau des puits ; la séparation des matières prévient en partie la fermentation, rend l'odeur moins infecte, permet, dans l'état actuel des choses, de verser les liquides dans les égouts ; le tuyau d'évent est destiné à établir une ventilation avec le tuyau de chute, et à emporter dans l'atmosphère les gaz qui se produisent dans la fosse ; le système de cuvette est conçu de manière à intercepter autant que possible toute communication entre la fosse et les appartements, et à permettre de tenir le cabinet avec la plus grande propreté, de telle sorte qu'il n'ait par lui-même aucune odeur. Ces dispositions sont assurément ingénieuses, et elles constituent un immense progrès sur ce qui existait autrefois à Paris, et existe encore aujourd'hui dans la plupart de nos villes de province ; mais sont-elles entièrement satisfaisantes ? il est permis d'en douter.

Il y a d'abord un fait capital qui domine tout le système et donne large prise à la critique : c'est l'existence des fosses, de ces réservoirs placés au centre de nos habitations, dans lesquels viennent s'accumuler les matières les plus infectes, quelquefois pendant des années. Quoi qu'on fasse, leurs odeurs pénètrent toujours plus ou moins dans nos habitations, et d'ailleurs, lorsqu'on les vide, elles empestent non-seulement la maison, mais tout le quartier, et l'aspect de la ville se trouve déshonoré par les hideuses voitures de vidange qui circulent dans les rues. Un autre vice de ce système, et il est considérable, est de condamner des hommes au métier le plus ignoble et le plus dégoûtant. Sans doute, il n'y a pas d'autre parti à prendre dans les habitations isolées ou dans les petites villes, et l'on conçoit que la ville de Paris se soit contentée d'abord d'améliorer l'état de choses existant et n'ait pas songé immédiatement à une réforme radicale. Mais elle ne pouvait en rester là, et elle s'est décidée, après de sérieuses études, à entrer largement dans la voie où la poussaient depuis longtemps les meilleurs esprits.

Le système adopté, actuellement en cours d'exécution et même en grande partie terminé, peut être exposé en peu de mots. Des eaux de bonne qualité sont amenées par des aqueducs, en telle abondance qu'elles suffisent amplement à tous les usages domestiques, à l'arrosage des promenades et des voies publiques, à l'alimentation des fontaines et au lavage des ruisseaux et des rues ; une canalisation souterraine, qui compte déjà 600 kilomètres d'égouts, est appelée à évacuer et à rejeter en dehors de la ville toutes celles de ces eaux, et c'en est la majeure partie, que n'a point enlevées l'évaporation ; les eaux des habitations, eaux pluviales, eaux ménagères, eaux des fosses, se rendent directement dans les égouts par de petits branchements partant des maisons ; le produit du balayage des rues est également rejeté dans les égouts par des bouches ouvertes sous les trottoirs ; enfin des appareils sont en usage, qui ne permettent pas aux mauvaises odeurs de se répandre en dehors. Les parties solides des matières fécales, dont le volume est du reste bien inférieur à celui des liquides, ne participent pas au mouvement général ; elles sont recueillies, soit dans les fosses en maçonnerie, soit dans des tonnes mobiles susceptibles d'être fermées hermétiquement. Peut-être y a-t-il là une lacune regrettable dans la solution du problème, et ce qui se pratique dans d'autres villes, à Londres et à Bruxelles, par exemple, aurait-il dû faire autorité sous ce rapport ; mais la question est plutôt différée que tranchée, et elle fera probablement un grand pas le jour où sera établi que l'évacuation peut être complète sans que l'agriculture y perde de précieux engrais, et sans que le foyer d'infection soit reporté de la ville à quelques pas de l'enceinte.

Or cette démonstration, qui ne peut trouver une base solide que dans une expérience faite dans les conditions de la pratique, s'essaye actuellement sur une grande échelle, grâce aux efforts persistants de M. l'ingénieur en chef Mille[1], et les résultats obtenus paraissent satisfaisants.

Deux machines à vapeur, établies au débouché en Seine, près d'Asnières, du principal égout

---

[1] Mille et Durand-Claye, *Compte rendu des travaux du service des eaux d'égout en* 1869.

collecteur, refoulent par jour environ 5500 mètres cubes d'eau prise dans cet égout jusque dans une plaine voisine, celle de Gennevilliers, dont le sol de sables et cailloux, formé par les alluvions du fleuve, est très-perméable et presque improductif. Là, elle est employée en irrigations et en colmatages, et elle fait succéder l'abondance à la pénurie des récoltes, sans que rien jusqu'à présent fasse craindre qu'il ne s'en dégage des miasmes de nature à affecter l'odorat ou à nuire à la salubrité publique. L'eau qui n'est pas utilisée de la sorte se rend dans un bassin d'épuration, où une faible quantité de sulfate d'alumine suffit pour précipiter la plupart des matières étrangères, et la rendre tout à fait incolore, de noire qu'elle était auparavant. Le dépôt ainsi obtenu est extrait après dessiccation et employé comme engrais.

Les dépenses ne sont pas d'ailleurs tellement élevées, qu'on y puisse trouver un obstacle. Les ingénieurs calculent que, le système étant établi à titre définitif et absorbant toutes les eaux, le mètre cube de colmatage ne coûterait pas plus de $4^{fr},60$ et que celui de dépôt obtenu par voie chimique ne reviendrait qu'à $13^{fr},25$ environ.

Quoi qu'il en soit, le but essentiel serait atteint; la désinfection serait complète, tant à la ville qu'au dehors, et l'agriculture y trouverait bénéfice. L'opération serait encore excellente, quand bien même la ville de Paris ne rentrerait pas entièrement dans ses frais, par la vente des eaux ou de l'engrais solide.

Mais, ainsi que nous l'avons dit plus haut, si les fosses tendent à disparaître des grandes villes, il n'en est pas de même ailleurs, et il importe de signaler les mesures à prendre pour les rendre aussi inoffensives que possible. Or leur mode actuel de ventilation n'est pas toujours suffisant; le mouvement de l'air s'opère quelquefois dans un sens diamétralement opposé à celui qu'on a voulu obtenir. C'est une cage d'escalier très-élevée, que les rayons solaires échauffent à sa partie supérieure, ou ce sont des foyers allumés dans l'intérieur de l'appartement, qui appellent l'air de la fosse, et déterminent un courant ascendant dans les tuyaux de chute et un courant descendant dans le tuyau d'évent. Il faudrait donc disposer ce dernier tuyau de manière que son appel l'emportât toujours sur ceux qui peuvent se produire accidentellement. Il suffirait, à cet effet, d'y élever la température de l'air, soit en le faisant passer près de cheminées habituellement en activité, comme celles des cuisines, soit en allumant une lampe ou un bec de gaz dans son intérieur. C'est surtout dans les établissements publics qu'il est indispensable d'assurer un tirage très-énergique au tuyau d'évent, parce qu'il est plus difficile d'y obtenir une tenue convenable des cabinets d'aisances que dans les habitations privées.

Les tuyaux de chute sont souvent exécutés en poteries qu'on recouvre de plâtre ou de mortier; ils se brisent par suite de chocs ou des tassements de la construction, quelquefois aussi les joints ne sont pas parfaitement étanches, et de là des filtrations infectes. Ils devraient être toujours en fonte ou en tôle émaillée, et enveloppés de tuyaux en poteries, recouverts d'un enduit en plâtre. Un courant d'air ménagé entre les deux tuyaux rendrait complétement inoffensives les légères fuites qui pourraient se manifester.

Les éviers et les tuyaux de descente des eaux ménagères sont encore de puissantes causes d'infection. Il faudrait que les tuyaux fussent toujours hermétiquement fermés, sauf au moment où ils sont appelés à remplir leur office. On devrait surtout interdire ces cuvettes béantes à l'usage de plusieurs locataires, qu'on rencontre dans les escaliers de la plupart des maisons destinées à l'habitation des classes pauvres, et qui répandent des émanations infectes et insalubres au plus haut degré.

Les fumiers et les débris amoncelés de nos cuisines ont aussi leurs odeurs désagréables ; il appartient à la police de veiller à ce qu'ils soient enlevés chaque jour. Enfin il importe à la salubrité d'une ville que les voies publiques soient tenues avec la plus grande propreté, soient incessamment balayées, soient lavées par une eau pure et abondante, soient pourvues d'égouts assez larges pour recevoir tous les tuyaux qu'exigent les services des eaux et du gaz, de telle sorte que le sol, toujours plus ou moins infect de la cité, ne soit pas remué à chaque instant au sujet de cette ramification souterraine.

Les eaux et les égouts doivent être regardés comme choses de première nécessité ; peu de dépenses sont aussi réellement productives que celles dont ils sont l'objet, et l'on peut rappeler à ce propos que les Romains avaient exécuté d'importants travaux pour en doter largement, non-seulement la capitale, mais aussi les principales villes de l'empire. Depuis quelques années, la ville de Paris marche résolûment dans cette voie, ainsi que nous l'avons dit plus haut ; d'immenses travaux admirablement conçus sont appelés à lui procurer en grande abondance des eaux d'excellente qualité, à assurer sa salubrité par le rapide enlèvement des immondices, et à doter en même temps l'agriculture d'utiles engrais dont la majeure partie se perd aujourd'hui. Bientôt, sans doute, elle sera sans rivale sous ce rapport comme sous tant d'autres.

D'autres questions encore se rattachent à la salubrité : ce sont celles qui sont relatives aux rapports à observer entre les largeurs des rues ou des cours et les hauteurs des constructions, ainsi qu'à l'établissement des places publiques, des plantations, etc. Mais elles ne paraissent pas susceptibles de solutions absolues. Dans les villes où les vents sont violents ou les ardeurs du soleil redoutables, il convient de donner peu de largeur aux rues comparativement à la hauteur des maisons ; aussi voit-on que les voies publiques sont généralement très-étroites dans les contrées méridionales et dans les ports de mer. Il n'en est pas de même pour les villes, convenablement abritées, des régions tempérées. Le soleil et la ventilation y sont à rechercher, et la salubrité exige des rues larges et des places multipliées. A Paris, les hauteurs des maisons sont fixées ainsi qu'il suit, d'après la largeur des rues : $11^m,70$, pour les voies publiques au-dessous de $7^m,80$; $14^m,60$, pour les voies publiques de $7^m,80$ jusqu'à $9^m,75$; $17^m,55$, pour les voies publiques de $9^m,75$ et au-dessus. Toutefois, dans les rues ou boulevards de 20 mètres de largeur et au-dessus, la hauteur des bâtiments peut être portée jusqu'à 20 mètres, mais à la charge par les constructeurs de ne faire, en aucun cas, au-dessus du rez-de-chaussée, plus de cinq étages carrés, entre-sol compris. La corniche de couronnement est comprise dans ces limites, et le comble ne doit pas dépasser une ligne inclinée à 45°, tirée de l'arête supérieure de la corniche et sans excéder la moitié de la profondeur du bâtiment.

Enfin les plantations importent à la salubrité non moins qu'à l'agrément, car il est constaté qu'elles purifient l'air, et il y a double avantage à les multiplier autant que possible, tout en évitant d'ailleurs de rapprocher les arbres des maisons, au point d'enlever du jour et d'entretenir de l'humidité.

B

SUR L'ARCHITECTURE LOMBARDE.

Je ne veux pas être accusé de trancher à la légère [1] une question qui a été longuement controversée dans ces dernières années, et elle est d'ailleurs de trop grande importance historique pour que je ne regarde pas comme un devoir de faire connaître les motifs de mon opinion.

En France, des archéologues dont l'autorité repose sur les titres les plus sérieux, ont nié formellement l'existence d'une architecture lombarde ; en Italie, l'Athénée de Brescia a couronné deux mémoires provoqués par un concours qu'il avait ouvert, et qui concluent également à la négative. L'un, dont l'auteur est le comte Cordero de San-Quintino, conservateur du musée égyptien de Turin, a pour titre : *Dell' italiana architettura durante la dominazione longobarda;* l'autre, dû aux frères Sacchi, est intitulé : *Della condizione economica, morale e politica degli Italiani nei bassi tempi.*

Des considérations de divers ordres ont été invoquées à l'appui de cette thèse. Elles peuvent être résumées ainsi qu'il suit :

« Avant l'invasion, les Lombards étaient de vrais barbares féroces et nomades, s'abritant sous
« des tentes, ne vivant que de déprédations, marchant à de nouvelles conquêtes dès qu'ils avaient
« épuisé les ressources de la contrée dans laquelle ils s'étaient momentanément établis. Leurs
« croyances, d'origines diverses, étaient un grossier mélange des superstitions du Nord et des
« erreurs de l'arianisme. Ils n'avaient point de lois écrites, pas même d'écriture, d'art pas davan-
« tage. Ils n'ont donc pu apporter un style d'architecture à l'Italie. Ils n'ont même exercé aucune
« influence sur celui qu'ils y ont trouvé, car ils étaient fort indifférents en pareille matière. Ils ont
« dû accepter celui qui s'est présenté à eux, et leur action a dû se borner à précipiter la déca-
« dence. Leur domination de deux siècles, en Italie, n'a produit que désastres, guerres incessantes
« et cruelle oppression des vaincus ; si elle a vu élever quelques édifices, c'est par les mains d'ar-

[1] Voyez page 214 et suivantes.

« tistes italiens. Les Lombards n'ont pas pris racine en Italie ; il n'y a point eu fusion des deux
« peuples, constitution d'une de ces nationalités distinctes que produit le mélange de deux races.
« Enfin, on a faussement attribué aux Lombards des constructions qui leur sont de beaucoup
« postérieures, et celles qui datent de leur époque n'annoncent aucune innovation en archi-
« tecture. »

Je n'ai le dessein de contester ni la barbarie des Lombards, ni la dureté de leur joug, ni leur profonde ignorance en fait d'art ; mais je ferai remarquer que les Arabes et les Normands n'étaient pas beaucoup plus civilisés au moment où ils ont apparu sur la scène du monde, et que cependant, peu de temps après, il y avait une architecture arabe et une architecture normande. Je ne me figure pas un Lombard déposant son armure et s'attachant, le compas à la main, à créer un nouveau style d'architecture ; j'admets très-bien que l'art ait été cultivé par des Italiens après l'invasion comme auparavant. Mais je ne vois nulle impossibilité à ce que ces barbares aient exercé quelque action sur l'esprit des vaincus, se soient formé un certain goût au contact prolongé d'une civilisation relative, aient témoigné de la prédilection pour quelques formes, bonnes ou mauvaises, qui seront devenues ensuite de règle, sinon dans toute l'étendue d'un domaine contesté, du moins dans la contrée qui était le principal siége de leur puissance, et qui a conservé leur nom. Leur ignorance même devait les disposer à faire bon marché des traditions, et à abonder dans les innovations. S'il en a été ainsi, leurs préférences ne sauraient être douteuses : ce n'est point sur l'élégance, la distinction, la pureté des formes qu'elles ont dû porter, mais bien sur les qualités les plus saisissantes pour des esprits incultes, sur ce qui annonce la force, la durée, la richesse. Des représentations de personnages ou d'animaux symboliques, si grossières qu'elles fussent, devaient être mieux accueillies par ces barbares que les plus gracieux feuillages. On était donc conduit à substituer les voûtes aux charpentes, que les Lombards eux-mêmes avaient si souvent incendiées, à admettre des points d'appui plus résistants que de simples colonnes isolées, à multiplier les ornements, et à prodiguer les chapiteaux historiés. Voilà, selon moi, ce qu'indiquent les inductions les plus plausibles, et l'on verra tout à l'heure qu'elles sont justifiées par des faits authentiques.

Que les Lombards aient été au début fort indifférents pour toutes ces choses, cela n'est point douteux ; mais, malgré leurs guerres incessantes et leurs dissensions intérieures, il n'en a pas été longtemps ainsi. Avant la fin du sixième siècle, leur reine Théodelinde ordonnait la construction de plusieurs églises ; l'histoire en cite de plus nombreuses encore élevées par ses successeurs, principalement à Pavie, où les Hongrois n'en détruisirent pas moins de quarante-quatre lors de la prise de cette capitale en 924, puis à Milan, à Brescia, à Vérone, à Bergame et à Monza. Et l'on sait qu'elles étaient en général richement décorées de sculptures et de mosaïques. D'un autre côté, on trouve en Lombardie, notamment sur la façade de l'église de Saint-Michel de Pavie et sur les chapiteaux de l'église en ruine de Sainte-Julie de Bonate, près de Bergame, des bas-reliefs représentant des guerriers revêtus du costume lombard. Ces sculptures auront été exécutées sans doute par des artistes italiens, mais certainement sous l'inspiration, sinon par ordre des conquérants. Enfin, les frères Sacchi parlent d'une inscription trouvée sur l'une des colonnes d'un monument élevé par Luitprand, et disent qu'elle mentionne les noms des deux personnages, tous deux lombards, sous l'administration desquels le travail avait été exécuté, ainsi que ceux des artistes italiens qui en avaient été chargés. Rien de tout cela n'indique un si profond mépris pour ce qui est du domaine de l'art.

Si les vaincus ont été maintenus par la législation lombarde dans un douloureux état d'infériorité, cette législation elle-même prouve que les deux races tendaient parfois à se rapprocher, puisqu'elle a des stipulations pour les mariages mixtes. Les Lombards, d'ailleurs, étaient devenus de fervents catholiques, malgré leurs guerres avec la papauté, et ils occupaient de hautes positions dans le clergé lors de la conquête de Charlemagne. Ils ne furent dépouillés ni de leurs fortunes ni de leurs dignités, quand la couronne passa sur la tête des Francs. Il y avait eu conquête et non invasion nouvelle. Le grand empereur et ses successeurs prirent même le titre de *Longobardorum rex*; ils tenaient le pouvoir, mais en reconnaissant la nécessité de s'appuyer sur la race qui l'exerçait avant eux. Elles étaient par conséquent profondes, les racines jetées par les Lombards sur le sol de l'Italie ; et c'est encore à eux qu'on doit attribuer, du moins en grande partie, le mouvement qui s'y est produit après la chute de leurs souverains. Il est à remarquer enfin que les rois francs n'ont pas témoigné aux Italiens moins de mépris que n'avaient fait les Lombards, tandis qu'ils traitaient avec ces derniers sur le pied de l'égalité. Luitprand, historien lombard du dixième siècle, écrivait ces paroles : « Nous, Lombards, Saxons, Francs, Lotharingiens, « Boïowares, Suèves, Burgondes, nous méprisons tellement les Romains (qualification donnée « alors à tous les Italiens) que nous ne trouvons pas de plus grande injure à lancer à nos ennemis « que les appeler Romains. Ce nom de Romains nous rappelle tout ce qu'il y a d'ignoble, de « lâche, d'avare, de luxurieux, de menteur, de plus vicieux en un mot [1]. » Certes, le portrait n'est pas flatté, mais il montre jusqu'à quel point étaient tombés les Italiens, et combien il était nécessaire qu'un nouveau sang s'infiltrât dans leurs veines. Il était donc de toute justice que la contrée et l'art enfanté par elle dans ces temps douloureux conservassent le nom de la race qui avait le plus efficacement contribué à la régénération, quels qu'aient été d'ailleurs le mobile et la cruauté des conquérants.

Mais je ne veux pas insister plus longtemps sur un ordre de considérations, qui, s'il est de grande valeur pour des esprits sérieux, n'est pas cependant de nature à entraîner les convictions. J'arrive à l'étude des monuments.

L'un des principaux est l'église de Saint-Michel de Pavie, qui était regardée, jusque dans ces derniers temps, comme un type complet de l'architecture lombarde, et a été publiée à ce titre par Séroux d'Agincourt. M. de San-Quintino reconnaît qu'une église de ce nom a été élevée en effet dans le cours du septième siècle, mais il établit, d'après des documents historiques incontestables, qu'elle a été détruite, en même temps que la ville entière, par les Hongrois, en 924, et que, reconstruite, elle a dû être atteinte en 1004 par l'incendie qui a dévoré l'ancien palais des rois lombards, lequel lui était contigu, et avait été également réédifié depuis le désastre précédent. Il attribue l'édifice actuel à la fin du onzième siècle.

J'ai étudié ce monument sur place, et je l'ai fait graver d'après des dessins qui ont été relevés avec

---

[1] Nos Longobardi, scilicet Saxones, Franci, Lotharingi, Bajoarii, Suevi, Burgundiones, tanto dedignamur, ut inimicos nostros commoti, nil aliud contumeliarum, nisi Romanos dicamus. Hoc solo, id est Romanorum nomine, quidquid ignobilitatis, quidquid timiditatis, quidquid avaritiæ, quidquid luxuriæ, quidquid mendacii, immo quidquid vitiorum est, comprehendentes.

la plus grande sollicitude par M. l'ingénieur Malibran. Il est représenté par les planches 54, 35 et 56, et je ne crois pas qu'il ait été publié jusqu'à ce jour sur une aussi grande échelle avec autant d'exactitude. Or on y reconnaît à première vue les témoignages des destructions et reconstructions dont parle M. de San-Quintino. On voit à la partie inférieure du pignon du sud (pl. 36, fig. 2) une construction exécutée en pierres de taille noirâtres au dehors ; au-dessus, ce sont encore des pierres de taille, mais d'une teinte jaunâtre, d'un appareil moins régulier et à joints plus larges[1] ; enfin, la partie supérieure de l'édifice est exécutée en briques. Et il faut remarquer que, ni le passage d'une nature de pierre à l'autre, ni celui de la pierre à la brique ne s'arrêtent à une même assise ; ils ont lieu par échelons, ce qui éloigne toute idée d'un parti pris pour une construction exécutée d'ensemble, et indique clairement des reconstructions survenues à la suite de désastres, tandis que les différences de matériaux et de modes d'exécution prouvent qu'elles ont été séparées par d'assez longs intervalles. La même disposition s'observe sur le pignon du nord et sur l'abside, où l'ancienne construction en pierres noirâtres s'élève à une hauteur qui varie de 5 à 6 mètres au-dessus du sol extérieur. La façade principale (pl. 36, fig. 1) paraît avoir été entièrement reconstruite à la seconde époque ; mais on y remarque de nombreux fragments qui proviennent évidemment d'une construction antérieure, et sont diversement distribués. Cette façade a été restaurée ensuite à sa partie supérieure, au onzième siècle, et peut-être encore plus tard.

On lit donc très-nettement, sur le monument lui-même, les phases successives par lesquelles les malheurs des temps l'ont fait passer. A la base du transsept et de l'abside, la construction lombarde ; au-dessus et sur tout le développement de la nef, la construction qui a suivi les désastres de 924 ; au sommet, les travaux nécessités par l'incendie de 1004. Il est sans doute inutile d'ajouter que Luitprand était parfaitement fondé à dire qu'elle avait été ruinée de fond en comble, cette église dont il ne subsistait que des pans de murs sur quelques mètres de hauteur ; on ne peut admettre que les soldats hongrois se soient condamnés à l'enlèvement des décombres de la ville renversée, afin de niveler le sol, et de compléter ainsi leur œuvre de dévastation. A ces soudards, la ruine suffisait. Nous avons par conséquent sous les yeux, non pas l'œuvre entière des Lombards, mais son périmètre dans une partie notable de son développement, et des ornements caractéristiques. Or, n'aurait-on aucun autre témoignage à invoquer, il n'en faudrait pas davantage pour prouver que des innovations considérables ont été introduites dans l'architecture sous la domination lombarde, et pour les constater dans ce qu'elles ont de plus essentiel.

Les colonnettes qui se voient sur les parties inférieures des pignons et de l'abside, et les fragments

---

[1] Les premières de ces pierres ont parfaitement résisté aux injures du temps, et sont des calcaires à chaux grasse dont la texture est fort irrégulière, tandis que les secondes sont corrodées pour la plupart, sont compactes, et contiennent plus de silice que de carbonate de chaux.

Des analyses faites au laboratoire de l'École des ponts et chaussées, par M. l'ingénieur Mangon, établissent ainsi qu'il suit la composition de ces pierres :

Pierres des parties inférieures de l'édifice.		Pierres des parties supérieures de l'édifice.	
Carbonate de chaux.	93,4	Silice.	45,1
Carbonate de magnésie	1,1	Carbonate de chaux.	42,8
Alumine et peroxyde de fer	0,8	Alumine et peroxyde de fer	9,1
Résidus insolubles dans les acides, eau et matières non dosées.	4,7	Carbonate de magnésie	1,7
		Eau et matières non dosées.	1,5
	100		100

sculptés qui coupent celles de la façade principale prouvent que l'on s'était affranchi, dès l'origine de ce monument, des proportions de l'architecture romaine, en allongeant considérablement les colonnes engagées.

Il est vrai que, bien qu'encastrées dans la maçonnerie, les colonnes dont il s'agit ne se rattachent pas matériellement à la construction, en ce sens qu'elles n'appartiennent pas aux mêmes assises que le mur, et l'on pourrait se demander si elles n'ont pas été rapportées après coup. Mais il est à remarquer que les assises, qui se prolongent régulièrement dans chaque entre-colonnement, s'arrêtent au droit des colonnes et ne se poursuivent pas d'un côté de la colonne à l'autre, ainsi que le montre la figure 2 de la planche 36. Ces colonnettes appartiennent donc bien à l'œuvre primitive. Que le système de construction soit plus ou moins satisfaisant, cela n'importe nullement à la question.

Le même mode d'ornementation se trouve d'ailleurs, dans les mêmes conditions qu'à Pavie, sur le périmètre d'un monument fort curieux, auquel Séroux d'Agincourt a assigné la date du sixième siècle. Je veux parler de la petite église de *Saint-Thomas in Limine*, près de Bergame, dont le plan est représenté par la figure 6 de la planche 20. Sa date a été contestée ; les uns la voulant antérieure, les autres la reculant jusqu'au onzième siècle. Il y a évidemment lieu à indécision ; mais je crois ces deux opinions également erronées. Il y a du byzantin dans la disposition et dans plusieurs des chapiteaux cubiques de l'intérieur, et l'édifice est par conséquent postérieur à Saint-Vital ; et, d'un autre côté, il y a trop de grossièreté dans la forme de ces chapiteaux et dans le mode de construction pour qu'on puisse admettre la date la plus récente, car, dès le milieu du huitième siècle, les sculptures du nord de l'Italie se montrent incomparablement supérieures à celles de Saint-Thomas. On voit d'ailleurs des symboles ariens, les têtes de bélier et le couteau des sacrifices, sur l'un de ces ornements ; et l'on sait que les Lombards ont admis pendant longtemps les doctrines d'Arius, qu'ils n'ont abandonnées définitivement que vers la fin du septième siècle. Je me juge donc autorisé à ranger ce monument entre la dernière partie du sixième siècle et le commencement du huitième, et peut-être même à l'attribuer à la première moitié du septième siècle. Quoi qu'il en soit de cette dernière hypothèse, il y a là un précieux témoignage de l'avénement, sous les Lombards, du système décoratif dont il s'agit.

Veut-on d'autres preuves ? Sur les hauteurs de Civate, dans la Brianza, est une chapelle, objet de grande vénération, dont les traditions les plus anciennes font remonter la construction à Didier, dernier roi lombard, et dont toutes les sculptures annoncent effectivement la moitié du huitième siècle. Elle est, de même que la précédente, décorée sur son périmètre de colonnes allongées.

Enfin ces mêmes colonnes se retrouvent à Saint-Ambroise de Milan ; monument sur lequel je reviendrai tout à l'heure, qui a été certainement construit avant la fin du neuvième siècle.

Or ces colonnes allongées constituent un fait capital dans l'histoire de l'art : car elles sont l'un des éléments les plus caractéristiques et les plus fondamentaux de presque toute l'architecture du moyen âge, celui qui lui a donné son expression la plus saisissante : la prédominance des lignes verticales. Il n'y en a pas d'exemple avant l'invasion des Lombards, et après eux, ou du moins, pour ne pas anticiper sur les preuves, dès le commencement du onzième siècle, cette disposition est générale, non pas toujours au dehors, mais à l'intérieur. Dans tous les édifices postérieurs à cette dernière époque, les nervures des voûtes sont reçues par des colonnes élancées qui partent du sol ou des chapiteaux des colonnes du rez-de-chaussée, et l'on va voir que cette nouvelle disposition n'a pas attendu jusque-là pour se produire.

A quelle époque peut-on faire remonter les dispositions intérieures de Saint-Michel de Pavie ? La construction qui a suivi le désastre causé par les Hongrois a-t-elle reproduit la nef, de même qu'elle a relevé l'abside et les pignons du transsept ? Je ne saurais le dire, car je n'ai rien trouvé dans la nef qu'on puisse attribuer à l'église primitive. Ces pierres noires, ce mode de construction exceptionnel du pied des autres parties de l'édifice ne se voient ni sur la façade principale, ni sur les faces latérales, ni sur les piliers qui séparent la nef de ses bas-côtés. Les bases de ces piliers portent même des griffes, ornement que n'offrent point les colonnettes extérieures, et qui n'apparaît en Italie qu'au neuvième siècle, en France qu'au onzième. Les seules parties de la construction intérieure où se lisent des traces de l'édifice du septième siècle sont l'abside et le côté oriental du transsept.

Mais s'il n'est pas permis d'affirmer que la nef actuelle soit une reproduction de l'ancienne, dans ses dispositions fondamentales, s'il n'y a que des probabilités à ce sujet, il est hors de doute que la majeure partie de cette construction appartient à la première moitié du dixième siècle. Pavie s'était rapidement relevée de ses ruines, et les travaux de Saint-Michel, son église principale, avaient été poussés avec une telle activité qu'ils étaient terminés en 950, époque à laquelle Bérenger, empressé de rétablir les traditions, se fit couronner roi d'Italie dans cette métropole. Depuis lors, les cérémonies que l'histoire enregistre se succèdent dans Saint-Michel à des intervalles tellement rapprochés qu'on ne trouve pas place pour une reconstruction totale.

Quant à l'incendie de 1004, dont excipe M. de San-Quintino, sur quel point de l'église a-t-il pu avoir prise ? Sur la charpente évidemment. Il n'a donc pu exiger que la réfection des parties supérieures, et c'est ce que prouve l'état actuel du monument. Si l'on voulait se donner le droit d'attribuer l'édifice actuel au onzième siècle, il faudrait trouver un nouvel incendie pour expliquer ses dispositions.

Y a-t-il donc quelque chose de si étrange à rencontrer dans une église du dixième siècle une grande nef couverte par des voûtes d'arête, des piliers cantonnés de colonnes et des arcades superposées ? Y a-t-il là une telle anomalie qu'on se doive refuser aux inductions les plus plausibles, repousser des témoignages auxquels en toute autre circonstance on reconnaîtrait la plus grande valeur ? Nullement, et plus on étudie la question, moins on comprend qu'elle ait pu donner lieu à tant de discussions.

Il est à Milan une église que j'ai citée tout à l'heure, qui a une date précise, au moins comme limite inférieure, et qui prouve nettement que ces dispositions qu'on ne veut pas faire remonter au delà du onzième siècle, étaient en vigueur dès le neuvième : je veux parler de Saint-Ambroise.

Les archéologues ne sont pas d'accord sur la date de cet édifice ; ils la font varier du troisième au onzième siècle, sans apporter d'ailleurs rien de bien précis à l'appui de leurs opinions. Mais il est un fait certain, c'est que l'atrium établi en avant de l'entrée principale existait en 880. Or cette construction s'appuie contre la façade et en masque une partie ; on voit encore aujourd'hui les corniches du rez-de-chaussée se prolonger sous le toit qui couvre le portique. La façade est donc antérieure à 880, et à plus forte raison la nef qui l'a précédée dans l'ordre des temps.

Ici, comme à Saint-Michel de Pavie, l'abside est la partie la plus ancienne du monument, et peut-être même appartient-elle à la construction primitive, remonte-t-elle à saint Ambroise. Quoi qu'il en soit, on voit, en examinant toutes choses attentivement, que la nef a été commencée du côté de l'abside, et l'on est porté à penser que les travaux n'ont pas été exécutés très-rapidement. On remarque en effet des différences assez prononcées dans l'ornementation pour constater un progrès sensible d'une travée à l'autre. Il n'y a point de griffes aux colonnes du rez-de-chaussée de la première travée; cet ornement se montre dans la seconde; il domine dans la troisième, celle qui touche au narthex. La corniche en arcatures de l'intérieur est d'une grossièreté de travail qu'on ne trouve point sur celle de la façade, et les chapiteaux extérieurs sont plus habilement travaillés que ceux du dedans. Tous ces faits concordent parfaitement, et doivent faire admettre que la nef de Saint-Ambroise n'est pas postérieure à la moitié du neuvième siècle, c'est-à-dire a dû précéder la reconstruction de Saint-Michel.

Le croquis ci-dessous montre quel est l'élément fondamental de la disposition intérieure du premier de ces monuments.

Il représente la première grande travée de la nef à partir de la façade. On voit que la grande nef, aussi bien que les bas-côtés, était couverte par des voûtes d'arête établies sur plan carré. Les retombées des voûtes étaient reçues par des piliers cantonnés de colonnes et l'on retrouve dans la plupart de ces colonnes les proportions élancées qui avaient été inaugurées par l'architecture lombarde.

A Saint-Michel de Pavie, les voûtes de la grande nef étaient également établies sur plan carré ; il n'y en avait pas quatre, comme aujourd'hui, il n'y en avait que deux, dont on trouve les traces sous les combles, au-dessus des voûtes actuelles. Ces dernières ont été construites à une époque comparativement moderne ; ce sont elles qui ont fait élever sur les colonnes du premier et du troisième pilier de la grande nef, les pilastres qui supportent les retombées, concurremment avec les colonnes de face du pilier central et celles des angles des piliers extrêmes. Une disposition analogue se remarque d'ailleurs à Saint-Ambroise, où la première travée à partir du transsept, qui était couverte autrefois, comme les deux autres, par une voûte d'arête sur plan carré, l'est aujourd'hui par deux voûtes établies sur plan barlong.

Une autre église de Milan, Saint-Celse, remonte en partie à la fin du dixième siècle, et présente des dispositions tout à fait analogues à celles de Saint-Ambroise et de Saint-Michel, mais avec plus d'élégance dans les sculptures. Enfin Mario Lupo[1] donne les dessins d'une église en ruines, Sainte-Julie de Bonate, près de Bergame, et annonce que des documents authentiques l'attribuent à Théodelinde. Ces ruines subsistent encore. Elles montrent un plan analogue à celui des basiliques, mais ce sont des piliers cantonnés de colonnes qui séparent la nef des bas-côtés. La construction est grossièrement exécutée, les bases sont sans griffes et les chapiteaux sont des plus barbares. Là aussi se retrouvent les deux éléments les plus caractéristiques de l'architecture du moyen âge.

Veut-on encore une preuve que l'église actuelle de Saint-Michel de Pavie est bien celle qui a été construite immédiatement après les désastres de 924, abstraction faite du couronnement et des voûtes de l'édifice ? qu'on jette les yeux sur la façade principale et sur le pignon du sud, on verra qu'ils étaient percés autrefois de fenêtres en arcades, qui ont été bouchées et remplacées par de grands oculus. Or ces oculus ont une date précise ; on les trouve dans toutes les églises italiennes du onzième siècle, et ils eussent été établis immédiatement si le monument qui nous occupe avait été construit à l'époque que lui assigne M. de San-Quintino.

Ainsi cette église nous montre des colonnes allongées appartenant probablement au septième siècle, et des nefs voûtées sur plan carré, reposant sur des piliers cantonnés de colonnes plus ou moins élancées, lesquelles remontent à la première moitié du dixième siècle. Elle a donc une très-grande valeur dans l'histoire de l'art, bien que d'autres édifices tendent à assigner une date encore plus ancienne à ces éléments caractéristiques. Je dois ajouter qu'elle ne présente pas moins d'intérêt par ses sculptures qu'au point de vue de l'art des constructions.

Les bas-reliefs qui forment des bandes horizontales sur la façade principale ont été tirés probablement de la construction primitive, et l'on y trouve en effet des personnages lombards, et des figures symboliques qui paraissent se rattacher à des croyances étrangères au christianisme. Ils sont très-grossiers, dépourvus de modelé, ne se suivent pas, et sont de hauteurs inégales. Ils témoignent de ce goût pour les images et l'ornementation exubérante qui est particulier aux barbares et aux peuples en décadence, et dans lequel les Lombards devaient abonder plus encore que les Italiens de l'époque.

---

[1] Mario Lupo, *Codex diplomaticus civitatis et ecclesiæ Bergomatis*.

Je ferai remarquer encore que les frères Sacchi, qui n'admettent point l'influence lombarde, adoptent, pour Saint-Michel de Pavie, la date du septième siècle, ne contestent pas celle de Sainte-Julie de Bonate, citent un grand nombre d'églises, à peu près contemporaines, présentant des dispositions analogues, et déclarent en propres termes que, dans ces édifices, les piliers, engagés ou isolés, se divisaient en plusieurs branches et que les grands pilastres s'élevaient, à l'intérieur, jusqu'à la naissance des voûtes dont ils recevaient les retombées, et, à l'extérieur, jusqu'au sommet des façades. Aussi M. Vitet[1] a-t-il dit, avec raison, que les conclusions de ces auteurs semblent inconciliables avec leurs prémisses. La contradiction est aussi formelle que possible. Elle provient de ce que MM. Sacchi ne se sont pas rendu compte de la différence qui existe entre la disposition et le style ; ils ont reconnu que les plans de la plupart des églises lombardes étaient disposés à la manière de ceux des basiliques, et ils en ont conclu que l'architecture était la même, regardant comme non avenues les différences qu'ils signalaient eux-mêmes dans la forme et la proportion des points d'appui, dans le système de construction, et dans le mode d'ornementation. Leur travail est donc de nature à étayer mon opinion, loin de la contredire ; toutefois leurs assertions, en fait de monuments, ne me paraissent pas assez bien établies pour faire autorité, et je ne veux pas les invoquer. Un seul fait bien constaté importe plus qu'un grand nombre de faits contestables[2].

Faut-il insister davantage au risque de fatiguer le lecteur par des preuves surabondantes, et de paraître douter moi-même de la valeur de celles qui viennent d'être établies ? Il est fort difficile de s'arrêter à point dans une discussion de cette nature, et l'on doit craindre que le silence sur quelques objections ne soit regardé comme un aveu d'impuissance à les résoudre. Je répondrai donc en quelques mots à l'une de celles que M. de San-Quintino paraît regarder comme tout à fait décisives.

Il existe à Lucques des églises qu'on peut faire remonter, en toute assurance, à l'époque de la domination lombarde, San-Frediano entre autres, et leur architecture est à peu près celle des basiliques romaines : nef avec bas-côtés, abside circulaire, colonnes antiques réunies par des arcades, plafond ou charpente apparente, etc. M. de San-Quintino en conclut que telles étaient alors les dispositions en vigueur dans toute la péninsule ; mais sa conclusion n'est pas, à beaucoup près, aussi incontestable que le fait. L'action du pouvoir central n'était pas au moyen âge ce qu'elle est de nos jours ; il y avait souvent une très-grande diversité dans les mœurs, dans les usages, dans la langue, dans l'architecture des provinces d'un même empire. En France, l'architecture du Midi n'était point celle du Nord ; l'Auvergne, le Poitou, la Bretagne, la Normandie, la Bourgogne avaient chacune un style bien distinct. Il ne faut pas se figurer qu'il y ait eu à Pavie une sorte de conseil des bâtiments civils, imposant l'unité de style dans tous les duchés qui divisaient le pays.

[1] Études sur les beaux-arts : *De l'architecture lombarde*.
[2] Au surplus la question a fait de grands progrès depuis qu'elle a été soulevée de nouveau dans la première édition de cet ouvrage, et l'on trouverait aujourd'hui peu d'archéologues italiens disposés à soutenir la thèse que l'académie de Brescia a adoptée. Deux mémoires fort intéressants ont été publiés sur ce sujet en Lombardie, l'un par M. Dell'Acqua, l'autre par M. l'ingénieur Claricetti, et ils fournissent à l'appui de mes conclusions de nouvelles preuves qu'il serait trop long d'énumérer ici. En outre M. l'ingénieur de Dartein a réuni, dans une longue et fructueuse mission en Italie, les éléments d'un ouvrage très-important sur l'architecture lombarde, actuellement en cours de publication, qui présentera les documents les plus précieux pour l'histoire de l'architecture, pendant l'époque où elle est le plus obscure encore, c'est-à-dire du septième au onzième siècle. C'est d'après un dessin de cet ingénieur qu'a été exécutée la gravure du fragment de Saint-Ambroise, que j'ai mise tout à l'heure sous les yeux du lecteur.

On trouvait sans doute alors en Italie, comme il y a eu depuis, jusque dans ces derniers temps, des systèmes d'architecture fort divers, et il n'est pas étonnant que Lucques, éloigné de la capitale, ancien municipe, renfermant un grand nombre de constructions romaines, ait résisté aux innovations qui s'introduisaient dans les provinces du Nord.

Ces basiliques peuvent d'ailleurs être invoquées à l'appui de ce que j'ai dit sur les tendances de l'époque à élever des constructions plus monumentales que celles des premiers temps du christianisme. Les murs y sont exécutés en pierres de taille d'excellente qualité, de marbre même, travaillées et appareillées avec la plus grande perfection, tandis que, dans les basiliques de Rome, ils sont formés de briques ou de moellons revêtus d'un enduit. En outre un large et vigoureux tailloir, placé au-dessus du chapiteau de chaque colonne, permet de donner plus d'épaisseur au mur de la nef et plus d'espacement à deux arcs consécutifs qu'on ne le faisait à Rome, où ces deux dimensions se réglaient sur le diamètre supérieur de la colonne. Le mur et les arcs sont établis en encorbellement de chaque côté du support, d'où résulte un surcroît de solidité. On reconnaît là une influence byzantine.

On cite également la basilique de Saint-Clément, à Rome, qui a été reconstruite au neuvième siècle, pour prouver qu'il n'y avait point eu d'innovation à cette époque en fait d'architecture ; mais cette église fait encore moins autorité que celles de Lucques, d'abord parce que Rome n'appartenait point aux Lombards, puis parce que cette ville, loin d'être à la tête du mouvement, était tombée dans une telle ignorance, que le pape Adrien, voulant exécuter une restauration importante dans la basilique de Saint-Pierre, demanda à Charlemagne de lui envoyer des ouvriers capables de faire ce travail. C'est au mémoire de M. de San-Quintino que j'emprunte ce fait.

Enfin comprendrait-on que la Lombardie qui, du septième au onzième siècle, a été un centre de lumières pour l'Occident, et lui envoyait des missionnaires et des moines architectes, ait été réduite à emprunter aux Normands leur style d'architecture ? Que l'art ait été complétement stationnaire en Italie pendant une période relativement florissante de quatre siècles, tandis qu'en Normandie il se serait développé tout d'un coup, vif éclat de lumière surgissant du sein des ténèbres sans que rien l'ait annoncé ? Que Saint-Étienne de Caen, où le nouveau style se montre si carrément établi, si parfait même, ait été le point de départ, et Saint-Michel de Pavie la copie ? Et c'est cependant la conclusion que ne craint pas de formuler M. de San-Quintino, et que sont bien obligés d'accepter tous ceux qui, après lui, nient l'existence d'une architecture lombarde. Il semble que la seule inspection des planches de cet ouvrage, qui représentent l'un et l'autre édifice, suffit pour montrer combien elle est erronée.

C

SUR LES ORIGINES DE L'ARCHITECTURE OGIVALE.

Longtemps dédaignée, l'architecture ogivale a repris faveur il y a quelques années, et a été étudiée avec une juste et remarquable sollicitude. Deux questions importantes ont été soulevées à son sujet : on s'est demandé quel est le pays qui a eu la gloire d'inaugurer le nouvel art, et quelle est l'origine de l'ogive. Bien que les controverses archéologiques soient en dehors de mon cadre, je crois devoir dire quelques mots de celle-ci.

L'Allemagne et l'Angleterre ont revendiqué l'honneur d'avoir donné naissance à l'architecture ogivale, mais ces prétentions ne sont soutenues aujourd'hui par aucun homme sérieux ; elles n'ont pu résister à un examen impartial. C'est de l'Ile-de-France qu'est parti le mouvement intellectuel dont le nouvel art a été la traduction monumentale ; c'est là qu'était le foyer des lumières de l'Occident au douzième siècle, et que s'élaboraient les idées ; c'est là que se rencontrent les nombreux édifices qui montrent les tâtonnements des débuts, et signalent chacune des étapes de la voie ; c'est là enfin que l'apogée a été le plus promptement atteint. Grâce à la franc-maçonnerie, l'étranger nous a suivis de près, de plus près que les provinces du Midi ; mais il nous a suivis. Les dates sont précises. Ainsi, la cathédrale de Cologne, que quelques auteurs ont voulu présenter comme le premier monument dans lequel l'art ogival se montre complétement constitué, la cathédrale de Cologne, encore inachevée, a été commencée en 1248, tandis que celles d'Amiens et de Beauvais, dont elle reproduit les formes et même les dimensions, ont été fondées l'une en 1220 et l'autre en 1225. On sait que cet art ne s'est montré que postérieurement en Italie, et y a toujours été considéré comme une importation étrangère.

La question d'origine est plus délicate. S'attachant à la forme la plus caractéristique, on a demandé qui avait découvert l'arc ogive et à qui nous l'avions emprunté. Or cette courbe est de tous les temps, de tous les pays. On la trouve dans les plus anciens monuments de l'Égypte, sur des tombeaux de Lydie, dans les enceintes pélasgiques, dans des constructions de l'âge héroïque de la Grèce ; je l'ai montrée s'introduisant en France à la fin du dixième siècle dans la cathédrale de

Périgueux, et se reproduisant dans nos édifices byzantins des deux siècles suivants. Elle n'est pas plus difficile à imaginer que la demi-circonférence de cercle, et il est fort possible qu'elle ait été employée la première, parce qu'elle est évidemment plus favorable à l'établissement des voûtes, et permet même de les construire par assises horizontales. Si le plein cintre a prévalu dans l'architecture antique, cela provient de ce que son mode de génération est plus simple et sa forme plus élégante.

Veut-on attribuer le mérite de la découverte au peuple qui a fait entrer le premier la forme dont il s'agit dans son style d'architecture? Ce serait aux Arabes qu'il appartiendrait, ou du moins nous ne connaissons d'arcades ogivales, constituant un système de supports isolés, dans aucun monument antérieur à la mosquée d'Ebn Touloun, dont il a été question à la page 105, et qui est représentée par la planche 5. Cet édifice appartient au neuvième siècle de notre ère. Il remonte par conséquent aux débuts de la civilisation arabe, et il est permis de douter que le peuple, qui avait tant emprunté aux Byzantins, ait créé aussi vite une forme nouvelle, et ne leur doive pas également celle-là; les édifices byzantins qui leur auraient donné cet arc peuvent avoir disparu. Quoi qu'il en soit, l'ogive était entrée dans l'architecture de l'Égypte, et a été introduite ensuite en Sicile par l'invasion arabe. Les Normands l'y ont trouvée, et l'y ont employée dès le commencement du douzième siècle, à la chapelle de Palerme, par exemple, laquelle date de 1129. Ces faits ne paraissent point contestables.

Cette forme a-t-elle été transportée en Occident à la suite des premières croisades? Les Normands en ont-ils été les introducteurs? Les deux hypothèses peuvent être vraies, les documents ont pu arriver par plusieurs voies; mais on est en droit d'affirmer que cet enseignement extérieur n'était point nécessaire, et qu'on lui a généralement fait une trop large part. Il ne faut pas oublier qu'on employait en France des arcs en ogive avant les croisades et les conquêtes des Normands en Sicile, et que les demi-circonférences croisées de l'architecture romane les multipliaient sur les façades des églises. La courbe se trouvait d'ailleurs en telle harmonie avec les sentiments de l'époque qu'on n'eût probablement pas manqué d'y avoir recours, quand bien même elle ne se fût appuyée sur aucun précédent. Les architectes du douzième siècle ont surabondamment prouvé qu'ils avaient l'esprit assez ouvert et assez indépendant pour imaginer de nouvelles formes, et les mettre résolûment en œuvre. Leurs ogives enfin diffèrent complétement, et cela dès le début, de celles qu'on rencontre dans les édifices de l'Orient; elles sont bien autrement élancées, leur caractère est tout autre; il est évident que ce ne sont point des imitations.

Enfin, s'il y avait eu imitation, on ne se serait pas borné à copier une forme où il y en avait plusieurs à prendre; non-seulement les premières ogives se montreraient courtes, lourdes, obtuses comme celles qui leur auraient servi de modèles, mais encore leurs points d'appui et leurs ornements rappelleraient ceux qui les accompagnent en Afrique ou en Sicile. Or personne n'ignore qu'il n'en est pas ainsi, qu'il n'y a aucun autre rapport entre l'architecture ogivale et celle des Arabes que la substitution d'une courbe, résultant de l'intersection de deux arcs de cercle, à la demi-conférence qui était de règle dans les architectures antérieures. Et il faut remarquer que si l'ogive a donné son nom au style d'architecture dont elle est un des éléments caractéristiques, elle est loin de le constituer. Si importante qu'elle soit, ce n'est qu'une forme de détail, et quand bien même on lui retirerait cette courbe, l'architecture ogivale formerait encore un art tout spécial, parfaitement défini, expression harmonieuse d'un idéal déterminé ; seulement l'harmonie ne serait pas aussi grande, parce que l'un des éléments serait moins expressif que les autres.

Il semble donc qu'on eût attaché moins d'importance à la question dont il s'agit, si le sujet avait été envisagé dans toute son étendue. Que nos architectes aient été informés de l'emploi de l'ogive en Orient, que l'idée de tirer parti de cette courbe leur ait été suggérée, ou que, l'ayant eue, ils se soient sentis encouragés à la produire, en apprenant qu'elle était déjà appliquée dans une contrée dont on faisait de merveilleux récits : nous ne pouvons ni le nier ni l'affirmer. La seule conclusion qu'on soit en droit de tirer des faits établis, c'est que l'ogive de notre art du moyen âge n'a point été importée, n'est pas une imitation servile, et a été imaginée, en ce qui est des proportions et du caractère, c'est-à-dire de l'essentiel, par les architectes de l'Ile-de-France, vers la moitié du douzième siècle, de même que toutes les autres formes auxquelles elle s'associe. Le mérite de la création peut être contesté ; elle a pu puiser à diverses sources, mais elle a transformé les éléments qu'elle a mis en œuvre, elle se les est complétement assimilés, et il y aurait injustice à méconnaître qu'elle a été entière et admirablement coordonnée.

D

LETTRES DE PLINE.

PLINE A GALLUS.

« Vous êtes étonné que je me plaise tant à ma terre du Laurentin, ou, si vous voulez, de Lau-
« rens ; vous cesserez de l'être quand vous connaîtrez tous les agréments de cette villa, les avan-
« tages de sa situation et l'étendue de son rivage. Elle n'est qu'à dix-sept milles de Rome ; si bien
« qu'après avoir fait ses affaires à la ville, on y arrive sans avoir rien pris sur sa journée.

« Ma maison est spacieuse et commode sans être d'un trop grand entretien. On trouve d'abord
« un atrium qui n'est ni trop somptueux, ni trop simple, ensuite une cour petite, mais riante,
« environnée de portiques circulaires dans la forme d'un O. C'est un excellent abri contre les
« mauvais temps ; on y est abrité par les vitraux et par la saillie de la toiture. De ces portiques,
« vous passez dans une grande cour fort gaie, et ensuite dans une salle de festins qui s'avance sur
« la mer, dont les vagues, poussées par le vent d'Afrique, et déjà brisées, viennent doucement
« mourir au pied du mur. De toutes parts cette pièce est percée de portes et de fenêtres de mêmes
« dimensions que les portes ; de manière qu'en avant et des deux côtés, il semble qu'on ait vue sur
« trois mers différentes. A l'opposite, les regards traversent la grande cour, la petite cour envi-
« ronnée de portiques, les portiques de l'atrium, et aperçoivent dans le fond des forêts et des
« montagnes lointaines. A la gauche de cette salle, et un peu en retraite, est une grande chambre
« suivie d'une autre semblable, laquelle est ouverte des deux côtés, de manière à recevoir les
« premiers rayons du soleil, et à jouir aussi de ses derniers feux. De ce côté on a également l'as-
« pect de la cour, de moins près à la vérité, mais d'une manière plus calme. Cette pièce et la
« salle à manger forment un angle, où le soleil se concentre et double sa chaleur. C'est l'endroit
« que mes gens fréquentent pendant l'hiver, et dont ils font leur gymnase ; là, on ne connaît
« d'autres vents que ceux qui, par quelques nuages, troublent plus la sérénité du ciel que le calme
« dont on jouit. A l'angle est pratiquée une pièce circulaire et voûtée, dont les fenêtres suivent le

« cours du soleil. Dans l'épaisseur des murs sont des armoires en forme de bibliothèques, qui
« renferment une collection choisie de mes livres les plus usuels. De là vous passez dans des
« chambres à coucher par un corridor carrelé en dalles, au-dessous desquelles est l'hypocauste,
« dont la chaleur, heureusement tempérée, circule partout. Le surplus des chambres de cette
« aile est à l'usage des affranchis et des esclaves. Elles sont, pour la plupart, d'une si grande pro-
« preté qu'on pourrait les donner à ses hôtes.

« L'autre aile est composée d'une fort belle chambre, d'une seconde plus grande, laquelle est
« susceptible de former une moyenne salle à manger, et reçoit une grande clarté des rayons du
« soleil et de leur réverbération sur la mer ; vient ensuite une antichambre qui donne entrée
« dans une grande pièce très-haute, bien close, abritée, et dès lors aussi fraîche l'été que chaude
« l'hiver. A côté est une autre chambre avec antichambre. De là on passe au bain froid ; c'est une
« grande et vaste salle. De chaque côté, et en face l'un de l'autre, sont établis deux grands bassins
« circulaires où l'on peut nager. Tout auprès sont l'étuve pour se parfumer et la chambre tiède.
« Viennent ensuite deux autres salles plus élégantes que riches. Le bain chaud est si agréable-
« ment situé qu'en se baignant on découvre la mer.

« Assez près de là, est le jeu de paume, exposé à la plus grande ardeur du soleil couchant. D'un
« côté s'élève une tour qui contient deux cabinets au rez-de-chaussée, deux autres semblables dans
« l'étage supérieur, et au-dessus une salle d'assemblée, d'où l'on découvre une vaste étendue de
« la mer, toute la longueur de la côte et les charmantes maisons qui l'embellissent. De l'autre côté,
« une tour semblable renferme une chambre exposée au levant et au couchant, et dans le haut
« une vaste serre et un grenier qui règnent au-dessus d'une grande salle de festins, où le bruit de
« la mer agitée se fait entendre, il est vrai, mais bien affaibli par l'éloignement.

« Cette salle a vue sur les jardins et sur les allées qui les entourent, lesquelles sont bordées de buis
« et de romarin. Un jeune plant de vigne ombrage la partie comprise entre ces allées et le jardin
« fruitier. Le sol en est léger et très-doux, même pour marcher nu-pieds. Les arbres qui réussis-
« sent le mieux dans le pays sont le figuier et le mûrier. Aussi font-ils le principal ornement de
« mon jardin. Un salon jouit de cet aspect, qui le cède peu en agrément à celui de la mer dont
« cette pièce est éloignée ; il est accompagné par derrière de deux cabinets dont les fenêtres
« donnent sur l'atrium et sur le jardin potager.

« De ce côté, s'étend le crypto-portique, ouvrage qui tient de la beauté et de la magnificence
« des monuments publics. Il est percé de fenêtres des deux côtés, mais en plus grand nombre
« sur le bord de la mer que sur le jardin. Il y en a quelques-unes de plus élevées que les autres.
« Quand le temps est calme et serein, on les ouvre toutes ; si le vent donne d'un côté, on les ouvre
« de l'autre. La galerie ne reçoit jamais le soleil que dans sa plus grande ardeur, c'est-à-dire lors-
« qu'il est d'aplomb sur le comble. Alors, les fenêtres s'ouvrent, et elle reçoit de toutes parts l'ha-
« leine des zéphyrs qui y renouvellent l'air, et y entretiennent la salubrité par une agréable agitation.

« A l'extrémité du parterre et au bout de la galerie, on trouve le *casin* du jardin. C'est un petit
« bâtiment détaché qui est mes délices ; je l'appelle ainsi, car je l'ai construit moi-même. Là est une
« pièce dont le soleil, qui y pénètre de toutes parts, fait une étuve ; elle a vue d'un côté sur le
« parterre, et de l'autre sur la mer. Son entrée répond à une chambre voisine, et l'une de ses fenêtres
« donne sur la galerie. Un cabinet élégamment orné se joint à cette pièce du côté de la mer, de

« manière que, par des portes vitrées et par des rideaux qu'on ouvre et qu'on ferme, tantôt le
« cabinet ne fait qu'un avec la chambre, et tantôt s'en sépare. Il y a place pour un lit et deux
« sièges. Du côté où le lit est adossé on voit les maisons de la côte ; à vos pieds vous découvrez la
« mer, et de votre chevet, les forêts voisines. Autant de fenêtres, autant d'aspects différents qui
« s'unissent et se séparent à volonté.

« On passe de là dans la chambre de nuit destinée au sommeil ; rien de plus calme que cet en-
« droit. J'y ai fait pratiquer en dessous une étuve fort petite qui communique et répand par une mo-
« dique ouverture, autant de chaleur qu'on veut. Enfin il y a encore une antichambre et une cham-
« bre fort exposée au soleil, qu'elle reçoit, quoique obliquement, depuis son lever jusqu'à midi.
« Quand je me retire dans ce local, je m'imagine être absent de ma campagne. C'est surtout dans
« le temps des saturnales que je m'y complais. Tandis que toute la maison retentit du bruit des
« fêtes et des cris de joie que la licence excite parmi tout mon monde, retiré là, je goûte le plai-
« sir de l'étude sans gêner les divertissements, et sans en être troublé.

« ..... Les maisons qui bordent le rivage, les unes isolées, les autres contiguës, y produisent
« une variété d'aspects plus agréables les uns que les autres. Elles semblent vous offrir la vue de
« plusieurs villes, soit que vous restiez sur la rive, soit que de la mer, vous en considériez les
« perspectives...... Eh bien ! trouvez-vous à présent que j'aie tort d'aimer ce séjour, d'y venir
« souvent et de m'y attacher? En vérité, ce sera vous qui aurez la manie de la ville, si vous ne
« m'enviez pas le bonheur dont je jouis ici. Enviez-le donc au plus tôt, et venez ajouter à tous les
« avantages que je viens de vous décrire, le plus grand de tous pour ma petite maison de cam-
« pagne, celui de vous y posséder. »

PLINE A APOLLINAIRE.

« ..... Rien de plus beau que la position du pays. Imaginez un immense amphithéâtre, et tel
« que la main de la nature peut seule en former. Une large et vaste plaine est environnée de mon-
« tagnes dont les sommets sont couronnés par de hautes et antiques forêts. La seconde région
« est occupée par des bois taillis qui descendent sur le penchant des montagnes. Ils sont entre-
« mêlés de collines, dont le sol est un terrain gras qui ne le cède point aux plaines les plus fer-
« tiles. Les moissons, pour y être tardives, n'en sont ni moins dorées ni moins abondantes. Plus
« bas et dans toutes les directions, se déploient au loin de longs coteaux de vignes aux extré-
« mités inférieures plantées d'arbustes. Les champs et les prairies terminent l'horizon... Le coup
« d'œil de ce pays, vu du haut de la montagne, vous intéresserait. La variété des points de vue,
« la diversité des sites, de quelque côté qu'on se tourne, ont quelque chose de si charmant, qu'on
« croit avoir sous les yeux, non pas des terrains naturels, mais des tableaux où tout serait disposé
« pour le plaisir du spectateur.

« Ma maison, quoique située au bas d'une colline, jouit de cette belle vue, comme si elle était
« au sommet. On y arrive par une montée insensible et si douce, qu'on parvient à une assez
« grande hauteur, sans s'être aperçu qu'on s'élevait.

« Le bâtiment est composé de beaucoup de corps de logis. J'y ai jusqu'à un atrium à la ma-
« nière des anciens. En avant du portique, est un parterre entrecoupé de plusieurs allées en bor-

« dures de buis. Il se termine par un talus en pente douce, où sont représentées et taillées en buis
« différentes figures d'animaux, opposées les unes aux autres. Entre ces compartiments serpen-
« tent des plans d'acanthe. Autour est une allée bordée d'une haie de verdure diversement taillée.
« De là on passe à la promenade couverte, disposée en forme de cirque, dont le milieu est occupé
« par des buis et des arbustes taillés et façonnés en cent figures différentes. Le tout est clos de
« murs revêtus d'une palissade de buis. Il faut voir ensuite le tapis vert, aussi beau par la nature
« que le reste l'est par l'art, les champs, les vergers et les prairies adjacentes.

« Mais revenons au bâtiment: l'extrémité du portique aboutit à une salle de festins dont les
« portes ont vue sur l'extrémité du parterre et dont les fenêtres, ouvertes sur le côté opposé,
« donnent sur les prairies et les champs..... A peu près vers le milieu du portique, et un peu en
« retraite, est un appartement qui est distribué autour d'une petite cour, ombragée par quatre
« platanes, au milieu desquels est un bassin de marbre, dont les eaux jaillissantes entretiennent,
« par une douce rosée, la fraîcheur et la verdure des arbres et des gazons qui sont au-dessous. Il
« y a dans cet appartement une chambre à coucher aussi inaccessible au soleil qu'au bruit, un
« salon d'amis dont on use journellement, un portique donnant sur la petite cour, et une autre
« chambre voisine de l'un des platanes, dont elle reçoit l'ombre et l'agrément de la verdure. Cet
« endroit est revêtu en marbre jusqu'à hauteur d'appui, et le reste des murs est orné de peintures
« qui ne le cèdent point à la beauté du lambris. Ce sont des feuillages au milieu desquels se jouent
« des oiseaux de toutes couleurs... Le centre est occupé par un bassin ; l'eau y tombe d'une
« vasque autour de laquelle sont plusieurs jets qui produisent un agréable murmure.

« D'un des angles du portique on passe dans une vaste pièce qui est vis-à-vis de la salle à man-
« ger. Elle a vue d'un côté sur le parterre, de l'autre sur la prairie. Les fenêtres donnent immé-
« diatement et plongent sur un canal, où se précipite en écume une nappe d'eau qui flatte à la fois
« l'œil et l'oreille, et dont la blancheur se confond avec l'éclat du marbre qui la reçoit. Cette pièce
« est excellente l'hiver, parce que le soleil y pénètre de tous côtés. Si le ciel est couvert, on chauffe
« une étuve placée à proximité, dont l'influence remplace celle du soleil.

« On trouve ensuite la salle dans laquelle on se déshabille avant de se rendre au bain. Elle est
« grande et fort gaie. De là on passe dans la salle fraîche, où l'on trouve une vaste baignoire en
« marbre noir. Au centre de cette pièce est creusé un bassin dans lequel on descend, si l'on veut se
« baigner plus à l'aise et plus chaudement. Tout près est un puits dont l'eau froide sert à corriger
« la chaleur du bain. A côté de la salle fraîche est la salle tempérée, que le soleil échauffe, mais
« moins que la salle chaude, qui forme une saillie très-prononcée. On descend dans cette dernière
« par trois escaliers, dont deux sont exposés au grand soleil ; le troisième en est plus éloigné, sans
« être plus obscur. Au-dessus de la pièce où l'on se déshabille est le jeu de paume, où l'on peut
« se livrer à plus d'un genre d'exercices. Près des bains vous trouvez un escalier qui mène au
« crypto-portique, et auparavant à trois cabinets, dont le premier a vue sur la cour des quatre
« platanes ; le second tire son jour du tapis vert, et le troisième donne sur les vignes ; de sorte
« que les expositions sont aussi variées que les points de vue. Au bout de la galerie, et sur sa
« longueur, on a pris une pièce d'où l'on découvre l'hippodrome, les coteaux de vignes et les mon-
« tagnes ; on y en a joint une autre exposée au plein soleil pour l'hiver. Là commence un corps
« de logis qui joint l'hippodrome au reste de la maison.

« Sur l'un des côtés qui regardent le midi, est une galerie haute d'où l'on aperçoit les vignes de si
« près qu'on croirait y toucher. Vers le milieu est une salle de festins qui reçoit de l'Apennin
« l'air le plus salubre ; elle a vue de toutes parts sur les vignes, d'un côté par ses fenêtres, de
« l'autre par ses portes, mais à travers la galerie. Du côté qui n'a pas de fenêtres est pratiqué un
« escalier de dégagement très-commode pour le service de la table. A l'extrémité est une pièce à
« laquelle la galerie procure un aspect aussi agréable que celui des vignes. Sous cette galerie, il
« en est une autre qui est souterraine, et forme en été une espèce de glacière, car l'air extérieur
« ne saurait y pénétrer ni en changer la température. Après ces galeries, et du point où aboutit
« la salle de festins, commence un portique où le soleil donne jusqu'à midi, ce qui le rend aussi
« agréable le matin pendant l'hiver que le soir pendant les chaleurs de l'été. Il conduit à deux
« petits corps de logis, composés, l'un de quatre pièces, l'autre de trois, et qui, à mesure que le
« soleil tourne, reçoivent successivement de l'ombre et de la clarté.

« C'est en avant de cette charmante façade que se présente et se développe au loin l'hippo-
« drome. Il est ouvert par le milieu, et dès l'entrée on en découvre toute l'étendue du premier
« coup d'œil. Son enceinte est formée de platanes, dont les troncs revêtus de lierre étalent une
« verdure empruntée qui se marie avec celle que l'arbre fournit à ses rameaux les plus élevés. Du
« tronc, le lierre monte le long des branches, passe d'un arbre à l'autre et semble les relier entre
« eux ; tandis qu'à leurs pieds ils sont environnés de buis qu'accompagnent des lauriers qui
« mêlent leurs ombrages à ceux des platanes. L'hippodrome est dirigé en ligne droite, mais, à son
« extrémité, il change de forme et s'arrondit en demi-cercle. Des cyprès plantés dans le pourtour
« y produisent un ombrage épais et noir. Des allées circulaires viennent y aboutir, ainsi qu'à
« d'autres qui sont coupées par des palissades de buis, lequel est taillé de cent façons, de manière
« à représenter en caractères, et à faire lire tantôt le nom du maître, tantôt celui de l'ouvrier. On
« y voit alternativement des arbres fruitiers et des arbustes façonnés en manière de petites bornes.
« Puis se trouve un emplacement dont l'apparence champêtre contraste avec la régularité précé-
« dente, et dont le milieu est occupé de chaque côté par de moins grands platanes ; viennent
« ensuite des plants d'acanthe et d'autres configurations disposées de manière à représenter
« divers noms.

« A l'extrémité, une treille, soutenue par quatre colonnes en marbre de Caryste, ombrage une
« salle de festins champêtres dont la table et les lits sont de marbre blanc. Du dessous des lits,
« l'eau s'échappe en plusieurs jets, comme si elle était pressée par le poids des convives, et elle
« est reçue dans un bassin de marbre poli qu'elle remplit sans jamais déborder, grâce à un tuyau
« de décharge qu'on n'aperçoit pas. Quand on mange dans cet endroit, les plats les plus forts et
« le principal service se rangent sur les bords du bassin ; tandis que les mets les plus légers se
« servent sur l'eau et voguent sur des plats faits en forme de barques ou d'oiseaux aquatiques. En
« face jaillit une fontaine qui reçoit et renvoie sans cesse la même eau. Après s'être élevée, cette
« eau retombe sur elle-même, et, au moyen d'issues convenablement pratiquées, elle est reçue
« dans un réservoir pour s'enlever de nouveau [1]. La salle champêtre et la pièce dont je vais parler
« sont en regard et se servent d'embellissement réciproque. Cette dernière est très-belle, et brille

---

[1] Ceci n'est pas clair. Ou Pline se trompe, ou il oublie de parler du malheureux esclave chargé de faire remonter l'eau.

« des marbres les plus précieux. Les portes et les fenêtres hautes et basses sont toutes couronnées
« de verdure. Tout près et dans un enfoncement, on trouve une petite pièce qui est et qui n'est
« pas une chambre à coucher : il y a cependant un lit. Malgré la multiplicité des fenêtres, le jour
« y est modéré par l'effet d'une treille qui monte en dehors le long des murs et arrive jusqu'au
« comble. Vous croiriez être dans un bois, mais avec l'avantage de vous trouver à l'abri de la
« pluie. Ce lieu a aussi sa fontaine dont l'eau disparaît immédiatement. Des siéges de marbre,
« placés en plus d'un endroit, comme dans l'autre pièce, invitent à se reposer ceux qui sont fati-
« gués de la promenade. Près de chaque siége sont de petits bassins. Tout le long de l'hippodrome
« circulent des ruisseaux dont l'eau, docile à la main qui la conduit, murmure dans ses
« rigoles, et sert à entretenir la verdure par des irrigations, soit d'un côté, soit de l'autre, soit
« partout à la fois.

« Je vous aurais, depuis longtemps, fait grâce de ces détails, en m'évitant le reproche d'être
« minutieux, si mon dessein n'avait été de vous faire parcourir, dans cette lettre, jusqu'au moindre
« recoin de ma maison. J'ai espéré aussi vous faire lire sans ennui ce que vous verriez, je crois,
« sans déplaisir, pensant bien d'ailleurs que vous feriez cette promenade à plusieurs reprises,
« comme dans la lecture de cette lettre, vous feriez à votre gré plus d'une pause. Je vous avouerai
« aussi que je me suis livré à mon inclination favorite ; car j'ai un goût particulier pour cette ha-
« bitation, que j'ai terminée et dont je suis presque entièrement le créateur... Vous savez mainte-
« nant pourquoi je préfère ma maison de Toscane à celles de Tusculum, de Tibur et de Prœneste.

« Outre tous les avantages dont je vous ai parlé, j'y goûte un repos plus profond, un loisir plus
« calme et plus solitaire. Point de nécessité de porter la toge ; point de client importun dans le
« voisinage. Tout y porte l'empreinte du bonheur et de la tranquillité. Un climat sain, un ciel
« pur, un air vif et léger, tout fortifie en moi la santé du corps et de l'esprit. J'exerce l'un par la
« chasse, et l'autre par l'étude. Tout mon monde se porte ici mieux que partout ailleurs. Je n'ai
« jusqu'à présent perdu aucun de ceux que j'amène avec moi. Veuillent les dieux conserver à ce
« lieu les mêmes avantages et à moi le même bonheur ! Adieu. »

TABLE DES MATIÈRES.

LIVRE PREMIER.

PRINCIPES GÉNÉRAUX DE COMPOSITION.

CHAPITRE PREMIER.
DE LA COMMODITÉ.

Principes généraux. — Exemples de dispositions. . . . . 3 à 9

CHAPITRE DEUXIÈME.
DE LA SOLIDITÉ.

Solidité dans les monuments de l'antiquité; dans les constructions modernes. — Principes généraux. — Influence de la solidité sur le caractère et la beauté d'un édifice.. . . . . 10 à 16

CHAPITRE TROISIÈME.
DE LA BEAUTÉ.

Principes généraux. — Expression. — Ordre. — Symétrie. — Simplicité. — Variété. — Aphorisme de Montesquieu. — Beau rationnel et beau idéal. — Liberté de l'art. — Insuffisance et utilité des règles. . . . . 17 à 25

I. — PROPORTIONS.

Proportions envisagées au point de vue de la destination, de la solidité et du caractère de l'édifice. — Proportions harmonieuses. — Passages de Vitruve sur les proportions. — Opinions de plusieurs architectes modernes. — Proportions définies. — Proportions de quelques monuments de l'antiquité. — Système modulaire. — Illusions d'optique. — Preuves de l'inutilité de rapports simples entre les dimensions. . . . . 25 à 49
Altération des proportions. — Erreurs de la vue. — Dispositions à adopter pour y remédier. — Influence de la position du point de vue. — Courbes du Parthénon. — Leur but. — Faces inclinées. — Effet d'un mur vertical s'élevant au-dessus d'une construction en talus. — Influence des idées préconçues. . . . . 49 à 59
Proportions envisagées sous le rapport des dimensions réelles. — Relations entre la forme d'un corps et ses dimensions. — Grandeur morale et grandeur matérielle. — Influence des divisions multipliées. — Effet produit par Saint-Pierre de Rome. — Systèmes différents adoptés par l'antiquité et par le moyen âge. . . . . 59 à 65

II. — DÉCORATION.

Principes généraux. — Décoration architectonique. — Décoration peinte ou sculptée. — Esprit dans lequel elle doit être conçue. — Symboles, attributs, allégories et inscriptions. — Couleurs. — Architecture polychrome dans l'antiquité. — Emploi de la peinture dans la décoration intérieure des édifices religieux. . . . . . 65 à 86

III. — STYLE.

Signification de ce mot. — Variations du style avec les lieux et les temps. — Utilité et dangers des études archéologiques. — Exemples des principaux styles historiques. . . . . 86 à 92

LIVRE DEUXIÈME.

PRINCIPALES PARTIES DES ÉDIFICES.

CHAPITRE PREMIER.

I. — PORTIQUES.

Portiques antiques et portiques modernes. — Portiques à plates-bandes. — Portiques de Saint-Pierre de Rome. — Portiques à arcades. — Loge des Lanzi, à Florence. — Portiques de l'architecture arabe. — Mosquée d'Ebn Touloun, au Caire. — Mosquée de Cordoue. — Portiques superposés. — Portiques de la place de la Concorde, à Paris. . . . . 94 à 114

II. — PORCHES.

Définition. — Porches : du Panthéon de Rome ; de la basilique de Saint-Georges au Vélabre, à Rome ; de la cathédrale de Spolète ; de l'architecture romane ; de l'architecture ogivale ; de la cathédrale du Puy ; du château de Fontainebleau. . . . . 114 à 122

III. — VESTIBULES

Disposition et décoration. — Vestibules : de Sainte-Sophie de Constantinople ; de Saint-Marc de Venise ; de l'hôtel de ville de Paris ; du théâtre de Bordeaux et de quelques théâtres ; du palais de justice de Paris ; de gares de chemins de fer. . . 122 à 126

IV. — ESCALIERS.

Escaliers de l'antiquité. — Dispositions d'escaliers. — Escaliers : du Louvre ; du palais des Tuileries ; du château de Fontainebleau ; du théâtre de Bordeaux. — Éclairage et décoration des escaliers. . . . . 126 à 135

V. — SALLES.

Salles plafonnées. — Formes et proportions. — Basiliques antiques. — Restauration d'une basilique romaine. — Basilique de Pompéi. — Basilique Ulpienne. . . . . 135 à 144
Salles voûtées. — Proportions. — Voûtes en berceau, en arc de cloître, sur pendentifs. — Voûtes d'arête. — Basilique de Constantin, à Rome. — Salles des Thermes. 144 à 147

CHAPITRE DEUXIÈME.

I. — COURS.

Dispositions. — Cours : du collége de la Sapienza, à Rome ; du palais de Versailles ; du château de Richelieu ; du Carrousel, à Paris. . . . . 148 à 154

II. — PARCS ET JARDINS.

Jardins de l'antiquité. — Jardins d'Italie. — Parc de Versailles. — Jardins anglais. — Jardins modernes. — Principes généraux. — Bois de Boulogne. . . . . . . 154 à 161

III. — FONTAINES.

Dispositions. — Fontaines : de Neptune, à Florence ; du Triton, à Rome ; de Cérès et du Dragon, dans le parc de Versailles ; de la place Louvois, de la place de la Concorde et des Champs-Élysées, à Paris ; du palais de Caprarola ; du château de Gaillon. — Fontaines adossées : de Trevi, de l'acqua Paolina et de l'acqua Felice, à Rome ; du carrefour Gaillon, de la rue Cuvier, de Molière, du Luxembourg et de la rue du Regard, à Paris. — Nymphées et grottes. — Intervention des arbustes et des fleurs dans la décoration des fontaines. . . . . 162 à 169

LIVRE TROISIÈME.

ÉDIFICES

CHAPITRE PREMIER.
ÉDIFICES RELIGIEUX.

Importance des édifices religieux.	171 et 172

I. — TEMPLES ANTIQUES.

Temples indiens. — Temples d'Ellora. — Pagode de Chalembron. — Caractère de ces monuments.	172 à 174
Temples égyptiens. — Caractère de ces monuments. — Temple du Sud, à Thèbes. — Spéos de Phré et d'Ibsamboul. — Hémi-Spéos.	174 à 177
Temples grecs et romains. — Caractère de ces monuments. — Temples : à antes ; prostyle ; amphiprostyle ; périptère ; pseudo-périptère ; diptère ; pseudo-diptère ; hypètre ; monoptère ; à péribole.	177 à 180

II. — ÉGLISES.

Style latin. — Basiliques. — Leur disposition. — Leur construction. — Leur décoration. — Basiliques romaines : de Sainte-Agnès hors les Murs, de Saint-Clément, de Saint-Paul hors les Murs, de Saint-Pierre, de Sainte-Marie-Majeure, de Sainte-Marie en Transtévère, de Saint-Laurent hors les Murs, etc. — Basiliques de la Nativité, à Bethléem, et de Parenzo, en Istrie.	180 à 191
Style byzantin. — Développement de l'architecture à Constantinople. — Églises voûtées. — Caractère de l'architecture byzantine. — Sainte-Sophie. — Saints-Serge-et-Bacchus. — Architecture byzantine en Grèce, en Russie, en Orient. — Saint-Vital de Ravenne. — Saint-Marc de Venise. — Sainte-Marie du Capitole, à Cologne. — Saint-Martin de Cologne. — Abbaye de Laach.	191 à 214
Style lombard. — État de l'architecture en Italie au sixième siècle. — Basiliques de Saint-Apollinaire, à Classe et à Ravenne. — Invasion des Lombards. — Saint-Michel de Pavie et Saint-Ambroise de Milan. — Avénement des pieds-droits cantonnés de colonnes et des colonnes allongées.	214 à 218
Églises de France antérieures au onzième siècle. — État de l'architecture en France avant le règne de Charlemagne. — Notre-Dame d'Aix-la-Chapelle. — Saint-Remy de Reims. — Saint-Philbert de Tournus. — Premières années du onzième siècle.	218 à 224
Style byzantin en France. — Saint-Front de Périgueux. — Saint-Étienne de Périgueux. — Cathédrale de Cahors. — Abbayes de Souillac, de Solignac et de Fontevrault. — Cathédrale d'Angoulême.	224 à 230

STYLE ROMAN. — Invasion des Normands. — Leurs relations avec la Lombardie. — Saint-Étienne de Caen. — Saint-Georges-de-Boscherville. — Abbaye-aux-Dames de Caen. — Saint-Géréon de Cologne. — Églises d'Auvergne. — Origine de l'architecture romane. — Son caractère . . . . 230 à 239

STYLE OGIVAL. — Invasion d'un nouvel esprit au douzième siècle. — Rénovation de l'art. — Formes nouvelles. — Caractère de l'architecture ogivale. — Cathédrales d'Amiens, de Poitiers et d'Angers. — Décadence de l'architecture ogivale. — Vices de ce système d'architecture . . . . 240 à 259

STYLE DE LA RENAISSANCE. — Architecture ogivale en Italie. — Saint-Pierre de Rome. — Qualités et défauts de ce monument . . . . 259 à 269

STYLE MODERNE. — Églises de Saint-Eustache et du Val-de-Grâce, à Paris. — Reproduction de styles antérieurs. — Vogue passagère de l'architecture ogivale. — Motifs de repousser cette architecture. — Caractère à donner aux églises modernes . . . . 269 à 275

III. — TEMPLES PROTESTANTS.

La religion protestante n'a point d'architecture. — Temple de Charenton. — Disposition et caractère à donner à un temple protestant . . . . 276 et 277

CHAPITRE DEUXIÈME

MONUMENTS HONORIFIQUES.

I. — ARCS DE TRIOMPHE, COLONNES ET STATUES.

Arcs de triomphe. — Leur origine. — Arcs : de Titus, à Rome ; de Trajan, à Bénévent ; de Septime Sévère, à Rome ; d'Auguste, à Rimini ; de Saint-Chamas, en Provence. — Arcs de triomphe modernes : de Saint-Denis, de Saint-Martin et de l'Étoile, à Paris ; du Château-Neuf, à Naples ; de Mars, à Vienne ; de San-Gallo, à Florence ; de la Paix, à Milan . . . . 278 à 283

Colonnes triomphales. — Colonne Trajane. — Colonne Antonine. — Colonne de la place Vendôme, etc. . . . . 284 à 286

Statues honorifiques. — Leurs mérites. — Dispositions des piédestaux . . . . . . 286 et 287

II. — TOMBEAUX.

Tombeaux égyptiens. — Importance des sépultures en Égypte. — Pyramides de Gizèh. — Hypogées ou syringes. — Hypogées de la vallée de Biban el Molouk et de Beni-Hassen. — Colonnes *proto-doriques*. — Appréciation des tombeaux égyptiens . . . 288 à 299

Tombeaux d'Asie. — Tombeaux : de Nakschi-Roustam ; de Cyrus ; de Mausole ; d'Alyates ; des rois de Phrygie ; de Lycie ; de Palestine . . . . 299 à 301

Tombeaux grecs. — Tombeaux de l'âge héroïque. — Monument de Théron, à Agrigente. — Stèles funéraires. — Sarcophages . . . . 301 à 303

Tombeaux étrusques. — Sarcophages. — Tumulus de Cœré . . . . 303 à 306

Tombeaux romains. — Leurs dispositions. — Tombeaux : d'Auguste ; d'Adrien ; de

Cecilia Metella ; de la famille Plautia ; de Plancus ; des Horaces ; de C. Sestius ; d'Alba Longa. — Sarcophages : de Scipion Barbatus, de sainte Hélène, et de sainte Constance. — Tombeaux de Pompéi. — Monument d'Antibes. — Columbarium. 307 à 311
Tombeaux modernes. — Influence du christianisme. — Tombeaux du moyen âge. — Tombeaux de la Renaissance. — Tombeaux : d'Innocent VIII, à Rome ; de Louis de Brézé, à Rouen ; d'Arringhieri, à Sienne ; de Guido Tarlati, à Arezzo ; du marquis Ugo, à Florence ; de Noceto, à Lucques ; du général Pesaro, à Venise ; du général Colleoni, à Bergame ; de l'empereur Maximilien, à Inspruck ; de Charles le Téméraire, à Bruges ; des Médicis, à Florence. — Caractère à donner aux tombeaux. — Tombeaux : du général Foy ; des époux Lavalette ; du capitaine Coutaulx ; de Mme Delaroche ; de Géricault ; de Cherubini ; du duc d'Orléans ; de l'amiral Dumont d'Urville ; d'un tailleur de pierres. — Tombes de l'Algérie. — Tombeaux de famille. — Édifices convertis en tombeaux. — Tombeaux de Trajan, de Charlemagne, de Brunelleschi et de C. Wren. . . . . 311 à 321
Cimetières. — Dispositions vicieuses des cimetières de Paris. — Campo Santo de Pise. — Dispositions proposées. . . . . 322 à 326

CHAPITRE TROISIÈME.
ÉDIFICES D'INSTRUCTION PUBLIQUE.

I. — ÉCOLES.

Positions. — Dispositions générales. — Amphithéâtres. — Salles d'étude. — Réfectoires et cuisines. — Dortoirs. — Salles de récréation. — Caractère à donner aux écoles. . . . . 327 à 337

II. — BIBLIOTHÈQUES.

Bibliothèques de l'antiquité. — Bibliothèques : du Vatican ; de la basilique de Saint-Laurent, à Florence ; de Bodley, à Oxford ; de l'abbaye de Sainte-Geneviève, à Paris. — Dispositions proposées. — Dispositions à adopter. . . . . 337 à 344

III. — MUSÉES.

Dispositions. — Éclairage. — Décoration. 344 à 347

CHAPITRE QUATRIÈME.
ÉDIFICES DE DIVERTISSEMENTS PUBLICS.

I. — THÉÂTRES.

Théâtres antiques. — Leur origine. — Leur disposition. — Leurs décorations. — Masques des acteurs. — Vases sonores. . . . . 348 à 351

TABLE DES MATIÈRES. 613

Théâtres modernes. — Dispositions différentes adoptées en France et en Italie. — Théâtres de l'Opéra et de l'Odéon, à Paris. — Défaut de la plupart de nos théâtres. — Dispositions à adopter. — Nouveau théâtre de l'Opéra, à Paris. . . . . 351 à 362

II. — AMPHITHÉATRES.

Amphithéâtres étrusques. — Amphithéâtre de Curion. — Amphithéâtre Flavien ou Colisée. — Amphithéâtre de Nîmes. — Amphithéâtres modernes. . . . . 362 à 370

III. — CIRQUES.

Cirques antiques. — *Circus maximus.* — Cirque de Romulus. — Application des cirques aux usages modernes. . . . . 370 à 375

CHAPITRE CINQUIÈME.
ÉDIFICES D'UTILITÉ PUBLIQUE.

I. — HOTELS DE VILLE.

Leur origine. — Hôtels de ville de Flandre, de Hollande, d'Allemagne, d'Italie, de France. — Hôtel de ville de Paris. . . . . 376 à 380

II. — PALAIS DE JUSTICE.

Dispositions. — Caractère. . . . . 381 et 382

III. — PRISONS.

Prisons de l'antiquité. — Améliorations proposées à diverses époques. — Prisons des États-Unis d'Amérique. — Système d'Auburn. — Système de Philadelphie. — Prison Mazas, à Paris. . . . . 383 à 390

IV. — HOPITAUX.

Hôpitaux dans l'antiquité et au moyen âge. — Leur organisation actuelle. — Dispositions à leur donner. — Caractère de leur architecture. — Hôtel des Invalides et hôpital Lariboisière, à Paris. . . . . 390 à 403

V. — THERMES.

Thermes antiques. — Thermes de Caracalla et thermes de Dioclétien, à Rome. — Thermes modernes. — Dispositions et caractère. . . . . 404 à 409

VI. — BOURSES.

Bourses d'Amsterdam, de Londres et de Paris. — Dispositions et caractère. . . . . 409 et 410

VII. — MARCHÉS.

Marchés antiques. — Diverses dispositions de marchés modernes. — Halles centrales de Paris. — Halle au blé et halle aux vins, à Paris. .... 411 à 416

VIII. — ENTREPOTS.

Destination. — Docks de Londres et de Liverpool. .... 417 à 419

IX. — ABATTOIRS.

Disposition. — Abattoirs de Paris.. .... 419 et 420

X. — GARES DE CHEMINS DE FER.

Intérêt que présentent ces édifices. — Diverses dispositions à leur donner. — Gares du chemin de fer de Paris à la Méditerranée et du chemin de fer de Paris à Orléans. — Caractère à attribuer aux gares de chemins de fer. .... 420 à 425

XI. — PHARES.

Phares de l'antiquité. — Phares modernes. — Leur distribution sur le littoral. — Esprit dans lequel ils doivent être conçus. — Phares de Cordouan, de Bréhat et de Calais. — Phares en tôle. — Phares sur pieux à vis. .... 425 à 443

XII. — PONTS ET AQUEDUCS.

Ponts. — Dispositions. — Décoration. — Ponts antiques : d'Auguste, à Rimini ; de *Quattro capi* et d'Adrien, à Rome. — Ponts modernes : de Saint-Michel, à Paris ; de la Trinité, à Florence ; de l'Alma, à Paris. .... 443 à 452

Ponts aqueducs du Gard et de Roquefavour. .... 452 à 454

CHAPITRE SIXIÈME.

HABITATIONS.

Considérations générales. .... 455 et 456

I. — MAISONS DE VILLE.

Habitations des Grecs. — Description de Vitruve. .... 456 et 457

Habitations des Romains. — Disposition. — Signification des mots *cavædium* et *atrium*. — Palais des Césars. .... 457 à 460

Habitations modernes. — Au moyen âge. — A la Renaissance. — Maisons d'Orléans. — Habitations du dix-septième et du dix-huitième siècle. — Palais du Luxembourg. — Hôtel de Rambouillet. — Palais Cardinal. — Palais Mazarin. — Hôtel de Luynes.

TABLE DES MATIÈRES.

— Hôtel de la place Vendôme. — Palais Bourbon. — Hôtel du Maine. — Hôtel de la Vrillière. — Hôtel de Choiseul. — Maisons de la place Royale et du quai de l'Horloge, à Paris. . . . . 460 à 477
Distributions modernes.—Principes généraux de distribution. — Disposition des escaliers, des vestibules, des antichambres, des salles à manger, des salons, des chambres à coucher, des cuisines, des serres, des dépendances, des écuries et des remises. 477 à 489
Exemples de maisons récemment construites à Paris. . . . . 489 à 495
Palais. — Développements successifs des palais du Louvre et des Tuileries. — Vices de plusieurs dispositions. . . . . 495 à 505
Logements d'ouvriers. — Mérites et défauts des dispositions proposées ou adoptées. 505 à 509

II. — MAISONS DE CAMPAGNE.

Dispositions à adopter pour les habitations à la campagne. . . . . 509 à 516
Châteaux du moyen âge et de la Renaissance.— Château de Chenonceaux. . . . . . 516 à 520
Château de Richelieu. — Petits châteaux du dix-septième siècle. — Château de Marly. — Châteaux du dix-huitième siècle.—Châteaux modernes.—Édifices accessoires. 520 à 528

CHAPITRE SEPTIÈME.

VILLES.

Formation des villes. — Plans de villes tracés par des architectes. — Vice de leurs dispositions. — Considérations philosophiques sur le sujet par Jean Reynaud. — Description de la ville de Rhodes. — Exposé des conditions qui doivent dominer dans le tracé d'une grande ville. — Position. — Division en quartiers. — Diversité des édifices. — Forme générale. — Disposition des rues et des places. — Plantations. — Portiques. . . . . 529 à 550
Description de Paris.—Mérites de cette ville.—Esprit dans lequel doivent être conçues les améliorations à y introduire. . . . . 550 à 554

NOTES.

A.

DISPOSITIONS RELATIVES A LA SALUBRITÉ DES ÉDIFICES.

I. — SITUATION.

Positions et orientations à préférer. . . . . 557 et 558

II. — ASSÈCHEMENT.

Dispositions à adopter pour prévenir les atteintes de l'humidité. . . . . 558 à 560

III. — CHAUFFAGE.

Combustibles. — Cheminées. — Poêles. — Calorifères. — Dispositions à adopter pour le chauffage des habitations, des écoles, des amphithéâtres, des bibliothèques et des églises. . . . . 560 à 571

IV. — AÉRAGE.

Consommation et altération de l'air par l'homme et par les appareils d'éclairage. — Appareils d'éclairage. — Disposition à adopter pour l'aérage des prisons cellulaires, des hôpitaux, des ateliers, des amphithéâtres, des théâtres, des habitations, etc. 571 à 583

V. — DÉSINFECTION.

Causes d'infection des édifices. — Lieux d'aisances. — Éviers. — Fumiers. — Égouts. — Relation à observer entre la largeur des rues et la hauteur des maisons. . . . 583 à 586

B

Sur l'architecture lombarde. . . . . 587 à 596

C

Sur les origines de l'architecture ogivale. 597 à 599

D

Lettres de Pline sur ses maisons de campagne. . . . . 600 à 605